《中国裕固族研究》（第二辑）编委会

顾　　问：李宏伟　高林俊　索晓静

主　　编：钟进文　巴战龙

执行主编：安维武　阿尔斯兰

执行编辑：张志群　屈　军　蔡世宏

协办单位：甘肃省肃南裕固族自治县裕固族文化研究室

◎ 甘肃省肃南裕固族自治县人民政府资助项目

中国裕固族研究
YUGUR STUDIES IN CHINA [第二辑]

钟进文 巴战龙／主编

中央民族大学出版社
China Minzu University Press

图书在版编目(CIP)数据

中国裕固族研究.第二辑/钟进文,巴战龙主编.—北京:中央民族大学出版社,2013.3
ISBN 978-7-5660-0349-2

Ⅰ.①中… Ⅱ.①钟…②巴… Ⅲ.①裕固族—民族学—中国—文集
Ⅳ.①K283.5-53

中国版本图书馆 CIP 数据核字(2012)第311576号

中国裕固族研究(第二辑)

主　　编	钟进文　巴战龙
责任编辑	白立元
封面设计	布拉格
出 版 者	中央民族大学出版社
	北京市海淀区中关村南大街27号　邮编:100081
	电　　话:68472815(发行部)　传真:68932751(发行部)
	68932218(总编室)　　　68932447(办公室)
发 行 者	全国各地新华书店
印 刷 厂	北京华正印刷有限公司
开　　本	787×1092(毫米) 1/16　印张:34.25
字　　数	710千字
版　　次	2013年3月第1版　2013年3月第1次印刷
书　　号	ISBN 978-7-5660-0349-2
定　　价	98.00元

版权所有　翻印必究

序

李宏伟　高林俊

　　肃南县是全国唯一的裕固族自治县，是人文历史、民族风情和自然之美荟萃之地。建县59年，特别是改革开放30多年来，在党的民族政策指引下，肃南县在共同团结奋斗、共同繁荣发展的道路上，坚持以科学发展观为指导，投身改革开放，致力振兴经济，自治县城乡面貌不断变化，综合实力日益上升，呈现出政治稳定、经济发展、民族团结、邻边和谐、宗教和顺、各项社会事业健康发展的良好局面。

　　文化是一个民族的灵魂。守护精神家园、传承文明血脉，使民族文化得到全面保护，并在新的历史条件下不断发扬光大，是时代赋予我们的一项重要而紧迫的历史使命，也是构建和谐民族关系不可或缺的一项重要内容。受益于中华文明的宽宏氛围，植根于民族文化的丰蕴土壤，裕固族在源远流长的历史长河中，经过多次民族大迁徙、大融合，以其无穷的智慧和艰辛的劳动，在蹉跎岁月中留下了深刻的历史印记、丰厚的文化积淀，同时也创造了五彩缤纷的民族文化和多姿多彩的民族风情。裕固族语言、民歌、史诗、舞蹈、服饰、习俗、刺绣、编织、皮雕、沙雕等近30项丰富的非物质文化遗产，以及宝贵的历史文化资源、民族文化资源和丰富的生态文化资源，构成了一幅美轮美奂的裕固族历史人文画卷。

　　裕固族文化是中华文化的重要组成部分，是中华民族和全人类共有的精神财富。作为丰厚文化遗产的继承者，在为这个民族感到骄傲的同时，更感到我们身上所肩负的继承与创新的重任。近年来，我们在繁荣地方经济和保障民生权益的同时，也在全面加强保护和挖掘整理民族传统文化资源。我们先后成立了裕固族非物质文化遗产保护领导小组、裕固族历史文化研究委员会和裕固族文化研究室，组织开展裕固族非物质文化遗产的挖掘、整理和保护工作。经过积极努力，裕固族语言被国家文化部和国家民委列为"中国少数民族濒危语言保护工程"全国试点抢救保护项目，裕固族民歌、服饰、婚俗被列入国家级非物质文化遗产保护名录，裕固族口述文学与语言等9个项目被列为省级非物质文化遗产保护试点项目和名录，成为全省在国家、省级保护项目名录中列项档次最高、数量最多的县份。与此同时，我们积极开发利用民族文化丰厚资源，将裕固族风情与得天独厚的地域自然景观相结合，努力打造"山水肃南·裕固家园"旅游文化品牌，以推动地方经济发展。

　　《中国裕固族研究》系列丛书是"十二五"时期肃南裕固族自治县政府实施的裕固族文化建设品牌项目，第一辑已于2011年10月出版发行，较为集中地反映了自 2000 年至 2010 年间裕固族研究整体推进的现状与态势。第二辑丛书主要收集了近年来研究裕固族教育文化及教育教学情况的论述。全书包括序、教育发展概况、深度研究、教育研究、文化传承、民族文化课例精粹、研究述评、访谈纪实、附录 9 个部分组成，是一套具有重要现实意义的论文集。

  当前，肃南县已进入转型、绿色、和谐发展的历史新阶段，县委把旅游文化特色县作为"五县"建设的重要内容，这既为自治县文化事业的繁荣发展提供了有利条件，同时也提出了新的更高的要求。裕固族研究除了一些基础性课题，还应当根据现实的需要设计一些创新性课题，使我们的研究直接为肃南的转型跨越服务，使我们的研究成果转化为科学决策的重要依据，为建设"生态文明示范县、旅游文化特色县、工业经济强县、绿色畜牧名县、民族团结进步县"提供强大的精神动力。只要我们投身到自治县转型跨越的热潮之中，我们就一定会有做不完的文章，我们的研究价值也就能得到最充分的体现。

  宏伟的事业需要强大的精神动力和文化支撑，生动的实践需要优秀的研究成果来反映和激励。探究民族历史文化演进历程，再现民族历史文化发展脉络，既是一项宏大、浩繁的系统工程，又是一项功在当代、利在千秋的基础工程。县委、县政府和全县各族人民期待着广大裕固族专家学者用自己的智慧和汗水、用精彩的笔墨谱写裕固族研究事业的新辉煌，为自治县文化事业的大发展大繁荣作出新的贡献。

  作者分别系中共甘肃省肃南裕固族自治县县委书记、甘肃省肃南裕固族自治县人民政府县长

目 录

教育发展概况

肃南裕固族自治县改革开放以来教育发展综述 ………………………… 安维武（3）
肃南裕固族自治县第一中学简介 ………………………………………… 安维武（8）
肃南裕固族自治县第二中学简介 ………………………………………… 张爱国（12）
肃南裕固族自治县职业技术教育中心简介 ……………………………… 史千云（16）
肃南裕固族自治县明花学校简介 ………………………………………… 郭怀德（19）
肃南裕固族自治县康乐明德学校简介 …………………………………… 贺德颖（21）
肃南裕固族自治县马蹄学校简介 ………………………………………… 王师鹄（24）
肃南裕固族自治县祁丰学校简介 ………………………………………… 省新仁（26）
肃南裕固族自治县红湾小学简介 ………………………………………… 孙金山（29）
肃南裕固族自治县铧尖明德小学简介 …………………………………… 张长桥（32）
肃南裕固族自治县泱翔中心小学简介 …………………………………… 苏吉武（34）
肃南裕固族自治县东滩小学简介 ………………………………………… 罗天军（36）
肃南裕固族自治县大泉沟中心小学简介 ………………………………… 于长有（38）
肃南裕固族自治县幼儿园简介 …………………………………………… 文丽华（40）

深度研究

裕固族儿童观研究——文化生态学的视角 ……………………………… 郑丽洁（45）
裕固族文化融入国家基础教育课程体系问题的调查研究报告 ………… 巴战龙（65）
在学校教育中追求语言公平传承的历程——对三次裕固语教育试验的
　本质性个案研究 ………………………………………………………… 巴战龙（79）
裕固语教学实践活动研究报告——以肃南裕固族自治县大河乡西岭村培训班
　为例 ……………………………………… 阿尔斯兰（执笔）　卓玛　白雪（95）
裕固族乡土知识专题学习网站建设与应用研究 ………………… 安维武　蔡世宏（109）
肃南一中民族文化校本课程开发研究 …………………………… 安维武　屈军（123）
社区背景下的校本课程开发——肃南二中和勐军镇中学的
　个案研究 ………………………………………………………………… 赵北扬（130）
肃南裕固族自治县职业教育发展研究 …………………………………… 马建成（139）
裕固族舞蹈的创作与教学研究 …………………………………………… 全迎春（145）

1

教育研究

加快民族文化课程建设 促进人口较少民族发展 ……………… 巴战龙（159）
人口较少民族地区县域学前教育发展的教育人类学研究——以甘肃省
　肃南裕固族自治县为例 ………………………………………… 巴战龙（166）
学校教育·弱势群体·非教育功能——一种教育人类学的
　关联性分析 ……………………………………… 巴战龙　张志群（174）
两次裕固族语言教育试验失败的归因分析与相关政策探讨——基于两项
　教育民族志研究 ………………………………………………… 巴战龙（182）
学校教育与地方知识关系探究——基于一项裕固族乡村社区
　民族志研究 ……………………………………………………… 巴战龙（190）
裕固族儿童"剃头仪式"的教育人类学研究 ……………………… 巴战龙（201）
甘肃省肃南裕固族自治县基础教育一体化均衡发展的
　经验研究 ………………………………………… 安维武　蔡世宏（208）
学校教育传承裕固族传统文化的有效途径研究 … 安维武　蔡世宏（217）
裕固族聚居区民族文化课程的开发与实践——以乡土教材《裕固家园》的
　开发与实践为例 ………………………………… 安维武　蔡世宏（221）
高中课改助推民族教育内涵发展 …………………………………… 安维武（225）
构建民族地区和谐校园的几点思考 ………………………………… 屈　军（230）
说写训练是构建民族地区中学生语文和谐课堂的关键所在 …… 郎爱军（233）
关于提高少数民族学生汉语能力的思考 …………………………… 郭怀德（237）
让幼儿在运用语言的过程中学习裕固族语言 …………………… 李少英（239）
民族文化在幼儿教育中的应用 ……………………………………… 索　蕊（243）
如何激发幼儿学习裕固语的兴趣 …………………………………… 索　蕊（247）
少数民族地区创建特色学校的几点思考 ………… 张廷文　黄秀丽（251）
结合牧区资源 提高学生素质 …………………… 王建霞　韩进学（254）
浅议学校如何巩固裕固族音乐文化的可持续发展 ……………… 王　毅（257）
甘肃省裕固族中学生心理健康状况 ……… 欧阳林　石　森　陈宗武（261）
牧区职业学校对学生艺术教育的培养 …………………………… 王小玲（263）
寄宿生课余闲暇时间的有效管理 ………………………………… 计建平（265）
牧区语文课中电化教学的尝试 …………………………………… 安文军（268）
关注课堂动态生成 焕发牧区儿童生命活力 …………………… 王晓玲（270）

文化传承

裕固族文化遗产述略 ……………………………………………… 钟进文（275）
乡土知识不可忘记——从几件小事说起 ………………………… 钟进文（286）

民俗志书写中的民俗"移植"现象——对《黄泥堡裕固族乡志》的
　　再思考 ………………………………………………………… 钟进文（293）
努力构建自我认同的地域和民族文化标志——读《肃南裕固族自治县
　　标准地名录》 …………………………………………………… 钟进文（300）
裕固族文字与古文献 ………………………………………………… 钟进文（307）
裕固族语言简介 ……………………………………………………… 钟进文（311）
西部裕固语的发展与传承困境 ……………………………………… 钟进文（316）
东部裕固语记音符号方案 ………………………………………… 照那斯图（321）
关于东部裕固语与西部裕固语统一记音符号的意见 ……………… 陈宗振（324）
也谈用统一的记音符号转写东部和西部裕固语问题 …………… 阿尔斯兰（327）

民族文化课例精粹

《裕固家园·劳动歌两首》教学课例 ……………………………… 凯忠军（331）
《裕固家园·裕固族的形成与发展》教学课例 …………………… 安冬梅（334）
《裕固家园·我们的家乡》教学课例 ……………………………… 樊旭平（338）
《裕固家园·摔跤、拉爬牛》教学课例 …………………………… 蔡世宏（342）
《裕固家园·独具特色的裕固族民歌》教学课例 …………………… 王 毅（345）
《裕固家园·制作红缨帽》教学课例 ……………………………… 毛彦荣（350）
《认识丰富多彩的民族工艺品》教学课例 ………………………… 余会义（352）
《酥油、曲拉的制作》教学课例 …………………………………… 蔺志英（354）
《裕固族的传统风俗——饮食习俗》教学课例 …………… 乔红军 胡燕琴（357）
《文化多样性的保护》教学课例 …………………………… 徐文萍 李志军（361）
《请到夏日塔拉来——牧家乐园》教学课例 ……………………… 王建霞（366）
《保护我们的金牧场——三季牧场的划分》教学课例 …… 王延军 王春梅（370）
《We love animals!》课外拓展教学课例 ………………… 巴玉环 孔海兰（373）

研究述评

成就与问题：中国裕固族教育研究六十年 ………………………… 巴战龙（381）
近五年来裕固族教育研究进展述评——以期刊报纸文献为例 …… 巴战龙（389）
近五年来裕固族教育研究进展述评——以研究生学位论文为例 … 巴战龙（397）
裕固族教育研究的学术精品——评《学校教育·地方知识·现代性：
　　一项家乡人类学研究》 …………………………………………… 海 路（406）
学校教育传承地方知识发凡——评《学校教育·地方知识·现代性：
　　一项家乡人类学研究》 …………………………………………… 姚 霖（414）
现代性·少数民族教育·民族志书写——基于两部裕固族教育人类学作品的
　　评论与反思 ……………………………………………………… 陈学金（421）

访谈纪实

十年学问苦　乡土情思深——访裕固族青年学者巴战龙……………铁穆尔（431）
裕固族教育研究：一个新兴的学术领域——访裕固族青年学者
　　巴战龙………………………………………………………………铁穆尔（440）
为了裕固族的明天——甘肃省肃南裕固族自治县第二中学校本课程
　　开发纪实………………………巴战龙　金清苗　黄宫亮　赵淑岩（447）
裕固族学校教育　七十年铸就辉煌………………………………巴战龙（450）
聆听和尊重"地方教育家的心事"——人口较少民族教育研究札记……巴战龙（455）

附　录

肃南裕固族自治县各学校校刊简介………………………………达隆东智（461）
肃南裕固族自治县教育大事记……………………蔡世宏　安维武　屈军（464）
裕固族历史文化读本…………………………………………………阿尔斯兰（481）

后　记

教育发展概况

肃南裕固族自治县改革开放以来教育发展综述
肃南裕固族自治县第一中学简介
肃南裕固族自治县第二中学简介
肃南裕固族自治县职业技术教育中心简介
肃南裕固族自治县明花学校简介
肃南裕固族自治县康乐明德学校简介
肃南裕固族自治县马蹄学校简介
肃南裕固族自治县祁丰学校简介
肃南裕固族自治县红湾小学简介
肃南裕固族自治县铧尖明德小学简介
肃南裕固族自治县泱翔中心小学简介
肃南裕固族自治县东滩小学简介
肃南裕固族自治县大泉沟中心小学简介
肃南裕固族自治县幼儿园简介

肃南裕固族自治县改革开放以来教育发展综述

安维武

少数民族教育是国家整个教育事业的重要组成部分。积极发展民族教育，对于贯彻落实党的民族政策，提高少数民族文化水平、提高劳动者素质，尽快使民族地区摆脱贫困走向富裕，具有重要意义。

甘肃省肃南裕固族自治县成立于1954年。地处河西走廊中部、祁连山北麓，总面积2.4万平方公里。居住着裕固、汉、藏、蒙古等11个民族，总人口3.62万，其中农牧业人口2.43万，占67.1%。人口密度为每平方公里1.5人。

解放之初，肃南县的教育发展非常落后，几乎没有基础教育设施，只有极少的几所寺设小学，有几十名学生。到自治县成立时，全县有初级小学8所、学生307人，尚没有中学。1958年起，在县城和部分乡镇建起了初级中学，1970年，有了完全中学，初步形成了较为完善的基础教育体系。1978年，全县教育实行县、乡、村三级管理的模式，村村有小学，乡乡有中学，个别人口分散地还有教学点。虽然教育点多面广，孩子们足不出户就能享受教育，但教学条件差、师资力量不足、教学水平低、教学质量不高的问题异常突出。在党和国家的关怀重视下，肃南县的民族教育事业从小到大、从弱到强，培养了一大批各级各类少数民族人才，形成了适合民族特点的教育体系。特别是改革开放以来，肃南民族教育事业实现了历史性的变迁和跨越，进入了民族教育发展的黄金时期。

党的十一届三中全会以来，肃南民族教育事业取得的巨大成就主要表现在：

民族教育体系不断完善。经过多年的努力，目前，全县共有各级各类学校13所，撤并率达65.1%。其中完全中学、职教中心、城镇小学、幼儿园各1所，九年制学校5所，六年制学校4所；已建成寄宿制学校12所，占学校总数的92.3%。在校学生5026人，其中小学生2326人，初中生1488人，普通高中学生442人，职中学生179人，学前幼儿591人。有少数民族学生3261人，占学生总数的64.9%；裕固族学生1568人，占学生总数的31.2%。寄宿生2384人，占学生总数的47.7%。

"两基"水平大幅度提高。肃南县于1997年经省政府验收评估、原国家教委审查认定，基本实现"两基"目标，裕固族成为全国少数民族中继朝鲜族、赫哲族之后第三个实现"两基"教育的民族。1998年被国家教育部、财政部评为"全国扫盲工作先进地区"；2001年被省教育厅、财政厅、发展计划委员会评为

"全省'两基'工作先进县"。自实现"两基"后，继续推行"双线目标责任制"，加大控辍保学力度，在确保指标要求不降的前提下求发展。2008—2011学年度，全县小学适龄儿童入学率达到100%，初中阶段入学率均在98%以上，适龄残疾儿童入学率均在87.5%以上。15周岁人口中初等义务教育完成率均在99.4%以上，17周岁人口中初级中等义务教育完成率均在97.3%以上。城市流动人口子女和农牧村留守儿童全部按时入学，小学、初中适龄儿童少年都能在非服务区就近入学。

办学条件进一步改善。肃南地广人稀，居住分散，一般的办学模式成效甚小。在县教育局深入调研的基础上，结合牧民集中定居工程，按照"高中、初中向县城集中，小学、幼儿园向乡镇集中，大力建设标准化寄宿制学校"的思路，坚持走集中办学的路子。2007年以来，通过上级补助和地方配套共筹资1328万元，全面化解了"普九"债务，并先后争取到中西部地区初中校舍改造、农村校舍改造长效机制和扶持人口较少民族寄宿制学校建设等项目资金4300多万元，新建教学楼、寄宿楼18幢，新增校园建筑面积3.13万 m^2，小学生均校舍面积$8m^2$，初中生均校舍面积$19.8m^2$；县财政筹资560万元，开展校园环境绿化、美化、净化集中整治和校园文化建设；投资600多万元，实施中小学图书仪器装备工程，新增学校图书38000多册、仪器设备18000多台（件）；投资59万元，为9所寄宿制学校配备标准化灶具。各中小学均达到了"一无两有六配套"，教室、实验室、教师办公室、食堂、学生宿舍等基础设施齐备，校园环境良好，文化氛围浓厚；寄宿制学校学生宿舍、食堂、餐厅等辅助设施健全，全面消除了D级危房；小学生均图书达17.7册、初中生均图书达23.2册，教学仪器配齐率达到国家二类标准，基本实现了城乡学校教学装备和硬件条件均衡化的目标。

十五年免费教育全面实施。为全面落实教育惠民政策，着眼减轻牧区学生的上学负担，2007年，肃南县在积极落实国家"两免一补"政策的基础上，将高中阶段学生纳入"两免一补"范围，走在了全省前列。2008年，针对学生上学远的实际，为全县所有寄宿生落实了交通补助，实现了"两免两补"。2009年，免除各级各类学校寄宿生住宿费，并将学前教育纳入免费范围，实现了从学前教育到高中阶段"三免两补"十五年免费教育。并从2010年秋学期起，县财政每年补贴100多万元，在各学校全面实施学生健康营养工程，每天为每个学生提供一袋鲜奶。肃南县还把教育作为民生工程之一，制定实施《贫困大学生政府救助办法》和《考入重点本科院校学生奖励办法》。2009—2011年，筹措资金65.9万元，奖励救助大学生140人（次），奖励救助面达到25%。

教育管理机制改革成就显著。改革开放30年，肃南县教育管理机制改革随着国家经济体制改革的步伐一路走来。1978年，全县教育实行县、乡、村三级管理的模式，学校点多面广，但办学规模过小，办学经费不足，办学质量低下。1993年在国家教育政策调整的基础上，全县学前教育、小学教育、初高中教育的规模基本形成。基础教育投入以政府筹资为主、社会集资为辅的办学模式得到空前发展，人民群众办教育的积极性空前高涨。2005年，"以县为主"的教育管理机制已经形成，全县教师工资由县财政统一发放，确保教师工资按时足额发放，极大地调动了教育工作者的积极性。2008年，推行学校内部管理"五制"改革（即推行校长选聘负责制，改革学校领导机制；中层领导竞聘制，建立学校竞争机制；教职工全员聘任制，完善学校用人机制；岗位目标责任制，健全学校管理机制；校内绩效工资制，改革学校分配机制），民族教育均衡、协调、公平、持续发展的良好基础已经形成，肃南教育走向了内涵式发展之路。

教师队伍得到加强。2002年通过考试择优录用，彻底解决了全县民办教师问题。通过在职进修、自学考试、电大、函授教育等各种学历培训，至2004年全县小学、初中、高中教师学历合格率分别达到了98.4%、97.5%、66.7%。此后，加强教师队伍建设成了保障全县教育发展的重要内容：一是坚持教师资格准入制度和"凡进必考"的用人制度，面向全国高校毕业生引进高素质、专业化人才，使教师队伍不断得到优化。二是实施"名师"培养工程，建立骨干教师动态管理机制，实施"名师"培养工程。培养省、市、县三级骨干教师65名，市、县拔尖人才12名，陇原名师1名，县级名师11名，培养了一批示范带动作用突出的优秀教师群体。三是大力推优奖先，坚持每两年召开一次全县表彰大会，对教育工作中成绩优异的教师和集体予以表彰。每年设立10万元的高考奖金，用于奖励高考功臣；每年教师节期间，县委、县政府都安排走访慰问骨干教师和退休教师。2011年起，由县财政每年拨专款为农牧村中小学教师按照地域远近每人每月发放50~110元不等的交通补助费，积极营造倾心留人办教育、凝心聚力谋发展的教书育人环境。四是加强对口支援，从2007年秋学期开始，在落实张掖市五县区和市直学校对口支援我县教育工作的同时，在县内实施县城学校选派优秀教师到乡镇学校支教服务和乡镇学校教师到县城学校学习的双向培训制度。五是加强中、小学教师培训工作，2008年以来，累计完成67人次的校长培训和760多人次的教师全员培训。目前，全县有教职工536人，其中少数民族217人，占教师总数的40.4%；专任教师495人，教师任职资格合格率100%；其中小学教师239人，师生比为1：10，初中教师140人，师生比为1：11。校长岗位培训合格率达100%；全县各级各类学校均无代课人员；按课程要求配齐了中小学各学科教师。

教育科研成绩斐然。2004年以来，教育科研开始逐步成为有效实施课程改革，提高教师素质的重要措施。结合新课程改革的推行，学校积极构建校本教研体系，教学研讨、学科竞赛、听课评课、专题讲座、教学反思等活动丰富开展，促进了教师对教育理念的学习，一批年轻教师在教育科研活动中迅速成长。同时，学校鼓励支持广大教师开展教育科研活动，主动承担课题研究，扎实开展校本课程开发，推出了一批重要的教科研成果。2007年以来，全县共有33项科研优秀成果获省、市级奖励，少数民族校本课程《裕固家园》获全省社科三等奖、全省基础教育科研优秀成果一等奖。有多名骨干教师先后在国家、省、市中小学课堂教学大赛中获奖。2000年以来，累计有350篇论文在国家、省级、市级刊物上发表。教研活动的丰富开展，有效促进了全县广大教师教育理念的更新和教学方法的改革。

教育质量稳步提高。一直以来，"教学质量是学校的生命线"意识深深扎根于每一位师生的心中。"十五"以来高考报考人数和录取人数呈稳步上升趋势。从2001年报考107人逐年增加到2011年的261人，从2001年录取48人到2011年录取248人，高考录取率由2001年的44.9%上升到2011年的95.2%。2002年全县义务教育全面实施课程改革，2009年全省高中新课程改革开始实施。随着新课程改革的深入，学校和教师的教育观念不断转化，全面推进素质教育，提高教学质量，切实减轻学生课业负担，促进学生德、智、体、美全面发展成为教育、教学的主要追求。2011年，学生德育合格率达到99%；小学、初中毕业率均达到100%；小学毕业生升学率达到100%、初中毕业生升学率达到96.1%。小学、初中体育合格率达99%；高考成绩逐年提升，高考录取率达到95%。

学校在提高升学率的同时，按照德育为首、智育为主、突出特色、全面发展的育人思路，根据少数民族少年儿童能歌善舞的特点，以艺术教育作为实施素质教育的突破口，成立书画、音乐、体育、舞蹈、手工制作等课外兴趣小组，开辟学校艺术教育园地，推出了校园民族锅庄舞，丰富了中、小学生课外活动内容。组织开展校园文化艺术节，为师生展示个人才艺搭建平台。大力推进阳光体育运动，深入开展大课间活动。积极开展"双语"教学，在幼儿园和小学开设裕固语、藏语第二语言课堂，使少数民族青少年儿童能够掌握本民族语言，运用本民族语言进行日常交流对话，以促进学生全面发展。

信息化程度稳步提高。肃南县把"教育信息化带动教育现代化"作为促进城乡教育一体化、均衡化的有效手段，为各学校建起了微机室、多媒体教室和电子白板教室，装备了远程教育设备，生机比达到5.6∶1，师机比达到2∶1，实现了"三网合一"。2005年，中西部地区现代远程教育试点工作现场会在张掖市召开，马蹄学校（属农牧村学校）作为会议观摩点之一，其运用现代远程教育技术提高教育教学质量的做法受到了时任国务委员陈至立及与会专家们的肯定。信息技术教育的快速普及，为边远山区的教师和学子打开了更为广阔绚丽的视窗，引发了又一次教育创新和学习方式的根本性变革，成为教育质量的又一个增长点。

校园安全保障体系逐步健全。2009年，全县实施校园安全工程，投入400多万元，全面消除了校园安全隐患和D级危房，并从加强学校日常安全入手，全面消除校园水、电、暖、交通安全及学校危房等隐患，为学校聘请法制副校长和法制辅导员，招录专职保安，配备专（兼）职校医，协助学校开展形式多样的品德、法制、安全等教育活动，积极构建安全育人的环境。同时，通过严格落实安全工作一把手负总责，建立安全工作领导责任制和责任追究制，实行安全工作"一票否决制"，逐级逐校签订《校园安全工作目标责任书》，完善制度、强化措施、狠抓落实。

　　肃南教育在改革开放以来的发展成就，既是国家大政方针正确引导、民族倾斜政策支持的结果，也是全县各族人民努力奋斗的结果，也是教育领域坚持解放思想、实事求是、与时俱进、以改革促发展的成功实践。

　　2011年，甘肃省通过了国家"两基"验收工作。肃南县作为全省较早完成"两基"工作的民族县，已经较高水平地实现了"普九"任务。肃南县在全国教育发展的大环境下，自1997年实现"两基"以来，以不断巩固和提升"两基"成果为着力点，实施了学校布局调整、标准化寄宿制学校建设、学校内部管理体制改革、普及十五年免费教育等奠基性工程，促进了民族教育事业的快速发展，有效地解决了群众子女"有学上"的问题，成为全县基础教育现代化发展的重要转折点。但作为一个以农牧业为基础的少数民族自治县，由于地理、经济、社会发展等条件所限，基础教育在初级均衡发展阶段上还存在诸多问题：一是教育经费的保障机制还不够完善。二是学前教育和高中阶段教育普及水平不高，学前三年教育还没有全面普及。三是教师队伍整体的专业化水平质量不高。教师教学观念陈旧，知识结构比较单一，教育教学方式相对落后的现象还普遍存在。四是教学质量与人民群众的总体期盼还有差距。五是学校文化建设缺乏内涵，特色不够突出。各学校普遍存在校园文化建设层次不高、主题不明，没有很好地凸显本地特色。由于场地、器材等条件所限，学生的校园生活相对单调、枯燥，尤其是针对周末不能回家的寄宿生显得尤为突出，不利于学生身心健康及全面发展。

　　"十二五"时期，随着《国家中长期教育改革和发展规划纲要（2010—2020年）》贯彻实施，大力推进素质教育，深化新课程改革，全面提高学生素质，促进义务教育均衡发展，实现教育公平，办人民满意的教育成为全国教育发展的大任务。肃南县的基础教育发展也将面临新的历史机遇和挑战，怎样实现肃南民族教育事业科学内涵发展、实现二十五年免费教育、实现教育基本现代化，以不断满足群众子女享受公平优质教育的需求，将是摆在全县每个教育工作者面前的重大责任。

[作者简介]

　　安维武（1970—   ），男，裕固族，甘肃肃南人，中学高级教师、肃南一中校长，主要从事裕固族学校教育研究。

肃南裕固族自治县第一中学简介

安维武

肃南一中坐落在青松葱郁的祁连山下，奔腾不息的隆畅河边。校园内环境怡人，松柏参天、繁花似锦、芳草如茵，充满了勃勃生机和浓郁的文化气息。

历史沿革：肃南一中的前身是肃南初级师范班，始建于1957年。肃南县为培养小学教师于1957年春筹建了初级师范班，学制为三年。因无校址，暂借于红湾小学，当时只有从西北师范学院天水分校专科毕业的赵浦和郭映文两同志任教。同年秋，县委决定在初级师范班的基础上成立"甘肃省肃南裕固族自治县中学"。1958年4月，从酒泉中学调郑连泾同志到肃南中学任教，同年9月肃南县人民委员会（肃南县人民政府）任命郑连泾为肃南中学教导主任，并主持学校工作。1958年春，学校选址于隆畅河南岸，修建了校舍40间，秋季招收初中生53名。1959年3月，学校随县城迁往皇城镇。同年12月又迁回红湾寺镇。1960年3月，肃南县委、肃南县人民委员会（肃南县人民政府）决定成立中学、师范联合校务委员会，任命郑连泾同志为校委会主任，同年8月中学、师范、小学联合党支部决定让郑连泾兼任党支部书记（至1966年7月）。1968年，学校工作由毛泽东思想工农宣传队接管。1969年春，学校和红星小学（红湾小学）合并改为九年一贯制学校，分为中学部和小学部，并开始招收高中班。1972年，中学与红星小学分离，建成完全中学。1977年11月，学校实行初中三年和高中二年分段的五年学制，统一为秋季招生。1978年2月，肃南县中学改名为肃南裕固族自治县第一中学。20世纪80年代，随着国家学制改革，高中建成三年学制，至此，学校发展为六年学制的完全中学。1999年后，学校成为全县唯一的一所完全中学。

办学规模：学校现有24个教学班（初中12个班，高中12个班），在校学生907人（初中465人，高中442人），其中女生占47.7%，少数民族学生占55.8%，住校生326人。现有教职工92人，专任教师85人，学历合格率达100%，有省、市、县三级拔尖人才和骨干教师20人，占专任教师的30%以上。中学高级教师25人，女教师31人，少数民族教师39人。教师平均年龄37.8岁。学校基础设施建设不断加强，1989年建成教学楼，1997年建成学生公寓，2004年建成科技楼，2007年建成教师公寓和师生餐厅楼，2008年建成校门和浴室开水房，2010年建成学生2号公寓，2011年建成校园围墙。科技楼内设有8个标准物理、化学、生物实验室；有可容纳420人的阶梯教室和260m^2的练功厅；有音、体、美专用教室和2个多功能语音室；有3个微机室和1个多功能电子白板教室，生机比达到6.5：1，师机比达到1：1，初中各班都安装了电子白板，高中各班都安装了投影仪，实现了"三网合一"和"班班通"，提升了学校现代化和信息化的办学水平。现在，学校教学设备齐全，生源充足，办学规模不断提高，办学效益不断扩大。

办学思想：办学思想能秉承传统、维系学脉、增强师生的凝聚力、荣誉感和责任感。作为自治县唯一的一所完全中学，教育教学的高质量永远是学校的生命线，为牧区建设培养合格人才是学校的永恒追求。全体一中人应该以"养青松正气，法祁连铮骨"的校训勉励自己，团结奋进、锐意改革、开拓创新，努力把学校办成民族教育的品牌学校。

校风：团结协作、追求卓越

教风：乐于奉献、敏于学习、勇于创新、善于反思

学风：乐学、勤学、会学

校训：养青松正气、法祁连铮骨

办学理念：以人为本、特色发展

办学目标：强化初中、提升高中、争创民族教育品牌学校

发展战略：质量立校、改革兴校、特色活校、科技强校

队伍建设：百年大计，教育为本。教育大计，教师为本。在一中发展的历史中不乏优秀教师的涌现，有多名教师先后被国家教育部表彰为"全国模范班主任"和"全国优秀教师"。近年来，学校更加注重教师队伍建设。通过强化管理和制度建设以规范教师的师德师风；通过"走出去、请进来"的方式促进教师的学习与交流；通过"结对子，引路子，压担子，搭台子"的方式加强青年教师培养；通过过"三关"上"四课"和教学观摩的方式提高教师教学技能；通过竞赛、评优等形式突出骨干教师的引领作用；通过实施"7233"模式的"名师工程"，使教师队伍的整体素质有了实质性的提高。学校从2007年开始，充分利用县委、县政府优惠政策面向全省招聘优秀大学生来校从教，为一中的可持续发展储备了坚实的人才基础。

教学管理：2007年以来，学校在实验的基础上开始推行内部管理"五制"改革，实施级主任管理制、班主任选聘制、教职工聘任制、岗位责任制、绩效工资制，形成了"待遇有高有低，教师能进能出，干部能上能下"的动态管理机制，先后制定了《肃南一中内部管理体制改革实施办法》和《肃南一中教职工教育教学事故认定及处罚办法》等核心管理制度，根本性地优化了学校的管理环境。在日常管理中，以教学管理为中心，突出学生行为和教学规范两个方面，狠抓检查落实和量化评比，落实学校、年级组和学生各司其职的值日制度、教职工和班级工作的"三评一量化"制度、教学检查制度、学生日常管理制度等，走制度化和规范化管理之路。

科研状况：学校立足于牧区教育实际，坚持以科研为先导，以新课程改革为契

机，以更新理念、优化管理和提升教师为目标，以课题研究为抓手，以教研组活动为载体，形成人人参与、人人受益的科研氛围。近五年来，学校教师在省级以上刊物共发表论文149篇，辅导学生在各级各类竞赛中获奖35人次。在教育部门的各级各类评比中有15项课题、45人次优质课、69篇论文、104个课件获奖。通过国家级鉴定课题1项，省级鉴定课题4项，获得全国和全省科技创新奖2项。2008年学校成立"隆畅河文学社"，创办学生刊物《隆畅河》。2011年，学校申报的课题《人口较少民族的教育特色研究——以裕固族为例》被确立为全国教育科学"十二五"教育部重点课题，以研促教深入人心，科研兴校初见成效。

学校成绩：建校以来，学校先后荣获肃南县"教育系统先进集体"、"县级文明单位"、"家长示范学校"、"县级平安学校"、"未成年人思想道德建设示范点"、"国防教育示范点"、"廉政文化建设示范点"，荣获张掖市"卫生模范单位"、"德育工作先进学校"、"五四"红旗团委、"精神文明单位"、"张掖市教育系统先进集体"，荣获甘肃省"五四"红旗团委、"民族团结进步先进集体"和全国"德育工作创新先进学校"等荣誉称号。近年来，学校连续荣获肃南县教育系统目标责任考核一等奖，连续五年被县委考核为"好班子"。2009年高考录取率为84.3%，本科率为49.1%；2010年录取率达到94.6%，本科率达到60.9%；2011年又创新辉煌，高考录取率达到96.74%，本科率达到65.22%。

发展现状：近年来，学校以十七大精神为指导，全面落实科学发展观，突出教学质量这一中心，抓好学校改革和备战高考两个重点，推进名师培养、管理精细、校园文化三项工程，实施质量立校、改革兴校、特色活校、科技强校四大战略，各项工作蓬勃向上，奠定了发展之基。学校精神文化日渐彰显，"强化初中、提升高中，争创民族教育品牌学校"的办学目标已成为学校发展的指针；学校特色逐步显现，以民族团结为核心的"书香、数字、快乐、和谐"四大特色校园建设初见成效；办学规模不断扩大，学生生源跃居800人以上；教学改革逐步深入，有效性教学稳健起步；体制改革强势推进，学校管理日趋完善；教师队伍不断加强，"名师培养"工程效果突出；办学条件不断改善，教学仪器达到中学二类标准，夯实了标准化学校建设的根基。教学质量稳步提升，高考录取率超越了全省平均水平。2006年以来结合国家"两免一补"，不断扩大免补范围和数量，至2009年我县学前班到高中阶段学生全部享受"三免二补"（免学费、课本费、住宿费，补生活费、交通费）的全免费教育，办学效益不断提高。

发展思路：今后，学校将立足实际，以全新的教育理念，独特的办学方式，不断突出以人为本的管理特色、合格加特长的培养特色、文科优势的学科特色、民族文化的课程特色、低进高出和全进全出的质量特色。坚持以教学质量为中心，树立学生全面发展的质量观；以突出民族团结为特色，创建"书香、数字、快乐、和谐"四大特色校园；以深化学校改革为动力，构建课堂教学新模式；以提升教师素质为抓手，促进教师专业全面发展；以实现文化管理为目标，提升学校办学品味；力争通过5年左右的努力，使学校基础设施得到明显改善，教育教学中存在的突出问题得到有效解决，基础设施保障水平、师资保障水平、自我发展能力大幅提升，学校成为人文底蕴深厚、教育理念先进、教风严谨、学风淳朴、环境优美、设施齐备、管理规范、质量一流的品牌学校，成为全县教育的标杆，成为全省民族教育的品牌学校，成为西部地区民族教育的一面旗帜！

民族文化特色教育：文化是一个民族综合特征的反映，是民族凝聚力和创造力的重要源泉。肃南一中历年来就注重民族文化教育，充分依据《裕固家园》、《走遍肃南》等校本课程，通过教学渗透、兴趣小组、文艺会演、竞赛评比、课题研究及布置民族文化长廊，建设裕固族乡土知识传承网站等途径全面开展民族文化教育活动。1997年，学校被评为"全省民族团结先进集体"。2011年，学校为了响应自治县民族文化发展方针，展示裕固族语言魅力，举办了"裕固族口语竞赛展示会"，拉开了学校进一步传承裕固族语言的序幕。

教育路途任重道远，牧区教育的坦途更加漫长坎坷，一中人在奋斗中前行，在思索中成熟，全校上下正以饱满的热情不遗余力地谱写着牧区教育的新篇章。

（作者系肃南裕固族自治县第一中学校长）

肃南裕固族自治县第二中学简介

张爱国

肃南二中为九年一贯制寄宿学校,位于肃南裕固族自治县皇城镇,是距肃南县城最远,规模最大的基层学校。

历史沿革:1959年秋建校,学制六年,起名皇城小学。1969年初,小学附设初中班;1971年附设高中班。同年,随皇城区交永昌县管辖后,校名改为永昌县第三中学。1972年又随皇城区交肃南县,校名定为肃南裕固族自治县第二中学。1982年秋,将小学部分离为北滩小学,二中变为六年制普通中学。1983年改为肃南县牧业中学,学制六年,初中开设普通课程,高中加授畜牧、兽医等课程。1989年秋又恢复为肃南裕固族自治县第二中学。1999年秋学期开始不再开设高中班,变为三年制独立初中。2005年秋与北滩小学、马营小学合并,建成九年一贯制寄宿学校。

办学规模:肃南二中服务于皇城镇18个行政村,生源由裕固、藏、回、蒙古、土、满、汉7个民族构成。学校现有教学班18个,学生600余人,其中少数民族学生390人,占学生总数的64.9%;裕固族学生212人,占学生总数的35.3%;寄宿生271人,占学生总数的45.1%。现有专任教师52人,学历合格率100%。其中本科学历22人,专科学历21人,中专学历9人;初级职称22人,中级职称23人,高级职称2人,无职称人员5人。在52名教师中,各级骨干教师12人,省青年教学能手1人,县级名师2人。现在学校生源充足,教师队伍稳定,发展基础雄厚。

办学思想:在近半个世纪的发展中,肃南二中形成了"以人为本,和谐发展"的办学理念,确立了"以生为本,质量立校、人才兴校、科技强校、特色显校"的办学宗旨和"创牧区一流学校,办人民满意教育"的办学目标,凝练了"教人求真,学做真人"的校训,突出了"抓校本教研,促有效教学"的办学特色。

队伍建设:教育的发展靠教师。学校创造性地通过各种途径,促进教师专业发展,增强创新能力。一是通过赴外培训来转变教育理念,并要求参训教师回来后做好培训的交流、汇报工作,保证培训的效果。二是通过校本培训来改进教学方式,以"合作学习教学策略"、"课堂有效教学研讨"等专题培训来解决教学中的实际问题,通过组织教师撰写教研论文、教学反思、开展课题研究来加深对教育现象的思考。三是通过培养骨干教师来引领普通教师的成长。学校还结合"创先争优"

活动的开展，出台了《肃南二中校级骨干教师选拔与管理办法》，力求对骨干教师进行严格管理，形成优胜劣汰的骨干教师选拔机制。四是通过奖励机制来激发教师的工作热情。学校通过工作绩效、科研成果、优秀教师、妇女标兵、教学新秀、阳光教师等各类奖励制度和荣誉称号表彰奖励工作突出的教师，极大地激发了广大教师的工作热情。

教学管理：2008年，学校立足"五制"改革，制定了《肃南二中内部管理机制改革方案》，全面实行级主任管理制、班主任选聘制、教职工聘任制、岗位责任制和绩效工资制，创新了管理机制。为了进一步细化管理，学校制定了《肃南二中精细化管理细则》，形成了"两线三层"的管理框架。一条线由分管政教后勤的副校长领导政教处、年级组、学生寄宿管理人员组成的以政治思想教育和日常管理为主的学生管理梯队；一条线由分管教学的副校长领导教导处、科研室、学科组负责教学管理、教学研究、教师队伍建设为主的教学管理梯队。校长处于决策层，负责宏观决策与过程导向、监控；副校长处于组织层，负责制定策略，组织实施；各处室组为执行层，负责执行决定，落实到位。

科研状况："抓校本教研，促有效教学"是肃南二中最显著的办学特色。学校历来重视教学研究，形成了以开发校本课程为主体，辐射带动有效教研活动的格局。2003年至今，学校共有13项课题结题，有2项课题分别通过了高校基础教育研究中心、全国教育科学规划办和总课题组的联合鉴定，7项课题通过省级鉴定，其中2项课题获得省级奖励，9项课题获得市县级奖励，教师共有30多篇论文在市级以上刊物发表。通过课题研究，学校获得了足够的发展动力，一次次地推动了办学思想、教学改革、队伍建设、校本教研等工作的创新。学校在全县率先开发了《裕固族乡土教材》、《多元文化乡土教材——甘肃省肃南裕固族自治县第二中学校本教材》、《初中课程学习助力》三套校本教材，率先建成了"裕固族乡土知识专题学习网站"，率先将民族文化传承贯穿于教育教学活动之中，创新了"课间操"，率先创刊印行了校刊《皇城教育》（后改名为《寻路》）及校报，率先建构了"以课题为带动、以专题研讨为核心、以队伍建设为长效、以科研室为统筹、以教研组为抓手"的校本教研机制；率先开展了有效性教学探索与教学模式改革；率先实践了"突出一批、带动一批、发展一批"的教师培养模式，创造性地提出了学校开展教育科研的"五个有利于"观点。学校先后被科研单位确定为"国家985工程项目实验学校"、"全国民族中学教育协会成员校"、"全国中学教育科研联合体成员校"。

学校成绩：1998年和2004年，学校分别被肃南县委、县政府评为"教育系统先进集体"；2003年学校党支部被肃南县委评为"先进基层党支部"；2005年学校荣获"全国第四届小公民思想道德建设活动集体一等奖"。学校小学部于2003年、中学部于2006年分别被张掖市政府确定为"普通小学办学水平示范校"和"普通初级中学办学水平示范校"。2009年，学校被张掖市委表彰为"精神文明建设先进集体"和"文明单位"。2008—2010年，由于学生毕业会考成绩优异，学校连续三年荣获"肃南县教育系统目标责任考核"一等奖。

发展现状：近年来，学校依托"农村中小学危房改造工程"、"农村初中校舍建设工程"、"校安工程"等项目，修建了教学综合楼、幼教综合楼、学生公寓楼、学生餐厅、浴室和运动场。拥有高标准物理、化学、生物实验室和仪器室各1个，各类教学仪器298种1939台（件）；有美术室、音乐室、多功能语音室、多媒体室、网络室等各类功能教室。建有图书室，藏书达2万多册，生均图书20余册。信息技术教育实现了跨越式发展，学校于2003年通过教师集资建成了肃南县基层第一个计算机教室，2005年建成了微机室和网络室，2006年建成了肃南牧区第一个学校网站和校园网络管理中心，2008年实现了"网络班班通"，2011年装配了4个电子白板教室。现在，学校各类教学设备基本能满足日常教学需要。

发展思路：一是完善机制，在管理难点上谋突破。学校要抓住寄宿制学校管理和学生行为养成这两个管理上的难点，进一步完善管理机制，着力推进全员、全程、全方位的育人格局，努力以精心的态度、精细的过程、精品的课堂来培育优秀人才，使管理绩效得到显著提升。二是创新载体，在校园文化上显特色。学校要立足于校本课程，进一步丰富实践过程，建设民族文化传承特色学校；要继续完善学习制度，倡导读书交流，打造书香校园，积淀文化底蕴；要持续深入地推进教学研究，抓校本教研，促有效教学，加快发展力和创新型学校建设。三是抓住根本，在队伍建设上求发展。学校要根据青年教师所占比例大这一现状，按照"突出一批，培养一批，发展一批"的原则，通过岗位管理、学习教研、督查督导、评估竞赛等多种途径，狠抓青年教师队伍和骨干教师队伍建设，努力提高队伍的整体素质。

民族文化特色教育：肃南二中始终注重民族文化特色教育。2005年，学校开发"裕固族乡土教材"，内容涉及裕固族的居住区的地理状况、裕固族的演变历史、传统体育、民间美术、文学作品等知识，并在每学期安排15个课时组织学生学习。为了更广泛地传播裕固族文化，肃南二中又依托课题研究，建设了裕固族乡土知识学习网站，让学生依据计算机网络广泛地学习和了解本民族丰富的历史和文化遗产。2008年，学校开发的《多元文化教材》涵盖了皇城镇的历史沿革、风土人情、民族习俗、生产劳动、旅游开发等内容，仅在实验教学期间就对学生进行生计教育、环境教育、创新教育和民族文化传承教育达400多课时。教材出版后，引起了社会各界的广泛关注，肃南二中也应邀参加了全国第一届乡土教材开发研讨会。

为了更好地传承民族文化，教师还将民族文化的各种元素融入到各项教学活动中。如在体育课教学中，加入了民族传统体育项目，将锅庄舞开发为"校本课间操"，学校运动会中也有民族体育的竞赛项目；在美术课教学中，也有民族工艺品制作、剪纸、绘画的内容；音乐课上还让学生学唱裕固族歌曲，肃南二中的校歌《可爱的校园》也是一首裕固族风格的歌曲，为校园增添了浓郁的民族色彩。

今后，肃南二中全体教职工将齐心协力，为将学校建成全省牧区高标准的寄宿制示范学校而努力奋斗。我们坚信肃南二中的明天将会更加灿烂辉煌。

（作者系肃南裕固族自治县第二中学校长）

肃南裕固族自治县职业技术教育中心简介

史千云

历史沿革：肃南县职业技术教育中心成立于1995年，由原肃南县民族中学改建而成。建校初期，学校只有寥寥无几的几栋旧平房，专业课教学设施一贫如洗，学生总数不足百人，是一所办学条件较差的"微型"中职学校。1996年11月，学校向省教育厅申请到专项贷款10万元，在本县许三湾开办农场，从此经历了"养猪养羊、开荒办厂、吹拉弹唱"三个阶段，走上了发展牧区中等职业教育的艰辛之路。

办学规模：学校总占地面积5.6万 m^2，建筑面积6900m^2，有集声乐、舞蹈、练功、微机、实验办公为一体的综合楼一幢，教学楼一幢，师生公寓楼、食堂、浴室等基础设施。有高标准练功厅2个，多媒体教室6个，网络室、计算机教室各1个，远程教育接收站2个，计算机61台，生机比3∶1；有钢琴室、音乐室、器乐室5个，教学钢琴17架；有各类管弦乐器180余台（件），图书6200余册。学校共有学生547人，其中电大学生231人，中职生316人，分设8个教学班。近年来学校招生形势逐年看好。2008年招生111人，2009年招生94人，2010年招生185人，均超额完成上级部门下达的招生任务。

办学思想：

校　　风：铸德、精艺、强技、立业

教　　风：身正、善教、敬业、爱生

学　　风：自信、勤学、诚实、守纪

校　　训：传承创新、德艺双馨

办学理念：以人为本、立足技能、全面发展

办学目标：用一流的标准管理好学校、用科学的精神建设好专业、用真诚和关爱教育好学生、用服务的理念发展好教师

培养目标：得艺兼优、身心两健、自强自立、全面发展的适应社会的创新技能人才

队伍建设：学校现有教职工47人，其中专任教师33人，学历达标率达97.8%。在专任教师中，有高级职称教师4人，中级职称教师19人，双师型教师4人，县级骨干教师5人。学校为打造一支"师德高尚、结构合理、素质优良、专兼结合"的中职师资队伍，采取了多种措施：一是完善管理制度，确保教师创先

争优。学校制定了《教师技能考评标准和办法》、《教职工工作考核方案》等规章制度，通过建立和推行目标责任制来激发教职工的工作积极性。二是重视教师培训。学校聘请河西学院教授来校举办现代教育教学理论、心理健康等专题讲座，还采用校内与校外培训相结合、点和面培训相结合、理论与实践相结合的方式对教师进行多层次培训。三是以名师建设为窗口加大骨干教师、学科带头人的队伍建设力度，以教改实验课、骨干教师和学科带头人示范课等形式，发挥骨干与名师辐射和引领作用，促使教师队伍快速成长。四是高度重视对青年教师的培养，坚持对青年教师岗前培训、岗位跟踪、达标考察的培养机制。五是大力加强双师型教师队伍建设。学校针对"双师型"队伍建设的实际需要，充分利用现有的教师资源，开发与引进结合，培养与使用并举，有目标、有计划、按梯队地建设"双师型"师资队伍。

教学管理：为了强化常规教学管理，学校领导和中层干部各抓一条线，管一个面、上一门课、蹲一个点、下一个班。同时不定期开展随堂听课、抽查作业批改及试卷评讲，从细节抓起，做到学年开学对新教师有了解性听课，对教改的教师有跟踪性听课；对有经验的教师有学习和推广性听课，并要求对所听的课进行评议和分析研究。为了培养学生自觉学习的习惯，学校制定了教师课堂讲授时间不得超过三分之二、不得占用学生晚自习讲课等规定，并通过教学"六认真"检查、反思性教学总结、教案检查、优质课竞赛和新教师汇报课等形式对教学行为进行导向、激励、制约和调整，有效地促进了课堂教学质量的提高，素质教育实施面达100%。

科研状况：学校有完善的《教育科研成果奖励办法》，极大地调动了教师参与科研的积极性。近几年，教师中有10多人荣获国家、省、市、县奖励，其中1名教师荣获说课比赛国家级二等奖，2名教师分别获省级教学竞赛一等奖和省级基础教育成果教学论文三等奖，2名教师分别获县级课堂教学竞赛二等奖、三等奖，5名教师分别在全市职业学校技能大赛中获优秀辅导奖、学校荣获团体三等奖。共有20篇论文在市级以上刊物上发表，其中省级15篇，市级5篇。

学校成绩：从1995年至今，学校先后被确定为"张掖市劳动力转移培训定点机构"、"国家星火科技培训学校"、"肃南县教师进修学校"、"清华大学远程教育资源扶贫工作站"、市级"绿色文明单位"。先后荣获"张掖市职业教育成人教育先进单位"、"张掖市劳务输出先进集体"、"张掖市优秀基层党组织"、"张掖市精神文明先进集体"、张掖市"五四红旗团委"、"肃南县文明单位"、"肃南县法制宣传教育先进单位"等荣誉称号。1998届学生代表甘肃省参加全国计划生育文艺汇演，裕固族民俗舞蹈《祝福歌》获得银奖；2003届学生参加全省职业学校广播体操比赛获三等奖；2004届学生表演的《盅碗舞》在首届张掖市"电信宽带杯少儿舞蹈"大赛中获得二等奖。2010年，我校民族艺术班的兰鹏程和仁毛同学分获全国校园歌曲选拔总决赛金奖和二等奖，另有三名同学获全省二、三等奖和全市一、二等奖，这是学校历史以来获得的最高殊荣。2011年，省市职业学校学生技能大赛中，有1人获省级一等奖，2人获省级二等奖，2人获市级一等奖，4人获市级二等奖，1人获市级三等奖。

发展现状：为了使牧区职业教育步入正轨，学校先后开办了农学、畜牧、市场营销、电算会计等专业，但由于受市场经济和农牧民群众对职业教育的认识了解不够、学生就业低等现状的影响，使职业教育的发展受到阻碍。因此，学校根据市场发展情况和需求，创新办学模式，把研究社会需求、适应市场变化放在首位，结合自治县旅游资源丰富的实际和民族学生能歌善舞的特点，经过不懈努力，终于形成了以民族艺术、幼师与艺术教育、旅游服务与管理专业为主的办学特色。目前，学校共开设了6个专业，分别为民族艺术、艺术幼师、文秘、旅游服务与管理、机械数码控制和社区服务与管理专业。其中民族艺术专业为省级60个骨干专业之一。

发展思路：学校以争创全国百所示范性职业学校为奋斗目标，坚持以培养知识加技能的双型人才为中心，突出招生与就业"两个重点"，抓好精细化管理、高效化教学和人性化服务"三个环节"，做好长班与短训相结合；特色与市场相结合；学校、政府与社会相结合；知识与能力相结合的"四个模式"的办学思路。始终坚持以市场为导向，坚持根据市场需求设专业、根据企业要求定课程、根据岗位标准练技能、根据社会评价验质量，努力推进学校跨越发展。

民族文化特色教育：在民族艺术、旅游服务与管理专业的教学中，民族文化是主要的教学内容。同时，学校组织专业教师编写了系统的舞蹈专业校本教材——《裕固族舞蹈》，在专业课教学中效果明显。学校民族艺术专业先后与九寨沟艺术团、嘉峪关艺术团、张掖艺术团、萌萌艺校、北京世学中心、北京海军第四招待所等十几家艺校及企业建立良好的合作关系，对宣传肃南民族文化起到了很好的促进作用。

（作者系肃南裕固族自治县职业技术教育中心主任）

肃南裕固族自治县明花学校简介

郭怀德

历史沿革：明花学校创办于1939年（民国二十八年），当时取名为莲花寺初级小学，1941年9月（民国三十年），更名为莲花寺建初级小学。1956年9月，莲花寺初级小学扩建六年制完全小学。1958年，明海寺初小撤并入莲花寺初级小学。1961年，又恢复了明海寺小学，同时新建了前滩初级小学。1962年，莲花寺小学更名为明花区学校。20世纪70年代，明花区学校和明海寺小学相继开设初中班。1994年建立许三湾学校，1999年设置初中班，并改名为"许三湾电力希望小学"。2002年许三湾电力希望小学与明花区学校合并为明花区学校，2003年更名为明花学校，为九年制寄宿制学校。

办学规模：明花学校位于肃南县明花乡许三湾村，地处巴旦吉林沙漠边缘，占地面积22220m^2（生均54.5m^2），建筑面积5221m^2（生均12.8m^2），服务半径105公里。学校现有教职工61名，专任教师50名，其中中高级职称18人，教师学历合格率100%；共有12个教学班，408名学生，其中少数民族学生201名，裕固族136名，占全体学生的33%；住校生328名，占全体学生的80%。

办学思想：

校　　风：明德、严谨、合作、创新

教　　风：勤学、善思、文明、守纪

校　　训：循礼、博学、敬业、爱生

办学宗旨：一切为了学生、为了一切学生、为了学生一切

管理理念：民主、科学、和谐、实效

办学精神：严、活、苦、巧

治校方略：以德立校、依法治校、教研兴校、质量强校

办学特色：使每位教师都能体现自己的价值、使每个学生都能享受成功的喜悦、使每个人都能感受和谐的氛围

队伍建设：学校通过组织教师认真学习《教师法》、《中小学教师职业道德规范》，并制定了相应的考评细则，不断加强教职工职业道德建设；通过开展教学大比武、优秀课件展评、名师工程、"传、帮、带"、课题研究等措施，加快了教师的专业化成长。学校还重视德育教师队伍的建设，形成了以班主任、家长委员会和法制副校长为骨干的德育队伍。

教学管理：近几年来，学校完善工作制度，努力实现精细化管理，制定出台了《明花学校教学目标管理方案》、《教师工作量化评分细则》等管理制度。学校定期对教案、作业批阅情况进行集中检查，详实记载，利用教研组活动时间或教职工例会进行反馈，并将评价结果作为教师学期业绩考核的依据之一。学校注重课改，研创了《教师评课评分十标准》，认真开展有效性课堂教学研究活动。

科研状况：通过不懈努力，学校先后有15位教师在市、县优质课评选中获奖，5位教师在市、县课件大赛中获奖。有8位教师承担省、市级课题研究，有30多篇论文获奖，68篇论文在不同级别的刊物上发表。

学校成绩：在上级主管部门的大力支持和全校教职员工共同努力下，我校的教学质量取得了较大的提升，2008—2010年小学毕业年级学生全科合格率全部为100%，小学毕业率为100%。我校九年级的杨帆同学在2010年全国中小学生英语知识竞赛活动中荣获第三名。2001年至今，学校先后荣获县级"家长示范学校"、"诚信学校"、"平安学校"、"青年文明号"、"教育系统先进集体"等称号。

发展现状：学校现拥有教学楼、学生公寓楼、师生餐厅，建设了高标准的理、化、生、科学实验室、多媒体电子白板教室、微机室、语音室、图书室（藏书3581册）、阅览室、舞蹈室、德育室等设施，办学条件得到了极大改善。学校管理也实现了由精心到精细的转变、由精细向精品的跨越，开创了学校工作的新局面。但学校也存在着诸多困难：一是教师更换频繁，教学骨干调出人数多，造成了师资队伍相对薄弱。二是学生转学频繁，部分学生随父母来我乡打工，转入我校就读，由于住所不定，中途转入和转出现象较普遍，影响到学生的成绩。三是由于资金缺口大，运动场的建设、公寓楼周边硬化等工程无法启动，现代化教学仪器显得不足，致使分组实验开出率低，无法满足现有的教学需求。

发展思路：今后，学校将从教师发展、学生发展和特色发展三个角度出发，以推进学校的快速发展：一是加强教师队伍建设，促进教师专业成长；二是规范办学行为，促进学生全面发展；三是依托地域特色，开发校本课程，深入传承和发扬乡土文化，打造"乡村少年宫——兴趣爱好小组"品牌，最终提升学校的办学品位，更好地推进素质教育。

民族文化特色教育：学校启动乡村少年宫建设工作，把"乡村少年宫——兴趣爱好小组"活动纳入常规化管理，设置了音乐、舞蹈、书法、手工制作等十五个兴趣小组，每周确定了兴趣小组大课间活动课，为师生搭建展示的舞台。学校还开通了"沙枣花"校园广播，并发行校刊《海子》和校报《驼铃声声》，为师生提供了一个互相交流、展示自我的平台。

（作者系肃南裕固族自治县明花学校校长）

肃南裕固族自治县康乐明德学校简介

贺德颖

历史沿革：康乐明德学校是根据自治县实施集中办学、优化整合教育资源的远景规划，将康乐、白银两乡原有的三所学校（原康乐区学校、白银小学、青龙小学）撤并后新建的一所九年寄宿制学校。

解放前，康乐、白银境内没有学校，祖辈过着点豆计数、结绳记事的生活。1952年，办起了第一所小学，有教师1人，学生19人，开设语文、算术两门课程。1953年，原康乐区各乡建起了初级小学，并设立了藏文班；白银乡小学设立了蒙文班。1958年，各大队都办起了学校，开始大力发展民族基础教育。1963年以后，全区有初小三所，入学儿童41人。1965年2月，在红石窝生产队建一所学校——"马背小学"。随之原康乐区9个牧业生产队也相继办起了"马背小学"。1972年，全区建成七年制学校1所，五年制小学7所。1975年，红石窝"马背小学"被树立为全国牧区教育先进典型。1979年9月2日，经县教育局研究，同意将榆木庄和黑窑洞小学合并为一所学校，校名定为"肃南裕固族自治县白银公社小学"。2005年8月，康乐学校初中部和白银小学整体搬迁至康乐明德学校进行重组，新建成了现在的康乐明德学校。

办学规模：学校现有教学班级9个，附设学前班1个，在校学生205名，其中初中生81名、小学生109名、学前幼儿15名；其中裕固族、蒙古族、藏族等少数民族学生143名，占学生总数的69.8%；住宿学生163名，占学生总数的79.5%。学校现有教职工41人，其中专任教师39人，工勤人员2人，专任教师学历达标率100%。

办学思想：

校　　风：团结进取、开拓创新

教　　风：身正、业精、善教、乐群

学　　风：学勤、善思、求真、守信

校　　训：明德、启智、审美、健体

办学理念：德育为先、质量为本、管理优化、创新发展

发展战略：质量立校、改革兴校、特色活校、管理强校

培养目标：基础扎实、素质全面、个性鲜明、整体优化

队伍建设：学校有一支团结、民主、奋进、务实的领导班子。学校通过班子会

议、教职工会议、班主任辅导员会议；政治学习、业务学习等形式，及时传达上级有关工作精神，部署学校工作计划。学校有一支业务精良、奋发有为的教师队伍。由于中青年教师所占比例较高，教师群体充满朝气，有闯劲、有活力，在各项教学活动及创优评比工作中，凸显出了较强的实力。学校一贯重视校本培训工作，努力为教师的专业成长营造良好的环境。

教学管理： 学校严格按课程计划开足了全部课程，学校加大力度狠抓常规课教学，加强领导听课、巡课、检查作业批改情况，及时指导纠正教师教学中存在的问题。绝大部分教师能够自觉遵守学校常规管理细则，共同努力创建文明校风，树立为人师表的良好形象。学校教育坚持开放性，充分发挥学校理事会的功能，引导家长主动参与孩子的教育，力求使学校教育与家庭教育、社区教育形成多向合力。目前，学校构建的"家庭、学校、社区"三结合的协同教育网络已形成了一定的影响，并收到显著效果。

科研状况： 学校将师资培训与课程改革紧密结合，选送青年教师参加市、县级骨干教师培训和教学研讨活动。借助兄弟县市的教研力量，开展"心手相牵、导师带教"的帮扶活动，借助青年教师课堂教学比武的渠道开展全校性听评课活动。几年来，教师撰写的论文，执教的公开课参加市级、县级评选，有多人次获奖。

学校成绩： 学校于2009年和2010年分别荣获县教育局目标责任制考核二等奖和一等奖。2010年初中全科合格率87.5%，名列全县前茅。六年来，学校先后获得"张掖市德育工作先进学校"、"张掖市农村中小学'五个一'科普示范学校"、"张掖市牧区寄宿制管理特色学校"、"张掖市绿色文明校园"、"张掖市语言文字规范化示范学校"、"张掖市防震减灾科普示范学校"、肃南县"家长示范学校"、"平安校园"和"民族团结进步先进集体"等荣誉称号。

发展现状： 学校占地面积为10571m^2，绿化面积为3269m^2，硬化面积为5000m^2，现有教学楼和学生公寓楼各一幢，建筑面积为3379m^2。几年来，学校基础设施不断完善，先后建成了理、化、生实验室、多媒体教室、图书室等专用教室，配备了各类仪器设备，共有计算机75台、电视机9台、投影仪10台。图书8000余册，生均约38册。所有教学班级都配备了"三机一幕"（即计算机、电视机、投影仪、大屏幕），现代远程教育达到了"模式三"的标准，为适应现代教育的需要提供了强有力的硬件支撑。学校在各级政府及教育主管部门的正确领导和全校师生的共同努力下，各项工作取得了长足发展，正朝着创建牧区寄宿制品牌学校的宏伟目标阔步前进。

发展思路： 为实现创建牧区寄宿制管理品牌学校的宏伟目标，着力抓好"和谐校园、书香校园、文明校园、平安校园、快乐校园"五项建设，以"感恩教育"为切入点，以"明德全人教育理念"为特色，以"封闭式管理、开放式教育"为思路，以"宽严相济"为原则，开展独具特色的素质教育，力求使"五项建设"取得显著成效。

民族文化特色教育： 秉承明德学校深厚的文化底蕴，以"读经典的书，做有根的人"中华经典诵读为主，充分融入民族特色文化，有效提升了学校的文化内涵。以"明德全人教育"理念为重点，开展了"书香飘飘、伴我成长"、"歌声飞扬、画廊畅游"、"诵读经典诗文，争做博学少年"、"争当礼仪小标兵，传承文明我能行"、"争当护绿小能手"等系列教育活动，组织全校学生参加了全省明德儿童智能创意大赛并取得优异成绩。学校创编了校园民族舞蹈操和裕固族健身操，开设了"裕固族语言"第二课堂活动，让学生学习和传承裕固族优秀文化，使学校积淀了深厚的文化底蕴。

（作者系肃南裕固族自治县康乐明德学校校长）

肃南裕固族自治县马蹄学校简介

王师鹄

历史沿革： 马蹄教育始于1930年。时有东五族老人王当智在大泉沟设立初级小学。1941年，祁丰籍民族上层人士顾家堪布在马蹄寺设立蒙藏复兴小学一所，学校开设语文、算术等课程。此即为马蹄学校前身。中华人民共和国成立后，学校教育教学工作逐步走向正规。1952年，学校采用"四二"分制，即初小四年，高小二年。1961年，开始实行"五年一贯制"，春季招生。1968年增设初中，学制三年。1974年开始实行秋季招生。1986年，根据肃南县《教育体制改革实施方案》，基础教育开始实行分级办学、分级管理的体制。1988年，县委、县政府做出了《关于加快和深化牧区教育体制改革的决定》，牧区教育由单一的普通教育向普通教育、成人教育、职业教育相结合的方向发展。1990年，小学阶段学制改为六年制，学校开始实行九年一贯制。2006年，为了适应马蹄乡小城镇建设的需要，学校进行了整体搬迁，成为具备现代办学条件的寄宿制学校。

办学规模： 目前，学校共有教职工59人，其中专任教师46人。专任教师中本科学历23人，大专学历19人，中专学历4人，学历达标率100%。全体教师中少数民族教师18人，占专任教师的39%。全校开设9个教学班，附设幼儿班2个，共有在校学生210人，其中少数民族学生180人，占全体学生的76.59%。

办学思想： 学校的发展渗透了各级领导的无限关怀，也倾注了全体师生辛勤的汗水。多年来，学校领导班子和教师精诚团结、务实求精，积极实施素质教育，大力推进新课程改革，坚持学校、家庭和社会广泛联系，最终确立了"以优化管理为强校之路，以提高教师素质为立校之本，办特色教育，创品牌学校"的办学思路，为学校的标准化建设与发展奠定了良好的基础。

教学管理： 一流的学校需要一流的制度。马蹄学校始终坚持把制度建设作为规范管理的一项重要举措，先后出台了《课堂教学常规管理制度》、《教学目标管理制度》、《班主任目标管理制度》、《师德师风管理制度》、《教职工请假制度》、《后勤人员考核管理制度》、《家长会制度》和《家校联系制度》等管理制度，有效促进了各项工作科学化、规范化运行。教导处作为全校教学工作的枢纽，在加强对教学工作检查的同时，以公开课、汇报课、推门听课、点名听课、查教案、查作业等形式对教师教学工作过程进行跟踪管理，确保教学质量不断提高。

科研状况： 教研是教改的动力，没有教学研究就无法实现教学改革。2007—

2010年，学校先后开展过5项课题研究，其中《裕固族地区学校寄宿制问题研究》和《提高牧区基层学校低年级学生写作水平方法的研究》通过省级鉴定。2009年起，先后印行了校刊《马蹄莲》（原名《马蹄教育》）、校报《祁绿苑》和校本教材《诗韵祁连》。2008年来至今，教师有40多篇教研论文发表，20多名教师的课件、论文、教案和优质课在各类评比中获奖。

学校成绩：近年来，马蹄学校教学质量始终位居全县前列。2006年初中毕业会考名列全县第一，2007年，有三门课程合格率达到100%，四门课程单科合格率居全县第一。2008—2010年，全校小学、初中毕业生毕业率、合格率及思想品德、操行评定率均达到100%，人民群众对学校的满意率不断提高。2005年，原教育部副部长陈小娅、原国务委员陈至立先后来校视察指导工作，对学校教育教学工作给予了充分肯定。2007—2010年，学校党支部曾多次被马蹄乡党委授予"先进党支部"称号，学校被市县有关部门命名为诚信学校、平安学校、绿色文明学校。

发展现状：2006年，学校搬迁后，新建学校占地面积19018m^2，校舍建筑面积5694m^2，有教学楼、学生公寓楼和幼教综合楼各1栋。学校同时还建有地面卫星接收站、多功能大厅、多媒体教室、微机室、德育室、仪器室、图书室、校医室和高标准现代化物理实验室、生化实验室各1个，共有计算机60台，并配有电子白板、扫描仪、投影仪、数码摄像机、数码照相机等设备。校园局域网和各办公室、教室相互连通，有效地实现了资源共享和办公自动化。浓郁的文化气息与现代化的教学设备浑然天成，先进的育人理念与人性化的管理手段相得益彰。

发展思路：教育兴则民族兴。为谋求学校的稳步持续发展，马蹄学校坚持在管理和决策中充分考虑学生及家长的利益，加强与学生、家庭和社会的协调与沟通，进行法制、健康与卫生教育，开展心理咨询和疏导，力争建立和谐的师生和家校关系，坚持通过沟通增进理解，以和谐促进发展。

民族文化特色教育：学校充分利用地处藏族乡的地域特色和民族文化资源，积极推广藏族健身操，开设藏语课程，努力营造民族文化氛围，凸显办学特色。

（作者系肃南裕固族自治县马蹄学校校长）

肃南裕固族自治县祁丰学校简介

省新仁

历史沿革：关于祁丰正式办学的历史，较早的记载是在抗战初期办起的西藏寺小学，发起人是顾嘉堪布和马老藏，借西藏寺的房舍做教室和宿舍，组织僧侣和部落头人作为倡导办学的骨干力量。民国三十三年春，西藏寺小学有学生38人，开国文、算术、体育、音乐、常识等课程，藏语课由西藏寺僧人任教。解放后随着党和国家对少数民族的关怀，教育事业也逐渐得到重视，逐步发展壮大起来。1955年8月，祁丰学校成立。当时仅有2名教师，44名学生。1969年附设初中，1976年建成高中，1996年撤销高中。现为九年制寄宿制学校。2005年6月20日前一直使用肃南裕固族自治县祁丰区学校名称，即日起更名为肃南裕固族自治县祁丰学校。

办学规模：祁丰学校是一所九年制附设幼儿园的寄宿制学校，校园占地面积15522m^2，其中校舍建筑面积4936m^2，建有教学楼、学生公寓楼、食堂、综合楼、教学辅助用房、运动场等主要设施。现在，学校设有11个教学班，在校学生261人，其中初中75人，小学155人，幼儿园31人，住校生161人。有教职工43人，其中专任教师39人，学历达标率为100%。在专任教师中，有县级骨干教师4人，市级骨干教师1人。

办学思想：

校　　风：笃学、诚信、求实、创新

教　　风：博学、敬业、从严、善导

学　　风：勤学、好问、乐学、精思

校　　训：勤学、慎思、砺志、创新

办学理念：教书育人、管理育人、服务育人、环境育人

办学思路：德育为首、科研为先、教学为主、突出特色、全面发展

办学目标：校园美、管理实、校风好、质量高

队伍建设：近几年，学校切实加强了教师队伍建设。一是注重班子建设，努力打造教育思想端正、教育教学经验丰富的领导班子；二是通过实行师德"一票否决制"加强教师的师德师风建设；三是通过选派教师参加中英项目、国培计划、英特尔培训等培训项目，不断提高教师业务素质；四是通过建立骨干教师传帮带制度，新老教师结对帮扶制度，促使新教师迅速成长；五是鼓励教师参加自学考试、

网上培训等方式的学习，提高学历；六是狠抓教师基本功训练，要求教师练好粉笔字、钢笔字、毛笔字、普通话，学校每学期都要组织考核。学校还概括了"爱校如家、爱生如子、治学严谨、敬业奉献"的祁丰教师十六字精神。现在，学校拥有一支爱岗敬业、业务精湛、学科配套的教师队伍。

教学管理：学校领导牢固树立"教学质量是学校一切工作的生命线"的质量意识，聚精会神抓质量，严谨治学保质量，教育教改促质量，调动各方面积极因素，强化初中、优化小学、发展幼教，千方百计提高教学质量，全面推进祁丰教育事业的跨越式发展。把抓日常教学工作作为重点，规范课堂教学：一是加强课堂教学常规管理，对教案书写、备课环节、课件制作、上课流程、作业批改、教学反思等围绕课堂教学的环节步骤做出详细严格的规定。二是加大检查督导的力度，学校通过作业教案检查、听推门课、上公开课等形式，提高教师的教学技能。三是制定完善的评价机制，坚持学生评价教师、家长评价学校、教师评价教师的多元评价，促进教师的爱岗敬业。四是充分发挥现代化教学手段的作用，改变教学模式，提高教学质量。

科研状况：近年来，学校共有4项教育科研课题在县级评选中获奖，有11项科技创新获得县级以上奖励，有2项科技实践活动获得市级以上奖励，19名教师获科技创新辅导员奖。教师有41篇论文在市县级以上刊物发表，有67篇论文在各类评比中获奖，有多篇文学作品发表在《人民日报》、《甘肃日报》、《北方作家》等报刊上。教师共有37人次在市县级优质课评比中获奖。学校还刊印了教研刊物《祁苑》和《祁绿苑》，成为师生发表作品的平台。

学校成绩：2002年，学校小学部被命名为"市级办学水平示范学校"；2004年、2009年，学校被肃南县委县政府命名为"全县教育系统先进集体"；2006年被市教育局命名为"张掖市德育工作先进学校"；2002年被表彰为"全县工会工作先进集体"；2007年被团市委命名为"五四红旗团支部"，是团县委、县教育局命名的"青年文明号"，同年被肃南县委县政府命名为"平安学校"；2007年获"祁丰藏族乡道德建设先进学校"，也是祁丰藏族乡的窗口学校。在教学质量方面，小学语、数、外三科各项指标都完成了县教育局下达的任务，三年来，初中七科合格率、A等级、B等级都达到或高于全县平均水平。

发展现状：学校基础设施完善，为藏乡经济社会发展起到了重要的作用。普及九年义务教育工作进展顺利，全乡实现了扫除青壮年文盲，适龄儿童入学率达到100%，在普及科学知识、建设社会主义精神文明和物质文明方面做出了应有的贡献。学校教学条件、食宿条件、交通通讯条件都比较优越，为农牧民送子女上学提供了可靠的物质保障。广大教职工爱岗敬业，领导班子团结有力，学校发展势头良好。

发展思路：学校要不断完善精细化管理制度，提高服务水平，优化管理机制，挖掘富余资源，调动一切积极因素，让学生送得来、留得住、教得好。通过各种渠道，争取资金，扩大学生活动场地，大面积绿化校园。继续提高幼儿园设施建设，配备专业全员的幼儿教师，争取让幼儿教育迈上一个新台阶。尽快配齐专业音乐及美术教师，提高音乐、美术教学水平，促进学生全面发展。

民族文化特色教育： 学校立足实际，突出民族文化特色。学校每周开设2节藏语课，教学日常用语和藏族礼仪等内容，受到广大牧民的赞扬。还开发了校园锅庄舞，开设了藏族舞蹈兴趣小组，成为风景旅游区的一道景观。学校自2006年起，已成功举办了五届校园文化艺术节，成为学校民族文化活动的重要形式。

（作者系肃南裕固族自治县祁丰学校校长）

肃南裕固族自治县红湾小学简介

孙金山

历史沿革：肃南裕固族自治县红湾小学始建于民国二十八年（1939年），是在宗教界上层人士七世顾嘉堪布倡导和支持下创办的初级小学。1939年，学校成立，设立校董会。顾嘉堪布任董事长（至1941年），马老藏（又名马罗汉，马伟禅）任副董事长（至1941年），后停办；1946年春恢复办学，由佘余才任校长（至1948年8月），后又停办；1950年又恢复办学，由柴永丰任校长（至1954年2月）；1954年肃南裕固族自治区人民政府成立，扩建为六年制小学，由马述德任校长；1960年3月，由刘遵义任校长；1966年6月，"文化大革命"开始，学校工作陷入瘫痪，无法正常开展；同年，学校成立革命委员会，学制改为五年制；2001年9月，学制改为六年制。肃南裕固族自治县红湾小学是自治县历史最悠久的学校之一，也是全县目前唯一一所全日制城镇小学。

办学规模：学校成立72年来，数以千计的各族儿童从这里步入了知识的海洋，走上了建设祖国的道路。特别是改革开放以来，学校步入了发展的快车道。时值今日，学校设有22个教学班，现有学生821人，其中住校生131人，裕固、藏、土、回、蒙古、东乡等少数民族学生500人，占学生总数的62%；农村学生391人，占学生总数的48%。现有教职工76人，其中专任教师69人，学历达标率为100%。有中学高级教师3人，小学高级教师43人，省特级教师1人，市管拔尖人才1人，市级骨干教师5人，县管拔尖人才6人，县级骨干教师5人。

办学思想：

校　　风：文明、勤学、爱国、奉献
教　　风：敬业、博学、严谨、爱生
学　　风：勤奋、刻苦、谦虚、守纪
办学理念：以人为本、和谐发展、全面育人、创建特色
办学思路：质量立校、科研兴校、创新强校、依法治校
发展目标：创名校　铸名师　育名生　办人民满意的教育

教学管理：改革是学校发展的不竭源动力。1993年，学校开始实行第一轮"四制"改革。1999年，在推行原有管理体制的基础上，完善了《学校内部管理体制改革方案》、《教师年度业务考核细则》、《教职工失误事故处罚条例》、《教学激励奖励规定》四个核心制度。2003年实行了学校管理体制第二轮改革，推行教师

上岗"双向选择"聘任制，明确了聘任的程序、步骤、方法，实行了结构工资制，打破了平均分配制度，较好地体现了效率优先、兼顾公平、奖勤罚懒的激励原则。教职工更加注重自己的教学成绩和工作能力的提高，科研意识明显增强。2008年，学校推行第三轮管理机制改革，按照"因事设岗、因岗定责、高职低聘、以岗定薪"的原则，实施末位轮岗和培训相结合等举措，震慑一批工作积极性、自觉性和责任性较差的教师和工勤人员，彻底扭转了一些不良的残余风气，进一步提高了教育教学质量。2010年，学校再次修订《红湾小学内部管理机制改革实施方案》，使学校管理规范化、科学化、制度化的步伐加快，教学管理进一步加强。

科研状况：进入新世纪以来，学校以教育科研为龙头，经过十年的艰苦努力，学校科研工作跻身于市、县同类学校的先进行列。2001年，学校开始成立课题组，从实际需要出发确立了课题，积极探索牧区教育教学改革的新模式、新问题。2002年，课题《牧区小学生自学能力的培养》分别荣获张掖市和甘肃省教育科研成果评选一、三等奖。2004年，伴随着新课程改革的推进，多项课题在教学实践中发挥了明显效益。至今，教师有98篇论文在国家、省、市级刊物上发表，有39篇论文在国家、省、市级论文比赛中获奖，有65件课件在省、市、县级课件比赛中获奖，有29项科研课题分获省、市、县级一、二、三等奖，有87人次在省、市、县优质课评比中获奖。

学校成绩：学校各项教育指标均居全县首列。学校先后荣获省级"教育系统先进集体"、"交通安全文明示范学校"、"家长示范学校"、"无烟学校"，市级"德育工作先进集体"、"标准化管理学校"、"中小学办学水平示范学校"、"安全文明示范小区"、"信息化花园式学校"、"精神文明先进单位"、"教育科研先进学校"、"诚信学校"、"绿色学校"，县级"教育系统先进集体"、"精神文明先进学校"、"民族团结先进集体"、"依法治理先进单位"等各类荣誉称号60多项。

发展现状：校园占地总面积15395m^2，建筑面积7351m^2。学校现拥有教学楼、电教实验楼、教学综合楼、学生公寓楼各一幢。设有党团活动室、多功能厅、德育室、仪器室、实验室、图书室、阅览室、微机室、语音室、音乐室、美术室、会议室、少先大队室、阶梯教室等。图书室藏书18350册，生均22册，阅览室有报刊杂志近50多种。教仪、电教、远程教育设备（模式三标准）基本达标，音、体、美器材配置基本达到中小学教育技术装备要求，成为自治县境内规模最大的完全小学。

发展思路：今后，学校将以《国家中长期教育改革和发展规划纲要》为指导，从教师发展、学生发展和特色发展三个角度出发，推进学校跨越式发展。一是从专家引领、校本培训、个人研修三个方面入手"育名师"，通过"以点带面"的方式加强教师队伍建设。二是全面加强和改进德育、智育、体育、美育的教育教学工作，不但重视考试学科的教学，更要促进学生的全面发展。三是依托学校地域特色，深入传承和发扬民族特色文化，最终提升学校的办学品位。

民族文化特色教育： 近年来，学校大力实施素质教育，着力打造校园文化、信息技术、艺术教育、体育活动、校刊创办五个方面的特色文化建设：一是各班的班风、班训、班规及班级格言和个人成长袋，形成校园文化特色。二是学校每年均举办大合唱、诗朗诵、故事会、艺术节、书画大赛等活动，艺术教育卓有成效。三是学校广泛普及信息技术，有150多件多媒体课件荣获省、市、县级各类奖项。四是学校积极推进传统体育与民族体育的融合，每年组织一次夏季田径运动会和冬季小型运动会。五是学校于2009年创办《六月花》，丰富了师生精神文化生活，营造了浓烈的文化氛围。

  风雨砥砺，岁月如歌。红湾小学33年的发展与取得的辉煌业绩，谱写了一曲民族教育的赞歌，必将成为裕固族民族教育发展史上华彩的篇章。

（作者系肃南裕固族自治县红湾小学校长）

肃南裕固族自治县铧尖明德小学简介

张长桥

历史沿革： 铧尖明德小学始建于1953年，是一所全日制六年制完全小学。2007年经省教育厅批准立项，由台商王永庆先生投资40万元，省教育厅配套10万元，县财政配套60余万元修建教学楼、校门、围墙、厕所等设施。2007年12月，经肃南县人民政府批准，学校改名为铧尖明德小学。

办学规模： 学校现有教学班8个，在校学生110人，其中少数民族学生占52%。有教职工15名，其中县级骨干教师1名，30岁以下青年教师占47%。

办学思想： 建校以来，学校形成了"修德、习文、炼体、做人"的校风，"敬业、乐业、精业、创业"的教风和"乐学、勤学、会学"的学风。

队伍建设： 教师是立校之本，师德是教育之魂。近年来，学校结合"科学发展观"和"创先争优"活动，每周坚持政治学习，研讨政策法规和德育文件，开展"爱岗敬业、为人师表"、"做学习型教师"等主题教育，收到了良好的效果。现在学校有一支政治素质好、业务能力强，富有奉献精神、创新意识的教师队伍。

教学管理： 学校坚持"以人为本"的管理思路和"民主、科学、规范"的管理理念，在广泛争取老师意见的基础上，完善了学校的考核方案，对教师工作量、教师出勤、学科考试、班级管理等各类教育教学活动都制定详细的考评标准，力求在"多劳多得，相对公平"的基础上调动教师工作的积极性，加强了教学常规检查，坚持进行一月一大查，一周一小查，平日随时查。在学生管理方面，制定了遵规守纪、学习、读书、作业、卫生、礼仪等各项评比制度，以加强学生的习惯养成教育。几年来，学校在德育工作中突出一个"实"字，在教学工作中突出一个"改"字，在学校管理工作中突出一个"严"字，在学生培养中突出一个"爱"字，使素质教育工作取得了较好的成绩。在提高教育教学质量的基础上注重学生德育教育，经常性地开展音乐、书画、体育、藏语等兴趣小组和"中西方文化经典诵读"、"书画会展"等活动，以促进学生全面发展。

学校质量： 学校六年级的语数外"三科"成绩在2009年和2010年的全县小学毕业会考中均名列第一。学校在2008年全县教育系统目标责任考核中荣获二等奖，在2009年和2010年均荣获一等奖。

发展现状： 学校有教学楼一栋，教室、办公室、图书室、计算机教室等教学用房21间，建筑面积992.7m^2，有教师宿舍及教学辅助用房12间，建筑面积

230.4m² 。有计算机 20 台，现代远程教育达到"模式二"水平。图书室藏书 2325 册。

发展思路："建一流校园、炼一流师资、创一流管理、争一流质量、创办牧区一流小学"是学校永恒的办学目标。学校按照全面推进素质教育的要求，以全体师生为主体，以建设优良的校风、教风、学风为核心；以优化、美化校园环境为重点，以学生文明行为习惯培养为特色；以丰富多彩、积极向上的校园文化活动为载体，推动形成厚重的校园文化积淀和清新的校园文明风尚，使学生在日常学习生活中接受先进文化的熏陶和文明风尚的感染，促进学生健康成长。

民族文化特色教育：几年来，我们注重从文化的角度来考量学校的发展，通过创建优美的物质环境，让校园成为学生学习、成长、发展特长的乐园。如楼门大厅的"学生风采"，给学生树立了榜样，激励着学生要拼搏进取。楼道的各种标语和教室悬挂的学生守则等都以无声的教育提醒着学生。通过开展一系列丰富的文化活动，丰富学生的精神生活，如以"感恩教育"、"不乱花钱、杜绝零食"、"做一个文明的小学生"等专题活动进行思想品德教育，以"庆六一文艺汇演"、"趣味游戏"、"书画比赛"等活动为学生提供表现舞台。

学校在今后的发展中，以"立足新起点，开拓新思路，落实新举措，实现新突破，创造新辉煌"为指导思想，全体教职工同心同德、开拓进取，全面提高管理水平、全面提高教育教学质量，为创建一流学校而努力奋斗！

（作者系肃南裕固族自治县铧尖明德小学校长）

肃南裕固族自治县泱翔中心小学简介

苏吉武

历史沿革：泱翔中心小学是一所六年制完全小学。始建于1945年，由时任国民党新疆警备总司令的著名爱国将领陶峙岳先生拨款3500万元（旧币），修建校舍十余间，招收学生20多名，由永昌县派两位教师，建起第一所初级小学。新中国成立以后，党和人民政府对民族教育事业高度重视，到1958年，在校学生人数已达到90余名，学制也由"四二"分段改为五年制。1975年，改名为泱翔公社学校，附设二年制初中班，1982年撤销附设初中班，1987年改名泱翔藏族乡小学，2005年改为泱翔中心小学，学制六年。

办学规模：学校现设有8个教学班（含学前幼儿班2个），开设语文、数学、英语、藏语文、信息技术教育等课程。现有在校学生约160人，其中少数民族学生148人，占学生总数的92.5%。现有教职工14人，其中专任教师13名，教师合格率为100%。

办学思想：

校　　训：厚德、博学、进取、创新
校　　风：文明、勤学、诚信、互助
教　　风：爱生、敬业、严谨、求实
学　　风：亲师、乐学、善思、勤奋
办学理念：内强素质、外树形象、以人为本、以爱育人
办学思路：以德育为灵魂、以质量为核心、以发展为主导、以科研为动力、以制度为保障

队伍建设：学校始终把建设一支高素质教师队伍作为发展的根本。坚持以提高教师职业道德素质为抓手，以提高教师业务素质为核心，积极开展以新课程、新理念、新技术、新方法和师德教育为重点的教师继续教育培训，基本形成了一支结构合理、爱岗敬业、关爱学生、乐于奉献的教师队伍。

教学管理：学校牢固树立"管理就是质量、管理就是效益"的理念，在总结多年办学经验的基础上，制定了涵盖教育教学、教师管理、学生管理、安全管理、文化建设、教学研究等方面的制度体系。为体现管理制度的公正性与客观性，将教师日常工作的点点滴滴均纳入精细化管理范围，教师评优、评先、教师教学评估都跟规范的制度相结合，克服了管理中的随意性，增强了管理工作的实效性。

科研状况：近几年，学校在狠抓教学质量的同时，大力开展教学研究活动。组织教师认真学习新课程标准，多次与周边市、县、区学校开展联校教研活动，学习和借鉴先进的教学方法和办学理念。目前，教师发表、交流、获奖的各类教育教学论文和课件达数十篇（件），教师参与2个市级课题的研究工作，教研活动发展进入了快车道时期。

学校质量：近年来，在全校师生坚持不懈的努力下，学校终于走出了教学质量的低谷，这既是各级党委、政府和教育主管部门正确领导的结果，也是泱翔各族群众大力支持的结果，更是全体教师奋发图强、共同努力的结果。

发展现状：学校位于肃南县皇城镇河东村，服务半径12.8公里。学校占地面积7422m^2，校园建筑面积1157.83m^2。拥有机制红砖操场一个、标准化篮球场一个，教学微机35台，藏书2130册。开通了教育宽带网和农村中小学现代远程教育"模式二"教学。学校十分注重良好教育环境的创设，2005年聘请了沙沟寺唐让嘉哇活佛为名誉校长，对学校教育的发展起到了促进作用。唐让嘉哇活佛先后两次捐资数千元为全校学生购置学习用品，2010年又出资六万多元为学校购置了15台电脑以改善办学条件。泱翔的历届政府、村级组织及人大代表、政协委员都情系教育、关心教育，为学校的发展奠定了基础。

民族文化特色教育：传承藏民族文化是学校工作的重要任务。学校早在1952年就开设了藏文课，有8名学生考入天祝民族师范学校，1962年因各种原因藏文课停止教学。1979年又恢复了藏语文课，从一年级起，每周加授二至三节藏语文课，到1981年每周加授四至五节藏语文课，先后有几十名学生考入肃南民中、天祝民中、青海海北州民族师范学校，这些学子大多成为泱翔经济社会发展的骨干。21世纪以来，藏族群藏语文教育的呼声加强，学校于2010年引进西北民族大学彭措达瓦教授主持的"安多藏语的普及与推广"科研项目，由项目组派专业藏语文志愿者为学校培训藏语文教师。这一项目的实施，无疑为泱翔学校的藏语教学注入了新的活力。

建校以来，泱翔中心小学经过六十多年风雨历程，成就了目前学校教学环境优雅、建筑风格突出、教学质量稳步上升的局面。

（作者系肃南裕固族自治县泱翔中心小学校长）

肃南裕固族自治县东滩小学简介

罗天军

历史沿革：东滩小学的前身为东庄村小学，1962年春建校。1966年，东滩小学正式建成为五年制完全小学。1972年秋，扩建为八年制完全中学。1982年秋，撤销了初中班，又恢复为五年制完全小学。1993年，设立了学前班。2003年秋，开始增设六年级，东滩小学成为一所六年制完全小学。2009年秋，撤销了四至六年级。现为一所三年制不完全小学，附设学前班。

办学规模：东滩小学占地面积20000m^2，服务半径5公里，承担皇城镇东滩片2150余口农牧民群众子女幼儿及小学一至三年级阶段的基础教育任务。现在，学校设有5个教学班，有学生86人，由裕固、汉两个民族构成。其中裕固族学生3人，占学生总数的3.5%。学校有9名教职工，其中专任教师8人，有小学高级教师3人，骨干教师1人。

办学思想：

校　　风：勤奋、自信、阳光、和谐

教　　风：严谨、乐教、奉献

学　　风：在愉快中学习

校　　训：诚信、合作、求真、创新

办学理念：让学生感觉老师的关爱、让学生感知学校的温暖、让学生感受教育的幸福

办学思路：品德过硬、健康快乐、全面发展

办学目标：管理规范、师生共进、质量过硬、社会满意

队伍建设：学校确立了"高尚的职业道德、先进的教育理念、精湛的教育水平、良好的团队精神"的教师发展目标，通过政治思想教育、业务技能的培训、联校教研、"传、帮、带"等措施促进教师的专业发展。

教学管理：在新的教育形式下，学校针对实际情况及自身特点逐步建立和完善了教学管理制度。坚持把教学"六认真"作为学校教学常规管理的一项重要工作，专人负责，定期检查。"六认真"即认真备课、上课、听课、评课、批作业、写教学反思。学校不把考试成绩作为全面评价教师和学生的唯一依据，不排名、不公布学生的成绩，以防止分数对学生心理造成不良影响，各班每学期至少要举行一次普通话朗读、讲故事、手工制作、科普知识竞赛等活动。

科研状况：为充分发挥教学科研在学校改革和发展中的导向作用，学校规定每位教师必须在规定时间内开展集体备课、探讨教学问题、评课、撰写论文等教研活动。近几年来，先后有数名教师在全县举办的课件、论文比赛中获奖。

学校成绩：学校分别于 2008 年、2010 年获得肃南县教育教学目标管理责任制考核一等奖，2009 年获得肃南县教育教学目标管理责任制考核二等奖。

发展现状：学校建有微机室、图书室、体育室、实验室、德育室各一间，建筑面积 1016m^2，生均建筑面积约 12m^2；有卫星小站 1 个，计算机 18 台，信息技术教育达到"模式二"水平；图书 2024 册，生均 24 册。学校教学设备齐全，基础设施完善。

发展思路：学校坚持"制度立校、特色亮校、人和强校"的思路，以提高教学质量为中心，优化制度管理的针对性和实效性。实行校务公开，每在重大决策之前，必广泛征求教职工意见。加强安全管理，建立和健全学校安全工作责任制和责任追究制。树立工作正气，公正公平对待每一位学生，营造教师与学生及家长的和谐关系，打造和谐校园。以校园网建设为平台，实现教学资源共享。

民族文化特色教育：为彰显办学特色，弘扬本地民间腰鼓艺术，学校组建了腰鼓队，利用课余时间精心排练，成为校园内一道独特的风景线。此外，学校还充分利用肃南二中开发出的乡土教材《裕固家园》进行民族文化的特色教育。学校规定在每学期每周的星期三下午第二节课，将全校学生集中起来，专门安排教师授课，讲解裕固族居住区的地理状况、裕固族的演变历史、传统体育、民间美术、文学作品等知识，让学生了解自己家乡少数民族的文化及历史。

（作者系肃南裕固族自治县东滩小学校长）

肃南裕固族自治县大泉沟中心小学简介

于长有

历史沿革：大泉沟中心小学是马蹄教育教学的发源地。1930年，"东五族"老人王当智在大泉沟创建了第一所初级小学。1958年，马蹄区在大都麻设立一所全日制小学，将其与大泉沟小学合并在一起。1960年大泉沟学校整体搬迁到马蹄寺，1961年又搬回大泉沟，并设立初中。现在，大泉沟中心小学为一所六年制完全小学，附设学前班。经历了80年的风风雨雨，好多教育专家如殷成林、马仁等就是在这里耕耘执教、洒下汗水、留下青春。学校还培养出了一大批像钱卫东、祁恒林一样的优秀人才。

办学规模：学校现设有7个教学班，在校学生115人，其中少数民族学生占12%。学校现有教师15人，其中本科9人，专科6人；小学高级教师6人，小学一级教师9人；教师30岁以下者6人，31—45岁者6人，45岁以上者3人，教师队伍趋于年轻化。

办学思想：

校　　风：明志诚信、求真务实

教　　风：敬业爱生、严谨求实

学　　风：乐于探究、勤于思考

指导思想：办人民满意的教育

办学理念：以人为本、和谐发展、追求卓越

办学目标：质量为先、育人为本

队伍建设：百年大计，教育为本；教育大计，教师为本。学校狠抓教师队伍建设，按照"培训—实践—反思—提高"的原则，积极鼓励教师参加各级各类培训和教学研究，经过努力，教师队伍建设已步入正轨，业务素质正在提高。

教学管理：学校始终以提高教育教学质量为主线，以"重实际、抓实事、求实效"为教学工作的基本原则，制定完善各种规章制度，以培养学生创新精神和实践能力为重点，加强教学常规管理，深化课堂教学改革，大力推进素质教育。

科研状况：学校结合实际，组织教师编写了适合我校学前班儿童使用的语文、数学教材作为校本课程；2010年编印了校刊《扬帆》。教师在市、县级优质课评选中也多次获奖，有多篇论文在县级以上刊物发表或获奖。

学校成绩：学校在1992年和1996年分别被张掖地区行政公署教育处评为"教

育系统先进集体"。1995年被评为"优秀学校"。2004年被张掖市教育局命名为"示范学校"。学校分别于2002年、2008年被中共肃南县委和县政府评为"先进集体",命名为"平安学校"。2009年,学校党支部被中共马蹄藏族乡委员会评为"先进党支部"。近几年,学校教学质量稳中有升,小学毕业会考成绩在全县名列前茅。学校于2008年获得全县教育系统目标责任考核二等奖,2010年获得一等奖。

发展现状:近年来,学校教学设备和教学环境有了很大改善。学校占地面积25013m^2,建筑面积1297m^2,校园基本实现了绿化、美化和净化。建有教室、教师宿舍、微机室、电教室、图书阅览室、仪器室、校园广播室、餐厅等基础设施,安装了远程教育地面卫星接收系统,开通了宽带网,实现了信息化教学。

发展思路:根据对学校所处的社会环境、生源现状、办学条件等基本情况的分析,我们提出未来三年学校发展的思路:一是实施塑造学校形象工程,提升学校在群众中的声誉;二是通过"请进来、走出去"战略,与教育教学管理一流的兄弟学校结对子,全力打造骨干教师和学科带头人,培养高素质的教师队伍;三是加快信息化建设,力争在2012年建成电子备课室,用信息化建设带动学校教育现代化;四是走内涵发展和开放式办学之路,培育新的亮点,形成特色。

(作者系肃南裕固族自治县大泉沟中心小学校长)

肃南裕固族自治县幼儿园简介

文丽华

　　肃南裕固族自治县幼儿园坐落于风景怡人的肃南裕固族自治县红湾寺镇，园内设施完善、环境优美，是一所适宜儿童和谐全面发展的现代化幼儿园。

　　历史沿革：肃南裕固族自治县幼儿园始建于1980年3月，原址在肃南县红湾寺镇原医院内，原名为肃南裕固族自治县县级机关托幼所，建园初仅有教职工10人，设有托班和一个大班，隶属于县文教局领导，1981年9月至1982年4月期间划归县妇联领导。1983年8月搬迁至红湾寺镇原街道被服厂，设有大、中、小4个教学班，1990年11月更名为肃南裕固族自治县红湾寺镇幼儿园，并于1993年12月被评为甘肃省二类幼儿园。1998年8月迁至红湾寺镇原通讯站内，逐步发展到5个班的规模。2008年更名为肃南裕固族自治县幼儿园。

　　发展现状：全园设有大、中、小9个保教班，有在园幼儿320人。全园有教职工44人，教师学历达标率为100%。其中，中学高级教师1人，小学高级教师19人，有省级骨干教师1人，县级骨干教师3人。

　　办园思想：

　　园　　风：快乐、健康、自信、和谐、发展、创新

　　教　　风：以爱施教、寓教于乐

　　学　　风：玩中学、做中学、乐中学

　　园　　训：善诱、挚爱、求精、奉献

　　办园特色：艺术教育、素质教育

　　教学管理：2008年以来，幼儿园建立健全了一套涵盖范围广、操作性极强的规章制度，并通过培训、例会、业务学习等各种形式，向教职工进行规章制度的宣传教育，使大家理解制度的目的、意义和各项工作的要求，增强自觉遵照执行的能力。同时，坚持"以人为本"的管理原则，推行民主管理，充分调动各方面积极性，形成办园合力。在保教工作中，幼儿园认真贯彻《幼儿园教育指导纲要》，注重幼儿体智德美全面发展，寓教于乐，将健康、语言、社会、科学、艺术五大领域的教育目标融入各类主题教育活动，采取讲故事、情景剧、歌曲、游戏、古诗诵读、安全、环保、消防、禁毒教育等丰富多彩的形式，使教学生活化、游戏化、活动化，为幼儿入小学接受系统、正规的教育奠定了良好的基础。

　　队伍建设：领导班子成员将自己的角色定位在"为教职工提供高品质的服务

与支持"上,细致了解并解决教职工工作、生活中的困难,鼓励教师向书本学习,提高自身的理论水平,充分尊重教师对幼儿学习活动实际情况的调整和自主决定活动的进程。宽松的管理环境和彼此之间的信任使教职工内在的积极性得到更好的发挥。

科研状况:为调动教师参与教研的积极性,建立合作教研模式,让教师将工作重点、热点拿出来进行讨论,表达自己的想法,在研讨中感悟学习的真谛。同时,高度注重教师对自身教育行为的反思,通过"反思—实践—实践的改进—进步的反思"这个不断循环、螺旋上升的过程,使教师获得成长,使教育实践得以改进。多年来,在各级教育部门组织的各种教学竞赛、科研课题评选中,我园教师均获得好成绩。

学校成绩:幼儿园先后荣获张掖市"幼教先进单位"、"绿色文明幼儿园"、"巾帼文明示范岗"、"语言文字规范化示范校"、肃南县"巾帼建功先进单位"、"诚信学校"、"平安校园"、"环境建设示范点"等荣誉称号,曾多次被评为"县教育系统先进集体",在教体局年终目标责任考核中多次获一等奖。

发展现状:全园占地面积约 $4270m^2$,生均使用面积 $14.09m^2$,建筑面积 $2828m^2$,生均使用面积 $8.92m^2$。各班均设有活动室、寝室、盥洗室和幼儿卫生间,每班活动面积 $120m^2$。园内还设有保健室、观察室、隔离室、家长接待室、洗衣间、综合活动室、图书阅览室、心理咨询室等,每班配有电脑、电视机、VCD机、录音机、钢琴等现代化教学设备,根据幼儿的年龄特点添置大量玩教具。良好的办学条件为幼儿园的进一步发展奠定了坚实的基础。

发展思路:随着教育改革的不断深入,幼儿园提出了"让每一个孩子在幼儿园的每一天都快乐"的办园宗旨,进一步完善管理制度,增强民主合力,逐步形成更加鲜明的办园特色,进一步提升幼儿园品质。力求以一流的管理、一流的师资、一流的环境、一流的质量,为自治县幼儿教育事业的发展作出新贡献。

民族文化教育特色:幼儿园结合地处裕固族自治县的实际,结合园本特色,积极开展裕固族语言教学活动。2007年秋,逐步探索民族地区幼儿双语教学的新模式,并组织教师自主研发适合幼儿教育的《裕固族语言幼儿教材》(分东部裕固语和西部裕固语,幼儿中班和大班共八册),以保护和传承渐趋消亡的裕固族语言。

(作者系肃南县裕固族自治县幼儿园园长)

深度研究

裕固族儿童观研究

裕固族文化融入国家基础教育课程体系问题的调查研究报告

在学校教育中追求语言公平传承的历程

裕固语教学实践活动研究报告

裕固族乡土知识专题学习网站建设与应用研究

肃南一中民族文化校本课程开发研究

社区背景下的校本课程开发

肃南裕固族自治县职业教育发展研究

裕固族舞蹈的创作与教学研究

裕固族儿童观研究

——文化生态学的视角

郑丽洁

[摘要] 在教育的宏大叙事背景下,从社会科学角度来阐明民众层面的儿童观是什么及其形塑的影响因素,是十分必要的。本研究选取裕固族这一人口较少民族作为研究对象,希冀通过对这样一个有着清晰背景的完整族群的考察,归纳出裕固人是如何看待与对待儿童的,并运用文化生态学作为分析框架,呈现出影响和形塑该族群儿童观的文化生态系统。

本研究采取质性研究方法,通过笔者在裕固族聚居区甘肃省肃南裕固族自治县为期一个多月的田野调查,深入裕固人的日常生活之中,采用访谈与参与观察的方法来具体收集资料。重点关注裕固人眼中的儿童以及裕固族成人与儿童在家庭中的具体互动两方面内容。

具体说来,裕固族的儿童观是裕固族成人在日常生活中与儿童实际互动中所反映出来的对儿童的定义与看法。概括起来,裕固人普遍持有儿童应该"勤快"、"懂礼貌"的评价标准,并且认为"性别平等"、"儿童比成人更加具有发展开放性和时代性"。具体在裕固人的日常生活中,裕固族家长在对孩子抱有开放的未来期许的同时,在孩子身上进行的各种投入十分巨大,笔者认为这正是反映了在裹挟着国家权力的现代化浪潮背景下,裕固族家长对孩子不确定的未来所报有的一种"迷茫的期待"心态;物质层面上,家庭中关于儿童的消费很重要且频繁;最后,无论普遍的关于儿童的看法是什么,家长作为具体的观念主体,其儿童观是在日常生活中与孩子的具体情况相互建构、相互影响的,因此在具体生活中成人与儿童两者的互动呈现多元形态。

综合来说,裕固族的儿童观作为一种文化现象,其形塑是当地生产生活方式、物质生活条件等各种社会文化生态因素共同作用的一个动态过程,是一个不断适应社会环境的产物。

当前世界正处于全球化进程之中。从文化的视角看全球化对教育的现实影响,表现为教育理念和教育经验伴随着全球化进程中文化的传播与交流在不同文化间的传播。这个过程的实质是西方关于教育主导的、统治性的话语成为具有普遍意义,超越地域文化背景差异的话语——即建立关于教育的"宏大叙事"的过程。[1]那些来自教育哲学家甚至是文学家的教育观的产生固然有其历史文化因素,但以彼时彼地产生的教育观点来引导现实中各色社会形态下的教育实践行为,使得教育方面掌握有话语权的群体的教育决策与民众儿童观之间产生了张力,这种张力则有可能是导致众多的教育问题的深层原因。

在教育界,已经开始了对于"教育的社会文化基础"进行反思与讨论。学者们基于各地不同的社会文化环境背景,对各项教育经验进行了研究,厘清了教育作为社会事实与其存在的背景之间相互的影响并提出自己的改进建议。[2]但当我们在分析这种不匹配的时候,民众层面儿童观却缺席了,因此,从社会科学角度来阐明民众层面的儿童观是什么以及是如何形成的,就显得十分重要了。

因此,对民众层面儿童观是什么以及受哪些相关因素的影响,而几者又是如何相互作用的研究,一方面补充了民间层面儿童观表达的不足;另外一方面,也可以提供一种分析教育问题的可能视角。

选择裕固族这一人口较少民族的儿童观作为研究对象,一方面有研究方便的因素,另一方面,也是可以填补裕固族研究在内容上的空白。但最重要的原因,是裕固族作为在固定地点聚居的人口较少民族,其有自己系统的文化传统和清晰的演变过程,易于通过描述来清晰解读并抽象概化为理论模型。本着"小地方、大论题"的研究原则,选择这样一个小而精致的客体来研究,本研究力图从中提炼出有理论创建的观点和模式。

一、相关研究综述与研究问题的界定

(一) 儿童观研究的现状

1. 观念研究与儿童观

对人的"观念"的研究,是许多社会科学的重点,并且都从各自的角度去定义"观念"的概念。这构成了观念研究广泛的内涵。

最早研究观念的著名语言学家维尔茨别希卡(A. Wierzbicka)提出,"观念源于理念世界,具有名称,反映了对世界现实的理解认识"。[3]在这样的"观念"定义下,语言文化学研究衍生出了"观念"具有三个要素:概念、形象和评价。[4]同时,心理学的研究也经常讨论观念和觉知水平的关系。对偏见和固定观念的研究表明,由于缺乏参照系统等原因,人们往往意识不到自己的一些观念。[5]因此采取什么样的研究策略才能够探究研究对象相对"真实"的观念,也是本研究需要解决和反思的重点问题。

辛涛和申继亮(1999)在研究教师的教育观念时提出,观念可以被定义为"现实性的结构,它由'知道什么'和'知道怎样'组合而成,虽然该命题并不一定为真。"[5]本研究即采取在这种定义下来制定研究策略和分析框架。

延续如上关于"观念"的定义，则关于儿童观的定义，一言以蔽之，就是指成年人如何看待与对待儿童。[6]详细一点就是指家庭、学校、国家、社会看待、对待、评价儿童的基本理念，也就是人们对儿童的看法、观念和态度的概况。关于不同视角下的儿童观，林光江（2003）认为，大致可分为学术理论中的儿童观、政治及意识形态中的儿童观和社会现实中的儿童观三类。[7]本研究所关注的，是指第三类的儿童观。林光江从社会科学角度研究儿童观的策略，主要通过考察这些儿童的日常生活，来提炼出家长们的儿童观——在他们如何养育儿童、如何安排他们的生活、如何培养他们向预期的方向发展这些具体的事项中，处处体现着家长们的儿童观。

本研究作为一项社会科学研究，同林光江的研究兴趣类似，关注于这种社会现实中的儿童观，因此他的研究策略给本研究带来了很多启发。儿童观渗透于裕固人的日常生活之中，反应于成年人与儿童的互动之中。本文即力图将这种儿童观呈现出来，并通过文化生态学的理论分析框架，来分析和讨论裕固族儿童观现状以及动态的形成机制。同时在分析中兼顾观念定义中"概念、形象和评价"的三要素。

2. 社会科学视角下的儿童观研究

通过社会史学文本研究来探究儿童观的研究更多地关注在特定历史时期群体的儿童观研究中，比如儿童观研究中的经典之作，菲利普·阿留斯在其名著《儿童的世纪》中即通过从历史学和社会学的角度来研究家庭结构和儿童观。他的核心观点"中世纪不存在童年观念"一出，即成为对结构功能主义的挑战。[8]内罗杜在《古罗马的童年》中通过类似研究手段，对历史文献、文学艺术作品及考古遗迹的梳理和分析，展现了古罗马人对儿童的认识。[9]尼尔·波兹曼的《童年的消逝》也是通过对史料和当代媒体环境的研究和批评，理出了一条"童年"在人们的认知中从无到有，再到消逝的过程。[3]

另外一种从实证角度来研究民众中儿童以美国社会学家安妮特·拉鲁的名著《不平等的童年》为代表，在研究儿童所在家庭所处的阶级水平所能带来的日常生活、语言的运用和与教育机构的互动中，发现隐藏在这些表面生活背后的养育逻辑是如何持续地影响着孩子的技能养成，以至以后使其独立于工作等领域的各自位置。[10]以我国独特的儿童群体"独生子女"为儿童观研究对象的研究，如林光江的《国家·独生子女·儿童观》，通过实地调研，访谈与独生子女直接接触的家庭、教师以及其他社会人员，并通过分析我国大众传媒与国家政策，概括出了我国城市社会中以独生子女为主要群体的城市儿童观正处于变迁的阶段。[11]

这些研究无论是研究内容还是研究方法，都为本研究带来了很大的启发。由此我们可知，从社会学角度考察的儿童观，十分注重儿童观所存在的历史背景和社会条件。

以《不平等的童年》、《国家·独生子女·儿童观》为代表的社会学儿童研究很好地从阶级视角为我们描绘出了儿童生活是如何受到养育环境的影响进而影响其今后在社会上的地位，但其在研究中并未将族裔、地域甚至儿童本身的差异作为影响因素纳入考虑范围，因而难以在整体上说明儿童发展的背景。内罗杜和波兹曼的著作能够很全面地分析儿童所在的历史背景和社会环境，尤其是波兹曼，应用了他首创的"媒体生态学"视角，把媒体当做一个生态环境来研究，这一点能够很好地体现出生态学研究方法综合、系统和强调要素间相互联系与相互作用的特点，但这二者都不是以实证研究为导向来进行对当前现象的研究。因此作为史学和传媒学的研究，其视角和分析方法值得本研究借鉴，但在研究的方法上，还与社会科学的研究范式有所不同。

张向葵、盖笑松（2006）从未来中国儿童研究的战略构想出发，认为儿童自身是一个完整的个体，儿童的成长环境也是一个多因素相互作用的整体背景。因此，儿童研究必须走出学科分化的局限，才能真正地为儿童全面发展作出贡献。只有通过多学科的交叉研究与联合攻关，才能取得具有重大现实意义的儿童研究成果，才能产生具有当代意义的儿童学。[12]从该设想可以看出，儿童研究已经开始从单纯的某领域如自然科学、人文科学、社会科学，向着以综合、系统的视角来研究的趋势发展。因此以综合的视角来研究儿童是未来研究的趋势。

（二）文化生态学理论

文化生态学是一门将生态学的方法运用于人类学研究的新兴交叉学科，是研究文化的存在和发展的资源、环境、状态及规律的科学。它是在生态学完成了它的人文转向和人类学为了适应研究需要而借鉴生态学方法的背景下产生的，它的产生反映了20世纪中期科学主义与人文主义由分立、对抗走向融合的趋势。其发展不过数十年，但其理论已显示出较为蓬勃的生命力。文化生态学把系统论思想引入对文化的研究中，注重研究文化事项与其生存环境的关系。[13]

最初的文化生态学出现于美国人类学研究北美洲原住民的领域，通过思考文化与环境的关系，产生了一种文化—环境关系的"可能主义"观点。这种观点有时被认为是文化决定论与环境决定论之间的一种妥协，这种思潮在很多方面都标志着一个重大改变，即在认识文化及其所在的环境时，转向一种互动和辩证的关系，而不是决定论的关系。美国人类学家斯图尔德所著的《文化变迁论》被普遍认为是文化生态学正式诞生的标志。

20世纪90年代以来，文化生态学在信息革命的冲击下，也在研究范围和方向上发生了相应的变化，比如"媒体环境"概念的运用，研究领域的拓展——全球化、信息化、数字化的背景下，文化生态学的方向也进而转向了研究如何面对新的信息通信革命。同时，以文化生态学为研究视角的研究者背景也从相对单纯的人类学拓展到了人文地理学、传播学等学科。[14]另外，文化生态学具有鲜明的应用性，无论是对于自身的学科建设还是之于文化的认识发展，最终的目的都是对于社会进步的探索。[15]

在对一种文化现象进行文化生态学分析时,有一种经典的分析框架是将影响和塑造该文化现象的因素分为四个层次,如下图所示[16]:

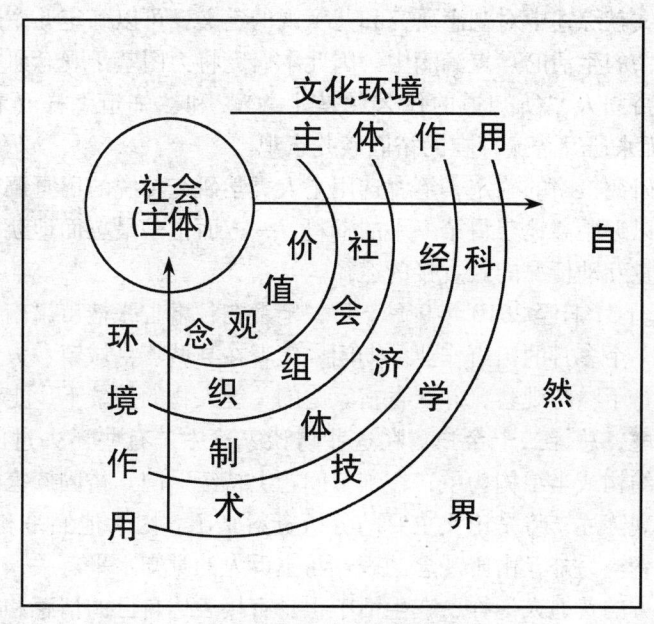

文化生态系统结构模式图

本研究力图参照该文化系统结构模式中社会文化因素的几个层次将影响儿童观的几个因素通过抽象归纳总结出来。但由于本研究重点研究社会观念,即上图中"价值观念"层次,因此将"社会主体"与"价值观念"结合在一起,成为研究对象"主体的观念"。基于上文所述,这种观念体现在文化主体(此时也是观念主体)与文化客体(将来的文化主体)的互动之中,

因此,选用这样一个理论视角,一方面是采用了该理论在解释文化现象时全面、系统的特点;一方面也希望能够通过这个研究,以小见大,推动文化生态学在儿童研究领域的应用发展。

(三)研究问题的界定

首先,需要明确的是,儿童观存在于成人心中,在人们的生活中呈弥散的状态,无论这个人家庭中是否有孩子,因此,在对儿童观的考察中,不应忽略这种普遍存在的"先验的儿童观";而在实际生活里与孩子的互动中,儿童观则体现在一种更加具体的、互动的关系中。后者是本文着重所要研究的儿童观,即从社会事实中抽取和提炼"什么是裕固族的儿童观"以及从文化生态学的视角去分析"形塑裕固族儿童观的文化因素有哪些"。前一个问题又可以分为"裕固人眼中的儿童(形象)"和"裕固族成人与儿童的互动"两个分问题。

二、研究方法

基于上文文献综述中对观念研究和儿童观的定义，可以确定儿童观渗透于裕固族人与儿童相关的生活的点点滴滴中。因此本研究将力图基于观念研究的传统，从描述关于儿童裕固人"所知道的什么（是儿童）"和"知道怎样（看待与对待儿童）"这两方面来研究普遍存在的裕固族儿童观。

基于如上研究策略的确定，笔者选用了人类学研究传统的田野调查作为研究方法，一方面可以近距离地获得第一手的资料，一方面也是最全面地获得有关裕固族家庭内部与儿童互动情况的最直接的途径。

2010年7月31日至2010年9月7日，笔者在甘肃省张掖市肃南裕固族自治县共进行了为期一个多月的田野作业。期间，笔者在县城、皇城镇、大河乡三个地点对三个家庭进行了参与观察，并在寄宿家庭的关键人物的带领下，走访了所在地的一些裕固族家庭，总计二十余户，在这些访谈家庭中，有些还去过两次或两次以上。访谈以无结构或半结构为主，在细节问题上持续追问。裕固族家庭中儿童的照料者提供的主观陈述，将是论文主要的分析资料来源。因为他们是和儿童最直接、最密切的接触者。另外，由于观念的表达与主诉人的觉知水平有关，淳朴的裕固人和我国其他地方的普通人一样，在生活中很少直接表达自己的情感和概括自己的想法。因此本研究十分注重从所观察和体验到的日常生活材料中提炼和总结——"所知道的什么（是儿童）"，即在日常生活中裕固人如何定义儿童，将主要通过对他们"知道怎样（看待与对待儿童）"的具体行为中归纳。

三、裕固族儿童观——基于田野资料的描述与归纳

虽然"儿童"的定义在法律以及一般科学研究中都以年龄作为基本的判定标准，比如0—12岁、16岁或18岁等，但在日常实际生活中，"儿童"的概念常常则没有那么精确的年龄界限，而且如果在生活中使用"儿童"一词，会显得过于正式、学术和冰冷。同样，"儿童"一词，在裕固人的日常生活中并不常用，在他们的生活中，有一个非常接近于"儿童"概念内涵与外延的词，就是"娃娃"。

"娃娃"一词的意思和使用方法和北京普通话中"孩子"基本一致，有两种含义。第一，泛指一切年龄小的孩子；第二，具体指某个家庭中的孩子。作为第一种用法时，并无明确的年龄界限，在田野地大河乡，当地人管基本还处于婴幼儿期的儿童叫做"寡娃娃"，他们认为"寡娃娃"们不太懂事，是完全依赖于成人的，还没有具有作为一个人的思维和认知能力，当地有句俗语叫做"三岁半的寡娃娃"大概指出了这种"寡娃娃"的年龄是三四岁左右。随着一个娃娃的成长，比如当一个人参加了工作、独立外出上学或是结婚了，则他/她就不再是"娃娃"了，这

个事件大概会发生在16—20岁的人身上——这是以对象的独立生活程度为判定标准来界定的泛指的儿童；作为第二种用法的时候，无论家庭中孩子年龄多大，都是"娃娃"。因此本研究中所提到的"儿童"，是基于裕固人日常生活中"娃娃"的两种情况下的含义而来的。

本部分将通过对裕固人生活中"娃娃"一词的两种含义来具体呈现和阐释裕固族人所认为的"儿童是什么（样子）"和"如何（具体）对待儿童"。因为笔者在田野调查过程中发现，裕固人在自我陈述中并不会清楚地报告他们的观念和观点来自哪里，是如何形成的，因此本部分的呈现是基于笔者在彼时彼地获得的横截面信息来进行归类后进行的陈述；阐释则是基于笔者对该文化现象的探索性的理解。如下所呈现的两方面裕固族儿童观的每个特点，在裕固人社区内都是实在的存在，但并不表示各处都一样。所呈现的儿童观的内容，也是会在一定时间内有所变化，有些比较传统，有些则是受现代思潮的影响，本部分在论述的时候并不做严格的历时性区分，而是力图去呈现当前儿童观的多元表现形态。

（一）裕固人眼中的儿童

1. 对儿童的评价——勤快与懂礼貌是重要标准

在"寡娃娃"时期之后，随着儿童年龄的增长，草场上的裕固娃娃们便逐渐开始需要参与到家庭的经济生产和家务劳动中，帮家里照顾羊群、做一些力所能及的家务活儿等。此时，他们便成为了家庭生活的共建者。因此裕固族传统的"好娃娃"评价标准中很重要的一点即是"勤快"——详细来说即为"能帮家里干活儿、做家务什么的"。有一句流传于裕固族地区的俗语"娃娃勤，爱死人；娃娃懒，狼啃脖子没人管"正是印证裕固人对好孩子"勤快"的推崇。裕固人自古以来以家庭为单位的游牧方式进行畜牧业生产，孩子从小就自然参与到放羊等生产事务中去，因此"勤快"的孩子自然会受到家长的喜爱。

另外，娃娃在家族中的位置对定义娃娃来说很重要。裕固人在日常生活中用亲属关系来指代和介绍某人的情况很多，相比之下，名字甚至出现得都不那么频繁了。这一方面说明社会网络是裕固人生活中非常重要的一部分；另一方面，这也反映出像定义其他人一样，裕固人心目中定义一个娃娃是谁，很大程度上取决于他/她所处的家庭、社会关系。因此另一个"好娃娃"的评价标准即为"懂礼貌"——懂礼貌的娃娃是指会"认人"，即能够认清亲朋好友，分得出亲疏远近，并且在亲朋好友面前言行举止得当。懂礼貌的行为包括尊敬亲友（大部分是长辈）、帮助招待来家里的客人、不闹等。

一个勤快、懂礼貌的娃娃，能够让他/她的父母在亲朋面前很有面子。反过来说，如果娃娃在亲朋面前"不听话"，父母则会严厉地批评。在笔者有次参加夏场上某家人宰羊请客聚会的时候，男主人拿出相机想为在座的客人们拍照留念，他5岁左右的儿子非常想玩，便央求父亲让他玩一会儿，但父亲几乎完全不理会儿子，儿子吵闹之后感到委屈便后开始哭泣，父亲仍然对他眉头紧皱无动于衷，周围的客人也没有任何表示。而后来据同去的关键人物介绍，这家人其实非常重视孩子（孩子是目前裕固人家庭生活的重心，这一点会在下文详述），但当在亲朋在场的情况下，如果孩子的行为妨碍了成年人的活动，成人在这种情况下完全不理会孩子。另外，有的时候笔者在成人喝酒抽烟的情况下见有孩子在场，便询问这样当着孩子的面是否合适的时候，成人都表示无所谓，甚至让孩子帮忙倒酒——曾有十来岁的孩子会非常勤快并熟练地帮家长给客人倒酒拿烟，而这种行为在该情境下是非常受到肯定的，丝毫没有成人与儿童的区别。

孩子从小在这种环境下长大，会将这种期待内化为将自己作为一个家庭成员的自我要求——笔者寄宿的家庭中有一次来了村干部，而笔者适时正和家中二十岁左右的女儿召勒玛一起在屋外聊天没及时回去，当远远看到门口停着车时，她紧张地说："现在不要回去啊，不然进屋人家说，这么大的丫头子不在家帮忙招待客人做饭什么的很差的！"因此可以说，"勤快"与"懂礼貌"这样的要求是裕固人传统上对生产活动、社会关系十分重视的特点在儿童观中的反映。

另外，裕固人对儿童的评价除了最重要的"勤快"和"懂礼貌"，还有其他诸如"人品好"、"懂事"、"诚实"等道德角度的标准。具有以上所有优点的娃娃是成人最喜欢的，可以说，是裕固族对儿童的预期，也是父母对孩子培养的主要维度。

概括说来，从功能性和道德性两方面来评价儿童的话，大部分裕固人对儿童的定义是"家庭生活的共建者，与其他家庭成员关系紧密且平等，重视和他人的关系"。

2. 性别平等

娃娃的性别并不是裕固人特别看重的因素。有很多人一提到关于娃娃的看法，第一就是要强调"我们裕固族最大的特点就是不重男轻女，甚至重女轻男"。

由于裕固人早年间实行明媒正娶婚行父系继嗣制度和帐房戴头婚行母系继嗣制度双系并行的婚嗣制度[17]，男孩和女孩都可能会继承家产并赡养老人，因此男女在家庭传承的过程中起的作用差异并不大[18]。笔者在田野过程中也感觉到，女主人在家庭中的地位相当重要，不仅承担了相当多的生产劳动和家务活动，在社交、公共等场合中抛头露面也很常见。这与王亚丹（2010）关于裕固族女性地位的调查，贾学峰、钟梅燕（2010）关于婚姻研究的文献综述中所发现的结论一致，即裕固族女性无论在生育还是教育上，都有较高的地位[19][20]。

另外，裕固人对直系血缘并不十分强调，而是对家族徽号的传承十分重视。将同一家族中的孩子过继到另外一对父母处进行抚养的例子早年间并不罕见，而孩子在这种环境中长大也并不会对自己的养子女身份耿耿于怀，因为在全家族或社区都对孩子负有养育责任的情况下，孩子是属于整个家族而不仅仅是某一对父母的。因此孩子是否"亲生"，对于一个小家庭中的父母们来说，其实并不如传统汉人社会中那么重要。林红（2010）也指出，在裕固族地区，当老人无儿女的情况下，收养是一种常见且有效的家庭继承行为[18]。虽然在当下的情况下，双系并行的婚嗣制度和全家族共同养育孩子的情况已经有所变化，但这种"男女平等"的观念还相当大部分地保留在如今裕固人心里。

值得注意的是，随着父系制度伴随着我国户籍制度的推行，姓氏在裕固人婚嗣中的分量开始增加——比如肃南县城中一家铁姓家庭，因为裕固族中铁姓稀少，且他家铁姓历史特殊，故在目前最小一代中仅有一个男孩可以继续继承该姓氏的情况令铁家的家长们有些担忧。因而相应地，在这个家庭中表现出了对男孩的偏好。但当笔者强调"这么说你们比较想要男孩了？"他们表示否定，并且强调，他们是担忧"这个姓（以后如果没有男孩）就没了"。这个个案仍可以说是家族观念对裕固人现时观念的影响仍在起作用。

3. 儿童的时代性

在笔者田野调查的时段中，发现如今裕固人心中的儿童形象还有一点需要呈现，即"与时代更加贴近"。笔者曾经数次见到当家长面对由于对现代科技的使用不甚了解而求助于孩子的情况。例如有位母亲打算买一部新手机，向只有十岁左右的儿子咨询什么样的手机比较合适，而这个小男孩则将几种品牌型号各不相同的手机性能一一向母亲讲解，如数家珍；当笔者用单反相机给大家拍照或是使用电脑、录音笔等电子产品时，娃娃们总是特别兴奋，很乐于来试一下，而家长们的反应则是"让娃娃们玩吧，我不会"。无论是向孩子求助还是推崇孩子去尝试新鲜事物，都反映了家长们这样一个认知：即儿童能更好地接受和掌握由于时代变迁而带来的新鲜事物。

这种现象与趋势不止在裕固族地区发生，笔者所接触过的其他地区也有这种情况。儿童或年轻人总是更容易及快速和敏锐地接受新鲜事物，这是普遍的认识。同样的，裕固人也同样持儿童比成人更加具有发展开放性、更加具有时代性的认识。

除了将这种时代性归结于儿童"好奇"、"学习能力强"等天生的特性和能力使然，知识在代际间的断裂也是使这种现象发生的重要原因。传统的裕固人畜牧生产、生活方式较为独立和规律，其生活技能和知识相对比较易于掌握，孩子们可以很小就掌握所有的生产、生活技巧，欠缺的仅是力量、经验等硬性条件的成熟。但当代社会迅速出现的各种新的科学技术、文化概念等已经超出了大部分裕固父母的生活经验，而且他们也整日忙于从事着与几十年前十分类似的生产、生活，偶尔也从事些现代的工作，但多数仍是较为简单的劳动。但儿童们此时基本上生活在与父母不太相同的文化环境中了——除了物理上孩子们所在的学校是与家庭相隔绝的，也体现在孩子们的媒体环境或者媒体使用方面上。受教育水平并不高的父辈和祖辈较难看懂孩子们的书籍，也不会像孩子一样去上网、看电视——即使看电视，成人和孩子的兴趣也很不同。因此当孩子谈论着家长不了解的话题、循着家长未曾走过的轨迹成长、学习着家长不熟悉的知识，而恰恰这些知识所代表的是更加"现代"

的时代特征的时候，家长自然而然会对孩子产生"他们更加贴近时代"的评价。

（二）裕固族成人与儿童在家庭中的具体互动

1. 家长对孩子开放的未来期许与巨大的当下投入并存

在访谈和参与观察中，笔者都发现，裕固人对于孩子未来发展的态度，与那些精心为孩子设计了"高效的成功之路"，对孩子的未来有着明确且精英式设计的"虎妈"们相比，就显得十分开放了。在笔者的整个田野过程中，几乎从没见过什么人表示出任何对孩子今后成为什么职业或类型的人的期许；相应地，他们认为孩子对于他们的未来有自己的选择权，"爱做什么就做什么"，"从来没有想过（让孩子以后做什么）"之类的表达倒是屡见不鲜。即使是对子女婚恋的态度，裕固人的态度也都相当开放——"只要他们（子女及其配偶）自己看得上，我们没有要求"。总体说来，裕固人对自己孩子的期待是任其自由发展，对未来并不加以过多地设计和干涉。

虽然裕固人的家长对孩子除了人品的要求外别无所求，并且对未来持开放性的期待，但裕固族父母在当下对待孩子却十分具有奉献精神，儿童在全家人的生活中是重中之重。除了在生活中基本上做到"要什么有什么"，如果家里有义务教育阶段的儿童，则孩子的教育则将成为整个家庭生活的重心。

在那些仍以牧业为主要生产方式的裕固人家中，由于草场距离镇或县城的学校很远，出现了这样一种现象，即父母双方有一人在学校所在地，都是县城或者镇上租或买个房子，专门"伺候娃娃（照顾孩子）"，另一人则主要在牧业上负责牧业生产。假期的时候一家人才会在夏场或冬场上团聚。更加夸张的还有把娃娃送到更好更远的张掖市区，家长两人都跟着一起去，什么都不干，就"伺候娃娃"，家里的羊雇上个人给放。这种现象在我国很多农耕地区也有出现，新闻报道屡见不鲜。出现这种"陪读家长大军"的现象不难想见是由于教育资源地域集中化与家庭生产生活地的分离，但家长们为了孩子的教育，做出这么大的牺牲也是十分震撼人心的。也有些家庭，父母主要从事生产，年老的祖辈则和上学的孙辈一起住在学校附近的城镇，祖辈主要承担起抚养儿童的责任。无论哪种情况，都是家中的至少一个劳动力在全职照顾儿童。笔者也曾目睹过在小学开学前，夏场上的一户牧民家庭宰羊请客送孩子上学的情形，从规模上来看，这算是一段时间内最重要和隆重的活动了。

以上都说明，孩子，特别是孩子的教育，是很多家庭中的重中之重。

相比较于以前的儿童在家庭中的位置，很多老人都表示"过去（大概20世纪六七十年代以前）没有计划生育（节育措施），有了孩子就得生就得养，生下来也没法休息，游牧的时候说走就要走，有些妇女因此还落下了病根。而且孩子很小就要帮着家里干活儿，学校很远也没办法去，（上不了学）就留在牧业上了"。相对于今天孩子的地位，则不会有一个家庭会因为牧业生产而放弃孩子的学业了。而且孩子在家庭中从一个需要负担一定工作量的生产者,也转变成了如今重点职责在学业上的中心人物了——这意味着孩子在家中的重要性发生了变化。

如果从投入产出比的理性经济人角度来解释裕固人当下对儿童巨大的财力、物力以及精力的投入,显然并不能很好地解释为何他们却对孩子的未来持如此宽松开放性的期待,因为理性经济人假设家长们如今巨大的付出是为了在将来获得来自孩子的更加丰厚的回报,这与实际情况截然相反。裕固族对儿童不求回报的行为少了许多功利主义的色彩和对孩子的控制,这固然在感性上使人欣喜,但这种做法是主动思考后的选择还是对现状和未来无奈接受的结果?

"为了孩子(将来)好"是天下所有家长共同的想法,但淳朴的裕固人和那些深谙现代社会游戏规则的"虎妈"们相比,实在是太缺乏预测孩子未来的能力了——受了学校教育之后的儿童长大后会进入到怎样的一个社会?遵循什么样的社会规则?在飞速前进的现代化浪潮中,这些问题的答案是远远超出笔者以及笔者在田野过程中遇到的那些裕固族父母经验范围的。但在这股浪潮下,裕固族家长们通过种种途径似乎可以看到这样一个朦胧的景象:对孩子的重视和教育是可以得到更美好的未来的。对这幅朦胧幻象并没有过多认知的父母们一方面对未来充满着不确定的希望,另一方面又天然地一心为孩子好,再加上对社会理性判断的相对缺乏,即造成了裕固族家长如今所持的行为模式。因此笔者认为,裕固家长们这种对孩子不求回报的巨大投入,实际上反映出的是裕固人在面对社会变迁中的迷茫与无助。面对超出他们能力与经验的孩子不确定的未来,他们巨大的投入,从某种程度上来说是为了让自己心安。

2. 物质层面上家长与儿童的互动——从"有什么要什么"到"要什么有什么"

"以前我们(养育子女)那会儿,是有什么要什么;现在(的孩子),是要什么有什么!"这是笔者在皇城镇田野作业时一位裕固族老人讲的话,可以说是精简地概括了裕固人家长与儿童在物质层面上的互动变迁情况。这里的"物质层面"是指家庭中父母对孩子的物质支持,包括购买、赠予、提供儿童需要的财物。

物资的极度匮乏到相对富足是从 20 世纪五十年代到当今社会的巨变在裕固人生活中的具体表现,这直接影响了裕固人如何抚养他们的孩子。当笔者访问裕固老人的时候,几乎所有的裕固老人讲的模式都是这样:以前物质条件不发达,什么都没有,孩子上学也不方便,因此平均受教育水平也不高,几乎都在牧业上(放羊)了;而现在的娃娃,各种零食、玩具、衣服都很多,而且娃娃出去的时候见到什么要的时候,几乎都会给买。比如一位老人比较她抚养两代后代上明显的差异:"以前住毛房子(帐篷)、游牧着,给大队上干活,学校离得远,娃娃从小就跟着放羊什么的,上了几年就不念了……几个孩子(现在)都在牧业上……现在(孙子孙女)一出门就要买东西……"

当前裕固族家长对孩子有极大的物质支持这一点从家庭房间内物品的摆设也可以明显地体现出来,在笔者走访的家庭中,如果该家庭中有儿童的话,与儿童有关的物品，比如玩具、家具、书本、食品等大都会十分丰富且显眼，一进门就会让人不得不注意到，而且可以比较容易地辨认出家庭中孩子的性别和大致年龄。这些都表明，父母给孩子们购买的东西占全家总购买量中相当大的比例。

另外不光儿童主动提出想要的东西家长会去尽量满足，孩子考虑不到的事情家长也会主动考虑——比如吃穿用的质量、营养保健品的补充等。有个年轻的母亲在提到她身体较弱的孩子时，一脸担忧和心疼，并且每天会花尽心思来"伺候孩子（照顾孩子生活）"，各种食品、补品买了一堆，还要担心孩子在学校有没有跟其他的孩子起冲突——因为"他打也打不过人家"。一位做了祖母的裕固老人在比较她带自己儿女和如今带一个学龄的孙子和一个婴儿期的孙女时说"原来我们就是吃饱（就行），现在的娃娃要注意不要把假的东西吃上了，不要吃带毒的东西，要吃营养品！不要吃凉的东西……现在的娃娃太难养……注意这个注意那个，还要不要生病啊，还要脑子聪明啊，还要营养要好啊……吃啥对脑子发育好啊，吃啥对身体发育好啊……"

在问及一个家长为什么要给娃娃买这些东西的时候，他们会说："不是你给不给买的问题，是他要（主动索要）啊！"当孩子在被丰富的商品勾起了购买的欲望时唯一的满足方式就是向成人索要，这也给家长造成不小的经济压力和烦恼。但当孩子真的想要什么的时候，因为孩子在家庭中是重中之重，无论哪个家长都会尽力满足的。

概括来说，裕固家长当前对娃娃的物质要求一方面尽量满足，另一方面也主动努力为娃娃提供更加优质的物质生活。

3. 多元的儿童观呈现形态——家长主体观念与家庭具体情况的相互建构

虽然总体上来说，裕固人眼中的儿童有其相对突出和统一的特征，但具体到每个家庭中的日常生活中，家长作为观念主体，其观念在很大程度上是基于家庭中儿童作为观念客体的具体情况而逐步建构出来的。

在田野中，最能够让家长们讲个不停的话题其实是他们家中具体的故事，比如孩子成长过程中发生过哪些有意思的事、家长每天如何细致考虑和安排孩子的生活、家长有哪些跟孩子有关的烦恼与快乐……总结这些故事的内容固然十分丰富，可以提炼出上一部分"裕固人心目中的儿童"的特点，但从家长与孩子互动的角度来说，就会发现，家长们所讲的这些故事，体现的都是他们如何看待家中孩子具体的情况——

比如一位母亲讲述了很多她促进孩子身体健康以及督促他锻炼身体、磨炼意志的行为，是因为与其他孩子相比，她的儿子体质较弱，胆子较小，因此让儿子"像个男孩子样"是她最大的期待。

一位刚刚生了女儿的年轻母亲得到了全家长辈的照顾，而她自己也对女儿关爱有加，后来聊得深入后才得知她三年前曾生过一个儿子，但出生没多久就夭折了，因此这个来之不易的女儿对她全家人来说都意义重大，对她来讲更是感情的寄托，因此对女儿几乎可说是"捧在手里怕掉了,含在嘴里怕化了",为她买了能买到的最好的衣物用品等。

与一些对于孩子不讲裕固话感到焦虑无奈的裕固族父母不同,一位父亲从来不跟女儿讲裕固话,在家里也不讲。原因是他与妻子,即孩子的母亲,分别讲的是东部裕固语和西部裕固语,本来就分属阿勒泰语系的蒙古语族和突厥语族,相互无法沟通。因此家中的具体情况只能使用汉语沟通,使他对孩子不讲裕固话抱有无所谓的宽容态度。

这样具体的事例还有很多。在这里举这样的例子是想说明,在裕固人的日常生活中,家长如何看待与对待儿童,很大程度上是基于这个家庭具体的情境和孩子具体的情况而来的。每个家庭都有各自不同的背景,每个孩子也都有各自的特点。在每个家长用他们的要求和期待来教养孩子的时候,孩子的人格特质、兴趣爱好等具体情况也影响着家长的行为和想法。儿童观的观念主体(即家长)和儿童观的观念客体(即家中具体的"娃娃")在这种双向的影响下,相互建构着。这种双向建构与特定的社会情境共同作用,外显为裕固人内部多元的家长与孩子互动模式,即更加具体的儿童观形态。

四、裕固族儿童观的文化生态系统分析

文化生态学理论强调形塑一种文化图景时具有各种层次的文化因素在起作用,这些文化因子共同构成了一个文化生态系统。按照综述中文化生态学经典分析框架的结构模式,本部分从社会组织和经济体制两个层次来具体分析生产生活方式和物质生活条件这两个因素对裕固族儿童观作为一种文化图景的形塑。

(一)生产生活方式的影响

笔者在田野的区域中,可以明显感到裕固族人的生产生活方式正处在迅速的变迁过程中。

传统的裕固族生产生活方式为以畜牧业生产为主,如今绝大部分的裕固人家里也或多或少地拥有草场和羊群,畜牧业收入占家庭经济收入的很大一部分。但随着时代的变迁,裕固族人中也有许多在建国之后逐步改变成了其他的生产生活方式,伴随城镇化进程中进入城镇定居的裕固人,他们主要从事第二、第三产业,以及在各机构中供职。总之,裕固人整体上的生产生活方式目前处于一种以畜牧业为主,城镇第二、第三产业工作为辅,二者共存的生产生活方式,并且随着学校教育的普及和深入,后者的就业情况有上涨的趋势。

畜牧业的生产生活方式没有上下班的概念,因为羊群随时都可能需要人的照看。而且畜牧业这种经济生产与家庭生活互相融合的生产生活方式使每一个裕固族家庭都能够成为一个相对独立的经济体,除了一些生活必需品不能自给自足之外,

他们的活动也是相对独立和完整的。

但随着社会分工的细化,一部分裕固人,或者说裕固人部分地进入了社会分工中其他的职业当中。裕固人上班后与牧业上的生产生活方式相比,最大的变化就是工作与生活的相分离,并且更加依赖社会系统中的其他部门。而家庭,是不折不扣地属于工作之外的生活私领域中的,对孩子的养育也是家庭生活私领域中的组成部分。当养育孩子所需要的金钱和精力与工作所要求的付出相冲突的时候,就出现了张力。

裕固人的家庭结构在最近几十年内发生了很大的变化。家庭中孩子数量的锐减成为当代裕固族家庭结构的一个主要特征。家庭中的年龄梯度也由于家庭结构的变化从比较连续的分布而变成了当代这种分段式的分布。而且孩子数量越来越少这一情况,也使得孩子在家中的位置越来越成为重心。这两者相互影响,相互促进。

由于年轻一代的裕固人几乎都受过较为系统的学校教育,而巴战龙认为,就教育的目的而言,旧式的传统教育培养的成员是为小部落社区所用,而新式的现代教育培养的成员是为大国家社会所用[17],因此可以说,受着新式现代教育的中青年裕固人有相当一部分已经进入了"大国家社会"所包含职业分工体系中了。由于传统的游牧的生产生活方式下"经济生产与儿童养育互相交融"的情况与大国家社会下现代职业分工系统中"经济生产(工作)与儿童养育相分离"的情况完全不同,因此裕固人在这个变迁的过程中也形塑出了当代的儿童观样貌。分析至此处,也不难理解为什么裕固族年轻父母会说"一个孩子就够了"这样的话——因为当他们不再带着孩子放羊,而是将孩子送入幼儿园或学校,自己走入自己的工作场所之后,抚养孩子的精力压力与经济压力便使其不可能有足够的能力去抚养更多的孩子了。此时的儿童之于家庭,也从一个生活的共建者,变成了一个需要家长在本职工作之余再付出特殊照顾的重点角色。

生产生活方式通过影响家长对儿童的抚养模式,进而塑造成年人的儿童观。而成年人在具体的养育过程中所作出的行为,也是对社会文化环境的一种适应。

(二)物质生活条件的影响

造成裕固人生产生活方式发生改变的社会变迁同时也改变了社会上的物质生活条件。物质生活的极大丰富和商品社会消费主义的到来也改变了裕固人传统的生活方式。在这一社会背景下,裕固人的儿童观也随之持续发生着改变。

首先,随着商品经济的发展和市场的繁荣,裕固族人的生活水平得到提高,生活用品和食品的种类大大丰富,也更加细分,市场上出现了大量的儿童专用的商品。笔者以田野中一个刚刚出生几个月的婴儿家庭为例,这个生活在城镇边缘的家庭,为这个新生的婴儿准备了大量用品,比如衣服、玩具、生活用品等。镇上也有专门的童装店,各家商店里都销售各种各样琳琅满目的小食品和小玩具,其主要消费群体都是儿童,或者买给孩子吃用的家长——这说明儿童专用品的消费在这里已经相当普遍，而且父母也经常性地为儿童购买这些商品，可以说家庭中关于儿童消费的活动非常频繁。甚至为孩子购买东西成了体现家长对孩子的爱的一种主要方式。这种以消费表达情感反过来在孩子对父母表达情感时也是一种重要的方式，尤其是当孩子还没有经济来源的时候。不过家长在提起孩子给自己买东西的时候，更多地提到的是孩子的心意和努力，而不是物品本身。

消费主义的倡导一方面刺激了裕固人对儿童用品的消费，另一方面也成为使裕固族父母不想多要孩子的原因之一。因为孩子索要和需要的物质消费越来越多，家长就越发地需要努力多工作挣钱；而养育孩子在生活私领域中是需要家长付出大量时间与精力的事件，多生孩子就意味着要付出更多的精力。因此，当养育孩子所需要的经济压力和精力压力发生矛盾时，反映在裕固人家长身上的具体表现就是少要孩子——这是裕固族家庭结构变迁的原因之一。反过来，家庭结构的变化也使得家庭中孩子越发珍贵，孩子的位置越加重要，家长对孩子的投入就越多。

（三）国家权力的影响

1. 国家权力对以上两个文化生态因素的影响

以上分析到的两个因素，分别是从传统的文化生态学分析框架中"社会组织"与"经济体制"两个层面来阐释它们对裕固族儿童观的形塑。这两个影响因素直接地影响到裕固人的家庭生活，进而影响了他们的儿童观的形塑，使儿童观作为一种文化现象，发生着适当的改变以平衡不同的社会环境生态。但这两个社会文化生态因素背后的影响是什么呢？借用经典的国家—社会分析框架来分析裕固人生产生活方式与物质生活条件的变迁，我们可以发现，无论是哪一个因素，都与这些年来国家权力的调整与控制有关。

首先，现代国家管理制度的建立是使得裕固人中出现新的劳动分工的根本原因，裕固人社区中原有的部落联盟制下以头目世袭制为主，户族精英为辅的习俗—权威型控制方式转变为一个民族—国家中民族区域自治制度下以党政科层制的资源—利益型控制方式[17]。这种制度的改变进而带来了社会职业的进一步分工细化，裕固人中开始有了"职业"工作人员，使生产生活方式发生改变，这一因素对儿童观的影响成为可能。

其次，物质条件的极大改变则是近三十年的事情。虽然从建国后即开始了现代国家管理制度的建立，社会制度上发生了暴风骤雨般的变化，但毕竟囿于当时的科技发展水平和商业化水平的不高，裕固人物质条件其实并未得到很大的提高。像全国的其他很多地方一样，裕固族地区的物质生活真正发生巨变其实也是在改革开放之后，伴随着工商业的迅速崛起。在笔者田野的时间段内，肃南仍然在紧锣密鼓地进行着迅速的城市化和商业化——虽然相较于东部地区发展较晚，但相较与以前的情况，也可以说是日新月异了。

这种城镇化的趋势将商业化的运作方式带入传统而单一的畜牧业生产社区，迅速地丰富了裕固人的物质生活。笔者在肃南市场、商店、超市里看到的商品，除了品牌不同和一些因特殊的地方需要而造成的差异外，几乎和北京市场上的富足程度是一样的。

2. 教育对裕固族儿童观的直接影响

另一个与裕固族儿童生活密切相关的国家权力的体现即是学校教育。可以说，社会职业的分工细化不只影响了家长们对孩子的养育方式，也改变了孩子的角色——学校将儿童从家庭社区的小经济共同体的一员，培养成了国家框架下"社会主义的接班人"，即学生。国家权力将孩子从家中剥离出去，送入学校，接受另一套知识系统与价值标准。裕固人的教育发展速度也相当迅速，因此几乎只是一两代人的时间内，国家权力对儿童的直接控制影响——学校教育，无论从数量上还是质量上都达到了相当的高度。学校里学习的内容与这些裕固儿童上一代或者两代人所拥有的地方知识是截然不同的。所以当学生以学校学习作为生活重心的时候，自然就不会像传统裕固儿童那样大量地参与到家庭生产生活中去了。他们在学校新的价值观下成长，接纳了"学生要成绩好"、"以后要继续升学"等学校价值观，又与学校一起，通过与家长的互动将这种价值观传递至家庭中。因此才会出现将孩子作为家庭生活重心的现象——这种转变，其实是为了适应学校教育所带来的社会生态环境。

五、结论与发展

（一）主要结论

裕固族的儿童观是裕固族成人在日常生活中与儿童实际互动中所反映出来的对儿童的定义与看法。概括来说，裕固人普遍持有儿童应该"勤快"、"懂礼貌"的标准，并且认为"儿童的性别平等"、"儿童比成人更加具有发展开放性和时代性"。具体在裕固人的日常生活中，裕固族家长在对孩子抱有开放的未来期许的同时，在孩子身上进行的各种投入也十分巨大，笔者认为这正反映了在挟裹着国家权力的现代化浪潮背景下，裕固族家长对孩子不确定的未来的所抱有的一种"迷茫的期待"心态；物质层面上，家庭中关于儿童的消费很重要且频繁；最后，无论普遍的关于儿童的看法是什么，家长作为具体的观念主体，其儿童观是在日常生活中与孩子的具体情况相互建构与相互影响的，因此在具体生活中成人与儿童两者的互动呈现多元形态。裕固族的儿童观作为一种文化现象，其形塑是当地生产生活方式、物质生活条件等各种社会文化生态因素综合作用的一个动态过程，是其不断适应社会环境的产物。

观念研究必然要分析观念的主体和客体以及两者的关系，因此具体到本研究中，儿童观的形成作为一种社会互动过程的具体体现，是存在着儿童与成人共同相互建构的关系的。

其次,本研究在应用文化生态学视角分析裕固族儿童观的形塑过程时,发现各种影响因素其实并不是相互独立地作用于文化主体中,而是存在一定程度上的相互影响。比如国家权力对于生产生活方式和物质生活条件都有着不可忽视的控制和调节作用,而且可以直接通过教育来形塑裕固族儿童观。因此可以说,只有当这些文化因素互相产生关系时,才是一个真正动态的文化生态系统。

另外,需要指出的是,文化生态因素并不一定仅限于传统分析框架或是本研究所具体运用的分析框架,而是随着不同的研究对象、研究问题以及时代的发展而有所变迁的。

最后,在使用这种视角对儿童观作为一种文化现象进行分析之后,笔者发现,这种分析虽然以文化主体的自陈和主客体之间的互动作为分析的材料基础,但部分地丢失了人类学经典研究方法"田野"所提倡的"主位"视角,即裕固人自己是如何看待儿童观的形塑这个问题的。在田野过程中,笔者试图与访谈对象就这个问题进行沟通,但也许是存在着语言与表达障碍,或者说笔者没有完全地掌握如何用当地人清晰易懂的口头话语来表达这个问题,所以无法深入地获知他们"主位"的观点。以此现象来反观文化生态学理论的解释框架,也许这正是该理论需要被批判的方面,即它强调研究者所挖掘到的客观因素对文化景观的形塑,同时却部分地偏废了文化主体的主位视角。

另外一个文化生态学理论本身所并不侧重但在实际社会事实中相当重要的方面是,各种文化生态因素对文化现象进行形塑的作用机制,即影响因素是通过何种渠道、途径来对文化主体发生影响的。以本研究为例,媒体和公共部门的宣传是各种文化因素得以具体影响到裕固人儿童观的非常重要的渠道,但本研究中并未对此作出明确的呈现和分析。虽然文化生态学并不强调各文化因子间相互作用的机制,但作为社会事实中显而易见的重要方面,缺失对这一部分的讨论的确是文化生态学作为一个分析框架的不足。

(二)自我反思与批判

1. 本研究在研究方法上的不足

在田野过程中,笔者参与观察了三个家庭,重点入户访谈了二十余人次,并与裕固族人民共同生活一个多月,这段田野经历是最珍贵的一手研究材料。但反观这段田野经历时,笔者感到作为收集资料的过程,本次田野仍有许多需要反思的地方。

首先,由于笔者的性别和年龄,所寄宿并参与观察的三个家庭中均有和笔者年龄相差不多的女孩,并且由她们作为笔者田野的关键人物:带领笔者走访当地家庭,陪同访谈,必要时担任翻译,还会对一些笔者不理解的访谈内容做解释说明。她们无私的帮助是田野过程得以顺利完成的关键,但从另一方面来讲,这也使笔者在田野中所接触到的人有所局限——参与观察的家庭类型比较单一，都是拥有二十来岁女儿的两代家庭；这也间接使得访谈对象也以关键人物的亲朋好友为主，即关键人物的社会网络。

另外，在整个田野经历中笔者逐渐发现，访谈中的男性，无论是父亲还是祖父，大都比较讷言少语，一直抽烟，看上去对于我略显"奇怪"的问题有些不知所措，只用很少的字词来回应，略显得对访谈的不耐烦和尴尬。而女性则是另外一种情况，不仅健谈，而且更乐意和笔者分享她们对孩子的看法以及她们抚养孩子的具体过程，和女性的访谈过程一般都进行得愉快且内容丰富。这种材料来源的特点使我的研究材料有极大比例具有女性的视角，而男性的看法，则较少通过访谈材料体现了。作为对性别视角的过于不平衡的矫枉，我在参与观察和田野日志中对男性在家庭以及子女抚养中的行为进行了特意描述，以期有所弥补。

最后，在陈述主体方面，由于我基本上全部采用入户访问的方式，而且正值学校放暑假，因此几乎所有的访谈材料都来自于家庭方面。而学校、社区、地方政府、商业媒体等社会主体的直接缺位是此研究的不足之处。

本研究在分析时对时间的划分十分模糊，这一点也在一定程度上影响对裕固族儿童观形塑过程的精确描述。因为在访谈时，所面对的访谈对象年龄参差不齐，而在他们的叙述中，"当时"、"我们那时候"、"刚来的时候"、"以前的老人"、"后来慢慢地"等表示时间的短语本来指代就很模糊——这一方面反映了当地人本来就比较模糊的时间划分，另一方面也是他们主观陈述跟个体经验有关的材料时不可避免地以自己作为时间的参照系——这使笔者后来在整理和归纳材料时也就顺势采用了他们的生活中这种比较模糊的时间划分概念。但客观来讲，作为实证研究来说，这的确影响了呈现和分析的条理。

2. 本研究在分析方面的不足

除了本研究中所呈现的三种因素，不排除还有其他的社会文化生态因素在影响着裕固族儿童观的形塑，本研究所列举的三种影响因素只是基于对田野资料的整理和归纳以及理论视角的分析框架而来，也许有其他的影响因素，但本研究并没有讨论到。比如与社会文化环境因素同样重要的自然环境因素——裕固族数百年来以生活在祁连山中草原和山下平川牧场上，在这个过程中他们发展出了自己独特的定义和对待儿童的方式，这个过程也仍然继续动态地进行着。但囿于笔者学术背景和研究能力有限，而且对该地自然环境缺乏了解，因此在本研究中没有对影响儿童观的自然环境因素进行考察和分析。另外，宗教文化因素也没有被充分讨论：裕固族信奉萨满教和藏传佛教，宗教因素在裕固人的生活中具有相当的重要性，但囿于本研究在收集资料和分析能力上的不足，宗教因素基本没有涉及和讨论。由此也可知，影响和形塑一个文化现象的文化生态系统本身是相当复杂和庞大的，研究者需要对研究对象有充分的了解，并且对其所在的环境也应有全面的认识，才能完整而系统地呈现一个文化生态图景——这种全面的研究，甚至应该是跨学科的。也许这也是本研究今后继续发展和探索的方向。

另外，笔者完全不会使用裕固语，这不仅在收集资料过程中是一个障碍，在进行分析研究的时候也因此而缺乏了一个重要的可以反映裕固人儿童观的来源。裕固话中有很多与儿童青少年相关的词汇，其系统非常精细和严密，对各种不同类型、年龄的娃娃都有各自的名称，这蕴含着丰富的社会文化含义。但本文所使用的概念，汉语"娃娃"则包含儿童的范围和意义都模糊了许多。因此本研究严格说来，在完整而细致地呈现出当地的儿童观方面上，还是有所欠缺的。必须承认，不会使用当地人的语言是笔者进行本研究的一个重要缺憾。

[参考文献]

[1] 裴小倩:《全球化背景下有关中国学前教育的地域文化研究——学前教育的文化适宜性视角》，华东师范大学学前教育与特殊教育学院，2009年。

[2] 何良玉:《论社会文化对基础教育课程改革的制约》，载《湖南师范大学教育科学学报》2005年第6期。

[3] ВежбицкаяА. Язык. Культура. Познание [M]. М.: РусскиеСловари, 1996: 11. 转引自徐佩:《俄罗斯民间故事中的父母观念研究》，载《西伯利亚研究》2010年第6期。

[4] 徐佩:《俄罗斯民间故事中的父母观念研究》，载《西伯利亚研究》2010年第6期。

[5] 辛涛、申继亮:《论教师的教育观念》，载《北京师范大学学报（社会科学版）》1999年第1期。

[6] 王蕾:《从"小"成人到"大"儿童——西方儿童观发展历程谫议》，载《济宁学院学报》2008年第4期。

[7] 林光江:《中国独生子女及儿童观研究综述》，载《学海》2003年第2期。

[8] Aries Philippe. Centuries Of Childhood, trans By RobbertBaldrick [M]. New York Random House Vintage Books. [M]. 转引自王蕾:《从"小"成人到"大"儿童——西方儿童观发展历程谫议》，载《济宁学院学报》2008年第4期。

[9] 内罗杜:《古罗马的儿童》，广西师范大学出版社，2005年。

[10] 安妮特·拉鲁著、张旭译:《不平等的童年》，北京大学出版社，2010年。

[11] 林光江:《国家·独生子女·儿童观——对北京市儿童生活的调查研究》，新华出版社，2009年。

[12] 张向葵、盖笑松:《未来中国儿童研究的战略构想》，载《西北师大学报（社会科学版）》，2006年第11期。

[13] 唐建军:《风筝的文化生态学研究》，山东大学，2008年。

[14] 黄育馥:《20世纪兴起的跨学科研究领域——文化生态学》，载《国外社会科学》1999年第6期。

[15] 戢斗勇:《文化生态学论纲》，载《佛山科学技术学院学报（社会科学版）》2004年第9期。

[16] 李家黎:《文化生态学视野下的少数民族教师专业发展研究——以云南省澜沧县拉祜族教师为个案》，西南大学，2006年。

[17] 巴战龙：《人类学视野中的学校教育与地方知识》，中央民族大学，2008 年。

[18] 林红：《从家庭继承方式看裕固族与哈萨克族文化差异》，载《新疆师范大学学报（哲学社会科学版）》2010 年第 6 期。

[19] 王亚丹：《裕固族女性地位调查研究》，载《重庆科技学院学报（社会科学版）》2010 年第 8 期。

[20] 贾学峰、钟梅燕：《1978 年以来国内裕固族婚姻研究文献综》，载《西北民族大学学报（哲学社会科学版）》2010 年第 2 期。

[21] 万余农村学生涌入县城家长陪读推高当地房价［EB/OL］.新浪网.http://news.sina.com.cn/s/2009-12-04/071319187914.shtml.2011-4-3.

[作者简介]

郑丽洁（1985— ），女，汉族，北京人，荷兰乌特勒支大学社会与行为科学学院博士研究生，主要从事儿童人类学研究。

裕固族文化融入国家基础教育课程体系问题的调查研究报告

巴战龙

[摘要] 裕固族是中国人口较少民族之一。裕固族文化融入国家基础教育课程体系的探索性实践，主要集中在裕固语教学试验和与民族文化传承有关的校本课程开发上，目前仍存在学校教育中"唯分数主义"倾向明显和民族文化融入学校课程的校际差异明显等问题，应以转换视角、加强交流、制定政策、均衡发展为对策。裕固族地区与民族文化传承有关的基础教育课程改革已经取得引人瞩目的成果，但"实事求是地稳步推进"仍然是解决裕固族文化融入国家基础教育课程体系问题的基本策略和思想指针。

一、引言

裕固族是中国人口较少民族之一，据 2000 年第 5 次人口普查统计，全国共有 13719 人，在中国各民族人口中排列第 48 位。裕固族主要聚居在甘肃省张掖市肃南裕固族自治县和酒泉市黄泥堡裕固族乡，主要使用三种语言：西部裕固语、东部裕固语（这两种本民族语言分属阿尔泰语系突厥语族和蒙古语族）和汉语，现无本民族文字，通用汉文。

裕固族的受教育程度较高，在中国各民族中位居前列。中华人民共和国成立以后，裕固族教育虽几经波折，但发展迅速。1994 年，裕固族实现全民族"普初"目标，1997 年，实现全民族"普九"目标，并通过国家有关部门的验收，这一重大成果成为 1998 年"中国十大民族新闻"之一。[1] 据 2000 年全国人口普查统计，裕固族每万人中拥有高中生 654 人，中专生 528 人，大学专科生 362 人，大学本科生 104 人，研究生 6 人。截至 2009 年 12 月，全民族共有 5 人获得博士学位。[2]

裕固族传统上是一个以畜牧业生产为主，狩猎采集和定居农耕为辅的民族，由于各种原因，教育发展非常缓慢。1949 年以前，裕固族是一个濒临灭族、文盲充斥的民族。从整体上看，20 世纪 40 年代以前，裕固族教育仍然停留在耳濡目染、言传身教和观察模仿的发展水平上，"生活就是教育"、"社会就是学校"、"从做中学"是裕固族教育的典型写照。裕固族现代学校教育，形成于 1938 年之后宗教领袖七世顾嘉堪布在裕固族地区劝喻兴学，发展于1949年之后小规模学校教育和马背小学的兴起，兴旺于1978年之后学校教育的大规模发展。2009年，裕固族地区实现了从幼儿园到高中的15年基础教育全免费，在中国少数民族基础教育发展史上书写了辉煌的篇章。目前，裕固族的九年义务教育在甘肃省乃至全国56个民族中都是名列前茅的，人口素质有了大幅度的提高，形成了尊师重教的优良风尚，出现了一些"大学生之家"（一个家庭的子女全部或大多都受过大学教育），表现了裕固族人民积极进取接受文化教育，追求社会物质与精神文明，努力提高民族整体素质的先进性。[3]

就在学校教育飞速发展的同时，裕固族的传统文化却在快速消亡，这种社会现实已经引起了专家学者和社会各界的高度关注，人们不禁疑惑或深思：学校教育在少数民族，特别是像裕固族这样的人口较少民族发展历程中究竟扮演什么角色？发挥什么功能？面对未来，学校教育究竟应该以什么为目标、进行怎么样的改革和怎样进行改革以促进民族的振兴和国家的昌盛？带着对诸如此类问题的思考，研究小组一行两人（同行者是笔者指导的硕士研究生郑丽洁同学）于2009年8月20日至8月30日期间，深入到肃南裕固族自治县红湾寺镇和皇城镇进行了实地调查。实地调查主要采用了访谈调查法和参与观察法，特别关注了中国第八次基础教育课程改革以来肃南二中的校本课程建设实践。本调查研究报告致力于描述裕固族文化融入国家基础教育课程体系的历程与现状，分析其存在的问题，并提出相应的对策。

二、裕固族文化融入国家基础教育课程体系的历程与现状

截至2009年，裕固族学校教育已经有70年的发展历程，从学校教育的社会政治属性的角度出发，可以以1949年中华人民共和国的成立为界限，划分为解放前和解放后两个阶段。兹就具体情况分述如下：

（一）解放前（1939年5月—1949年9月）

自1939年始，在民族宗教领袖七世顾嘉堪布的极力倡导下，裕固族最初的4所民办公助性质的现代小学，即莲花寺小学、明海寺小学、红湾寺小学、慈云寺小学先后创立。当时在南京国民政府蒙藏委员会驻河西调查组（1941年之前称驻酒泉调查组）的引导下，(一)"各校课程，悉照部令所规定，教科书齐全（采用中华书局出版者）"（也有记载认为"采用生活书店战时读本"[4]）；(二)课程设置有"国文、藏文、算术、习字、唱歌、体育"，"训育"是"根据部颁小学训育实施外，本期以童子军训练为中心"[4]；(三)"上课时教员以国语讲授，课外，诸生可以自由用本族语谈话"[5]；(四)1939年5月28日创立的第一所裕固族现代小学——莲花寺小学，"校中应捐之教学用品亦大，书籍一致，先用商务印书馆之教科书，后改用中华书局出版社"[5]，而慈云寺小学则在"设备方面，较莲花寺小

学，有数副防空、防毒常识挂图及总理遗像、全国地图等"[4]；（五）最初，莲花寺小学设有藏文教员，由莲花寺僧官郭法台担任，和算术课一样，其教学方式是"口授"；红湾寺小学的藏文教员由红湾寺喇嘛安觉担任；慈云寺小学的藏文教员由七世顾嘉堪布亲自义务担任，而蒙藏委员会驻河西调查组对是否设立藏文教学的态度是"或设或否，听其自然"[5]。

举办学校和发展教育向来是现代国家建设的重要组成部分。作为国家机构的蒙藏委员会派出驻河西调查组，除进行"抗战宣传外，特注意教育与经济文化关系之解决，从自身利益上发挥教育之功用，以引起藏民①之求进心理"[4]，认为当时的祁连山北麓地区"语言风尚，有汉、蒙、回、藏四种，但以长时期之相互交识，以同化归于一俗。这里真是中华民族共同生活的一个陶冶炉，现在仍在陶冶着"[4]，并"希望当局就这里的各种背景与条件来改善和利用，加速这陶冶过程"[4]。就当时裕固族教育的发展状况和举办边疆教育的目的，蒙藏委员会刊印的调查报告中指出："边疆人民，多以喇嘛寺院为其教育机关，以为充当喇嘛学习藏文经典，即受教育。蒙藏人民，大抵如此，黄番亦然。故黄番②教育，仅有少数通藏文经典之喇嘛。在俗人之能通蒙藏回汉文字者，头目犹寥寥如晨星，普通人民，更无论矣。因此，彼等之民族观念薄弱，多不知为中华民族之一分子，可见边疆教育，应加紧推行，以提高其文化水准，使成为大中华民族之一环。"[4]因此，概言之，南京国民政府时期，发展包括裕固族地区在内的边疆教育的根本目的，就是通过举办和发展现代学校教育，达到"文化同化以建构国族，稳定边疆以统一政治"的目的。

（二）解放后至今（1949年10月—2009年12月）

1949年中华人民共和国成立，给裕固族教育的发展提供了经济、政治、社会和文化方面的保障。由于鲜明的文化特征和强烈的民族认同，裕固族在建国初国家开展的民族识别工作中成为第一阶段就被认定的38个少数民族之一。1954年，分别成立肃南裕固族自治区（后改为自治县）和黄泥堡裕固族自治区（后改为民族乡）。至1978年中国共产党十一届三中全会前，裕固族地区学校教育的课程设置和教育教学完全与汉族地区相同，由通本族语的教师在小学低年级教学中用本族语作为教学辅助语言帮助学生掌握汉语文和促进各科课程学习。

十一届三中全会以后，随着党和国家的各项政策，特别是民族政策和教育政策

---

① 在南京国民政府时期，按照"汉、满、蒙、回、藏"的"五族共和"之民族主义原则，根据政府要求改"番"称"藏"，把当时自称尧乎尔的裕固人称为"藏民"、"藏人"或"藏族"，裕固人在正式公文中也自称"藏民"，但是，在裕固人内部，尽管由于语言与认同的差异而区分彼此，在日常生活中仍最常自称为"尧乎尔"——笔者注。

② 当时周边的汉人对裕固人的贬称——笔者注。

的逐步恢复、改进和落实，裕固族地区的学校教育有了进一步的发展，裕固人的民族文化进学校、进课堂的要求逐渐强烈。从整体上看来，裕固族文化融入国家基础教育课程体系的试验，主要集中在两个方面，即裕固语教学和校本课程开发上。

1. 三次裕固语教学试验活动

1980年代，随着国家民族政策的恢复和裕固族地区的快速发展，裕固人的文化自觉意识逐步觉醒，突出的代表性事件是黄泥堡裕固族乡中学开展的西部裕固语教学活动。黄泥堡地区的裕固族，由于较早地由畜牧业生产为主转为农业生产为主并与周边汉族人民密切的经济往来等原因，较早放弃了本族语转用汉语文，在19世纪中后期就出现了裕固族秀才，甚至还出现了在附近汉族地区开学授课的秀才。[6]

1983年11月—1984年7月间，酒泉市黄泥堡裕固族乡中学开展了裕固族地区第一次普及西部裕固语的课堂教学活动。先后接受教育的学生在180人左右。全校分为三个大班：小学生一、二、三年级为一个班；四、五年级为一个班；初中生一、二年级为一个班。聘请了肃南裕固族自治县原明花区明海乡人安翠花任教。该教师高中毕业，能熟练使用西部裕固语，但是没有受过专门的少数民族语言教学培训，加之当时没有裕固语教材和参考资料，教学只能采用口耳相授、汉字注音的方法。教学内容主要是数数字、亲属称谓和日常用语等。这种教学活动的难点是学生普遍发音不够准确，需要反复教。但学生学习态度认真，年龄越小的学生掌握的越好。从总体上讲，获得了较好的教学效果。但是，由于学生学习西部裕固语影响了年龄较小的学生对汉语文的学习，而且在校的裕固、汉两族学生都学习西部裕固语，由此引起了一些汉族学生家长的反对，再加上缺少语言环境，无法巩固学习成果等原因，最后只好停止了西部裕固语课堂教学活动。[7]

这次课堂教学活动，在裕固族地区引起了一定的反响，在那些本族语保持较好的地区的裕固人中产生了"文化震撼"，使本族语的保持成为值得思考的社会问题。在此之前，根据日常生活得出的"只要裕固人存在，裕固语就会保持下去"的常识弥漫乡野草滩上的裕固人中，这时的裕固人才逐步认识到，情况未必如此，很可能将来会出现"裕固人还存在，裕固语却消亡了"的局面。

新世纪初，随着国家西部大开发战略的制定和实施，包括中国社会在内的国际社会都在思考如何在现代化进程中使中国西部的文化多样性和生物多样性得到保护，至今包括西部地区人民在内的全体中国人民对多样性的敏感性都在逐步提高。第二次裕固语教学试验正是在这样的时代背景中开展的。2003年9月—2004年7月间，肃南裕固族自治县红湾小学开展了西部裕固语兴趣小组的第二课堂活动。2003年9月8日，自治县县委书记阿布带领自治县四套班子在教师节前夕慰问教师，召开了一个座谈会。自治县人民医院医生巴战生作为家长代表发言，提出肃南是一个以裕固族为主体的多民族县，学校教育中没有任何少数民族文化内容是不应该的。学校应该在不影响学生升学的前提下，以多种形式开展以少数民族文化为主要内容的教育教学活动,特别是学校教育中应该鼓励裕固族学生学习裕固语,最好以兴趣小组的形式开展学习裕固语的活动。其主要理由是:一方面,裕固族人口少,没有文字,熟练使用裕固语的人数在不断下降;另一方面,学习裕固语能使裕固族学生增强民族自豪感和学习动机,还可以整合被闲置的教育资源,促进学生全面发展。这一建议立即得到了自治县人大副主任白忠诚和裕固族文化研究室主任、著名作家铁穆尔的赞同,经过讨论,座谈会上确定由自治县教育局具体落实这一建议。9月11日,自治县教育局下发了文件,指出"为继承和发扬我县少数民族优秀文化、传承民族文明,要求全县少数民族聚居地所在学校以兴趣小组的形式积极开展民族语言第二课堂活动",并作了具体安排。[8]据笔者了解,实际上只有红湾小学落实文件精神,组织开展了西部裕固语兴趣小组活动。兴趣小组由该校体育教师钟玉琴负责,学生自愿报名参加,人数一度在26—43人。钟玉琴是肃南裕固族自治县原明花区莲花乡深井子村人,大专学历,能熟练使用西部裕固语,没有接受过少数民族语言教学培训。兴趣小组的学习内容主要以亲属称谓、常见事物名称和日常用语为主,教师的参考资料十分有限,只有《西部裕固语简志》和《裕固族风情》等书籍。2004年9月,只有高年级学生8人报名参加兴趣小组,学校认为小组人数太少,停止了兴趣小组的活动。笔者通过各种途径了解到该兴趣小组的实际情况和停办原因主要有:(1)低年级学生语言学习成果巩固率较高年级学生差;(2)部分学生家庭使用的语言为汉语,而且整个社区语言以当地汉语方言为主,学生缺乏学习西部裕固语的家庭及社区语言环境,影响语言学习成果的巩固;(3)部分学生参加兴趣小组,不是出于自己的兴趣,而是出于家长的意愿,这些学生不参加或退出兴趣小组也是出于家长的意愿;(4)部分主课任教教师认为,学习西部裕固语影响学生学习汉语文、英语文,因此对学习西部裕固语持反对,至少是不赞成的态度;(5)个别家长除不让自己的子女参加兴趣小组的活动,还在社会上散布"少数民族语言无用论"和"少数民族语言落后论",破坏了兴趣小组的社会支持性环境。[9]

正在进行中的第三次裕固语教学试验是于2007年秋季学期开始在肃南裕固族自治县幼儿园开展的,针对中班和大班的裕固族幼儿。是年9月,该园开展了东部裕固语教学,第二年3月,西部裕固语教学也开展起来了,于是,该园就成为目前全世界唯一在进行两种裕固语和汉语教学的双语教育机构。西部裕固语的授课教师分别是:杨爱玲,肃南裕固族自治县明花乡人,张掖市体育运动学校柔道专业毕业,中专学历;索蕊,肃南裕固族自治县明花乡人,甘肃民族合作师范专科学校汉语言文学专业毕业,大专学历。东部裕固语的授课教师是高玉梅,肃南裕固族自治县康乐乡人,张掖师范学校幼儿师范专业毕业,中专学历。三位教师都能熟练使用自己所教的裕固语和汉语,据肃南裕固族自治县裕固族文化研究室的研究人员听课后反映,索蕊的裕固语发音是三位教师中最为标准的。至今,三位教师都没有接受过少数民族语言教学的专门培训。2009年秋季学期前,两种裕固语都是隔天教

69

学，每次课 30 分钟，其中：星期一和星期三教西部裕固语；星期二和星期四教东部裕固语；星期五放学前，即下午 2：30—2：40，每次邀请 3—4 名精通东部或西部裕固语（两种语言交替轮换，如第一周为东部裕固语，第二周即为西部裕固语）的家长到园和东部或西部裕固语班的幼儿进行分组交流，以口头对话为主。2009年秋季学期起，两种裕固语的教学是每天 16：00—16：30 进行，同时取消了邀请家长到园进行语言交流的活动。因为没有教材，教师在教授语言时更多地是采用口语发音和肢体语言来进行示范，教学计划基本上遵循由简到繁，由易到难的原则，教学内容从学习基本词汇，例如数数字、动植物名称、亲属称谓等开始，慢慢过渡到简单句的学习。目前，幼儿园共有幼儿 276 人，学习裕固语的幼儿共有 77 人，占全园各族幼儿总数的 35.84%，其中学习东部裕固语的幼儿组成一个教学班，共有幼儿 32 人；学习西部裕固语的幼儿分为两个班，其中大班 15 人，中班 30 人；在社会各界的帮助下，该园正在文丽华园长的带领下，汇聚力量，争取资源，自主开发校本教材，包括光盘和磁带等辅助性教学资料。

特别值得一提的是，2009 年 3 月 20 日，该幼儿园邀请了自治县领导、裕固族文化研究室研究人员、精通裕固语的部分幼儿家长召开了有史以来第一次"裕固族语言课教学研讨会"。会议对开展裕固语教学的意义、方法和教材开发等教学资料建设进行了热烈而富有建设性的讨论，还邀请 6 名精通裕固语的家长作为幼儿园裕固语课（校）外辅导员，每周轮流到幼儿园与幼儿进行语言互动、交流和辅导，以激发幼儿学习本族语言的兴趣，为幼儿创设一个学习语言的良好环境，达到延伸教学活动，巩固教学效果的目的。[10]

从上述三次教学试验活动来看，越来越明显地体现了"学习裕固语，从娃娃抓起"的理念。其中，共同存在的问题是：（1）裕固语课程没有形成体系，幼儿教育、初等教育和中等教育之间的衔接问题还未被正式提出；（2）没有制定课程标准和进行系统的教学设计；（3）教师都没有接受少数民族语言教学和裕汉双语教学的培训；（4）没有适宜的教材等教学资料和课外读物等巩固性学习资料；（5）家庭和社区语言氛围较差；（6）以基础教育教学促进裕固语的保护，目前还没有形成完备的政策、法律与社会支持体系。

2. 两次校本课程开发活动

在当代社会里，课程在学校教育中处于核心地位，因此，课程改革向来是教育改革的核心内容。随着经济社会和文化教育的飞速发展，"大一统"的课程管理体制已经不能再适应中国基础教育发展的现实需要了。2001 年 6 月，教育部颁布了经国务院同意的《基础教育课程改革纲要（试行）》，正式开启了新世纪新课程改革的大幕。在这份基础教育课程改革的纲领性的文件中指出："为保障和促进课程适应不同地区、学校、学生的要求，实行国家、地方和学校三级课程管理。"[11] 之后，全国很多地方掀起了校本课程开发的浪潮，裕固族地区也不例外，先后已有两次较大规模的校本课程开发活动，已经引起了包括教育研究界在内的社会各界的广泛关注和较大反响。

　　2004年3月，在原任肃南二中校长、现任肃南一中校长、被誉为"裕固族教育改革的先行者"的安维武的提议和倡导下，肃南二中确立了题为《民族地区义务教育课程改革与裕固族乡土教材建设研究》、由6位教师参加的校本教研课题，尝试开发校本课程，编写乡土教材。在试验教学和反复修改的基础上，2006年6月，一套六本的"裕固族乡土教材"（包括《裕固族历史》、《裕固族民间美术欣赏》、《裕固族文学作品选读》、《裕固族传统体育与健康》、《肃南地理》和《牧区学校学生安全教育手册》）印刷发行，同年9月以这套教材为媒介的教育教学进入肃南二中课堂。这套教材是第一套以裕固族文化为主要内容的现代基础教育教材，先后分别获得了自治县、张掖市、甘肃省基础教育科研优秀成果一等奖。在这套教材的基础上进一步修改和补充，2008年1月，"裕固族乡土教材"——《裕固家园》由甘肃文化出版社正式出版发行，内容共分6篇，分别是"历史篇——裕固族历史"、"地理篇——肃南地理"、"文学篇——裕固族文学作品选读"、"体育篇——裕固族传统体育与健康"、"美术篇——裕固族民间美术欣赏"和"音乐篇——裕固族民歌"。[12]同年3月9日，肃南裕固族自治县教育局发出"关于《裕固家园》进课堂的通知"，决定自2008年春季学期开始，将《裕固家园》教材进学校、进课堂作为各学校教育教学的常规工作来抓。[13]这本乡土教材的正式出版和全面推广，是一个划时代的事件，是裕固族乡土教育的里程碑，标志着裕固族教育的改革与发展掀开了新的一页。为了提高乡土教材学习的灵活性和便捷性，扩大学习群体的层面，他们还自主研发了"肃南二中裕固族乡土知识专题学习网站"（http://www.snez.cn/xbkc/xtjc.html）。这次历时近四年的校本课程开发活动引起了裕固族地区社会各界和少数民族教育研究界的关注和重视，且获得了一致的好评。2008年5月，中央民族大学教育学院金清苗在田野调查的基础上，撰写了题为《"裕固族乡土教材"研究》的学位论文，对《裕固家园》教材的开发过程进行了专题研究。[14]

　　2006年4月，由笔者发起并参与的中央民族大学中国少数民族地区基础教育研究中心的重点课题《中国西部少数民族地区经济文化类型与地方性校本课程建构》正式确立，分别得到美国福特基金会和国家"985工程"的资助。根据项目设计，两个实验学校之一即为肃南二中。2006年6月起，项目小组先后四次赴位于肃南裕固族自治县皇城镇的肃南二中开展田野调查和校本课程开发工作。在项目小组的引领下，肃南二中教师和学生经过两年三个阶段（第一阶段［2006.08—2006.12］，制定校本课程标准；第二阶段［2007.01—2007.08］，开发校本课程教材；第三阶段［2007.09—2008.06］，教师培训与试验教学）完成项目工作，开发出了一本基于当地经济文化类型的"多元文化乡土教材"——《甘肃省肃南裕固族自治县第二中学校本教材》，内容共分3部分，分别是"第一部分——认识我们的家乡"、"第二部分——保护我们的家乡"和"第三部分——建设我们的家乡"。[15] 2009年10月后，该校本教材正式进入肃南二中课堂教学之中。2009年10月9日至10日，在中央民族大学中国少数民族地区基础教育研究中心主办的"课程与文化：中国乡土知识传承与校本课程开发研讨会"上，肃南二中的"有理论引导，有项目支持"的成功实践不仅引起了与会中美两国专家学者的浓厚兴趣和积极肯定，而且成功地验证了校本课程开发主位范式的有效性。肃南二中的教师创造性地总结了主位范式主导的校本课程开发的"五个有利于"，即有利于推动学校的整体改革、有利于提高教育教学质量、有利于促进学生的全面发展、有利于促进教师专业成长和提高科研能力及有利于社区与学校之间的支持性社会关系的形成，谋求共同发展，逐步实现教育公平。根据2009年8月笔者对该校校本课程开发的民族志项目评估，该校教师认为，在校本课程开发主位范式引导下的该项目的最大优点是真正促进了教师的专业成长，从而为学校乃至当地社会的发展提供了持续的动力和保障。[16]

相对而言，肃南二中的"多元文化乡土教材"比"裕固族乡土教材"的开发流程要更加严谨和完整，实际成效也更加突出和优异，创造出了一批理论探索和实践体验成果。[17—18] 但是，我们也必须实事求是地认识到，在"轰轰烈烈喊素质教育，扎扎实实搞应试教育"的局面依旧、裕固族地区整个教育系统仍然围绕"分数"和"升学率"运转局面依旧的今天，究竟这些围绕民族文化和地方知识传承的使命开发的校本课程能否真正运行起来，取得它们应有的成效，仍是一个未知数。也就是说，断言开发校本课程就能传承民族文化，为时尚早。

三、裕固族文化融入国家基础教育课程 体系存在的问题与对策分析

如上文所述，在认识和解决裕固族文化融入国家基础教育课程体系问题上，目前在理论层面，特别是在实践层面已经有了引人瞩目的成果。但是，一方面教育活动是一项事关合格社会成员的再生产的社会文化活动，涉及人类发展的根本利益；另一方面包括课程改革在内的教育改革从来都是多主体在多层面上的一系列复杂互动过程，不可能取得立竿见影的成果效益。鉴于此，我们必须认真细致地分析存在的问题和面临的挑战，小心谨慎地提出可能的对策，不至使裕固族文化融入国家基础教育课程体系的探索性实践成为正在进行的"一场毫无结果的艰难的战斗"[19]，故以下将分述在田野资料基础上析出的存在问题和可能对策。

（一）存在的问题

1. 学校教育中"唯分数主义"的导向明显

用学生的课业分数来衡量或评价学校教育的质量和效益，是中国人对待学校教育的一种"惯习"（habitus），裕固族地区的各族人民也不例外，正如田野调查中

一位教师谈到的,"现在肃南教育上实行末尾淘汰制,大家都要竞争上岗,不行的要轮岗、待岗,以学生成绩排名。从 2007 年开始的,……现在老师们都是把自己的事情干清楚就行了,其他事情都不过问"。事实上,在裕固族地区,政府以入学率、升学率为主,以群众满意度为辅来评价包括教育行政管理部门在内的教育系统的工作成效;教育行政管理部门用安全问题(安全问题实行一票否决,即以是否发生为标准)、升学率、课业合格率、优秀率和全县排名来评价学校的工作成效;学校则完全套用教育行政管理部门的标准来评价教师的工作成效;家长除了更关心自己孩子的课业成绩以外,和社区其他成员一样,主要用学生安全问题、升学率和学生课业成绩来评价教育行政管理部门和学校的工作成效。由于实行校(园)长负责制,校(园)长的态度往往更具有决定性,而大多数校(园)长采取顺从外部压力,在教育活动的开展上倾向于"唯分数马首是瞻"。"唯分数主义"的导向导致领导者和教师将民族文化进入学校课程轻则视为"负担"和"累赘",重则视为"不务正业",对民族文化在学校教育中的传承轻则消极应对走过场,重则恶言相向不作为。

2. 地方政府和教育部门对学校工作的管理和评价简单化、数量化倾向明显

在现代社会中,学校教育是最复杂的一项社会事业,但是在日常生活中,有太多关于学校教育的粗陋和肤浅的观点流行于不同的人群和组织中。在裕固族地区,政府和教育行政管理部门都倾向于用一种简单化的眼光和条框来审视和管理学校,用一些所谓的具有可行性和操作性的"硬指标",如升学率、学生课业成绩,科研项目、教学论文、各类奖项的级别和数量等来衡量和评价学校工作。然而,学校教育是一种"春风化雨、陶冶洗练"的"软性十足"的工作,"硬指标"固然可以刻画情形状况之大概,但要精确评价学校教育这种"软工作"的内里实质实属不可能。学校的领导者和教师都普遍要求改革评价方式,一位常务副校长谈到的:"我们强烈要求教育行政部门要改革评价方式,增强从上到下的民族文化保护的社会意识。我们认为,校本课程没有必要考试,实际上,学生学和教师教都没有压力,教学效果反而好。我们要提倡和建立多种评价方式,实事求是地发展民族地区的教育","只有评价方式的变化才能带来教学方式的变化。西方国家重视培养学生的能力,中国还是重视知识学习,而且要求知识学习面面俱到。这里面的关键是,教育行政部门对学校工作的评价方式要改革。实际上,教育行政部门、学校的领导和老师都要正确处理国家课程和校本课程的关系,尤其是老师要灵活处理这种关系,课程知识生活化,与实际生活相结合是提高教学成绩的一条有效途径。"

3. 民族文化融入学校课程事宜未得到明确的政策支持

2006 年,笔者在田野调查中了解到裕固族地区的教育行政管理部门对涉及民族文化传承的校本课程开发持"三不"态度,即"不表态、不参与、不支持"。即使在频频获奖、反响强烈的"裕固族乡土教材"的推广使用问题上,也只是发出

一纸"关于《裕固家园》进课堂的通知",对于该教材的目的意义、资源配置、教学方式、考核评价和经验交流方面均无详细的方案或规划。一位参加过"多元文化乡土教材"开发的骨干教师忧虑地谈到:"校本课程现在最大的问题是开发出来以后怎么个用法呢?是不是开发出来就放在一边呢?究竟怎么推行呢?这里面最主要的就是个管理问题。现在学校从上到下重视国家课程,重视教学质量,其实重视的就是个分数。如果国家课程压力小一点,老师们也愿意搞校本课程的教学,学生也很愿意上。"至今,笔者未发现当地政府或教育部门将学校教育传承民族文化的事宜正式列入当地"五年国民经济与社会发展规划"或教育发展规划。不过,随着群众要求政府出台将包括裕固语在内的裕固族文化融入学校课程的相关政策的呼声日高,情况也在不断的变化之中。

4. 民族文化融入学校课程的校际差异明显

实际上,只有肃南一中和肃南二中有"《裕固家园》进课堂的实施方案",其他学校只是将该教材放在图书馆当摆设,有学校干脆将教材发给学生自学了事,结果发生了学生拿着教材来向老师请教,而老师却还未及阅读教材不知学生所云的奇怪而尴尬的现象。当然,由于肃南二中、肃南一中、自治县幼儿园等校(园)在民族文化融入学校课程实践上一马当先,成绩斐然,其他学校也备感压力,纷纷效仿。肃南二中,作为裕固族地区基础教育校本课程开发的"领头雁",一位领导者不无骄傲地谈到:"我觉得民族地区基层教育的发展,还是要靠里外、上下多方面力量的结合。蝴蝶效应不可能来自基层。我们二中的《皇城教育》逼出来了县教育局的《耕耘》,我们的校报逼出来了肃南各个学校的校报,不管他们嘴上承认不承认,这就是成绩,但是这是在专家的引领下的发展,不是我们自己做出来的。"一位骨干教师谈到:"《皇城教育》的影响现在特别好,以后会办得越来越好。现在我们出去培训、办个事情,碰上肃南各乡镇的老师,人家都知道二中了,知道二中的校本课程,知道《皇城教育》了";另一位骨干教师也谈到:"我们二中的科研在全县来说实力最强,搞得也最全面。'裕固族乡土教材'全县轰动,带动了二中的老师搞科研。……学校的发展取决于上级领导,以前搞乡土教材开发,从前年开始学校以教学成绩排名,只能围绕教学转。如果不是这样,乡土教材可能开发得更好,教学也搞得更好"。

(二) 可能的对策

1. 转换视角,从整体观出发观察、分析和解决问题

自1996年以来,笔者对70年裕固族学校教育的发展历程不断进行探索和反思,认为关于裕固族文化融入学校课程的街谈巷议、学术研究和实践探索均为历史和时代的交错促动的必然产物。我们应该防止和反对将已经出现的相关过程和成果看成是偶然的、孤立的。在这个问题上,我们要坚持用人类学的整体观(holism)观察、分析和解决相关问题。整体观是人类学看问题的主要观点和基本视角,从共

时性角度出发，它"主张在研究社会或历史现象时必须对与之有关的所有各类现象，即各个时代、各个地区的生物、心理、社会和文化方面有所了解"，"强调在解释人类群体及其行为的结构与模式中所有社会文化相关物的重要性"[20]；从历时性角度出发，它需要"把人类社会的过去、现在和将来视为一个动态的整体"[21]。例如，在幼儿园开展裕固语教学的问题上，当地的民族文化精英的看法渐趋全面。裕固族文化研究室副主任罗布藏敦智谈到："在幼儿园开裕固语班，主要的考虑是：一个是幼儿园没有具体的教学任务，开展裕固语教学能算是个主要活动；另一个是家长也愿意让娃娃学裕固语；再一个就是幼儿园的娃娃学语言快，错过了这个阶段，再学好像就困难了"；"我们的语言应该能够保住。要想保住，一个是要有语言词典，一个是幼儿园的语言班要坚持住。幼儿园的语言班主要是给娃娃打个基础。小学阶段娃娃基本上都不离开家长，家长尽量在家里说裕固语，这样娃娃学语言也有个语言环境，时间长了也能学下。将来娃娃十七八岁到外面上学，渐渐对民族文化认同的意识加强了，再用词典学本民族的语言"。

2. 加强交流，借鉴国内外相关课程改革经验

基础教育作为提高国民素质和造就高端人才的奠基工程，其改革与发展历来受到包括中国政府在内的世界各国政府的高度重视，对国内外相关经验的合理借鉴和有效吸收，是裕固族地区基础教育课程改革的必由之路。安维武在他的日记中写道：萌生开发"裕固族乡土教材"想法的"缘遇"即是2004年，"我有幸参加了由国家民委在北京举办的一期'西部少数民族中学校长培训班'，接受了一些西部少数民族地区课程改革的新理念和少数民族基础教育'十一五'科研规划的新动态。从而，我坚定了一个基本的立场，那就是要弘扬本民族文化的精华，延续民族文化命脉，与时俱进地创新民族文化。同时，也认识到只有我们强化对民族文化的研究，扩大民族文化对下一代的教育机会，才能使民族文化得以延续和发扬。于是，便萌生了结合基础教育课程改革，开发校本课程——'裕固族乡土教材'的动机，这便是缘遇吧。"[22]田野调查中，肃南二中的副校长王延军自信地谈到他外出归来的见识时说："我今年夏天到北京去接受培训，北京的中学校长说我们不缺钱，但是我们西部民族地区基层学校仍然是缺钱。按照马斯洛的需要层次论，我们二中教师是基本满足了生存和安全的需要，端的是铁饭碗。所以我们应该更加重视精神层面需求的满足，引导教师去制定职业或者人生的规划，实现自我价值，引导教师做一个幸福的人。"没有比较，无以自知，可见，加强交流是非常必要的。

3. 制定政策，明确政府职责并建构课程改革的社会支持体系

笔者认为，从社会人类学角度而言，教育政策实际上是关于教育的价值和资源的再分配，根本上是关于权力的再分配的一则社会故事。如果裕固族地区没有明确的关于裕固族文化融入当地国家基础教育课程体系的政策，则说明政府没有赋予裕固族文化和学校教育传承民族文化之功能以足够的价值和资源，从而没有充分落实

民族区域自治制度，没有充分保障裕固人的文化发展权和教育发展权。近年来通过田野调查笔者得知，通过立法手段来保障裕固族文化发展权和教育发展权的想法已经产生，例如"肃南裕固族自治县自治条例修订案"的第四十六条规定："自治县在幼儿园和小学开设民族语言文字教学课目"；第四十九条规定："自治县继承和发扬民族传统文化，发展具有裕固族和其他民族特点的民族文化事业。加强乡村文化设施建设，促进民族文化产业的发展。自治县加强对裕固族语言的研究、传承和保护工作。自治县加强对少数民族物质文化遗产和非物质文化遗产的抢救、挖掘和保护工作，重视保护地质遗迹、古文化遗址、名胜古迹、珍贵文物和其它重要历史文化遗产"。目前，该"自治条例修订案"已经于2009年1月11日肃南裕固族自治县第十六届人民代表大会第三次会议通过，正在上报甘肃省人民代表大会常务委员会审核待批的过程中。

《基础教育课程改革纲要（试行）》中对"课程改革的组织与实施"，也就是建立课程改革的社会支持体系做了原则性的规定，并指出，"基础教育课程改革是一项系统工程"；"基础教育课程改革必须坚持民主参与、科学决策的原则"；"建立课程教材持续发展的保障机制。各级教育行政部门应设立基础教育课程改革的专项经费"[11]。裕固族地区的教育行政部门应当落实《基础教育课程改革纲要（试行）》的规定和精神，切实建立一个可高效灵活地沟通协商的共赢、共享的社会支持体系。

4. 均衡发展，全面推进课程改革

作为基本公共服务组成部分之一的基础教育，特别是义务教育的均衡发展业已成为中国普惠型教育及社会政策的基本目标，因此，我们必须明确界定政府的均等化的基本公共服务供给责任。由于各种原因，裕固族地区基础教育质量的城乡和地区差异较大，裕固族文化融入学校课程的校际差异较大，从而使裕固族儿童及兄弟民族儿童被消极地差别对待，这是不符合教育公平和社会正义基本原则的。笔者认为：一方面使裕固族地区基础教育均衡发展，积极消除城乡差异和地区差异，提高国家课程教学质量是必须的；另一方面使裕固族儿童在学校教育中享受基本公平的民族文化教育也是必须的。当前，中国基础教育发展的主旋律就是县域内基础教育，特别是义务教育的均衡发展，裕固族地区应该抓住机遇，着力解决，为裕固族地区的全面、持续、健康发展奠定最坚实的人力资本和社会文化基础。根据田野调查结果，结合相关国际经验和裕固族地区的实际，笔者认为只有在基础教育均衡发展的过程中引入竞争机制才能促动高质量、高水平的基础教育均衡发展，而且应该正确处理好两个关键问题。一个是教育创新与均衡发展关系问题，首先，基础教育均衡发展本身就是教育创新，其次，教育创新是达到均衡发展的有效途径，第三，基础教育均衡发展首先要求教师队伍水平的均衡化，因此，教育创新的基本着力点应该是关于教师队伍建设的制度创新。另一个是办学特色与均衡发展关系问题，简而言之，均衡发展就是追求更高层次、更高水平的办学特色，最大限度地满足学生群体的个性化需求。[23]

四、结语

《中国人类发展报告（2007—2008）：惠及13亿人的基本公共服务》中指出："教育是人类发展的基础，不只是因为它具有提升生命价值的固有特性，还因为它能提高人们参与丰富多彩的社会生活能力，进而维护人的尊严，促进经济增长、社会流动和社会融合。"[24]作为一个人口只有一万余人的民族，裕固族在70年的学校教育发展历程中，创造出了不菲的成绩，"百年大计，教育为本"的观念和实践业已基本确立起来。但是，对裕固族地区基础教育的文化功能的厘定、开掘和发挥仍需在理论和实践两个层面上做进一步的思考和探究。

教育振兴是民族振兴的基础。在裕固族文化融入国家基础教育课程体系问题上，已经有引起社会各界关注和好评的探索性成果问世，已经产生"从无到有"的关键性突破和实质性变化，确属教育创新，这一点是应当予以充分肯定的。但是，我们也应该认识到，裕固族地区基础教育课程改革不可能是一蹴而就的简单变迁过程，而是一个不同社会话语、学术理论和实践探索充分互动、相互竞争、复杂系统的社会政治过程。因此，"实事求是地稳步推进"仍然是解决裕固族文化融入国家基础教育课程体系问题的基本策略和思想指针。

[参考文献]

[1] 钟进文主编：《中国裕固族研究集成》，民族出版社，2002年。

[2] 巴战龙：《祁连山下育青松——甘肃省肃南县裕固族60年教育发展纪实》，载《中国民族教育》2009年第10期，第11—13页。

[3] 巴战龙：《裕固族学校教育功能的社会人类学分析》，载《民族教育研究》2006年第6期，第37—44页。

[4] 蒙藏委员会调查室：《祁连山北麓调查报告》，中华民国蒙藏委员会调查室，1942年。

[5] 马铃梆：《顾嘉堪布传——祁连山藏民教育之创办者》，载《新西北月刊》1944年第7·8期，第39—58页。

[6] 《中国少数民族社会历史调查资料丛刊》修订编辑委员会：《裕固族东乡族保安族社会历史调查》，民族出版社，2009年。

[7] 巴战龙：《西部裕固语的使用与教学述略》，载《甘肃民族研究》1998年第1期，第62—64页。

[8] 肃南裕固族自治县教育局：《关于开展民族语言第二课堂活动的通知》（肃教发[2003]199号），2003年9月。

[9] 巴战龙：《两次裕固族语言教育试验失败的归因分析与相关政策探讨——基于两项教育民族志研究》，载《教育学报》2009年第4期，第83—88页。

[10] 肃南县幼儿园：肃南县幼儿园召开裕固族语言课教学研讨会，http://www.zyjyxx.

com/Article/xydt/yey/200903/34652.html，2009年3月25日。

[11] 朱慕菊主编：《走进新课程——与课程实施者对话》，北京师范大学出版社，2002年。

[12] 安维武主编：《裕固家园（裕固族乡土教材）》，甘肃文化出版社，2008年。

[13] 肃南裕固族自治县教育局：《关于〈裕固家园〉进课堂的通知》（肃教发［2008］27号），2008年3月。

[14] 金清苗：《"裕固族乡土教材"研究》，中央民族大学硕士学位论文，2008年。

[15]《甘肃省肃南裕固族自治县第二中学校本教材》编委会：《甘肃省肃南裕固族自治县第二中学校本教材》，中国和平出版社，2009年。

[16] 巴战龙：《校本课程开发范式——一种教育人类学的观点》，载《中国社会科学报》，2009年11月19日，第8版。

[17] 欧群慧、罗吉华主编：《地方性知识与校本课程建构——教师论文与田野日志集》，中国和平出版社，2009年。

[18] 巴战龙：《近五年裕固族教育研究进展述评：以期刊报纸文献为例》，载《当代教育与文化》2009年第5期，第5—10页。

[19] ［加］迈克尔·富兰：《变革的力量——透视教育改革》，赵中建、陈霞、李敏译，教育科学出版社，2004年。

[20] ［美］卢克·拉斯特：《人类学的邀请》，王媛、徐默译，北京大学出版社，2008年。

[21] 庄孔韶主编：《人类学概论》，中国人民大学出版社，2006年。

[22] 安维武：《一位牧区学校校长的乡土教材开发日记》，载《教育人类学研究通讯》，2007年第2期，第3—17页。

[23] ［以］丹·英博等：《教育政策基础》，史明洁等译，教育科学出版社，2003年。

[24] 联合国开发计划署：《中国人类发展报告（2007—2008）：惠及13亿人的基本公共服务》，中国对外翻译出版公司，2008年。

（本文原载于《湖南师范大学教育科学学报》2010年第2期）

[作者简介]

巴战龙（1976— ），男，裕固族，甘肃肃南人，民族学博士，北京师范大学社会发展与公共政策学院讲师，硕士生导师，主要从事教育人类学、发展人类学、民族志与社会科学研究、人口较少民族研究。

在学校教育中追求语言公平传承的历程

——对三次裕固语教育试验的本质性个案研究

巴战龙

[摘要] 裕固族是中国人口较少民族之一,其两种本族语言已经成为濒危语言。改革开放以来,裕固族地区先后开展了三次裕固语教育试验,展开了在学校教育中追求语言公平传承的奋斗历程。该个案研究在描述这一社会过程的基础上,阐明该历程实际上是多个社会行动者在一定社会文化脉络中展开话语竞争的过程,并对在此过程中人们很少关注和倾听儿童、青少年主位"声音"的现象作出反思,进而指出,被"进步"的思想观念和"发展"的意识形态过分束缚和过分鼓荡是当代中国问题的一个显著特征。

一、引言

毫无疑问,当代人类的知识先锋早已认识到,全球少数民族语言是人类语言多样性的核心组成部分和最为重要的表征,而语言多样性中珍藏着人类祖先留给子嗣后代的历史记忆和实践智慧。但是鲜活的社会事实——许多少数民族语言正像生物物种一样在灭绝或濒临灭绝,在重复昭示着认识与行动、理论与实践之间的鸿沟就横亘在当代人类的面前。在一份由像列维-斯特劳斯(Claude Lévi-Strauss, 1908—2009)这样的人类学巨擘出任名誉委员的世界文化与发展委员会的报告中称,当前全世界仍在使用的5000—20000种语言在本世纪将有90%会消失。[1]

裕固族有两种本族语言,是亚洲,这一世界上语言多样性最丰富的地区至少两千余种语言中的两种语言,[2]分别被称做西部裕固语和东部裕固语。目前,这两种语言都已成为濒危语言,发展前景不容乐观。面对本族语言濒危的状况和情势,裕固族地区先后进行了三次语言教育试验,力图为本族语言的传承和振兴探索行之有效的路径。

本研究将在使用笔者自1996年以来数次在甘肃省张掖市肃南裕固族自治县和酒泉市肃州区黄泥堡裕固族乡田野调查所获资料的基础上,通过描述三次裕固族地区基础教育领域的裕固语教育试验,来勾勒裕固族作为中国人口较少民族之一,不断追求语言公平传承的历程。更具体地说，本研究将采用本质性个案研究（intrinsic case study）[3]的策略，以"过程—事件分析"（process-event analysis）[4]为基本视角，对裕固族在追求语言公平传承的社会过程进行教育人类学研究。

二、作为社会事件的三次裕固语教育试验的描述

截至2010年，在裕固族聚居区学校教育总共开展了三次裕固语教育试验，其中前两次教育试验以失败告终，第三次教育试验仍在进行中。兹将这三次语言教育试验的背景、过程、结果及简要的归因分析分述如下。

（一）第一次裕固语教育试验

1978年中国共产党十一届三中全会的召开，标志着国家生活的拨乱反正，从"阶级斗争"全面转向"四化建设"，受到之前诸种社会政治思想和运动影响而搁浅、扭曲甚至取消的民族政策得到了全面恢复和创新发展。特别值得一提的：一是1980年10月9日，教育部和国家民委在《关于加强民族教育工作的意见》中重新肯定了教育对少数民族和少数民族地区发展的重要性，指出"少数民族地区的四化建设和繁荣发展，需要大批建设人才，必须发展各类学校教育。……我们帮助少数民族，最有远见的办法，就是要从办好教育，大力培养人才做起"，同时针对语言文字教学问题指出"凡有本民族语言文字的民族，应使用本民族的语文教学，学好本民族语文，同时兼学汉语文"，"没有本民族文字而有独特语言的民族，应以本民族语言辅助教学"；二是1981年2月16日至25日在北京召开的第三次全国民族教育工作会议上则更加明确地指出，"民族学校是发展民族语言文字的重要阵地"[5]，"我们应积极提倡，少数民族学生在小学和中学阶段首先学好本民族语文，同时学习汉语文"[5]。

正是在上述的宏观背景下，第一次裕固语教学试验出现在裕固族的聚居区之一——酒泉地区酒泉县黄泥堡裕固族乡（现为酒泉市肃州区黄泥堡裕固族乡）。该乡的前身是成立于1954年4月11日的黄泥堡裕固族自治区（乡级），隶属酒泉专属，下辖五个行政村，1955年11月，撤区并乡成立隶属于酒泉县直接管辖的黄泥堡裕固族乡。从1958年政社合一，与邻近的汉族聚居的漫水滩合并成立黄泥堡人民公社开始，直至1981年7月落实民族政策重新成立黄泥堡裕固族公社，中间黄泥堡的行政隶属多有变更，其民族乡的身份也不复存在。1983年8月27日，按照体制改革的要求，将其名称改为黄泥堡裕固族乡沿用至今。

当地的裕固人的先民主要操西部裕固语，但从户族姓氏和民间记忆看，也有操东部裕固语原居祁连山中的少数部众融入其中，由于与汉族农业村落邻近，加之生产方式由以畜牧业生产为主逐渐转变为以农耕生产方式为主，在与汉族文化的接触和互动中，本族语言逐步衰退，汉语汉文逐步兴起，在19世纪中后期就出现了裕

固族秀才，甚至还出现了在附近汉族地区开学授课的秀才。[6](P4)至1949年解放前，至少在公共领域已经普遍使用汉语文，能以本族语言进行日常会话交流的民众已属凤毛麟角。新中国成立后，随着以汉语文为载体和工具的学校教育的进一步发展，汉语文的使用得到了进一步的巩固。在1978年之后，自1957年开始的在历次激进社会政治运动和"以阶级斗争为纲"的意识形态氛围中受到压制的、以民族认同和文化认同为主的身份政治话语开始活跃起来，终于以本族语言教育试验为主要载体展演出来。

1983年11月至1984年7月间，黄泥堡裕固族乡中学开展了裕固族地区第一次普及西部裕固语的课堂教学活动。按学校教育活动的基本要素可分述为：（1）教师：聘请了肃南裕固族自治县原明花区明海乡（现明花乡明海片）人安翠花任教，她当时是高中毕业生，能熟练使用西部裕固语，但是没有受过专门的师范教育和少数民族语言教学培训；（2）学生：在校的裕固族、汉族学生都接受西部裕固语教育，分成三个大班，其中小学生一、二、三年级为一个班，四、五年级为一个班，初中生一、二年级为一个班；（3）教学内容：当时没有裕固语教材和可以参考的资料，只能采用口耳相授、汉字注音的方法，教学内容以教计数体系、亲属称谓和日常用语等为主。这种教学活动的难点是学生普遍发音不够准确，需要反复教。但学生学习态度认真，年龄越小的学生掌握得越好。从总体上讲，获得了较好的教学效果。但是，由于学生学习西部裕固语影响了年龄较小的学生对汉语文的学习，而且在校的裕固、汉两族学生都学习西部裕固语，由此引起了一些汉族学生家长的反对，再加上缺少语言环境，无法巩固学习成果等原因，最后只好停止了西部裕固语课堂教学活动。[7]

这次课堂教学活动，在裕固族其他地区引起了一定的反响。起初，在那些本族语保持较好地区的裕固人看来，这只是黄泥堡裕固族乡已经"汉化"的裕固人为了证明自己的民族身份而作的一次努力，只有极少数的人开始意识到本族语的保持已经成为一个值得思考的社会问题。直到1990年代中后期，随着裕固语使用范围的萎缩、使用频率的减少，产生了"本族语言危机"，在此之前，根据日常生活得出的"只要裕固人存在，裕固语就会保持下去"的常识弥漫在乡野草滩上的裕固人中，这时的裕固人才逐步认识到，情况未必如此，很可能将来会出现"裕固人还存在，裕固语却消亡了"的局面。于是，对这次教学活动的积极评价越来越多，甚至成为2004年始的裕固族地区第一次开发本族文化课程和编写第一本裕固族乡土教材——《裕固家园》时的灵感源泉和行动示范。[8]

（二）第二次裕固语教育试验

1992年10月12日，中国共产党十四大报告正式提出"我国经济体制改革的目标是建立社会主义市场经济体制"，1993年11月14日，中国共产党十四届三中全会通过了《中共中央关于建立社会主义市场经济体制若干问题的决定》，于是，波澜壮阔的经济体制改革和市场经济活动在中国大地上展开了。在取得巨大成就的同时，原本在"两个大局"的第一步"东部地区先发展"的经济社会发展战略思想指导下造成的东西部区域经济社会发展不平衡越来越严重，至1990年代末期，其弊端，例如资金、技术和人才一味地"孔雀东南飞"等已经充分显露出来。为了全面贯彻"两个大局"的战略思想，面向新世纪全面推进社会主义现代化建设，1999年11月，中央经济工作会议做出了进行西部大开发的战略决策，次年1月，国务院成立了西部地区开发领导小组，同年10月，中国共产党十五届五中全会通过的《中共中央关于制定国民经济和社会发展第十个五年计划的建议》，把实施西部大开发、促进地区协调发展作为一项战略任务，强调"实施西部大开发战略、加快中西部地区发展，关系经济发展、民族团结、社会稳定，关系地区协调发展和最终实现共同富裕，是实现第三步战略目标的重大举措"。[8]西部地区多为民族自治区域和少数民族聚居区，如何在促进其经济社会快速发展的同时，保护好该地区的生物多样性和文化多样性这一问题，迅速成为备受国际、国内社会各界关注的现实问题。为了应对这一挑战，2003年3月，"中国民族民间文化保护工程"正式启动。

　　正是在上述宏观背景下，第二次裕固语教学试验出现在现在裕固族的另一个聚居区——张掖市肃南裕固族自治县。该自治县的前身是成立于1954年2月14日的肃南裕固族自治区（县级），隶属酒泉专属，1955年根据《中华人民共和国宪法》规定，改称为肃南裕固族自治县，自治县人民政府改称为自治县人民委员会，同年10月，改属张掖专属，1981年，自治县人民委员会改称为自治县人民政府，直至今日。

　　自治县境内的裕固族操四种语言：操西部裕固语的裕固族主要分布在皇城镇、红湾寺镇、明花乡和大河乡，操东部裕固语的裕固族主要分布在皇城镇、红湾寺镇、康乐乡，操汉语的裕固族主要分布在明花乡和大河乡，少数操藏语的裕固族主要分布在皇城镇。历史上，自17世纪末期，本族文字——回鹘文最终退出历史舞台以来，在宗教界和世俗部落联盟制政权上层曾使用藏文和汉文。这里是裕固族现代学校教育的兴起之地，早在20世纪30、40年代，祁连山北麓的藏传佛教宗教领袖顾家堪布七世在中华民国南京政府蒙藏委员会驻酒泉调查组的帮助下，先后在裕固族聚居区兴办了4所学校：莲花寺小学、明海寺小学、红湾寺小学和慈云寺小学。1949年新中国成立后，随着教育发展，特别是1958年"教育大跃进"之后，汉语文迅速进入了裕固族聚居区的日常生活中。改革开放以来，汉语文的使用地位得到了进一步的巩固，与之形成鲜明对比的是，本族语言使用人口占本族总人口的比例逐渐下降，代际断裂特征越来越明显，使用频率逐渐降低，汉语借词增多，与汉语的"混合化"程度越来越高。1997年，裕固族全民族实现了"基本普及义务教育，基本扫除青壮年文盲"的目标。

　　这次裕固语教学活动肇始于一次教师节座谈会。2003年9月8日，中国共产党肃南裕固族自治县委员会书记阿布带领自治县四套班子在教师节前夕慰问教师，召开了一个座谈会。自治县人民医院医生巴战生作为家长代表发言，提出：肃南是一个以裕固族为主体的多民族县，学校教育中没有任何少数民族文化内容是不应该的；学校应该在不影响学生升学的前提下，以多种形式开展以少数民族文化为主要内容的教育教学活动，特别是学校教育中应该鼓励裕固族学生学习裕固语，最好以兴趣小组的形式开展学习裕固语的活动。他的主要理由是：一方面，裕固族人口少，没有文字，熟练使用裕固语的人数在不断下降；另一方面，学习裕固语能使裕固族学生增强民族自豪感和学习动机，还可以整合被闲置的教育资源，促进学生全面发展。这一建议立即得到了自治县人大副主任白忠诚和裕固族文化研究室主任、著名作家铁穆尔的赞同，经过讨论，座谈会上确定由自治县教育局具体落实这一建议。9月11日，自治县教育局下发了文件，指出"为继承和发扬我县少数民族优秀文化、传承民族文明，要求全县少数民族聚居地所在学校以兴趣小组的形式积极开展民族语言第二课堂活动"，并作了具体安排。[9]

文件下发后，实际上只有坐落于红湾寺镇中心区的自治县红湾小学落实了文件精神，于2003年9月至2004年7月间开展了西部裕固语兴趣小组的第二课堂活动。按学校教育活动的基本要素可分述为：（1）教师：由该校体育教师钟玉琴担任，她是原明花区莲花乡深井子村人，大专学历，能熟练使用西部裕固语，但是没有接受过少数民族语言教学培训；（2）学生：该校自愿报名参加的学生，人数一度在26—43人；（3）教学内容：兴趣小组的学习内容主要以亲属称谓、常见事物名称和日常用语为主，教师的参考资料也十分有限，只有《西部裕固语简志》和《裕固族风情》等数本学术研究和文化知识书籍。2004年9月，只有高年级学生8人报名参加兴趣小组，学校认为小组人数太少，停止了兴趣小组的活动。笔者通过各种途径了解到该兴趣小组的实际情况和停办原因主要有：（1）低年级学生语言学习成果巩固率较高年级学生差；（2）部分学生家庭使用的语言为汉语，而且整个社区语言以当地汉语方言为主，学生缺乏学习西部裕固语的家庭及社区语言环境，影响语言学习成果的巩固；（3）部分学生参加兴趣小组，不是出于自己的兴趣，而是出于家长的意愿，这些学生不参加或退出兴趣小组也是出于家长的意愿；（4）部分主课任教教师认为，学习西部裕固语影响学生学习汉语文、英语文，因此对学习西部裕固语持反对，至少是不赞成的态度；（5）个别家长除不让自己的子女参加兴趣小组的活动，还在社会上散布"少数民族语言无用论"和"少数民族语言落后论"，破坏了兴趣小组的社会支持性环境。[10]

这次兴趣小组活动的失败，不仅在裕固族地区引起了关注和思考——为什么裕固语教学不能顺利在学校教育中开展并保持下来，而且引起了国际国内学术界的关注和思考——裕固语教学试验的经验在当下的全球化时代意味着什么。笔者也曾应邀参加2006年3月在中国北京大学召开的"北京大学首届教育社会学国际研讨会"和2006年4月在美国迪金森学院召开的"少数族群教育肯定性政策国际研讨会"，发表了两篇论文分别从学校教育功能和民族政策过程的角度描述和分析前两次裕固语教学试验活动基本情况和失败原因,引起了与会专家学者的兴趣和关注。[11—12]

(三)第三次裕固语教育试验

在中国的现代化过程中,"三农问题"一直占据着极其重要的地位。2005年10月,中国共产党十六届五中全会通过《中共中央关于制定国民经济和社会发展第十一个五年规划的建议》,指出"建设社会主义新农村是我国现代化进程中的重大历史任务",并要求按照"生产发展、生活宽裕、乡风文明、村容整洁、管理民主"的要求,坚持从各地实际出发,尊重农民意愿,扎实稳步推进新农村建设。之后,中国政府连续出台一系列"惠农新政",使广大农村地区的面貌发生了翻天覆地的变化。特别值得一提的是,随着中国现代化进程全面展开和纵深推进,包括裕固族在内的"人口较少民族"的生存与发展问题从学术研究进入了国家公共政策的视野和议程。根据国务院要求,国家民委、国家发改委、财政部、中国人民银行、国务院扶贫办5部门联合编制了《扶持人口较少民族发展规划(2005—2010年)》;2005年5月18日,温家宝总理主持国务院常务会议讨论并原则通过该《规划》;2005年8月29日,国务院召开"全国扶持人口较少民族发展工作会议"部署实施,就目前情况而言,该项政策取得了显著的发展成果和社会效益。[13]在基础教育方面,面对区域发展差异和社会多样化需求,以及学校课程"大一统"和"一刀切"所产生的种种弊端,2001年6月,经国务院同意,由教育部颁布《基础教育课程改革纲要(试行)》,开始实行国家、地方和学校三级课程管理体制。另外,于2010年7月29日国家正式颁布的《国家中长期教育改革和发展规划纲要(2010—2020年)》在"第九章——民族教育"中规定,"国家加大对人口较少民族教育事业的扶持力度",这就明确了国家在改革和发展人口较少民族教育事业上的责任和义务。[14]

正是在这样的宏观背景下,第三次裕固语教学试验拉开帷幕,目前仍在持续发展中。这次教学试验不是在九年制义务教育段学校,也不是在六年制初等教育学校开展,而是在肃南裕固族自治县幼儿园中进行。该幼儿园创办于1980年4月,截至2011年3月,共有幼儿318人,分属裕固、藏、回、满和汉5个民族,其中城镇幼儿占全园幼儿总数的54%,少数民族幼儿占全园幼儿总数的65%,裕固族幼儿139人,占全园幼儿总数的44%。

肃南裕固族自治县幼儿园的裕固语教学试验是于2007年秋季学期开始,针对中班和大班的裕固族幼儿开展的。2007年9月,该园开展了东部裕固语教学,第二年3月,西部裕固语教学也开展起来了,于是,该园就成为目前全世界唯一在进行两种裕固语和汉语教学的双语教育机构。这次教学试验活动,按学校教育活动的基本要素可分述为:(1)教师:西部裕固语的授课教师分别是杨爱玲和索蕊,都是肃南裕固族自治县明花乡人,杨爱玲毕业于张掖市体育运动学校柔道专业,中专学历,索蕊毕业于甘肃民族合作师范专科学校汉语言文学专业,大专学历;东部裕固语的授课教师是高玉梅,肃南裕固族自治县康乐乡人,毕业于张掖师范学校幼儿师范专业,中专学历。三位教师都能较为熟练地使用自己所教的裕固语和汉语,但至今三位教师都没有接受过少数民族语言教学的专门培训;(2)学生:该园中班和大班的裕固族幼儿;(3)教学内容:因为没有教材,教师在教授语言时更多地是采用口语发音和肢体语言来进行示范,教学计划基本上遵循由简到繁,由易到难的原则,教学内容从学习基本词汇,例如数数字、动植物名称、亲属称谓等开始,慢慢过渡到简单句的学习。2009年秋季学期前,两种裕固语都是隔天教学,每次课30分钟,其中:星期一和星期三教西部裕固语;星期二和星期四教东部裕固语;星期五放学前,即下午2:30—2:40,每次邀请3—4名精通东部或西部裕固语(两种语言交替轮换,如第一周为东部裕固语,第二周即为西部裕固语)的家长到园和东部或西部裕固语班的幼儿进行分组交流,以口头对话为主。2009年秋季学期起,两种裕固语的教学是每天16:00—16:30进行,同时取消了邀请家长到园进行语言交流的活动。在社会各界的帮助下,该园正在文丽华园长的带领下,汇聚力量,争取资源,自主开发校本教材,包括光盘和磁带等辅助性教学资料。

特别值得一提的是,2009年3月20日,该幼儿园邀请了自治县领导、裕固族文化研究室研究人员、精通裕固语的部分幼儿家长召开了有史以来第一次"裕固族语言课教学研讨会"。会议对开展裕固语教学的意义、方法和教材开发等教学资料建设进行了热烈而富有建设性的讨论,还邀请6名精通裕固语的家长作为幼儿园裕固语课(校)外辅导员,每周轮流到幼儿园与幼儿进行语言互动、交流和辅导,以激发幼儿学习本族语言的兴趣,为幼儿创设一个学习语言的良好环境,达到延伸教学活动,巩固教学效果的目的。[15]

从上述三次教学试验活动来看,越来越明显地体现了"学习裕固语,从娃娃抓起"的理念。其中,共同存在的问题是:(1)裕固语课程没有形成体系,幼儿教育、初等教育和中等教育之间的衔接问题还未被正式提出;(2)没有制定课程标准和进行系统的教学设计;(3)教师都没有接受少数民族语言教学和裕汉双语教学的培训;(4)没有适宜的教材等教学资料和课外读物等巩固性学习资料;(5)家庭和社区语言氛围较差;(6)以基础教育教学促进裕固语的保护,目前还没有形成完备的政策、法律与社会支持体系。[16]

三、裕固族在学校教育中追求语言公平传承的社会过程的分析

自从20世纪20年代以英国社会人类学家马凌诺斯基(B. K. Malinowski,1884—1942,又译马林诺斯基、马林诺夫斯基)和拉德克利夫-布朗(A. R. Radcliff-Brown,1881—1955)为理论旗手的"功能主义人类学"崛起以来,人类学抛弃古典进化论和古典传播论对人类历史宏观社会过程的想象和探讨,"过程"的视

野悄然退出了人类学理论研究主流。第二次世界大战后,在社会文化人类学的分支领域和学科——仪式人类学和政治人类学等领域重新燃起了对社会文化过程探究的热望,以1954年"斯坦福大学教育与文化学术研讨会"的召开为确立标志的、文化取向的美国教育人类学也处在这一学术潮流中,一度把教育视为文化过程,被称为"美国教育人类学之父"的斯宾德勒(G. D. Spindler)还曾主编了富有时代特色且拥有高引用率的文集——《教育与文化过程:人类学的路径》。[17]

依照社会人类学,特别是其分支学科——以社会分析为核心的政治人类学的传统,可以将学校教育看做是一个多元主体参与其中的、多元话语竞争的社会过程,但实质仍然是权力博弈的社会过程。在对田野研究所获民族志资料进行梳理分析的基础上,兹将裕固族在学校教育中追求语言公平传承的社会过程分析如下:

(一) 该社会过程是多元社会行动者互动的过程

三次裕固语教学试验是三个表面孤立,内里连续的社会事件。就三个社会事件勾勒出的社会过程的现实情况而言,参与其中的作为群体的主要社会行动者有:

1. 政治精英

根据著名以色列社会学家艾森斯塔德(S. N. Eisenstadt,1923—2010)的洞见,政治精英"几乎直接致力于社会上的权力调节"。[18](P334)用田野报道人的话说,政治精英"手里有权力呢。他们在其位,谋其政,不在其位,不谋其政。一个事情,他们说行,那就行,他们说不行,那你还得争取"。这里所谓的"政",对于地方社会的政治精英来说,是指对公共领域中的权力、资源和价值的再分配。在地方政治精英中,党委和政府"一把手"的立场、态度和观点常常更具有决定性的作用。对此,地方党委领导者也不讳言,在公开讲话中认为确实存在"在宗旨观念上小团体利益和个人利益至上,把公共权力部门化、把部门权力个人化,把管理服务的职能变成管制卡死的手段"的现象。[19]另外,政治精英不仅拥有对社会舆论的强势的影响力,而且常常有公共话语的优先权和主导权。

2. 文化精英

文化精英,根据艾森斯塔德的观点,他们"创造了文化秩序的模式,主要从事意义的创造"。[18](P334)自1939年祁连山北麓藏传佛教领袖七世顾嘉堪布创办现代学校教育以来,裕固族地区的学校已经成功地替代了藏传佛教寺庙,培养的具有现代学校教育背景的以钟进文(中央民族大学教授)、贺卫光(西北民族大学研究员)、铁穆尔(甘肃省作家协会副主席)等为代表的本族文化精英取代了藏传佛教喇嘛僧人和萨满教从业者"也赫哲"(西部裕固语,意味沟通神、鬼、人三界的"使者",东部裕固语为"额勒齐"),[20](P153—155)他们关心本族文化的保护、传承和发展,通过他们的学术和文艺作品,有时甚至直接通过对党委和政府官员提"政策建议"的方式影响"干部"和"群众"。

3. 学校教师

学校教师，在教育学中常常被看做是向学生传递文化知识的职业人群，但是从教育人类学的角度观察，学校教师常常扮演着沟通学校组织与"大社会"和"小社区"的社会角色，尽管在更多时候，他们是"决策"的执行者，但是他们则通过对教育质量的控制来反作用于其他社会人群。在三次裕固语教学试验中，教师都是裕固族中具有一定教育背景的女性，这是一个巧合吗？在田野调查中，绝大多数报道人都认为在裕固族传统社会中，在儿童、青少年学习本族语言，甚至整个教育问题上，母亲的作用远比父亲的作用大。至于在从"传统"向"现代"的社会变迁中，是否发生了"母亲"的家庭角色向女性教师的社会角色的显性或隐性的转移，还有待今后做更进一步的调查研究。

（二）该社会过程是一个多元话语竞争的过程

纵观世界，教育人类学研究在第二次世界大战后完成了两个转向，第一个转向是从规范分析转向实践分析，第二个转向是从实践分析转向话语分析。规范分析取向的教育人类学研究的核心问题是教育抽象的普世价值是如何适用于具体的教育的社会文化事实，实践分析取向的教育人类学研究的核心问题是教育是如何在一定社会文化脉络（contexts）中真正运作的，话语分析取向的教育人类学研究的核心问题是在教育的社会文化过程中什么被认为是真实发生了。下文以话语分析为取向，展开具体的分析和阐释。

法国思想家福柯（Michel Foucault，1926—1984）在其著作《权力/知识：访谈和其他作品选集》中曾一针见血地指出，"如果没有话语的生成、积累、循环和运作，权力关系自身就无法建立和巩固，同时也无法实现"；"话语以微妙的、隐含的方式行使权力，……话语的力量在于它既是斗争的直接目标，又是进行斗争的工具"。[21]裕固族在学校教育中追求语言公平传承的社会过程中，主要有以下四种类型的话语：

1. "社会进步"话语

这种类型的话语，主要有三种代表性观点：（1）包括裕固语在内的裕固族传统文化是一种落后的文化，社会进步就是要优胜劣汰，这种落后的文化必然被淘汰，而且语言使用与生产生活方式和整个社会环境有密切关系，随着社会流动和文化交流的日趋频繁、学生考试升学和工作就业的压力越来越大，裕固语必然要退出历史舞台，裕固族最终也会被汉族同化，这是社会发展的客观规律决定的，不以人们的主观意志为转移，所以学校教育没有必要开展裕固语教学活动；（2）目前在裕固族地区开展裕固语的包括教师教育、课程资源和经费支持等在内的客观条件还不完备，但是随着社会的发展进步，将来人们会有办法解决裕固语的保持问题，所以不用急于在学校教育中开展裕固语教学活动；（3）能认识到民族文化在经济社会发展过程中的巨大作用，本身就是社会进步的结果，所以，现在就要大胆探索在学校教育中传承本族语言的路径和方法。

2. "民族政策"话语

这种类型的话语，主要有两种代表性观点：（1）这种观点更强调作为文本的民族政策，认为《中华人民共和国宪法》作为中国的根本大法，规定各个民族一律平等，赋予了少数民族在政治上实行民族区域自治制度，有权利在社会主义制度框架内自主发展本族文化教育，而且于2010年7月29日甘肃省第十一届人大常委会第十六次会议审查通过，由肃南县人大常委会颁布于8月10日起施行的《甘肃省肃南裕固族自治县自治条例（修订）》第六章第四十六条规定："自治县在幼儿园和小学开设民族语言文字教学课目"；第四十九条规定："自治县继承和发扬民族传统文化，发展具有裕固族和其他民族特点的民族文化事业。加强乡村文化设施建设，促进民族文化产业的发展。自治县加强对裕固族语言的研究、传承和保护工作。自治县加强对少数民族物质文化遗产和非物质文化遗产的抢救、挖掘和保护工作，重视保护地质遗迹、古文化遗址、名胜古迹、珍贵文物和其它重要历史文化遗产"，而且肃南裕固族自治县教育局曾于2003年和2010年两次下文要求裕固族聚居区学校开展裕固语第二课堂教学活动，[9][22]现在裕固族聚居区各学校不执行法律法规和政府决策是不应该的，甚至可以说是违反法律和政策规定和要求的；（2）这种观点更强调作为实践的民族政策，认为虽然法律和政策上有各种规定和要求，但是如何落实这些规定和要求，首先需要一个实践过程，不可能一蹴而就，其次是需要认真考虑裕固族地区的多民族、多语言、多文化的实际情况，民族团结的局面来之不易，而且是裕固族地区发展的现实基础，所以，在裕固族自治县和民族乡都要慎重考虑过于强调裕固语的传承和教学所可能引起的负面反应。

3. "身份政治"话语

这种类型的话语，主要是认为使用裕固语是裕固人民族身份的最重要的表征，也是裕固族最重要的文化特质，裕固语的消失会使裕固族失去构建文化边界的凭借，进而使裕固人的身份认同失去可资利用的文化资源，用田野调查中一位乡村"意见领袖"的话说，就是"我们说，既然有裕固族这个民族，我们就得有特色，就得有个明显的标志。我们说，语言、风俗习惯，特别是婚丧事情，还有宗教是一个民族的三个特色。语言很重要，没有语言，我们这个民族就没有特色了"。[23]所以，裕固语保持要"从娃娃抓起"，要在学校教育中开展裕固语教学活动。在普通民众中，流传着"裕固语是裕固族最后一把金钥匙"的说法，而且大多持有一种朴素的"语言民族主义"的观点，这种观点最常见的逻辑是："如果你不会说裕固话，你就不是裕固人"。在田野调查中笔者还发现了一个非常有意思的现象，在乡村社会中许多裕固人把肃南裕固族自治县"裕固族文化研究室"称做"裕固族语言研究室"。

4. "文化遗产"话语

这种类型的话语，主要是着眼于文化遗产的保护和传承。语言虽然不是一个民族文化的全部，但是它却是一个民族最重要的文化特质和社会财富。裕固族现在没有本族文字，以裕固语为载体的口头传统，正在随着裕固语使用频率的下降、使用范围的萎缩、文化传承人的遗忘或去世而飞速消亡。"一个老人的去世就是带走了一座图书馆"，目前裕固族非物质文化遗产保护正在面临着巨大的挑战。虽然裕固语并不是裕固族非物质文化遗产的唯一载体，但却是最主要的载体，同时，裕固语还是裕固族非物质文化遗产最重要的组成部分之一。假如没有对裕固语的保护，对裕固族非物质文化遗产的保护将是事倍功半，甚或可说是徒有其表的。[22]随着裕固族地区寄宿制学校教育的发展，家庭和社区在儿童青少年教育过程中的地位和作用都降低和减小了，所以，要保护裕固语，当务之急就是要在学校教育中开展裕固语教学活动，传承本族语言。有裕固族文化精英指出，当前裕固语作为裕固族优秀文化遗产，已经以"肃南裕固族口头文学与语言"的名称列入第一批甘肃省非物质文化遗产名录，其在学校教育中的传承受到于2011年2月25日第十一届全国人民代表大会常务委员会第十九次会议通过，6月1日起施行的《中华人民共和国非物质文化遗产法》的支持，其第一章第二条规定非物质文化遗产包括了"传统口头文学以及作为其载体的语言"；第四章第三十四条规定："学校应当按照国务院教育主管部门的规定，开展相关的非物质文化遗产教育"。

　　第一次裕固语教学试验的开展过程中，主要是"社会进步"、"民族政策"和"身份政治"三种话语间的博弈，但是在第二、第三次裕固语教学试验的开展过程中，"文化遗产"的话语参与进来，开始了四种类型话语间的博弈。如果将作为社会事件的三次裕固语教学试验所勾勒的社会过程看做"整体性社会事实"，那么就会发现，实际上人们在社会过程中不断吸纳有利于自身利益的立场观点、事实依据，不断审时度势做出策略选择和调整理性预期。也就是说，每一类型话语的具体观点，都处在不断的变化中，都在纷纷扰扰的社会政治争议中被改变着。在田野研究的参与观察中，笔者发现不同类型话语间的竞争更可能是"情境性"的，在不同的情境中，人们主要根据自己的社会地位和身份认同，以及场域氛围和实际效果来选择性地述说、肯定或反对某种主张，甚至采取"事不关己，高高挂起"的姿态，或表示出"无所谓"、"走一步看一步"等随波逐流的态度。另外，每一类型话语对于特定情境中的持有者来说，都是富有特定的社会文化意义的，同时，每一类型话语的建构对于问题的最终解决都会产生影响，因为其中都包含或暗示了某种问题的解决方式和办法，正如福柯所指出的，"每种话语都包含着一整套具有一定一致性的关于行为的范畴和理论：用于命名事件和人物的一系列词汇以及用于解释行为和关系的某种理论"。[21]

　　教育人类学是研究一定社会文化脉络中的教育，中国教育人类学研究已经将地方政治的权力网络与少数民族学校教育的改革发展之间的关系纳入了探究视野，产生了数项有较大学术影响的研究成果，例如人类学家陈志明和袁同凯"通过比较马来西亚地方政府和中国大陆地方政府对少数民族学校教育的行为态度"指出，

"探讨弱势族群学校教育的成败，避开地方政府、地方权力等关键性问题，就难以发现问题的真正症结"。[24]笔者多年来在裕固族地区的田野调查表明，裕固族地区的社会政治过程相当复杂，至少受到党政科层制、公共政策、民族关系、亲属关系、受教育程度、身份认同和文化差异等因素的综合影响，但就其实质而言，常常是各社会行动者围绕党政科层制所提供的权力和资源展开争夺的过程，这个争夺的过程是多元话语竞争博弈的过程，常常以某种话语或在形式上或在实质上接纳其他话语的合理之处，通过权力运作再分配获得相应的资源和价值从而占据主导社会地位为结束。

（三）该社会过程是儿童青少年主位"声音"缺失的过程

认真检视裕固族在学校教育中追求语言公平传承的历程，一个较为突出的问题即儿童青少年主位"声音"的缺失。直至今日，包括笔者的研究在内的对裕固族儿童青少年及其教育的研究中，均未对这一现象进行必要的反思，在数量不多的研究中也只是把他们当做研究客体加以对待，落入了传统的儿童青少年及其教育研究的窠臼，[25-26]相对而言显示出"成人"对"儿童青少年"的文化霸权。不过，这一现象也存在于国际学术界，正如印度社会人类学家比赫拉（Deepak Kuma Behera）指出的，"细细查阅几十年来众多著名的人类学和社会学研究，我们会发现明显缺乏儿童的声音"。[27]

中国是法治国家，依法尊重保护和贯彻落实儿童权利，为儿童创造良好的成长环境势在必行。联合国《儿童权利公约》（Convention on the Rights of the Child）由1989年11月20日第44届联合国大会第25号决议通过，1990年9月2日生效。中国自始积极参与了该《公约》的起草和制定工作，1991年12月19日，中国全国人民代表大会常务委员会批准中国加入该《公约》，1992年4月1日，该《公约》正式对中国生效。[28]由于该《公约》对所有签署国都有约束力，比赫拉指出："我们面对的是一个新的全球性事实，因为公约及其神圣原则可以约束国家党派（States Parties），优先于国家法律。"[27]值得一提的是，该《公约》第二十九条第一款规定："缔约国一致认为教育儿童的目的应是：（A）最充分地发展儿童的个性、才智和身心能力；（B）培养对人权和基本自由以及《联合国宪章》所载各项原则的尊重；（C）培养对儿童的父母、儿童自身的文化认同、语言和价值观、儿童所居住国家的民族价值观、其原籍国以及不同于其本国的文明的尊重；（D）培养儿童本着各国人民、族裔、民族和宗教群体以及原为土著居民的人之间谅解、和平、宽容、男女平等和友好的精神，在自由社会里过有责任感的生活；（E）培养对自然环境的尊重"；第三十条规定："在那些存在有在族裔、宗教或语言方面属于少数人或原为土著居民的人的国家，不得剥夺属于这种少数人或原为土著居民的儿童与其群体的其他成员共同享有自己的文化、信奉自己的宗教并举行宗教仪式、或使用自己的语言的权利"。[28]

《儿童权利公约》确立了"四项基本原则",即非歧视性原则、儿童的最大利益原则、确保儿童生命权、生存权和发展权完整的原则和尊重儿童意见的原则。为了保障儿童权利,专家学者有义务模范遵守该《公约》的"四项基本原则"。[27]在人类学界,为了通过理论研究和应用研究来保障儿童权利、促进儿童福利,2001年7月19日,国际人类学与民族学联合会常任理事会正式批准成立"儿童、青少年与童年人类学委员会",并授权其开展工作。作为该委员会主席,比赫拉说:"我们的初衷之一,也是最重要的目标和意图,就是鼓励那些把儿童作为主动参与者的研究,而不是像过去常常出现的那样,仅仅把他们作为研究的对象。"[27]

我们应该充分认识到,裕固族儿童青少年同世界其他国家和地区的儿童青少年一样,他们是有独立尊严的人和正当权利的享有者,是社会文化建设的积极参与者,他们可以为对他们自己生活有影响的活动和决策提供意见和建议,而且他们的意见、建议和体验对裕固族在学校教育中追求语言公平传承的成败至关重要。对于研究者来说,我们应当尽力从多学科、跨文化的角度提供关于儿童青少年及其与社会文化的关系的全面知识,"适当考虑到每一民族的传统及文化价值对儿童的保护及和谐发展的重要性",[28]帮助他们作为积极参与教育及社会过程的主体,发出他们自己的"声音",以便实现权利、改善生活和谋求公正。

四、结语

自人类进入现代社会以来,其社会政治制度最重大的变化是民族—国家(nation-states)的兴起,"民族建构"(nation-building)和"国家建设"(state-building)成为现代人类历史的关键词。直到今天,在世界范围内的少数族群教育中,在理论和实践上如何处理学校教育与语言/文字的关系一直是一个争议颇多且操作困难的问题。[20](P183)正如联合国教科文组织意见书——《多语并存世界里的教育》中指出的,"语言,特别是教育中教学语言的选择就是这样一个问题,而且经常引发截然不同的观点,大家各持己见。个人的属性、国家的地位与权力都与教室里使用什么语言密切相关。而且,语言本身也有其自身的规律,既有连续性又会不断变化,并在这一过程中对不同社会的交流方式产生影响。教育政策制定者在语言、教育与课程方面的决策很不容易,因为技术和政治因素常常交织在一起。虽然,从教育的角度看,用母语(或第一语言)教学的理由很充分,但是,必须兼顾用本地语言学习和通过教育掌握世界上其他语言进行交流这两个方面"。[29]

裕固族的现实是有两种本族语言,但本族文字在历史进程中已经失传了。新中国成立后,政府曾先后给多个民族创制或改进过文字。有学者曾指出裕固族没有创制本族文字的要求,[30]根据笔者的田野调查,这不是事实,实际上至今裕固族中仍有部分人有创制本族文字的要求。值得一提的是,解放后,在学术研究中,大多数语言学专家使用国际音标来转写东部裕固语和西部裕固语,部分其他学科专家用汉字来转写部分裕固语名词。1983年至1987年间，裕固族青年安冬等人用拉丁字母创制了一套记音符号，试图用来同时拼写两种裕固语，但是没有得到推广和使用。2003年6月在肃南裕固族自治县成立的裕固族文化研究室在世界少数民族语文研究院东亚部的帮助下，于2004年创制了一套以拉丁字母为基础的记音符号，试图用来同时拼写两种裕固语，这套记音符号是否能得到认可和推广，目前尚未可知。[20](P184) 但是，面对现在没有文字的实际，裕固人仍克服种种困难，积极学习汉语文，这种热情和态度至今没有变化，变化的只是对本族语言的态度。整体来说，随着社会文化的变迁，裕固人的真实诉求是在学好汉语文的基础上，保持自己的本族语言，希望本族语言在学校教育中能被公平地对待和传承，从双语教育的类型学上分析，属于保持型双语教育，而不是过渡型双语教育。

综上所述，三次裕固语教育试验是当代人类为保护文化多样性而作的卓绝努力的缩影，无论怎样分析和评价，其背后的文化精神和社会价值都是值得积极肯定的。但是，真正值得忧虑和反思的是，被"进步"的思想观念和"发展"的意识形态过分束缚和过分鼓荡的当代人类，自己为自己制造了一个文化牢笼，在这个文化牢笼中，不断上演的是为了争夺"财富、地位和声望"而在文化上进行"骨肉相残"的社会悲剧。这个问题在中国，正如对中国的历史与社会有着精深洞见的新加坡国立大学莱佛士（Raffles）人文教授、美籍印度裔历史学家杜赞奇（Prasenjit Duara）所指出的："我们需要寻找发展和生活之间的平衡。目前中国的问题似乎是很难控制，如同普罗米修斯被解开了锁链，一切都被发展所驱动，释放出来追求利润的力量很难被收回，这是最大的挑战。"[31]

[参考文献]

[1] 联合国教科文组织、世界文化与发展委员会：《文化多样性与人类全面发展：世界文化与发展委员会报告》，张玉国译，广东人民出版社，2006年。

[2] 联合国教科文组织：《世界文化报告2000：文化的多样性、冲突与多元共存》，关世杰等译，北京大学出版社，2002年。

[3] 斯泰克：《个案研究》，载邓津、林肯主编：《定性研究：策略与艺术》，风笑天等译，重庆大学出版社，2007年。

[4] 谢立中：《结构—制度分析，还是过程—事件分析？——从多元话语分析的视角看》，载谢立中主编：《结构—制度分析，还是过程—事件分析？》，社会科学文献出版社，2010年。

[5] 杨军：《新中国少数民族教育政策的历史回顾（下）》，载金东海主编：《少数民族教育政策研究》，甘肃教育出版社，2002年。

[6] 《中国少数民族社会历史调查资料丛刊》修订编辑委员会编：《裕固族东乡族保安族社会历史调查》，民族出版社，2009年。

[7] 巴战龙：《西部裕固语的使用与教学述略》，载《甘肃民族研究》1998年第1期，第62—64页。

[8] 安维武：《一位牧区学校校长的乡土教材开发日记》，载《教育人类学研究通讯》2007

年第2期,第3—17页;百度百科:《西部大开发》,访问网址:http://baike.baidu.com/view/13834.htm,2010年12月1日。

[8] 肃南裕固族自治县教育局:《关于开展民族语言第二课堂活动的通知》(肃教发[2003]199号),2003年9月。

[9] 巴战龙:《社区发展与裕固族学校教育的文化选择:人口较少民族乡村学校教育的民族志研究》,载滕星、张俊豪主编:《多民族文化背景下的教育研究》,民族出版社,2009年。

[10] Zhanlong, Ba. A Socio-anthropological Analysis of the Function of Yugur-Nationality Schools. *Chinese Education and Society*, 2007,(2):77—88.

[11] Zhanlong, Ba. Using Yugur in Local Schools: Reflections on China's Policies for Minority Language and Education. in Minglang Zhou and Ann Maxwell Hill(eds.). *Affirmative Action in China and the U.S.:A Dialogue on Inequality and Minority Education*. NY: Palgrave Macmillan, 2009, pp199—209.

[12] 巴战龙:《民族文化课程:提高人口较少民族教育质量的重要途径》,载《中国民族教育》2010年第4期,第4—6页。

[13] 巴战龙:《国家应优先发展人口较少民族教育》,载《中国民族报》2010年9月17日。

[14] 肃南裕固族自治县幼儿园:肃南县幼儿园召开裕固族语言课教学研讨会,http://www.zyjyxx.com/Article/xydt/yey/200903/34652.html,2009年3月25日。

[15] 巴战龙:《裕固族文化融入国家基础教育课程体系问题的调查研究》,载《湖南师范大学教育科学学报》2010年第2期,第6—12页。

[16] Spindler, G. D. (Eds.). *Education and cultural process:Anthropological approaches*. Prospect Heights, IL: Waveland Press, 1987.

[17] 艾森斯塔德:《解构分化的方式、精英结构与文化观》,载谢立中、孙立平主编:《二十世纪西方现代化理论文选》,上海三联书店,2002年。

[18] 成广平:《在县委十三届九次全委(扩大)会议上的讲话》,2010年12月。

[19] 巴战龙:《学校教育·地方知识·现代性:一项家乡人类学研究》,民族出版社,2010年。

[20] 朱涛:《法律实践中的话语竞争:读梅丽〈诉讼的话语〉》,载《社会学研究》2010年第6期,第223—237页。

[21] 肃南裕固族自治县教育局:《关于开展裕固族语言第二课堂活动的通知》(肃教发[2010]118号),2010年5月。

[22] 巴战龙:《裕固族语言文化遗产保护问题探究》,载《暨南学报(哲学社会科学版)》2010年第4期,第92—97页。

[23] 陈志明、袁同凯:《地方政府与少数民族学校教育:跨文化的视角》,载《湖南师范大学教育科学学报》2010年第3期,第16—21页。

[24] 郑素华:《"童年研究"需要引入儿童声音》,载《中国社会科学报》2010年6月1日。

[25] 程福财:《弱势青少年研究:一个批判性述评》,载《青年研究》2006年第6期,第11—19页。

[26] 迪玛·库玛·比赫拉著,杨春宇译:《国际视野下的儿童权利:介绍国际人类学与民族学联合会儿童、青少年与童年人类学委员会》,载《云南民族大学学报(哲学社会科学版)》2008年第6期,第5—10页。

[27] 百度文库:联合国《儿童权利公约》,访问网址:http://wenku.baidu.com/view/79677afdc8d376eeaeaa3157.html,2010年12月2日。

[28] 联合国教科文组织著:《多语并存世界里的教育》,2003年。

[29] 王远新:《论裕固族的语言态度》,载钟进文主编:《中国裕固族研究集成》,民族出版社,2002年。

[30] 李宗陶、杜赞奇:《现代性之"恶"与民族主义之"毒"》,载《南方人物周刊》2011年第1期,第80—82页。

(本文原载于《湖南师范大学教育科学学报》2012年第3期)

[作者简介]

巴战龙(1976—   ),男,裕固族,甘肃肃南人,民族学博士,北京师范大学社会发展与公共政策学院讲师,硕士生导师,主要从事教育人类学、发展人类学、民族志与社会科学研究、人口较少民族研究。

裕固语教学实践活动研究报告

——以肃南裕固族自治县大河乡西岭村培训班为例

阿尔斯兰（执笔） 卓玛 白雪

[摘要] 由于在历史发展中，裕固族遗失了本民族的文字，转而用口头传承的方式来传承民族文化，语言成为了民族文化传承的最根本和最重要的载体。由于裕固族人口稀少，加上历来在众多大民族夹缝中求生存的边缘化境遇，裕固族传统文化始终处于一种衰退的状态。近年来，随着全球化和现代化影响的深入，日渐式微的裕固族传统文化更是处于濒临消失的边缘。为了抢救和保护濒危的民族文化，我们采取到裕固族牧区生产一线举办母语传承培训班的形式，来探索人口较少民族传统文化保护传承的新路径，在整个裕固族地区推广积累经验。本文是就本次实践活动进行的专题研究。

裕固族是中国人口在30万以下的28个人口较少民族之一，据第五次全国人口普查统计总人口数为1.37万，其中近万人集中聚居在甘肃省肃南裕固族自治县境内。

裕固族是我国历史悠久的民族，它和曾于公元8世纪在蒙古高原推翻突厥汗国而建立的回纥汗国的回纥（后改汉文名称为回鹘）以及由漠北迁到河西走廊的回鹘有密切关系。现今的裕固族是以古代回鹘的一支——黄头回鹘为主体，融合蒙、藏等民族而形成的。[1] 裕固族在漫长的历史发展中，秉承和发展了阿尔泰游牧文化，融合周边汉、藏等文化，形成了独具特色的民族文化。历史原因使然，裕固族遗失了本民族的文字，转而用口头传承的方式来传承民族文化，语言成为了民族文化传承最根本和最重要的载体。由于裕固族人口很少，加上历来在众多大民族夹缝中求生存的边缘化境遇，裕固族传统文化始终处于一种衰退的状态。近年来，随着全球化和现代化影响的深入，日渐式微的裕固族传统文化更是处于濒临消失的边缘。为了抢救和保护濒危的民族传统文化，近年来各方面都从上到下做了许多工作，也确实取得了一些成效，但是民族传统文化逐渐消失的颓势还是没有办法扭转。

一、裕固语的历史价值和传承意义

（一）裕固语及其定位

裕固族使用两种本民族语言，其中东部裕固语属于阿尔泰语系蒙古语族，生活在自治县境内东部地区的裕固族原属什凯鄂托克、浩尔盖鄂托克、乃曼鄂托克、赛鼎鄂托克、杨哥鄂托克、巴岳塔温鄂托克、曼台鄂托克7个部落的部众，也就是今天分布在康乐乡、皇城镇东滩片、北滩片和马营片的西城村及大河乡韭菜沟片的红湾村和大滩村的裕固人所使用的语言；西部裕固语属于阿尔泰语系突厥语族，生活在自治县境内西部地区的原属亚拉格鄂托克、贺郎格鄂托克、萨格斯鄂托克等部落的部众，也就是今天生活在大河乡、明花乡和皇城镇马营片金子滩村和西水滩村等地的裕固人所使用的语言。

西部裕固语属阿尔泰语系突厥语族，前苏联著名突厥语言学家马洛夫（Malov, S. E.）将它归入保存古代突厥语特点较多的"上古突厥语"，并指出它是回鹘文献语言的"嫡语"[2]。东部裕固语属阿尔泰语系蒙古语族，是蒙古语族诸语言中最接近蒙古语的一种语言，保留了中世纪蒙古语的许多特点[3]。长期以来，裕固族由于游牧迁徙和征战避难等历史原因，尤其是东迁到祁连山区和河西走廊以后，处在南接青藏文化圈、北依蒙古游牧文化圈、东与中原汉文化相通、西与中亚和欧洲文化交汇的枢纽地理位置，不仅吸纳了周边强势文化许多因素，而且在这种多元文化的夹缝里边缘化生存发展，又使它难以与远离的母体文化同步发展，因而反倒保留了同源传统文化的许多特点，这一点在其文化载体——母语方面表现得尤为突出。西部裕固语中1—29基数词倒阶梯型的古老形式、东部裕固语中中世纪蒙古语许多特点的保留等就是明证之一。因此，东部、西部两种裕固语因其独特的语言学价值，自20世纪初以来就收到了中外学界的广泛关注。

（二）裕固语的使用现状

由于裕固族人口很少，在多元文化环境下的夹缝里边缘生存发展的状况，加上本民族文字的遗失，裕固语的使用范围和频率始终处于一种逐渐衰退、萎缩的状态。这不仅表现在固有词汇量的日趋减少方面，而且语法功能上也出现了退化现象，日常新生用语中日益增多的汉语借词、宗教用语方面藏语借词的大量涌入，在裕固语的语言接触方面表现得尤为突出，因此有人甚至提出了裕固语其实质上是一种混合语言的观点。

近年来，随着全球化和现代化的推进，裕固语的流失情况更趋严重。在最近几年深入的田野调查中，我们也发现裕固语使用人口呈逐年迅速下降的趋势越来越明显了，使用范围不仅越来越局限于牧区的日常生活，而且使用人口也日趋高龄化，

30岁左右的人群更多出现了基本上转为使用汉语的现象，20岁左右的人群大都已经会听不会说了，10岁左右的孩子大都不会听也不会说了。毫不夸张的说，裕固语已经出现了断层乃至断代的濒危状况。总的来说，康乐乡的杨哥片、红石窝片等地相对保留和使用情况较好；大河、皇城等地整体退化情况最为严重；以前使用情况最好的明花乡，近年来由于外迁移民的大量涌入、社会流动性的日趋增强、到外县市求学儿童的日渐增多等原因，出现了迅速退化的情况。

裕固语已经处于濒危的状况，是一个不争的事实。如何抢救保护和传承发展裕固语是摆在我们面前的最紧迫而又最重要的问题。

（三）传承发展裕固语的意义

众所周知，语言是人类最重要的交际工具，也是一个民族最重要的特征之一。裕固族，这个人口很少而又历史悠久的北方马背民族，虽然经历了长期的游牧征战和迁徙漂泊，但是因为始终坚持了逐水草而居的传统游牧生活，因此古老的民族传统文化才能够得以秉承延续到现在，是游牧生产这一生计方式塑造和铸就了裕固族的传统民族文化。

近年来，随着国家开发战略的推进，自治县也实施了一系列的扶贫移民项目，把明花乡的许三湾建成了全县最大的农业综合开发区，主要是将马蹄乡大泉沟片的部分贫困人口在此移民安置，同时对附近明海片的裕固族牧民也进行了垦荒定居，从而使全乡70%的裕固族牧民完成了移民定居。2010年5月2日国办发20号文《关于支持甘肃经济社会发展的若干意见》中就明确提出，"逐步将祁连山自然保护区核心区的农牧民转为生态管护人员，加快缓冲区农村剩余劳动力转移，研究建设祁连山生态补偿试验区"。这就意味着，占祁连山北麓将近80%面积的自治县将是这一举国战略的重点受益区。从另一个角度而言，在祁连山群山草原上生活了数百年的裕固族，将面临一场生产方式、生计方式彻底转产改变的重大变革。这一变革，必将彻底地改变裕固族延续了千年的游牧生产方式，也将彻底地改变他们的游牧生活习俗，他们赖以游牧的传统文化将不可避免地发生重大变迁，传统文化将面临急速消失的濒危态势。

由于裕固族遗失了本民族的文字，因此口头传承传统文化中的非物质文化遗产几乎是唯一的方式，那些丰富多彩而又绚丽夺目的口头传统只能靠口传心授来传承延续。语言，已经成为了这个只有万余人口的人口较少民族传承发展传统文化的最根本、最重要的载体。毋庸置疑，只有裕固族语言得到了传承，裕固族传统民族文化才能得以传承延续。因此，对于裕固族而言，民族语言传承的重要性、紧迫性是不言而喻的。

（四）裕固语传承保护的内在需求

近年来，随着非物质文化遗产保护工程的逐年深入，各级政府与社会各界对于各民族优秀传统文化的传承，对于文化多样性的保护，不仅形成了一些共识，而且也开始深入基层民间。作为一个只有万余人的人口较少民族，裕固族同其他兄弟民族一样，民族文化自觉意识也日渐高涨，更多最基层的裕固族牧民也发出了拯救民族语言、保护民族文化的呼声。行走在牧场田野，到处都可以听到发自肺腑的切切呼唤。

为了探索人口较少民族传统文化传承保护的新途径，我们在分析裕固族文化现状的基础上，根据牧民夏季居住较为集中、生产较为清闲的时机，提出了到牧区裕固族群众生产生活一线举办裕固语培训班，以语言抢救保护为手段来传承发展民族文化。计划选取一个试验点，开展裕固语教学培训实践，总结得失、积累经验，为今后在整个裕固族地区普及推广，探索形成一种较为成熟的实践模式。也为像裕固族一样的人口较少民族的文化传承探索一条新的途径。

（五）裕固语记音符号的使用

20世纪50年代，随着新中国成立后第一次大规模少数民族社会历史调查和少数民族语言调查活动的开展，裕固族的东部、西部两种民族语言开始走进国内学界视线，陈宗振和照那斯图等学者先后开始专题研究这两种语言，开始用国际音标标注记录裕固语，从语音系统、词汇、语法等方面着手正式研究裕固语，这样就开始有了以《语言简志》为代表使用的东、西部裕固语国际音标语音标注系统。近年来，随着两种裕固语研究的日渐深入，裕固族文化自觉意识加强，随着两种语言间比较研究的深入，一些裕固族知识分子，从裕固族孩子们从小完全接受汉语教育，电脑及现代网络技术日益普及的现状出发，提出了用同一套拉丁字母记音符号系统来标注，记录，转写东部、西部两种裕固语的愿望和倡议。这一想法一经提出，就得到了有关专家的赞成和支持。2003年8月，陈宗振和照那斯图两位资深学者在肃南举办培训班期间，从东部、西部裕固语本来就同属阿尔泰语系，加上数百年的接触语音系统更加接近的实际出发，立足于裕固族儿童们熟悉掌握汉语拼音和拉丁字母，易于电脑应用交流的基础，共同初步拟制了一套以拉丁字母为主的语音系统记音符号方案，开始标注记录两种裕固语。自此以后，自治县裕固族文化研究室就在工作中实践运用这套记音符号，研究室主编的内部刊物《尧熬尔文化》及所有田野调查话语材料的记录都坚持使用这套记音符号。这套拉丁字母的统一记音符号的日益深入使用，不仅得到了越来越多的裕固族研究学界同人们的认可和支持，也对加强裕固族内部民族认同起到了日渐显现的重要作用。实践证明，这套拉丁字母统一记音符号方案，不仅符合裕固语研究传承实际，而且也便于普及推广。

二、西岭村裕固语培训班教学实践活动情况

（一）西岭村基本情况

西岭村位于肃南裕固族自治县中部的大河乡，是一个以畜牧业为主的、以操西

部裕固语的裕固族为主体的自然村。西岭村牧场分布在祁连山北麓分水岭往北到邻近河西走廊的榆木山之间的辽阔草原上，既有海拔在3000米以上的高山灌木林带，又有海拔在2000多米的前山草原，还有海拔不到2000米的温暖草杂的冬春牧场，历来是裕固族亚拉格部落的核心牧场之一，亚拉格部落最后一任头目安进朝千户的牧场就曾在西岭村。全村总人口为273人，其中裕固族有199人，约占全村总人口的73%。村长、村支书也都是裕固族人，其中村支书杨军毕业于甘肃工业大学，村上领导班子不仅年轻富有朝气，而且熟悉社会发展情况，对裕固族民族文化传承发展也有清醒认识，都非常支持举办试验培训班。

西岭村的裕固族牧民使用的是西部裕固语的亚拉格部落的山区土语，也就是原属于亚拉格部落的生活在大河乡韭菜沟片的语言。是西部裕固语使用最好的地区之一，因为地处山区、远离周边汉族农区、相对闭塞，因此也是西部裕固语保留最好、母语词汇留存最多的地区。但是，近年来随着与外界交流日盛，以汉语为教学语言的现代教育的日益普及，西岭村同其他裕固族地区一样，也不可避免地出现了裕固语使用人口日渐高龄化、日常使用范围日益缩小、10多岁的孩子们母语水平日益下降的趋势，而10岁以下的孩子更是出现了不会听更不会说母语的情况，当地裕固语使用同样处于濒危的状况。如何更好地使用和保护母语，也同样是摆在西岭村裕固族牧民们面前的一大紧迫问题。

同其他游牧民一样，西岭村的裕固族也还在沿袭着祖先逐水草而居的游牧生活，每年的夏季也是牧场最丰美、牧人们最悠闲的时节，只要是剪完了羊毛，每天的主要劳动就是清晨把羊群赶到高山牧场、傍晚再赶回进圈，相对于冬、春、秋三季而言，劳动简单而清闲。而且，夏季也是西岭村的牧民游牧点最为集中的时节。7月中旬以后，各级学校的学生也都放暑假在家，便于集中组织。因此，每年的7月中旬牧区羊毛剪完到立秋前的这一段时间无疑是在牧区举办裕固语培训的最佳时机。

基于发起人阿尔斯兰从小生长在亚拉格部落，熟悉当地实际、精通西部裕固语的情况，在他以往裕固语教学实践的基础上，确定以自治县大河乡西岭村为试点来举办这期培训班。

（二）培训班基本情况

2011年7月19日，根据事先的约定，自治县裕固族文化研究室和大河乡西岭村，在该村夏季牧场阿尔塔拉举行了首届裕固语牧区培训班——"大河乡西岭村裕固族语言培训班"开班仪式，村上80多名村民参加。会上，就裕固语培训意义、目的、目标、作息时间和纪律进行了宣讲。当天，由于村上领导的大力宣传和积极配合，总共有34名学员注册报名参加培训。其中，男16人，女18人；35岁以上4人，20—34岁6人，14—19岁7人，7—13岁12人，6岁及以下学龄前儿童5人。从学员构成情况来看，20岁以下的各级在校学生有19人，是主力军，也说明了在校学生迫切希望学习传承母语的强烈意愿；20岁以上的牧民有10人，说明他们在熟练运用母语的同时还希望学习掌握母语转写记录的技能；学龄前儿童也被热心的家长送来培训，反映了当地牧民传承民族传统文化的迫切心愿。

"阿尔塔拉"（artala），是西部裕固语，是西边的草原、草滩的意思，汉语译名为"西滩"，是西岭村这一片夏季牧场的中心地带，平坦而辽阔，海拔2800多米，气候凉爽宜人。西岭村的牧民都分布在以此为中心的方圆10公里的祁连山脚下的高原牧场上，与邻近的东岭村比邻而居。有连接两村的乡间牧道穿过，四通八达的小道与各家各户相连，位置中心，交通便利。选择阿尔塔拉作为培训班的教学点，实在是再合适不过了。

为了方便教学，村上专门组织人力搭建了2座帐篷，一间用于教室，一间用于教师办公休息。虽然帐篷破旧简陋，但是7月的草原风景如画，学员们学习热情高涨，让人不禁回想起草原上曾经的牧读教学的年代。

（三）教师及教材

阿尔斯兰，男，裕固族，出生于原属亚拉格部落的西岭村，从小在牧区长大，精通西部裕固语，熟悉裕固族牧区游牧生活。2003年8月在县城红湾寺镇参加了文化部主办的"中国少数民族濒危语言保护工程"试验项目"裕固语保护工程培训班"。接受了由著名突厥语学家陈宗振和著名蒙古语学家照那斯图两位教授主持讲授的为期20天的短期相关语言学培训。2006年7月，赴北京专门跟随陈宗振教授学习了为期20天的语言学培训。2006年11月至2009年6月，赴土耳其共和国哈杰特配大学历史系攻读并获得了历史学硕士学位。从2003年4月调到自治县裕固族文化研究室以来，长期参加了以语言为主的裕固族历史文化田野调查，走遍了裕固族地区，搜集掌握了大量的一手资料，同时积极加强语言学学习，积极向来访的专业学者请教，具备了一定的语言学研究技能。自2007年起，每年利用寒暑假免费举办在校大中专生裕固语培训，在实践中积累了丰富的教学经验，加之曾经从事过5年的中小学教学工作，因此在组织编写教材和教学方面具有一定优势。

卓玛，女，裕固族，出生于原属亚拉格部落山区的东岭村，精通裕固语，拥有非常好的语言学习天赋，经过短短几年的学习，已经能听会说东部裕固语，能够熟练运用国际音标和语言学电脑软件，初步掌握了语言学研究技能，一直参与裕固语汉语词典编纂工作。

白雪，男，裕固族，出生于原属亚拉格部落的川区小海子村，精通裕固语，曾从事过3年的中小学教学工作，英语专业本科学历，具有一定的社会学研究技能。

参与本项目实施的三位教师，精通母语、实践经验丰富、熟悉牧区生活，了解牧区孩子的学习特点。项目实施前两年，我们曾在西岭村多次进行过调查活动，熟悉当地牧民，熟悉社区领导，有良好的交往关系。

（四）教材编写及教学主旨

经过前期田野调查，我们了解到西岭村的裕固族孩子，12岁以上的都能熟练运用裕固语，7—12岁的孩子多半会讲裕固语，其余的也都能听懂裕固语，不会讲也不会听的只占学龄前儿童的很少部分。也就是说，西岭村孩子们放弃使用母语，是近年来才出现的情况，虽然一直存在使用水平下降的趋势，但是总体情况尚好，只要专门组织抢救，是完全有可能扭转颓势的。

因此，我们针对西岭村裕固族孩子们的实际情况，确定了让会说的孩子能够会书写记录自己的母语，并使其母语水平有所提高；让会听的孩子能够开口讲母语，掌握裕固语记音符号；让不会听的孩子能够意识到母语的重要性，为会讲母语感到自豪，能够跟随自己父母学习母语。希望通过这套教材的启用，一方面扩大裕固语使用人群和水平，培育良好的母语使用氛围，一方面设法扭转裕固语断层、断代的颓势，力图填补鸿沟，并且培养他们自己的母语老师，形成良性循环。

经过半年努力，我们在以往裕固语培训课程的基础上，针对西岭村的实际情况，编写了首本《裕固语识读教材》。根据牧区夏季生产生活特点，以及不占用孩子们暑期休息和不耽误孩子们学校课程学习的愿望，教材共分为8个课时，每天早上8点半至11点半培训3个小时，每一课时分为两节课，中间休息、游戏30分钟。

第一课时，教学裕固语记音符号。向学生介绍37个裕固语记音符号，其中有8个元音，29个辅音。每一个符号的发音、书写、记忆规则和技巧方法。重点辨析与汉语拼音的异同。

第二课时，教学日常问候语对话。主要向孩子们教授日常问候礼节用语，并当堂做对话演练。

第三课时，第一节课教学亲属称谓，第二节课教学常用动词。第一节课主要介绍裕固族的亲属关系和日常称谓，每种称谓单词的拼读和转写记诵。当堂要求学生用裕固语介绍自己的亲属关系。第二节课可启发学生说出日常生活中的裕固语常用动词；拼读和书写记诵单词。简单介绍裕固语动词的构词方法，诱导启发学生说出更多的动词。

第四课时，教学基数词和十二生肖。第一节课让学生背诵裕固语基数词，老师在黑板上拼写，点明1—29的特殊特点和意义，基数词的构词方法。当堂让年龄较小的学生背诵裕固语基数词，指导年龄较大的学生自己上板拼写。第二节课让学生说出裕固语十二生肖，老师在黑板上拼写，指导学生掌握拼读规则，鼓励学生上台演示，拼读和转写记诵单词。重点讲授裕固语十二生肖中的个别单词与日常用语单词的不同，比如牛"uru"与"uhkgusu"、马"yud"与"at"、猪"dongəs"与"khawan"，穿插一些日常生活中因为不知道这些常识而闹出的笑话，提醒学生注意。

第五课时，教学饮食及常用词汇。第一节课启发学生说出裕固语饮食、蔬菜、水果等方面的词汇，老师在黑板上一边拼写一边指导学生上台拼写，让学生更快地掌握和运用记音符号。引导学生模拟演示奶食品制作场景，进行裕固语对话练习，培养学生对传统饮食的探究学习兴趣。第二节课启发学生说出更多的与饮食相关的词汇，并引导延伸说出更多的日常生活词汇。组织学生模拟菜市场交易场景，上台演示交易情景，指导学生将母语常用词汇在日常生活中加强使用。

第六课时，教学动植物。第一节课启发学生依次说出家畜、野生动物、禽类和昆虫相关词汇，指导学生拼写拼读记诵。第二节课启发学生说出更多的植物名称，指导拼写诵读。当堂让学生用裕固语介绍家中或自己喜欢的动物，引发对野生动物灭绝、家畜种群结构失衡、草原退化等身边问题的思考。

第七课时，教学服饰、颜色及人体器官。第一节课启发学生说出有关服饰、颜色的词汇，指导学生拼写诵读。当堂让学生介绍草原上的花儿的颜色、说出自己喜欢的颜色，介绍自己的服饰。第二节课启发学生说出人体器官相关词汇，比赛看谁说的又多又好。

第八课时，教学时间和时态。第一节课让学生说出有关时间的词汇，重点教授如何用裕固语来表述年份及月份和日期，当堂让学生进行对话练习。第二节课介绍裕固语的时态，让学生学会如何选择时态准确表述，使学生明白裕固语同其他语言一样也有完备的语法时态，它同样是一种系统而成熟的语言，培养他们的文化自觉意识和民族自豪感。

课时结束后组织考试。试卷分为单词双语互译、短句双语互译和母语作文三大部分。单词双语互译部分主要考查学生对所学裕固语记音符号的掌握运用能力，看其母语标准读音和规范拼写的能力。准确、标准、规范的读写单词是裕固语学习最基本的要求，是学好裕固语记音符号的基础，也是能否熟练拼写记录母语的关键；第二部分短句双语互译，主要目的在于考查学生最基本的裕固语语法掌握运用能力，基本句型和时态的掌握情况，这是学生们是否准确、规范的拼写记述母语的关键；第三部分为作文，主要考查学生们记述母语的综合能力，也是能力测试要求最高的环节。

（五）培训成效述评

为期11天的首届裕固语牧区培训班按计划如期顺利结束了，在培训期间我们用课堂讲授、个别辅导、双向交流等方式进行教学，最后又进行了考试测评。综观这次培训，我们认为：以裕固语为本、以牧区培训形式为重来保护传承裕固族传统文化的模式不仅是可行的，而且成效显著。一是在牧区一线生活的裕固族群众当中树立起了榜样和信心，古老的母语不仅可以作为日常交际工具交流使用，而且可以识读、可以拼写、可以记述我们丰富多彩的文化生活，可以用规范的教学形式传承习得，改变了广大裕固族牧民以往认为的裕固语只是一种口耳相传的"口语"，没有办法拼写、记述的观念误区;二是激发了最基层的裕固族牧民对母语传承的信心,培育了良好的母语使用传承的语言环境,有利于改变以往认为裕固语难以传承,行将消亡的悲观认识;三是在裕固族生活的一线牧区培养了扎根不走的民间文化传承、记录、搜集、挖掘的新生力量。如今的牧区都有一些高中毕业、甚至大学毕业返乡放牧的青年,他们很容易就能掌握和使用裕固语记音符号,成为当地今后保护传承裕固族文化的中坚力量;四是改变了以往家长认为学习裕固语就会影响汉语学习的担忧,以往有好多家长因此主动放弃了让孩子学习使用母语。

培训结束时的考试,总共有34人参加,其中80分以上5人、60分以上24人、60分以下5人。通过考试我们发现,具有一定的文化素养是学习掌握裕固语记音符号的基础、良好的母语能力是关键。通过培训考试我们发现,成绩在合格以上的学生都受过小学高年级以上的教育,在校受教育时间越长越容易学习掌握裕固语记音符号,其中母语水平越好者越容易掌握运用记音符号,而母语程度不高者在裕固语语法掌握和记述写作应用方面就相对比较吃力。小学低年级的学生受母语水平和接受能力限制,相对而言学习掌握情况就比较差。这说明,裕固语培训中学生的文化素养和综合素质,母语水平是影响培训成效的关键因素,这样短期的培训成效毕竟有限,要想巩固扩大培训效果,必须坚持长期培训。

三、培训经验及问题

为期11天的首届自治县"大河乡西岭村裕固语培训班",是我们在针对目前人口较少民族以语言为主的传统文化飞速流失的情况,开展的一项探索工作,旨在为像裕固族这样的兄弟民族文化保护利用寻求一种新的可行的实践模式,更主要的是为这一保护模式在整个裕固族地区推广普及总结经验。经过此次培训,我们认为有以下几个方面的问题还需要注意。

(一)我们保护以裕固语为中心的裕固族传统文化的目的就是为了保护传承中华民族文化的多样性,但是在强调维护外部文化多样性的同时,还要更加重视维护裕固族内部文化的多样性。如前所述,裕固民族游牧迁徙的历史发展,塑造了裕固族多元开放的民族传统文化,这一特征在裕固族东部、西部地区之间以及内部各部落之间都表现得非常充分,在语言方面尤为突出。裕固语的各部落、各地域的方言土语,无论是在语音、语调、词汇、语法等总体语言特色方面,还是其所反映的地域文化及生计方式等整体文化特点方面,都呈现出多元多彩的特征。维护裕固族传统文化内部的多样性,不仅会对研究裕固族多元多彩的文化提供鲜活而丰富的素材,更重要的它是裕固族内部在长期多元生态环境适应中形成的乡土文化知识、智慧的结晶,必将是今后裕固族持续发展的智慧源泉。因此,今后在裕固语教学实践中首先必须重视这一点,在教材编写中要坚持这一主导思想,要因地制宜,注重维护当地语言(方言土语)的特色和当地地域文化的特色,这样的教育传承才能维护裕固族的多元文化环境，避免把过去的一种"大同化"演变成为当前的一种"小同化"。当然，裕固族的共性同质的"大文化"的彰显是基础，是促进民族凝聚认同发展的根本。

（二）裕固语教学培训时机的选择也要做到因地制宜。自治县因为地域辽阔，各乡村生计方式不一，因此各区域的农忙牧闲时间亦有不同，我们在各乡村举办裕固语培训班的时候，一定要注意时机的选择。比如说，首先要了解山里牧业区和川里农业区的情况，在地处河西走廊腹地的明花乡要办班的话，我们认为应该选择在寒假，因为这一时段当地是农闲时节，也是孩子们假期休息的时间，加上离乡镇近而集中，教学场所的问题也好解决；而要在山里牧区办班，一般应选在暑期比较好，7月份羊毛剪完以后是牧区最悠闲的时节，也是牧民们居住相对最为集中的时节，加上夏季气温适宜，也就为解决教学帐篷的供暖住宿提供了最大便利。

（三）在教学活动中要注意与当地民俗文化相结合，要注意按照各年龄段学生的心理特点和认知接受能力因材施教。就如同本次培训班一样，班里的学员从学龄前儿童到40岁的中年人都有，而且文化程度差异也很大，既有在校的中小学生，也有在读的大中专生，还有一些受教育程度较低的牧民。首先要根据班里的实际情况划分成立数个学习小组，每一个学习小组中既要有母语水平高的年长牧人，也要有认知接受能力好的学员，还要注意把母语水平较差的学员和学龄前儿童均匀分配，让他们形成学习上的互助互补的关系，使他们能互相促进、共同进步。在教学中，按小组布置学习任务也会取得事半功倍的效果。在培训中，还要注意语言教学和当地民俗文化传承相结合。裕固族虽然可以分为山区和川区两大经济文化类型区，但是因为每一处生活地区又因为所处的自然生态环境的不同而有一些差异，在长期的生产生活中又形成了适宜当地的生计方式，这就形成了裕固族内部互有差异的生计特点，内部的经济结构和生产安排也是不一样的，每一个地方的乡土知识的具体内容和整体特点也是不一样的，因此在培训中要把向学生介绍当地的生计方式和乡土知识作为教学的目标之一。同时，在教学中可以与学唱传统民歌、参与民俗活动、学习生产技能等相结合，增加学生对乡土文化的了解，传承学习乡土知识，培养他们的民族自豪感和文化自觉意识。

（四）要注意处理好与当地村民及乡村机构的关系。在基层社区举办裕固语培训班，主要需依靠当地乡村机构的支持，无论是学员的招募、培训场所的搭建，还是学员管理和教学人员食宿安排，都离不开当地社区管理机构的帮助。因此，只有与当地社区管理机构处好关系，才能保证培训的正常进行。其实，近年来我们在裕固族地区的田野调查中深深感觉到，基层社区机构大都非常支持我们的工作，回想起他们陪同走过的那些日子，总是觉得感动和温暖。这次在大河乡西岭村举办培训班，我们也得到了乡村机构的大力支持，尤其是村上领导的全力配合和支持，才使我们能够成功举办好首届牧区裕固语培训班。

（五）要把学生在校课业的辅导作为培训教学的重要内容之一抓好。因受基层牧区教育资源和教学水平的限制，加上牧民整体受教育水平的限制，牧区学生同城镇的孩子相比确实存在不小的差距，家长也没有能力辅导课业，现行招生政策又不尽完善合理，无形中就扩大了他们在社会竞争中本来就存在的劣势。因此，对于牧区家长而言，暑期培训这样的时机也是很难得的，只有把母语培训与在校课业辅导相结合，才能得到家长们最大的支持，进而提升牧区孩子的学业水平，增强他们的竞争力，为牧区培养更多的后继人才，达到更好的传承发扬民族文化的目的，这是一项一举多得的事情。因此，坚持在完成好母语培训的同时，应尽可能地挤出专门的时间对学生进行在校课业辅导，也可以每天拿出一节课的时间来做这项工作。这次培训中，我们在这一方面的积极探索就收到了较好的效果。

（六）要注重培养牧区自己的母语教学人才，这样才能形成良性循环，让母语培训在牧区长期坚持下去。在肃南牧区，每个地方都会有一些母语好、接受能力强的在校的大中专生或高中生，他们在学习中领悟能力很强，很快就能掌握和运用好裕固语记音符号，用准确的语法表述和描述自己的所思所想。只要进行针对性强的短期强化培训，他们很快就能胜任母语教学的任务。这样以后的培训班就可以由他们当地人自己组织举办了，我们只要下到一线去听课、指导就可以了，从而让牧区母语培训能够良性循环下去。

四、今后裕固语抢救保护的思路和建议

基于上述调查研究，本报告建议：

（一）着力研究完善裕固语记音符号，大力推行记音符号及配套政策。

肃南裕固族自治县裕固族文化研究室一直以来坚持使用推广的这套"裕固语记音符号"拉丁字母方案，是由著名的突厥语学家陈宗振和蒙古语学家照那斯图两位老教授于2003年，在综合研究了东部、西部两种裕固语之后共同拟制的。经过实践证明，这套记音符号不仅易于学生学习接受、便于电脑交流使用，而且利于裕固族东部、西部地区人们之间文化认同的增强。在实践中同时也发现这套记音符号也还存在一些有待改进完善的地方，比如说双字母过多、有些字母的借用有待商榷等等，这些问题已经被一些裕固族研究学者指出来了。今后，需要尽快组织相关人员专门讨论裕固语记音符号课题，改进完善它，坚持推广普及这套拉丁字母方案。

1. 要切实贯彻落实《肃南裕固族自治县自治条例》中有关裕固族语言、文化传承保护方面的相关规定，在裕固族地区的中小学及幼儿园开设裕固语课程，并在升学时对裕固语使用熟练者给予一定的政策倾斜。自治县教科局要设立裕固语教学方面的专题研究，邀请有关专家学者参与，从教师培训、教材编写、教法探讨等方面开展探索研究，从抢救保护一个民族的文化高度来关注和推进这项工作。

2. 自治县要设立专门的资金，选送优秀的学生到相关的研究机构和民族高校，

如中国社会科学院、中央民族大学、西北民族大学、内蒙古大学、新疆大学等，进行学习深造，培养更多更高层次的裕固族语言文化研究人才，为今后裕固族文化传承研究的可持续发展夯实基础。

3. 为有力地推进裕固族文化抢救保护和传承发展，应在肃南裕固族自治县公务员及专业技术人员招录考试中，增加裕固族语言和文化水平等参考指标，形成重视裕固语的政策导向。

4. 要尽快恢复自治县广播电台和电视台以前尝试主办的裕固语专栏，裕固族文化研究室积极配合，加大对裕固语节目的宣传普及力度，积极探索研究，不断提高节目质量，把它作为一个地方特色栏目来抓好办好。

5. 配合民族旅游开发，建立传统裕固语地名、产品等标识系统。

（二）加强自治县裕固族文化研究室工作，增加资金支持、加快人员专业培训和补充，努力把它打造成为抢救保护裕固族传统文化和对外合作研究的共享平台。自治县裕固族文化研究室虽然只是一所设在县一级的研究机构，但是它这些年来的探索发展证明，它立足裕固族地区、植根裕固族民间文化一线的优势是其他科研院校所无法替代和比拟的。虽然研究室由于缺乏专业研究人员，在研究水平方面还有待于更大提高，但是这种立足当地开展抢救保护和研究利用的发展传承模式无疑是非常好的。研究室这些年来以裕固族语言保护传承为重点所开展的一系列裕固族文化抢救保护工作，确实也取得了很好的成效，这是不可否认的。这些年来，他们在与中国社会科学院、中央民族大学、云南大学、内蒙古大学、新疆大学、河西学院等科研院校的合作中，也取得了很大成效，积累了许多宝贵的经验，已经渐渐形成了合作研究的良好态势。

（三）成立中国裕固族研究学会，设立裕固族语言文化保护和发展基金。

裕固族研究的开展已经有百余年的历史了，从无到有，从单一的历史、语言研究到如今涉猎各类学科，裕固族研究已经取得了很大成就。但是，由于各种研究力量分散于国内外的各个科研机构和高等院校，也从来没有召开过以裕固族研究为专题的研讨会，因此也就难以形成长远的规划和分阶段的研究重点，难以形成合力。近年来，在钟进文教授等许多裕固族研究专家的建议下，自治县也在着手进行裕固族研究学会的筹备工作。随着地方经济的发展，自治县的财力有了长足发展，以自治县裕固族文化研究室的成立和《中国裕固族传统文化图鉴》的出版为代表，地方政府在这方面也做了许多工作。随着文化多样性理念的深入，国家对文化事业的日益重视，尤其是对人口较少民族五年扶持规划的提出和实施，各级政府和社会各界都已经对民族优秀传统文化的迫切性和重要性有了充分的认识，裕固族研究学会成立的时机也已成熟，裕固族语言文化保护和发展基金设立的条件也已具备。在各方的大力推进下，裕固族研究学会的成立、裕固族语言文化保护发展基金的设立是可以实现的，这必将促进裕固族研究向着更高水平纵深发展。

（四）加大多元文化理念宣传，充分利用好国家在民族文化发展和扶持人口较少民族发展方面的各项政策,积极借鉴国内外民族文化保护传承方面的优秀成果,邀请相关专家适时制定出台裕固族传统文化保护发展规划,培育良好的文化保护传承环境。

(五)语言抢救是裕固族传统文化保护传承的根基所在、根本之策。裕固族语言是裕固族文化的灵魂,语言是裕固族传统文化代代传承的最重要的载体,语言抢救是裕固族传统文化保护传承的根基所在、根本之策。但是,仅仅认为依靠裕固语培训就能抢救保护裕固族传统文化的想法又是非常肤浅和错误的。举办牧区裕固语培训,依靠语言传承来保护发展裕固族传统文化是我们最重要的目标,这次西岭村裕固语培训班的举办只是我们为推进这一模式而做的探索的开始,是受现阶段裕固族地区的各方面条件制约而做出的一次小小的努力。但是它的社会影响和宣传效果是不能因其规模小而被否定,它的成功举办不仅对裕固族地区以语言为中心抢救保护和传承发展传统文化进行了一次非常重要的尝试和探索,也为像裕固族这样的人口较少民族在保护传承传统文化方面提供了一种行之有效的思路和途径。

五、结语

如前所述,裕固族是一个完全依靠言传身教和口耳相承的方式来传承民族传统文化的只有万余人口的人口较少民族!近年来,随着生态移民工程的实施,自治县明花乡已经有70%以上的人口完成垦荒定居,开始了农业生产,改变了传统的游牧的生计方式;随着游牧民定居工程的实施,除各乡镇陆续在所在乡镇新建了一批牧民定居楼外,大河和康乐两乡还在县城修起了四个牧民定居小区,裕固族牧人延续了千年的游牧生活方式正在慢慢发生着深刻的变化;随着国办发(2010)29号文的出台,关于生产生活在祁连山生态保护实验区内的仅剩的这一部分裕固族牧民转产定居的相关具体政策也在紧张制定中,如果实验区内的全部牧民都实行外迁定居转产的话,裕固族延续千年传统游牧生活方式将被彻底改变,势必成为裕固族历史发展中的一个重大转折点,随着生计模式的改变,依附于游牧生态家园的传统文化将会被彻底改变。那么,祁连山生态保护工程的实施是怎样对裕固族传统文化产生影响的?产生哪些影响?谁来评估,谁来负责?祁连山生态保护的最佳选择是否就是以牺牲一个人口较少民族的传统文化为代价来实现生态移民垦荒定居?这些问题确实值得从国家层面和地区层面、民族层面和文化层面多角度观察思考,从政府官员到普通牧民都需要实证考量、谨慎行事,因为"开弓没有回头箭",这一步只要迈出,一旦有不良后果就几乎没有办法补救了。经过了1958—1978年间的历次政治浩劫的冲击,裕固族和其他兄弟民族一样,传统文化和民间艺人都受到了毁灭性的打击,艰难存活下来的为数不多的裕固族民间艺人也大都年事已高或是老弱多病,裕固族优秀的游牧生产技能、生活知识,丰富多彩的手工艺技能和传统服饰制作工艺,也都濒临后继乏人、人亡艺绝的境地。我们认为,仅靠热心人士的努力其作用毕竟有限，要想真正做好裕固族传统文化保护传承，就必须由政府出面组织相关人员制定规划，拨出和保障专项经费，由专门机构分阶段、有侧重、全面系统地组织实施保护工程。

参考文献：
[1] 钟进文主编：《中国裕固族研究集成》，民族出版社，2002年。
[2] 陈宗振：《西部裕固语研究》，中国民族摄影艺术出版社，2004年。
[3] 照那斯图：《东部裕固语简志》，民族出版社，1981年。

(本文原载于《河西学院学报》，2012年第4期)

[执笔作者简介]

阿尔斯兰（1972—　　），男，裕固族，甘肃肃南人，历史学硕士，肃南裕固族自治县裕固族文化研究室研究人员，主要从事裕固族文化变迁和裕固语教学研究。

裕固族乡土知识专题学习网站建设与应用研究

安维武　蔡世宏

[摘要]　本文是全国教育技术"十一五"规划专项课题《裕固族乡土知识专题学习网站建设与应用研究》的研究成果之一。主要从选题的背景、意义、研究价值、可行性分析、研究目标、技术路线以及研究成果的实施与推广等方面阐述了课题研究的整个过程和取得的成效和需要改进的措施。

一、确立与规划

（一）选题背景

"全面推进素质教育，是21世纪我国教育改革的重大主题，是贯穿教育改革的核心任务"。《中共中央国务院关于深化教育改革全面推进素质教育的决定》中指出："全面推进素质教育，要坚持面向全体学生，为学生的全面发展创造相应的条件，尊重学生身心发展特点和教育规律，使学生生动活泼、积极主动地得到发展。"《基础教育课程改革纲要（试行）》中也指出"调整和改革课程体系、结构、内容，加强课程的综合性和实践性"。"体现办学特色，提高学校的办学自主权，国家实行三级课程管理，地方和学校要积极开发课程资源"。我们已经进入到信息时代，多媒体技术、网络技术的发展对我国教育将会产生重大而深远的影响。中央电化教育馆"十一五"全国教育技术研究规划明确指出："推进农村中小学现代远程教育工程的实施，进一步加强现代教育资源建设，积极促进教师专业化发展，推进信息技术与新课程的有效整合，是教育信息化工作重点，也是全国教育技术研究工作重点。迫切需要充分依靠各个方面的力量，充分发挥我国教育技术研究的基础性、时代性、前瞻性、先导性、服务性作用"。实现教育手段的现代化和教育资源的信息化，实现教育资源的最大限度的共享，推动普及九年义务教育，完善终身教育体系。

裕固族是全国唯一、甘肃省独有的少数民族之一，现聚居于甘肃省肃南裕固族自治县。裕固族在悠久的历史发展进程中，创造了极其丰富的文化成果。其历史演变、民族传统、生活习俗、民间神话传说、民歌民谣、民族戏曲、民族工艺、民族服饰、民族体育,以及近年来涌现出的民族作家所创作出的文学作品等都是宝贵的文化财富。百余年来,国内外学术界对裕固族进行了多角度、全方位的研究。有关部门也对这些文化成果进行了搜集整理。在文学创作方面,肃南县先后编辑了《裕固之歌》《狂奔的彩虹马》等文学作品集;许多民族文化工作者积极搜集整理了裕固族民间故事,出版了《裕固族民间故事集》;在理论研究方面,1996年,甘肃省民族研究所有关人员编成《裕固族研究论文集》一书;在民俗研究方面,有《裕固族风情》《裕固族的服饰》等文献;在历史研究方面,有《裕固族通史》、《裕固族简史》等。2000年,由中央民族大学的钟进文教授主编了《中国裕固族研究集成》,搜集整理了近一个世纪的有关裕固族方面的研究资料,并分门别类编纂成了一部全面系统地反映裕固族研究成果的学术集成,为裕固族文化的传承作出了积极的贡献。裕固族只有13000多人,又没有文字,其文化传承状况令人担忧。2005年,我们在学校所在地进行了一次调查发现:作为裕固族聚居地,学生对民族居住分布状况不清,民族历史知识贫乏、对民族文学的阅读量甚少,对本地的民族习俗缺乏必要的了解。这样的调查结论昭示着裕固族的文化濒临消亡的危险。如何才能使本民族悠久的历史文化摆脱被蜕变和消亡的危险命运呢?在这方面,诸多文化工作者虽然搜集整理了部分文化成果,对一些历史问题进行了研究,形成了一些论文著作,但由于这些书发行数量较少,这些成果还没有得到大多数人的了解,它们只能在个别文化研究者的手中传阅。如何将这些研究成果走出象牙塔,扩大民族文化传播的辐射半径,是我们亟待解决的一个问题。在国家"三级课程"管理下,为了开发学生的学习资源,也为了抢救即将消亡的裕固族文化,2004年,学校编写了一套《裕固族乡土教材》,将裕固族民族文化有效地转化成为学生的学习资源。其目的一方面为了开发校本课程资源,另一方面也为了挽救即将消亡的裕固族文明。这套书涉及了裕固族的居住区的地理状况、裕固族的演变历史、传统体育、民间美术、文学作品等知识。投入使用以后,得到了广大学生的普遍喜爱和社会的广泛赞誉。但它也存在一定的局限性,主要表现在普及率低,信息量少,无法满足学生进一步的学习需求。

(二)选题意义和研究价值

1. 利用信息技术开发校本课程资源是民族地区实现"以信息化带动教育现代化,实现教育跨越式发展"的需要。我国少数民族地区经济文化相对比较落后,尤其在教育、科技文化方面显得突出,基础教育比较薄弱,九年义务教育的普及率低。这直接关系到社会的和谐发展和民族的伟大复兴。而通过加快民族地区的信息化建设,以信息化带动教育的现代化,是实现民族地区教育跨越式发展的一条捷径。为此,国家实施了"校校通"工程、"农村现代远程教育工程"以及"中小学教师教育技术革新能力建设"等重大举措,为民族地区中小学利用信息技术进行课程资源的开发和实现教育跨越式发展提供了强有力的技术支持。学校作为少数民族地区的基层学校，在信息建设方面已实现了"三网合一"，学校的办学条件得到了根本性改善，为民族教育的进一步发展奠定了坚实的基础。

2. 利用信息技术开发校本课程资源是民族地区建立新的基础教育课程体系的需要。《基础教育课程改革纲要（试行）》中指出"体现办学特色，提高学校的办学自主权，国家实行三级课程管理，地方和学校要积极开发课程资源。"随着《义务教育课程标准》的颁布和实施，关于课程资源的开发和利用问题越来越被广大中小学校和教师所关注，尤其在现代信息技术条件下，如何因地制宜地开发和利用资源，使课程资源与信息技术有机整合，不断拓展课程资源的空间，发挥资源最大的效益，更成为焦点。

我国是一个多民族国家，地域辽阔，各地经济文化存在着差异，发展呈现出不平衡状态，完全用大一统的课程设计和一刀切的要求，显然是不能满足各地区学校发展的需要。而在广大的民族地区又蕴藏着丰富的课程资源，这为民族地区义务教育阶段构建符合实际、具有民族特色课程体系提供了强有力的资源保障。发挥网络的便捷、大容量、交互性强等作用，充分运用现代教育技术手段实施对校本课程资源的开发、利用、管理和评价。

3. 利用信息技术开发校本课程资源是学校引领教师专业成长的有效途径。随着教育技术的运用对教学所产生的影响日趋明显，掌握和有效地运用教育技术已成为教师专业化的重要内涵，成为广大教师迫切需要具备和掌握的专业素质和能力。开发校本课程资源，建设学生乡土知识学习网站过程就是信息技术与课程整合的过程，也是教师摸索、创新的过程，更是教师对自身教学的一个反思过程。在校本课程的教学实践中，创设运用多媒体的新型教学环境，这既可以发挥教师的主导作用，又能够有力地促进教师专业的发展。

4. 利用信息技术开发校本课程资源为学生个性发展提供了广阔平台。随着信息技术和互联网技术革新的发展，网络以惊人的速度影响着青少年的学习和成长，为青少年的个性发展开辟了新的空间。学生越来越多地从互联网上获取更多的信息和知识，互联网已经成为储存和获取知识的最大宝库。多媒体的使用既充分体现学生的主体地位，又使教学方式呈现出自主、合作、探究的特征，使学生创新精神和实践能力的培养得到真正的落实。因此，加强对信息技术的建设，是促进基础教育健康发展的需要。

5. 利用信息技术开发校本课程资源是创办特色学校的有效途径。一个学校的最大特色就在于符合学生的需要和当地社会发展的需求。我们通过对本地学生、家长和社会各界人士的广泛调查了解后认为：学生有着了解学习少数民族优秀文化传统的需求，有88.03%学生对民族语言文学、民族历史和当地的自然环境有强烈的学习和了解的需求，有90.64%的学生对民族歌舞、传统体育、手工制作也有学习参与的欲望，有94%以上的学生对自己的家乡有着深厚的感情，并愿意勤奋学习建设家乡。这种广泛的需求内驱力为民族优秀传统文化的传承和乡土知识校本课程

111

的开发建设奠定了良好的学生和社会基础。少数民族地区蕴藏着丰富的课程资源，民族传统语言、宗教、生活习俗、民间神话传说、民间节目、民歌民谣、民间戏曲、民间工艺、民间服饰、民间体育、民间饮食、乡规民约、道德伦理等都是重要的课程资源，都具有极大的课程挖掘潜力，也为创办特色学校提供了强有力的资源保障。我国少数民族地区自然条件复杂多样，有着千姿百态的自然风光和类型众多的自然条件。这类资源通过信息技术开发展现出来，有助于增强学生的环保意识，树立人与自然和谐相处的可持续发展观；有助于培养学生热爱劳动、热爱和建设家乡的思想感情；有助于弘扬民族文化、丰富学生精神生活、培养学生良好的行为习惯和优良的品质，加强民族地区精神文明建设。

6. 利用信息技术开发校本课程资源是传承民族优秀文化的有效载体。文化是民族的文化，民族是文化的载体。在21世纪的今天，人类是一个具有共同命运的整体，各种不同的文化都被卷入了世界的历史洪流之中，同时人类文明的发展呈现出多样性和差异性，显示出各具特色文化之斑斓色彩。事实证明，只有承认各种文化的差异性与独特性，才能真正找到不同文化之间相互沟通、相互理解的基础。我国是一个多民族国家，开发和建设民族地区的乡土知识教材、繁衍民族历史、传承和弘扬民族优秀的文化，是学生和群众的需求，是建设有中国特色先进文化的需要。由于强势文化的影响，许多少小民族的文化濒临着蜕变和消亡的危险，裕固族文化传承状况令人担忧。在新课改的背景下，学校充分利用现代信息技术开发这些资源，传播这些资源，让后代了解和学习本民族的优秀文化，这对于保存和传承民族优秀文化，加强民族团结，培育民族精神，繁荣民族文化，加强精神文明建设，实现中华民族的伟大复兴具有十分重要的意义。为此，我们确立了《裕固族乡土知识专题学习网站建设与应用研究》这一课题。

（三）可行性分析

1. 理论依据。（1）建构主义思想——一个发生认识论的基础。皮亚杰的发生认识论强调认知是一个这样的过程，已有知识结构对新知的同化和新知对已有知识结构的建构。本课题的研究试图为学生提供研究性学习的原始知识积累和研究示范，最终实现知识迁移，得出比较有创新性的成果。初中学生辩证思维的能力有限，研究的结果大都显得稚嫩，甚至较多重复早已定论的东西，但只要是学生以已有的知识作为基点，在查找、讨论的过程中进行了学习研究，那么就不管这些学生的成果水平高低，我们都应该肯定这是一种超越自我的创新性的认识活动。（2）发掘实践性——新的课程理论的支持。《基础教育课程改革纲要（试行）》规定"改变课程内容'难、繁、偏、旧'和过于注重书本知识的现状，加强课程内容与学生生活以及现代社会和科技发展的联系，关注学生的学习兴趣和经验，精选终身学习必备的基础知识和基本技能"。新的课程理论强调活动教学，强调在实践中印证真知、在实践中"生产"真知。本课题的研究，需要组织学生开展大量的社会走访和田野调查活动，积极投身于社会实践活动中去汲取和宣传裕固族文化传统的精华，这种实践性的发掘有利于培养学生的实践能力和创新精神。同时，学生研究自己身边的民族文化，兴趣浓厚，参与积极，符合课程改革的要求。（3）研究性学习——学习理论和学习策略的转变。研究性学习是要在学习过程中以问题为载体，创设一种科学研究的情境和途径，让学生通过自己收集、分析和处理信息来实际感受和体验知识的生产过程，进而了解社会，学会学习，培养分析问题、解决问题的能力和创造能力。这种课程形态的核心是要改变学生的学习方式，强调一种主动探究式的学习，是培养学生创新精神和实践能力、推行素质教育的一种新的尝试和实践。裕固族专题学习网站的建设和应用，就是要适应这种学习理论和策略的转变，创设丰富的学习课题，积极开展研究性学习。

2. 有丰富多彩的课程资源。（1）神奇绚烂的人文资源。祁连山最早曾经是中国多个少数民族繁衍生息的乐土，也是明代之前中西方文化交流的交通要道，古代丝绸之路从这里经过。在裕固族东迁之前和之后，都曾经有许多民族在这里游牧、耕作，多种宗教在这里交叉、并存，最终造就了以裕固族为主体，藏族、蒙古族等民族共存的局面。游牧、农耕、传统、现代文化在这里的聚合，为这块土地打上了深深的多元文化的烙印。传统的民风民俗、宗教信仰、文化遗址、民谣传说、民族歌舞等都散发着浓郁的芳香，极具人文价值和教育价值。（2）丰富多彩的自然资源。肃南裕固族自治县有雪山河流、瀑布幽谷、森林草原等自然景观；有马鹿、雪豹、石羊、蓝马鸡、马熊等200多种野生动物；有松、柏、冬虫夏草等1000多种野生植物，还有金、铁、煤、莹石等27种矿产资源，这些丰富的自然资源都可以成为重要的课程资源，会激发学生热爱家乡，建设家乡的美好情感。（3）广阔的生产劳动资源。农牧区学校的一个重要功能就是要为生产建设服务，因此生产劳动是最具开发潜力的课程资源。以皇城镇为例，它是一个以畜牧业生产为主，以现代工业——采矿业、水电业的突出发展和第三产业——运输业、日常生活服务业和草原民族风情旅游业缓慢兴起为辅的正在变迁中的多元文化社区。有畜牧业养殖、有畜种改良、草原病虫害防治、治理入侵生物、矿产开采、水能利用、旅游规划等广阔的社会生产资源，这些是实施生计教育最需要开发的课程资源。

3. 有先进的教育理念。学校领导班子意识到：信息技术在学校教育中潜力巨大，要保持学校的示范性和辐射性，必须要抢占教育的先机。经过校领导的认真规划及全体教师的大力支持，学校开始了校园信息化的建设工作。

4. 有坚实的物质基础。几年中，我校多方筹集、投入了50多万元信息化的建设资金，建立了有2台服务器的校园网络管理中心，1000M光纤主干连接、百兆交换到各个教师办公室、多媒体教室、教室的桌面的校园信息网。建立起供学生自主学习、自主探究的100G的腾图资源库，适应学生自主、探究性的学习。目前，学校有3个微机室和1个多功能电子白板教室，生机比达到6.5∶1，师机比达到1∶1，初中各班都安装了电子白板，高中各班都安装了投影仪，实现了"三网合一"

和"班班通",提升了学校现代化和信息化的办学水平。学校各部门、各办公室,都实现了网络连接,配备了打印机,数码摄像机和数码照相机,所有这些都为学校信息化建设奠定了坚实的物质基础。

5. 有人才资源的支持。首先以骨干教师超前培训为"点"。选送教师分批参加省、市级的现代远程教育、英特尔未来教育等方面的培训,使学校的骨干教师水平得以迅速提高,成为校本培训的主力军。其次以各学科教师的岗上实践培训为"线"。根据各学科的特点,学校要求教师要把学科与信息技术的应用整合起来,积极开展信息技术在学科教学活动中的应用活动,将所学的理论进行大胆的实践和探索。最后以定期组织教师全员培训为"面"。学校制定了以"五会"为标准的师资培训计划,对全校的教师进行了分层次、不间断的信息技术培训。系统学习了 Windows、Word、Excel、课件大师、PowerPoint、Flash 等常用软件。经过培训,全校有四人取得国家计算机二级等级证书,全体教师都能用 PowerPoint 等软件制作简单的多媒体课件,在历年的多媒体课件比赛中均有教师获奖。

6. 有完善的管理制度。在规范网络使用方面,我们建立了一支包括学校分管领导、网络管理员在内的管理网络队伍,制订了包括办公室计算机管理规则、计算机教室管理制度、网络室管理规则、青少年上网公约等管理规则,为学校教师、学生规范使用计算机及网络,净化网络空间起到积极的作用。

(四)本课题的研究目标、技术路线、最终成果

1. 研究目标。本课题主要通过对民族地区义务教育阶段实施课程改革以来情况的分析,以学生的全面发展为出发点,以开发校本课程资源为契机,通过对裕固族民族传统文化的挖掘和整理,以计算机网络为基础,将信息技术和校本课程进行有机的整合,建立一个裕固族乡土知识专题学习网站。在这一网站上,我们将汇集现有的裕固族文化的绝大多数内容,以文本、图片、音频、视频等形式展示裕固族的民族文化。一方面可以充实已开发的校本课程资源,丰富学生的学习内容;另一方面,让我们这个民族的新一代人能在基础教育阶段,依据计算机网络广泛地学习和了解本民族丰富的历史和文化遗产,吸收民族文化智慧,传承和弘扬民族优秀的文化;同时在青少年学生当中,能起到不断加强民族团结教育,增强民族自尊心和自豪感,尊重文化的多样性,形成民族认同感,培育民族精神的积极作用。最终把这一研究成果推向社会,让更多的人了解裕固族文化,增进各民族间的相互了解和交流,为中华民族文化宝库增光添彩,从而呈现出民族文化的多样性。

2. 研究思路。本课题以裕固族乡土教材《裕固家园》为基础,将其转化为电子课本,并进一步搜集资料和整理有关裕固族历史、区域地理、文化、风俗习惯、文学、民间艺术、社会经济等方面的资料,分门别类地建立一个专题学习网页,再建立起与之相应的学习资源库。为民族地区学生能更好地了解民族文化、也为广泛地向社会传播、传承民族文化搭建一个资源共享的平台,与此同时充分利用计算机

网络进行校本课程资源的教学实践活动。

3. 研究方法。理论研究法：通过学习国家基础教育和信息技术方面的文件精神和有关民族地区自治条例为课题研究工作奠定理论基础。调查分析法：通过广泛调查掌握学生和社会对民族传统文化的需求程度，进一步论证课题研究的必要性和重要性。文献资料法：通过查阅图书资料、网络和有关裕固族研究成果获取大量的信息，占有资料，建立资源库。实践总结法：充分利用校本课程资源进行校本课程的教学实践活动，总结有益的经验，并将实践经验上升为理性认识。

4. 技术路线。本课题是基于WWW的远程资源及学习系统，通过互联网对裕固族文化进行访问和学习。该技术模式可分为四大模块：（1）网络电子课本。由《肃南地理》、《裕固族文学作品选读》、《裕固族历史》、《裕固族传统体育与健康》、《裕固族民间美术欣赏》、《裕固族民歌》构成。（2）基于INTERNET的网上检索、查找系统。（3）基于虚拟集成学习环境。（4）远程信息库，包括裕固族的历史演变、民族传统、生活习俗、民间神话传说、民歌民谣、民族戏曲、民族工艺、民族服饰、民族体育，以及近年来涌现出的民族作家所创作出的文学作品等信息资源。

5. 具体步骤。第一阶段：2006.3—2006.4。这一环节主要是确定实施方案和编写《裕固族乡土知识》电子课本。①向甘肃省教育科学"十一五"规划课题规划领导小组办公室申报课题；②召开筹备会议，组织课题组；③确定实验方案；④编写《裕固族乡土知识》电子课本；以《裕固族乡土知识》纸质版为基础，将其转化为电子图书的形式，通俗简明的图文向学生提供最基本的相关知识，使学生对裕固族文化有个概括的了解。

第二阶段：2006.4—2006.6。这一环节是对课本知识的进一步拓展，为学生的深入学习提供丰富的学习资源。①建立裕固族乡土知识资源库方案；②收集裕固族乡土知识资源；③对资源进行分类检索；④制作网页。

第三阶段：2006.6—2006.9。这一环节主要是建立网站和运用。①申请建立网站；②将网站资源运用于校本课程的教学之中；③将科研成果推向社会，达到预期目的。

第四阶段：2006.9—2007.5。这一环节主要是对运用情况的分析，完成课题研究。①对网站运用进一步完善；②对应用状况进行跟踪调查，分析；③撰写研究报告。

6. 课题最终成果。（1）建立裕固族乡土知识学习网站；（2）建立裕固族乡土知识资源库；（3）撰写裕固族乡土知识学习网站的建设与应用研究报告。

二、开发与实施

课题研究过程主要分四个阶段六个环节：

（一）统一思想，组建队伍

学校根据中央电化教育馆"十一五"全国教育技术研究规划和甘肃省教育科学"十一五"规划课题规划分别向领导小组办公室申报课题。课题在2006年被中央电化教育馆确立为"十一五"专项课题，同时也被确立为甘肃省教育科学"十一五"规划课题。这是学校第一个被确立的国家级课题，学校领导高度重视，召开筹备会议，确定研发人员。成立了以校长为组长，以裕固族乡土教材的开发人员为骨干，同时把计算机能力较强的教师充实到研发队伍中去，形成了一支思想素质高、科研能力强、学科结构合理的精干队伍。

（二）突出学习，明确目标

为了保证课题研究工作的顺利进行，组织研发人员进一步学习。首先，重点学习了《中央电化教育馆"十一五"全国教育技术研究规划》和《甘肃省教育科学"十一五"规划》，使研发人员在思想上认识到，在信息技术的发展突飞猛进的今天，计算机网络已成为人获得信息的一个主要途径，以信息技术的优势，传承和弘扬民族文化已不失为一条最佳途径，信息技术是现代教师必备的素质之一，是民族地区实践"以信息化带动教育现代化，实现教育跨越式发展"的需要。其次，学习信息技术。课题的指向性非常明确，就是运用信息技术为学生更好地学习裕固族乡土知识提供一个平台。这必将对每位教师的信息技术水平提出了更高的要求。为此，对教师进行了网页制作技术的培训。最后，学习了有关现代教育理论。在学习班的基础上，结合本校、本地的实际，认真地讨论分析，确定了课题研究的方案。其主要包括课题研究的目的和意义，课题研究的理论依据，课题研究的目标内容，课题研究的原则，课题研究的方法，课题研究的步骤，课题研究的预期成果形式和课题研究的组织机构等部分。

（三）转化电子课本

按照方案要求课题组成员以裕固族乡土教材《裕固家园》纸质版为基础，将其转化为电子图书的形式，通俗简明的图文向学生提供最基本的相关知识，使学生对裕固族文化有个概括的了解。

（四）收集资料，建立资源库

本阶段工作的主要任务是大量收集各种有效的课程资源，通过初步的分类检索，建设资源库，为网站建设打下坚实的基础。如果说第一阶段所编写电子乡土教材是资源库建设的主要部分的话，那么本阶段所纳入资源库的资源则是对乡土教材的扩充和延伸。为了实现资源的整合、共建、共享的目的，首先，制定了《资源库方案》，其主要包括确定指导思想、建立资源库的原则、资源开发的主体、课程资源的来源要求及步骤等方面。其次，调动所有的相关人员，发挥每个人的智慧与创造性，在统一规划与指导下参与到资源库建设中来。通过师生的广泛参与，从多方面获取大量的第一手资料，这些资料包括文字资源：图书、报纸；音像资源：录像、VCD、磁带、照片、各类教育软件；实物资源：手工艺品等，为资源库建设创造了良好的条件。再次，按照便捷性原则，对资源进行分类。建立资源库是为了应用，建库以后必须有利于教师查询、提取和利用这些资源。所以对收集的资源要合理归类。主要包括：民族概况、民族历史、语言文字、文学艺术方面的资料；交通建筑、肃南地理、肃南风光、裕固儿女方面的资料；民族团结、宗教信仰、风俗礼仪、传统节日、饮食文化方面的资料；民族研究、民族教育、民族体育方面的资料；我校校本课程资料和学生活动方面的资料。

（五）建立网站

裕固族乡土知识专题学习网站的建设，其目的就是通过网络学习环境，向学生提供大量的专题学习资源和协作学习交流的工具，让学生自己选择和确定研究的问题，自己收集、分析并选择信息资料，应用知识，去解决实际问题。就是以学生主体性的探索、研究、协作来求得问题解决，体验和了解科学探索过程，提高获取信息、分析信息、加工信息的实践能力和培养良好的创新意识与信息素养。首先，课题组成员在学习建构主义、新的课程理论、研究性学习理论的基础上，通过网络途径学习了大量有关专题网站建设的经验，集思广益，充分讨论，制定了《裕固族乡土知识专题学习网站的方案》，明确了这一网站除具有一般的特点外，还应体现网站不仅能够促进我校综合实践课程发展，给全县各校教师提供一个交流、学习的平台，而且在丰富花园式信息化示范校的内涵，最大限度发挥传承民族优秀文化的效益发挥着不可替代的作用。其次，申请空间，设计主页。再次，上传资源，调试运行。

（六）实践与运用

网站建设，重在运用，为了发挥网站的最大效益。首先，学校依照《义务教育课程设置实验方案》和《甘肃省义务教育教育课程设置实验方案》的有关规定，结合学校教育教学实际，对课程设置进行适当调整，将"裕固族乡土教材"列入课堂教学中，并通过信息技术进行校本课程的课堂教学。其次，组织学生通过多种实践活动，收集裕固族乡土知识的资料，整理资料向校园网上传，丰富和充实专题网站的资源。专题学习网站是教师、学生、社区成员等各方面力量共同建设和共同使用的。再次，通过网站传播裕固族优秀传统文化，让更多社会成员形成了解和学习各民族优秀文化的积极态度。最后，在网络环境下开展裕固族乡土知识的探究性学习。学生在教师指导下，从本地自然、社会和生活中选择和确定专题进行研究，并在研究过程中主动获取知识、应用知识、解决问题。可通过组织学生网上学习、网上交流；指导学生撰写研究报告、交流心得、展示成果。

三、收获与思考

我们在开展课题研究的过程中，收获是多方面的，概括为"五个有利于"即：教育科研有利于提高教育教学质量；有利于促进教师的专业发展和提高科研能力；有利于促进学生的全面发展；有利于推动学校的整体改革；有利于加强学校和社区的联系，逐步实现教育公平。

（一）收获

1. 教师的收获

（1）提升了教师的教育理念。网站的建设与校本课程的开发是相共生的，校本教材的编写是基础，学习资源库的建设是支撑。校本课程开发和资源库的建设表面上看是以校为本，但隐藏其后的是以学生发展为本。课程是在有计划地安排儿童学习的过程，教师必须参与到其中，而教师们要想参与到课程开发中来，他们必须要做到心中有学生。这就必然要求教师对学生的学习需求、兴趣爱好、情感态度进行科学的研究和评估，教育理念也就由"关注学科"转向"关注学生"，所以参与校本课程开发有利于教师形成"以学生发展为本"的教育理念。学校从保护民族文化的角度出发，针对当时学生的知识需求和当地的实际情况，结合当时全国基础教育改革的形势，及时做出了"开发校本课程"的决定。开发出了第一套校本课程——《裕固族乡土教材》，"学校以教师为本，教师以学生为本，学生以发展为本"的教学理念就在此时形成。2006年，在《甘肃省肃南县皇城镇经济文化类型与初中地方性校本课程建构》项目中，由于全体教师参与了校本课程的开发，使这一理念得到了全方位的提升。

（2）更新了教师的课程观念，转变教学行为方式，成为一个课程资源开发的研究者。在传统的教学中，教学与课程是彼此分离的。教师被排斥于课程之外，成了简单的执行者，机械的照搬者，仅仅是一个"教书匠"的角色。校本课程开发，使教师由教材的"消费者"变成了教材的"生产者"，资料的收集者，也使教师明确了国家课程、地方课程和校本课程三者之间的不同功用和相互之间的关系，初步树立了课程意识。教学理念也由以前的"怎么教"向"教什么"逐步转变。因此，在开发校本课程的过程中，不少老师对课程有了进一步认识，有的教师在参与课程开发后，才意识到什么叫真正的校本课程。

教师的教学能力的高低受制于多种因素，其中对学生的了解和对课程的把握是两个最基本的要素。校本课程开发所蕴涵的一种理念是"以学生发展为本"，因而必须以充分了解学生为前提，而且由于教师自己参与了课程开发，掌握了课程开发的一般原理与技巧，因此必然会对所教学科的知识性质、知识结构、呈现方式等有一个新的认识和理解,并能从整个课程结构的角度,对所教学科有一个全面的、整体的认识,提高自己驾驭课程的能力,从而对所教学科做出符合学生实际的安排。从教学角度而言,校本课程更多地关注学生,强调学生学习的自主性,重视学生多元智能的发展,鼓励学生进行批判性思维,同时追求体验性学习。这样教师不再仅仅是知识的传递者,而变成了学生学习的指导者和促进者。通过校本课程的开发,许多老师在设计和实施综合活动课程的同时,也有意无意地将各种活动方式迁移进学科课程教学之中,使教师的课程设计能力、资源选择与利用能力、课堂教学组织形式与教学实施策略都得到了提高。

学校在资源开发研究的过程中,突出教师的主体地位,采用整体研究和成员分工协作相结合的方式,迫使研究者成为一个独立的思考者。首先,对所编教材做出比较准确的定位,力求体现地域性、民族性和发展性,以适应学生、社区的需要。其次,对材料的取舍上,反复的筛选,殚精竭虑;在网页的谋篇布局上,独具匠心,图文并茂;在活动设计上,力求融知识性与趣味性于一体,给学生以更多的学习和发展的空间。再次,在内容的更新上,要不断地充实和更新网页的内容,方可有生命力。最后,在成果的分享上,研究者手捧墨香四溢的成果,浏览苦心经营的网站,从而体会到成功的快乐和收获的喜乐,找回了人生的自信和价值。可以说研究的开展培养了一批人,也带动了一批人,起到了"墙内开花满园香"的效果。

(3)增强了教师的研究意识。校本课程的开发本身就是一个教师参与科研的过程,它要求教师承担起"研究者"的任务,这对于教师研究能力的提高大有裨益。在校本课程开发中,教师不仅要研究学校、学生、自己,还要研究课程制度、课程理论、课程开发方法等;不仅要研究问题的解决,还要研究交往、协调的方法等。校本课程开发也要求教师对自己的教学实践进行反思,也就是说,要求教师从事行动研究。在行动研究过程中,教师通过对自己教学行为的反思、总结经验教训、研究教学过程,形成适合于自己的教学方式和教学风格,最终提高自身的教学水平和研究能力。

(4)使教师原有的知识结构得到重组、更新和发展,成为一个独立的学习者。在课程开发过程中,我们要求教师在了解当地的历史和生活、生态畜牧、民间文化、风情旅游等状况的同时,学习相应的课程理论知识,扩大自身的知识面,为校本课程的开发奠定了基础。实践证明,教师利用信息技术开发校本课程资源的过程就是一个学习新知识、掌握新技术的过程,促进专业成长的过程。通过研究,参与者不但增长了乡土知识,提升了理论素养,而且信息技术水平有了很大的提高,参与者在熟练地掌握了对文字、图片的编辑和处理基础上,对学习网页制作技术的积极性高,参与性强。裕固族乡土知识资源网站的建设,为师生相互的学习、交流、展示才艺,培养能力搭建了平台。

2. 学生的收获

(1)有利于学生在网络环境下开展探究性学习。首先图文并茂的信息为研究性学习的资源增添了学生的研究兴趣。前苏联教育家苏霍姆林斯基说过"学习兴趣是学生活动的重要动力"。网络中图文并茂的视觉画面,形式直观感受和美妙悦耳的音乐,在研究性学习过程中能够有效地调控学生的精神境况,使其始终保持兴奋、愉快、渴望的心理状态。激发学习的好奇心和渴求新知的欲望,产生学习动机,在极短的时间内进入角色,调动多种感官,自觉、主动、积极地进行探索,促进对知识的掌握和理解、提高学习效率。其次,丰富的信息资源为研究性学习资源的开发提供了充足的素材。裕固族乡土知识学习网站为学生学习乡土知识提供了极为丰富的信息资源,这些丰富的资源可供学生随时调用、收集、处理。在网络环境下开展学习,一方面能够培养学生利用网络和计算机对信息的获取、加工、评价、处理、分析的能力,另一方面也提高了学生的逻辑推理能力、价值判断能力与思考能力及解决问题的方法和能力。

(2) 有助于学生社会化程度的提高。学校教育要贴近时代、贴近社会,可是长期以来由于种种原因,学校与社会之间出现了一层厚厚的藩篱,学校被赋予传授知识和使学生具有理想色彩或学究气息的思想感情观念的使命。新课程改革,三级课程体系的建立,能够进一步促进学校与社会性的联系,使学生更多地感受社会,了解社会和参与社会。通过网络,学生能够更广泛地了解社会,在与社会性发生经常性的互动中,社会意识显著提高,社会性参与能力不断增强。

(3) 有助于学生个性和特长的发展。校本课程在网络环境下的教学,强调和鼓励学生的自主学习,注重学生对家乡、祖国、社会的责任心的培养。设计的许多活动,都有需要学生通过合作方式来完成,学生在合作中增强了团队意识,加深了对中华民族多元文化教育的认同感,从而增进了各民族学生之间的团结和友谊。同时,也有利于形成正确的价值观和道德观。网络环境为学生的个性发展提供了空间,为学生获得成功提供了恰当的条件和机会,学生在自主活动、关心、合作、负责和体验成功的过程中形成正确、客观的自我观念、评价标准和合作态度。

(4) 有助于学生终身学习能力的培养。信息社会和知识经济时代中的人才标准,不再仅仅是拥有丰富的知识和熟练的技能,更重要的是自主获取信息并有效地处理和应用信息的能力,这种能力就是终身学习的能力。自主学习的能力是在能动的学习过程而非静态固定的学习过程中形成的,在网络环境下进行校本课程学习,学生不仅学习和掌握了乡土知识和一些基本的生产技能,更重要的是使学生形成了审视问题的整体视野,掌握了获取知识的方法,树立了终身学习的观念。

3. 学校的收获

(1) 有助于增进学校与社会的联系。在网络环境下,充分开发利用校本课程资源是当今学校课程改革与发展的一项重要任务。来自社会生活的各种素材是课程资源的重要组成部分,为此,增进学校与社会的密切联系,是开发和利用源自社会生活各种素材的课程的重要前提。网站的建成可以为学生充分利用社区的自然资源和文化资源开展探究性学习提供有效的素材。如"周围环境的变化对人们生活的影响"、"本地人文景观的考察"、"社区生活与学校生活的关联"等，都将学校与社区有机地联系在一起。在一些社会实践和社区服务性的活动中，通过组织学生考察社会生活的现实状况和参与具体的社区活动，培养学生关注社会、服务社会的意识和能力，并增进学校与社会之间的相互沟通和了解。

（2）有助于学校形成良好的竞争与合作氛围。培养学生竞争与合作的精神是学校教育的一项重要任务，为此，学校需要营造一种良好的竞争与合作的氛围。在课程资源的开发和网站的建设中，在课程的运用中，学生不可能独立完成一项活动和探究一个主题，任务的完成需要学生之间的密切合作。他们只有在教师的指导下或经过集体协商，进行任务分工，并将各自取得的成果进行整合，才能最终完成任务。在这种活动中，学生的合作意识和能力将得到充分发展。这种合作意识和能力主要包括集体意识，包容他人的意识和能力，对自己进行恰当定位的能力，善于倾听他人意见并向他人学习的意识和能力，集体协商的意识和能力，向他人提供有益信息并帮助他人的意识等。在网站建设和使用的过程中，教师之间同样也能达成积极的合作与支持。网站学习跨越了传统的分科界限，在网站的实施过程中，原处于不同分科领域的教师必须共同协商课程的实施策略与方式，分配各自的任务并在教师集体的支持和帮助下完成任务，在此期间，教师之间的相互学习、沟通、支持与协作是必不可少的。另外，网站的实施同样要求教师与学生之间建立一种良好的合作关系，因为在许多以探究或以学生为主体的网络学习范式中，以往是命令式或包办式的实施方式有悖于校本课程的主旨。教师时常是指导者、参与者和合作者的角色，师生之间在互动中进行沟通，达成理解。校本课程有助于学校培育良好的合作氛围，并不意味着它排斥或制约了学校形成正当的竞争氛围。事实上，这种课程在需要教师之间、学生之间以及师生之间充分合作的同时，也为他们之间健康的竞争创造了一定的条件。这主要表现为师生在主题活动构设、组织及其结果方面的竞争，在知识储备、技能操作以及信息搜集方面的竞争。

（二）思考

1. 精选上传资源。要精选那些教学目的性强，对学生发展有重要意义的资源进行上传，并且对所选资料要进行处理，缩小容量，以免引起网速过慢。

2. 网站建设与应用是动态提高的过程。一方面要不断提高维护人员、课题开发人员的能力水平，促进网站建设。另一方面要促进师生教学行为的转变，逐步形成"研究性学习"的教学模式，以提高网站的应用价值。要通过多种的途径，充分调动广大教师积极参与、积极应用成果，以促进教师水平整体提高的目的。

3. 要以多种方式加强成果宣传。除了网站的本身宣传外，还要通过其他形式，如报纸，杂志等传播媒介，介绍课题的研究成果，使更多的人了解，登录，提高网站的点击率,促进民族文化的学习大众化。

(本文系全国教育技术"十一五"规划专项课题"裕固族乡土知识专题学习网站建设与应用研究"(电教馆研064521630)的结题研究报告。该课题于2011年5月由全国教育技术规划办和中央电教馆通过结题鉴定(电教馆研鉴[2011]466号),并鉴定为优秀。该成果于2011年11月参加由中央电教馆组织的第二届"中国移动校讯通杯"全国中小学教师论文大赛中荣获一等奖。)

[第一作者简介]

安维武(1970—),男,裕固族,甘肃肃南人,中学高级教师,肃南裕固族自治县一中校长,主要从事裕固族学校教育研究。

肃南一中民族文化校本课程开发研究

安维武　屈军

[摘要]　本文对肃南裕固族自治县第一中学的民族文化校本课程开发活动进行了综述，并就进一步提高该校民族教育研究的质量提出了三条建议。

一、引言

校本课程开发（school-based curriculum development）是20世纪70年代盛行于英美等发达国家的一种与国家课程开发相对应的课程开发。2001年6月，《国务院关于基础教育改革与发展纲要》中指出："改变课程管理过于集中的状况，实行国家、地方、学校三级课程管理，增强课程对地方、学校和学生的适应性。""学校在执行国家课程和地方课程的同时，应视当地社会、经济发展的具体情况，结合本校的传统和优势、学生的兴趣和需要，开发或选用适合本校的课程。"而学校一级的课程管理就是由学校根据上级教育行政部门的规定，结合本校的实际情况，自行决定校本课程。作为课改实施学校，理应积极参与课改，使学校的课改工作迅速适应教育发展的需要。

肃南一中地处的甘肃省肃南裕固族自治县，位于河西走廊中部、祁连山中段北麓，是一个以裕固族为主体民族，汉、藏、蒙古、回、土等15个民族聚居的少数民族自治县，全县共有人口3.53万，少数民族占总人口的55.3%。自治县成立以来，通过大力宣传党的民族政策，认真执行《民族区域自治法》和《肃南裕固族自治县自治条例》，深入开展马克思主义民族观和"三个离不开"教育，建立并巩固、发展了县域内各民族团结和睦的社会主义新型民族关系，各民族亲如兄弟，各民族"谁也离不开谁"的思想深入人心，一大批集体和个人成了民族团结的典范，促进了全县民族团结进步事业的发展。肃南一中历年来都将民族文化教育作为学校的办学特色，1997年学校被评为"全省民族团结先进集体"。随着国家新课程改革理念的渗入，肃南一中2004年冬季起开始进行了"少数民族文化"校本教材的探索和实践，2005年确立了课题《少数民族文化校本课程的开发和研究》。学校充分利用校内外的各种硬件资源，结合实际，在对学生进行少数民族文化教育方面，进行了大胆的探索与实践，积累了丰富的经验，取得了一定的成绩，赢得了社会的赞誉。校本课程的推行已由模糊、犹豫逐渐清晰、果决，逐渐体现本校办学思想、办学理念。以少数民族文化的弘扬和挖掘为重点的校本课程的实施，这是学校校本课程发展的一个重要基础，它既能巩固已有的成果，又能使这一特色实现新的飞跃。

二、民族文化校本课程开发综述

　　肃南一中的校本课程开发主要体现在校本教材的研发和国家课程的校本化教学实践活动上。

　　1. 屈军、单品德等人研究的课题《少数民族文化校本课程的开发和研究》（2005.08—2007.07）。其主要成果是编印了包括"肃南地理、肃南裕固族自治县民族概况、裕固族简史、党的民族宗教政策和裕固族的宗教信仰、红西路军在肃南、肃南少数民族传统体育艺术、裕固族文学作品选读"为主要内容的肃南一中"少数民族文化"校本课程读本《走遍肃南》。该成果结束了我校没有校本课本的历史，对学校今后的校本课程开发积累了一定的经验，起到了启发作用，推动了校本教研的向前发展，并为构建具有民族特色的校园文化，培养学生的民族平等、民族团结的素养和开创符合民族地区教育发展的特色之路作了一些有益的探索。该课题不仅是肃南一中唯一被确立为"十五"规划的课题，而且是该校第一项省级立项课题。课题成果通过了省级鉴定（证书号：GJKGB［2007］JD149），2007年荣获甘肃省第七届基础教育优秀成果二等奖。

　　2. 屈军、樊忠军等人研究的课题《祁连山自然生态资源课程化研究》（2007.06—2009.06）。其基本方法是充分利用我校地处祁连山腹地的环境优势，积极探索祁连山自然生态资源课程化的策略、模式、途径、方法和评价方式，编写了《河西水库——祁连山》的校本课程教材，使祁连山自然生态资源的有关知识进了课堂，加强了对学生的生态环境教育。该课题被确定为甘肃省"十一五"规划课题，在张掖市第八届基础教育教学科研优秀成果评选中荣获一等奖，通过了省级鉴定（证书号：GJKGB［2010］JD531）。课题组成员撰写的论文《让校园盛开科技之花》和《浅谈黑河流域水资源综合利用和开发》在甘肃省"全国第十六届青少年科技辅导员论文征集"评选活动中获得二等奖，《科技春风绿家乡》在全国第十六届青少年科技辅导员论文征集评选活动中获三等奖。

　　3. 屈军、樊旭平研究的《"以民族团结为核心构建民族地区和谐校园"的实践研究》课题（2008.08—2012.07）。该课题力求通过形式多样的主题活动让学生了解我国56个民族的历史、文化、宗教、风俗习惯，认识和理解我国的民族、宗教政策，提升学生对祖国的认同，对中华民族的认同，对中华文化的认同，对中国特色社会主义道路的认同，帮助学生树立正确的国家观、民族观、宗教观、历史观、文化观。并通过"以民族团结为核心"的教育实践活动的不断深入开展，使本校广大师生对少数民族的历史与文化有了更深层次的了解，使师生的民族知识得到了丰富，从而加强了民族团结宣传教育，增强了广大师生维护国家统一和民族团结，构建和谐社会、和谐校园的使命感和责任感，增强了各民族之间的感情。通过进一步优化学校课程结构，探索民族地区普通中学通过课程改革实施民族平等、民族团结和各民族共同繁荣教育的方法、途径。以民族团结为核心，协调各民族人与人之间的关系，来构建和谐校园。提高学生的民族平等、民族团结和各民族共同繁荣的素养，提高学生的综合素质，使他们能适应21世纪的人才要求。

4. 李琳、安雪霞、郎爱军、王安等人研究的《民族地区经典诵读及校本课程化研究》课题（2008.06～2010.06）。课题的主要研究成果是结合学生实际开发了《国学经典诵读读本》和《经典诗词诵读读本》（甘出准059字总1473号（2010）48号）的校本课程，并于2009年获张掖市第八届基础教育优秀科研成果一等奖，2010年10月通过了甘肃省教育科研课题鉴定（证书号：GSJGB［2010］JD489）。为了不断完善和拓展研究成果，课题组成员于2011年又申报了"民族地区高中语文选修课的开发和实践"的课题。研究拟立足课堂教学实际、着眼于学生的语文素养和人文素养的提高，进一步推进我校素质教育，成为构建儒雅校园、精神家园、和谐乐园的平台。该课题研究的意义在于首次在肃南少数民族地区科学、规范、系统地开展中华传统经典诵读活动，填补了民族地区中华传统文化教育的不足。经典作品以其平实生动的语言、意蕴深长的内涵打动学生，有利于加强民族地区学生对中华传统文化的认同，有利于各民族间文化的交流和融合，对提高民族地区青少年人文素养和语文素养有着积极的作用；对爱国情感的培育、人格的熏陶、习惯的养成、优良传统的形成有着巨大的作用。拓展了学校思想品德教育的途径，丰富了校园文化生活，夯实了学校文化底蕴，同时，参与课题研究、课题组教师的专业素养得以提升。为此，肃南裕固族自治县教体局把"中华经典诵读活动"列为2010年校园文化艺术活动之一，肃南一中把"诵读经典、打造书香校园"确立为四大特色校园工程之一。

5. 贺颖春、王德成等人研究的《初中数学教学中开展"小课题学习活动"实验的研究》课题（2004.06—2007.06）。该课题主要是针对少数民族地区学校数学教学中学生认为数学与现实生活相去甚远的实际，厌倦数学的不良局面，丰富学生的第二课堂，培养学生的学习兴趣。并通过从观念到组织操作程序的调整改革，加强中学数学中小课题的学习实践，让学生也积极主动参与到课题的研究中来，培养重视研究学习的新型学生。小课题学习活动改变了原有的单纯接受式的学习方式，通过课堂问题探究教学、课内外开放题作业探索、社会生活调查实践应用、现代教育技术辅助来开展小课题研究，建立和形成发挥学生主体性的多样化的学习方式，是国家课程校本化实施的探索和实践，为广大师生不断创新教学方法起到了带头作用，推进了学校课程改革。该课题2007年荣获甘肃省第七届基础教育科研优秀成果三等奖，市级一等奖。

6. 另外，还有几项获奖的青少年科技创新项目。如：樊忠军等人的"走进《裕固家园》校本课程的开发和研究"，获第二十四届甘肃省青少年科技创新大赛优秀辅导员方案；屈军的"开发和研究校本课程《河西水库——祁连山》"，获第二十五届甘肃省创新大赛科技辅导员创新项目；李华等人的"中学生'张掖湿地保护'实践活动"，获第二十五届全国青少年创新大赛优秀科技实践活动；全翠花的"裕固人家的低碳生活实践活动"，获第二十六届甘肃省青少年科技创新大赛优秀辅导员方案。这些项目都是近几年学校实施的较为优秀的传承乡土和民族文化的综合实践课程，是研究性学习和社会实践的优秀方案和实践活动。

三、裕固族乡土教材的形成与实施

从 2004 年开始，由时任肃南二中校长的安维武主持开发了一套由《裕固族历史》、《肃南地理》、《裕固族文学作品选读》、《裕固族传统体育与健康》和《裕固族民间美术欣赏》组成的裕固族乡土教材，2006 年 9 月该成果荣获第六届甘肃省基础教育优秀科研成果一等奖。2007 年补充开发了《裕固族音乐》，2008 年又进一步补充完善、修改合订为《裕固家园》，由甘肃文化出版社出版。《裕固家园》填补了裕固族教育研究方面的空白，丰富了中国裕固族研究成果，为裕固族优秀文化的传承摸索了一个极好的途径。同时对其他样本地区，通过研究开发校本课程，对保护、传承和弘扬民族文化也有一个很好的借鉴。

2008 年，肃南县教育局向全县各学校下发《关于〈裕固家园〉教材进课堂的通知》（肃教发［2008］179 号）的文件，《裕固家园》被确定为地方性校本课程免费发放，全面进入了全县中小学生课堂，成为全县各中小学语文、历史、地理、音乐、体育、美术等国家课程的补充教材，全面实施。从 2008 年秋学期开始，肃南一中也制定了《课程实施方案》，《裕固家园》正式进入学生课堂。

四、结语：评论与展望

综上所述，我们不难发现，肃南一中民族文化校本课程开发从无到有、从有到好。这说明学校一级的课程创新，尤其是校本课程的开发，有着广泛的群众基础，这也将成为课程改革的推动力。同时，学校能够从满足学生自身的发展需要和实现学校的办学目标出发，来制定课程开发方案，思路无疑是正确的。可见，基础教育课程改革初期的广泛宣传和推动是颇见成效的，学校课程改革呈现出良好的发展前景。为了进一步提高我校民族教育研究的质量，笔者有如下建议：

1. 作为民族地区的校本课程开发，要切合经济社会的发展和学校功能的全面实现。教育部提倡大力推进基础教育课程改革，调整和改革基础教育的课程体系结构、内容，以构建符合素质教育要求的教育课程体系。并指出民族地区中小学课程要为当地社会经济发展服务,因地制宜地设置符合当地需要的课程。而在少数民族地区,民族文化是维系一个民族特征和民族关系的最稳定、最持久的因素,是民族生存和发展的灵魂。就肃南县而言,随着社会的发展和各民族的融合,县内各社区发展普遍面临着"生态环境恶化及生物多样性减少、经济社会问题增多及发展阻力增大和传统文化消亡"等困境。在学校教育方面,"以文化同化和社会整合为主要功能的学校教育的弊端开始显露,由于它总体上是主流社会文化的代表,对族群的传统文化的持续排斥成为导致族群语言使用人口锐减、传统知识衰亡的主要成因。"[1] 裕固族学者巴战龙通过对裕固族学校教育的功能进行了社会人类学分析后指出:"裕固族学校教育应该有两个基本的功能,一是传授现代社会主流科学文化知识,促进社区发展,使受教育者适应主流社会生活,并通过筛选和分配实现向上的社会流动;二是传承本民族文化,使受教育者通过文化濡化适应社区生活,从而维系社区的存在与稳定。"[2] 而"开发校本课程更能适应少数民族地区学生的实际需要,有助于充分尊重文化的多样性和差异性,提高少数民族学生的多元文化素养,推进少数民族教育事业的发展。"[3] 因此,在新一轮课程改革之际,围绕"少数民族文化"开发和研究校本课程既是顺应教育改革的需要,也是"裕固族学校教育在广阔社会文化背景中进行文化选择以回应裕固族地区发展的现实需要。"[2] 所以,校本课程开发要有利于提高学校的整体教学质量,突出办学特色,有利于传承和发扬民族优秀传统文化。

2. 作为民族地区的校本课程开发,要立足于丰富的课程资源,提高教师对课程资源开发与利用的能力,为学生的全面发展服务。校本课程资源开发横跨当前课程改革的两个主要问题校本课程和课程资源,处于两者的交叉点,这使得研究和开发活动具有更强的现实意义,也更具有理论价值。校本课程资源开发使校本课程开发扩展到课程资源的视野上,脱离了传统课程开发的窠臼,特别是那种将开发校本课程视为编写教材的误区,可以为校本课程开辟新的课程资源。能够呼应研究性学习、社会实践与社区服务等综合实践课程领域的研究和开发。开发校本课程资源,最后的意义和最大的价值,在于引导教师和学生真正从基于教科书的教与学走向基于资源的教与学。以"少数民族文化"为核心校本课程的开发与研究也正是基于当地丰富的人文和自然资源,开展的教与学活动。在素质教育大力推进的今天,更注重的是人的综合素质,强调的是健全的人格教育,把知、情、意统一协调起来,建立一种完善和健全的心理结构。同时,现在提倡的个性教育更多地着眼于个体独特的内心潜能和资质的呼唤、显发和弘扬。而这一切的形成都需要一个赖以实施的空间,围绕"少数民族文化"校本课程的开发与研究就是为师生提供这一有效空间,让学生在学校这一片沃土上获得锤炼、锻造,以完善自我,张扬个性,凸现特色。

3. 作为民族地区的校本课程开发,要依托于学校课程管理的规范和校本课程开发有效机制的建立。其一,要规范学校对多元化课程的管理。课程的性质决定了学校课程管理是学校管理的核心。学校内部的课程管理要在确保国家课程标准严肃性的前提下，保障地方课程的空间，加大校本课程的开发力度，科学管理多元化课程。其二，要提高教师的课程开发和实施水平。在课程实施过程中，存在明显的教育思想滞后的问题。有的教师一方面说校本课程是基于学生的兴趣和特长，另一方面又完全按照应试教育的办法来评价学生的学习结果；有的教师一方面认为校本课程是学生自主学习的课程，另一方面又没有把课程的学习与评价权下放给学生。因此，加强教师对课程改革和现代教育理论的学习，加深对学校的办学目标和教育理念的领悟，不断提高教师对校本课程实施的能力，此外，要加大对教师的课程知识与技能的培训力度。学校既要认真组织教师参加各类培训，使之得到适当的课程知识与技能；还要积极组织教师开展行动研究及校本培训，通过在实践中的研究性学习和体验，让所有教师在发展课程中发展自己，提升自己。只有教师开发与实施的能力得到提高，才能有效保障校本课程实施的效果。其三，要建立校本课程开发的有效机制。校本课程开发是具有较高专业要求的复杂过程，需要校长、教师、学生、家长及课程改革专家的协作。因此，建立校本课程开发的有效机制显得十分必要。学校对校本课程开发应当建立必要的管理机制，以此为平台，在学校教师中形成民主、开放、平等的专业氛围和专业文化。这样才能避免"教师单枪匹马苦干一阵，课程改革过眼烟云"现象的发生，才能使课程改革在学校真正扎根，也使学校在课程改革中真正获得发展。其四，要建立校本课程实施的科学的评价机制。科学的评价是检验校本课程实施的标准，学校应成立校本课程评价领导小组，具体负责课程的检查评价。评价主体要多元化，包括学生自评、小组评价、教师评价、家长评价、社区评价等。评价内容要全面化，不仅关注学生技能的掌握情况，还应重视学生多方面潜能的发展；不仅关注结果，还应重视学生的学习活动过程和态度，尤其是为别人服务的精神和实践能力方面的进步与变化。评价方法要多样化，包括书面作业、行为观察、问题研讨、情境测验、成长记录等。

总之，肃南一中的民族文化校本课程开发是在国家第八次基础教育课程改革的大背景下，以推进教育创新为主要目的，以提高教师素质为主要动力，以校本教研为主要依托，以民族文化为主要载体，在认识上经历了一个由困惑到澄明的过程，在形式上经历了一个由徘徊到实践的过程，使学校和老师突破了传统教育观念的桎梏，根植了教育创新、特色发展、校本化研究、资源课程化的观念，重视了对民族文化的传承，为推进学校课程改革的进一步发展积淀了丰富的经验。

[参考文献]

[1] 巴战龙：《近5年裕固族教育研究进展述评——以研究生学位论文为例》，载《民族教育研究》2010年第2期。

[2] 巴战龙：《社区发展与裕固族学校教育的文化选择——人口较少民族乡村学校教育的民族志研究》，中央民族大学硕士学位论文，2005年。

[3] 金清苗:《裕固族乡土教材研究》,中央民族大学硕士学位论文,2008年。

[第一作者简介]

安维武(1970—   ),男,裕固族,甘肃肃南人,中学高级教师,肃南县一中校长,主要从事裕固族学校教育研究。

社区背景下的校本课程开发

——肃南二中和勐罕镇中学的个案研究

赵北扬

[摘要] 肃南二中和勐罕镇中学两所学校,以人类学的经济文化类型为理论依托开发出来的校本课程,在加强学校教育与社会发展、学校与社区间的联结,解决教师职业倦怠,促进校园文化建设等方面取得了显著成效。但信息、技术、文化资源匮乏等给校本课程的深入开发带来困难。民族地区学校的校本课程开发要依赖于政府和社会各界对学校给予资金、技术支持,在教师培训中使用教育人类学的理论方法,积极整合社区文化资源。

《中国西部少数民族地区经济文化类型与初中地方性校本课程建构》项目选取实验学校两所:甘肃省张掖市肃南裕固族自治县肃南二中与云南省西双版纳傣族自治州景洪市勐罕镇中学。两校均为少数民族地区乡镇级学校,分属两个典型的经济文化类型地区——西北高原牧业与西南丘陵稻作经济文化类型,涉及人口较少民族和人口较多民族(2005年人口普查数据:裕固族1.5万,傣族37.73万)。

一、现状与分析

1. 社区调查。肃南二中地处甘肃省张掖市肃南裕固族自治县皇城镇。皇城镇总面积3972平方公里,距县城325公里,属西北高原牧业经济文化类型。据《肃南裕固族自治县统计年鉴——2005年》记载,皇城镇各民族人口按比例从多到少依次是:汉族(50.08%)、藏族(27.20%)、裕固族(18.26%)、回族(2.32%)、土族(1.80%)、蒙古族(0.30%)、满族与撒拉族(均为0.02%)并列。

经济方面,全镇经济结构以畜牧业为主。截至2005年6月末,全镇牲畜饲养量达到231429头(只)[①],农牧民年人均收入4774元[②]。根据统计报表的分析,几

---

① 罗森林主编:《肃南裕固族自治县统计年鉴——2005年》,"乡镇概况",第8页,肃南裕固族自治县统计局,2006年。
② 引自本项目访谈调查资料。

十年来，95%的农牧民的主要收入来自畜牧业。当地产业结构层次低，经济增长缓慢，经济联动松散，主要以"家家马牛羊，户户小而全"的传统的草地畜牧业生产经营方式为主。由于缺乏管理与规划，当地牲畜数量从1958年的20多万头（只）增长到现在的50万头（只）。牲畜的超载过牧对环境影响很大，造成草量下降，植被严重退化等问题。2000年以后，通过封育、禁牧、划片等手段，部分退化的草场得到不同程度恢复。① 随着当地产业结构调整，运输业、采矿业、旅游服务业在近几年逐步发展起来。

社区文化方面，皇城镇口头与非物质文化遗产的形式和种类较为丰富，但受到学校教育、大众媒体、异族通婚等因素的影响，除泱翔片藏语保持较好外，当地其他少数民族语言，特别是裕固语消亡速度极快，绝大多数孩子现已成为汉语单语人。当地口头与非物质文化遗产的搜集整理工作滞后，只有个别业余爱好者从事。社会公共生活形式较为单一，只有"六一"赛马活动、祭鄂博、佛事活动等，年轻人酗酒嗜烟问题比较严重。

皇城镇的整体发展水平对当地教育的影响有以下几个方面：由于道路条件有限且路途较远，学校获得社区、县、市等社会支持较为困难；地广人稀，加之受畜牧业生产方式的影响，社区与学校教育的互动氛围没有形成；家长、学生对通过获得高学业成就离开本地期望很高，当学生学业、就业失败，重返传统社区又没有一技之长时，新一轮"读书无用论"开始兴起和传播；生产技术在当地畜牧业的应用还处于起步阶段，效益波及范围还很小，当地人对生产技术的需求还不旺盛。

勐罕镇中学地处云南省西双版纳傣族自治州景洪市勐罕镇。勐罕镇总面积30115平方公里，距景洪市27公里，属西南丘陵稻作经济文化类型。当地气候温和，雨量充沛，适合发展水稻、热带经济作物和橡胶种植业。勐罕镇还以傣族风情、亚热带风光闻名，是澜沧江黄金水道和西双版纳旅游东环线的重镇，有"孔雀之尾"的美誉。据勐罕镇2005年统计报表显示，勐罕镇各民族人口按比例从多到少依次是傣族（75.6%）、哈尼族（21.2%）、汉族（2.6%）、彝族（0.35%）、基诺族（0.38‰）。

通过分析勐罕镇近3年国民生产总值统计表可以发现：在第一产业结构中，林业（主要是橡胶业）已经取代过去农业的地位，在2005年占到国民生产总值的56.60%，并在持续增长。2005年民营橡胶产业共有橡胶林面积81880亩，可以开割的有60000亩，农民收入7千万元，干胶产量7195吨②。橡胶是近年来农民最主要的经济收入，与橡胶相关的产业在未来相当长的一段时间内仍会是勐罕镇农民一个最主要的经济收入来源。第二产业在勐罕镇经济中所占比例极低。第三产业，主要是旅游业及由旅游业带来的相关产业，自2003年以来已成为当地蓬勃发展的新

---

① 数据来源：2001—2005年勐罕镇统计报表。
② 数据来源：勐罕镇2005年统计报表。

兴产业，在当地国民生产总值中所占比例逐年上升，依次为10.08%、9.55%和10%。

当地经济发展存在的主要问题是：首先，当地从事第一产业的农民（以种植橡胶树为主）缺乏必备的技术和信息。盲目追求经济利益导致他们在不适宜的山林地也种上橡胶树，不但没有橡胶产出，还毁坏了森林资源。另外，同样树龄的橡胶树，由于农民缺乏科学的管理知识，产胶量只有农场橡胶树产胶量的1/4到1/2。其次，由于农民忙于橡胶业，第一产业中的水稻和经济作物的种植在缺乏时间和技术的双重影响下也逐渐减少。从2005年开始，勐罕镇出现了将土地出租给广东等外地人种植香蕉的现象，2006年这种逐渐放弃传统稻作的趋势更加明显。根据勐罕镇镇长介绍，全镇目前有三万亩水田，其中两万亩已经出租给外地人种香蕉，只有一万亩用于种植水稻。再次，勐罕镇现行的经济发展结构也极大地影响了当地的生态环境。由于村民在经济利益驱使下大面积砍伐森林，种植橡胶，导致森林面积大幅度下降，物种多样性被破坏，当地土壤的水分涵养受到严重影响，出现水土流失、土壤肥力下降、病虫害日趋严重、地方性气候劣变等现象。

社区文化方面，由于近年来橡胶价格持续高涨，村民收入不断增长。据村民反映，当地居民攀比消费、挥霍、聚众赌博现象严重。随着村民物质生活水平的提高，其精神生活亟待提高。

勐罕镇的整体发展水平对当地教育的影响有以下几个方面：机场、高速公路、国际通道都已经进入勐罕镇周边，简易公路也已经通往各个傣族村寨，学校获得社区、县、市支持有了便利条件；由于生活水平提高，家长对孩子的学习要求不高、期望不高，学生本身对学习不感兴趣；学校教育在当地评价低；当地社区对农业生产技术，如橡胶、香蕉、水稻、冬季农作物等的种植技术需求强烈，在有关旅游、企业管理经营方面也急需大批人才。

2. 师资状况。由于历史原因，肃南二中几经更名与调整，最终于2005年秋由肃南二中、北滩小学、马营小学三校合并，建成九年一贯制寄宿制学校。勐罕镇中学始建于1984年，是景洪市规模较大的一所寄宿制初级中学，已有20年的办学历史。

肃南二中学生以裕固族为主，勐罕镇中学学生以傣族为主。尽管两校教师队伍都是由多民族构成，但仍以汉族老师为主。两校的汉族教师均占到71%以上。肃南二中的裕固族教师仅有两人，勐罕镇中学的傣族教师也仅有两人。

少数民族教师在教师队伍中所占比例极低的情况在少数民族地区乡镇学校中有一定的代表性，这样的教师结构带来的直接后果就是教师对当地少数民族的文化缺乏了解，给深入了解学生带来困难。这种现状同时也预示着教师在为开发校本课程而进入当地社区进行调研之初会遇到来自自身和社区的双重阻力，因此，以教师为主体开发涵盖当地民族文化等内容的校本课程能为教师更全面深刻地了解学生创造平台。

调查数据显示，两校教师都以中青年为主，这样的教师队伍一方面富有朝气、乐于和善于接受新事物，另一方面缺乏年龄分层，会导致大批教师同时进入职业倦怠期。教师的学历以大专为主，对新课程、研究型教师等理念缺乏感性认识。

3. 教材分析。自新课改以来，两所学校以北京师范大学和人民教育出版社的教材为主。在调研期间发现，学校领导、教师、学生都对现行的教材表示了不同程度的不满。首先，这些意见主要表现在教材内容远离学生生活实际和教材内容难度偏高。新课程改革后的教材添加了大量联系实际的内容，但整个教材的编排还是紧紧围绕城市文化的知识体系，对农村文化的涉及相对较少，尤其对于少数民族的文化、农村的基本情况涉及不多，教材中所举例子的情境对当地学生而言也十分陌生。学生在理解某些学科的某些内容上感到困难。例如一位数学教师谈到课本中某道数学题以地铁为背景，学生普遍不知道地铁的运行是怎么回事，即使教师做了讲解学生也还是不能明白。其次，相当一部分学生反映教材难度过高，听不懂教师所讲的内容，学生的学业成绩不容乐观。此外，国家课程的教材内容不涉及职业技术内容。当大量少数民族地区学生在初中至高中阶段学业失败回到社区中，由于不具备生产生活知识，沦为当地的"边缘人"。因此，结合当地社区的经济文化，开发校本课程就显得尤为必要。

4. 校本课程开发优势。在开发校本课程前，肃南二中具备的校本课程开发优势主要来自两个方面：一是学校曾在2003年由学校课题组承担了《民族地区义务教育课程改革与裕固族乡土教材建设研究》、《少数民族牧区寄宿制学校安全管理工作的实践与思考》两个课题，课题的研究成果为1套6本的"裕固族乡土教材"。这使得肃南二中7位教师在项目工作开展前，已经具备了编写教材和进行研究的经验，可以在校本课程开发中起到很好的模范带头作用。同时，肃南二中的一系列教师培训活动，如2005—2006年寒暑假的中英项目培训，2006年暑期学历提高函授培训、初中英语教师培训，2005年暑期义教新课程培训等，为教师课程理念等的转变提供了很好的基础。

勐罕镇中学在这个项目之前没有相关的校本课程开发经验，但他们正在实行的"农村综合中学"的办学过程体现了校本课程开发的一些精神，也为学校与社区的资源整合打下了很好的基础。勐罕镇中学于2006年开办农村综合初中班，采取方法如下：从初一开始进行分班制，非升学班在初一、初二时，将国家规定的课程内容根据学生的实际情况进行删减，将一部分时间用于职业技术课和活动课。初三只开语文、数学、职业道德三门课，其余时间用于技能教育。学校与镇属企业办、农业服务中心及傣族园公司联系，聘请相关专业技术人员对毕业班进行职业技能培训。傣族园公司还与勐罕镇中学签署了人才培训计划。学生培训后，傣族园择优录取了30—50人为景区员工。反馈显示：勐罕镇中学实行的农村综合中学，使那些升学无望的学生学到了一些对在本社区就业有帮助的知识，提高了他们的学习积极性。州、市教育局在统计升学率等排名时会排除这一部分学生，教师的压力减轻了

133

很多。家长也比较支持这样的做法。

二、经验

通过对两所实验学校的校本课程开发过程进行分析,从整体上看有以下几方面经验,可为其他少数民族地区乡镇学校开发校本课程提供参考:

1. 在开发校本课程前,可以采用人类学田野调查的方法摸清当地经济文化类型和未来发展趋势。经过深入的田野调查,根据当地社会发展需求进行的校本课程开发,有助于加强学校教育与社会发展间的联结关系,促进当地学校社会功能的实现。这样开发出来的校本课程既能使学校为当地社会文化、经济的可持续发展提供智力支持,又反过来促进了当地各界对教育的支持,如改善学校低入学率等。

2. 有效解决教师职业倦怠问题,促进校园文化建设。长期的教学、升学压力使教师的职业倦怠问题日益严重。两个实验学校的经验显示,校本课程的开发对教师整体的心理状态有很好的调试作用。教师通过亲自参与课程设置得到赋权,为改变单纯的国家课程不能满足当地学生需求的状况贡献一份力量,满足了他们实现自我的需要。校本课程开发这个新任务的出现将教师们整合在一起,随着教师之间、教师与学校领导间的联系加强,教师与社区居民间的互动逐渐加深。教师的尊重、归属与爱的需要也得到了满足。从学校角度看,教师参加校本课程开发也是民族地区学校加强校园建设、争取社区支持的一个契机。开发校本课程需要教师对课程知识、当地文化、生产生计知识等进行学习,一方面有利于学校形成良好的学习氛围,另一方面开发校本课程所购置的包括课程、文化、历史、地理、生产生计等知识的图书及教师收集的各种实物教具等,这些都是对校园的文化硬件的一个丰富。随着教师在课程开发过程中与社区互动的加强,当地的教委、文化单位、农业畜牧业等技术部门、学生家长都积极加入到学校建设中,校园文化得以持续丰富。

3. 有利于教师教学理念的转变。要指导学生进行研究性学习,教师自己首先要乐于研究并善于学习。让教师进行有关当地文化、生计等内容的课程开发,本身就是给他们一个体验研究性学习过程的机会。这样的过程有助于老师们转变知识权威的角色,重拾发现的乐趣,更有利于他们对新课改教学理念、方式转变的理解。借助开发校本课程的契机重新引导教师体味"发现的乐趣",培养研究型教师,不仅能从根本上使教师领会到新课改教学方法转变的精髓,更好地从事教学活动,而且在研究过程中,教师也变得更加积极,对自己的教学活动产生更大的激情。[1]

4. 有利于增进民族地区教师与学生、社区与学校的联系。通过参加校本课程开发,教师走出学校这个小社会,踏入大社会,对当地的文化有了更深入的了解,有助于教师更全面地理解学生,增进与学生间的感情。这一点对于我国广大少数民族地区学校教师队伍仍以汉族教师为主的现状有很强的针对性,比如,在云南实验学校,当地很多汉族老师通过校本课程开发,深入社区,加深了对傣族文化的了解，并且在此基础上形成了对傣族文化的热爱。一位汉族老师曾经对我们说："在这个地方生活了 20 多年，没有觉得傣族文化有什么吸引我的地方，通过开发这一套教材，我越来越发现这个民族所拥有的优点了。我相信这也会改变我以前对傣族学生的一些偏见。"在甘肃实验学校，由于民族融合、地域搬迁等因素，使教师们感到寻找当地裕固族民族文化资料十分困难。这种亲身经历使他们在教授国家课程之外，觉得也有责任为当地社会的文化传承作一些贡献，这无疑为校本课程的实施打下了很好的基础。

三、问题

项目进行过程中，在欣喜地看到民族地区学校校本课程的开发为学校、教师、社区带来诸多效益的同时，两所民族地区学校教师作为校本课程开发主体面临的困难和问题也很多，主要表现在：

1. 教学理念的转变是民族地区以教师为主体开发校本课程的最大困难。如何成功地转变教师的知识观和教学观是校本课程顺利开发、实施的关键。绝大多数教师在项目开始相当长的一段时间内，认为开发校本课程就是要学生在原有国家课程的基础上，识记有关当地文化、历史、生计等知识，因此产生抵触情绪，表示国家不将校本课程内容列入考试范围的话，开发校本课程是无意义的。老师们甚至认为开发校本课程就是给他们增加负担，在这种消极状态下，如果无法成功地扭转这种认识，校本课程的开发所带来的益处不但得不到展现，还会给学校、教师带来负面影响。

2. 民族地区教师与社区的文化隔阂现状使得校本课程开发仅靠教师之力显得不切实际。以这两个实验学校为例，教师绝大多数都是汉族，尽管身处少数民族聚居区，但对当地的民族历史文化了解不多，迫于时间压力，在编写有关民族文化课程内容时只能上网搜索。另外，教师几乎不参加当地的农牧业生产，对生产生计知识甚至没有从小在家庭中耳濡目染的学生知道得多，以教师为主体编出的生计课程的内容对学生来说过于简单。教师与社区文化的隔阂，一方面使当代学校作为一种外来的、陌生的系统与社区的距离得不到教师的弥补作用，[2] 另一方面，当课程设置转向本地区的时候，教师也无力将本土知识——无论是当地的民族文化、还是生计知识纳入校本课程，因为他们自己对之也一无所知。

3. 信息、技术及文化资源的匮乏使民族地区教师在进行校本课程开发的过程中困难重重。在校本课程开发过程中，信息技术、文化资源是硬件支持。教师表示经常是"好几台机子都中了病毒，速度缓慢，连全校最好的机子也不听使唤了"。教师们挂在嘴边的就是"收集资料的时间长，但是排版的时间更长"。文化资源的匮乏在甘肃实验学校表现得极为明显，由于地理位置远离裕固族文化中心县城，局限于皇城镇，加上当地各民族很早以来就互相通婚，当地的语言、风俗文化早已趋于同化，当地人对自己的传统也说不出什么了。尽管教师们努力用访谈的形式向当地的老人搜集有关民族风俗方面的知识，却经常一无所获。这些硬件方面的匮乏常常使教师产生无助感，容易挫伤校本课程开发的信心。

4. 校本课程的开发效果受民族地区差异的影响。民族地区间显著的差异性使不同民族地区教师在开发校本课程时遭遇的困难不同，需要的支持力度不同，这些因素都可能影响校本课程开发效果及施行效果。例如，上述两个民族地区的影响校本课程开发的主要差异有：民族地区教师与当地社区的亲疏关系、民族地区学校所处的民族文化氛围、民族地区可获得的资源支持等。

四、建议

1. 教育评价的多元化和科学化是校本课程最终得以实施的基础。校本课程的最终成功实施有赖于教育评价方式多元化和科学化的实现，只有彻底改变以升学率等较为单一的教育评价标准，将社区满意度、学生就业情况等多方面因素纳入教育评价体系中，才能从根本上保证校本课程的实施。这种评价方式的转变既需要自上而下的政策上的改变，也需要自下而上的观念上的转变。在这个问题上，经济、社会发展状况是教育评价方式发生转变的一个制约因素。例如，肃南二中曾在2003年编写了一套6本"裕固族乡土教材"，该教材虽然得到了学生、家长、教育行政部门的一致好评，但学校课程表中为乡土教材所安排的每周二的最后一节课，却在实际教学中由各科老师轮流使用。乡土教材没能作为一个独立部分得以实行，主要是由于当地社会对学校和教师进行评价的唯一标准是升学成绩。尽管当地只有15%—20%的学生得以升上更高一级学校进行深造，但迫于当地的经济发展状况，家长都希望自己的孩子是那20%，不愿过早放弃让孩子通过教育走向城市的途径。勐罕镇中学的农村综合中学的分班制使得升学无望的学生可以选择学一些对自己在社区就业有所帮助的知识，要求升学的学生可以得到更有针对性的帮助。这种教学形式得以顺利施行与州、市教育局在统计升学率等排名时同意排除这一部分学生的政策密切相关。

2. 在教师培训中应该使用教育人类学的理论方法。教育人类学的理念与校本课程开发过程中的理念不谋而合。研究学校教育现实的人类学者们一直强调学校教育与社区的互动，把学校看做是一个反映外围大系统（社会环境）的社会子系统。[3]在教师进行少数民族地区社区文化调查的时候，可以采用人类学所坚守的田野调查的方法，这使他们能够客观、全面了解少数民族文化。另外，在教师开发校本课程中，让教师进行田野日志撰写，可以使教师详细记录整个研究过程。教师通过记录开发过程中的困惑、成功、欣喜，可以增强内在动力。同时这些文本记录可以作为开发校本课程的宝贵资料，为其他准备进行校本课程建构的民族地区学校提供范式。

3. 积极整合社区文化资源，促进课程建设。国家在《基础教育课程纲要（试行）》中，对"课程资源开发"的要求是："积极开发并合理利用校内外各种课程资源。学校应充分发挥图书馆、实验室、专用教室及各类教学设施和实践基地的作用；广泛利用校外的图书馆、博物馆、展览馆、科技馆、工厂、农村、部队和科研院所等各种社会资源以及丰富的自然资源；积极利用并开发信息化课程资源。"民族地区学校在进行校本课程开发的过程中，需要将民族文化、生计知识等内容纳入课程，这些内容对民族地区未来的文化传承、生产劳动意义重大。因此，若要使这部分内容达到它应有的水平，而不是网上未经审核的信息或学生们早已了解的农牧业常识，让学生真正学有所得，仅靠教师的力量是不够的。合格的校本课程内容需要以教师为主体，整合当地其他社会资源，如文化研究部门、地方歌舞团等文化事业部门，以及农牧业技术部门的大力支持。首先，教材中涉及的专业知识需要专业人员与教师一起撰写和把关，以确保教学内容的正确性。其次，乡镇学校与职业技术学校在师资、培训等方面也应开展合作。最后，学校还需要相关部门以捐书、办讲座等形式来丰富校本课程内容。

4. 对民族地区学校进行资金、技术支持。民族地区教师进行校本课程开发需要国家、地方政府和各类文化事业单位进行硬件、资金、技术等方面的支持。民族地区的老师开发的校本课程涉及内容多，图片多，却缺乏技术能力和设备支持。在以上两个实验学校的课程开发中，最耗费他们精力的是教材的排版、打印等工作，这些工作在初期确实提高了他们运用电脑的能力，但后来却成为他们进一步获得成就感的阻碍，使教师无法把有限的精力投入到课程内容的开发上。在这些方面耗费的大量人力、物力、财力所产生的心理负效应足以抵消校本课程开发带来的积极效应。

总之，在我国民族地区实施校本课程的开发是一项长期的系统工程，面临的问题还很多。它需要政策、资金、技术等方面的保障，需要教育界及社会各界的协同努力。我国广大民族地区情况各异，因此相关部门在决定进行校本课程开发以前，要充分考虑诸多因素，如需要对当地的经济、交通、学校设施等硬件条件和当地的文化环境、社区及教育部门的支持力度等软件条件，进行谨慎的可行性分析和分类指导，并针对当地特点，设计出符合当地实际情况的方案，切忌盲目跟风，使开发出的校本课程缺乏可操作性，最终束之高阁。

[参考文献]

[1] 欧群慧：《对一位研究型教师成长的追索》，陈向明主编：《在行动中学习质的研究》，教育科学出版社，2003年，第49页。

[2] 李书磊：《村落中的国家——文化变迁中的乡村学校》，浙江人民出版社，2000年，第185页。

[3] 苏德、冯跃：《文化教育人类学视野下的校本课程开发》，载《中央民族大学学报（哲

社版)》，2004年第4期。

（本文原载于《民族教育研究》2008年第5期）

[作者简介]

赵北扬（1984—　　），女，满族，吉林省吉林市人，民族学硕士，中央民族大学美术学院专职辅导员。

肃南裕固族自治县职业教育发展研究

马建成

[摘要] 职业教育是我国教育体系的主要组成部分，是国民经济的基础，在实施科教兴国和人才强国战略中具有特殊的地位。肃南裕固族自治县职业教育从20世纪90年代中期开始起步，对自治县经济社会发展起到了一定的促进作用。本文主要从肃南职业教育发展现状入手，分析目前制约肃南职业教育发展的六大问题和发展肃南职业教育的十条建议。

当前，在新的发展形势下，肃南县的职业教育还远远不能满足牧区职业教育发展的需要，职业教育喜忧并存，总体发展水平差。与建设社会主义新农村和加快城市化进程的目标要求、与工业强县对人才的需求还不相适应。为此，笔者对肃南县的职业教育进行专题调研，进一步了解本县职业教育的基本情况，以便从自治县发展战略方面为决策提供参考，从而更好地发展本县的职业教育。

一、肃南职业教育发展现状

肃南县职业教育起步于20世纪90年代。1995年，由原民族中学改建而成的肃南县职业技术教育培训中心成立，是自治县唯一的一所职业技术教育培训学校。学校现下属有两校两站两基地，即：肃南民族艺术学校、肃南县教师进修学校，甘肃广播电视大学肃南工作站、清华远程教育扶贫工作站，劳动预备制培训基地、国家农民星火科技培训基地。现有教职工51人，其中专任教师37人，学历达标率97.8%；副高职称4人，中级职称21人；双师型教师4人，县级骨干教师5人。共有学生586人，其中中职生180人（男生40人，女生140人，寄宿生140人），成人中专123人，电大学生283人。设有7个教学班，开设有文秘、数控、旅游服务与管理、民族艺术、幼儿师范5个专业。目前已形成了以民族艺术、艺术与幼儿教育、旅游服务为优势的办学特色，毕业生一次就业率达93%，民族艺术专业被省里确定为重点建设骨干专业。

1995年建校以来，学校先后开办了企业管理、农学、畜牧、市场营销、电算会计等专业。随着市场经济的发展，打破传统的办学思路和模式，形成新的办学特色已成为职业教育改革发展的目标。职教中心经过认真分析办学现状和发展潜力，在县委、县政府和上级教育主管部门的关心支持下，结合自治县以裕固族为主体多民族聚居旅游资源丰富的实际和民族学生能歌善舞的特点，本着"长短结合、长班要精、短班要勤、立足牧区、注重特色"的原则，走出了一条适合民族地区职业教育发展的路子，逐步形成了以舞蹈、旅游为骨干专业的发展模式。已培养了一批有艺术特长的人才，特别是能歌善舞的学生更是供不应求，大部分学生被省内外艺术团体录用，并受到用人单位的好评。

近年来，学校坚持正确的办学方向，务实创新、开拓奋进、不断调整办学思路、创新办学模式、深化教育改革、强化学校管理，以"全面加特色，合格加特长"为办学宗旨，在加强学生文化课基础教学的同时，注重学生专业课基本技能训练，培养学生的综合素质。2008年，县委、县政府决定对现有各类教育培训资源实行优化组合，构建大职教体系，成立了"肃南裕固族自治县农科教培训中心"。培训中心将承担全县干部、教师继续教育和岗位培训、科技知识普及培训、农牧业新技术推广培训、城镇劳动力就业和再就业培训、农村劳动力转移培训的任务。这为进一步创新职业教育发展思路，转变职业教育办学理念奠定了一个良好的发展势头。

近两年来，学校教育教学质量稳步提高。艺术、幼师专业学生参加省、市各项职业学校技能竞赛成绩喜人。2010年5月至8月，参加第六届青春中国——全国校园歌曲青少年才艺大赛选拔赛，我校民族艺术专业8名学生获张掖赛区3项一等奖、2项二等奖、1项三等奖，学校荣获优秀组织奖；获甘肃赛区3项二、三等奖；获全国总决赛1项金奖、1项二等奖。2010年4月，8名学生参加全市职业学校技能大赛获得服装模特才艺大赛2项一等奖、2项二等奖、2项三等奖，学校获得团体三等奖。2011年3月，学校12名学生参加全市职业学校学生技能大赛2人获幼师专业组一等奖、2人获二等奖、1人荣获三等奖、5人获优秀奖，2人分别获得模特表演与展示二等奖，学校荣获团体三等奖的好成绩；4月参加全省职业学校学生技能大赛1人获一等奖、2人获三等奖；6月代表全省参加全国职业学校技能大赛舞蹈《晨歌》荣获银奖。2010年11月组织13名旅游专业学生参加全省导游员资格证考试，5名学生取得了甘肃省导游员资格证，已被张掖市各旅行社录用和实习。同年12月，与北京广通源教育有限公司和北京商睿人力资源管理有限公司成功合作，派送本校2008级旅游服务与管理专业2个班38名学生赴北京实习。学生实习情况良好，部分学生还成为实习单位骨干，受到实习单位的好评。2010年，26名艺术幼师学生到北京市各级幼儿园实习，现已全部在京就业。2002届旅游专业学生提前被县政府安排到县内风景旅游区担任讲解员和旅游服务工作，部分学生还被省内外多家旅行社聘用。学校还狠抓教研课改工作，以各类竞赛促进教学质量。2011年11月，我校旅游专业学科教师参加全国职业学校专业课说课比赛1人获国家级二等奖，参加省、市、县组织的说课、优质课评选等活动，1人获省级一等奖，8人获市级二、三等奖，2人获县级二、三等奖。

由于学校教育教学显著,先后被市、县确定为"张掖市劳动力转移培训定点机构"、"国家星火科技培训学校"、"肃南县教师进修学校"、"清华远程教育资源扶贫工作站"。被授予张掖市"职业教育成人教育先进单位"、"劳务输出先进集体"、"优秀基层党组织"、"精神文明先进集体"、"五四红旗团委"和肃南县"文明单位"、"法制宣传教育先进单位"等荣誉称号。

二、职业教育存在的问题

在职业教育健康发展的同时,受资金、政策等因素影响,肃南县职业教育仍存在着诸多问题,严重制约着职业教育的进一步发展。

(一)职业教育在社会中的地位不高、社会认同度低。一方面由于社会对职业教育的认识存在着偏差,重普教、轻职教现象仍然存在。在招生上,总是优先由普通教育录取高分学生,然后才由职业教育录取低分学生,所以难以吸引优秀生源。再加上职业教育内部存在的问题,进一步降低了社会的认同。另一方面,由于发展职业教育资金严重短缺,生均校舍、仪器、场地均不达标,特别是学生实习基地建设已成为职业教育快速发展的燃眉之急。

(二)职业教育与当地经济发展和产业化进程不相适应。职业学校按照现有设备及师资开展教育教学活动,由于缺乏足够的市场调查和灵活的办学模式,导致学生毕业后就业困难。另一方面,随着工业化和农业产业化步伐加快,各行业严重缺乏实用型技能型人才,人才的培养和需求之间的矛盾日趋尖锐。另外,肃南县支柱性产业与龙头企业少,产业与职业教育相互促进的效应没能充分发挥出来。

(三)人才培养和企业单位用工机制尚未健全。部分行业和企业未能很好地履行职业教育的义务,企业未能严格执行"先培训、后就业,先执证、后上岗"的用工制度,部分企业和用人单位未能完全实行市场就业资格准入制度就安排就业,这样在一定程度上削弱了职业教育,阻碍着职业教育的进一步发展。

(四)专业课程设置单一,不能满足学生其需求。肃南县人口基数小,每年初中毕业生不足300人,普高招生后,剩余一部分上小中专,来校就读接受职业教育的学生还不足70人。同时,学校在开设专业上对没有艺术特长而有想学工科的学生无法另开设专业,一定程度上制约了职业教育规模的发展。

(五)职业教育教师队伍整体素质不高,专业课教师严重不足。由于肃南县职业教育起步较晚,加之专业教师严重短缺,教师学历层次、操作技能明显不适应职业教育发展的要求。现有教师大部分是由普教调入,学校又无力培养专业对口、学历层次高、技能过硬的"双师型"教师。导致教师知识结构的更新和专业技能的及时提高以及综合素质的优化受到严重影响,已远不能适应目前职业教育发展的要求。

(六)投入严重不足是制约职教发展的最大因素。肃南县职业教育经费投入渠道单一,主要靠政府投入,自身的造血功能不强。从宏观上看,前几年"普九"和近年的大力发展普高,客观上造成政府财政对职教的投入不足。职业学校发展必需的基础设施建设经费、教学设备设施的添置经费和教师的培训进修经费难以落实,学校负债累累,办学艰难。

三、对发展肃南职业教育的建议

(一)加强宣传、提高认识、转变观念。各级党委政府,社会各界和人民群众必须提高对职业教育发展的再认识,千方百计落实职业教育发展的重要地位。一是要充分发挥职业教育联席会的作用,加强统筹与管理,确保各项工作的落实。同时建立由行业、企业等社会各界人士参加的咨询委员会,为学校重大问题提供咨询或参与决策,为职业教育的发展排忧解难。二是要加大宣传力度,集中一段时间利用各种媒体大力宣传职业教育在经济建设发展中的重要地位与作用,改变人们长期以来对职业教育不理解而产生的错误观念和偏见,营造全社会关心支持职业教育发展的良好氛围。三是要统一思想,提高认识,充分认识到解决职业教育当前面临的新情况、新问题,单靠职业学校的力量是远远不够的。这些问题的解决,有的需要政府的重视和支持,有的需要与企业的参与合作,有的需要社会力量的推动。当然作为职业学校,不能抱有"等、靠、要"的思想,更不能怨天尤人,而是要紧紧抓住当前难得的发展机遇期,振奋精神、扎实工作、开拓进取、有所作为。

(二)严格执行就业准入制度。把实行职业资格证书和就业准入制度作为提高从业人员素质的一项强制措施。即初、高中毕业生必须经职业学校培训1—3年,取得职业资格证书方可上岗,用人单位必须使用有职业资格证书的人员。这个制度的执行对职校扩大生源渠道是十分有利的,也是职业教育发展的途径之一。

(三)努力增加对职业教育的经费投入。在目前职业教育招生困难的情况下,职业教育的经费主要靠学校收费和自筹是不够的。由于职业教育成本高,这就需要各级政府的大力扶持,切实增加职业教育的经费投入。

(四)继续深化教育教学改革,不断提高办学质量和水平

1. 准确定位培养目标。培养目标的定位关系到学校的发展、改革与创新。针对职业学校轻教学、轻管理、重招生的实际,要进一步强化教学工作的中心地位,实行教学工作专项评估,真正提高学校的教育教学质量。一是要加强职业学校的常规管理工作,严格按照国家的教学大纲、计划,落实教学工作的各个环节。二是要加强对学生的思想道德教育、生计教育、诚信教育、法纪教育和创新教育,培养有理想、有道德、有技能、有纪律的劳动者。三是要加强实践教学,采取灵活的学制,实行弹性学分制,提高学生的技能,切实改变职业学校重文化课轻技能的状况,按照多元化理论培养人才。

2. 拓宽办学思路,实施产教结合。实施产教结合是推进学校改革与发展的一

项重大措施。职业学校与行业企业实行联合办学,推行"订单"培养。学校根据行业企业提出的岗位培养目标,设置专业和培训项目,按照行业企业的要求组织教学活动,为企业提供职工培训、技术咨询等服务。行业企业参与职业学校教育教学管理全过程,并根据联合办学协议向职业教育提供一定的经费、必要的设备、生产实习场地,选派部分专业教师、承担部分实训项目教学活动和享有优先录用毕业生的权利等。可以说,联合办学必定有力地增强职业学校的办学活力,有利于培养出符合企业、行业要求的高素质劳动者,是一条实现"双赢"的成功之路,也是符合肃南实际的一条办学之路。

3. 狠抓两头,突出中间。职业教育的发展很重要的工作是使学生"进得来,留得住,学得会,出得去"。"进得来"是学校的招生关口,"出得去"是学生毕业后就业的关口,"留得住,学得会"是学校教育教学管理的中心环节。这"两头与中间"是相互影响、相互作用、相互衔接、环环相扣的。招生是学校生存与发展的基础,没有一定数量的学生,学校就难以生存。就业是学校赖以发展的保证,毕业生没有出路,就难获得稳定的生源。学校内部的教育教学是学校的主体,内部管理不善,教学质量不高,学生就留不住,毕业生没有质量,就业成问题,办学就没有效益。因此学校既要加大招生改革力度确保招生数量稳步上升,又要拓宽就业渠道保证出口畅通;既要加大外联力度,又要狠抓质量管理,真正把学生培养成最受企业和用人单位欢迎的具有吃苦耐劳精神、遵纪守法意识,并能熟练掌握一门或几门实用技能的人才。

4. 着力搞好师资队伍建设。师资水平是衡量职业学校办学实力和水平的重要条件,可以说一个优秀的人才或一个优秀的专业学科带头人就可以办一个专业,而且可以办出特色、办出效益。因此学校建议上级部门采取措施,划拨专门经费,加强重点专业、重点学科的培训和"双师型"教师的培养,尽快建立一支学历层次高、操作技能强、知识结构完备、专兼结合、相对稳定的"双师型"教师队伍,尤其应当加强专业学科带头人的培养,努力提高职业教育质量。

(五)长短期培训并举。紧紧围绕肃南县委、县政府的中心工作灵活开展多种形式的职业技能培训,满足广大群众多种多样化求学的愿望。一是依据劳动力市场和人民群众的需求办好现有的专业,灵活开设劳动力市场前景好、实用性强、适宜不同社会群体的专业。加快技能型人才的培养,面向初高中毕业生、城镇失业人员、农村转移劳动力,开展形式多样的职业技能培训和实用技术培训。二是加强职业教育与其他教育的沟通和衔接,充分发挥多种教育模式的"立交桥"作用。利用学校的清华大学远程教育资源和广播电视大学资源,面向初高中毕业生、城镇失业人员、农村转移劳动力,开展各种形式的技能培训和创业培训,加强旅游业技能培训开发,使我校的职业教育切实为群众终身教育和多样化学习的需求服务,为他们的就业、创业和成材创造条件。

(六)争取得到政府和教育主管部门的支持,加大招生力度。通过劳动力转移培训机构，在招生上积极争取各乡镇的支持，通过政府行为确定指标。将职校的招生、就业安置工作与县里的农村劳动力转移工程一起列入各乡镇管理目标体系，进一步扩大农村初中高中毕业生的招生力度，以解决招生难的问题。

（七）大力推进贫困家庭学生助学制度。为了真正做到职业教育切实为"三农"服务，通过农村劳动力转移来加快农村扶贫开发和富民强县的步伐。在抓好现行助学金制度的基础上，通过国家政策扶持，大面积推行助学金，对农牧民学生，特别是贫困家庭学生实行减免学费和补贴生活费，吸引更多的农牧民子女就读职校。

（八）建立职业技能鉴定站。随着就业准入制度和资格证书制度的深入推进和严格执行，加强学生实践能力和职业技能培养，进一步推进职业资格证书工作是职业学校迫在眉睫的大事。因此，学校要及时与县劳动就业部门接轨，建立职业技能鉴定平台，并严格依照职业技能标准，强化学生职业技能培养，便于学生获得学历证书的同时在学校就近鉴定职业技能，取得职业资格证书。

（九）正确把握高职发展的机会。开办综合高中班、构建高职连通桥不是职校的主要任务，但学校应顺应教育环境的变化和学生家长的需求，满足一部分学生继续接受高等教育的需要，构建由职业学校直接通向高等学校的连通桥，给学生更大的发展空间、更多的选择。因此，大力发展综合高中也是学校生存和发展的需要。

（十）深挖资源优势，拓展招生门路。依托肃南县内祁连玉石丰富的矿藏资源和奇石加工产业的兴起，多方考察论证，制定相关方案，尝试开设祁连玉石加工与鉴赏专业，通过新专业吸引生源，提升办学水平。

总之，本着为自治县经济社会发展服务为目的和自治县旅游资源丰富、民族生能歌善舞的现状，学校只有强抓机遇，才能做大民族艺术、旅游品牌专业。根据许多行业岗位培训的需要，想方设法，做实做细各级各类短训班。因此，学校未来定位为民族特色品牌学校，技能人才短训基地。

[作者简介]

马建成（1970—   ），男，回族，甘肃肃南人，肃南裕固族自治县职教中心中学体育高级教师，政教处副主任。

裕固族舞蹈的创作与教学研究

全迎春

[摘要] 全球化的浪潮影响着世界各领域文化的发展变迁，从文化艺术自身来看，各国都在加强文化发展，实施文化兴国的战略。面对强势文化的挤压和社会主流文化大潮的冲击，裕固族人民视挑战为机遇，积极挖掘、整理、创新本民族文化。本文以裕固族文化发展为背景，以裕固族舞蹈形成、发展为主线，分析了裕固族舞蹈创作、教育和传承的现状，论述了大力推进和发展裕固族舞蹈发展、创新、传承的主要路径，进而分析了裕固族舞蹈在实践中存在的问题，提出了开展多元化教育和促进民间传承等相关建议。

20世纪90年代以来，全球化的浪潮影响着世界各领域文化的发展变迁。各国都在加强文化发展，实施文化兴国的战略。从文化艺术自身来看，各国都面临着外来文化输入与冲击以及本土文化的传承与保护之间的矛盾，面临着高科技快速发展和文化融合呈现的矛盾，以及民族文化的继承和创新之间的矛盾。民族文化多元化发展将成为历史发展的趋势和必然，舞蹈艺术则是民族文化传播的重要途径。地处河西走廊的裕固族地区正处在一个重要的社会转型期，面临着强势文化的挤压和社会主流文化大潮的冲击。裕固族人民视挑战为机遇，积极挖掘、整理、创新本民族文化，在舞蹈创作上取得显著成效。近年来，肃南裕固族自治县民族歌舞团先后参加了北京奥运会开闭幕式、国家大剧院"2008国际民歌博览音乐周"等大型演出，凭借独特的民族风情和丰厚的历史文化底蕴，备受观众瞩目和好评，成为外界了解裕固族、了解肃南裕固族自治县的一个窗口，为提高肃南知名度和影响力发挥了积极作用。

一、裕固文化背景

裕固族世代以畜牧业为主，具有悠久的历史和古老的文化。历史上的裕固族先民，据记载因为宗教、战争等原因，有过多次迁徙。这种迁徙导致整个民族远离了原本所属的文化核心地区或文化母体，并且迁徙到了各种大文化边缘地区，即今天的甘肃、青海、内蒙古、新疆四省区的交界地区。这些地区不论在历史上还是在今天，基本都是汉文化、蒙古文化、伊斯兰文化和藏文化相互影响、交融、渗透的边缘地带。裕固族的迁徙导致了裕固族文化的多元性、复杂性及不统一性，民族文化虽历尽沧桑，饱经磨难，却在跌宕起伏中传承不辍。族群也没有完全涵化于周围的强势文化，没有变成汉族人、蒙古族人或藏族人从而在历史上消失，而是逐渐形成了独特的裕固族并发展至今。[1]有许多文明古国或者古老民族，在历史上都出现过大幅度的文明断层，甚至盛极而衰。相比而言，几经迁徙的裕固人一路走来，可谓历尽艰辛，但裕固族文化仍被保留和传承，这表明裕固族文化具有强大的生命力。历史上裕固族的文化受到藏文化、蒙古文化、汉文化的影响，其民间舞蹈既有蒙古族舞蹈的某些特点，也有藏族民间舞蹈的成分。在变迁的过程中，裕固族一路以歌声来传达和记录迁徙的过程和变迁的生活，当人们在闲暇或集会时，会围坐在一起，以歌舞的形式来表达情感，这样便有了早期的裕固族的舞蹈。

二、裕固族舞蹈的创作的发展历程

（一）裕固族舞蹈的形成

每一个民族的舞蹈都因民族个性的差异而形成不同的风格特征，它以不同的律动、手足的舞动，表现着不同民族的精神风貌和个性特征。裕固族的民间舞蹈在历史上曾有过辉煌的时期和丰富的种类。在盛唐时期，裕固族的先民——回鹘人，是丝绸之路上的主要聚居民族，在与别国进行经济文化交流的同时，也促进了舞蹈艺术的发展，而且在当时较为流行。但随着社会文化环境的变迁和历史因素，许多舞蹈已经失传，有些只是出现在传说和石窟壁画中，而流传在民间的只有为数不多的几种。[2]现在山区的裕固族与藏族、蒙古族相邻，长期生活在草原上，他们"逐水草而居"，从事着游牧活动，都信仰藏传佛教。由于经常在一起的相互交流和相互影响，再加上历史的原因和游牧生活，这里的裕固族有些生活习俗和藏族、蒙古族相仿。在这种生活过程中，他们的歌与舞无不同他们游牧的生活方式紧密相连，反映着游牧民族所固有的民族个性和风格。裕固族舞蹈，正是在这种复杂的、多元的、开放的生产生活背景下形成的，粗犷、豪放、刚劲而不失温柔，具有独特的民族气息。例如，裕固族最具典型的舞蹈动作，顺风旗扶帽手式，不是简单地把手放在帽子旁边，而是用中指和无名指向内或压或扶着帽顶，这一动作不仅体现了裕固族舞蹈的细腻，而且也使裕固族形成了自己独有的扶帽式动作元素；同样的动作，如加大幅度、力度，加入腾跳，将手势由扶或压改为绕、弹或撩，动作则具有了粗犷、刚劲的质感；真挚地表现了以游牧生活为主的裕固族人民的喜、怒、哀、乐的情感，豪迈的精神气质和鲜明的民族个性，同时也形成了具有复合型特征的裕固族舞蹈风格。

裕固人的宗教信仰、饮食、生产、生活习俗、服饰、传统体育及民间歌谣谚语等都极富情趣和民族特点。他们像山一样坚毅，他们的生活像山花一样烂漫多姿。

裕固族的舞蹈主要有集体舞、双人舞、男女独舞、马上舞等多种，主要是表现欢庆丰收、喜庆节日、婚姻礼仪、集体狩猎、宗教活动等内容。集体舞的形式多种多样，以鼓乐和歌声伴舞，男女老少排队或围成一个大圈，中间置以篝火或猎物，或快或慢，或轻或重，节奏强劲有力；双人舞主要表现生活、生产劳动过程中的某些场面；男女独舞以腾跳见长，基本上保留了裕固族古老的腾跳形式。新中国成立后，裕固族的舞蹈有了很大的发展，出现了一大批优秀的舞蹈作品，裕固族舞蹈可以分为劳动舞、欢庆舞和宗教舞。劳动舞，裕固语称为"英那刀古拉"，表演时男女人数对等，劳动舞广泛流传于甘肃省肃南裕固族自治县各个村落。欢庆舞是在喜庆丰收、朋友聚会、欢度节日时表演的舞蹈，场景设置主要是在欢庆场地中间设一篝火或猎物点，舞者排成直线或围成圆圈，伴随着音乐和掌声节奏由弱到强，伴以"啦、喽、咿哟"的集体呼号声。传统舞蹈大体分为两类：1. 民间舞蹈：包括劳动、生活舞蹈等；2. 宗教舞蹈，包括萨满舞蹈和佛教舞蹈，这便是裕固族舞蹈的早期形式。

（二）裕固族的舞蹈发展历程

裕固族在历史上是一个能歌善舞的民族。在清朝至民国时期，由于受民族压迫等多种社会因素的影响，百姓生计艰难，民族文化衰落，裕固族歌舞曾经出现过一个断层时期，进入了历史的低谷。在裕固族学者钟进文主编的《国外裕固族研究文集》中，芬兰前总统曼内海姆这样写道："没有好的节日气氛，没有乐器，没有舞蹈，也没有合唱之类，偶尔在野地能听到几句单调的歌声。"[3]新中国成立后，在党和政府的大力支持下，1959年8月裕固族聚居区——肃南裕固族自治县成立了"歌舞团"，处在断裂层上的裕固族歌舞事业得以发展，并开始对民族艺术的文化资源进行挖掘、整理。一开始只是对裕固族舞蹈的简单收集和改编，然后在草原上巡回演出。随着裕固族民间舞蹈逐渐兴起，越来越受到本民族舞蹈人员的重视，开始对本民族艺术的文化资源进行挖掘、整理、创编工作。随着几代艺术工作者的不断地努力创作，创制了许多优秀裕固族舞蹈作品，也培育出了一些优秀的编创人才。从总体来看，裕固族舞蹈发展经历了创编、发展、交流三个时期。

1. 创编时期

自20世纪50年代后期，国家派专家学者了解调查裕固族文化。一批文化工作者，深入民间采风，收集了一批反映裕固族文化的音乐、舞蹈、民间故事、谚语、民谣等，陆续整理出版了一些书籍。其他兄弟民族的专业人员如茅迪芳、陈泓、阿荣等开始关注裕固族舞蹈，并进行创作，使得裕固族的舞蹈开始新的历程。先后创作的裕固族舞蹈作品有：《裕固族劳动舞》（1959，后被拍成电影）；《隆畅河畔风光好》（1964）；《红柳丛中战歌亮》（1977）。其中茅迪芳（国家一级编导）编排《红柳丛中战歌亮》，是第一部歌颂军民共建长城的创作舞蹈作品，裕固族的舞蹈语汇不太多，但是很有时代特点。

进入20世纪80年代之后迎来裕固族舞蹈创作的开放期，人们的生活也随着改革开放有了变化，在闲暇之余会进行一些娱乐活动，对于能歌善舞的裕固族人来说，他们更喜欢与大家一起歌舞欢畅，于是在当地各乡积极成立文化站，定期地有群众组织演出，在这个时期人民群众成为舞蹈创造的主体，舞蹈具有鲜明的生活特色，主要的代表作有：《我们来自西州哈卓》、《迎亲路上》、《奶羊羔》（1980）、《甜甜的泉水》（1983）、《牧笛》（1983）、《欢乐的响铃》（1983）、《织褐子的姑娘》、《鼓手欢歌》等。其中，阿荣（高级讲师）编排的裕固族风俗舞蹈《迎亲路上》、《奶羊羔》两个节目在1980年第一届全国少数民族文艺会演中，获文化部、国家民委颁发的优秀节目奖；舞蹈《迎亲路上》表现了裕固族婚礼中迎亲嫁娶的场面，主要表现了裕固族婚礼中送亲、迎亲途中的场面和相关的民族习俗。舞蹈中巧妙地利用"打尖"时所用的毡毯，展开了一段欢快的男女集体双人舞，随后变成八字队形，男女双双跪坐在毡毯上，呈现出裕固族"羊圈席"特有的场面。在新郎、新娘互换信物的双人舞段中，编导采用了不接触手法编排，体现了裕固族含蓄的一面，这部作品成为肃南裕固族自治县"文工队"的保留节目。

2. 发展时期

20世纪90年代后国家发展的形势一片大好，文化交流增多，国家更是注重对民族文化的发展和传播。因此裕固族舞蹈也就迎来了兴旺期，同时在舞蹈创作过程中更加注重艺术和情感元素。在这个时期形成的作品有：《头面情》、《牧鹿人》、《牛角鼓与铜铃铛》、《裕固婚礼》、《祝福歌》、《剪羊毛》、《顶格尔汗》、《戴头面》、《天鹅琴之恋》、《驼群的风采》、《情满裕固草原》、《我是裕固族牧羊姑娘》等。随着裕固族舞蹈不断的创编，本民族的许多文艺人才也很快地成长起来了。安菊花是裕固族第一位本民族专业编导，她所创编的节目曾多次获全国大奖，并荣膺"裕固族舞蹈家"称号，曾多次代表国家出访，获法国贡福郎艺术节奖、联合国教科文组织艺术奖和比利时、法国、西班牙艺术奖。安菊花作为裕固族的第一个专业舞蹈编导，为裕固族的舞蹈事业发挥着中坚力量的作用。她也是一个高产的编导，近年来创作了大量的裕固族舞蹈作品，其主要代表作有：女子独舞《织褐子的姑娘》、女子群舞《红缨帽子》、风俗歌舞《祝福歌》、群舞《情满裕固草原》等。

这时期国家开始重视各民族之间的文化交流，鼓励和支持各民族间的艺术文化交流，笔者成为这一时代的受益者，1992年以主角的身份带着舞蹈《裕固婚礼》参加中国第三届艺术节，同年7月参加由国家文化部文宣司主办首届"民族之花"大选赛，一举荣获民族"金花"奖和"最佳表演"两个奖项；得益于这一成绩，受邀参加中央电视台1993年春晚演出。这使得裕固族舞蹈开始登上了更高的平台，有了与其他民族间的舞蹈文化的交流，发展思路不断得到开拓。2006年创作完成的舞蹈《萨兰吉斯》就是笔者多年来对裕固舞蹈元素研究的突破，无论是音乐还是浓郁的风格性舞蹈语言都给作品带来绚丽的色彩和很强的异域风情。另外，基于笔者多年潜心研究、挖掘，终于在2011年将裕固族祖先在400年前"东迁"途中逐渐失传的乐器——天鹅琴予以复原，并投入使用。这不仅挖掘了裕固族的民族文化，而且大大丰富了裕固族舞蹈语汇。这些对于裕固族文化以及舞蹈的发展都将起到不可估量的作用。

3. 交流时期

2000年及之后大量的舞蹈作品开始出现，参加了各类大型演出。这一时期涌现了一批优秀的作品：《裕固山乡彩虹飞》、《红缨帽子》、《萨兰吉斯》、《山那边的彩云》、《春雨》、《那山、那水、那云》、《摇奶吆语》、《情系祁连》等。这些作品具有较高艺术水准和浓郁民族特色，舞蹈多根据裕固族劳动和生活场景以及在"原生态"歌舞的基础上潜入舞蹈流向创编的，有着鲜明的地方特色。其中《隆畅河畔春光好》、《迎亲路上》、《奶羊羔》、《裕固婚礼》、《甜甜的泉水》、《牧笛》、《欢乐的响铃》等10个节目分别在全国少数民族文艺会演、全国首次乌兰牧骑式文艺会演中获奖；1989年之后编排的《红缨帽子》、《驼群的风采》、《头面情》、《牧鹿人》等多次获省、地级奖项；其中《祝福歌》在全国计划生育文艺会演中获奖，2000、2001年裕固族广场舞蹈《裕固山乡彩虹飞》分别获"中国甘肃敦煌百年，黄河风情旅游节"最佳表演奖和"甘肃省第二届群星艺术节"银奖；此外，许多作品还获得省级、国家级大奖，或到国外巡演获得好评。2007年，自治县歌舞团投资70万元创作的歌舞剧《裕固·天籁》，是一台具有浓郁本民族特色、深厚文化传承内涵和较高艺术品位的音舞诗画的精品剧目，并赴中央党校汇报演出，取得了圆满成功，成为全国第一个在中央党校演出的县级专业团体。近年来，自治县民族歌舞团先后参加了北京奥运会开闭幕式、国家大剧院"2008国际民歌博览音乐周"等大型演出，凭借独特的民族风情和历史文化底蕴，备受观众瞩目和好评，成为外界了解裕固族、了解肃南裕固族自治县的一个窗口。

（三）裕固族舞蹈的现状

经过几代艺术工作者的不断努力，裕固族舞蹈在发展过程中取得了长足的进展，从多年前由于受多种因素的影响，民间舞蹈面临着危机重重的状态，许多优秀的舞蹈种类也逐渐消失的局面，到目前得到了空前发展的局面。改革开放30多年来自治县文艺创作、编排、表演的歌舞节目共获国家、省、地奖100余项，天鹅琴的恢复使得裕固族艺术发展推进了一步，也使另一乐器牛角鼓的研究创制迈上了新的台阶，同时也培养出一批优秀的艺术、编导类人才。在为取得的成绩欣喜的同时，我们还应当冷静地思考裕固族舞蹈今后发展方向的问题。目前，受到地域发展限制和当地文艺人员自身文化条件的局限，裕固族舞蹈存在进一步创新发展问题。另外，随着与周边文化的融合，新一代裕固人对舞蹈的传承受到一定的影响，表现为人们群众对裕固族舞蹈的创编没有了1980年代时的热情和积极性，同时在自治县的职业教育领域也没有很好地传承裕固族舞蹈，使得裕固族舞蹈在传承、普及和发展上尚有许多工作待做。

如何将创作的艺术成果，如天鹅琴运用在教学中，成为我们传承裕固族文化的不可忽视的问题；如何将这些源于生活，又高于生活的艺术成果，回馈于民众，是我们裕固艺术人今后应积极思考和不断探索的路径。

三、裕固族的舞蹈教学模式

舞蹈是一门集音乐、美术、雕塑、戏剧等因素的综合艺术，是艺术地再现生活的一种属于上层建筑意识形态的反映。[4]而舞蹈活动作为人类生活最基本的一种精神生活方式，它不仅能艺术地反映和表现生活，还是一种能够将教育、精神、情感、智慧、身心等融合发展的载体。舞蹈教育是实施人文教育的一种有效形式，有助于开发学生的智力，提高学生的文化艺术素养，通过美的舞蹈陶冶人的情操，培养人的内在品格和外在形体的统一和谐。舞蹈源于生活，又高于生活，在成为舞台上高雅艺术的同时又要回归生活。要使得裕固族舞蹈一代代的传承，一代代的创新，就需要建立起一个很好的舞蹈教育体系。

（一）早期的教学形式

希腊先哲亚里士多德曾在《政治论》中说："在教育上，实践必先于理论，而身体的训练须在智力训练之先。"1985年1月，自治县招收21名小演员，进入甘肃省艺术学校学习两年，要求队员们发挥"乌兰牧骑"一专多能的特有性质，同时学习舞蹈、声乐、器乐等专业，笔者当时就是其中的一员。面对时间短，任务重的教学要求，学校不仅对我们因材施教，还特意安排了对裕固族舞蹈颇有研究的阿荣老师参与教学，对学员进行裕固族舞蹈组合的训练。同时根据学员的自身条件，教授适合其特点的乐器，为裕固族培养了一支全能的文艺队伍。

（二）现在的教学模式

1995年自治县职业技术教育培训中心成立，自治县有了自己的职业技术教育培训学校，民族艺术专业被确定为省级骨干专业。教学内容融歌、舞、乐为一体，多项艺术技能并重，注重以实践强化学生职业技能及就业竞争力，为学生提供了大量演出实践机会，搭建职业技能培养的良好平台。虽然他们学习的内容不是传统的裕固族歌舞，显然这样的氛围和观念是受到其独特的民族文化影响，同时也促进了民族文化的保护、传承与发展。

对于教育资源受限的因素，学校尽可能加强裕固族舞蹈的教师队伍，并于2007年与自治县民族歌舞团和西北民族大学音乐舞蹈系合作，在当地创办了舞蹈大专教学班，使民族歌舞团的"小演员"都能享受到良好的教育资源，对加强民族歌舞团队伍专业素质的提高，对提升个人的素质和修养都起到了较好的作用。

（三）"传帮带"的教学模式

由于裕固族能歌善舞，因而演出团体的成员都是一专多能，吹、拉、弹、唱、舞无所不会，但是团体受经费所限，不能经常出去进行培训，因此有了"传帮带"的培养模式。"传帮带"是一种传统的以老带新的工作方法。这里的"传"是指传授、传承，"帮"是指帮助、帮教，"带"是指带领、带动。"传帮带"既是方式和方法，更是氛围和风气，是中国的一种传统技艺教授方式，其形式和效果也一直被同行所认同。无数实践证明，"传帮带"是一种既简便又有效的培养人才的方法。裕固族的专业歌舞团成立于1974年，前后培养了三批专业演员，不乏优秀人才，如安菊花、贺俊华等，虽然如今各自发展，但都乐意支持本民族文化事业的发展。

此外，民族歌舞团还以聘请文化艺术界的名流、专家，针对不同科目进行理论辅导和实践训练，使文艺创作、节目编排、表演技艺迈上了新的台阶。民族歌舞团坚持地方特色、民族特色与时代精神相结合，以发掘、整理创作和表演裕固、藏、蒙古等当地少数民族歌舞为主，涌现出一批具有民族特色、思想性、艺术性的文艺精品。如前文提及的《顶格尔汗》、《天鹅琴之恋》、《戴头面》、《西至哈至》及音舞诗画《天籁·裕固》等都成为裕固族的特色节目。

（四）民间教学模式

舞蹈活动要具备构成社会的三要素，即舞蹈活动的参与者是全社会各阶层的人，而不是少数舞蹈工作者；舞蹈活动是以各种社会关系为基础展开的；舞蹈活动是一种舞蹈文化的体现，而不是纯粹的条件反射性动作。[5]文化馆是国家设置的代表各级地方政府以满足广大群众基本文化需求的场所。随着人民生活水平日益提高，人们对文化需求日益增长，舞蹈不再局限于专业演员的舞台表演，不再局限于舞蹈的专业技巧，舞蹈开始走向大众休闲娱乐场所，走向家庭的自娱自乐，大众舞蹈动作更加自然、易于学习和掌握，让群众参与进来，形成互动，以此推动舞蹈不断地向前发展。2009年自治县文化馆邀请自治县职业教育中心老教师兰春雷，编排推广了裕固族广场集体舞，运用裕固舞蹈特有的动律，提炼出基本动作，同时自治县里还邀请安菊花编导把关和指导。在两代舞者的共同努力下，裕固族广场舞得到了完善和提升，并得到了广大参与者的认可和好评。目前，自治县建有8个乡镇综合文化站、82个村（社区）文化室，在文化传播的各个方面都发挥着重要的作用。裕固族的民间舞蹈具有很强的娱乐功能，除了满足民众审美和情感宣泄的需要以外，还有着传授生产、生活经验的功能。随着社会的进步，民族舞蹈的保护与研究将越来越受到政府和学者的重视。民族文化村、民俗旅游点、民族歌舞厅、民族歌舞酒家等，随着旅游文化的兴起和发展，如雨后春笋般地兴建起来，巩固民族的凝聚力的民族歌舞成了商品。自治县马蹄寺旅游区歌舞演艺厅建于2003年，节目以业内资深人士搜集民间歌舞，配以现代音乐而成，赋予深厚的民族文化底蕴，既保留了传统舞蹈的风格，又运用了现代舞的艺术技巧，节目以优美的舞姿、高雅的内容、浓郁纯朴的民族风格而深受广大游客的欢迎。

生活舞蹈是群众性舞蹈，随着旅游文化的大发展，各民族村或民族文化旅游点的普遍建立，向各地旅游者展示民族风情的舞蹈成为热点，对这类舞蹈的演员和节目需求量都大，这些团体将为裕固族舞蹈起到积极的宣传展示作用。

四、裕固族舞蹈在实践中存在的问题和改革建议

（一）创作方面存在的问题和改革建议

事实上，舞蹈本身就是一种文化，从这个意义上讲，我们一边跳着本民族的舞蹈，一边也就在演绎着本民族的文化，演绎的好坏直接与创作者对此民族文化的知识的掌握相关，并体现出创作者对该民族的情感特征。那么，就要明确两点：一是裕固族舞蹈文化承续裕固族的历史文化，创造些什么、传播些什么是每个热爱舞蹈的人要思考的问题。二是舞蹈艺术是为人民群众而创作的，要将当代裕固族舞蹈文化引向社会关注的生活事件和现象的题材，创作出广大群众喜闻乐见的舞蹈作品。

要解决上面所谈到的问题，就得从人才培养抓起。在人才培养方面，我们要培养的舞蹈人才应具备多方面的能力：能演、能编、能组织开展各类舞蹈活动乃至相关的艺术活动，能在前人的基础上去发展创新等。在舞蹈创作方面，需要注重以下几点：（1）坚持生活是创作的源泉。一个民族舞蹈的发展，既是为了反映人物和事件的新思想、新情感的需要，也是适应民族舞蹈艺术自身生存规律的必然要求。（2）积累丰富舞蹈语汇。为动作而舞或为风格而舞，难以取得突破，舞蹈新形式的创新和发展应是为了表现新的生活内容和塑造新的人物形象。（3）继承民族舞蹈传统。不要单学艺术形式，采取拿来主义，要积极深入生活挖掘、整理和创编。民族舞蹈的发展离不开各民族舞蹈之间的相互影响，对兄弟民族舞蹈文化的吸收和借鉴，[6] 它是在交流、学习中不断得到创新和提高的。

笔者认为，舞蹈创作要了解裕固族风格动律从何而来，就要真正了解裕固族民族文化和地域生态，了解裕固族的舞蹈语汇，把握体态，把握气质——动态特征在情感面向上的提升。一个民族的体态很重要，生活地域和服饰审美的特点都是一个民族形成独有的体态和气质的关键，在此基础上，再从美学的角度去理解、演变、提升裕固族舞蹈。只有当裕固族的文化意识在创作者的思维的内部扎根，才有可能在舞蹈中表现出裕固族的气质来。舞蹈离不开节奏，聪明的舞者以恰到好处的节奏去构造舞蹈。另外，处理节奏不仅要学会从舞蹈本体上下工夫，也要对音乐理论素质的培养以及对充满节奏韵律的生活予以关照，每一个学生应该从关注、学习、直至体味民族文化开始做起。

（二）教学方面存在的问题和改革建议

现代社会的教育要求我们培养全面发展、具有综合素质能力的舞蹈人才。多年来，传统的教学模式依然占据着舞蹈课堂的主导地位，舞蹈教学中专业技能的训练常常被摆在最重要的位置，评价一个学生能力水平的高低也是以技术技能的强弱为主要指标，而其他相关素质能力的培养、相关知识的课程则往往被轻视和忽略。这种现状被人们称之为"重技术，轻艺术"，或是"重技术，轻人文"现象。怎样使学生进入到一种全新的学习方法之中，也就是如何引导他们走出传统舞蹈学习模式，以适应学生身心发展和社会就业需求，以及如何了解自己在专业方面的优势与不足，从而有针对性地解决存在的问题，开发学生的潜能，对传统舞蹈教学模式进行改革是至关重要的。

面对这些问题，我国的舞蹈教育已积极寻找对策，可供借鉴学习：一是转变思想观念，以"人"为本，教学模式的改变不应仅仅是某些教学活动和教学手段的转变，应避免简单重复的传统教学，更多地融入学生参与意识与创造意识，培养学生对本专业的应用能力和对问题主动探索的精神。二是教学观念的转变，要以教师为中心向以学生为中心转变，最终目的是培养学生的主动性、创造性，提高其综合能力。

笔者认为，通过开设一些技能理论型课程，如《舞蹈编导常识》、《剧目赏析》、《艺术概论》等课程，向学生讲授舞蹈艺术概念、定义、种类、题材、美学特征等有关舞蹈艺术认识论方面的内容，讲解舞蹈作品如何根据音乐进行的构思、创作；舞蹈动作的提炼、发展、变化；组合、舞段的形成等。舞蹈编导课程在学生走向社会后将发挥巨大作用，活跃基层文化和普及舞蹈教育都需要学生具备编导方面的能力。"即兴创作"是舞蹈创编课程中的主要学习内容，是一种由乐曲的旋律、节奏、速度、和弦效果刺激而起的舞蹈表演，舞蹈结构和构思完全在表演中自然流动而完成。进行"即兴创作"，就要以创新为目的，在课堂中应充分运用如激情引趣、情景模拟、游戏穿插等多种教学方法，改变传统"包办"式教学，从而激发学生的创新意识，引导学生善于观察和思考舞蹈美感，让学生通过即兴创作提高审美情趣和创作能力。只有这样，舞蹈课堂才会真正实现主动参与、即兴创作的教学目标。

达尔文说："最有价值的知识，是关于方法的知识。"通过这样的学习，掌握了学习的方法和学习必经的过程、环节，学生就会在接受新知识的学习过程中进行思考和分析，就会自己"教"自己。而这种思考分析的能力就是一种独立学习的能力，是打开知识之门、不断获取新知识的钥匙。为使舞蹈教育跟上时代的步伐，使学生在社会竞争的浪潮中具有强劲的搏击能力，我们应该对舞蹈教学进行不断的反思和研究，不断创新舞蹈教学体系。

在舞蹈教学中，很重要的一个问题就是使学生掌握学习的方法。教师注意导入，引导学生成为学习的主体。教学方法要灵活多样，如师生间的互动、作业的讨论、对竞赛的评述、适当的理论写作、实践环节的指导。要给学生独立的空间，还要给予适当的指导，要师生教与学产生共鸣，达到"越学越乐、越教越精"的效果。对于裕固族舞蹈教育，笔者认为以现有的基本动作为元素，要建立和编写一套有本土舞蹈特色的教材，开设一些针对裕固族舞蹈组合训练的民间舞蹈教学课程。

五、裕固族的舞蹈创作与教学的展望

民族艺术的变化如同其生成一样，是多因集合性的、过程性的。[7]民族舞蹈依赖于其生长发育发展的土壤和环境，没有民族舞蹈赖以生长发育发展的土壤和环境就缺乏民族舞蹈成长的支撑力。一方面，要将民族舞蹈与本地区经济发展相结合，使民族舞蹈真正得到全面的发展；另一方面，将民族舞蹈与本地特色产业相结合，鼓励和支持民族舞蹈的保护与创新工作，为民族舞蹈保护和发展提供智力支撑。面对裕固族舞蹈的传承，笔者认为应该认真总结过去，用清醒的头看待已创作的舞蹈全貌，把握什么是精华与糟粕，在已有的工作基础上反复研究。同时，要加快对裕固族舞蹈的搜救与整理工作，要深入了解它们的历史，懂得这些动作和场景的文化意义，以及它究竟有哪些审美意义和哪种独特风格，促使裕固族人实现文化自觉并开始认同和肯定自己的文化，恢复裕固族舞蹈的历史记忆。

对民族舞蹈仅靠保护远远不够，还必须进行创新。一个民族如果没有创新的能力，也就不可能保护自己的传统文化；一个民族的传统文化如果不加以创新和变革，也就没有生命力，就无法适应当代社会的发展。因此必须对民族舞蹈进行创新，使得民族舞蹈恢复活力，提升民族舞蹈的质量，使之生生不息，世代延续。此外，政府与社会各界对舞蹈编导深入生活要给予足够的重视和一定的条件，不应关门创作或从别的已有舞蹈中寻找舞蹈创作的题材，或在创作中追求服装布景的华丽、人数的众多和场面的庞大，以形式的富丽堂皇来掩盖内容的空虚和贫乏。

从民族舞蹈创作的角度看，应该充分地利用优势，我们的创作人员大部分来自牧区，回家探亲时应仔细观察、深入地采风，吸收生活中的舞蹈营养，加之现代元素的改编和创作，使得裕固族传统的民间舞蹈在发展的基础上得以传承。随着天鹅琴和牛角鼓的恢复，应考虑将歌、舞、乐三者结合，使它具有独特的传承方式，在特定环境中，表现本民族的独特风格与思想情感；使本民族的民族舞蹈更加完善，更具有生命力。舞蹈是一门视觉与听觉并存的艺术，音乐是舞蹈的灵魂，音乐与舞蹈是"血肉相连，鱼水相依"的。优质的音乐伴奏是民族舞蹈演绎过程中最不可缺少的重要环节，音乐是有灵魂有感情的，它可以辅助舞者把舞蹈的情感释放出来，好的音乐甚至可以提升舞蹈的效果。如大型"原生态"歌舞集《云南映象》是一台融传统和现代一体的舞台新作，将原生的原创乡土歌舞精髓和民族舞经典全新整合重构，展现了云南浓郁的民族风情。在它的姊妹篇《云南的响声》里，观众会看到，不论是锄头钉耙，还是水车石磨，只要是手中能拿的，口中能含的，几乎都被当成乐器来演奏；据统计，被搬到舞台上来的云南民族民间乐器，大约有几百件之多。又如民族大型原创民族歌舞集《呼伦贝尔大雪原》，晚会以浓郁的民族风格，别具特色的民俗风情，气势恢弘、磅礴大气的艺术表现力，艺术地再现了北方民族的生产、生活、劳动和爱情。《呼伦贝尔大雪原》的编创者独辟蹊径，将目光对准严寒冬季中呼伦贝尔大草原上蒙古、达斡尔、鄂温克、鄂伦春等北方少数民族的生存状态，挖掘、探寻其在严酷自然环境下坚忍不拔、乐观向上的生活态度和精神追求，与大自然和谐共生的生存法则和生活理念，是一幅唯美的北方游牧和森林狩猎民族生产生活风情画卷，是对世居于这一地区各民族文化的一次全景式展示。我们也殷切期待裕固族歌舞能有更具艺术震撼力的节目搬上舞台。

六、结语

当今的世界已经进入了信息社会的时代，科学的进步大大缩短的各个民族之间的距离，为我们各民族舞蹈艺术的大交流、大传播，以及我们学习和借鉴外来舞蹈创作的经验提供了非常有利的条件。只要始终坚持学习和借鉴是为了更好地创作和发展自己本民族舞蹈的经验，就会有鉴别、有比较、有继承、有扬弃，就能不断地丰富我们的舞蹈表现手段，增强舞蹈艺术的风格特点。随着科学技术的发展、经济水平的提高以及现代大众传播媒介的普及，舞蹈传播的范围更广、速度更快、形式也更加多样，我们应当主动地进入和掌握这些传播媒介，满足人们对舞蹈的需求，在舞蹈艺术的普及和传播方面起到积极的作用，为裕固族舞蹈艺术事业的繁荣昌盛，在正确的方向上尽心尽力地完成自己的使命。几十年来，裕固族儿女和各民族兄弟姐妹，为裕固族舞蹈事业付出了艰辛努力和辛勤汗水，前面的路还很漫长，让我们携起手共同走向更加辉煌的明天。

[参考文献]

[1] 陈晓玲、王淑英：《裕固族民间舞蹈的复合型特征及其形成原因分析》，载《学术理论与探索》2008年第5期。

[2] 甄勇宏：《浅谈裕固族舞蹈特色》，载《甘肃高师学报》2002年第3期。

[3] 钟进文主编：《国外裕固族研究文集》，中央民族大学出版社，2008年，第62页。

[4] [美] 约翰·马丁：《生命的律动——舞蹈概论》，文化艺术出版社，1996年，第51页。

[5] 张曼姝：《社会舞蹈创作的个性和特点》，载《戏剧丛刊》2009年第4期。

[6] 隆荫培：《舞蹈奥秘探求》（上卷），天马出版社，2009年，第130页。

[7] 宋生贵:《传承与超越——当代民族艺术之路》,人民出版社,2007年,第32页。

[作者简介]

全迎春(1973—   ),女,裕固族,甘肃肃南人,北京中华民族博物院活动部编导,主要从事裕固族舞蹈研究。

教 育 研 究

加快民族文化课程建设　促进人口较少民族发展
人口较少民族地区县域学前教育发展的教育人类学研究
学校教育·弱势群体·非教育功能
两次裕固族语言教育试验失败的归因分析与相关政策探讨
学校教育与地方知识关系探究
裕固族儿童"剃头仪式"的教育人类学研究
甘肃省肃南裕固族自治县基础教育一体化均衡发展的经验研究
学校教育传承裕固族传统文化的有效途径研究
裕固族聚居区民族文化课程的开发与实践
高中课改助推民族教育内涵发展
构建民族地区和谐校园的几点思考
说写训练是构建民族地区中学生语文和谐课堂的关键所在
关于提高少数民族学生汉语能力的思考
让幼儿在运用语言的过程中学习裕固族语言
民族文化在幼儿教育中的应用
如何激发幼儿学习裕固语的兴趣
少数民族地区创建特色学校的几点思考
结合牧区资源　提高学生素质
浅议学校如何巩固裕固族音乐文化的可持续发展
甘肃省裕固族中学生心理健康状况
牧区职业学校对学生艺术教育的培养
寄宿生课余闲暇时间的有效管理
牧区语文课中电化教学的尝试
关注课堂动态生成　焕发牧区儿童生命活力

加快民族文化课程建设 促进人口较少民族发展

巴战龙

[摘要] 进入21世纪以来，扶持人口较少民族发展已经成为民族工作的一个重点和亮点。但是，"发展"是一把"双刃剑"，在人口较少民族地区基础设施和人民生活水平得到较大改善的同时，人口较少民族传统文化却正在以极其惊人的速度消亡。"经济社会越发展，文化遗产越濒危"正成为人口较少民族发展面临的最主要的现实问题。作者经过数年时间的田野研究后认为，加快民族文化课程建设是促进人口较少民族发展的正确选择。

22个人口较少民族，是中国民族大家庭的重要成员。进入21世纪以来，扶持人口较少民族发展已经成为民族工作的一个重点和亮点，国家有关部门先后制定和出台了包括《扶持人口较少民族发展规划（2005—2010年）》等在内的一系列政策和措施，取得了显著的发展成果和社会效益。

2005年以来，在国家扶持人口较少民族发展系列政策，社会主义新农村建设系列政策以及基础教育发展系列政策的促动下，人口较少民族地区包括教育事业在内的各项社会事业发展迅速。截至2009年8月，人口较少民族适龄儿童入学率普遍达到95%以上，初中毛入学率多数达到90%以上，人口较少民族聚居乡镇已经全面实现普及初等教育，大部分基本普及九年义务教育，基本落实"两免一补"政策。例如，裕固族已经在全国少数民族中率先实现15年基础教育全免费，还补助寄宿生60—320元不等的家校往返交通费用。

在肯定所取得的巨大成就的同时，人们也逐渐认识到棘手问题的存在。"发展"是一把"双刃剑"，在人口较少民族地区基础设施和人民生活水平得到较大改善的同时，包括语言文化在内的人口较少民族传统文化却正在以极其惊人的速度消亡。"经济社会越发展，文化遗产越濒危"正成为人口较少民族发展面临的最主要的现实问题。

当前人口较少民族文化发展的实际情况是：首先，大部分人口较少民族地区存在由于传统生产生活方式难以为继，继而导致与传统生产生活方式紧密结合的物质和非物质文化遗产趋于濒危或消亡等社会文化问题突出；其次，人口较少民族中本族语言在公共领域的使用频率下降，使用人口数量快速下降且年龄差异显著，汉语单语人口数量快速增多，多种语言处于濒危或趋于消亡，例如，赫哲族中赫哲语使用人口高龄化相当明显，50岁以下的人几乎都不会听说赫哲语；裕固族有两种本族语言，使用本族语言的人口只占本族人口的一半，而在改革开放以来的新增人口中，裕固语单语人的数量和比例正在急剧下降，汉语单语人的数量和比例正在急剧上升；再次，人口较少民族大多没有本族文字，本族文化常常依靠口耳相传，由于本族语言的濒危或消亡，许多口头传统和文化现象，例如民歌、神话、传说、故事和谚语等文化遗产都将面临濒危或消亡的境地；第四，长期以来人口较少民族地区教育发展水平较低，本族知识分子少，力量小，对本族传统文化的整理继承和对现代文化的发展创新能力较弱，文化的"碎片化"导致社会抗逆力较弱，社会文化发展的难度和代价增大；第五，随着"十一五规划"期间"四通五有三达到"目标的基本实现，现代信息媒体已经进入村落山寨，传统的文化传承方式和文化传播方式急剧萎缩，文化适应和社会整合的难度增大。

在此，特别值得提出的是，人口较少民族文化发展问题，从来就不是单一的文化发展问题，而是关系到人类的生物多样性与文化多样性保护、中国国家安全和社会现代化建设的重大问题，应该引起全社会的高度关注，并得到及时妥善的处理和解决。近年来，在上述这些实际问题的解决策略上，许多专家学者和社会人士都主张把开发和实施民族文化课程作为基本途径和主要方法。经过数年时间的田野研究，我们认为，加快民族文化课程建设是促进人口较少民族发展的正确选择。

一、加快人口较少民族地区基础教育阶段民族文化课程建设的必要性

课程是一个发展的概念，民族文化课程更是随着社会语境的变化而有不同的含义。这里所说的民族文化课程，是指在少数民族地区各级正规学校教育中实施的、以传承和发展少数民族的优秀文化为主要目的的一种课程，它是为实现这一主要目的而"规定的教学科目及它的目的、内容、范围、分量和进程的总和，包括为学生个性的全面发展而营造的学校环境的全部内容"[①]。从目前的人口较少民族地区教育发展的实际情况看来，民族文化课程常常属于基础教育阶段的地方课程或校本课程，尤以校本课程更为常见。

今年初，中共中央政治局委员、国务委员刘延东同志在教育部2010年度工作会议上明确指出，要把教育资源配置和工作重点集中到提高质量、特色发展和促进公平上来，促进各级各类教育协调发展，保障不同群体公平接受教育。这次讲话为今后一段时间的人口较少民族地区教育事业的发展指明了方向、确定了主题，也就是说，今后一段时间，人口较少民族地区教育发展应以"提高质量、特色发展和促进公平"为工作重点。就加快民族文化课程建设而言，其必要性主要表现在以下三个方面。

---

① 袁振国主编：《当代教育学》，教育科学出版社，1999年，第131页。

（一）提高教育教学质量的需要

长期以来，人口较少民族地区基础教育阶段学校课程照搬套用内地汉族地区学校课程，学校课程的社会文化适切性较差，教学难度大且质量较差，学生学习负担重且学业成就较低，导致社区民众对发展教育的重要性认识不足，对发展教育的信心不足，从而从根本上制约了人口较少民族教育及社会的发展。

民族文化课程关注学生的生活世界和文化经验，关注这些民族传统的教育方式和教学方法，反映的也大多是学生身边的"事"和"物"，加之分析和解释"我们是谁？"、"我们从哪里来？"、"我们到哪里去？"等学生很感兴趣的问题，可以极大地激发学生的学习兴趣和主动探究的愿望，肯定学生的文化自信，从而提高学生的学业成就。

（二）促进学校特色发展的需要

"千校一面"，是中国基础教育阶段学校发展的痼疾，人口较少民族地区的基础教育阶段的学校发展也不例外。一般来说，学校特色发展就是通过学校和社区共同建设，教师和学生共同奋斗，使学校在发展历程中形成比较稳定持久的发展方式和被社会公认的、独特的、优良的文化特征的过程。人们也已经总结出了学校特色发展这一"差异化"发展策略的三个层层递进的阶段："人无我有"、"人有我优"和"人优我新"。

人口较少民族地区学校要利用自己的"后发展"优势，把民族文化课程建设作为学校特色发展的基本途径，通过有效回应社区和家长的文化需求，既为学校发展营造良好的氛围，又为学校发展奠定坚实的基础。

（三）公平传承民族文化的需要

民族是文化的造物，文化是民族的灵魂。每一个民族都会像珍视自己的生命一样珍视自己的文化，都会热衷于在民族内部传承本族文化，并向其他民族传播扩散本族文化。人类学家张海洋教授在广受专家学者和社会各界认同和赞誉的《文化多样性公平传承论纲》一文中指出："文化传承与人类的生殖生产同其重要。文化的公平传承与人类的公平生育基于同一伦理。各民族传统文化或有地域和时代局限，需要面对现实发展创新，也都有与时俱进和自我创新能力。但任何文化改革创新，无论是因俗简礼还是革俗变礼，都应由本民族自主选择，不能由外力强制。包括现代国民教育在内的任何行业或组织以任何名义中断他人文化或剥夺其传承机会，都等于利用霸权发动文化战争或实施文化绝育，就不仅是对相关民族的蔑视和冒犯，而且是对全球人类的犯罪。"[①] 坚持民族平等和民族团结，是党和国家解决

---

① http://blog.sina.com.cn/s/blog_48c6994f01008rm5.html。

民族问题的总原则和总政策。因此，人口较少民族也有享受平等地传承本族文化的权利，而加快民族文化课程建设则是这一权利的最重要的体现之一，因为人口较少民族文化的振兴和发展的根本在教育。

在自2001年开启的第八次全国基础教育课程改革的浪潮中，人口较少民族地区各级学校和社会组织也不甘落后，开发出了数套以传承民族文化为主旨的学校课程，获得了前所未有的改革成果和社会影响，例如，2006年开发编印出的"裕固族乡土教材"曾先后获得甘肃省、张掖市和肃南裕固族自治县的基础教育科研优秀成果一等奖，后进一步编修成书公开出版[1]，2008年春季学期起在裕固族聚居区学校中推广使用。但是，从整体上来看，人口较少民族地区基础教育民族文化课程建设还处于起步阶段，需要采取更加多元和有效的措施建设之、丰富之、完善之。

二、加快人口较少民族地区基础教育阶段民族文化课程建设的几点建议

根据近年来的实地调查成果，为加快民族文化课程建设，促进人口较少民族发展，我们提出如下建议：

（一）纳入规划，重点支持

在《扶持人口较少民族发展规划（2005—2010年）》中，首先将"社会事业发展滞后"作为人口较少民族面临的三个主要问题和困难之一，指出这些民族"教育落后，适龄儿童入学率普遍较低，平均文盲率为42.3%，有9个民族文盲率超过50%"，进而提出教育发展的任务是"实现基本普及九年义务教育，基本扫除青壮年文盲的目标"，决定采取政策措施加大对教育事业的扶持力度，具体即是："将人口较少民族所在乡镇寄宿制学校的新建和改扩建工程项目，优先纳入国家'西部地区农村寄宿制学校建设工程'，重点安排。免除国家扶贫开发工作重点县中人口较少民族聚居地区义务教育阶段农村贫困家庭学生的书本费、杂费，并逐步补助寄宿学生生活费，到2007年在农村义务教育阶段普遍实行'两免一补'政策。"

从上述内容可以看出，"十一五"规划期间，扶持人口较少民族地区教育发展的主要任务定位在"普九"和"扫盲"上，也就是说，在此期间的教育发展主要是一种外延式的、追求数量的社会变迁过程。经过5年的努力，这两个目标基本能够实现。在"十二五"规划期间，教育发展的主要任务应该定位在巩固"普九"和"扫盲"成果、提供优质教育资源这两个目标上来，从"有学上"向"上好学"过渡，在此期间的教育发展主要应该是一种内涵式的、追求质量的社会变迁

---

[1] 安维武主编：《裕固家园》（裕固族乡土教材），甘肃文化出版社，2008年。

过程。"上好学"就必然要求优化学校教育，而课程在学校教育中处于核心地位，因此课程改革势在必行。

人口较少民族的基本特点，除了人口数量特别少、居住分散且基本分布在边境一带、相对贫困问题突出以外，还有文化核心区范围较小，存续和发展本民族文化的自身能力较弱，进而导致其社会较为脆弱，在社会现代化和经济全球化等强有力的外部力量的冲击下，其社会崩解的风险较大。正是出于对这种现实情况的考虑，民族文化课程建设的重要性才不断为人们所认识。民族文化课程是连接学校教育与民族文化的中枢机制，再加上学校教育不仅仅是一种培养人口较少民族下一代的社会活动，而且还是引发和推动人口较少民族地区社会变迁的重要因素。所以，我们认为，应该将民族文化课程建设纳入"十二五"期间的《扶持人口较少民族发展规划》，作为教育与文化发展的重要任务之一，采取相关政策措施予以重点支持。

（二）更新认识，完善功能

在世俗化、城市化和信息化等社会发展大背景下，人口较少民族面临着比其他民族更严峻的两难选择：一方面渴求经济上高速发展，尽快实现社会现代化；另一方面又希望长久保留本民族的传统文化，担忧民族传统文化的急速消失。加快民族文化课程建设正是解决这一难题的重要举措。从这个角度来看，民族文化课程不仅具有传承民族优秀传统文化，而且赋有发展民族现代文化的功能。从总体上来看，民族文化课程的主要功能是培养符合现时代各项要求的合格社会成员，创造性地促进民族文化的"传统"与"现代"之融合，进而成为培育人口较少民族自主发展能力的动力机制。民族文化既是"人为的"，也是"为人的"，设立民族文化课程的根本目的，是促进人口较少民族全面、健康、持续发展，因此，仅仅将民族文化课程的功能限定于传承民族传统文化是不够的，是一种狭隘的"课程功能观"，必须予以摈弃。另外，民族文化既有一脉相承的一面，也有变动不居的一面，一味地将民族文化课程功能限定于传承民族传统文化，则可能会窒息民族文化发展的活力，从长远看是不利于民族发展的。

（三）改变观念，突破定式

人口较少民族地区民族文化课程建设取得了不菲的成绩，这是应该充分肯定的，但是也存在由认识偏差导致的三个重要问题。一是把民族文化课程建设看成是各个人口较少民族的"内部事务"。文化多样性是全人类共同的财富，保护文化多样性是全人类共同的责任。人口较少民族文化是人类多样文化的重要组成部分，并不仅仅属于人口较少民族自身，"保护人口较少民族传统文化、发展人口较少民族现代文化和传承人口较少民族优秀文化"的责任不仅仅是其自身责任，所以，人口较少民族地区民族文化课程建设是一项全社会共同支持、共同参与的社会事业。二是把民族文化课程建设等同于乡土教材开发。实际上，教材开发只是课程建设的一个环节而已，而且随着计算机和多媒体技术在教育中的广泛应用，即使是教材开发，也不再仅仅是纸质教科书的编写，而且还包括教学图册以及与教科书配套的音像制品、计算机辅助教学软件、教学参考信息、教学辅导信息等。三是将民族文化课程建设看做是"小三门"——音乐、体育和美术课程的乡土化。相对而言，与音乐、体育和美术有关的民族文化内容更易成为课程资源，也更易被当做民族文化课程开发的重点内容。但是这远不是民族文化的全部，生态、历史、地理、语言、文学等也应该是民族文化课程开发的内容，尤其是人口较少民族的语言已经接近或处于濒危状态，而语言不仅是民族文化的重要内容，而且是民族文化的主要载体，通过学校教育传承民族语言的意义十分重大。

（四）消除差别，均衡发展

民族文化课程建设，既有民族间的较大差别，但更重要的是学校之间的差别，即使在同一民族地区，也可常常看到一所（些）学校民族文化课程建设"欣欣向荣"或"如火如荼"，而另一所（些）学校民族文化课程建设"应付差事"或"一无所有"。由于各个人口较少民族地区发展水平差别显著，再加上人们对教育发展的期望和意愿也有较大差别，民族文化课程建设的民族间的差别在短时间内难以消除，但也要在"有"和"无"的质的差别上有所突破。面对现实，我们应该把消除同一民族地区各校民族文化课程建设的差别作为当前的重要工作任务。之所以确定这个任务，一方面，对各级政府，特别是教育行政部门来说，提供均等化的基本教育公共服务是其重要职责，另一方面，对各个人口较少民族儿童来说，在学校教育中享受基本公平的民族文化教育也是必须的，也是教育公平和社会正义的原则要求和重要体现。

教育部已经确定于2020年基本实现义务教育的均衡发展，人口较少民族地区可以优先发展，将目标定位于2020年基本实现从幼儿园到高中的基础教育均衡发展。其中，民族文化课程建设水平应当成为衡量基础教育均衡发展的重要指标。

（五）构建能力，倡导交流

离开教师的专业发展，民族文化课程建设就无从谈起。人口较少民族地区的广大教师，是当地学校教育发展的主体。由于人口较少民族地区经济社会发育程度低，教育投入长期不足，致使广大教师成为长期缺乏专业发展的动力、条件和机会。民族文化课程建设是一个系统工程，长足的教师专业发展是这一工程的基础支撑条件。大量的研究证明，教师专业发展是教师能力增长和成熟的过程，是在专业任务上取得更多、更深、更优异的成就的过程。只要有支持性的环境，再加上个人的努力，就能获得最大化的专业发展。

人口较少民族地区的民族文化课程建设还呈现出一个特征，就是"点上开花易，面上结果难"，广大教师渴望交流课程建设和教育教学的经验和心得。这种交流可以分为三个层次进行：第一个层次是与相关专家学者的交流，这种交流不仅可以使理论和实践联系起来，而且能够使政策建议和实际需求对接起来；第二个层次是与兄弟民族教师同行的交流，这种交流不仅能够相互学习民族文化课程建设的经验，而且能够使教师真正理解通过教育保护文化多样性的价值和意义，进而采取有效方法教育人口较少民族儿童树立文化自信并乐于接受人类文化的多样性；第三个层次是与本校同行的交流，这种交流更加随机和多元，对于有针对性地解决民族文化课程实施和运行过程中的实际问题非常有效。没有交流，许多宝贵的经验在时光的流逝中价值不断减损，许多有益的心得难以实现价值增值。因此，建立一个长期有效的民族文化课程建设的交流机制是必要之举，也是众望所归。

2010年2月，《国家中长期教育改革和发展规划纲要（2010—2020年）》（征求意见稿）中将"民族教育"作为"八大教育"之一单列一章，并要求"加大对人口较少民族教育事业的扶持力度。"可以预见，人口较少民族教育发展即将进入一个快速发展的时期。2009年7月，国务院副总理回良玉同志在全国扶持人口较少民族发展工作经验交流会讲话中指出，扶持人口较少民族发展，是新时期促进民族团结进步的民心工程，是推动各民族共同繁荣发展的德政工程，是造福人口较少民族群众的幸福工程，要按照"国家扶持，省负总责，县抓落实，整村推进"的工作方针，重点抓好五项工作，其中一项就是加快教育和文化等社会事业的发展。要加快教育与文化事业的发展，加快民族文化课程建设是一项核心工作，是促进人口较少民族发展的重要举措。

（本文部分内容曾以《民族文化课程：提高人口较少民族教育质量的重要途径》为题载于《中国民族教育》2010年第4期）

[作者简介]

巴战龙（1976—　），男，裕固族，甘肃肃南人，民族学博士，北京师范大学社会发展与公共政策学院讲师，硕士生导师，主要从事教育人类学、发展人类学、民族志与社会科学研究、人口较少民族研究。

人口较少民族地区县域学前教育发展的教育人类学研究

——以甘肃省肃南裕固族自治县为例

巴战龙

[摘要] 普及学前教育是当前中国基础教育发展的重点任务,但是由于地理条件限制、居住格局多样、民族文化差异等原因,在人口较少民族地区普及和发展学前教育将面临一系列的问题和困难。通过对甘肃省肃南裕固族自治县学前教育发展的教育人类学分析,发现学前教育的民族文化课程和教师专业成长是两个亟待关注的问题,因为这两个问题的解决直接关涉到学前教育发展的核心问题——质量和效益的提高。

一、引言

学前教育是中国特色社会主义教育事业的有机组成部分,是基础教育的重要阶段。1995年颁布施行的《中华人民共和国教育法》第十七条规定:"国家实行学前教育、初等教育、中等教育、高等教育的学校教育制度。"[1](P6) 2010年国发第41号文件——《国务院关于当前发展学前教育的若干意见》对学前教育新的时代定位是:"学前教育是终身学习的开端,是国民教育体系的重要组成部分,是重要的社会公益事业",并指出,"办好学前教育,关系亿万儿童的健康成长,关系千家万户的切身利益,关系国家和民族的未来"。[2]

根据1990年第四次人口普查统计,在我国55个少数民族中,有22个少数民族的人口在10万人以下,统称人口较少民族。根据2000年第五次全国人口普查统计,人口较少民族总人口63万人。1949年新中国成立前,人口较少民族大多没有现代意义上的学前教育。新中国成立后,人口较少民族教育得到了较快的发展,但与人口较多民族相比,发展仍然滞后。由国家民委、国家发展改革委、财政部、中国人民银行、国务院扶贫办联合制定的《扶持人口较少民族发展规划(2005—2010)》指出,人口较少民族"教育落后,适龄儿童入学率普遍较低,平均文盲率为42.3%,有9个民族文盲率超过50%"。鉴于这种整体情况,该规划并未将发展

学前教育作为主要任务,而是把"实现基本普及九年义务教育,基本扫除青壮年文盲的目标"作为主要任务。[3](P656)

人口较少民族不仅人口数量少,而且居住特别分散,大多处于与其他民族混合杂居的状态,只有小片的聚居区域。根据2001年国家民委有关资料显示,这些民族主要分布在云南、新疆、西藏、甘肃等10个省(自治区)中的86个县、238个乡镇、640个行政村。[4](P4)由于人口较少民族居住区域常常地处偏远、山川阻隔,加之民族文化差异显著、基础设施条件较差、基础教育和经济社会发展水平不高等原因,在该区域普及和发展学前教育将面临一系列的问题和困难。为了解决这些问题和困难,我们既要有基于"整体"的"面"上的研讨,又要有基于"部分"的"点"上探究。为此,考虑到基础教育管理"以县为主"的管理体制等因素,本文拟在笔者近十余年来的田野研究的基础上,以肃南裕固族自治县学前教育发展为例,对人口较少民族县域学前教育发展作些教育人类学分析,以期深化人们对人口较少民族学前教育发展历程与现状、问题与对策的认识。

二、肃南裕固族自治县学前教育发展历程与现状

(一)裕固族和肃南裕固族自治县概况

裕固族是中国的人口较少民族之一,主要聚居在甘肃省肃南裕固族自治县和酒泉市肃州区黄泥堡裕固族乡。据2000年第五次全国人口普查统计,裕固族共有13719人。裕固族主要从事畜牧业生产,主要使用三种语言:西部裕固语、东部裕固语(这两种本族语言分属阿尔泰语系突厥语族和蒙古语族)和汉语,本族文字回鹘文失传,现无本民族文字,通用汉文。

肃南裕固族自治县成立于1954年,是中国唯一、甘肃独有的裕固族自治县,地处河西走廊中部、祁连山北麓,东西长650公里,南北宽120—200公里,总面积2.4万平方公里。现辖6乡2镇、9个国有林牧场、101个行政村和3个城镇社区,居住有裕固、汉、藏、蒙古等11个民族。总人口3.62万,其中农牧业人口2.43万,占67.1%;少数民族人口1.96万,占54%;其中裕固族近1万人,占27%。境内草原广袤、土地肥沃、森林茂密、河流纵横、矿藏丰富,除明花乡属平川沙漠外,其余均系山地。[5]

肃南裕固族自治县所在的祁连山北麓裕固、藏等少数民族的现代学校教育起源于宗教领袖第七世顾嘉堪布——罗桑青利嘉木错(1897—1943,有裕固、藏两族血统)在当地劝谕兴学。他在蒙藏委员会河西调查组的支持和帮助下,于1939年至1942年间依托各部落寺院创办初级小学6所,至1954年肃南裕固族自治区(县级)成立时,全区只有初级小学8所。裕固族实现民族区域自治后,肃南境内的学校教育得到了一定的发展,特别是1958年大跃进运动中,学校教育得到了空前

的发展，1961年回落后至1965年间稳步发展。十年"文化大革命"期间学校教育在曲折中发展。1976年10月，全县的教育事业经过全面改革和调整后，走上了正轨办学道路。[6](P299—302) 实行改革开放后，自治县教育事业得到了迅速发展，1994年实现普及初等教育的目标，1997年实现"基本普及义务教育、基本扫除青壮年文盲"的目标。2009年，实现从幼儿园到高中15年基础教育全免费的目标，从此掀开了自治县教育事业发展的新篇章。[7]

（二）肃南裕固族自治县学前教育发展历程与现状

结合文献资料和田野资料来看，现代意义上的肃南裕固族自治县学前教育发展历程可以分为三个阶段：

1. 畸形发展的学前教育（1958—1961）

该县学前教育始于1958年。《肃南裕固族自治县志》中载道："在甘肃省委'要求在九年内使全省基本普及幼儿教育'的思想指导下，学前教育由零起步，寄宿制、全日制、半日制等多种形式的幼儿园在草原上一跃而起。当年全县建起托儿所、幼儿园31所，入园儿童2017名，入园率达100%。经过三年大跃进，到1960年，全县有幼儿园42所，入园幼儿1479名。幼儿园办起后，基础设施跟不上，师资缺乏，教育质量不高，加之当时生活困难，幼儿教育没有得到巩固，于1961年全部停办。"[6](P302)

笔者从田野研究得知，当时在极短的时间内，肃南草原上就兴办起了数十所幼儿园和托儿所，许多被抽调到工作岗位上的多是年轻的姑娘，没有接受专业培训，也无养育幼儿的经验，又多是"革命积极分子"，热情有余，经验不足，在教养工作中不顾幼儿身心发展特点，盲目强调教学而忽视保育，教学内容中加进了脱离实际的内容，甚至有"政治思想教育"和"政治斗争教育"的内容。由于教养工作出现了严重失误，造成了一些幼儿营养不良、饥饿过度而患病、身体发育不良等，更严重的甚至造成残疾、痴呆和死亡的人间惨剧。[8](P199) 由此造成的负面的"社会记忆"曾经长期影响着当地民众，使他们对让子女接受学前教育的态度不甚积极。

2. 稳步发展的学前教育（1980—2008）

沉寂近20年后，学前教育在1980年代初再次兴起。1980年，该县政府根据"全国托幼工作会议纪要"精神拨款在县治所在地——红湾寺建起了机关幼儿园，抽调教职员工5人，招收幼儿30名，是为学前教育发展新的起点。至1990年，全县有机关幼儿园4所，在园幼儿120名。[6](P302) 县城机关幼儿园就是现在自治县幼儿园的前身，后来其他3所幼儿园陆续停办。1995年8月，自治县又创办了当时的第二所幼儿园——皇城区幼儿园，现附设在肃南二中。在此之前，1987年8月，自治县开始在红湾小学实施黑龙江省的"注音识字，提前读写"实验教学，随后各区学校相继推广这一实验。在此背景下，由于小学入学新生基础较差和实验教学的需要，在学生家长和社会民众的要求下，小学附设学前班纷纷出现。"1990年后红湾小学及各区、乡完全小学相继开办学前班。1995年底,全县已有19所小学附设学前班,在校幼儿达461名。学前班招收6周岁幼儿,开设语言、计算、常识、美工等课程。"[9](P267)至2008年底,"学龄前儿童入园(班)率达80%以上"。[10](P248)正是由于有了这样的基础,为之后学前教育的突破性发展奠定了坚实的基础。

3. 普及免费的学前教育(2009—)

在基础教育发展系列政策、社会主义新农村建设系列政策和扶持人口较少民族发展系列政策的综合作用下,2009年自治县教育事业发展获得了质的飞跃——实现了包括学前教育在内的15年基础教育全免费的发展目标。自治县政府的惠民政策——全县学前教育实行"三免一补"(免除保育费、取暖费和杂支费,补助伙食费),为当地学前教育掀开了新的篇章,一时间,全县人民,特别是农牧民让子女接受学前教育的需求井喷式爆发,第一次出现了不到规定入园年龄学前儿童"入园难"的现象。截至2010年底,全县共有各类幼儿园(班)10所,其中城镇幼儿园1所、乡镇九年制学校附设两年制幼儿园5所、农村普通小学附设学前班4个;在园幼儿650人,城镇4—6周岁幼儿毛入园率100%,全县4—6周岁幼儿毛入园率85%;全县从事幼儿教育的教职工59人,其中专任教师50人,专任教师中大专以上学历44人,占幼儿教师的88%,幼儿教师学历合格率和教学基本功合格率均达100%。[11]

2011年3月21日印发的《肃南县学前教育三年行动计划(2011—2013)》提出的总体目标是:"努力构建政府主导、多元并举、优质协调、充满活力的学前教育社会公共服务体系。坚持公益性和普惠性原则,因地制宜,从实际出发,为幼儿和家长提供方便就近、灵活多样的学前教育服务,保障幼儿健康快乐成长。到2013年,学前教育资源进一步扩大,农牧村幼儿园办园水平明显提升,保教质量显著提高,师资队伍日趋优化,全县学前三年适龄幼儿入园率达到90%以上,基本解决入园难问题。"具体目标中最引人注目的是"全面普及学前教育",即"根据我县经济社会发展和新增人口情况,努力构建覆盖城乡、布局合理的学前教育公共服务体系,全面普及学前三年教育。到2013年,城镇4—6周岁适龄幼儿入园率稳定保持在100%,全县4—6周岁适龄幼儿入园率达到90%以上。"[11]

综上所述,该县的学前教育的发展是与国家和省市相关政策的颁布和调整而发展的,这从一个侧面印证了相关研究指出的"政府主导是保障学前教育性质、功能与定位的决定性条件"的论点。[12](P10)

三、分析与讨论:教育人类学的视角

教育人类学在中国是一门新兴的学科,目前正处在分析框架拓展、理论范式变换和研究方法创新的"躁动期",但是其核心关注仍然聚焦在"教育与分殊文化"之关系和"教育与普同人性"之关系两个研究主题考察和辨析上。[13]本文主要从

"教育与分殊文化"关系探究的视角出发,结合田野资料,对肃南裕固族自治县学前教育发展面临的挑战及其可能的应对做两个方面的分析和讨论。

(一) 重视文化传承,防止文化中断

尽管有许多相关研究已经指出,学前教育投入是社会回报率最高的一项财政投入,[12](P6)但是,我们不应该回避这样的事实,关于早期儿童教育的争论相当激烈。当前争论的焦点集中在两个问题上,一是儿童究竟应该在谁的控制下接受最初的社会化,二是早期教育的积极影响是对全体儿童而言的还是只针对特殊群体的儿童。[14](P35—41)[15](P25—27)尽管争论者各抒己见,但这两个争论都建立在儿童社会化过程必不可少和看护儿童的需要有增无减这样两个前提上。不过,这些争论还是提醒我们,学前教育的发展也是有代价和风险的。

根据笔者的调查,肃南裕固族自治县大多数幼儿园的课程照搬内地幼儿园的课程,绝大多数官员、家长和教师对这些课程是否适宜本地儿童身心发展的问题考虑甚少。实际上,根据早期儿童智力与生理发展的研究结果,儿童几乎从出生那一刻起就具有学习能力,最迟也在两岁半时就具有了学习能力,而且这种能力在持续不断地增强,加之儿童50%的智力是在出生至4岁之间发育的。[15](P25)这也就是说,儿童在进入幼儿园或学前班学习时,已经从家庭、社区和媒体上习得了一定的文化,其中当地文化内容占有相当的比例。在这种情形下,儿童入园或入班学习很容易发生"文化中断"。教育人类学的研究已经普遍证实,少数族群的低学业成就很难归因于能力方面和智力方面的基因差异、"贫困的文化"和少数族群本身的"文化缺陷"等,相反却发现,除了宏观的历史文化传承和社会政治压迫之外,教育中的文化连续性和非连续性是重要原因之一。[16](P94—99)

在田野研究中,笔者的发现与这一主题研究的先驱希思(Shirley Brice Heath)和格林(Judith L. Green)的发现较为一致,[16](94—95)"文化中断"主要表现在两个方面:一是儿童"在家庭和社区中所习得的被认为合适的行为与学校老师的期望之间的非连续性";二是儿童在家庭和社区里习得的语言与学校里教学的语言之间的非连续性,特别是对那些只会本族语言,不会本地汉语方言或汉语普通话的儿童来说更是如此。包括裕固族在内的人口较少民族人口数量少,基本分布在边境地区,相对贫困,在社会现代化和经济全球化等强有力的外部力量的冲击下,存续和发展本民族文化的能力较弱,加之大多有语言无文字,本族语言是本族文化最重要的载体。从文化传承的角度看,这些会讲本族语言的儿童应该是社会文化意义上的"金宝宝",但是他们在学前教育机构中却成为了"处境不利儿童"。

面对上述情形,结合国内外的研究成果和实践经验,笔者认为,在人口较少民族地区发展学前教育,一定要认真对待学前教育与儿童身心发展特点及儿童所在社区和族群之社会文化的适切性问题。这一问题如果不予解决或解决不好,不仅对人口较少民族地区文化多样性的保护和传承起到釜底抽薪的破坏作用,而且可能由于产生大量"文化边缘人"而导致社会发展滞后或社会解体崩溃等严重后果。解决这一问题的重要途径是加强学前教育的民族文化课程建设。民族文化课程决不仅仅是传承民族传统文化,相反它是"现代"与"传统"的有机结合,更多强调对"民族传统文化"的创造性转化,既传承民族优秀文化,又传播现代主流文化。[17] 开发和实施民族文化课程,需要大量人力、物力和财力的投入,应列入中央财政和地方财政专项经费予以支持,因为《国务院关于当前发展学前教育的若干意见》已对此作了明确的规定。[2] 就肃南裕固族自治县来说,其义务教育阶段民族文化课程开发和实施已经取得了相当的成绩和宝贵的经验,[18] 这给学前教育民族文化课程的开发和实施提供了可资借鉴的"文化之镜"。

(二)促进学前教育教师专业成长,逐步提高学前教育质量和效益

《肃南县学前教育三年行动计划(2011—2013)》中针对该县当前学前教育发展存在的薄弱环节总结道:"随着我县经济社会发展步伐的不断加快,广大农牧民群众对优质学前教育资源的期盼日益增加。纵观我县学前教育发展现状,学前教育与经济社会的发展和人民群众日益增长的教育需求还很不适应,学前教育的管理体制、办学机制不够完善,城乡之间、乡镇之间发展不均衡,幼儿教育投入不足,优质教育资源偏少,乡镇附设幼儿园管理不够规范,保教质量偏低,存在'小学化'教育倾向,幼教师资水平还不能完全适应幼儿教育改革与发展新形势的需要,这些薄弱环节严重制约着我县学前教育健康、快速发展。"[11] 在田野研究中,家长反映的问题集中在师资水平和保教质量偏低上。尽管该"行动计划"已经承诺要"注重专业发展,不断提高幼教师资整体素质"和"深化教育改革,全面提高学前教育保教质量",[11] 但是考虑到人口较少民族地区学前教育的独特性和复杂性,应该明确:多渠道多举措切实促进学前教育教师专业成长是提高学前教育质量和效益的重要途径。为加强教师队伍建设,不断提高教育质量,可从以下几个方面着力推进和解决:

第一,重视园(班)本教研活动,防止"小学化"教育倾向。由于多种原因,肃南县学前教育机构中,有相当数量的领导和教师来自小学或曾在中小学工作过,有些乡村学前班、幼儿班和幼儿园本身就附设在初等教育阶段或义务教育阶段的学校内,管理方式和办法僵化单一,加之教师对中小学教育教学组织形式和具体方法"耳濡目染",多种因素综合作用起来就造成较为严重的"小学化"教育倾向。从实际情况来看,适宜从事人口较少民族地区学前教育的教师只能来自扎扎实实的职后教育。这是由于需求量少等原因,人口较少民族地区本身并没有像汉族、藏族、蒙古族和朝鲜族等人口较多民族那样有自己完整的学前教师教育体系,特别是职前教育体系,即使教师是幼儿教育专业的毕业生,也常常是接受了普通学前教育专业训练和培育,她们对人口较少民族地区的生物和文化的多样性,以及儿童身心发展特点并没有充分的认识和了解。因此,要想防止和纠正"小学化"教育倾向,培养优异的师资队伍,就要保障教师正常研修的权益,真正重视园(班)本教研活

动,多方探索促进教师专业成长的有效途径。

第二,建立工作激励机制,克服教师职业倦怠。包括学前教育在内的基础教育工作的一个鲜明的特点是,工作节律和内容都相对固定,教师中极易产生职业倦怠现象。在田野调查中笔者发现,学前教育教师工作激励机制很不健全。人口较少民族地区学前教育教师由于信息相对闭塞、社会资本较少等原因,各种荣誉称号和职业奖励往往由于过于苛刻的、形式化的诸多条件(例如公开发表教研论文篇数和已经获得荣誉的级别等)不符合等原因而失之交臂。有报道人形象地描述目前的现状是:"成绩是组织的、荣誉是领导的、责任是教师的、问题是家长的"。社会尊师重教和教师无私奉献固然是值得追求的理想境界,但是在现实社会里,包括学前教育教师在内的广大教师毕竟还是需要公平合理、持续健全的工作激励机制的,不仅使她们的工作付出得到合理的回报,而且内在地培养出她们对学前教育事业的热爱,不断克服职业倦怠,既造福社会,又实现自我。

四、结语

肃南裕固族自治县是西部少数民族地区基础教育发展较快的县域之一,其学前教育在人口较少民族地区学前教育中代表着基础较好、发展较快的县域类型。如果如期实现《肃南县学前教育三年行动计划(2011—2013)》的"全县学前三年适龄幼儿入园率达到90%以上"的目标,该县基础教育将全面进入后"免费基础教育"和后"普及基础教育"(2010年该县高中入学率已达90%以上)的新时代,彻底结束追求数量和规模的教育发展时代,开启追求质量和效益的教育发展新时代,这对于裕固族这样一个人口只有万余人的民族来说,是一个里程碑式的教育发展成就。无论如何,这一发展成就从微观上辉映出中国民族政策和西部发展的积极成就。

目前,社会各界已经取得共识——"学前教育是各级教育中公共性最强、社会受益面最广的事业"。[12](P245)[19] 尽管由于历史和现实的许多原因,人口较少民族地区普及学前教育的道路并不平坦,相反可能困难重重,但是我们坚信,普及学前教育这一民生工程,终将惠及人口较少民族这一人口不足百万的社会文化意义上的脆弱群体,从而将中国社会的公平正义的程度提高到一个新的水平。[20]

[参考文献]

[1]《中华人民共和国教育法》,法律出版社,1995年。

[2]《国务院关于当前发展学前教育的若干意见》(国发〔2010〕41号),新华网,http://news.xinhuanet.com/politics/2010-11/24/c_12811075.htm,2010年11月24日。

[3]《扶持人口较少民族发展规划(2005—2010)》,《中国人口较少民族发展研究丛书》编委会编:《中国人口较少民族经济和社会发展调查报告》,民族出版社,2007,第653—660页。

[4]《中国人口较少民族发展研究丛书》编委会：《一项学者参与决策研究的可喜成果——〈中国人口较少民族发展研究丛书〉序》，《中国人口较少民族发展研究丛书》编委会编：《中国人口较少民族经济和社会发展调查报告》，民族出版社，2007年，第1—15页。

[5]郑丽洁：《裕固族儿童观研究：文化生态学的视角》，北京师范大学硕士学位论文，2011年。

[6]甘肃省肃南裕固族自治县地方志编纂委员会编：《肃南裕固族自治县志》，甘肃民族出版社，1994年。

[7]巴战龙：《祁连山下育青松：甘肃省肃南县裕固族60年教育发展纪实》，载《中国民族教育》2009年第10期。

[8]巴战龙：《学校教育·地方知识·现代性：一项家乡人类学研究》，民族出版社，2010年。

[9]甘肃省张掖地区教育委员会编：《张掖地区教育志》，甘肃文化出版社，1998年。

[10]肃南县裕固族自治县教育局．"一乡一校"优化资源配置，确保投入提高"两基"成果》，甘肃省少数民族地区基础教育工作座谈会交流材料，2008年9月。

[11]肃南裕固族自治县人民政府：《肃南县学前教育行动计划（2011—2013）》（肃政办发〔2011〕34号），2011年3月。

[12]中国学前教育发展战略研究课题组著：《中国学前教育发展战略研究》，教育科学出版社，2010年。

[13]巴战龙：《教育民族志：含义、特点、类型》，载《湖南师范大学教育科学学报》2008年第3期。

[14]巴兰坦著，刘慧珍等译：《美国教育社会学》，春秋出版社，1989年。

[15]巴兰坦著，朱志勇、范晓慧主译：《教育社会学：一种系统分析法》，江苏教育出版社，2005年。

[16]奥格布主编，涂元玲译：《教育人类学》，胡森、波斯尔斯韦特主编，张斌贤等译：《教育大百科全书（2）》，西南师范大学出版社、海南出版社，2006年，第1—121页。

[17]巴战龙：《民族文化课程：提高人口较少民族教育质量的重要途径》，载《中国民族教育》2010年第4期。

[18]巴战龙：《裕固族文化融入国家基础教育课程体系问题的调查研究》，载《湖南师范大学教育科学学报》2010年第2期。

[19]张秀兰：《"十二五"期间的学前教育》，载《中国社会科学报》2011年3月3日。

[20]巴战龙：《国家应优先发展人口较少民族教育》，载《中国民族报》2010年9月17日。

（本文原载于《当代教育与文化》2012年第6期）

[作者简介]

巴战龙（1976—　），男，裕固族，甘肃肃南人，民族学博士，北京师范大学社会发展与公共政策学院讲师，硕士生导师，主要从事教育人类学、发展人类学、民族志与社会科学研究、人口较少民族研究。

学校教育·弱势群体·非教育功能

——一种教育人类学的关联性分析

巴战龙　张志群

[摘要]　对弱势群体的持续关注和深入研究是近些年中国社会科学研究的一个亮点。本文在三项田野研究的基础上，通过对作为"他者"的学校场域中弱势群体的关注，对学校的非教育功能和社会角色进行探讨。

一、引言

对弱势群体的持续关注和深入研究是近些年中国社会科学研究的一个亮点。在落实科学发展观、构建和谐社会的征程中，对弱势群体历史与现状的设问和探究、利益与权利的维护和伸张仍是学术及社会各界的一项艰巨任务和自觉义务。

教育人类学对教育领域，特别是学校场域中弱势群体形成的历史过程、社会机制和文化背景有着浓厚兴趣和独到探索。学校和学校教育究竟在弱势群体的社会性建构和文化再生产过程中扮演什么角色呢？这是许多以田野研究为志业的教育人类学者试图去回答的问题。

从2003年开始，我们分别在北京市海淀区A校（都市学校）和甘肃省肃南裕固族自治县的B校（乡村学校）完成了三项田野研究，对学校教育的功能进行了民族志探索。[1-3]本文在这三项研究的基础上，通过对作为"他者"的学校场域中弱势群体的关注，对学校的非教育功能和社会角色进行探讨。

二、关注学校场域中的弱势群体

2002年3月，时任国务院总理朱镕基在九届全国人大五次会议上所作的《政府工作报告》使用了"弱势群体"这个词，从而使得弱势群体成为一个非常流行的概念。这一事件引起了国内外的广泛关注。什么是弱势群体，谁是弱势群体，这是见仁见智的问题，但是也有基本的共识，就是在中国当代社会发展背景中，所谓弱势群体是指那些由于某些障碍及缺乏经济、政治和社会机会而在社会上处在不利地位的人群。

我国社会转型期的学校场域中的弱势群体,不仅包括原有的贫困地区农村儿童,特别是女童,而且包括新出现的失业人群子女、流浪儿童、流动儿童(随着就业地点变化而流动的农民工子女)、留守儿童(出外打工的农民工留在家乡就读的子女)、与主流文化有着文化差异的少数族群儿童等群体。特别是目前的农民工子女和少数族群儿童的教育问题,已经成为全社会关注的焦点。

当我们开始关注学校场域中的弱势群体时,必须先对中国当下弱势群体的整体情况有所了解。按照社会学家孙立平教授的研究,中国社会中的弱势群体有三个一般性特征,分别为:第一,他们物质生活贫困,整个现实生活处在一种很不利的状况之中;第二,他们在市场竞争中处于弱势地位;第三,在社会和政治层面,他们也往往处于弱势地位。由于中国目前弱势群体形成的特殊背景,他们在社会结构的层面还表现出以下四个特征:第一,从弱势群体的全球分布和中国社会经济转型的特殊背景看,弱势群体并不"弱";第二,具有高度的同质性、群体性和集中性;第三,弱势群体表现出"社会断裂"(social cleavage)的结构性特征;第四,遭受制度性歧视。[4]

人都是教育的产物,这是现代人的共识。从广义上讲,人在社会场域中通过交往而获得社会性的过程,即是人接受教育的过程。从教育人类学的角度讲,教育就是人的濡化(enculturation)或人的社会化(socialization)的过程。从狭义上讲,教育实际就是指学校教育,因此,作为制度化教育载体或机构的学校是人生存和发展的重要场域。

学校场域中的弱势群体,正是由于他们身处学校场域,而且又各自营谋教育生活,所以他们除了具有弱势群体的整体性特征,或者具有其中的几个特征之外,也有自己一些相对独特的特征。

我们认为,认识和分析学校生活中的弱势群体,还得从教育,尤其是学校教育的功能谈起。值得借鉴的是,按照功能主义社会学的看法,教育有社会化、社会控制、筛选与分配、同化、革新与变迁的功能;而按照冲突主义社会学的看法,教育是维护社会秩序,实施社会控制的工具,而达到这些目的的重要途径就是分班教学(tracking)和文凭主义(credentialism)。[5]

作为发展中国家的中国有着几千年的"官本位"教育传统,"万般皆下品,唯有读书高"和"朝为田舍郎,暮登天子堂"尽管沦为统治阶级的虚伪的意识形态,但是,从中也可以透视出传统的中国社会对教育价值的判断,对教育功能的想象。即使在我们这个"新社会",也极少有人不把接受教育,特别是接受学校教育看成是自己或子女"成龙""成凤"的必然途径。在日常生活中,我们常常能够听到这样的说法,"三十岁之前为自己活,三十岁之后为儿女活",那么毫不奇怪,一旦子女的学业成就失败,家长的"伤心"和"挫败"就在所难免。我们当下以升学为目标的教育,特别是学校教育,就使相当一部分学生沦为"陪太子读书",相当一部分学生沦为教育的"失败者"。

这般景象还未必是中国所独有的,美国"非学校化社会运动"的代表人物伊万·伊里奇（Ivan Illich）针对美国学校的现实提出了尖锐的批评:"学校如今履行着有史以来那些强有力的教会所共有的三种功能。它既是社会神话（society's myth）的收藏者,又是将社会神话所含有的种种神话加以制度化的承担者,同时还是仪式的实施场所,这些仪式再生产出,并掩饰着神话与现实之间的矛盾。"[6] 他还批评说:"学校教育似乎特别适合于充当现代文化衰落时期的世界宗教（world church）的角色。"[6]

据此我们可以看出,现实社会中的人们或多或少都持有教育,特别是学校教育无时不"功",无处不"能"的"功能泛化论"或"万能论"。从这样的现实出发,学校生活中的弱势群体就不仅是个别人,而是相当一部分人,他们不但得不到关注和同情,反而受到家长的、同辈群体"精英"的、教师的、学校的乃至社会的嘲讽、斥责、歧视、排斥,而且,发生在学校场域中弱势群体身上的这一切还被认为具有相当的"合法性"。具有讽刺意味的是,学校的存在实际上还离不开这些弱势群体,因为除了义务教育的实施和受教育权的保护这些制约因素之外,学校需要这些弱势群体的"下场"来衬托"精英"的"成功"。毋庸讳言,我们每个人（无论我们的"道行"多么深）都可能是如此这般的学校和学校教育功能的潜在的支持者和"助纣为虐"者。

人们相信,除了那些不该发生的"意外事件",比如说恰好遇上一个不称职的主课教师,恰好遇上"坏孩子"是同班同学,等等之外,发生在学校里的一切都是有助于学生身心健康成长的,都是有助于学生攀着教育这根杆儿获得更多的财富、更高的地位和更大的声望的。这也是现代学校教育的一个"迷思"（myth）。通过田野个案研究,我们发现,实际上学校里还存在着许多非教育因素、现象和事件。

通过以上的分析,我们可以看出,弱势群体出现在当下这个以升学为目标的学校场域中有必然性。我们认为,他们相对于弱势群体整体的独特性主要是:第一,他们在以升学为目标的教育竞争中处于弱势地位;第二,他们是各种"天灾人祸"及社会不协调发展的综合影响的隐性承担者。

三、探究学校的非教育功能和社会角色

现代民族—国家普遍采用了在学校里进行国民教育的教育方式,绝大多数儿童都必须经过学校教育这个关卡才能进入社会,于是,学校成了现代教育整体结构的核心,是教育系统的基本单位。

学校是专门的教育机构这种观念普遍存在于教育研究者和社会大众的头脑里。按照这种看法,设立学校的目的,就是为了培育社会所需的人才;在学校里开展的

任何活动，都是以育人为目的的。当然，以育人为目的的社会组织或机构，并不限于学校，但是学校与其他教育社会组织或机构有所不同，正如教育学者励雪琴教授所言："学校的教育实践是专门化、制度化的教育实践。它有专门化和制度化的教育活动空间和时间——校舍和学习年限；有专门化和制度化的教育者和受教育者——教师和学生；有专门化和制度化的教育内容和方法——课程教学。"[7]

当人类学介入教育研究后，产生了两个重大"发现"：一是重新恢复了"大教育观"，即认为学校教育并不是教育的全部，而只是其中一种而已；二是揭开蒙在学校上的"教育面纱"，即认为学校并不仅仅是教育机构，而且还是一种社会组织和文化机构。从逻辑上讲，当学校作为教育机构时，它的功能就是育人，而当学校不再仅仅是教育机构时，顺理成章，它的功能也就不再仅仅是育人了。

这里特别值得一提的研究是英国社会学家保罗·威利斯（Paul Willis）关于文化再生产的民族志研究。尽管这项研究完成于30多年前，但是它的成果——《学会劳动》一书早已跻身经典民族志的行列而熠熠生辉。这项在伯明翰的一所学校里完成的研究，其核心问题是文化再生产是如何发生的，或者说，正像这本得到广泛评论和征引的著作的副题所表明的："工人阶级的子女是如何得到工人阶级的工作的。"如果按照中国社会大众的普遍观念，工人阶级（这里所说的"工人阶级"是社会学意义上的，不是指中国主流政治话语中的"工人阶级"）的子女应该通过接受教育摆脱工人阶级的地位才对，再次得到"低人一等"的工人阶级的工作是不得已的，是没有出息的表现，如果再追究原因，一是学校难辞其咎；二是"孺子不可教"；三是"上梁不正下梁歪"。可能会令中国读者惊诧不已的是威利斯正是在马克思主义的传统内进行研究和写作的。他的研究表明，存在于人们头脑中的常识是不符合事实的——来自低社会阶层、贫困社区和少数族群背景的儿童在日常生活中表现出的"智慧"跟学业成就有很少的（或者没有）相关性，正如学校教授的智力技能一样，这种"智慧"也是一系列足够精确和复杂的能力，更有意思的是，很少有儿童在离开学校时会想到"我是如此愚蠢，所以对我来说整天在一个工厂里糊纸盒是公平而合适的"。威利斯在民族志中详细报道说，这伙自称"弟兄"（lads，台湾译为"烈德族"）的白人男孩不是屈服于学校的权威系统"努力学习，天天向上"，而是把学校看做是一个陌生且可以操控的环境，并以同这个制度作斗争，制造持续不断的冲突为乐。大大出乎人们的意料，"弟兄"们在盼望着未来的、和他们的父辈没有多少差别的工作，而且并不为从事这些工作感到自卑，相反，他们像轻视学校的教育一样轻视工厂的工作，而且因此获得了一种"优越感"。故事的结尾终于回到了社会大众的思路上，只是到真正投身工厂的工作之后，"弟兄"们才发现工作艰苦且报酬低廉，他们绝望地把教育当成后代的唯一出路，但是当他们把自己的想法告诉他们的孩子们时，他们很可能发现自己并不比自己的父母更成功。[8]

学校并不是纤尘不染、纯洁无瑕的象牙塔。法国社会学家布迪厄（Pierre Bourdieu，又译为布尔迪厄、布尔迪约、布丢）倾力论证，并深受教育研究者称道的观点是：受过教育的社会群体把文化资本当做一种社会策略来保持和增强自己的社会地位和尊严。他在与帕斯隆（Jean-Claude Passeron）的合著《再生产：一种教育系统理论的要点》中论证道，包括学校在内的"各种制度化了的教育系统（SE）的结构和运行特点来自如下事实：它必须通过制度特有的手段，生产并再生产制度性条件"。[9] 在"评注"中他们进一步写道："……（1）教育系统通过制度自身的手段，生产并再生产它完成内部灌输功能所必需的条件，这些条件同时亦可满足完成它外部功能的需要，即再生产合法文化并因此而促进权力关系的再生产；（2）教育系统作为制度存在并继续存在下去，仅这一事实就使它包含了使人不了解它实施的符号暴力的制度性条件。也就是说，教育系统作为相对独立的垄断着符号暴力合法实施的制度而具备的制度性手段，事先就决定了要额外地，因而是在中立性的外衣之下，服务于它为之再生产文化专断的那些集团或阶级（独立造成的依附）。"[9]

通过以上论述，我们可以肯定，学校不仅以育人为功能，而且还有许多非教育功能，例如照管儿童、实现社会选择与分配、灌输意识形态、促进政治社会化、维护上层阶级和特定集团的利益等。学校非教育功能的拓展和增强有时也是公开的、由国家主导的，例如，在20世纪末的中国高等学校扩大招生时，正值中国处于亚洲金融风暴造成的经济低迷时期，经济学家们主导的"扩招"的观点和行动的理由就是为了拉动"内需"，也就是说，主要目的是为了追求学校的经济功能。[7]

"中国人笃信教育"，1860年来华、在中国生活了五十年的英国伦敦会传教士麦高温在其著作《现代中国的人及其生活方式》中直截了当地评述道。[10] 斗转星移，沧桑巨变，但这条评述却仍然适合于21世纪之初的中国社会，教育仍是一个上至国家中央，下至乡村里社，都在热烈讨论的话题，并且，无论是从"国民经济与社会发展规划"中，还是从人们的日常生活世界中，都可以解读出这个国度和她的人民对于教育的热衷、期待和想象。但是，我们的田野研究发现，人们对于子女"教育失败"的归因是"内向"的。在城市的低社会阶层和乡村社会的儿童中，能通过层层考试的筛选，顺着教育提供的实现向上社会流动的"渠道"拾级而上，最终能通过受教育改变命运的年轻一代毕竟是少数，更多的人被"淘汰"了，被认为是"没有出息的"，继续像父辈们一样在社会的"底层"打拼。

现代社会通过各式各样的组织、制度、仪式、运动以及无孔不入的"现代性"意识形态渗透，让人们相信学校是公平正义的，同时也是实现社会公平正义的重要机构。贫民和乡民被告知说，学校为所有人提供了改善自身经济状况和提高社会地位的平等机会，结果，在中国复杂的社会情势下，当贫民和乡民的孩子既不能因其所受的教育而改善自身经济状况，又不能提高社会地位时，他们（她们）的父母、亲友、邻居和老师，甚至他们亲密的伙伴就会责怪他们未能在学校取得好成绩，因此被看做是"没有出息的"、"不成器的"、"愚笨的"和"低人一等的"。作为学校为所有人提供向上的社会流动的平等机会这一神话的结果，使贫民和乡民很容易地把孩子在学校的低学业成就导致的"失败的人生"全部归因于自身的"缺陷",例如,"祖上八代都不识一个大字"、"天生就是捋牛尾巴的（天生就是放牛的）"、"没出息的（父母）生下的（孩子）还是没出息"、"天生就是穷命"等,而不是学校系统以及建立其上的"学校化社会"（schooling society）。[3] 在边远乡村社会中,学校教育的潜功能——社会控制功能——的效应远超过它的显功能——启智育人功能——的效应。从"乡下娃娃"到"栋梁之材"这个过程中,学校是一个过渡性的机构,学校教育是一个过渡性的仪式。乡村学校被认为是一个文化所在的场所,因为乡民认为他们（她们）"没有文化"。乡民认为学校的存在,就是为了教育他们的孩子,是为了他们的孩子"鲤鱼跃龙门"服务的。然而,事实上只有零星的"材"被选中,大多数学生没有走上"体制的轨道",因而被国家标签为"不合格的",被父母乡邻认为是"没有出息的"。[3]

进而我们可以得知,学校本身就是生产和再生产弱势群体的机构,或者说,学校和学校教育在弱势群体的社会性建构和文化再生产过程中扮演着现实的、重要的、忠诚的执行者,甚至是促进者的角色。

四、教育研究中倾听"他者"的声音是重要且必须的

孙立平教授说:"弱势群体,他们掌握的资源很少,尽管可能人数众多,但他们的声音很难在社会中发表出来。我们不能不承认的一个事实是,涉及弱势群体的利益的时候,往往要靠政府和大众媒体来为他们说话,他们自己的声音是很微弱的。说句老实话,如果政府和媒体都不为他们说话,他们自己很难具有有效地表达和追求自己利益的手段。"[4]

从总体上看来,弱势群体是社会分层与文化区隔的产物,他们对现代民族国家所赋予公民的各种权利和义务的享受和履行并不充分,对主流社会生活的参与也不充分,对主流社会的各类象征符号的操作能力和程度很低,而且态度漠然。社会学和人类学等学科的研究指出,弱势群体被一再地边缘化,就会陷入恶性循环的怪圈,有专家警告,有些弱势群体就像漂离大陆社会母体的"板块",正在离主流社会远去。

社会中的弱势群体的声音被种种"宏大的话语"声音所淹没,学校场域中的弱势群体的声音呢?他们或许一直处于"失语"的境地,也许他们呼喊过,但声音太微弱,不为人所知。人们对弱势群体的人文关怀如何?有多少时间和场合,能以他们的立场来考虑问题?现在的事实是人们对他们的关注远远不够。

对学校场域中的弱势群体光有同情是不够的,教育研究者的"同情"常常也是一种居高临下"俯视"的结果。那么作为教育研究者,我们应该蹲下身来以平而等之的"平视"的心态、姿势和身份来观察和"体验"他们的生活,我们应该静下心来仔细倾听他们的心声、要求和呼喊,应该在他们需要帮助的时候伸出真正

的援助之手。

很多时候,"弱势群体"这样的字眼本身,作为一个标签,带给他们的伤害是隐性的。况且在开放的学校场域中,场景不断变换,每个人的位置不停改变,摆脱"此时此地"的不利境地,已然困难,若要摆脱绝对意义上的"弱势"身份,实在不易。作为常人眼中的"他者",他们不需要怜悯的眼光,而需要的是灵魂上平等的对待;不需要居高临下的"俯视"姿态,而需要"我—你"这种关系的对话;不需要外部的强行"输血"救治,而需要增强内部"造血"功能,治愈"贫血"产生的疾患。

这需要教育研究者具有自觉的意识,有一颗博大、包容的心,能洞察微观的变化,包容"他者"的文化与行为。我们应该明白,教育研究说到底是"人的研究",这有三重意思:一是教育研究者是人,二是教育研究对象是人,三是教育研究目的是为人。人与人之间有"同"也有"异",我们不应该一味地夸大"异",也不能片面地追求"同",在拿捏"同"与"异"的分寸中显示出的是教育研究真正的难度和价值。

五、结语

教育人类学虽在中国的发展时日无多,但它对中国教育研究许下要践履的六大诺言之一,就是要努力增进人们对"教育与社会弱势群体"这一主题的认识和理解[11],本文即为一种尝试。通过研究,我们得出如下见识:

对于学校教育,我们将中国台湾著名教育学者谭光鼎教授的论述略加改动(将原文中的"少数民族"置换为"弱势群体")来加以概括:学校教育是一个文化势力的竞技场,无论是正式课程(教科书、教学语言)或是隐藏在人际互动、常规管理、校园文化中的潜在课程,都隐含着文化霸权的支配。的确,对处于不利境地的群体而言,受教育既是主流文化的同化,也是一种文化适应过程,成则向上流动,败则贩夫走卒。然而,由于弱势群体的文化背景多少不同于强势群体,因此其受教育的过程,更是挫折多于成就,向下沉沦多于出类拔萃。换言之,主流文化(或强势群体)操控的学校教育,对这些学生而言,形同再生产低社会经济地位的一部机器。[12]

对于学校场域中弱势群体,如果说人们对之视而不见、无动于衷也未必尽然。但是,我们认为,仅仅有感情上的同情是不够的,我们必须深入挖掘弱势群体形成的深层原因,特别是要排除那些"制度性歧视"。革命导师列宁教导我们,一个行动胜过一千个口号,这句名言应该作为我们每一个人对待弱势群体问题的座右铭。

[参考文献]

[1] 张志群:《学校生活世界中的他者》,北京师范大学硕士学位论文,2004年。

［2］巴战龙：《社区发展与裕固族学校教育的文化选择——人口较少民族乡村学校教育的民族志研究》，中央民族大学硕士学位论文，2005年。

［3］巴战龙：《人类学视野中的学校教育与地方知识——中国西北一个乡村社区的现代性百年历程（1907—2007）》，中央民族大学博士学位论文，2008年。

［4］孙立平：《断裂：20世纪90年代以来的中国社会》，社会科学文献出版社，2003年，第67—73页。

［5］［美］戴维·波谱诺著，李强等译：《社会学》，中国人民大学出版社，1999年，第418—423页。

［6］［美］伊万·伊里奇著，吴康宁译：《非学校化社会》，桂冠图书公司，1992年，第53，61页。

［7］励雪琴：《教育学是什么》，北京大学出版社，2006年，第264，269页。

［8］Willis, Paul. *Learning to Labour: How Working Class Kids Get Working Class Jobs* [M]. London: Saxon House, 1977.

［9］［法］布尔迪约，帕斯隆，邢克超译：《再生产：一种教育系统理论的要点》，商务印书馆，2002年，第65，79页。

［10］［英］麦高温著，朱涛、倪静译：《中国人生活的明与暗》，时事出版社，1998年，第75页。

［11］巴战龙：《教育民族志：含义、特点、类型》，载《湖南师范大学教育科学学报》2008年第3期，第11—13页。

［12］谭光鼎：《台湾原住民教育：从废墟到重建》，师大书苑有限公司，2002年，第59页。

（本文原载于《当代教育与文化》2010年第3期）

［第一作者简介］

巴战龙（1976— ），男，裕固族，甘肃肃南人，民族学博士，北京师范大学社会发展与公共政策学院讲师，硕士生导师，主要从事教育人类学、发展人类学、民族志与社会科学研究、人口较少民族研究。

两次裕固族语言教育试验失败的归因分析与相关政策探讨

——基于两项教育民族志研究

巴战龙

[摘要] 裕固族是中国人口较少民族之一。在中国现代化进程中，随着民族政策的制定、调整和族群文化自觉意识的觉醒，裕固族地区先后开展了两次语言教育试验，却都以失败告终。通过对这两次语言教育试验的民族志描述和之所以失败的归因分析，并对民族自治地方教育政策的制定和实施过程中存在的问题进行讨论，发现有三种效应——应激效应、黑箱效应和计划效应值得注意。

一、引言

如何在民族—国家的建构中针对少数民族群体做出合情合理的制度安排，以便使他们既能参与现代化社会的建设，分享现代化建设的成果，又能保持他们自身的文化传统和文化主体性，使他们的文化成为人类文化多样性的表征和有机组成部分，这是摆在许多国家政府决策者面前的一道难题。

社会主义中国是一个统一的多民族国家，其当代社会各项事业的飞速发展，使人们逐渐认识到其社会内部蕴藏的巨大活力和各项政策所取得的重要成果。不像一些对中国的"民族问题"一知半解的人们所想象的那样：中国的"民族问题"是孤立于所谓"西方自由世界"之外的，不可理喻的"错误"。事实很可能恰恰相反，中国在解决自身的"民族问题"上所积累的经验和业已取得的成果，很可能为"西方自由世界"解决令人头疼的少数族裔、原住民和移民问题提供一些非常有益的参照。中国是世界的中国，中国所面临的问题很可能也是世界各国所面临的问题。那些对中国的"民族问题"一知半解的人们所犯下的错误就是他们严重低估了中国对世界各国优秀文化成果的学习、借鉴、吸收的能力和在挫折、困境中发奋图强、勇往直前的精神。

正是在以上所述的基调上，本着"实事求是，开拓进取"的原则，本文将以笔者的两项教育民族志研究[1][2]为基础，通过对两次裕固族语言教育试验的个案的描述、分析来对民族自治地方政府教育政策的制定和实施过程中存在的问题进行讨论。

二、裕固族社会文化概述[3]

裕固族是中国的人口较少民族之一，主要聚居在甘肃省肃南裕固族自治县和酒泉市黄泥堡裕固族乡。据2000年第五次全国人口普查统计，裕固族共有13719人，在中国少数民族人口中排列第48位。裕固族主要使用三种语言：西部裕固语、东部裕固语（这两种本民族语言分属阿尔泰语系突厥语族和蒙古语族）和汉语，现无本民族文字，通用汉文。

按照学术界的传统看法，裕固族是有着悠久历史的民族，她和曾于公元8世纪在蒙古高原推翻突厥汗国而建立回纥汗国的回纥（后改汉文名称为回鹘）以及由漠北迁到河西走廊的回鹘有密切关系。现今的裕固族是以古代回鹘人的一支——黄头回鹘为主体，融合蒙古、藏等民族而形成的。[4](P1)千百年来，自称"尧熬尔"的裕固族形成了自己独具特色的文化。新中国成立之初开展的民族识别工作，尽管情况复杂，难度极大，但裕固族仍以其鲜明的文化特征和强烈的民族认同而成为第一阶段就被认定的38个少数民族之一。

裕固族的先民在历史上曾信仰过萨满教、摩尼教和佛教，现在主要信仰格鲁派藏传佛教和萨满教，极个别的家庭由于特殊原因信仰基督教。裕固族的萨满教信仰主要由自然崇拜、动物崇拜、生殖崇拜和祖先崇拜组成。随着沟通人、神、鬼三界的媒介"也赫哲"或"艾勒其"（意为"使者"，裕固人对萨满巫师的称呼）在20世纪70年代先后辞世，后继无人，现在萨满教信仰作为民间信仰主要体现在各种风俗习惯中。藏传佛教在裕固族地区显示出一些独特之处，例如，僧人可以娶妻成家，生儿育女，只是在一些固定的时间到寺院主持或从事佛事活动，不受社会非议等。

裕固族聚居区在祁连山北麓的山区草原上和河西走廊的戈壁绿洲及平川牧场上，海拔均在1000米以上，由三个不连片的区域组成：东部的肃南裕固族自治县皇城镇；中部的康乐乡、大河乡和红湾寺镇；西北部的明花乡和酒泉市黄泥堡裕固族乡。裕固族地区地势南高北低，西北部干旱少雨，植被稀少，夏季较为炎热，四季多风，现在的生计方式主要以农业为主，兼营畜牧业，农作物以小麦、大麦、棉花、玉米、甜菜等为主，牲畜以山羊和改良牛为主；东部和中部处于祁连山北麓的山前地带和深山之中，越往南雨水越多，草原、森林越多，夏季越凉爽，现在的生计方式主要以畜牧业为主，兼营第三产业和农业，牲畜以绵羊、牦牛等为主，第三产业以运输业、零售业和旅游业为主，农作物以青稞、小麦和油菜为主。

裕固族的受教育程度较高，在中国各民族中位居前列。中华人民共和国成立以后，裕固族教育虽几经波折，但发展迅速。1997年，裕固族实现全民族"普九"

目标，并通过国家有关部门的验收，这一重大成果成为1998年"中国十大民族新闻"之一。[4](P22)据2000年全国人口普查统计，裕固族每万人中拥有高中生654人，中专生528人，大学专科生362人，大学本科生104人，研究生6人。

裕固族传统上是一个以畜牧业生产为主，狩猎采集和定居农耕为辅的民族，由于各种原因，教育发展非常缓慢。1949年以前，裕固族是一个濒临灭族、文盲充斥的民族。从整体上看，20世纪40年代以前，裕固族教育仍然停留在耳濡目染、言传身教的教育发展水平上，"生活就是教育"、"社会就是学校"是裕固族教育的典型写照。裕固族现代学校教育，形成于1938年之后宗教领袖七世顾嘉堪布在裕固族地区劝喻兴学，发展于1949年之后小规模学校教育和马背小学的兴起，兴旺于1978年之后学校教育的大规模发展。至今，裕固族的九年义务教育在甘肃省乃至全国56个民族中都是名列前茅的，人口素质有了大幅度的提高，形成了尊师重教的优良风尚，表现了裕固族人民积极进取接受文化教育，追求社会物质与精神文明，努力提高民族整体素质的先进性。

三、两种裕固语的使用情况概述

共属一个语系，分属两个语族的两种裕固语的使用情况较为复杂。使用西部裕固语的人群主要分布在肃南裕固族自治县红湾寺镇、皇城镇、明花乡、大河乡等地；使用东部裕固语的人群主要分布在肃南裕固族自治县红湾寺镇、皇城镇、康乐乡等地；两种裕固语兼通的人群主要分布在大河乡。使用汉语的人群主要分布在酒泉市黄泥堡裕固族乡和肃南裕固族自治县红湾寺镇、明花乡、大河乡。不同语言群体之间使用汉语作为交际语的场合和机会相对两种裕固语为多。

虽然裕固族的人口总数在不断增长，但是裕固语的使用前景却令人担忧。据1982年中国第三次人口普查资料显示，全国裕固族人口共计10569人，其中居住在肃南裕固族自治县的人口中说西部裕固语的4623人，说东部裕固语的2808人。1990年第四次人口普查资料显示，裕固族人口共计12293人，其中居住在肃南裕固族自治县的人口中说西部裕固语的3693人，说东部裕固语的3194人。从以上所述可以发现，仅约十年间，居住在肃南裕固族自治县的裕固族说西部裕固语的人减少了近千人。[4](P278)随着时间的推移，情况又有了变化。据肃南裕固族自治县民族宗教事务局掌握的情况，1998年，在自治县境内10079的裕固族人口中，说西部裕固语的为5069人，其中有550人兼通东部裕固语；说东部裕固语的为4684人；只会说汉语的326人。[5](P13)截至目前，有关统计资料表明，裕固族总人口最少在16000人以上，说裕固语的人却只占总人口的1/2强（新增人口中，裕固语单语人口比例正在迅猛下降，汉语—裕固语双语人口的比例和汉语单语人口的比例正在上升）。

导致使用裕固语的人口比例正在下降的原因是多种多样的，但是语言学者和教育学者不约而同地认为，儿童在学校教育中几乎完全只接受汉语教育和英语作为外语的教育，教师在教育教学的正式场合中几乎完全使用汉语（英语课程也是以汉语作为学习辅助语言的），是其中一个重要原因。[3][4](P279)

具体到我的 2004 年 4—5 月间田野研究的地点———一个半农半牧的社区来说，由于当地裕固族的传统文化是建立在畜牧业生产的基础上，再加上裕固族现在没有文字，文化传递主要依靠口耳相传和示范模仿，因此，西部裕固语是裕固族文化的重要组成部分和主要的载体。随着西部裕固语使用人口不断下降，"代差"极为明显，许多传统的口头与非物质文化由于没有得到年轻一代的继承已经消亡了。现在社区内能用西部裕固语演唱较为"古老"的民歌的人，讲述较为"古老"的民间传说、故事的人已经屈指可数，一个"能唱能说"的老人的去世，可以说就是带走了一座民间文化的"图书馆"。在田野调查中，给我最深的印象就是如果当地人民开口不说"裕固语"，这个社区几乎跟汉族农区没有太大的区别。另外，我的调查表明，这个社区的裕固人非常希望学校能在教授汉语的同时教授裕固语，但是他们对如何实现"双语（西部裕固语和汉语）兼通"的语言学习目标，如何使他们的意见和建议得到政府、学校的尊重和理解显得一筹莫展。

四、两次裕固族语言教育试验的描述及其失败原因的初步分析[3]

裕固族学校教育开掘和发挥文化选择功能典型地体现在两次"教育试验"中。一次是 1983 年 11 月至 1984 年 7 月间，酒泉市黄泥堡裕固族乡中学开展了裕固族地区第一次普及西部裕固语的课堂教学活动。先后接受教育的学生在 180 人左右。全校分为三个大班：小学生一、二、三年级为一个班；四、五年级为一个班；初中生一、二年级为一个班。聘请肃南裕固族自治县原明花区明海乡人安翠花任教。该教师高中毕业，能熟练使用西部裕固语，但是没有受过专门的少数民族语言教学培训，加之当时没有裕固语教材和参考资料，教学只能采用口耳相授、汉字注音的方法。教学内容主要是数数字、亲属称谓和日常用语等。这种教学活动的难点是学生普遍发音不够准确，需要反复教。但学生学习态度认真，年龄越小的学生掌握得越好。从总体上讲，获得了较好的教学效果。但是，由于学生学习西部裕固语影响了年龄较小的学生对汉语文的学习，而且在校的裕固、汉两族学生都学习西部裕固语，由此引起了一些汉族家长的反对，再加上缺少语言环境（当地的裕固人至少在清朝末年就已经放弃使用西部裕固语，转用了汉语），无法巩固学习成果等原因，最后只好停止了西部裕固语课堂教学活动。[6]

另一次是 2003 年 9 月至 2004 年 7 月间，红湾小学开展了西部裕固语兴趣小组的第二课堂活动。2003 年 9 月 8 日，肃南裕固族自治县县委书记阿布带领自治县四套班子在教师节前夕慰问教师，召开了一个座谈会。自治县人民医院医生巴战生作为家长代表发言,提出肃南是一个以裕固族为主体的多民族县,学校教育中没有任何少数民族文化内容是不应该的。学校应该在不影响学生升学的前提下,以多种形式开展以少数民族文化为主要内容的教育教学活动,特别是学校教育中应该鼓励裕固族学生学习裕固语,最好以兴趣小组的形式开展学习裕固语的活动。其主要理由是,一方面,裕固族人口少,没有文字,熟练使用裕固语的人数在不断下降;另一方面,学习裕固语能使裕固族学生增强民族自豪感和学习动机,还可以整合被闲置的教育资源,促进学生全面发展。这一建议立即得到了自治县人大副主任白忠诚和裕固族文化研究室主任、著名作家铁穆尔的赞同,经过讨论,座谈会上确定由自治县教育局具体落实这一建议。9月11日,自治县教育局下发了文件,指出"为继承和发扬我县少数民族优秀文化、传承民族文明,要求全县少数民族聚居地所在学校以兴趣小组的形式积极开展民族语言第二课堂活动",并作了具体安排。[7]据我了解,实际上只有红湾小学落实文件精神,组织开展了西部裕固语兴趣小组活动。兴趣小组由该校体育教师钟玉琴负责,学生自愿报名参加,人数一度在26—43人之间。钟玉琴是原明花区莲花乡深井子村人,大专学历,能熟练使用西部裕固语,没有接受过少数民族语言教学培训。兴趣小组的学习内容主要以亲属称谓、常见事物名称和日常用语为主,教师的参考资料十分有限,只有《西部裕固语简志》和《裕固族风情》等书籍。2004年9月,只有高年级学生8人报名参加兴趣小组,学校认为小组人数太少,停止了兴趣小组的活动。我通过各种途径了解到该兴趣小组的实际情况和停办原因主要有:(一)低年级学生语言学习成果巩固率较高年级学生差;(二)部分学生家庭使用的语言为汉语,而且整个社区语言以当地汉语方言为主,学生缺乏学习西部裕固语的家庭及社区语言环境,影响语言学习成果的巩固;(三)部分学生参加兴趣小组,不是出于自己的兴趣,而是出于家长的意愿,这些学生不参加或退出兴趣小组也是出于家长的意愿;(四)部分主课任教教师认为,学习西部裕固语影响学生学习汉语文、英语文,因此对学习西部裕固语持反对,至少是不赞成的意见;(五)个别家长除不让自己的子女参加兴趣小组的活动外,还在社会上散布"少数民族语言无用论"和"少数民族语言落后论",破坏了兴趣小组的社会支持性环境。[1](P63—64)

五、有关民族自治地方的教育政策过程的讨论

1949年新中国成立以来,相继颁布、实施和修订的多部法律,例如《中华人民共和国宪法》、《中华人民共和国教育法》和《中华人民共和国民族区域自治法》都在原则上保护了少数民族使用和发展自己语言文字和文化教育的权利,同时也规定在包括民族自治地方在内的全国范围内推广汉语普通话和简体规范汉字,并且已经发展出许多政策和体制来保障这些法律条文得到落实。但是,一方面,中国是一个发展中国家,经济社会和文化教育的情况时时都在变动;另一方面,中国有着丰

富的社会文化多样性，法律、政策和体制的"普世性"受到了现实生活的"多样性"的挑战，所有这些都给各级政府，特别是民族自治地方政府带来了诸多难题。根据笔者对现代裕固族教育及社会文化发展过程的观察和研究，[7]民族自治地方教育政策过程中的下述特点与问题，抑或"效应"是值得进一步深入探讨的。

（一）"应激效应"。从红湾小学的案例可以看出，民族自治地方的教育政策的制定和实施模式更可能是一个"刺激—反应"模式，这并不是一个偶然事件和独特案例。由于中国社会的现代化进程不断推进，加之全球化的影响，各种新情况、新问题层出不穷，因此，民族自治地方政府的决策者常常扮演着"救火队员"的角色，常常不得不追加、完善或修订政策以应对新情况、新问题。三五年前，民族地区社会各界都认为难以在短时间内解决的某个或某些教育及社会问题，三五年后这些问题却可能由于上级政府的关注重视和政策安排，抑或某个或某些地方权威型领导者的英明决策而迎刃而解。关注中国民族自治地方政府解决"三农问题"（西部少数民族地区常常是"三农问题"的"重灾区"）进程的人们不难得出这个论点。民族自治地方政府在解决"经济问题"和"政治问题"方面表现出了极大的"能动性"，但是在面对"教育如何传承少数民族文化遗产"这一问题时，却表现得十分被动，没有实质性的主动作为。

（二）"黑箱效应"。如果我们把民族自治地方政府机关视作政策的制定者，把地方普通公众视作政策的主要目标群体，我们就会发现教育政策的提议、协商、制定、实施和评价过程是一个"黑箱"（"黑箱"常常是相对普通公众而言的，在红湾小学的案例中，甚至连一些学生家长都并不知道"兴趣小组"的存在，大多数社区成员也并不知晓此事），各级政府机关及其下属单位、主流社会话语权的拥有者、民族文化精英人物（包括学者、作家等）等组织、群体和个人都更可能在"政策协商"的过程中较为充分地发挥自己的能动性，从而将自己的"意志"直接或间接地渗透其中。其实，决策者对此并不是一无所知，他们也处在困惑和矛盾中，因为他们必须在政策的"统一性"、"普世性"与"原则性"和地方实践的"差异性"、"能动性"与"实效性"之间做出平衡，这样就使政策本身更可能具有"弹性"，从而为"黑箱效应"的产生提供了条件和机会。

（三）"计划效应"。新中国成立以来，历届政府注重"五年国民经济与社会发展计划"（制定和实施某些政策往往是为了实现"五年计划"的目标和承诺）的制定和实施，从最近的"十五"计划（2001—2005）和"十一五"规划（2006—2010）也不难看出，中国政府的关注点正在从重点发展经济向推动社会整体和谐发展转移，西部地区（其大部分是少数民族地区）的各项社会事业，包括教育事业也正在进入政府和公众的视野。虽然民族自治地方政府有权力根据自身的实际情况制定和实施本区域的"计划"，但是由于历史的惯性（不容忽视的是，中国是有着两千多年中央集权历史传统的国家），它们更愿意接受上级政府的"意志"，追求与上级政府"计划"的相互"对应"，从而忽视了地方政策的情境性、稳定性、连续性、完整性（在红湾小学的案例中，明显缺乏政策过程的评价环节；从政策文本看，也缺乏对不执行政策后果的声明和对政策实施效果评价标准的声明）和充分听取本地方公众的意愿、立场和诉求的必要性（从微观上看，近年来，一方面，社会各界都在呼吁要保持和发展两种裕固语；另一方面，裕固族地区学校教育却因各种原因未能将"裕固语教学"纳入其中；从宏观上看社会文化多样性的保持在中国也始终是"雷声大、雨点小"，可以看做是一个例证），也部分地导致了在少数民族地区的"五年计划"中，包括少数民族语言、教育在内的少数民族社会文化发展的目标和承诺仍然不够清晰。值得欣喜的是，在"十一五"规划中，甘肃省人民政府按照中央政府和国家民族事务委员会等部门的有关要求，将裕固族作为人口较少民族之一制定了单列规划。[8]

从红湾小学的案例还可以看出，民族自治地方政府的决策者及政策的实施者都对政策、体制和社会文化的多样性之间的互动不够关注。实际上，教育及社会问题常常不会随着一纸政策的问世出台而销声匿迹，加之"重计划，轻评价"是地方教育政策的痼疾，在教育机构与学校组织的领导者心目中和实践中造就了所谓必须执行且要真抓实干的"硬政策"和可执行可不执行，抑或口头重视，实际搁置的"软政策"之分，甚至在同侪中，政策执行过程中分寸的拿捏得当，常常也是评价他们领导艺术水平的依据。教育政策不仅在文本上不是孤立的，而且在实施过程中更是需要得到体制的保障、公众的拥护和社会文化环境的支持，也就是说，教育政策过程常常是在一定文化生态系统中展开的系列社会政治行动过程。

民族自治地方教育及社会政策应该在法律允许的框架内制定和实施，然而我的田野观察表明，在一些时候和场合，地方政府政策的效力大于国家法律的效力，甚至在教育场域中存在一些"违法的隐性政策"，例如，在某些学校中存在不让教师和学生在校园里使用裕固语的规定，甚至出现了裕固族学生因在校园使用裕固语而受到教师打骂的事件。[9]由于长期以来实行政府主导的社会发展模式，在公众中形成了更加关注政策而不是法律的"生存心态"（habitus，又译惯性、习性等），从而也形成了公众对政府全能且过高的期望和全面且过度依赖。要想在民族自治地方基层社会实现"以法治理"，各级政府必须重视法制建设和法律宣传，制定和实施的政策首先必须是依法且合法的，其次必须是公众参与制定和实施的，再次必须是透明、规范且具有效力的。

六、结语：谁的过错？

见微知著，裕固族的两次语言教育试验，是裕固族地区社会发展过程中的重要事件。这两次试验都失败了，那么它们的失败是谁的过错？是学校教育吗？是政策吗？是政府吗？是民族—国家吗？是现代性吗？还有一个问题就是它们只能成功，不能失败吗？所有这些都特别值得引起关注和深入研究。

纵观全球，在任何一个民族—国家或地区，都不存在完美的社会发展过程，这是人类社会的一个基本事实。中国少数民族地区的社会发展是一个复杂的变迁过程，难免存在一些失误和遭遇一些挫折，其教育发展也不例外。对于我们来说，更多的不应该是言辞激烈的"指责"，而应该是深入调查和分析这些失误和挫折产生的社会文化脉络。毕竟，在我们行动之前，越是能够澄清我们的立场、信念、观点和诉求，就越是可能接近我们实事求是设立的目标和愿景。

[参考文献]

[1] 巴战龙：《社区发展与裕固族学校教育的文化选择——人口较少民族乡村学校教育的民族志研究》，中央民族大学硕士学位论文，2005年。

[2] 巴战龙：《人类学视野中的学校教育与地方知识——中国西北一个乡村社区的现代性百年历程（1907—2007）》，中央民族大学博士学位论文，2008年。

[3] 巴战龙：《裕固族学校教育功能的社会人类学分析》，载《民族教育研究》2006年第6期。

[4] 钟进文主编：《中国裕固族研究集成》，民族出版社，2002年。

[5] 陈宗振：《西部裕固语研究》，中国民族摄影艺术出版社，2004年。

[6] 巴战龙：《西部裕固语的使用与教学述略》，载《甘肃民族研究》1998年第1期。

[7] 肃南裕固族自治县教育局：《关于开展民族语言第二课堂活动的通知》（肃教发[2003]199号），2003年9月。

[8] 肃南裕固族自治县发展和改革委员会、肃南裕固族自治县民族宗教事务局：《甘肃·肃南裕固族自治县扶持人口较少民族发展专项建设规划（2006—2010）》，2006年3月。

[9] 铁穆尔：《十年寒窗苦，乡土情思深——访裕固族青年学者巴战龙》，载《生命树》2006年第5期。

（本文原载于《教育学报》2009年第4期）

[作者简介]

巴战龙（1976—   ），男，裕固族，甘肃肃南人，民族学博士，北京师范大学社会发展与公共政策学院讲师，硕士生导师，主要从事教育人类学、发展人类学、民族志与社会科学研究、人口较少民族研究。

学校教育与地方知识关系探究

——基于一项裕固族乡村社区民族志研究

巴战龙

[摘要] 学校教育代表主流社会和国家利益，而地方知识则存在于具体的社区脉络中。在中国少数民族地区的乡村社区里，学校教育与地方知识的关系更深地潜藏在国家与乡村互相建构的关系之中，学校对新时期乡民的真实文化需求，例如将少数民族语言教育纳入学校课程体系的忽视，很可能是导致学校与社区关系趋于紧张的主要原因。学校与社区的关系问题，是文化取向的教育人类学研究的经典命题，亟待相关专家学者在跨文化比较的视野中通过扎实的民族志研究提供有益的中国经验。

一、引言

义务教育是公民对国家的义务，也是国家对公民的义务，从欧美国家的历史来看，其实质就是一种基本文化知识教育，是"公民教育+生存教育"的复合体，但是在中国这样一个"后发展国家"，义务教育的普及，一方面确实显示出了社会的迅速发展和巨大进步，另一方面也确实显示出了一些"事与愿违"的现实后果。在中国西部少数民族地区的乡村社区，大量由现代学校教育生产出来的"文化边缘人"的现实存在及其生存能力的薄弱，促使人们重新审视义务教育段学校教育的功能。在保持文化多样性之理念的鼓舞下，在解决现实问题之迫力的催逼下，"地方知识"① 进入了人们的视野，在中国大陆第八次基础教育课程改革（简称

---

① "local knowledge"，在中国大陆社会科学界一般译为"地方性知识"，也有人译为"地方知识"，台湾社会科学界译为"地方知识"，也有人译为"在地知识"或"当地知识"，本文取"地方知识"的译法。因为笔者认为"地方性知识"的译法在汉语学术界引起了对格尔茨（Clifford Geertz, 1926—2006，又译为格尔兹、吉尔兹，台湾学术界译为葛慈、纪尔兹）的原意的误解，认为知识的属性是"地方性"的，只有"地方性知识"才是真正的知识，实际上，格尔茨的原意是强调作为比较意义上的"文化体系"的"地方知识"及其传统是"多元的"，对生活世界的主位理解和解释具有充分的合法性，人类学研究就是对作为"文本"或"象征符号系统"的文化的多元阐释。参见巴战龙：《地方知识的本质与构造：基于乡村社区民族志研究的阐释》，载《西北民族研究》2009年第1期，第160—165页。

"新课程改革"或"新课改")的进程中,不断有学者要求将其纳入义务教育段学校教育的课程体系,以解决那些初中毕业不能升学者的出路问题。[1]

这一理念"看上去很美",但是理念的产生并不等于实际问题的解决。在一个具体的乡村社区里,学校教育与地方知识的当下关系究竟如何,这种关系是怎样生成又怎样演变的?毫无疑问,在将理念付诸实践之前,必须先回答上述问题。

自1996年以来,笔者利用人类学研究文化变迁的常用方法——持续观察法(亦称纵向研究法),对中国西北一个裕固族乡村社区——甘肃省张掖市肃南裕固族自治县明花乡进行了数次田野研究,期间收集了大量关于这个社区的资料,2008年写出了以"学校教育和地方知识的关系"为切入点描述和解释明花社区现代性百年(1907—2007)历程的民族志,2010年出版同主题学术专著[2]。本文即是以这项民族志研究为基础,尽量简洁地对乡村社区学校教育与地方知识的关系进行描述和阐释。

二、研究背景说明

(一) 田野点的背景说明

"明花"这一地名是1947年中华民国政府废除当地的部落制度,实行保甲制,成立明花直属保的时代产物,取明海、莲花两个藏传佛教寺院首尾字谓称。1947年以前,明花主要是裕固族亚拉格家(部落)和贺郎格家(部落)驻牧地,现在的行政建制是一个乡,由3片14个村委会组成,属甘肃省张掖市肃南裕固族自治县管辖。

不同的时空、不同的人对明花有着不同的认知。在裕固族地区,明花因为它的经济贫困和沙尘天气而出名,更因为它作为曾经的"歌舞之乡"、"文化之乡"和"教育之乡"而备受称道。明花人勤劳、乐观,尽管自然条件相对恶劣,生活条件相对严酷,但是他们热爱自己的家园,时时不忘用自己的劳动和歌声来建设和歌颂它。

在中国西北少数民族地区的乡村社区中,明花社区的发展历程有一定的代表性。回首百年(1907—2007),这个乡村社区发生了多面向的系统变迁:从族群文化的角度而言,从一个以尧乎尔(裕固族自称)为绝对主体的单一族群文化社区转变为一个以尧乎尔为主体的,由汉、藏、土、蒙古、哈萨克等组成的多元族群文化社区;从语言文字的角度而言,从一个以尧乎尔语(西部裕固语)和藏文为主,以汉语方言和汉文为辅的社区转变为一个以汉语方言和汉文为主,以尧乎尔语为辅的社区;从婚姻与继嗣制度的角度而言,从一个双系并行(明媒正娶婚行父系继嗣制度,帐房戴头婚行母系继嗣制度)的社区转变为行一夫一妻制和父系继嗣制度的社区;从生计方式的角度看,从一个以畜牧业生产为主,以手工编织和驼队运输为辅的社区转变为一个以农业为主,以牧业为辅的多种生计方式并存的社区;从社会组织的形态而言,从一个传统部落社会转变为一个现代乡村社会;从政治制度和社会控制的角度而言,从帝制王朝的部落联盟制下头目世袭制为主,户族精英为辅的习俗—权威型控制方式转变为一个民族—国家中民族区域自治制度下以党政科层制的资源—利益型控制方式;从宗教信仰的角度而言,从一个格鲁派藏传佛教和萨满教并存,祖先崇拜之风甚烈的社区转变为寺庙衰落、信仰淡化、唯祖先崇拜仍广为流行的社区;从教育的角度而言,从一个以地方知识教育为主的社区转变为一个以官方知识教育为主的社区,现代学校教育取代了传统寺庙教育成为社区的主要教育组织形式,学校取代寺庙成为"知识—文化"传播的中心,在青少年儿童的文化成长过程中,家庭教养扮演的中心角色,至少在乡民的观念上被学校教育替代。

(二) 相关研究的简要回顾

学校与社区的关系问题,是文化取向的教育人类学研究的经典命题。由于绝大多数人类学研究都聚焦于"文化"之上,所以,作为人类学的子学科之一的教育人类学或人类学的子领域之一的"人类学与教育",对学校与社区的关系问题的探讨,实际上常常是学校教育与社区文化之关系的探讨。①

根据在国际教育学术界有广泛影响的《教育大百科全书》之"教育人类学"分册的总结性论述,至少美国的教育人类学在"学校与乡村社区的关系"这一研究主题上聚焦于"国家文化和地方文化的关系"的调查与分析上,具体的研究进路可分为两条:一条是"乡村社区对外来文化的抵抗和顺应"上,另一条是"学校中的地方文化"。[3]在中国大陆的教育学术界,"学校与乡村社区的关系"主题近年来也得到了研究者较大且连续的关注,已有数部教育人类学作品出版,例如李书磊的《村落中的"国家"》[4]和司洪昌的《嵌入村庄的学校》[5]等,其中李书磊把乡村学校看做是"村落中'国家'"的观点影响广泛。

本文描述和阐释乡村社区中学校教育与地方知识之关系的生成与变化,实质上仍然是探讨学校与社区的关系问题。过去,在中国乡村教育研究界,就社区与学校的关系有两种基于不同立场、不同视角的学术观点和研究进路:一种是基于"国家"的利益和意识,研究学校如何在"乡村"的发展进步中发挥其功效,常常以"城乡二元结构"为参考背景,在"城"与"乡"的比较中设问和解释,研究者多对学校教育之于社区发展持肯定的、改良的态度;另一种是基于"乡村"的利益和意识,研究学校如何在"乡村"的衰落凋敝中发挥其功效,常常以"国家—社会"的关系为分析框架,在乡村问题的调查研究和归因分析中设问和解释,研究者多对学校教育之于社区发展持否定的、重构的态度。也就是说,基于"国家"

---

① 从以文化分析为取向的美国教育人类学对这一问题的研究,可以明显地看出这一点。参见〔瑞典〕胡森等著:《教育大百科全书(2)》,张斌贤等译,西南师范大学出版社、海南出版社,2006年,第12—15页。

的立场,研究者认为学校教育是促进乡村发展的动力机制和进步力量;基于"乡村"的立场,研究者认为学校教育是架在乡民头上的两台"抽血机"之一(另一台是银行系统,抽走了乡村的金融资源),抽走了乡村的精英人才,使乡村缺乏高素质的成员,使社区振兴更是遥不可及。

上述两种乡村教育研究的观点和进路,实际上,是对学校教育之于乡村发展的"利"与"弊"的不同偏重和强调。基于"整体论"的民族志研究,笔者的观点是,现代乡村学校教育的重要功能是连接"国家"与"乡村"。过去许多对"乡村共同体"抑或"村落共同体"及其教育的研究中,常常把"国家"想象为"乡村"的他者,一种异己性存在或力量,"乡村"也被认为一直都远离国家发动的政治斗争或社会运动。我的研究说明,这种想象是虚假的,并不是事实。实际上,"国家"与"乡村"息息相关,"国家"创造了"乡村","乡村"也创造了"国家",现代乡村学校教育中通过"国家"和"乡村"等系列概念及其相关观念的传播和形塑,在这一创造过程中扮演重要角色。

基于对明花百年发展历程的民族志观察和书写,[2] 我们在肯定上述两种观点和进路的确揭示了"有限的真理"的基础上,也必须认识到它们的局限性:对于从"国家"立场和视角出发的研究而言,忽视了以升学为目的的精英式教育及其价值的阐释和传播,以及脱离乡村生活实际的学校教育内容等,的确造成了"受害者被谴责"(例如,那些因学业成绩不良未能升学的孩子被认为是没有出息的)等不公平、无正义的社会现实后果;对于从"乡村"立场和视角出发的研究而言,忽视了被"国家"从"乡村"抽走的精英人才也可能对自己的"家乡"或"族群"做出"反哺"的姿态和行动。

三、学校教育:在国家与乡村之间

以1939年现代学校教育的确立为界,明花日常教育生活世界和日常社区生活世界的关系大体走过了两个阶段:第一阶段,两者不分彼此,浑然一体,没有专门的教师和教学内容,没有明确的师生关系。第二阶段,日常教育生活世界从日常社区生活世界分离出来,在固定的教育机构——学校内传授特定的知识(主要是官方知识),结果就产生了学生所学的知识与日常社区生活世界的隔膜和脱离。本来这种脱离是现代教育的一个特点,但是,由于课程知识作为国家法定知识过多地体现和反映了国家利益,结果使得乡村社区人民的文化和利益被严重地忽视了,并且由于"传统"与"现代"、"野蛮"与"文明"、"落后"与"先进"、"城市"与"乡村"、"西部"与"东部"、"汉族"与"少数民族"、"地方大民族"与"地方小民族"等一系列过于僵化的"二元对立"的意识形态及其在国家发动的过于强制的"政治运动"或"经济改革"实践,[6-7]使得西部的、乡村的、少数民族的、小民族的文化被污名化了,被标定为"传统的"、"落后的"、"待开发的"、"待发展的"。这样，就极易造成一种略显奇怪的现象——像明花这样的西部少数民族地区的乡村社区的发展滞后是一种"自我实现的预言"，[8]它们始终处在一种追求先进的发展历程中，目标被赋予"进步的价值"，总是在前方，有时清晰得唾手可得，有时模糊得几近虚无。

现代社会通过其各式各样的组织、制度、仪式、运动以及无孔不入的"现代性"意识形态渗透，让人们相信学校是公平正义的，同时也是实现社会公平正义的重要机构。乡民被告知说，学校为所有人提供了改善自身经济状况和提高社会地位的平等机会，结果，在中国复杂的社会情势下，当乡民的孩子既不能因其所受的教育而改善自身经济状况，又不能提高社会地位时，他们（她们）的父母、亲友、邻居和老师，甚至他们亲密的伙伴就会责怪他们未能在学校取得好成绩，因此被看做是"没有出息的"、"不成器的"、"愚笨的"和"低人一等的"。作为学校为所有人提供向上的社会流动的平等机会这一神话的结果，使乡民很容易地把孩子在学校的低学业成就导致的"失败的人生"全部归因于自身的"缺陷"，例如，"祖上八代都不识一个大字"、"天生就是捋牛尾巴的"、"没出息的（父母）生下的（孩子）还是没出息"、"天生就是穷命"等，而不是学校系统以及建立其上的"学校化社会"（schooling society）。

国家通过自己控制的代理机构，例如信息媒体等不断塑造和强化一种对学校教育的大众化看法——学校教育就是为国家培养栋梁之材的，而学校就是教师在学生中对"材"进行选择和加工的地方——以使这种看法深入人心，成为国家对社会的"承诺"。国家怎样对乡民兑现它的"承诺"呢？一方面，国家通过"城乡二元结构"来实现对"材"的选择。通过由古典进化论支撑的政治意识形态的散布，塑造了"先进的"城市和"落后的"乡村，因为"落后"必然向"先进"靠拢，因此城里的学生上学是接受教育，乡村的学生上学是接受"改造+教化"，首先他们必须承认乡村是"落后的"，城市是"先进的"，然后才能接受教育。试想，假如有一位明花学校的学生写一篇作文，说夕阳下的明海古城比丽日下的天安门更富有诗意，更加宏伟壮阔，那么无论他（她）的这篇作文写得多么好，都将由于"立意"的问题而成为"一个愚蠢至极的笑话"。①

另一方面，乡村学校教育的潜功能——社会控制功能——的效应远超过它的显功能——启智育人功能——的效应。从"乡下娃娃"到"栋梁之材"这个过程中，学校是一个过渡性的机构，学校教育是一个过渡性的仪式。乡村学校被认为是一个文化所在的场所，因为乡民认为他们（她们）"没有文化"。乡民认为学校的存在，就是为了教育他们的孩子，是为了他们的孩子"鲤鱼跃龙门"服务的。然而，事实上只有零星的"材"被选中，大多数学生没有走上"体制的轨道"，因而被国家

---

① 这个精到的"例子"是2007年田野调查中一位具有高中文化程度，善于思考且具有创见的报道人提供的，特此致谢。

标签为"不合格的",被父母乡邻认为是"没有出息的"。

四、为什么地方知识没有进入学校教育

现代性学校教育之所以能够使"国民"或"公民"均质化,它的本质就是传播一种特殊的意识形态,使人们相信有所谓"普世知识"的存在。其过程就是使儿童的"身心"祛地方性,从而把他们(她们)的"身心"培养成"国民"或"公民"所需的"身心"。

地方知识不能进入学校教育,根本性的原因在于学校教育的本质——学校教育最终是为国家服务的,是国家机器的有机组成部分。无论是谁在学校接受教育,无论他(她)取得成功还是获得失败,无论他(她)最终是否为国家服务,都只是国家机器的运作过程的被动参与者。

地方知识与学校教育的矛盾即在于学校教育系统是如此强大,是国家的"基础工程",以至于足以将"普世知识"及其信念传播开来和传承下去,而"地方知识"及其信念更多地存在于人文社会科学界的一小部分人中,在社会公众中缺乏影响力,更遑论进入国家的政策或体制层面,成为学校教育的"钦定知识"(即官方知识)。

近年来,在少数民族教育研究界,有学者提出"地方知识"进学校、进课堂的观点。通常,这种观点借用了人类学的文化相对论的立场和观点、知识和话语,是一种在教育民主化的诉求驱使下,力图祛"官方知识"的文化霸权地位,同时也是对"新课程改革"提供的资源(包括研究经费和话语系统等资源)和国家对学术创新要求的利用。我们可以轻易地发现,很多此类研究者并没有将田野研究作为基础,而只是在重复"在纸上呐喊"的文字游戏,而且对不同学科、不同领域的术语的引借显得过于随意。对于那些具有"少数民族身份"且有强烈的"民族认同"的研究者,提出这种观点,不能排除部分是出于研究者对自身利益的考量或为了解决研究者自身的身份焦虑问题的可能性。

以上只是就一般情况而言的讨论,在具体的乡村社区中,人们有着不同的立场和观点。2004 年的田野调查中,笔者在当时的"明花区学校"召集了一个小型教师座谈会,讨论学校教育是否应该传承裕固族文化这一问题,教师的立场和观点就是多元的:

校领导: 明花区(当时明花区有三个乡和一个农业综合开发区组成——笔者注)过去是裕固族的聚居区,明花农业综合开发区建起来以后,人口迅速增长,原来大约有2000 人,其中1700—1800 人是裕固族,现在明花区大约有3300—3400 人。现在开发区大约有30000—40000 亩耕地。但是,由于气候干旱、草场退化、盐碱化,环境恶化等原因,出现了"滩不养人"的现象,所以,建了开发区,实行移民搬迁。

现在整个开发区的干部、群众干劲十足。我觉得明花(区)主要还应该以发

展畜牧业为主。我们这个学校,刚开始是一所移民学校,位于开发区的中心地带。现在共有学生327人,教师29人,其中裕固族教师9人,会说裕固族语言的教师4人。**说老实话,原来的明花区学校(设在原莲花乡政府所在地)禁止或不提倡学生在学校使用裕固族语言(起始时间大约是在1992年),老师也要尽量不说裕固话。到现在大约已经有10年时间。**我们也觉得应该在学校教育教学中融入裕固族文化的内容。去年(县)教育局下了通知,[7]要求学校开展裕固语兴趣小组,可是由于各种原因,没有开起来,这与我们学校领导没有重视也有关系。我们学校有4个会说裕固话的老师,也安排了老师,让他们开展裕固语兴趣小组的活动,但是学校没有抓落实。我想,我们学校今后要把这一块重视起来,抓起来。

教师甲: 以前滩(乡)为例,当地的裕固族已经汉化了,不会说裕固话了。这是无法向子孙后代交代的。裕固话是裕固族的一个宝贝,应该尽快开展裕固族语言兴趣小组的活动,不要再让莲花乡和明海乡的裕固族娃娃把裕固话丢掉了。

教师乙: 我觉得,现在我们的学校是培养走向世界的开放性人才。民族传统文化在经济大潮中到底还有没有用?我觉得培养学生热爱家乡、热爱民族的情感,还是对的。

教师丙: 唉——我看现在的年轻人已经把裕固族的东西丢得差不多了,现在的年轻人几乎啥都不知道。我看,现在也就剩个语言了,所以语言不能消亡。语言再消亡掉,裕固族就差不多完了。光学校里开展裕固话兴趣小组,我看还不行,我们还应该在家长会上提倡,叫家长也要重视起来,多给娃娃教裕固话。

教师丁: 我们也得考虑,就是学校里教裕固话,裕固话究竟能不能保住,前滩(乡裕固)人已经不会说了,现在,明海(乡)也开始有娃娃不会说了,开发区的大部分人说汉话,搬到开发区的裕固族也没有(语言)环境了,将来裕固话能不能保住真的很难说。

教师戊: 其实其他课的教学过程中,也可以穿插一些裕固族文化的内容,比如说历史课就可以么。历史课上给学生讲一讲裕固族的历史,不是说非得正儿八经地讲,至少教学生知道裕固族是从哪里来的。

教师己: 我看民族文化当然得保存,但是要保存优秀文化,也就是要保留民族文化的精华,不是说啥都要保存。说裕固话的学生,汉话说得就是不行,这个问题也得解决。不会说汉话,不要说以后,就是现在生存都有问题。

教师庚: 裕固话的一个主要特征就是宾语前置,这是非常明显的,特别是在学生刚学着造句的时候。还有就是(z)和[z]、(c)和[s]不分。(小括号内为汉语拼音,方括号内为以国际音标为基础的西部裕固语音标——笔者注)

教师辛: 我觉得老师要教学生跟上时代潮流,要教学生有一种现代气息,一些落后的东西就得扔掉,不然的话,怎么发展?

教师壬: 裕固族是个能歌善舞的民族,我们要发挥这个长处,这样更可能使一个民族有历史、现在和将来。

校领导：开展裕固族语言兴趣小组，我也有一个考虑，就是这个活动要在什么范围内开展。学生学汉语、英语本身就负担很重，再学裕固族语言，是不是负担也太重了？普通话的教学也很受影响。

教师甲：你的担心是多余的。娃娃学语言，关键要看怎么教呢。娃娃学裕固话，不能再像教汉语、英语那么教。本身就有些娃娃会说，而且还说得好，老师主要是把娃娃的兴趣调动起来，鼓励他们平时互相说，学起来快得很。普通话么，不要说裕固族娃娃，汉族娃娃也说得不行，主要是没有环境，这跟说裕固话没啥关系。（笔者将部分引文字体加粗，以示强调）

实际上，直到 2007 年的田野调查中，我发现明花乡的各学校也没有落实自治县教育局下发的《关于开展民族语言第二课堂活动的通知》，[9]相反，"禁止或不提倡学生在学校使用裕固族语言，老师也要尽量不说裕固话"的隐性规定仍然存在。裕固族家长强烈要求学校教授裕固族语言和历史，[10]可是学校一直对教育局的"通知"和家长的要求置若罔闻。校方认为"通知"是个"软性的"，可以执行也可以不执行，而政府部门下达的各项指标，如小学"三科合格率"（语文、数学、英语成绩合格率）、初中"六科合格率"（语文、数学、英语、政治、化学、物理成绩合格率）、失学率、辍学率才是"硬性的"，必须全力以赴去达标，政府部门，特别是教育行政部门也是用这些指标去衡量学校的办学状况的。

在田野调查中，明花各学校只有一位音乐老师在明花学校组织了一个合唱队和一个舞蹈队，意图去发展唱歌和跳舞方面"有天赋"的学生的特长。在她提供给我的面试名单等资料里，没有一个孩子唱"裕固族歌曲"，也没有一个孩子跳"裕固族舞蹈"。不过，这位音乐老师热情很高，对这里百姓和学生的歌舞表演才能或特长的评价很高，她本人的"美声唱法"在政府、学校的知名度很高，大家都觉得她热情大方，歌子唱得好。她是我在明花学校见到的对学生和生活唯一充满信心的老师。

大多数老师对"地方知识"的评价很低，认为"没有用"，不值得学习。有一位老师真诚地向我谈起，他很想编一册乡土教材，主要是向学生介绍明花的历史和裕固人的风俗习惯，但是他十分担心学校领导发现后批评他"不务正业"，因而迟迟没有动手。本来"新课程改革"实行的三级课程——国家课程、地方课程和校本课程——管理体制，给了乡村学校回应乡民的将部分"地方知识"纳入课程体系的"制度空间"。但是基层政府部门，特别是教育行政部门的评价体制是悬在乡村学校头上的"利剑"。2006 年田野调查中，自治县一位教育行政官员说，教育局对各学校编写乡土教材，开发校本课程持"三不态度"（不表态、不参与、不支持），但是随着自治县民族民间文化保护意识的觉醒和高涨，皇城镇肃南二中开发"裕固族乡土教材"的实践的发展，社会各界对编写乡土教材，开发校本课程的态度也在发生变化。[11—14]

如果说明花学校编写乡土教材，开发校本课程，传承地方知识尚处在政府、学校和社区三方就权力与资源展开的博弈之中,待见分晓的话。① 笔者认为,首要的事情是,学校教育应该培养学生对"地方知识"的肯定态度,承认"地方知识"对乡民人生和社区发展的重要价值。正如台湾教育人类学者周德祯在谈到"地方知识"时所说:"Geertz 认为'当地知识'(local knowledge)是某一特定族群对生活世界的理解与解释,经由族群绵延繁衍,它本身就充分具备合法性,足以获得认同和肯定。我认为少数族群本身更应该具有信心,因为在地的知识只要加以整理、系统化、抽象化便是一种理论。就如 Bruner 说:'毕竟,故事也是在处理人类意义的理论。'"[15]

五、结语

依据多数乡民的看法,自 1939 年兴办起现代学校教育以来,特别是改革开放以来,教育机构及其活动已经成为他们社会生活中不可或缺的重要组成部分,"受教育、学文化"也已经成为他们人生历程中必不可少的一段经历。明花拥有较为浓厚的教育文化传统,教育也曾给这个社区带来"文化之乡"和"教育之乡"等美誉。对于那些子女教育获得成功的家庭而言,学校教育是光宗耀祖、改变命运、实现心愿的重要工具,而对于那些子女教育未获成功的家庭而言,学校教育的价值未受质疑,倒是教师的低素质、不敬业和子女的不聪明、没出息,甚至祖先没有积德等屡遭指斥。

1939 年现代学校教育的兴办是社区教育转型的分水岭:之前的整个教育的主要功能在于通过文化濡化再生产社区合格成员,以便维持社区文化系统的正常运转;但之后兴起的学校教育实际上是现代性的代理机构,其主要目的是在变迁的社会中,负起把年轻一代从"传统"中解脱出来,作出向"现代"转变的历史使命。从教育目的的角度而言,旧式的传统教育培养的成员是为小部落社区所用,而新式的现代教育培养的成员是为大国家社会所用。

在学校教育的发展历程中,一开始,现代的学校教育在帮助尧乎尔族群适应社会变迁方面起到了积极的作用。但是经过几代人的教育,以文化同化和社会整合为

---

① 近年来,明花籍的裕固族知识分子也越来越多地参与这一过程并起到一定的引导作用,参见巴战龙:《简论民族文化传承与裕固族教育》,载《牧笛》2004 年第 1·2 期,第 79—80 页;巴战龙:《裕固族学校教育功能的社会人类学分析》,载《民族教育研究》2006 年第 6 期,第 37—44 页;巴战龙:《成就与问题:裕固族教育研究六十年》,载《民族教育研究》2007 年第 6 期,第 104—109 页;巴战龙、巴玉环:《简论 21 世纪裕固族教育的文化使命》,载《民族教育研究》2008 年第 6 期,第 43—46 页;巴战龙:《两次裕固族语言教育试验失败的归因分析与相关政策探讨:基于两项教育民族志研究》,载《教育学报》2009 年第 4 期,第 83—88 页;钟进文:《乡土知识不可忘却:从几件小事说起》,载《西北民族研究》2009 年第 1 期,第 177—182 页。

主要功能的学校教育的弊端开始显露,由于它总体上是主流社会文化的代表,对族群传统文化的持续排斥成为导致族群语言使用人口锐减、传统知识衰亡的重要成因。

新时期(1978年)以来,随着族群意识的勃兴和族群文化保护和复兴需求的高涨(实际上,随着族群传统文化的逐渐消亡,文化断裂和社会失序现象开始出现,尧乎尔人的族群认同感陷入越来越深的焦虑之中),学校系统作为国家机器系统的有机组成部分,对社区尧乎尔人将族群文化,特别是本族语教育纳入课程体系的强烈要求未能及时作出回应,导致尧乎尔民众对学校教育价值的评价走低,又由于学校在提高教育教学质量方面举措无多,效益不彰,导致社区与学校的关系趋向紧张。

[参考文献]

[1] 滕星、巴战龙等:《中国西部少数民族地区经济文化类型与初中地方性校本课程建构》,美国福特基金会项目申请报告,2005年。

[2] 巴战龙:《学校教育·地方知识·现代性:一项家乡人类学研究》,民族出版社,2010年。

[3] [瑞典] 胡森等,张斌贤等译:《教育大百科全书(2)》,西南师范大学出版社、海南出版社,2006年,第12—15页。

[4] 李书磊:《村落中的"国家":文化变迁中的乡村学校》,浙江人民出版社,1999年。

[5] 司洪昌:《嵌入村庄的学校:仁村教育的历史人类学探究》,教育科学出版社,2009年。

[6] 巴战龙:《历史人类学视野中的"一九五八年"》,载《社会科学论坛(学术评论卷)》2008年第11期,第107—119页。

[7] 田丰韶:《国家意识形态主导下的少数民族文化变迁》,载《甘肃民族研究》2006年第2期,第98—102页。

[8] 巴战龙:《西部少数民族地区基础教育新课程改革存在的问题与困难:一种教育人类学的观点》,教育学在线,2006(8),http://cyber.swnu.edu.cn/mcjy/cyber/index.html。

[9] 肃南裕固族自治县教育局:《关于开展民族语言第二课堂活动的通知》(肃教发[2003]199号),2003年9月。

[10] 巴战龙:《社区发展与裕固族学校教育的文化选择:人口较少民族乡村学校教育的民族志研究》,载滕星、张俊豪主编:《多民族文化背景下的教育研究》,民族出版社,2009年,第197—282页。

[11] 巴战龙等:《为了裕固族的明天——甘肃省肃南裕固族自治县第二中学校本课程开发纪实》,载《中国民族报》2006年8月18日。

[12] 铁穆尔、巴战龙:《尧熬尔文化(教育专刊)》,肃南裕固族自治县裕固族文化研究室,2006年第2期。

[13] 金清苗:《"裕固族乡土教材"研究》,中央民族大学硕士学位论文,2008年。

[14] 安维武:《裕固家园(裕固族乡土教材)》,甘肃文化出版社,2008年。

[15] 周德祯:《排湾族教育——民族志之研究》,五南图书出版公司,2001年。

(本文原载于《当代教育与文化》2012年第1期)

[作者简介]

巴战龙(1976—),男,裕固族,甘肃肃南人,民族学博士,北京师范大学社会发展与公共政策学院讲师,硕士生导师,主要从事教育人类学、发展人类学、民族志与社会科学研究、人口较少民族研究。

裕固族儿童"剃头仪式"的教育人类学研究

巴战龙

[摘要] 文化取向的教育人类学是社会文化人类学的一个子学科,其最重要的贡献之一是并不把现代学校教育活动看成是人类教育活动的全部,从而将人生礼仪纳入到研究视野之内,成为其重要研究内容之一。本文从教育人类学的视角出发,描述和分析了裕固族儿童"剃头仪式"的过程和功能,并对把教育等同于学校教育的常识信条进行了反思。

裕固族是中国的人口较少民族之一,主要聚居在甘肃省肃南裕固族自治县和酒泉市肃州区黄泥堡裕固族乡。据 2000 年第五次全国人口普查统计,裕固族共有 13719 人。裕固族主要从事畜牧业生产,主要使用三种语言:西部裕固语、东部裕固语(这两种本族语言分属阿尔泰语系突厥语族和蒙古语族)和汉语,本族文字回鹘文失传,现无本民族文字,通用汉文。

人生礼仪是裕固族传统文化极富特色的组成部分之一,主要包括"剃头仪式"(也称为"剃头礼")、"帐房戴头仪式"(一种女性的成年礼,也称为"立帐房杆子")、婚礼、寿礼和葬礼。本文拟在对裕固族儿童"剃头仪式"的民族志描述基础上,从教育人类学的角度探讨其教育意义和价值,以期对现代教育的"迷思"进行反思,并初步展示作为文化批评的教育人类学研究的风采。

一、"剃头仪式"的民族志描述[①]

已故的中国社会科学院裕固族历史文化研究专家范玉梅在她的专著《裕固族》中对裕固族儿童的剃头仪式作了较为详细的民族志报道,兹引述如下:

裕固族人在孩子周岁或三岁第一次剃头时,要给孩子举行剃头仪式,很多人家还要给孩子取经名。因居地不同,剃头的时间也不相同。居住在康乐、大河等山区

---

① 笔者在多次的田野调查中收集了一些裕固族儿童剃头仪式资料,但是与前辈学者已经公开发表的相关资料比较而言,笔者的资料,特别是剃头仪式贺词并不系统。为使读者对剃头仪式获得更为完整的理解,故本部分的仪式描述和贺词内容,仍引述裕固族研究专家范玉梅和陈宗振的相关资料。

的裕固族人，一般是小孩三岁时剃头。而住在平原明花区的裕固族人，是在小孩周岁或三个月时剃头，也有在婴儿满月就剃头的。他们认为小孩的胎毛早点剃掉好。裕固族老人讲，"这是裕固族人的老传统。给娃娃剃头，就像给马驹剪鬃毛一样，马驹子剪鬃才算马，才能乘骑；娃娃剃头才成人，才能长命。"

在剃头前，孩子的父母先请喇嘛或自家的老人选定吉日、时辰；一般认为初一、十五是吉庆日子，多在午时进行。吉日时，要请喇嘛先念长寿经，然后从经典上取一名字。由于裕固族信奉藏传佛教，因此，所取经名与藏族人的名字相似。

给头胎孩子第一次剃头，是家庭中最喜庆的日子，父母要设宴招待客人；亲友们要赠送礼物表示祝贺，如送一只羯羊、一匹骒马或一头乳牛，也有送钱、哈达或其他衣物的。舅舅和高龄的长辈，一般要送一匹三岁的小马驹，或一头两岁的小牛犊等礼品。作为礼物的牲畜都要做个标记，这是属于孩子的，直到孩子长大成人。

剃头时，先举行仪式：由母亲领着或抱着孩子，到舅舅和年纪最大的长辈面前，会走路的孩子先给长辈磕头，老人便抚摸着孩子的头说："给你个金马驹，白乳牛。"由另一个人端着盘子，盘里放着一把剪刀，一小碗奶子，碗边放些酥油和一个用酥油糌粑做成的圆圈；将盘子首先端到舅舅的跟前，并把酥油圈套在孩子的头上，由舅舅第一个开剪（男孩从左边、女孩从右边开始），剪一绺头发放在盘里，然后，用手指蘸些酥油，点在孩子的额头上，再抹到小孩的嘴里，口念吉祥语，向孩子祝福，并表示送给他（她）一头小牲畜。随后，参加剃头仪式的亲友，依次各剪一剪，先剪左右两边，再剪中间和后边；边剪边唱对孩子的祝福歌，并表示送些礼物祝贺。每个人剪过后，都要用手指蘸点酥油抹到小孩的额头和嘴里。每个客人在按顺序边剪边唱到最后一句时，就由一人领唱，大家兴高采烈地和着节拍帮腔，齐唱"保尔德埃"（裕固语，意思是祝孩子长寿），气氛十分欢快。歌词的大意是：今天的日子像太阳一样光芒四照，/舅舅、亲友们都请到；/娃娃成长托大家的福，/牛羊满圈，马驹欢跳。//金剪子剪头发，/娃娃像金子般光亮美好，/银剪子剪头发，/给娃娃带来金银财宝，/铁剪子剪头发，/娃娃长成铁疙瘩，/祝娃娃长命百岁，/幸福到老。

客人们依次剪完，由舅舅将头发剃光，而头顶的前面还要为未到的客人留下一撮，至此，剃头仪式结束，然后吃酒席。[1](P44—46)

按照传统的裕固族习俗，孩子出生后不剪发，直到举行"剃头仪式"时才剪。在田野调查中，笔者了解到，目前剃头仪式的举行并没有固定的时间，大多是在农牧空闲时间，也可以选在当地人认为的"吉日"，如农历初一或十二，五月初四或六月十三等，也有人家随着流行的"过生日"的做法，在三周岁生日当天举行剃头仪式。值得注意的是，1935年德国传教士海尔曼斯（P. M. Hermanns）在祁连山区裕固人中进行了调查，在其于1940年发表在德国《人类学》杂志上的长篇田野民族志报告——《回鹘及其新近发现的后裔》中写道："孩子幼年时头发不能剪，通常第一次剪头均须等到孩子三岁后，第4个月的第11天。"[2](P154)另外，据老人们回忆,"剃头仪式"一般在万物生长的上半年举行,而不在农历六月十五以后万物凋谢的下半年举行。在首次剪发要请客,朗诵贺词。贺词,西部裕固语叫做"巴什·塔拉啦嘛"(用拉丁字母为基础的裕固语记音符号转写即[bash tareilama]),东部裕固语叫做"托勒艾·塔拉啦嘛"(用拉丁字母为基础的裕固语记音符号转写即[tolvhei tareilama])。由于贺词是理解"剃头仪式"的核心和关键,故下文引述中国社会科学院民族学与人类学研究所裕固族语言研究专家陈宗振收集整理的三则用西部裕固语朗诵的贺词。

贺词一:

哦!选日要选吉日!/哦!选月要选满月!/哦!在珍宝灿烂的日子里,/哦!铁剪一剪,就是生命坚如钢铁的吉兆!/哦!长寿者的到来,是寿星降临的吉兆!哦!/有福者的到来,是福星高照的吉兆!/哦!右侧的头发长得厚,/哦!这是孝顺父亲的吉兆!/哦!左侧的头发长得厚,/哦!这是孝顺母亲的吉兆!/哦!后面的头发长得厚,/哦!这是舅舅将发家致富的吉兆!/哦!绵羊肥硕,是可以掺入盘羊群的吉兆!/哦!黑牛健壮,是可以掺入野牦牛群的吉兆!/哦!枣红马俊美,是可以掺入野马群的吉兆!//[3](P437)

贺词二:

哦!这是像酥油一样均匀,像鲜奶一样纯洁的吉兆啊!/哦!嘉木样活佛的黄金剪刀剪了头发,就是年轻的生命坚如钢铁的吉兆啊!/哦!是青天赐福,黄土育根的吉兆啊!/哦!是凭财产富足以前往印度,凭佛学渊博以赴大昭寺朝拜的吉兆啊!/哦!是福气深似智慧海,命运高如须弥山的吉兆啊!/哦!是为七族带来好运,为七寺带来佛光的吉兆啊!/哦!是身盖细绒铺盖,头枕金银枕头的吉兆啊!/哦!是屋里人丁兴旺,圈里牲畜繁衍的吉兆啊!/哦!是绵羊肥硕,可以掺入盘羊群,枣红马俊美,可以掺入野马群的吉兆啊!/哦!是帐房左方金银财宝成箱,帐房右方干鲜奶食充足的吉兆!//[3](P438)

贺词三:

哦!你是父母身上掉下的一块肉啊!给你抹酥油,是像酥油一样均匀,给你抹鲜奶,是像鲜奶一样均匀的吉兆啊!/哦!铁剪刀一落在你的头上,是你的头像岩石一样,生命如钢铁一样坚强的吉兆啊!/哦!这是你的家庭人丁兴旺,牲畜挤满棚圈的吉兆啊!/哦!这是你的庭院四面八方贵客不断,洁白哈达纷至沓来的吉兆啊!/哦!这是西藏、印度的佛爷保佑,你骑上骏马周游四方的吉兆啊!/哦!这是你支起用八十峰骆驼毛织成的褐子帐房,其中囤满金银财宝的吉兆啊!/哦!这是你与兄弟姊妹亲密和睦,孝敬父母养育之恩的吉兆啊!//[3](P438—439)

从以上三则贺词看来,贺词也是多样性的,但其主要内容都是祝福儿童身体健康、长命百岁,向往家庭人丁兴旺、生活幸福,祈求佛光普照、民族繁荣。

二、"剃头仪式"的教育人类学阐释

（一）功能分析

1. 践行文化观念

文化与人性的实质及关系问题，始终是社会文化人类学理论建构的核心问题。经过长期的辩论，当代社会文化人类学者普遍相信，人性普同而文化相殊。由此看来，民族文化实际上是由生态环境和社会政治形塑的系列观念和行为的集合。人生礼仪是民族文化的基础性的组成部分，是人们对世间生命的独特认识和人生历程的社会安排。裕固族在长期的社会发展过程中，形成了富有特色的民族文化，有着建构在以畜牧业为主，定居农耕和狩猎采集为辅的传统生计方式基础上的文化观念。就"剃头仪式"而言，反映出的主要的文化观念有：（1）宗教信仰观念，仪式中不仅要延请喇嘛僧人前往念长寿经，煨桑敬神请求保佑；（2）珍爱生命的观念，由于战乱频仍等原因，造成了裕固族人口锐减，至1949年新中国成立时人口只有三千余人，加之游牧民族传统上就有珍爱生命的传统，所以，家庭添丁历来在裕固人的社会生活中是一件大事；（3）伦理道德观念，特别是"亲戚里舅舅为大"的观念，裕固人的婚丧嫁娶、节日庆典、财产继承等重大社会活动中，舅舅都被尊为上宾，故有"衣无领子不能穿，人无舅舅无根源"等的说法；（4）人生过渡观念，剃头前的孩子被视为婴幼儿，剃头后的孩子被看做儿童，被正式接纳为一个社会成员，就实质而言，剃头仪式是一个过渡礼仪，标志着孩子开始了一段新的人生历程。

2. 促进社会团结

对于一个人口少、族体小的裕固族来说，如何维护民族内部的社会团结一直是一个根本的问题。因此，"剃头仪式"从来不是家庭的私事，而是一个集体事件，是一个促进民族内部的地方群体社会团结的时空过程。首先，在仪式中，不仅是包括舅舅在内的亲戚邻里关系及其相应的社会角色得到了一次"再分配"，以家庭为单位的社会关系得到了一次梳理和巩固。其次，仪式为孩子在社会结构中建构和获取地位和身份，促进孩子的社会化，而孩子的健康成长从根本上保障小至地方社会群体，大至民族群体发展的持续性。再次，传统上裕固人家居住分散，剃头仪式提供了时间和空间，人们在其中按照约定俗成的规则礼尚往来，友善互动，极大地增进了社会认同，特别是在酒席上，人们不仅以吃席唱歌、猜拳行令为乐，更重要的是互通信息，交流经验，正如美国人类学家格尔茨（Clifford Geertz, 1926—2006，又译为格尔兹、吉尔兹，台湾学术界译为葛慈、纪尔兹）所洞见的，"剃头仪式"实际上是人们编织"文化蛛网"的实践活动，使分化的社会得到整合。[4]最后，通过仪式实践，人们再次赋予此种活动以积极丰富的社会意义，在实践中传承了民族文化，而民族文化进一步规制社会活动，促进社会团结。

(二) 文化反思

从社会学角度而言，"剃头仪式"不是正式制度，而是非正式制度。非正式制度是一个值得引起重视的社会现象，尽管还没有人能给出一个让人们普遍接受的定义。在社会人类学领域，"制度"是最重要的研究对象之一，特别是在英国的社会人类学研究传统里，把"文化"当做"制度"来研究是其最富特色的预设。回顾社会人类学发展史，虽然各个理论学派，从古典社会进化论，到现代的功能主义、结构主义等，大都没有直接使用"非正式制度"这一术语，但他们的考察对象都涉及"非西方文化"中的非正式制度，比如，马凌诺斯基（B. K. Malinowski, 1884—1942，又译马林诺斯基、马林诺夫斯基）和利奇（E. R. Leach, 1910—1989）等人就探讨了"非西方文化"中的人际关系、政治结构以及风俗习惯等非正式制度。非正式制度的内涵一般局限在社会普遍认同，但没有被国家依靠军事力量和意识形态，利用各种社会设置（social institute）、法规政策等加以制度化的社会现象，包括行为规范、风俗习惯、道德观念以及仪式与信仰等。很明显，与正式制度相比，非正式制度所对应的是一个更加广阔的"体制外"领域。[5](P120—128)

从教育人类学的视角出发而言，现代社会的一个"迷思"（myth）是把学校教育等同于教育，从而不但使学校教育背上了沉重的社会负担和被赋予无法实现的社会使命，而且使年轻一代鲜活的成长经验被越来越多地束缚在学校教育的桎梏当中。[6]这种现代性的文明"迷思"掩盖了社会事实的真相。首先，学校教育的出现相对于源远流长的人类历史来说，只是非常晚近的"发明"。英国现代社会人类学的奠基人马凌诺斯基在他的早期著作中写道："教育并不常是特设的社会制度。家庭、亲属、地方、年龄、职业团体、技术、巫术、宗教会社——这些制度在它们的次要功能上，是和我们的学校相当的，担任着教育的职务。"[7](P49)在身前未及撰完付梓的另一本著作中，马凌诺斯基对早期的观点作了进一步的论述："显然，随着文化进步，各种职业任务和专门功能任务逐渐分化，并纳入特定的制度。最低级的原始人也必定存在教育；事实上，教育作为传统技术、价值和观念的传承方式，肯定自从人类存在时就已存在。但它被整合进家庭、地方群体、玩伴社会、年龄级以及使初学者得到学徒机会的手工业经济行会。训练年轻人特殊制度，如中学、学院和大学，是人类最新的成果之一。同理，真正的知识，实际上还有科学，在人类文化的最早阶段就已出现。只是在发展的最高阶段，有组织的研究活动才被制度化。"[8](P69)

其次，现代社会的人们往往忽视像裕固族儿童"剃头仪式"这样的文化活动的社会价值。文化与人的关系比作人与空气的关系，是一个富有想象力的杰作。尽管马凌诺斯基认为文化植根于人的生物性需要这一观点备受诟病，但是他把文化比作像生物性需要一样不可或缺却也可取。他曾经谈到："传统的绵续，或是广义的教育，和法律及经济组织一同形成手段性质的文化的三方面。凡制度、风俗，或其他文化设置，能满足这三方面手段性质的需要，与其能满足生物基本需要，是同样的重要，因为人类生存的维持有赖于文化的维持，所以文化手段迫力实无异于生理上的需要。"[7](P49—50)

最后，现代社会的人们往往倾向于否定像剃头仪式这样的风俗的教育价值。然而，由于教育人类学把教育看做是人们传承文化的社会活动，不仅仅把教育看做是传递特定知识和技能、观念和思想，促进儿童身心健康发展的唯一管道。风俗是有教育价值的，正如马凌诺斯基说："风俗——一种依传统力量而使社区分子遵守的标准化的行为方式——是能作用的或能发生功能的。"[7](P33)。学校教育作为正式的社会设置，过多地把人们的眼球吸引到青少年儿童满足社会需求的身心发展上，再加上有意无意地把学校教育等同于教育，从而遮蔽了教育是一种培养人的社会活动，而且这种社会活动贯穿于人们从生到死的整个过程。

综上所述，我们认为，一方面，在现代教育的改革发展过程中，应该摈弃把学校教育等同于教育的常识信条，恢复大教育观；另一方面，中国是一个多民族、多文化的国家，教育应该在保持文化多样性的基础上促进社会团结，因此，社会各界都要正视像裕固族儿童"剃头仪式"这样的文化活动的教育及社会价值和意义，正确理解地方知识（local knowledge）在全球化时代的文化蕴含和社会涵义。[9]

当前，随着国家民族民间文化保护工程和非物质文化遗产保护项目的实施，包括裕固族儿童"剃头仪式"在内的裕固族人生礼仪越来越受到社会各界的重视，不仅被列入甘肃省非物质文化遗产名录，而且在新的创造性的发展，根据仪式过程的特点编排了富有特色的民族舞蹈，而且甘肃省张掖市电视台也拍摄并播放了纪录片《阿提拉的剃头礼》。社会发展促使人们正确认识和处理"传统"与"现代"的关系问题，儿童的"剃头仪式"也不断地汲取和整合现代生活的特点和内容，在当代裕固人的生活中仍然扮演着重要角色。值得一提的是，2011年2月25日第十一届全国人民代表大会常务委员会第十九次会议通过的《中华人民共和国非物质文化遗产法》正式将传统礼仪纳入非物质文化遗产加以保护，这标志着中国政府在国家文化政策层面肯定了非物质文化遗产的社会价值，提供和制定了保护非物质文化遗产的法律依据和实践纲领，这为裕固族儿童剃头仪式的传承和发展提供了良好的宏观环境和政策支持。

[参考文献]

[1] 范玉梅：《裕固族》，民族出版社，1986年。

[2] 钟进文：《国外裕固族研究译文集》，中央民族大学出版社，2008年。

[3] 陈宗振：《西部裕固语研究》，中国民族摄影艺术出版社，2004年。

[4] Geertz, Clifford. *The Interpretation of Cultures* [M]. New York: Basic Books, 1973.

[5] 丁钢：《在历史与现实之间：中国教育传统的理论探索》，教育科学出版社，2002年。

[6] 巴战龙：《学校教育·地方知识·现代性：一项家乡人类学研究》，民族出版社，2010年。

[7] ［英］马凌诺斯基著，费孝通译：《文化论》，华夏出版社，2002年。

[8] ［英］马林诺斯基著，黄建波等译：《科学的文化理论》，中央民族大学出版社，1999年。

[9] 巴战龙：《地方知识的本质与构造：基于乡村社区民族志研究的阐释》，载《西北民族研究》2009年第1期，第160—165页。

（本文原载于《河西学院学报》2012年第3期）

[作者简介]

巴战龙（1976—   ），男，裕固族，甘肃肃南人，民族学博士，北京师范大学社会发展与公共政策学院讲师，硕士生导师，主要从事教育人类学、发展人类学、民族志与社会科学研究、人口较少民族研究。

甘肃省肃南裕固族自治县基础教育一体化均衡发展的经验研究

安维武　蔡世宏

[摘要]　基础教育实现均衡发展是教育发展到一定阶段的必然要求。本文主要分析和阐述了作为人口较少民族之一的裕固族聚居区——甘肃省肃南裕固族自治县自实现"两基"以来，在保障教育投入，推行十五年免费教育，建设标准化寄宿制学校，提升教师队伍素质，实施素质教育等方面所获得的成效，并依据基础教育均衡发展"四阶段"理论界定了发展水平，在指出存在问题的基础上提出了对策，力求为更深入地研究起到提供基本情况和基本问题的作用。

一、引言

推进教育均衡发展、促进教育公平是当前我国教育改革与发展的重要内容之一。教育均衡发展，包括区域间和区域内各类教育的均衡发展。本文主要指县域内基础教育的一体化均衡发展。基础教育实现均衡发展是教育发展到一定阶段的必然要求，也是我国基础教育改革与发展的必然选择。甘肃省肃南裕固族自治县（以下简称肃南县）地处河西走廊中部、祁连山北麓，总面积2.4万平方公里。居住有裕固、汉、藏、蒙古等15个民族，总人口3.62万，其中农牧业人口2.43万，占67.1%；少数民族人口1.96万，占54%。人口密度为每平方公里1.5人，是一个以传统畜牧业为主，兼事农业的农牧业县。2010年底，全县实现生产总值14.47亿元，人均生产总值达到4万元。全县现有学校15所，其中城镇学校4所，农牧村学校11所；寄宿制学校11所，占学校总数的73.3%。1997年基本实现"两基"目标，2009年实现了从学前教育到高中阶段教育的十五年免费教育。"大量的实践表明，当一类教育已经或即将进入普及阶段后，要加快普及进程，必须实行均衡发展方略。"[1]因此，研究民族地区县域内基础教育均衡发展的问题，对推动民族地区基础教育健康发展具有重要的意义。

二、肃南裕固族自治县基础教育一体化均衡发展成效

(一) 加大教育投入,保障教育经费逐年增长

教育投入是制约教育发展的主要"瓶颈"。"以县为主"管理体制的推行,给教育带来了新的发展机遇。肃南县于2004年撤销了乡镇教委建制,2005年全县教师工资由县财政统一拨付,县级财政逐步成为教育支出的主要渠道。2004年财政预算内经费占财政支出的比重达到18.5%,2007年提高到20.52%;2008—2010年财政预算内教育经费拨款增长比例高于财政经常性收入增长比例;农村税费改革转移支付资金用于教育支出的比例占50.03%。并通过统一标准、统一拨付、统一管理、统一使用的办法,使教育经费来源及经费控管规范化,为教育健康、均衡发展提供了财力保障。

表1 肃南县2008—2010年小学和初中生均教育事业费

年份\学龄	生均教育经费 小学	生均教育经费 初中	生均公用经费 小学	生均公用经费 初中
2008	5778	5599	1316	1116
2009	5864	5722	1604	1559
2010	6801	6051	2072	1721

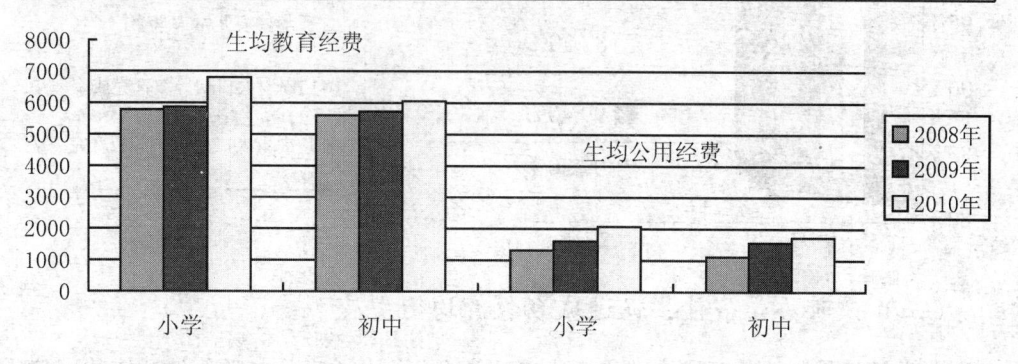

表1表明,肃南县小学和初中的预算内生均教育经费和生均公用经费在三年内实现了逐年增长。

表2 肃南县2008—2010年城市教育费附加费及使用情况

年份\项目	应征数（万元）	实征数	收缴率(%)	用于教育数	使用率(%)
2008—2010	1320	1516	115%	1548	102%

征收教育附加费是国家为发展基础教育而制定的一项特别扶持政策,也是财政预算拨款之外的主要财政性教育经费来源。由上表可以看出,2008—2010年,全县城市教育附加费收缴率为115%,使用率为102%,收缴率和使用率均高于应征数额或使用标准,说明肃南县不但将城市教育附加费全部用于教育,还加大了对教育的投入,义务教育经费保障机制不断完善。

(二)广泛推行助学惠民政策,促进教育机会均等

基础教育均衡发展,首先要保证所有学生受教育权利和机会的平等与公平。作为一个农牧业县,群众的贫富差距是一个现实问题。要使弱势群体都能"有学上",最需要的是"雪中送炭",而不是"锦上添花"。为了不让每一个孩子因贫困而"上不起学",肃南县广泛推行助学惠民政策,在全面落实义务教育"两免一补"(免学杂费、免课本费,补寄宿生生活费)国家政策的基础上,推行从学前教育到高中阶段教育"三免两补"(免学杂费、免课本费、免寄宿生住宿费,补寄宿生生活费、交通费)的十五年免费教育;推行优秀大学生奖励、贫困大学生救助工程和学生"营养工程"(县政府为全县所有在校学生每天提供一杯鲜牛奶),不断缩小因贫富差距而造成的教育机会不均等现象,解决了弱势群体的上学问题,使教育普及程度保持在较高水平(见表3)。

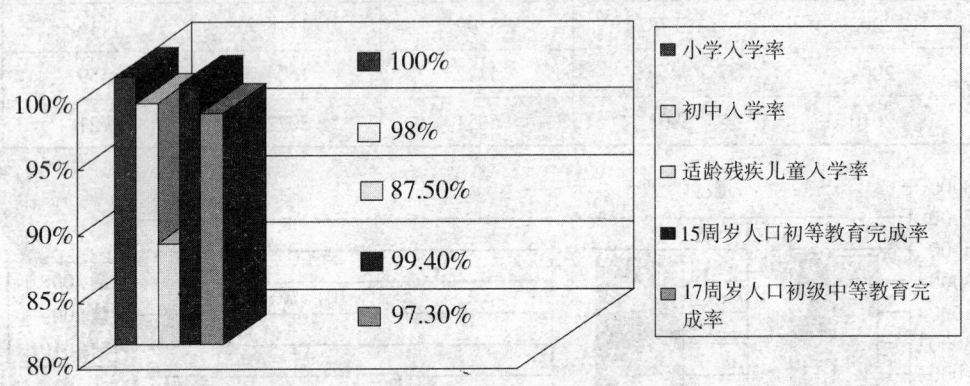

表3 肃南县2008—2011年教育普及程度

指标	比率
小学入学率	100%
初中入学率	98%
适龄残疾儿童入学率	87.50%
15周岁人口初等教育完成率	99.40%
17周岁人口初级中等教育完成率	97.30%

(三)改善办学条件,促进城乡教育均衡发展

办学条件是制约教育发展的另一主要"瓶颈"。为了改善办学条件,使牧区群众子女"上好学",肃南县根据地广人稀、交通不便,牧民转场放牧具有流动性的实际,采取了调整与建设相结合的措施。自2004年始,结合行政区划调整、小集镇建设和牧民集中定居等工作,稳步撤并了部分办学效益低、学生少的教学点和村小学,全县学校数由当时的43所调整为现在的15所,撤并率达65.1%,形成了"一乡一校"的格局。同时,以兴建寄宿制学校为重点,大力改善办学条件。2007年以来,先后争取国家专项资金4300多万元,建成寄宿制学校11所,小学生均校

舍面积达到 8 平方米，初中生均校舍面积达到 19.8 平方米。县财政共筹资 1160 万元，实施校园文化建设工程和中小学图书仪器装备工程，为各学校新增图书 38000 多册、仪器设备 18000 多台（件），使全县小学生均图书达 17.7 册、初中生均图书达 23.2 册，教学仪器配齐率达到国家二类标准。基本实现了城乡学校教学装备和硬件条件均衡化目标，奠定了全县基础教育一体化均衡发展的基础。

（四）加强教师队伍建设，促进城乡师资均衡发展

教育大计，教师为本；教育要发展，师资是关键。肃南县坚持把教师队伍建设作为加快教育发展的根本保障。2007 年以来，积极推行"校长选聘负责制、中层干部竞聘制、教职工全员聘任制、岗位目标责任制和校内绩效工资制"[2]为主要内容的学校管理五制改革，创新管理模式。实行管理人员选聘制，完成了两轮中小学校长聘任，促进了学校精细化管理。坚持教师资格准入制度和"凡进必考"的用人制度，面向全国高校毕业生引进高素质、专业化人才；实施"名师"培养工程，逐年培育骨干教师 65 名，市、县拔尖人才 12 名，陇原名师 1 名，县级名师 11 名，优化了教师队伍。落实推优奖先和乡镇教师补助措施。坚持每两年召开一次全县表彰大会，予以表彰成绩优异的教师和集体。每年设立 10 万元的高考奖金，用于奖励高考功臣。2011 年起，由县财政每年拨专款为各乡镇教师按照地域远近每月发放 50—110 元不等的交通补助费。加强对口支援和教师培训工作。在落实全市对口支援的同时，实施县城和乡镇学校互派教师的双向培训制度，2008 年以来，累计完成 67 人次的校长培训和 760 多人次的教师全员培训，城乡教师的差距不断缩小（见表4）。

表4 教师学历情况

	频次	百分比	有效百分比	累积比率
硕士研究生或以上	0	0.0	0.0	0.0
大学本科	35	70.0	70.0	70.0
大专	15	30.0	30.0	100.0
合计	50	100.0	100.0	

注：此项问卷实际分配为高中教师 10 份、初中教师 12 份、小学教师 10 份、幼儿园教师 18 份。结果表明本科学历的教师占到了样本总数的 70%，大专以上学历的教师占到了样本总数的 100%。这个结果说明，作为一个县级单位，它的师资力量相对农牧区学校而言是比较强的。[3]

（五）实施素质教育，促进教育质量均衡发展

教育质量是促进基础教育均衡发展的核心要求。全县各学校按国家规定设置教学内容，开齐课程、开足课时，以教学管理和教学研究谋取教学质量的提高（见

表5）。2007年以来，全县共有33项科研优秀成果获省、市级奖励，研发并正式出版了校本课程3套，少数民族校本课程《裕固家园》获甘肃省社会科学三等奖、甘肃省基础教育科研优秀成果一等奖。根据少数民族少年儿童能歌善舞的特点，以艺术教育作为实施素质教育的突破口，成立艺术和手工制作等课外兴趣小组，开辟学校艺术教育园地，发展学生特长。并结合民族地区寄宿制学校教育的特点，在各学校开设心理健康课，在幼儿园和小学开设裕固语、藏语第二课堂，以培养学生健康的人格，使少数民族青少年儿童掌握本民族语言，传承民族优秀文化。

表5 全县学生教学质量指标（%）

年度	小学德育合格率	小学、初中体育合格率	小学毕业升学率	初中毕业升学率	高考录取率
2009	99	97	100	96.8	82
2010	99	99	100	92.5	94.6
2011	99	99	100	96.1	95
均值	99	98	100	95.1	91.3

以上结果说明，2009—2011年，肃南县小学德育合格率达99%，小学和初中体育合格率达98%，小学毕业升学率达100%，初中毕业升学率达95.1%，高考录取率达91.3%，对一个西部地区的少数民族县来说，说明全县教育教学质量保持在较高的水平。另外，根据我们的实地调查，各学校还十分注重学生的安全管理，将学生的在校学习、饮食、住宿、课外活动、心理健康、离返校安全等各个细节全面纳入学校管理和考核内容，共聘请法制副校长和法制辅导员22名，军营警营校外辅导员40名，连续五年保持教职工零违法，在校学生零犯罪，学生得以较为全面的发展。

三、肃南裕固族自治县基础教育一体化均衡发展存在问题及可能对策

《教育均衡论——中国基础教育均衡发展实证分析》（翟博著，2008年）一书首次提出了基础教育均衡发展的"四阶段理论"，认为基础教育均衡发展大致分为四个阶段：低水平均衡阶段、初级均衡阶段、高级均衡阶段和高水平均衡阶段。目前，肃南县通过教育资源在城乡学校的优化配置和十五年免费教育等助学惠民政策的实施，在高水平普及九年义务教育的基础上，基本普及了学前1年教育和高中阶段教育，为公民创造了相对均等的教育条件。正处于初级教育均衡阶段向高级的教育均衡阶段迈进的过程。但作为一个以农牧业为基础的少数民族自治县，由于地理、经济、社会发展等条件所限，基础教育在初级均衡发展阶段上还存在诸多问题。一是教育经费的保障机制还不尽完善。二是学前教育和高中阶段教育普及水平不高，学前三年教育还没有全面普及。三是教师队伍整体的专业化水平质不高。教

师教学观念陈旧，知识结构比较单一，教育教学方式相对落后的现象还普遍存在。四是教学质量与人民群众的总体期盼还有差距。五是学校文化建设缺乏内涵，特色不够突出。各学校普遍存在校园文化建设层次不高、主题不明，没有很好地凸显本地特色。由于场地、器材等条件所限，学生的校园生活相对单调、枯燥，尤其是周末不能回家的寄宿生显得尤为突出，不利于学生身心健康及全面发展。翟博的"四阶段"理论认为，基础教育均衡发展的高级阶段，主要以追求学校教育发展均衡为目的，即以人的培养和发展为目标，办出学校特色，促使学生全面发展，充分尊重学生的差异和个性，让每个学生最大限度地发挥自己的特长和学习潜能。如何使肃南县的基础教育均衡发展迈向更高层次，本文依据其教育发展现状及存在的问题提出如下对策。

（一）加快完善教育经费保障机制，从行政化保障向法制化保障转变

教育投入是教育事业发展的重要保证。作为少数民族自治县，政府是办学的主体，政策性经费是主要的教育经费来源。而只有完善的教育经费保障机制，才能确保教育经费投入按时足额到位。肃南县曾在"2009—2010年财政预算内教育经费资金缺额1350万元，虽于2011年7月全部补足补齐"[4]。但说明全县的教育经费保障机制还不尽完善。加强地方教育立法，既有利于规范政府执行国家教育政策的行为，又可将地方的成功经验以地方立法的形式加以确认、推广和规范。肃南县要依据《肃南裕固族自治县自治条例》制定《肃南裕固族自治县民族教育发展条例》，从法制化的角度确立保持教育经费"三个增长"和实施十五年免费教育的政策，使教育经费保障机制有法可依，更加完善。

（二）加快调整学校布局，从数量型调整向结构型调整转变

基础教育均衡发展的基础是学校均衡发展。作为人口较少民族聚居区，肃南县通过学校布局调整，形成了"一乡一校"的分布格局，优化了学校数量，在高水平普及九年义务教育的基础上实现了十五年免费教育，但是能够具备普及学前三年教育的幼儿园仅占10%且居于县城，而乡镇学校附设幼儿园或幼儿班则占到90%且办园质量不高，城乡学前教育之间和市县高中教育之间差距较大。为了加快学前教育和高中阶段教育的普及步伐，使基础教育发展更加均衡，需要进一步调整学校内部结构。即把各乡镇九年制寄宿学校附设三年制幼儿园的办学模式逐步调整为六年制小学附设三年制幼儿园的新型九年制办学模式。初中向县城集中，使教育资源的分配更加合理和优化。各乡镇的教育任务主要是巩固提高小学教育，高标准普及学前教育；县城则是要办好一所幼儿园、一所小学、一所完全普通中学和一所职业中学，逐步完善裕固族聚居区基础教育体系的完整性，使全县各级各类学校教育一体化均衡协调发展。

（三）加快深化教育改革，从管理型改革向教学型改革转变

学校内部管理体制改革是以人事分配制度改革为突破口，对学校管理诸要素的思想原则、组织机构及重要制度等方面陈旧的部分加以革新，以达到焕发学校内部活力，提高办学效益为目的的一种社会实践活动。肃南县通过学校管理体制改革理顺了发展思路，各学校虽然通过体制改革不断强化内部管理，尤其是教学管理由松散型向精细化转变，但对教学方法和教学手段的革新力度不大，学生的实践能力和自主学习能力较差，教学质量没有从根本上得到提升。而教育教学质量是教育均衡发展的核心。为此，学校要立足于人才培养目标，不断深化课堂教学模式的创新与改革，改革以教师为中心、以讲授为主的传统教学方法。积极开展教学研究，移植借鉴全国先进的教学模式，开展有效教学，促进学生的有效学习，追求教育质量的多元化，办出学校特色，让每个学生最大限度地发挥自己的特长和学习潜能。

（四）加快建设教师队伍，从经验型教师向科研型教师转变

"民族教育发展的一个突出问题就是理论研究薄弱且滞后。民族学校教师和普通学校教师的最大差别不是教学技能的不佳，而是理论素养的欠缺。"[5] 经调查，教师对学习和研究教育理论的重要性认识不足、重视不够是主要原因。另一原因为肃南地处边远、经济相对落后，很少有教育专家到当地为教师进行实地指导，专家引领稀缺。为此，以教育质量为核心的教育内涵发展，关键是要求教师要从经验型向科研型转变，本质是促进教师的专业化发展。近年来，在国家政策扶持下，中小学教师尤其是民族地区教师参加各类培训的次数增多，但是效果突出足以能真正改变教师智能结构，不断促进教师专业发展的培训较少。为此，要积极探索和建立符合实际和效果突出的教师培训体系，全力促进教师专业化发展，从源头上提升教师质量。（1）积极开拓教师接受高层次培训的渠道。要建立教师培训基金，与国内优秀的教师培训机构合作，建立长期的培训机制，加强双向联动，突出培训管理，使教师有1—3个月的集中培训机会，至少五年对每位教师轮训一次；并结合特岗计划、农村计划和三支一扶等政策，出台教师培训顶岗计划，支持全县教师轮训。（2）要积极争取和东部发达地区学校"联姻"。要依托国家的"对口支援"政策，坚持"走出去"和"请进来"，加强和具有高水平办学的学校合作，选派教师挂职学习和锻炼，借鉴其先进的教学方法，努力提高教学能力。（3）努力争取和高校研究团队"联姻"。以申请科研项目为依托，通过承担课题，建立研究实验学校等途径，使学校和教师在高校专家的引领下开展教育教学研究，努力提升教师的科研能力和创新能力。（4）创造有利于人才成长的环境。通过完善评聘制度，制定优惠政策，完善绩效工资等措施，为教师职务晋升、学历进修、引进高质量人才等创造条件，努力培养高学历、高质量的教师队伍。

（五）加快学校文化建设，从外延式发展向内涵式发展转变

内涵发展是学校办学水平发展到一定阶段后才表现出的特征。肃南县的基础教育正处在均衡发展由"初级阶段"向"高级阶段"迈进的过程中。随着教育资源的不断丰富，学校发展从追求"硬实力"的外延式发展转向追求"软实力"的内涵式发展。能够体现学校办学理念、办学传统、办学思路、办学特色的核心思想文化将逐步成为促进学校发展的主要内驱力。加快推进学校内涵发展，学校要进一步丰富教育资源，满足全面落实素质教育的物质需求。要立足于人才的培养，树立学生全面发展的教育质量观，彻底转变"单一型"和"数量型"的教育质量观，以多样化和特色化的教学满足学生的自主选择和个性化发展需求。要加强以民族团结为核心的校园文化建设，努力建设书香校园、数字校园、快乐校园、和谐校园，通过校园文化表现学校精神价值取向和校风校貌，为办好人民真正满意的教育创造优势条件。要坚持以人为本，不断转变管理理念，由重视行政化管理向重视文化型管理转变。学校要加快自身的发展文化、制度文化和思想文化的建设，学校管理人员要将学校文化内涵持续深入地向师生渗透，不断营造浓厚的文化濡化氛围，以增强师生的归属感、使命感，形成凝聚力、内聚力和共同的价值观。学校要以先进的教育思想不断开阔师生的思想境界，引领师生自觉追求共同价值，不断发挥潜能，不断实现自我价值。

四、结语

教育均衡发展的本质目标是追求一种理想、公平、高效、优质的教育状态。从而不断满足人民族群众接受优质教育的需求。今年，肃南借着"两基"迎国检的东风，落实教育优先发展，通过实施"1234"工作重点，即突出教育教学质量这一中心，强化督导教研"两轮驱动"，落实人、财、物"三个保障"，实施标准化寄宿制学校建设、优化学校管理、教师专业化发展和现代教育技术装备"四项工程"，使全县城乡各个学校教育质量得到普遍提高，扩大了优质教育资源，缩小了群众渴望接受优质教育与优质教育资源不足的矛盾差距，极大地推进了基础教育一体化均衡发展。基础教育均衡发展是一种发展战略，是民生工程的核心部分，不但涉及千家万户，关乎孩子的未来和家庭幸福，也直接影响着民族下一代的整体素质。尤其对于作为人口较少民族裕固族的整体发展而言，教育不但关系到子孙后代的长远利益，还关系到整个族群的发展与维系和民族文化的传承与保护。因此，加快肃南县的基础教育均衡发展，对增强民族未来的素质，提高公民对民族文化的保护意识，保护文化的多样性，维护民族团结稳定意义重大。

[参考文献]

[1] 杨军：《少数民族贫困地区基础教育均衡发展的调查与反思——以甘肃省天祝藏族自治县的调查为例》，载《甘肃民族研究》2010年第3期。

[2] 肃南裕固族自治县人民政府：《关于批转肃南一中教学管理体制改革方案的通知》（肃政发〔2007〕68号），2007年8月。

[3] 赵志军、李平、刘春利、任钗婷：《甘肃肃南裕固族自治县教育局：实施15年免费教育，构建基础教育一体化均衡发展》，21世纪教育研究院，2010年。

[4] 肃南裕固族自治县人民政府：《肃南县"两基"工作情况汇报》，2011年10月29日。

[5] 兰英：《西南少数民族地区基础教育现状调查分析与教育均衡发展战略对策研究总报告》，http://onsgep.moe.edu.cn/edoas2/website7/level3.jsp id=1261968223093214，2009年12月28日。

（本文原载于《河西学院学报》2012年第4期）

[第一作者简介]

安维武（1970—　），男，裕固族，甘肃肃南人，中学高级教师，肃南一中校长，主要从事裕固族学校教育研究。

学校教育传承裕固族传统文化的有效途径研究

安维武　蔡世宏

[摘要]　文化是民族凝聚力和创造力的重要源泉。作为人口较少民族裕固族的本土文化面临蜕变和消亡的危险。本文认为，学校教育是传承裕固族传统文化的需要，并指出课堂教学、网站建设、校园文化和参与社区活动是学校传承裕固族文化的有效途径。

裕固族是中国人口较少民族之一，主要聚居于肃南裕固族自治县（下称肃南县）。在社会发展进程中，裕固族文化面临蜕变和消亡的危险。学校教育作为传播文化的重要渠道，在文化传承创新中起着基础性作用。

一、学校传承裕固族传统文化的意义

（一）民族语言传承的需要

裕固族主要操东部裕固语、西部裕固语和汉语。西部裕固语被称为古突厥语的"活化石"，具有很高的研究价值。由于没有本民族的文字，裕固族语言消亡的速度极快。仅以肃南一中裕固族学生为例，完全掌握裕固语（既会讲又能听懂）的学生仅占全体的17.3%，完全不掌握裕固语（既不会讲又听不懂）的学生占全体的47.27%，裕固语的传承状况不容乐观。[1]文化人类学家认为，文化传承就其本质而言不仅是一个文化过程，更是一个教育过程。

（二）本土知识传承的需要

本土知识是人民在长期社会实践中积累的适用于本地生活和生产的传统知识。历来，这些知识是以社区及家庭教育模式世代相传、繁衍成习的。而今，随着当地"一乡一校"寄宿制学校办学模式的形成，虽然优化了学校布局，但也在一定程度上阻碍了学生、学校与社会的融合和对本土知识的沿习。《基础教育课程改革纲要》提出"农村中学课程内容要为当地的经济社会发展服务"。现实也表明，农牧村社会的发展离不开懂得本土知识的建设者。

（三）特色学校建设的需要

特色学校是有自身办学特色的学校，这种特色使每个学生都能从中得到很好的发展。学校是传播文化的重要场所，其"教育既需要适应时代发展和社会变迁的需求，又不能割断一个民族的历史文化传统"。[2]作为民族地区的学校，"把民族文化课程建设作为学校发展的基本途径，通过有效回应社区、学生和学长的文化需求，既为学校营造良好氛围，又为学校发展奠定坚实的基础"。[3]

（四）民族专业人才培养的需要

少数民族各类人才是推动少数民族社会各项事业发展的主要力量。优秀的裕固族传统文化知识是裕固族在漫长的生产生活实践中积累的本土化知识，蕴涵着丰富的适应当地社会发展的教育内容，可对本民族人才培养起到促进作用。如裕固族传统的文学、歌舞、体育，以及草原畜牧知识，均包含着丰富的课程化内容。

二、学校传承裕固族传统文化的有效途径

（一）民族文化课堂教学实践

1. 开发乡土教材。乡土教材开发对民族文化的传承主要体现在两方面。一是乡土教材在将繁杂的民族文化和本土知识转化为学生学习资源的同时，可对民族优秀文化起到储存和发扬作用。如裕固族乡土教材《裕固家园》系统地呈现了裕固族的历史、民间文学、艺术体育，以及区域地理等方面的知识。《多元文化乡土教材——甘肃省肃南裕固族自治县第二中学校本教材》囊括了肃南县各民族的传统文化、生活风俗、社会发展、生产技能、资源环境等方面的知识，既是适用于初中学生的乡土教材，更是一部反映当地各民族风貌和社会发展的"百科全书"。二是乡土教材的开发过程本身就是教师和学生对民族文化研究和学习的过程。在乡土教材开发过程中，师生通过对民族文化资源的收集、整理、筛选和加工，实现了对民族文化的学习和研究。

2. 开展课堂教学。课堂教学在传承民族优秀文化中起着不可替代的作用。依据于民族文化校本课程而开展教学活动，能使学生系统地吸收民族文化和乡土知识，是对社区及家庭"口承"教育的补充和深化。同时，在国家学科教学中渗入相关的乡土知识或民族文化知识，可以丰富教学内容，增强国家课程的校本化。

另外，"双语"教学也是像裕固族一样流失了文字的民族传承母语的主要途径。自2009年起，肃南县幼儿园依据自主研发的《裕固族语言幼儿教材》（分东部裕固语和西部裕固语，幼儿中班和大班共八册），通过故事、谚语、图画、游戏、猜谜、唱歌、跳舞、动画等适合幼儿年龄特征的教学形式开展汉语裕固语

"双语"教学，取得了良好的成效。

（二）建设专题学习网站

《中共中央关于深化文化体制改革推动社会主义文化大发展大繁荣若干重大问题的决定》指出，"实施网络内容建设工程，推动优秀传统文化瑰宝和当代文化精品网络传播……"民族文化专题学习网站是在网络环境下围绕民族文化内容而开发的学习型网站。为补充裕固族乡土教材普及率低、信息量少的缺陷，肃南二中自主建成了"裕固族乡土知识专题学习网站"，通过电子教材、乡土知识资源库、研究论坛、图片等平台，扩大了学生对民族文化的学习和发扬。该成果被鉴定为全国教育技术"十一五"规划课题优秀成果，结题报告在全国"第二届校讯通杯"论文大赛中获一等奖。

（三）依托学校校园文化建设

学校文化是学校在发展中长期积淀并为师生认同、遵循和享受的物质和精神总和。将民族文化内容融入学校文化并上升于人的精神层次，需要明确设计和长期努力。一是通过主题环境熏陶。学校在倡导现代文化的同时，可纳入民族文化要素，通过展现裕固族在历史长河中积累的传统文化，发挥民族文化环境对人潜移默化的教育效果。二是通过文化活动传承。裕固族传统文化蕴涵有丰富的文学、体育、音乐、艺术等学科教育内容，通过兴趣小组、艺体竞赛、校本课间操、手工制作、民族语言竞赛等形式，使学生在生动活泼的学习体验中领悟和掌握民族文化。

（四）参与社区文化活动

民族文化认同感是指文化主体在共同的社会实践中对某种文化意识在心理上达成的共识。裕固族传统文化的根在社会、乡土，根植于群众和社区。学校组织学生参与社区文艺汇演、生产劳动、社会调查等社会实践活动，可发挥学校的文化高地作用，促进学校和社区的交流以形成良好的支持性关系，推动社区文化建设，增强学生的社会经验和民族文化知识，提高学生对社会环境和民族文化的适应能力。

三、结束语

学校教育是培养人的过程，对民族文化的传承并不是简单地复制文化的过程，而是有选择的传承过程。学校教育只有通过对民族文化的分析和选择，筛选有利于人才培养的内容，才能突出民族文化的育人功能。如裕固族受草原文化的熏陶，人人能歌善舞，也对民族文学有着特殊的感情。肃南县职教中心依据丰厚的民族文化背景，培育了民族艺术和民族旅游两个骨干专业，为社会培养了大批人才，使民族文化课程的育人功能得到了充分发挥。因此，作为民族地区的学校要依据教育目标，加强对民族优秀文化研究和民族文化课程建设，使教育目标和民族文化传承紧密结合，以达到文化传承和文化育人的双重目的。

（本文系全国教育科学规划教育部重点课题"人口较少民族的教育特色研究——以裕固族为例"（课题批准号：DMA110303）的研究成果之一。原载于《中小学教育》2012年第3期）

[参考文献]

[1] 郎爱军：《切实有效地把裕固族语言传承下去——由举办肃南一中第一届口语竞赛展示会谈起》，肃南教育信息网，2011年11月17日。

[2] 巴战龙：《民族文化课程：提高人口较少民族教育质量的重要途径》，载《中国民族教育》2010年第4期。

[3] 马明良：《回族、撒拉族近现代新式教育及其经验教训》，载《西北民族大学学报》（自然科学版）1996年第2期。

[第一作者简介]

安维武（1970— ），男，裕固族，甘肃肃南人，中学高级教师，肃南一中校长，主要从事裕固族学校教育研究。

裕固族聚居区民族文化课程的开发与实践

——以乡土教材《裕固家园》的开发与实践为例

安维武　蔡世宏

[摘要]　民族文化课程是民族地区学校教育传承民族优秀文化的主要途径。本文主要以裕固族乡土教材的开发与实践为例，归纳了民族文化课程开发的意义、价值取向和有效的实施策略。

裕固族是中国的人口较少民族之一，主要聚居在甘肃省肃南裕固族自治县（以下称肃南县）。除裕固族外，肃南县还居住着藏、蒙古、土、回、汉等多个民族，多种文化在这里共融，民族文化资源丰富多彩。

《基础教育课程改革纲要（试行）》指出："改变课程管理过于集中的状况，实行国家、地方、学校三级课程管理，增强课程对地方、学校及学生的适应性。"肃南县为了形成多样化课程资源和合理化课程结构，以传承民族优秀文化，促进学生个性化发展，于2008年完成了对裕固族乡土教材《裕固家园》的开发，2009年分别荣获张掖市第二届和甘肃省第十一届社会科学优秀成果一等奖和三等奖。同年进入了全县各类学校的课堂。本文以《裕固家园》的开发与实践为例，阐述了民族文化课程建设的观点和经验。

一、民族文化课程开发的意义

（一）传承和弘扬本民族优秀文化

文化是一个民族综合特征的反映。裕固族有着悠久的历史和丰富的口头与非物质文化遗产。但随着社会发展和多民族的融合，裕固族文化逐步被同化和汉化，传承和发扬传统文化中的优秀成果显得日益紧迫。发挥学校的文化传播功能，建设民族文化课程，为学生传授民族文化知识，是传承本民族文化的重要途径。

（二）挖掘学生发展潜力

新课程改革的中心目标必须着眼于推进素质教育，促进学生全面、主动发展。

裕固族的语言、历史、文学、歌舞艺术等内容丰富，蕴涵深刻，可为学生提供大量的教育素材。如裕固族是一个能歌善舞的民族，肃南县职业中学依托这种民族文化优势，将民族艺术专业培育为全省的骨干专业，为当地培养了大量的专业人才。由该校学生表演的裕固族民俗舞蹈《祝福歌》在"全国计划生育文艺汇演"中获得了银奖。

（三）促进国家课程的校本化实施

自新课程改革以来，虽然新教材添加了大量联系实际的内容，但整个教材编排还是以城市文化的知识体系为主，对少数民族文化的涉及较少。当地的学生"在学校里习得的知识和日常生活经验无法建立有机联系，无法满足他们带有地域性、民族性和学校特点的发展需要"。[1]建设民族文化校本课程，既可使学校课程建设趋于多样化，又可为教师对国家课程校本化实施积累经验。

（四）培养学生的社会责任

裕固族聚居区境内蕴藏着丰富的矿产资源和水能资源，生存着白唇鹿、雪豹等几百种野生动物和冬虫夏草等上千种野生植物。近年来由于人们过度开采和放牧，导致环境恶化。学校通过开发民族文化课程，加强对学生的环境教育，培养学生的环境保护意识和社会责任感，对促进社会和谐发展具有重要的作用。

二、民族文化课程开发的价值取向思考

（一）坚持以学生个性化发展为宗旨的目标取向

课程目标是课程开发的方向与灵魂。民族文化课程的开发要在国家课程的教育目标统领下，立足于对国家课程的补充与完善，以学生的发展为最终目的。如《初中义务教育课程标准体育教科书》中有羽毛球和游泳两章内容，但在当地由于自然条件和教学条件的限制，这些内容无法开展，导致教学内容不足。《裕固家园》（体育篇）部分内容的开发就是对这些内容的补充，以保障体育教学正常开展。

（二）坚持以体现民族性、地域性、时代性、适应性为特征的内容取向

民族文化课程要选取与学生的生活经验、文化背景相契合的知识经验为内容，方可使学生产生亲切感，激发学习欲望。《裕固家园》的内容均以裕固族的文学、历史、地理、体育、民歌和美术为素材，反映了民族文化和当地社会的变化。这些内容取材于生活，贴近学生，力求满足学生发展的需求。如《奔腾的小红马》、《割草歌》、《帐篷中的美术》等内容具有鲜明的裕固族文化特征。

（三）坚持以参与、合作、探究、体验为主的课程实施取向

民族文化课程的实施要突破课内教学和知识传授的传统教学方式，突出以学习、鉴赏、体验、调查为主，灵活多样地开展教学活动，才能激发学生的兴趣。《裕固家园》提倡"读一读、唱一唱、跳一跳、练一练、比一比、画一画、剪一剪"的教学方式。如"裕固族红缨帽工艺品的设计制作"，让学生在完成"设计与制作"作品的过程中掌握知识和提高能力。

三、民族文化课程的实践策略

（一）以开发乡土教材为载体，积极推进民族文化课程进课堂

课堂教学离不开教材。裕固族乡土教材《裕固家园》于2009年被县教育局确定为地方性校本课程免费发放，全面进入了全县中小学生课堂，成为全县各中小学语文、历史、地理、音乐、体育、美术等国家课程的补充教材，全面实施。因此，民族文化乡土教材是开展民族文化教育的重要依据。

（二）以文化活动为载体，推动民族文化活动的传承与发展

1. 开展丰富多彩的校园民族文化活动。校园文化活动是校园文化建设的基本形式，具有传承和发扬文化的功能。如肃南县学校普遍开展的每日课间跳"裕固族健身操"、才艺展示、传统体育竞赛、裕固语口语竞赛等活动，既营造了校园民族文化氛围，又促进了学生对民族文化的学习。

2. 参加社区民族文化活动。民族传统文化的根在乡土，只有使民族传统文化回归于群众和社区，才具有生命力。如肃南县学校每年都要组织学生参加社区的大型民族文化汇演活动，已成为宣传、实践、创新民族文化的重要动力。

3. 搭建民族文化课程建设的平台。学校可将校刊校报、校园广播、校园网站作为民族文化课程建设的重要平台。例如，我们为了推进民族文化课程建设，建设了"裕固族乡土知识专题学习网站"，创新了学习载体，也扩大了对裕固族文化的宣传和发扬。

（三）以课题研究为平台，促进民族文化课程建设的实践研究

随着新课程改革的推进，课题研究也是促进学校和教师对民族文化课程建设的主要载体和动力。例如，裕固族乡土教材《裕固家园》就是课题"民族地区义务教育课程改革与裕固族乡土教材建设研究"的主要成果。另外，而课题研究中的教材开发、教学试验、成果推广等过程，就是师生对民族文化的学习实践过程。

（四）以教师培养为重点，发展民族文化传承的骨干力量

"教育是文化的生命机制，民族文化传承需要教师的文化自觉，这是由教师的文化使命所决定的。"[2] 为了培养能够适应民族文化选修课的教师，学校一方面要通过课题研究和校本培训等方式促进教师学习和掌握民族文化；另一方面要强化社会各界的合作，聘请民族文化部门对教师进行专业化的技能培训。同时还要努力培养本民族教师，使之养成主动学习与传承民族文化的意识，为民族文化课程建设的可持续发展贡献力量。

民族文化课程的建设是民族地区学校开发和累积课程资源，优化课程组合的重要途径，也是民族地区学校教育传承民族优秀文化的主要途径。作为民族地区学校，应当重视民族文化课程的开发与实践，通过课程建设将本地民族文化更科学、更有效地加以传承和发扬，才能为促进当地学生的全面发展提供有力的保障。

（本文系全国教育科学规划教育部重点课题"人口较少民族的教育特色研究——以裕固族为例"的研究成果之一，课题批准号：DMA110303。曾以《开发民族文化课程，促进学生全面发展——以甘肃省肃南县民族文化课程为例》载于《中国民族教育》2012年第6期）

[参考文献]

[1] 巴战龙：《西部少数民族地区基础教育新课程改革存在的问题与困难——一种教育人类学的观点》，西南民族教育与心理研究中心网，2006年8月15日。

[2] 卢德生、冯玉梓：《民族文化传承与教师的文化自觉》，载《教育探索》2010年第11期。

[第一作者简介]

安维武（1970—　），男，裕固族，甘肃肃南人，中学高级教师，肃南县一中校长，主要从事裕固族学校教育研究。

高中课改助推民族教育内涵发展

安维武

[摘要] 2010年9月甘肃省全面进入了高中新课程改革，这对学校的发展、教师的专业化成长和学生素质的提高带来了巨大的发展机遇，也为学校向内涵发展转型提供了广阔的空间。本文以肃南一中为例，紧紧把握新课程改革，认真反思和总结实验工作，探讨解决问题的办法。这对于民族地区保证新课程实验工作在正确的轨道内顺利发展、在实施过程中少走弯路具有重要意义。

近年来，肃南裕固族自治县以提高教育教学质量和提升全民族素质为出发点和落脚点，加大教育投资力度，优化教育资源配置，深化教育教学改革，以"走内涵发展之路，实现民族教育科学发展"为奋斗目标，以强化初中、提升高中、优化小学、发展幼职为总体思路，办学条件进一步改善，办学水平不断提升。突出以人为本，落实教育惠民政策，实现了从幼儿教育到高中阶段教育的"三免两补"，高中普及水平达到90%以上；狠抓教育教学质量，优化教师队伍建设，高考升学水平连创新高，2011年全县高考录取率达到95.02%，牧区教育呈现出和谐发展、科学发展的良好态势。目前，全面实施高中新课程改革，是助推民族教育内涵发展的必由之路。

一、转变教学理念，精心组织实施，在新课改过程中充分发挥主观能动性

（一）加强组织领导是新课改顺利推进的前提

学校及时成立了课程改革实验领导小组和学科课程小组，并结合学校实际制定了《新课程改革实施方案》，要求各职能部门明确职责，分工协作，密切配合，形成课改工作的合力。小组成员在课程改革中率先垂范，学在先、走在前，帮助教师加深对新课程理念的认识，不断转变教育思想和观念，为新课程改革提供了组织保障。

（二）强化教师培训是新课改顺利推进的关键

学校为加大课改师资队伍建设力度，按照"边试验、边培训、边总结、边提

高"的原则，认真组织教师开展新课程、新教材的研究。首先是坚持"先培训，后上岗"的原则，选派学校教学骨干参加省、市、县课改培训，并让他们担任课改年级的教学工作。其次是"通识培训"和"学科培训"相结合，尽快将新课程的理念与教师的教学观念相接轨，使全体教师立足课改、提升理念，形成新型的教师观与学生观。三是建立培训、教学和科研相结合的培训机制，有目的、有计划、有步骤地开展校本培训工作，通过撰写一篇课改论文、上一节课改优质课、撰写一篇教学反思或教学案例的"三个一"活动，提升了教师专业能力，拓宽了教师的专业背景，促进了教师整体素质的提高，推进了新课改的深入开展。

（三）构建教科研体系是新课改顺利推进的根基

一是实行以学科组为单位的集体备课制度，将素质教育理念融入课程标准之中，体现"知识与技能、过程与方法以及情感态度与价值观"三位一体的课程功能。二是转变学生学习方式，以"学生是学习的主体"为基本立足点，培养学生"自主、合作、探究"的学习习惯和能力，使学生在课堂中能主动参与、独立思考、勤于实践、合作探究，改变过去单一的记忆、接受、模仿的被动的学习方式，变被动接受为自主学习。三是建立新型的师生关系，教师真正成为学生自主学习的"组织者"、"合作者"、"引导者"，认真组织探究性学习、合作性学习，发挥学科优势，大胆实践，积极反思，认真总结，把课堂这一大舞台交给学生来表演，实现教学方式的根本转变。四是发挥学科优势，重视"在活动中体验、在实践中锻炼"的实施力度，充分利用节假日，组织学习开展多学科、综合性的社会调查、演讲比赛、征文活动等一系列促进学生发展的活动，促进学生素质的全面提高。

二、创新教学方式，突出办学特色，坚持走符合牧区实际的新课改之路

（一）选课走班，完善课程设置

受多方面因素影响，肃南县高中部分优质生源赴外就读，使在校就读的高中学生基础普遍较差，加上师资力量不足等原因，导致选修课的开设成为学校新课改的一大难点。学校依据相关要求，在确保必修课的基础上，积极开好选修课程、校本课程，全面落实素质教育。一是在"分"字上下功夫。分段设置选修课，按照不同的学期有增有减；分类开设选修课，根据不同的模块选用不同的教学方式；分块落实选修课，在课程小组统筹下，由相应职能处室落实相应领域的选修课。二是在"选"字上做文章。学科组自主选择，教师根据学科特点在给定的模块中选择申报，也可以自设模块申报选修课。学生整体选修，根据确定的选修课程采取以行政班为单位整体选修。选时段走班制，选修课程进入学校课表，定时上课。三是在

"评"字上求突破。学校制定了学分管理制度，建立了学分管理体系，规定了学分认定的程序，即学生整理参评材料——小组交流互评——班级交流互评——教师初评和等级认定性评价——学校学分认定小组最终定性评价，严格按照《肃南一中高中新课程学分认定办法》进行学分认定，并建立了学分电子档案。

（二）综合实践，增强创新能力

一是加强研究性学习。学校规定高一至高三期间学生研究性学习课题不少于3个，主要通过集中和分散两种形式进行。集中主要是在高一阶段由研究性学习指导教师对学生进行研究性学习指导，分散主要是指学生开展研究性学习活动以研究性学习小组形式进行研究性学习活动，研究性学习小组一般控制在4—6人。二是加强社会实践。学校规定每学年九月的第一周为社会实践周，学生每学年必须参加社会实践。具体是高一以军训为主，时间为7天；高二、高三以社会考察、参观、劳动、体验、调查等为主，并且要有个人的社会实践记录。三是完善社区服务。我校规定每学年三月的第一周为社区服务周，学生每学年必须参加社区服务。主要以公益、宣传、帮贫助困及志愿者服务活动为主，并且要有个人的社区服务记录。

（三）自主探索，彰显牧区特色

一是探索适合民族地区完全中学实际的学科选择分班制度。结合学生学科选择和学校实际，学校课改年级在学科选择分班上进行了新的尝试，按照"分层励进"的分班原则，实行动态管理。在教学中探索"走班上课，合分兼顾"的教学模式，公共科目文理科班共同学习，综合科目分开学习。通过尝试，解决了以前理科班额过小、文科班额过大以及师资、硬件配备等方面的难题，同时通过把竞争机制引入班级，做到在竞争中求发展。二是建设具有民族特色的校本课程。学校开设了曾获得省、市基础教育优秀科研成果奖的校本课程，如《裕固家园》、《走遍肃南》、《河西水库——祁连山》、《国学经典诵读读本》、《经典诗词诵读读本》、《中学生数学实用小口诀》和部分科技创新项目等。每学期安排一定的课时，让学生学习本县民族的历史、参加民族传统体育项目、鉴赏本民族艺术家作品、吟唱民族传统歌曲等乡土知识，使青少年学生懂得珍惜自己家乡的本土文化，不断继承和发扬民族优秀传统文化。三是努力创建以民族团结为核心的"四大特色校园"。即"经典诵读的书香校园"、"多网合一的数字校园"、"愉快成长的快乐校园"、"民族团结的和谐校园"。通过"四大特色校园"的创建，以全新的面貌推进高中新课改，努力争创民族教育品牌学校。

三、认真积累经验，不断反思总结，积极完善高中新课改模式

一年来，我们按照《肃南一中高中新课程改革实施方案》的主要目标和实施

措施，有目标、有计划地实施新课程改革，并取得了一定的成效，初步实现了三个"转变"。

（一）教师教育理念的转变

在课改实施中，遵循新课程理念，确立了以人为本的教育思想，逐步从应试教育走向素质教育。在目标理念方面，突出了由单一传授知识逐步走向培养学生发现问题、探究学习的能力，更加注重培养学生的创新精神和实践能力。在师训理念方面，突出抓理论学习，着重培养教师的角色意识，促进了教师由单一传授型向教学研究型转变。在评价理念方面，突出主体性课堂教学评价，初步形成了较为全面科学的评价机制，以代替片面的唯分数的评价体系，把评价重点放在课堂教学上，突出过程性评价。

（二）教师教学行为的转变

抓住课堂这一教学主阵地，在优化课堂教学模式上做文章，实现了教学过程的"三个转变"、"五个要让"。"三个转变"是指把注入式教学转变为启发式教学，把学生被动听课转变为自主、合作和探究，把单纯知识传授转变为三维目标并重。"五个要让"是指在课堂教学中要让学生观察，要让学生思考，要让学生表述，要让学生自己动手，要让学生自己寻找答案。我们还通过各类实践活动，引导教师互相切磋、互相交流、取长补短，锻炼了教师队伍，提高教师课堂教学研究能力。

（三）学生学习方式的转变

教学方式的改革，要求建立新的学习观。在新课改中，我们以学生为学习的主体，突出培养学生的创新精神和实践能力，改变了以听课、抄笔记、做作业的传统学习方式。重视创设合理情境，使学生乐学；重视留给学生时空，使学生勤学；重视渗透学法指导，使学生会学。把课堂变为师生相互沟通、交流、合作、探究的学习乐园，让学生有足够的时间操作、观察、思考、质疑、讨论、练习、评价等，使学生逐步形成具有较强的自主学习素质，从而更加主动地学习，主动地发展。

四、认真查摆问题，着力寻找困惑，积极为高中新课改建言献策

（一）建议制定与新课程相适应的教育质量评价体系

受高考制度和社会对学校评价机制的影响，教师教育理念一时难以适应新课程的教学，教学方法很难从根本上得到改变，同时必修课教学的难度和深度无法把握。

（二）建议根据我省实际适当减少选修的内容或降低难度

新课程科目多、教材多、内容多、难度大、跳跃性强，初、高中教材严重脱节，学生的学习能力与新课程的要求存在较大差距，有些学科很难完成教学任务。

（三）建议给学校适度松绑

综合实践活动课程、技术课程等非高考课程一时难以得到家长及社会的认可，同时综合实践活动课程的实施出于安全方面的考虑，学校很难组织学生外出进行实践活动。

（四）建议组织专家进行论证，适当地对一些学科内容进行调整

新课程各学科内容安排上缺乏整体考虑和协调，不利于各学科知识之间的相互利用和融会贯通，加大了教学难度。

（五）建议加强对学校硬件设施场地的投入和建设，加强对人事编制的支持

部分教学设施不能适应新课程的教学，一些教学方法及手段无法实施和采用，导致普遍出现课时紧张，完不成教学任务。通用技术课程缺乏专业教师，学校编制相当紧张，加重了教师的工作量，更不利于课程效果的保障。

（六）建议改革学生综合评价机制

学生成长档案、学分认定、综合素质评价内容繁杂，重复内容较多，容易形式化，起不到应有的作用。

通过一年多新课程的实施，我们深知，目前所做的一切离新课改的要求相去甚远。和兄弟学校相比，还存在一定的距离，未来的课改之路任重道远。作为民族地区的一所完全中学，我们将不断地向兄弟学校和全国课改先进学校学习；不断地借鉴这些学校好的经验和做法，寻找和完善符合我校特点的课改方案，努力把新课程改革推向深入，为全面推进素质教育不懈努力。

（本文系 2011 年 12 月甘肃省高中新课程实验校长论坛交流材料）

[作者简介]

安维武（1970—　　），男，裕固族，甘肃肃南人，中学高级教师，肃南县一中校长，主要从事裕固族学校教育研究。

构建民族地区和谐校园的几点思考

屈 军

[摘要] 建设社会主义和谐校园，是党中央全面推进社会主义和谐社会建设时向教育战线提出的新任务、新要求。建设和谐校园是构建和谐社会的基础性工作，而构建民族地区和谐校园要以民族团结为核心。设置专门的民族教育课程、开展民族团结活动、创建民族特色校园文化、加强民族团结教育基地建设是构建民族地区和谐校园的有效途径和方法。

建设社会主义和谐校园，是党中央全面推进社会主义和谐社会建设时向教育战线提出的新任务、新要求。为此，教育部下发了《教育部关于在全国中小学开展创建和谐校园的意见》。作为民族地区的学校，更应该以民族团结为核心构建和谐校园，在构建和谐社会中发挥应有的作用。

一、构建民族地区和谐校园的必然性和重要性

构建和谐社会，应首先着眼于和谐校园的建设，它不仅代表了广大人民的根本利益，也是构建和谐社会的必然要求；把民族地区学校建成和谐校园，是坚持科学发展观的客观要求；校园和谐能够促进、保证社会和谐，因此，是构建民族地区和谐社会的必然要求；和谐校园有利于青少年的健康成长，是培养中国特色社会主义事业合格建设者和可靠接班人的必然要求。总之，和谐社会是中国特色社会主义本质属性的体现，建设和谐校园是构建和谐社会的基础性工作，做好这项工作意义重大，影响深远。

二、构建民族地区和谐校园要以民族团结为核心

民族团结是构建社会主义和谐社会的本质要求和前提条件，也是构建社会主义和谐社会的迫切需要。各民族的团结，国家的统一，是构建我国社会主义和谐社会的基本保证。作为一个统一的多民族的社会主义国家，人民的团结，领土的完整，国家的统一，都是以各民族的团结为基础的。没有各民族的团结，中国就会陷于动乱和分裂。在我国社会主义初级阶段，由于各种因素的影响，民族问题

还将长期存在。同时，民族问题和宗教问题往往交织在一起，成为影响我国民族团结和社会稳定的一个重要因素。西方敌对势力不愿看到我国的强大，总是利用民族宗教问题企图对我国实行"西化"和"分化"，并策动极少数分裂主义分子从事分裂活动，危害社会的安定和祖国的统一。因此，我们要大力加强马克思主义民族观、党的民族政策和爱国主义教育，坚持"汉族离不开少数民族、少数民族离不开汉族和少数民族之间也互相离不开"的原则，积极开展反对分裂主义的斗争，以增强国内各民族的团结，维护祖国的统一，实现社会的和谐稳定。

作为民族地区的学校，要在快速、稳健中发展，办出民族学校的特色来，团结是基础，稳定是关键。因此，构建民族地区和谐校园要以民族团结为核心。

三、构建民族地区和谐校园的实施途径和方法

设置专门的民族教育课程。例如，笔者所在学校开设了民族文化课，编写了《裕固家园》一书，内容涉及民族政策、民族概况、历史人物、革命先烈、民风民俗、政治、经济、文化、体育等，对新中国成立后，特别是改革开放后，民族地区发生的显著变化进行了宣传教育。

开展活动促进民族团结。在小学阶段，根据学生年龄和认知特点，在教师的引导下，通过绘画、手工制作、歌舞表演、讲故事、民族基本常识竞赛等形式，帮助小学生了解我国各民族的基本状况；中学阶段，主要是通过开展讲座、演讲、歌舞表演等活动，帮助学生树立正确的民族观，使他们在思想和行为上具备正确贯彻党的民族、宗教政策的基本素质。通过活动，在中小学营造尊重少数民族习俗，促进民族团结的浓厚氛围。

创建校园文化，凸显民族特色。一是利用校会和国旗下讲话，向学生讲明民族教育的重大意义，使学生了解我们的祖国是由56个民族组成的大家庭，具有5000年的悠久历史和灿烂文化，所以只有加强民族团结，才能保证社会主义建设的顺利进行。二是在墙壁上开辟"民族画廊"，分期介绍少数民族和汉族的历史、现状及风俗习惯。三是利用校园广播、板报、主题班会向学生介绍有关民族知识、民族政策等，开扩学生的视野，让他们了解更多的民族文化，激发他们的民族情感，使他们感受到我们都是祖国大家庭中的一员。四是举行"民族常识"知识竞赛，举办读书月和艺术节，突出民族传统项目。

融合多种教育资源，加强民族团结教育基地建设。充分利用现有资源，如博物馆、纪念馆、文物古迹等，建立民族团结教育基地，有效配置文本资源（如图书、报纸、杂志、照片、地图、图表等）和音像资源（如电影、电视节目、录像、VCD、磁带和各类教育软件）。聘请各民族为民族团结进步事业作出突出贡献的先进模范人物为顾问或校外辅导员，充分发挥民族团结教育基地的作用，保证民族团

结教育工作的顺利和有效开展。

(本文原载于《甘肃教育》2011年第1期)

[作者简介]

屈军(1969—   ),男,汉族,甘肃肃南人,中学高级教师,肃南一中副校长。

说写训练是构建民族地区中学生
语文和谐课堂的关键所在

郎爱军

[摘要] 肃南裕固族自治县是一个地处祁连山南麓河西走廊中部,以裕固族为主,多民族杂居的自治县,人口仅3万,占地面积却有23301平方公里。这里居住着裕固、汉、藏、蒙、回等13个民族,是一个典型的多民族杂居地区。本文认为通过口语表达能力的训练和多写、多练的方法是提高民族地区学生汉语水平和书面表达能力的有效途径。

由于受生长环境和民族语言特征的影响,更由于经济和教育基础相对落后等原因,这个杂居民族地区的中学生语文水平,尤其是口头表达能力和书面表达能力及形象思维等与发达地区及邻近县市的学生相比,存在着一定的差距。尽管这几年我县高中语文教学有了一定的改观,高考语文成绩逐年上升,但与全市乃至全省相比还有一定差距。怎样才能使我县中学生通过高中三年的系统学习,提高语文水平,缩短与其他地区中学生的距离呢?笔者根据自己多年从事中学语文教学的经验,再结合本校以及学生的实际,作了一些形式多样、丰富多彩的尝试,使语文教学取得了预期的效果。

一、要提高民族地区学生的语文水平,就必须加强口语表达能力的训练

(一) 实施课前三分钟演讲,增加学生说的机会

在每一节课开始的1—3分钟,让学生轮流登上讲台进行说话表演。演讲的内容高一年级学期以自我介绍为主(介绍自己的性格、志趣、爱好等),或介绍一条成语,报道一则电视新闻,到高一下学期重点讲述自己的一则见闻;高二年级上学期介绍自己家乡的风景名胜或土特产,下学期可针对学校或社会上的一种现象谈自己的看法,进行辩论。到高三绝大多数学生就有了很多次这样的说话训练机会,从而使杂居民族地区的学生,由过去的不敢说,无话可说,说不好,方言方音严重,与人交流困难到想说、敢说并且要说好;同学之间由过去的不认识、不了解、不熟

悉到相识、相知、相交；既增长了知识，又增加了才干。

（二）研究民族语言的特点，指导学生掌握说普通话的方法和规律

肃南的学生 40% 是从牧区来的，他们开始说普通话大多出现成分残缺，语序颠倒的现象，例如，把"我去放牛"说成"我放牛去"，把"你吃过饭吗?"说成"你饭吃过了吗?"把"不知道"说成"知不道"等，都是他们常犯的毛病。在语音方面，也存在着保留古音，阳平上声混淆，不分前后鼻音的现象，针对这些情况，我们都及时纠正、及时点评，让学生了解普通话和民族方言的联系，记住两种语言的不同点，随时提醒自己读准常错、易错字音，注意纠正语法毛病，养成规范搭配词语，准确表情达意的习惯，并且通过这些具体的例子，让学生懂得如果方言方音表达不准，轻则闹笑话，重则造成误解甚至发生后果严重之事。

（三）精心设计课堂提问，鼓励学生回答问题

改变"满堂灌"的教学方法，鼓励学生主动积极回答，建立说得好的当场加作文分的竞争机制，激发他们自我表现的欲望。提问面向全体学生，回答不只注重尖子生，对学生的回答质量不要求一步到位，只要有合理成分，就加以肯定，即使回答错了，也表扬他们有回答问题的勇气，绝不伤害他们的自尊心，创造和睦融洽、活泼上进的课堂教学气氛。

（四）适当开展讲故事、诗文朗诵等活动

积极组织学生参加学校、班级的演讲比赛和同班或同级的辩论会。说的机会多了，学生锻炼了胆量，口语水平自然会逐渐提高，为语文教学质量的提高奠定了基础。从想到说，不仅是一个基本字词句理清思路的思维过程，而且也是分析事物、深化认识的思维过程，学生说话从语无伦次到流畅明白，语言素质也就得到了切实的提高。

二、多写、多练，努力提高学生的书面表达能力

书面表达能力的训练，让众多语文教育工作者煞费苦心。而杂居民族地区的中学生，由于语文基础相对较差，牧区学生作文能力的低下则更为突出。刚入中学，部分学生面对作文题就发呆，无话可说，有的勉强完成，也是文笔混乱，语言干瘪乏味，有时简单概述，铺陈不开，有时表达不清，笑话连篇。如何提高民族学生的作文水平？我们一方面在课文教学的基础上，指导学生阅读报刊杂志，积累词汇，丰富学生的阅历，开阔视野，开拓文思；另一方面在引导学生观察生活、积累素材的基础上，让学生多写、多练，勤于动笔，怎么说，怎么做，怎么想就怎么写，克服畏惧情绪，树立自信，不过分求高、求全、求奇。循序渐进，逐步做到内容具

体、感情真实、语句通顺，书写规范整洁。其具体做法是：

（一）引导学生走进生活，激发写作兴趣

引导学生从生活中找"米"，因为生活是写作的源泉。山东青岛市著名教师王泽钊，曾带学生到崂山风景区的水库上课；暴风雨来时他让学生站到窗户边看乌云怎么翻滚。走进生活，观察生活，学生作文自然就有话可说，写作兴趣也有了。

肃南这个杂居民族地区，学生虽身在草原之中，谁又认真观察过不同季节、不同时辰的草原景色呢？因此，在大雾迷蒙的早晨，在一场新雨之后，在明媚的春天，在中秋的晚上……我们可以组织学生去观察远处的山、树、房屋帐篷是什么样子，近处的房屋、操场、人又是什么样子，高楼林立的县城是什么样子。在"五一"、"元旦"等节日，组织学生登山；闲暇的周末，组织学生上山采蘑菇。同学们欢呼雀跃，虽说是身居草原，可一旦置身大自然，依旧充满了新奇，就像放飞的小鸟，于是他们的作文里，有了一行行鲜活的文字，一幅幅生动的画面，一个个呼之欲出的人物。这时，我再将他们所写的山川景物、花鸟草树与古诗文所写的进行比较，既提高了他们对古诗文的鉴赏水平，同时，又促进了他们写作水平的提高，学生习作中时有古诗文名句在跳跃，成为作文中一道道亮丽的风景。

（二）多写多练，培养写作兴趣

加大训练密度，鼓励学生说真话，大胆写，详细记叙自己的经历见闻，充分抒发自己的深刻感受和体会，勇敢地发表自己的见解和主张。直到学生敢写、能写为止，写的内容多了，再讲章法立意、布局谋篇，语法修辞等写作技巧。

学生作文完成以后，交换批改，第一次只改错别字和病句，老师审阅添补后发给本人订正，并再次交换批改，这次主要是归纳各段内容、写法，一方面训练归纳能力，另一方面也从他人的习作中得到启发或受到反面教育，最后由老师批阅评语。一次习作学生至少见过三份作文，对老师的讲评也有了较深的体会。

（三）要求学生坚持写日记，巩固写作兴趣

用当代著名教育家魏书生曾说：写日记或周记，就是"坚持道德长跑"。美国著名教育家乔治·布朗曾说："在精神的旅行中体验理智感、道德感。"日记形式不必千篇一律，或长或短，记叙议论，描写抒情，灵活掌握，想什么就记什么，"嬉笑怒骂皆成文章"，平时不敢说、不敢写的皆可写，可以一吐为快，这样，学生的主体意识得到释放，并从中获得生活的愉悦、思想的自由和情操的陶冶，乐在其中，作文就成了一种享受，养成习惯，终身受益。

（四）重视写字教学

平时的教学中我们就要求学生工整地抄写生字、生词，认真做好课堂笔记和读

书笔记，养成良好的书写习惯，努力写出美观、规范的汉字。

　　杂居民族地区的学生学汉语之难主要就在于说和写上面，学校对此也很重视，学校也在校园内醒目的位置书写"说普通话，写规范字"的宣传标语。说不准自然就写不准，出现在他们笔下的错别字之多就不足为奇了。针对这种情况，我们千方百计探寻原因，通过各种方法，帮助他们认识汉字的形、音、义，让他们从理解的角度去记忆，去使用。总之，杂居民族地区的中学生语文水平起点固然很低，但只要语文教师善于研究，勇于探索，从实际出发，采取符合杂居民族地区学生实际的教学措施和方法，通过教学，我们坚信，民族学生"说写"能力一定会上一个新的台阶，赶上汉族或发达地区学生的语文水平指日可待。

（本文原载于《学园》2011年第6期）

[作者简介]

　　郎爱军（1970—　　），男，裕固族，甘肃肃南人，肃南一中中学语文高级教师，科研室副主任。

关于提高少数民族学生汉语能力的思考

郭怀德

[摘要] 随着现代科学技术特别是信息技术的迅速发展，各民族、各地区之间经济文化的交往更加密切频繁。在这样一种背景下，少数民族学生熟练掌握汉语这一重要的语言交际工具显得非常重要。因此，少数民族学生学好汉语，是加快少数民族各类人才培养，促进少数民族地区经济和社会更快发展的要求。

语言是交流思想的工具，除本民族的语言之外，如果再能掌握汉语，不仅可以学到更多、更新的知识，而且还能提高少数民族学生参与市场竞争的能力。如何提高少数民族学生的汉语能力，笔者认为要扎实做好以下几方面的工作。

一、增加教育投入，拓宽学习渠道，构建良好的汉语学习硬环境

少数民族地区学校的教学设备一般都比较简陋，学校图书资料、音像资料少且更新慢，语言教学设备设施不够完善。学生的汉语言学习途径主要通过老师的授课和课本，这不能很好地激发学生学习汉语言的热情和兴趣。因此，要加大教育投入，增加图书、音像资料等，营造良好的汉语学习氛围。这样，不管在课内还是课外，学生都可以通过图书、广播等方式来获取语言信息，经过多方面的语言采集、情景熏陶和实践操作，从而提高学生的汉语言表达能力。

二、加强语言表达训练和阅读能力培养，营造浓厚的汉语言表达环境

加强语言表达训练和阅读能力的培养，营造浓厚的语言表达环境是学好汉语言的关键，另外，要加强汉语言的表达训练和阅读能力的培养。教师要经常指导学生了解本地区民族语言表达习惯与汉语言的区别，这是引导少数民族学生正确使用汉语言的前提，若要使他们正确流畅地使用汉语言，还必须加强汉语言表达训练，加强阅读能力的培养。在少数民族地区，教师要鼓励学生在平时的交流中使用汉语。以此营造浓厚的汉语言表达环境，加强语言的体验、学习和交流，这样也有利于提

高学生的汉语言表达能力。

要提高学生的语言运用能力,写作就是一条重要的途径。但是,习作的次数一般比较少,达不到训练的目的,因此,不仅要想方设法提高学生的写作质量,而且要激发学生写作的兴趣,并设法增加学生的写作数量。通过激发学生兴趣、增加学生的写作数量,从而达到量变到质变的目的。在加强语言表达训练时,还必须重视培养少数民族学生的阅读能力,学生语言运用能力的提高,阅读训练是必不可少的。因为只有具有一定的阅读量,才能够积累丰富的语言材料,运用起来才能得心应手。有了一定的阅读能力,并教育学生积极地增大阅读量,丰富语言积累,才能使学生语言运用能力得到提高。

三、教法灵活多样,切实提高汉语教学的实效性

少数民族地区学校汉语教学质量能否提高,关键在于教师。要培养合格人才,首先教师必须合格。毫无疑问,要实现学生"民汉兼通",首先汉语教师必须"民汉兼通"。上汉语课是学生听汉语最多的时候,因此,汉语教师的口语对学生掌握汉语有直接影响,这就要求汉语教师要有一口标准的普通话。在课外,汉语教师还可以与学生多交流,及时纠正一些语法错误,鼓励学生在日常生活中多用汉语交往。只有多说多练,才可以使学生对汉语掌握得更加牢固。

传统的汉语教学以教为主,主要将学生需要掌握的知识分析讲解透彻即可,这无疑影响了学生的独立鉴赏能力和积累字词句的兴趣,而且使学生学习语言的能力得不到有效提高,这种做法是不可取的。只有在学生熟读文章的基础上,才可以对文章的写法、结构、主题思想理解清楚,而这种领悟留给学生的印象要比教师灌输的强烈得多。古人说:"读书破万卷,下笔如有神","书读百遍,其义自见。"就是说,多读、多积累词汇,久而久之,汉语言能力自然就会提高。同时做到教学方式的多样化,学生既然是学习的主体,就应该按照学生的兴趣爱好,调动学生的积极性,让学生在潜移默化中学会汉语,让说汉语变成一种习惯。

(本文原载于《甘肃教育》2012年第5期)

[作者简介]

郭怀德(1966—),男,裕固族,甘肃肃南人,中学高级教师,肃南县明花学校校长。

让幼儿在运用语言的过程中学习裕固族语言

李少英

[摘要] 裕固族有自己的民族语言，没有本民族文字，因此，让幼儿学习裕固族语言是民族文化传承的需要。那么，如何培养幼儿在运用语言的过程中学习和发展裕固族语言？本文认为可通过营造宽松的裕固族语言运用环境，利用生活中的各种机会培养幼儿的裕固族语言表达能力。

裕固族有自己的民族语言，没有本民族文字，一般使用汉文。裕固语主要有两种：一种称西部裕固语，主要分布在肃南裕固族自治县的西部，属阿尔泰语系突厥语族东匈语支；另一种称东部裕固语，主要分布在肃南裕固族自治县的东部，属阿尔泰语系蒙古语族。居住在酒泉黄泥堡及肃南县明花区前滩等地的裕固人则讲汉语。西部裕固语是一种古老的突厥语，至今还保留着许多古代突厥语和回鹘语的词汇，尤其是在数词上保留了突厥人古老的计数法。东部裕固语则保留了较多的蒙古语的成分，其词汇和某些语音特点，更接近于十三四世纪的古代蒙古语。东、西部裕固语有差异但也有一些相同的词汇，这些词汇或源于突厥语，或源于蒙古语，同时还吸收了大量汉语和藏语借词。我县教育局为了使裕固族语言不流失，决定以幼儿园开始开设裕固族语言课程，这一行动表明了对儿童裕固族语言交际能力的重视，要求学前儿童在使用过程中学习裕固族语言。那么，如何培养幼儿在运用语言的过程中学习和发展裕固族语言。

一、营造宽松的裕固族语言运用环境，使幼儿有话敢说

实际上，幼儿的裕固族语言是在运用的过程中主动建构的，若刻意对幼儿进行裕固族语言的语音、词汇和语句语法的简单训练，是不符合幼儿裕固族语言学习的特点的，也违背了语言的本质功能——交往能力。所以在幼儿园要创造一个自由、宽松的裕固族语言交往环境，支持、鼓励、吸引幼儿与教师、同伴或其他人交谈，体验裕固族语言交流的乐趣。因此，要使幼儿成为裕固族语言的主动建构者，教师应为幼儿创设敢说、爱说、会说的裕固族语言环境和学习条件。

(一) 创设宽松、自由的语言环境

宽松、自由的环境是帮助幼儿积极地运用裕固族语言的前提条件。它体现了师生之间心灵上的沟通和关系上的平等，体现了教师对幼儿人格的尊重，有助于幼儿运用裕固族语言交往的主动性和积极性的提高。因此，教师在与幼儿相处时，应该把他们视为朋友，尊重他们，并为他们创设自主表达与自由表现的机会，使他们在自主、自由的氛围中，有话愿说，有话敢说，成为主动的学习者和建构者，而非被动的接受者。

(二) 鼓励幼儿大胆表达

幼儿学习裕固族语言能力是有差异的，教师应尊重每个幼儿的特点和心理需要，选择适宜的谈话内容、方式、场合，选择他们感兴趣的内容引发话题，鼓励他们的每一次表达，使其感到与人交流的乐趣。在集体活动中，教师要不在乎孩子发言多么准确或者优美，让每个孩子说说哪怕是不成熟的想法；或者在很多孩子争着要说的时候，用分组或者三三两两自由讨论的方式来让每个孩子有说的机会，当他们交往的愿望得到满足和鼓励，就会有裕固族语言运用的机会。另外，幼儿在说话的过程中，当出现词不达意、语句不完整时，教师不要急于或刻意加以纠正，如果教师出于"教育"的目的，打断孩子的话，要求他"说完整"、"说对"、"发音正确"，实际效果往往是孩子的交往愿望在这样的"打断"过程中受到了挫折。因此，我们教师应允许孩子说得暂时不对、不完整，要相信孩子会在交往过程中说得越来越完整。同时，我们还要相信幼儿乐说的态度，会使幼儿在敢说爱说中获得主动的发展，从而成为敢于表达、乐于表达、善于表达的人。

二、利用生活中的各种机会培养幼儿的裕固族语言

在幼儿园里，通过专门的裕固族语言活动学习裕固族语言的时间是有限的，教师必须抓好日常生活中的裕固族语言教育，才能更好地丰富幼儿的语言经验，以进一步提高幼儿的裕固族语言表达能力。

(一) 抓住幼儿生活中的各种表达的机会

在一日生活中，幼儿随时有表达意愿和感受的需求，有与人交往的需求。教师充分利用这一点，有目的地对幼儿施加影响，创造性地利用各种交往的机会，让幼儿学习裕固族语言。

1. 提供师生之间相互交往的机会。教师经常参与幼儿间平等的对话，可以使幼儿感受到教师对自己的关爱，增强幼儿相互间的情感联系，激发和强化幼儿说的愿望。例如，在晨间或离园等时间，教师经常性地与个别幼儿谈话。这样既增进师

生之情，又便于幼儿向教师学习怎样发音、怎样用词等。同时，教师在参与中应注重与幼儿的互动，使他们在运用裕固族语言的过程中，丰富裕固族语言，学会倾听，学会表达，学会围绕话题交谈，积累相互对话的经验，提高裕固族语言的能力。幼儿对教师的一言一行、一举一动都会注意观察和模仿，教师无时无刻不在对幼儿的言行起潜移默化的影响。无论在教学活动中抑或是在日常生活中，教师应尽量利用师生间的交往，让幼儿感受运用裕固族语言的基本规则和积极作用。通过师生间的交往不断调整幼儿的语言表达方式，并在交往中积累表达的经验，培养裕固族口语表达的良好习惯。

2. 利用同伴之间相互交流的机会。幼儿在交往中能通过相互作用主动地创造、调整自己的裕固族语言，从而获得主动发展。例如，两个幼儿为一只玩具熊的归属发生了矛盾，一方想从对方手中要回曾属于自己的小熊，另一方则千方百计地要保住小熊不被拿走。在相互作用的过程中，这两个孩子使用了十多种交往的策略，其中有威胁、协商、诱惑、提出条件、转移注意等不同的语言表达方式。他们在相互交往中，都主动依据对方的态度和行为选择交往的策略，不断地调整自己的裕固族语言，并利用这种调整去调节对方的行为，以达到自己的目的。幼儿在交往中会调动自己已有的经验，运用语言技巧，去解决生活中的问题，感悟和理解语言对生活的意义，并在主动的运用中成为裕固族语言的建构者，而这种主动的建构又使幼儿成为具有交往能力的人。因此，教师应善于利用幼儿同伴之间的交往，为其创造相互学习、相互交流的机会，使幼儿在交往中感受交往的乐趣，在与同伴的不断相互作用中修正和完善自己的裕固族语言。

3. 多为幼儿提供裕固族语言交际的机会，以丰富幼儿的裕固族语言经验。教师应多创设语言交际的情境，诱发幼儿自发的交际愿望，鼓励幼儿多听、多说、多实践，获取不同情境中的交际经验。让幼儿在讨论中学会听与说，学会表达自己的观点，使他人理解和接受自己的观点；在争执中学习围绕话题使用辩论性裕固族语言；在聊天中学会使用问候性的裕固族语言、叙述性的裕固族语言、描述性裕固族的语言，感受说的乐趣，使裕固族语言的学习贴近幼儿的生活，满足幼儿当时的需要，并为幼儿裕固族语言的进一步发展创造条件。

（二）鼓励幼儿在游戏中进行交往裕固族语言的交流

新《纲要》的总则指出"幼儿园教育应尊重幼儿身心发展的规律和学习的特点，以游戏为基本活动。"游戏对于幼儿来说，是他们最早、最基本的交往活动，游戏过程本身就是儿童交往的过程。幼儿与同伴共同游戏，更是交往裕固族语言实践的大好时机。开始时游戏主题的确定、游戏场地和游戏材料的选择、游戏角色的分配等，都需要幼儿陈述自己的观点，倾听同伴的意见。如在"自选商场"、"娃娃家"、"医院"等游戏中，让幼儿通过各种角色扮演，自编自导游戏的情节，必会产生与人、与事物打交道的现象，诸如买玩具和食品、给娃娃过生日、请求帮助等。在这些游戏过程中，幼儿运用裕固族语言的能力得到实际的练习。

（三）通过早期阅读发展幼儿的裕固族语言的表达能力

早期阅读是指在幼儿园阶段，以图画读物为主，以看、听、说有机结合为主要手段，从兴趣入手，萌发幼儿热爱图书的情感，丰富幼儿阅读经验。在阅读过程中，不仅提高幼儿的裕固族语言能力，而且还帮助幼儿获得有关书面裕固族语言的知识。故事是幼儿阅读的主要材料。幼儿在阅读图书时，首先通过观察把握画面内容，将之转译成语言，然后进行想象以丰富故事内容。与此同时，他们还要具备内部整合语言及表述的能力，这表现为看图书时幼儿或者自言自语或者在心中默读。因此，教师应当注意每天给幼儿看故事书的时间，养成阅读图书的习惯。在幼儿听完故事或者看完图书之后，适当提出有利于他们思考的问题。他们在讲述、讨论的过程中，不同水平幼儿的裕固族语言能力都得到了发展。

（本文原载于《教育革新》2011年第8期）

[作者简介]

李少英，（1968—   ），女，汉族，甘肃肃南人，肃南县幼儿园中学一级教师。

民族文化在幼儿教育中的应用

索 蕊

[摘要] 本文通过从分析幼儿教育中应用裕固族文化的目的和内容入手,阐述了幼儿教育中应用裕固族文化可以促进教师的专业化成长,促进幼儿的全面发展,促进幼儿园的发展。

甘肃省河西走廊中部,美丽的祁连山麓,有一个肃南裕固族自治县,境内森林茂密,矿藏丰富,绿草如茵,牛羊成群,风光秀丽。这就是裕固族人民的家乡。裕固族共有 1.3 万多人,主要分布在甘肃省,少数人居住在青海省的祁连县。裕固族有两种本民族语言,没有文字,通用汉文。公元 11 世纪中叶到 16 世纪,河西回鹘人与邻近各族相融合,逐渐形成了裕固族。明朝初年,裕固族东迁入关,在祁连山一带放牧,史书上曾称他们为"黄番"、"西番"等。他们自称"尧乎尔"、"西喇尧乎尔"。1953 年以"裕固"作为本民族的正式名称。

一、在幼儿教育中应用裕固族文化的目的

肃南县突出的特点是多元文化并存,这里有多个民族、多种语言、多种宗教信仰。各族之间已形成了一种亲密和谐的民族关系,孕育了独具特色的民族歌舞、民族服饰、民族文学、民族饮食、民族文艺、民族建筑和民族影视等。肃南各民族的幼儿在这种多元文化背景中体验着不同文化的风情。但是各少数民族因历史传统和文化价值观念的不同,对来自主流文化背景的素质教育缺乏必要的认同。如果不考虑民族文化的因素,就会阻碍素质教育在幼儿教育中的顺利实施。

在幼儿教育中应用裕固族文化中我们发现,虽然裕固族都具有能歌善舞、热情好客、尊老爱幼、豪放开朗等特点,但是他们在文化传承和教育观念上又具有一定的保守性和封闭性。很多地方的裕固族家庭在孩子教育问题上仍然以自己民族的文化内容为主,排斥或不了解其他民族文化,或者在接触主流文化时忽视了本民族文化,甚至瞧不起本民族文化,因此我们希望通过裕固族文化改变这两种倾向,在理解尊重裕固族文化的基础上,选择民族文化资源中贴近幼儿生活的、容易被幼儿理解和接受的内容,构建园本课程体系,以培养幼儿的跨文化适应能力,帮助幼儿学会从其他文化的角度审视自己民族的文化,在其民族特征形成的同时,具有传承、

发展、创新本民族文化的意识和能力，从而既能保留本民族的优秀传统文化，又能融入现代主流社会，最终达到宣传民族团结、弘扬民族文化、启发多元智慧、培养完整人格的目的。

二、在幼儿教育中应用裕固族文化主要内容

裕固族文化与汉文化一脉相承，它始终根植于中华民族文化的主脉，历来就是中华民族文化不可分割的重要组成部分；但同时裕固族文化形成于多元文化并存、交融与互补的特定环境中，具有兼容并蓄、博采众长的显著特征。因此构建肃南本土化的幼儿教育，首先要具有浓郁的肃南地方特色，把肃南最典型的少数民族文化中最具有特点的，而且适宜于幼儿学习探究的内容列入课程体系。

具体来说，我们选择的内容主要集中在以下几个方面：一是以"56个民族是一家"为核心主题的爱国主义教育。二是服饰文化教育。服饰是一个民族区别于其他民族的首要标志，我们选取了幼儿熟悉的服饰种类、图案、色彩为主要内容，通过让幼儿感受裕固族的服饰美，激发幼儿欣赏美、感受美和表现美。三是饮食文化教育。以民族特色小吃和土特名产为载体，让幼儿在欣赏、品尝，以至亲手制作的过程中，对其品种、营养价值、制作过程获得不同程度的认识，了解蕴涵其中的科学道理。四是民族艺术、体育竞技教育。我们力图通过少数民族歌舞和体育竞技游戏对幼儿实施美育和健康教育，让幼儿在学习民族歌舞、器乐、童谣、民族民间游戏、竞技活动中感受少数民族豪爽的性格和真挚的情感，充分发挥肃南民族艺术和体育竞技游戏的情感教育功能，促进幼儿健全人格的形成。五是传统手工艺、建筑文化教育。通过让幼儿感受肃南各民族传统手工艺品和建筑的精美和实用，及其图案、色彩的丰富性与多变性，培养幼儿用勤劳和智慧改变生活、创造生活、美化生活的态度与能力。六是民俗风情文化、自然资源教育。通过让幼儿了解各民族的节日风情和趣味盎然的娱乐活动，使其感知民族文化的多样性及其与居住环境的密切联系，理解并尊重各民族的礼仪，学习自律和尊重他人，养成对他人、社会亲近的态度，学习初步的人际交往技能。

三、在幼儿教育中应用裕固族文化促进了教师的专业化成长

多彩多姿的裕固族文化很值得我们去认真挖掘和发扬。教师首先要了解本地裕固族的种类，并清楚哪些题材需要收集，这些题材又分布在什么地方，然后通过访问，探寻其发源地和文化内涵。如裕固族"黄黛琛"的故事等都值得教师去探个究竟，了解其历史渊源。从海子湖的传说到裕固族的独有的舞蹈、神秘的海子湖怪，教师深深体会到了裕固族文化的绚丽多姿及其深厚的文化底蕴。看到传统的民族食品、漂亮的绣品、美丽的服饰、可弹拨的乐器、激烈紧张的赛马场景，我们的

教师更是兴奋地发现：这些不正是孩子们也渴望探究的东西吗？裕固族文化的探源激发了教师的创造热情和灵感，她们以裕固族用品为素材，与现代儿童绘画相结合，引导幼儿在绘画中把少数民族喜爱的艳丽色彩大胆应用到作品中去，让幼儿展开想象的翅膀，画出他们心中最美好的世界，从而改变了以往幼儿在绘画中只会模仿教师作品，不会创作，甚至没有范画就无从下笔的现象。幼儿在民族艺术的熏陶下创造了大量充满童真童趣的作品，得到了各界人士的充分肯定和高度评价。

四、在幼儿教育中应用裕固族文化促进了幼儿的全面发展

"生活即教育"是陶行知生活教育理论的核心。肃南民族文化来自于各民族大众，能激发幼儿的情感，能让幼儿产生丰富的想象，引发幼儿用纯洁美好的心灵去感受世界，从而促使幼儿身心和谐、健康发展。少数民族的传统节日和优秀传说让幼儿亲身体验到了民族文化的浓郁色彩和其中包含的生活智慧，从而极大地丰富了幼儿对周围真实生活的体验，扩展了幼儿的发展空间，激发了幼儿的民族情感和民族意识。

幼儿园是一个各民族幼儿聚集的小社会，培养孩子使用汉语交流的习惯，提高裕固族幼儿汉语言表达能力是我们课程建设的重要目标。为此，教师创编了大量的故事、儿歌、游戏、歌舞，并开展了丰富多样的社会实践活动，为幼儿创造了丰富的人际交往和语言使用的机会。同时，教师利用幼儿园与家庭的良好合作关系，创设了具有浓郁本土民族特色的教育环境，充分利用室内室外、门、窗、墙面、走廊等空间位置，为幼儿提供了大量色彩鲜艳的裕固族艺术图片、服饰、乐器、挂毯、手工艺品、乐器等，并分阶段、分层次地悬挂、张贴或陈设在三维空间中，创设开放的教育环境，使教育内容生活化、活动化。在"小小民族饮食文化村"、"小小民族服饰文化村"、"小小民族运动会"、"小小民族手工作坊"等系列活动中，孩子们可以互相商量小吃的制作方法，或结伴共同装饰民族服饰。在材料的选择、工具的使用、图案的设计上，孩子们既可互相学习，也可以与教师交流，与家长交流，从而让幼儿在日常生活中观察、感受到少数民族艺术的美、服饰的美、建筑的美、手工作品的美，同时满足了幼儿动手、动脑、动口的需要，促进了他们的全面发展。

五、在幼儿教育中应用裕固族文化促进了幼儿园的发展

园本课程建设促进了幼儿园园本文化的不断发展与丰富。好学、进取、敬业、自立、创新已经成为我园教师的自觉追求，"科研兴园"也初见成效，为幼儿园奠定了可持续发展的基础。

通过裕固族文化与探索，幼儿园的教育质量进一步提高，课程目标更贴近幼儿

发展的实际,课程内容更符合幼儿发展的需要,教学形式更加灵活而富有创意,环境创设更加体现各民族的不同文化特征和幼儿的参与性、操作性,同时也促使我园更好地发挥了示范幼儿园应有的示范与辐射作用。

  裕固族幼儿的家长也成了幼儿园教育工作的积极参与者与支持者。我园开展的"小小民族抗挫运动会"、"小小民族文化村"、"宝宝爱祖国、宝宝爱家乡"系列活动都有裕固族家长的积极参与,他们自愿成为幼儿园民族文化裕固族文化的参与者、顾问或义教等,和教师一起设计问卷调查表,帮助教师区分和掌握不同民族服饰、饮食、手工艺品的基本制作方法。家长教育资源的充分利用,也形成了家园共育的合力,共同推动了幼儿身心的和谐发展。

(本文原载于《教育革新》2010年第6期)

[作者简介]
  索蕊(1976—),女,裕固族,甘肃肃南人,肃南县幼儿园中学一级教师。

如何激发幼儿学习裕固语的兴趣

索 蕊

[摘要] 在当前幼儿裕固语教学中，由于认识和实践上的偏差，许多幼儿裕固语教学成人化，使幼儿过早丧失了对学裕固语的兴趣。本文认为可通过歌曲法、故事法、情景法、儿歌法、动作法、游戏法、竞赛法、游戏法、操作法提高幼儿的学习兴趣。

在当前幼儿裕固语教学中，由于认识和实践上的偏差，许多幼儿裕固语教学成人化，使幼儿过早丧失了对学裕固语的兴趣。因此，提高幼儿学习裕固语的兴趣成为裕固语教学工作的重点。那么，怎样提高幼儿学裕固语的兴趣呢？几年来，我通过在裕固语教学中的不断尝试，摸索出了一些激发幼儿学习兴趣的教学方法，并在教学中取得了良好的效果。

一、歌曲法

在幼儿裕固语教学实践中，我们发现孩子们一听到音乐就特别兴奋，老师一播放歌曲，他们都会手足舞蹈地跳起来，可见音乐给孩子们带来的快乐。因此，裕固语教学要是融合了律动、儿歌、歌曲等，肯定会取得良好的教学效果。比如要教会孩子说一句裕固语，有时候如果只是教他们跟着念，他们很难学会，而且教学活动变得很枯燥，孩子的学习兴趣也没有了。要是以律动、儿歌、歌曲等音乐的形式来开展裕固语教学，就能有助于孩子在愉快的音乐节奏中自然习得裕固语。比如教中班的小朋友教身体部位单词时，孩子们学起来感觉很吃力，但是在唱《我的身体》这首歌时，他们竟然唱得那么清晰，并且还能边唱边跳，每一个孩子都乐在其中，这时再请他们按正常的语速说出来就变得容易多了。孩子们对琅琅上口的裕固语越来越感兴趣，同时对学习充满了信心，特别是对刚开始学裕固语的孩子来说，他们对裕固语充满了新鲜感和学习的欲望，对律动、儿歌、歌曲特别感兴趣，对以后的裕固语学习有了一个良好的开始。

二、故事法

　　故事对学龄前幼儿具有极大的吸引力，它情节生动活泼，内容丰富且富有趣味性，通过讲故事学习裕固语言，以故事人物、情节、悬念为支柱，把裕固语词句安插在生动的故事里，通过反复出现，层层包围，形成"三明治"式，让幼儿在听故事的过程中学习裕固语，自然地吸收使用并掌握，产生良好的记忆效果。如在"独木桥怪兽"一系列故事中，围绕"独木桥怪兽"由不劳而获、欺负弱小动物到热爱劳动，帮助小动物战胜大蛇这一线索，反复出现了熊、山羊、猫、狗、驴、猴、猪、蛇等裕固语单词，让幼儿在听故事，感知悬念中学单词，通常老师把故事讲完了，故事中的裕固语词句也同时学会了。

三、情景法

　　幼儿的思维具有具体形象性，对于直观的、形象的知识易于理解记忆，在教学实践中，经常发现很多幼儿会说裕固语，却不理解裕固语的含义，如见面时的问候语、交往时的用语、买东西时的问答等，这样的句型就需要教师在教授时为幼儿积极地创设情境，让这种情境生活化，使幼儿在特定的情境中，理解每一句裕固语的含义。例如，教师创设按门铃、拜访朋友的情境，使用与当前情景直接相关的裕固语，并辅以大量的动作和表情，然后再让幼儿做开门、请朋友的游戏，及时地巩固了裕固语教学内容。

　　以这种方式学习裕固语，幼儿既理解又能学以致用。能够比较好地培养孩子综合运用语言知识的能力，能够培养彼此之间合作，共同完成一项任务，从而提高表演和语言表达能力，在有了一定量的词汇、句型的时候，教师可以让孩子自由组合，进行表演。

四、儿歌法

　　幼儿时期，是语言学习的最佳时期。抓住这个时期，让孩子学裕固语，不仅学得快，而且记得牢。从幼儿身边所熟悉的事物环境入手，用诵童谣、念儿歌的方法进行裕固语教学，也是比较适合幼儿年龄特点的。带有节奏感和押韵的儿歌，朗朗上口，便于每个幼儿的记忆。如我在上《动物园》这课单词时，用裕固语把儿歌"小猫怎么叫，喵喵喵；小狗怎么叫，汪汪汪；小鸡怎么叫，叽叽叽；小羊怎么叫，咩咩咩；小牛怎么叫，哞哞哞；老虎怎么叫，噢噢噢；青蛙怎么叫，呱呱呱"翻译出来，不仅如此，我们还可以根据单词意思配以合适的动作，形象的动作加上顺口的儿歌，幼儿就能很轻松地弄清楚每个单词的具体意义，并掌握单词的正确发音。

五、动作法

  这是美国心理学家詹姆斯·阿切尔提出的肢体反应法理论，它强调发挥儿童各种感官功能，充分调动儿童学习的主观能动性，提高幼儿的理解力，强化开口说的能力。这种教学法在裕固语教学中非常有价值。我根据幼儿形象思维的特点，给每个单词和句子附以动作。教师或孩子发布命令，孩子听命令做相应动作。这个活动让孩子反复听，且愿意听，大大锻炼了听力，这种寓教于"动"的方法不仅使课堂变得充满生气，而且有助于孩子们联想记忆，强化所学的东西。

六、竞赛法

  任何一种活动形式，时间久了，孩子就会厌倦。冷漠的情绪会使活动效果大打折扣，引入竞争机制，这一难题迎刃而解。竞争能激活幼儿潜在的智力，能激起幼儿的进取心。幼儿好胜心强，大都不甘落后，所以在设计活动时，以各种形式的奖励，以表示对胜利者的赏识，对进步者的鼓励。有时是几句鼓励的话语，有时是一朵小红花、一颗小星星……孩子们在热闹的气氛中，你追我赶，学裕固语的兴趣越来越浓。

七、游戏法

  玩是孩子的天性，符合幼儿天性好动的特点。游戏能激起幼儿学裕固语的兴趣，密切师生间的关系，提供幼儿充分运用语言的机会，调动学习积极性，将知识融于游戏中，让幼儿在情趣盎然的游戏中练习所学知识，也在不知不觉中掌握了知识，更重要的是感受到了学习裕固语的乐趣。因此，幼儿园裕固语活动应尽量游戏化，寓教育于游戏，让幼儿在游戏中轻轻松松学裕固语。如户外体育游戏《老狼，老狼，几点钟》，这个游戏是幼儿熟悉且喜欢的。我把句型"狼、狼，几点了？一点了、两点了、三点了……"融入到游戏中。幼儿在他们原有的游戏经验的基础上，轻松愉快地习得了裕固语，学会了句型，锻炼了裕固语听说能力，在玩中学习并得到发展。

八、操作法

  教师在课堂上利用实物、直观教具等教学手段进行教学，幼儿特别容易理解，乐于接受，印象深刻，有助于记忆，且适合于幼儿好奇、好动的特点，能唤起幼儿的有意注意，可以最大限度地调动幼儿的积极性、好奇性，激发幼儿的学习兴趣，增强幼儿的求知欲，提高教学效果。例如，在教幼儿学习动物名称时，我将动物玩具与裕固语相结合，让幼儿取放玩具学说句子和新单词。这样，幼儿争先恐后地抢着说，大家兴趣很高。在学习表示颜色的句子和单词时，我设计了一个"幸运转盘"，转盘上面有七种颜色，教师问："这是什么颜色？"请幼儿猜颜色，不但激发了幼儿学习裕固语的浓厚兴趣，而且记忆深刻。

当然，调动幼儿学裕固语的积极性的教学方法还有很多，如谜语法、顺口溜法等多种方法，我根据教学参考书及自己的工作经验，在教学中灵活运用，交互作用，让孩子们的思维活跃起来，让孩子们的语言活跃起来，孩子们始终对裕固语保持着浓厚的兴趣，上裕固语课成为他们最快乐的事。

（本文原载于《教育革新》2011年第10期）

[作者简介]

索蕊（1976— ），女，裕固族，甘肃肃南人，肃南县幼儿园中学一级教师。

少数民族地区创建特色学校的几点思考

张廷文　黄秀丽

[摘要]　根据少数民族地区实际情况，提出民族地区创建特色鲜明的学校，要充分利用好当地的教育教学资源，根据自己的校情实施素质教育，挖掘自身教育教学潜力，才能实现跨越式发展。首先，要有明确的办学目标，促进师生特色发展；其次，要制定具体办法和措施，促进特色学校的形成。

各民族生产生活、宗教信仰、风俗习惯、语言文化、心理素质等方面存在着一定的差异，办好学校要重视这种差异，充分考虑民族地区社会、经济、教育发展状况，照顾本地区民族的特点，不能搞"一刀切"，也不能一概照搬别人。许多名校的办学实践告诉我们，一所学校如果不能根据自己的校情去实施素质教育。办学没有个性，没有特色，总跟在别人后面亦步亦趋，就会失去自己固有的优势，丢掉最宝贵的东西，也就谈不上超越发展。民族地区只有结合本地区实际，充分利用现有的教育教学资源，挖掘教育教学潜力，优化育人环境，走特色办学之路，才能在教育的整体中找准自己的位置，稳步提高教育教学质量和办学效益，培养出更多适应民族地区、社会、经济发展的合格人才。

一、民族地区创建特色学校的具体目标

民族地区创建特色学校，必须全面贯彻党的教育方针，端正教育思想，面向全体学生，全面提高民族学生的素质，发展学生的个性特长，实现学生生动、活动、主动的发展。

1. 面向全体学生，因材施教突出教学特色。民族地区创建特色学校，要重视学生的差异。建立合理的评价机制，是实施素质教育，突出办学特色的关键。要把每个学生的发展作为衡量学校和教师工作好坏的标准，不求人人高分，但求人人合格，不求统一，但求发展，结合民族地区学生实际，培养学生特殊的兴趣和爱好。

2. 面向全体教师，因人而异突出教研特色。教师是一个学校进行教育活动、实现教育目标的根本。建立"以校为本"的教研制度，围绕提高民族学生的综合素质开展教研活动，是创建特色学校的重要保证。学校要通过筛选，推广一些有特色，有价值，符合民族地区学校实际的研究课题，挖掘教育教学的潜力，开发学生

学习的潜能，使学生在生动活泼的教育教学活动中得到积极、主动、全面的发展。

3. 面向地区实际，因地制宜突出办学特色。教育改革的根本目标是提高民族素质，多出人才，出好人才。作为学校要有办学的新思路、新途径，变封闭式办学为开放性办学，引导家长学生转变观念，突出学生的主体地位，形成"全面加特色，合格加特长"的办学特色，除为高一级学校输送合格新生外，大力开办农牧业科技培训，为民族地区输送大量经济型、实用型人才，更好地为民族地区脱贫致富、奔小康提供智力支持和服务。

二、民族地区创建特色学校的一些具体做法

1. 校长要有独特全新的办学理念。"校长是形成学校精神的核心，是一所学校的灵魂"。如果说校长观念陈旧，缺乏事业心和责任感，事业上缺少闯劲，学校形成特色只能是一句空话。作为校长要结合民族地区的实际，认真研究教育教学理论和法规，掌握教育教学规律，熟谙民族地区的教育优势，用科学的教育思想充实自己的头脑，树立"以人为本"的教育观；"人才多样性，人人能成才"的人才观；"德、智、体、美、劳全面发展"的质量观和"为学生的一生发展和幸福奠定基础"的价值观，不因循守旧，善于凝聚全体教师的智慧和力量，与时俱进，开拓创新，才能形成不同于其他学校的特色。

2. 通过制度创新，建立科学合理、切实可行的管理制度。创新是民族进步的灵魂，也是教育发展的原动力。学校要通过制度创新，用科学合理的制度来规范学校的办学行为，促使学校人、财、物等形成统一的整体，强化对教育教学过程的合理管理，调动全体教师工作的积极性、主动性、创造性，选择最佳的工作方案，采取最佳的工作措施，科学、严格、细致、扎实地抓好每一个工作环节，实现精细化、高效管理，才能确保创建特色学校的各项工作的顺利开展。

3. 弘扬民族地区优秀传统文化，全面提升学生综合素质。各民族具有不同的精神、文化和传统，让学生了解家乡，关注历史，对学生进行民族传统美德教育，用身边的人、身边的事教育学生，激励学生不断进取，对激发学生学习兴趣，增强学习动机，提升学生的综合素质具有重要作用。主要做的工作有：

一是造就一支富有特点的教师队伍。使学校步入"特色学校培育特色教师，特色教师造就特色学校"的良性循环，培养和造就研究型、特长型、开发型、创新型的教师，使之在发掘民族地区优秀教育资源的过程中能独当一面，创造性地开展工作。

二是积极开发体现民族文化的校本课程。在民族地区开发校本课程，让学生更好地了解本民族的历史、文化和传统，对于发展民族文化教育事业，加强兄弟民族文化间交流，培养学生良好的生活、学习习惯，提高学习能力以及学习兴趣和适应能力，增强学生的民族自尊心，自豪感具有重要意义。另外，通过开发校本课程，

还可以对学生进行必要的学习方法指导，让学生遵循学习的基本规律，合理地安排课余时间，养成良好的学习习惯，提高学习效率。在这方面我校做了有益的尝试，近几年编写了《祁丰学校综合实践活动课程》和《祁丰学校德育校本教材》，对当地藏族文化都有很好的体现。

三是加强艺术教育，丰富学生的精神生活。少数民族学生受本民族传统文化的影响，大多能歌善舞，对艺术有着浓厚的兴趣，他们在艺术方面独特的表现力和天赋展现出他们热爱自然，对美好生活的向往。作为学校要将艺术教育作为提升学生素质的突破口，结合本地本校实际进行细致的探索，挖掘当地艺术精品，让学生心智得到开发，精神得到陶冶，丰富学生的精神世界，形成学校的办学特色。

四是发展学生的特长，谋求学生个性发展。发展学生特长，谋求学生个性发展，塑造和完善学生人格，是创建特色学校的重要内容。为此，学校要引导教师认真研究每一个学生的特点，提倡在教育教学工作中，面对有差异的学生，实施有差异的培育，实现有差异的发展，因人开设特长课，帮助每一个学生发挥他们的独特性，在德、智、体、美、劳诸方面形成一技之长和多技之长，以提高学将来的生存能力和社会适应能力。

五是创建民族特色的校园文化，营造良好的特色育人环境。在校园文化建设方面，除了体现党的教育方针和培养目标外，还突出了民族地区的精神风貌，体现民族地区的文化特色。用具有民族特色的艺术、体育、娱乐等活动，建设以社会主义文化和优秀的民族文化为主的健康向上的校园文化，把校园文化建设同本地区精神文明建设结合起来，使学校成为当地文化中心、信息中心，成为当地精神文明的一面旗帜，从而营造良好的特色育人环境。

4. 形成稳定系列的特色活动内容。创建特色学校必须以特色活动为依托，为师生搭建发挥创造力的平台。学校要围绕特色发展目标，制定三至五年的发展规划，科学、合理、周密、细致地制定好一学年、一学期、一月乃至一周的活动内容，精心组织，坚持落实。引导全校师生积极开展活动，循序渐进、螺旋式上升，才能形成个性，突出特色。

总之，在民族地区，通过系统的创建活动，在校风、学风和教风方面彰显学校的特色，造就一流学校，培养一流学生，提高教育教学质量和办学效益，促使民族学生整体素质得到全面提高。

（本文原载于《西北成人教育学报》2003年第6期）

[第一作者简介]

张廷文（1970— ）男，汉族，甘肃肃南人，祁丰学校中学物理高级教师，教导主任。

结合牧区资源　提高学生素质

王建霞　韩进学

[摘要]　提高学生的科学素质是每一位教师应尽的义务，作为牧区的教师，应该充分利用身边的教育资源，培养学生具有热爱科学，敢于向科学进军的责任和能力，使学生具备向科学挑战的探究能力和创新精神。本文就自己在教学中如何挖掘牧区资源，培养学生的探究兴趣、创新能力、实践能力，使学生爱学会学、轻松投入、勇于探究，提高学生的科学素质等方面的一些有益的尝试和做法进行了阐述。

提高学生的科学素质是每一位教师应尽的义务。作为牧区的教师，更应该充分利用身边的教育资源，培养学生热爱科学，敢于向科学进军的责任和能力，使学生具备向科学挑战的探究能力和创新精神。

一、放眼广阔的大自然，培养学生探究的兴趣

身处牧区，蔚蓝的天空、辽阔的草原、成群的牛羊，丰富的动植物资源，都是培养学生探究兴趣的沃土。对此，教师若能建立校外科技兴趣小组，让学生通过访问、调查等多种形式和途径，了解身边的科学，将能大大提高他们对科学的兴趣。如鼓励学生自己动手制作昆虫、植物标本，可以让他们在制作过程中了解哪些牧草属于优质品种，哪些动物适宜在本地生息繁衍。又如针对本地岩石很多的现状，我们组织学生利用节假日收集各种岩石标本，并且举办展览，不但丰富了学生的业余生活，还使他们通过科学解决了生活中的问题，从而激发了他们对科学的浓厚兴趣。

二、实施有效的科学教学，培养学生的创新能力

内容充实的科学课，也为学生提供了学习科学的范例。例如在四年级科学课第一单元《电》的学习过程中，我作为一个引导者，在充分利用实验室的基础上，让学生自己设计试验方案，并按照"设计方案—组织实施—得出结论—改进方案—反复试验"的流程进行研究。在这个过程中，我的作用只是倾听和建议，引

导学生自己发现了串联和并联的方法。在学生写的实验报告中我还发现他们还提到了两种连接方法的应用，这就说明他们已经能够把自己的实验跟现实生活联系起来，并通过思考得出结果，充分体现了自己的创新能力。又如在教学"生态平衡"这部分内容时，我组织学生对自家草场及载畜量和收入情况进行记录，然后对他们的记录进行分析比较，发现草畜搭配合理的学生家庭收入情况相对要好，而搭配不合理的家庭出现草质破坏严重的问题，牲畜死亡的情况也比较多，证明了生态失衡问题的严重性，从而使学生理解了国家"退耕还林，退牧还草"的政策，增强了他们的环保意识。

三、整合一切课程资源，丰富学生的实践能力

要知道学科之间都是相通的，我们不应该仅仅为了学习某类知识而淡化其他内容，还应充分利用一切课程资源，对学生开展科学常识的教育。如在教学《蝙蝠和雷达》一文时，我事先安排学生收集了关于仿生学方面的知识，在学习课文中，让学生通过阅读课文，认识到科学家进行研究的严密性、长期性，使其学习和培养持之以恒的科学品质。同时，我又通过让学生交流收集的资料，总结展示了仿生学的知识，并在课后布置学生写出自己的奇思妙想，让他们通过阅读相关书籍，继续学习仿生学方面的知识。这样一来，课内与课外有机结合，激发了学生积极实践的能力，为其将来的学习奠定了良好的基础。

同时我还在实验课的教学中注重学生动手实践能力的培养。如在教学"反冲实验"时，我让学生自行制作小车，然后让他们通过比赛研究如何利用反冲力使自己的小车跑得更快。学生们利用气球、皮筋等物品，设计了好多切实可行的方案，提高了他们的实践能力。

四、组织可行的科普活动，充实学生的业余爱好

学生活泼好动，总是喜欢各种有趣的活动，因此，教师应当适当开展科普活动，让学生或阅读科普读物或开展科技益智活动，在活动中成长，提高自己的能力。例如，我在春季学期开展了一次观察种子发芽过程的活动。活动中，我把五年级学生分成三组，分别发给每组学生一些油菜种子和大豆种子，让他们在两个盘子中均垫几层皱纹纸，把油菜种子和大豆种子分别放在皱纹纸上，每天浇些水。并要求每组学生都要记录种子成长过程中的变化情况。然后在小苗长得比较大的时候，我又引导第一组学生对两个盘子里的小苗分别实施不同的管理方法：一个盘子里的小苗给予充分的光照，而另一个盘子里的小苗则不让阳光照到，过了一周，学生发现有光照的一组小苗长势良好，而没有光照的一组小苗发黄，弱小。第二组的学生则为第一个盘子里的小苗提供充足的水分，第二个盘子里的小苗不给浇水。过了一

周,学生发现浇水的一组长势良好,没有浇水的一组干枯死亡。第三组的学生则对第一个盘子里的小苗不采取任何措施,对第二个盘子里的小苗采取完全封闭的管理。过了一周,学生发现自由生长的一组小苗长势良好,而封闭管理的一组小苗死亡。此时,我再组织学生对观察记录中得出的结论进行归类,便轻而易举地总结出了植物成长所必需的条件。经常坚持开展这样的活动,可以充实学生的课余生活,培养学生的科学品质。

五、培养基本能力,使学生轻松投入将来的学习

要进行探究活动,就必须使学生具备基本的能力,以便让他们能在科学探究中游刃有余。首先,我们应培养学生在实验活动中的安全防范能力。例如,采集时要选择适宜的时间、场地,要做好充分的准备,并且要在老师或家长的带领下才能进行等。其次,要培养学生的细致观察能力。有些学生在操作过程中,只图新鲜感,不注意观察,虽然做完了实验,但得不出结论,这就因为他们不会细致观察。因此,老师要通过演示实验引导学生观察。例如,在探究蜡烛熄灭的过程中,我结合本地草原容易起火的问题,请学生研究灭火的有效方法。我先将燃烧的蜡烛放入杯子,并将杯子封闭后,让学生猜想可能出现的结果,然后鼓励学生细致观察,以便跟自己的猜想作对比。在我的引导下,学生纷纷急于知道自己的猜想是否与实验结果一致,再加上掌握灭火方法可以为家乡作出贡献,学生就观察得更加细致了。第三则是要培养学生善于质疑的能力。"处处留心皆学问。"教师要培养学生善于发现问题,敢于质疑问难,并在解决问题的过程中,使所学知识在运用中被验证,在运用中被创新,在创新中得到发展。例如,针对牧区存在的亟待解决的问题,如土地荒漠化的问题、牛粪覆盖草场等学生及家长所共同关注的问题,引导学生多留心,多提问,多探究。第四是要培养学生的自主合作能力。任何学习都要求学生在自主解决的基础上学会合作,共同研究达成共识,以具备同他人交往的能力。例如可以教育学生用自己多余的标本和同学进行交换,与同伴互通有无等。

(本文原载于《甘肃教育》2009年第6期)

[第一作者简介]
王建霞(1972—   ),女,汉族,甘肃民乐人,肃南二中小学高级教师。

浅议学校如何巩固裕固族音乐文化的可持续发展

王 毅

[摘要] 裕固族作为我国特有的少数民族，它拥有自己独具特色而又丰富多彩的音乐文化。作为只有语言而无文字的民族，在自己的音乐文化的传承发展方面要付出很大的努力，加之近些年由于客观原因的影响，裕固族的游牧生活逐渐转变为定居，作为裕固族音乐文化生存之本的草原和游牧生活已渐渐远离了裕固族人的生活，这种新的环境和氛围已使传统的裕固族音乐文化发生潜移默化的变异。那么如何更好地保护和传承裕固族音乐文化，让裕固族音乐获得可持续发展也就成为迫在眉睫的一件大事，尤其文化传承发展的主阵地——学校，更应该发挥积极主动和自己独具的优势来传承发展和保护裕固族音乐文化。

裕固族是我国具有悠久历史和古老文化的民族，主要分布在甘肃省河西走廊中部和祁连山北麓，其封闭的地理环境和低水平的游牧文明使得裕固族人的生活异常艰辛，为了获得充足的水源和粮草，裕固族的先辈们创造出了祈神的歌舞音乐文化。然而近年来，由于市场经济发展、过度放牧、水源减少、草场退化等因素的影响，牧民们不得不结束游牧生活，走向定居，出现"人走歌走"的现象，裕固族音乐文化面临着前所未有的断层的危机。目前，肃南县教育主管部门制定适合民族音乐文化生存的生态环境，培养民族音乐师资、创造良好的视听环境等措施，以巩固音乐文化成绩的可持续发展，各级各类学校在保护和传承裕固族音乐文化方面也取得了可喜成果。

一、裕固族音乐文化发展现状

（一）地理环境的闭塞

目前，由于牧区所处位置较为偏远加上交通不便，客观上给裕固族人的生活带来了许多不便，也使得许多专家学者在深入牧区实地考察裕固族民歌时产生了许多意想不到的困难，无形中影响着裕固族音乐文化的传承和发展。

（二）本民族语言的消逝

裕固族没有自己的文字，音乐文化只能通过语言进行口头传承。而且裕固族的民歌都是使用本民族的语言来演唱，民歌中的一些晦涩难懂的裕固语无形中增加了传唱难度，这无疑严重影响了裕固族音乐的传承发展。

（三）社会经济发展和多元文化的冲击

近几年受社会经济发展的影响和多元文化的冲击，年轻人对本民族音乐文化兴趣大减，对流行音乐、影视音乐情有独钟。而且裕固族民歌传唱主要靠歌手口耳相传，但有相当一部分裕固族年轻人远离家乡外出打工，都想方设法在城里定居，在这种情况下，民歌赖以生存的社会环境和生活环境受到破坏。

（四）生态环境的恶化和生活环境的改变，出现"人走歌走"的自然消亡

多年来由于自然环境的改变和气候的影响，没有水源、过度放牧、天然草场盐碱化、沙化严重。由于草场牧区的恶化，不断有牧民结束自己的游牧生涯，从帐篷搬到乡里指定的定居点居住，形成了"村落"，随着牧区的消失，部分裕固民歌的生存"土壤"已不复存在，裕固族民歌出现了"人走歌走"的自然消亡。

二、肃南裕固族音乐文化的保护与传承现状和实施方法

当前，在信息全球化的大背景下，在多元文化的特定语境里，传承民族文化、提高民族素质是时代发展的迫切要求。裕固族作为我国特有的少数民族，它拥有自己独具特色的文化，其文化对外界同样具有较强的吸引力。在裕固族音乐传承面临多重危险的情况下，大力发展文化产业，制造民族歌舞文化精品是一条有益的发展道路。民族歌舞文化精品的形成有助于促进裕固族人民尤其是年轻一代对本民族音乐的认同感和学习的自觉性和积极性，有利于裕固族音乐文化健康发展。

（一）肃南裕固族音乐文化的保护与传承现状

1. 肃南一中于2008年1月出版了教材《裕固家园》。2008年春季开始，肃南县各学校将《裕固家园》教材安排课时进行教学，该教材是以裕固族的历史、地理、文学、体育、美术、音乐为素材编辑的一本乡土教材，补国家课程的不足。在学校教育中传承、保护裕固族歌舞文化的可持续发展。

2. 明花乡学校将裕固族歌舞文化纳入了教学和集体活动的范畴之内，使得民族歌舞文化搭乘体制内的学校教育之车，驶向前方，完成传承，这种努力是裕固族歌舞文化传承的一种有效手段。在教学过程中，教师有计划地将教材内容与民族歌

舞穿插进行，丰富了教育内容，提高了学生对地方音乐的兴趣，潜移默化中培养了一批裕固族歌舞小骨干，为当地文化继续发展奠定了一定的人才基础。

3. 明德学校把当地民族歌舞作为音乐教学内容，积极采纳有关裕固族歌舞文化保护与传承的建议，积极吸纳裕固族舞蹈的精华，编排了独具特色的体操动作，并将其确定为早操和课间操的内容，使得裕固族舞蹈在学生中得到一定程度的普及，客观上起到了传承作用，同时也培养了学生对裕固族歌舞的兴趣与感情。通过这些措施，学生对民族传统文化的错误认识也得到改变。一位老师说过去由于对裕固族歌舞一知半解，学生认为裕固族歌舞"落后、不值得学习"，但自从做裕固族舞蹈体操以后看法转变了，好多学生越来越喜欢跳裕固族舞蹈了，学生还主动争相加入了裕固族舞蹈兴趣小组。

（二）肃南裕固族音乐文化的保护与传承实施方法

近年来，肃南县的学校音乐教育在保护和传承裕固族音乐文化方面取得了一些可喜成果。与此同时，县教育主管部门制定适合民族文化生存的生态环境，培养民族音乐师资、创造良好的视听环境等措施，以巩固歌舞文化成绩的可持续发展，从现状来看，我认为应该从以下几个方面入手对裕固族音乐文化进行保护与传承。

1. 培养具有民族音乐素质的师资。师资问题始终是教育的重中之重。教师不仅扮演着单一传承个体的角色，同时还是群体传承的组织者、引导者。培养一支素质可靠、数量稳定的教师队伍，是在学校教育中实现民族文化传承的关键。为此，应采取短期培训的方式对现有的肃南县音乐老师进行裕固族歌舞技能的培训，使他们能满足基本的裕固族歌舞文化知识传播的需要；要鼓励教师走出校园、走进社会，积极向民间艺人学艺，提高自身的裕固族歌舞文化素质，以保证教学需要。

2. 创造良好的视听环境。学校广播站、宣传栏是宣传学习知识的重要窗口，我们可以利用这些窗口设置裕固族音乐专题专栏，广播站可以每天播放一些裕固族歌曲，通过听觉让学生体验自己本民族的音乐。宣传栏设置当地音乐文化专栏，搜集关于裕固族音乐文化的素材，以及当地著名表演艺术家如银杏吉斯、雅荷吉斯、安菊花、巴久录和萨尔组合的舞台剧照，使学生直接感受到自己民族音乐文化的独特风貌。各级学校应充分利用"歌舞之乡"这一区域优势，积极聘请有成就、有修养的从事裕固族音乐文化研究的专家和艺人来校任课或举行讲座。通过专家极富感染力的现场表演与报告，激发师生的学习热情，使师生学到丰富的裕固族音乐文化知识。同时以此为起点，结合国家统编课程开展多元文化教育，以激发中小学生对课程的兴趣。

3. 丰富学校课外活动内容。课外音乐活动是丰富学生课余生活，发展和培养学生音乐文化才艺的摇篮。学校组织的合唱团，要以巩固和提高学生对裕固族音乐文化的热爱和表现能力、培养具有裕固族音乐特长的积极分子和骨干为宗旨。而在当前寄宿制条件下，学生与社会文化的联系会有所减少，因此，更应重视在学校教育中保护、传承裕固族歌舞文化。

裕固族音乐文化是我国文化艺术宝库中的一颗璀璨明珠，我们不能任其自生自灭，保护它、传承它是我们每一个肃南教育工作者的共同责任。随着当地经济的发展，肃南县政府也加大了对文化遗产的投入，这种双赢模式对于肃南裕固族音乐文化的可持续发展应该也是一种极大的推动。

（本文原载于《民族民间音乐研究》2010年第3期）

[作者简介]
王毅（1977—　　），男，汉族，甘肃肃南人，肃南一中中学一级教师。

甘肃省裕固族中学生心理健康状况

欧阳林　石森　陈宗武

[摘要]　本文在对甘肃省肃南裕固族自治县中学生的心理健康水平进行抽样调查的基础上，通过分析研究认为，裕固族中学生是心理问题的较高发人群，为了提高该民族中学生的健康水平，除了加强文化教育外，还应有针对性地进行心理健康教育和有效的心理干预。

在大西北的祁连山中，居住着一个稀有也是甘肃省特有的少数民族——裕固族，其90%居住在肃南裕固族自治县境内。为了提高裕固族学生的心理健康水平，预防和及时发现该民族学生各种心理疾病，以便有针对性地采取合理有效的措施，笔者于2002年7月对甘肃省肃南裕固族自治县中学生进行了抽样调查，并在此基础上对裕固族学生的心理健康状况进行了分析研究。

1. 对象与方法

1.1 对象

本次调查对象为甘肃省肃南裕固族自治县中学生。在学校按年级进行整群抽样，共发放问卷500份，回收有效问卷453份，有效问卷回收率90.6%。其中裕固族学生168例（男78例，女90例），汉族学生285例（男141例，女144例）。有效样本平均年龄17.5±1.5岁。

1.2 方法

采用精神症状自评量表（SCL-90）进行评价。该量表由90个问题组成，分为5个等级（1=无，2=轻度，3=中度，4=偏重，5=严重），主要统计指标为该量表的9个症状分量表得分。

1.3 质量控制

以班为单位，发放SCL-90问卷，由指导教师讲明注意事项后，学生当场答完并回收。

1.4 统计分析

采用SPSS软件进行数据统计和分析。

2. 结果

裕固族学生所有因子项和阳性项目数均高于常模组，差异有显著性（$P<0.01$）；汉族学生的强迫、人际关系、抑郁项目数显著低于常模组（$P<0.01$），而

躯体化、恐怖、精神病因子项则显著高于常模组（$P<0.01$）。裕固族与汉族学生相比较，裕固族学生同样是所有因子项均显著高于汉族学生（$P<0.01$）。见表1。

表1 肃南县裕固族、汉族中学生 SCL-90 各因子分及总均分（$\bar{x} \pm s$）

民族	人数	躯体化	强迫	人际关系	抑郁	焦虑	敌对
汉族	285	1.47±0.45	1.47±0.48	1.50±0.52	1.44±0.49	1.36±0.42	1.48±0.52
裕固族	168	1.79±0.59	1.84±0.62	1.83±0.56	1.68±0.53	1.59±0.49	1.72±0.52

民族	人数	恐怖	偏执	精神病性	阳性项目数	总均分
汉族	285	1.40±0.38	1.50±0.49	1.37±0.39	24.65±26.25	1.44±0.48
裕固族	168	1.85±0.67	1.79±0.58	1.71±0.46	31.07±29.73	1.76±0.56

3. 讨论

研究结果显示，裕固族地区学生的心理问题较一般正常人严重，裕固族中学生所有因子项都显著高于常模和汉族学生，而当地汉族学生的心理健康评定结果与常模相似。本次调查结果与有关研究结果基本一致。原因可能与地域、民族风俗和宗教等因素有关。

通过分析比较，裕固族中学生是心理问题的较高发人群，为了提高该民族中学生的健康水平，除了加强文化教育外，还应有针对性地进行心理健康教育和有效的心理干预。

（本文原载于《中国学校卫生》2004年第1期）

[参考文献]

[1] 唐秋平、陈杜火、袁爱化等：《SCL-90 在中国的应用与分析》，载《中国临床心理学杂志》1999年第1期。

[2] 富景春、李锐军、李易庭：《内蒙古自治区在校大学生心理健康状况调查》，载《中华精神科杂志》1998 第4期。

[第一作者简介]

欧阳林（1961—   ），男，汉族，四川成都人，兰州城市学院体育学院副院长、教授，主要从事研究体育教育研究。

牧区职业学校对学生艺术教育的培养

王小玲

[摘要] 艺术教育是促进学生身心健康的基础。牧区职业技术院校要重视学生艺术教育,将课内和课外结合起来,全面实施学生艺术教育。

近年来,随着经济社会的快速发展,我国的艺术教育突飞猛进,为越来越多酷爱艺术的青少年提供了学习艺术的机会。艺术教育对牧区职业学校的学生来说,不是可有可无的鸡肋,而是对学生深层素质的滋养与开发,是其他任何教育无法替代的,通过艺术的潜移默化,提高学生的修养,陶冶他们的情操,促进学生各方面素质的提高有许多益处。因此,牧区职业技术院校要重视学生艺术教育,将课内和课外结合起来,全面实施学生艺术教育。

一、将艺术教育置于学校工作的重要位置

学校将艺术教育列入各教学部门年度、学期工作计划,并贯彻落实。学校要每学期组织期初、期中和期末3次检查,将检查结果作为考核学校和教师业绩的一项重要指标。要逐渐培养和建立一支结构合理、素质优良、师德高尚、经验丰富及爱岗敬业的教师队伍,为实施学校艺术教育奠定基础。艺术教育、素质教育能促使受教育者全面发展。事实证明,艺术教育为实现素质教育的总体目标提供了生动的教育手段和丰富的教育内容,成为受教育者最易接受、最具活力的一种教育形式。

二、艺术活动要遵循两个原则

一是要注意普遍性原则。现代社会的发展对学生提出了更高的要求,不仅要精通专业,还要有较高的艺术修养。因此,首先要选择那些健康向上、思想性强的文化艺术活动。要有利于人的身心健康和精神需要,有利于培养思想政治修养的情操,有利于培养积极向上、勇于创新的精神。其次,要选择有利于全面提高素质的艺术活动,如文艺汇演、各种大赛、演讲、写作与辩论等,它能开拓人的视野、丰富人的内心世界,提高人的内在素质。再次,要选择娱乐性强、能缓解紧张学习生活及保持乐观精神的活动。如欣赏音乐、跳舞、观看电影和电视等。二是要注意特

殊性原则。要根据专业的不同,为同学提供与专业相关的内容,如幼师和导游专业的同学应多选择声乐、舞蹈、器乐等艺术活动。幼师专业的同学还要选择美术等艺术活动。

艺术给予人的是大智大慧,艺术教育能对心灵起到松弛作用并产生自由感,还可以适当消除学生在学习中过度的紧张与疲劳,为创造想象力提供有利条件。艺术教育更贴近人性,而人性的充分扩展才能总结出艺术般的科学,且不让科学失去人性。人具有无限的潜能,可以通过许多途径去开发和挖掘人的潜能,艺术教育是开发学生智慧的重要手段。

三、艺术教育是促进学生身心健康的基础

学生的身心健康是人才成长的基础,也是工作的基础,没有这个基础,成才只能是一句空话。因为,大多数人都十分重视身体锻炼和艺术活动。通过体育锻炼可以使人体具有良好的耐力、速度和技巧。通过艺术活动可以消除人们在紧张学习和工作后的精神压力,如听听音乐、演奏乐器、参加歌咏比赛、舞蹈比赛、到大自然中写生等,可以调节大脑的兴奋中心,使大脑逻辑思维的活动得以休息及调剂,可以大大提高大脑的工作效率。从医学角度讲,开展艺术活动,可以促进人体内分泌和血液循环,使生理功能得到增强,促进身心健康。总之,良好的艺术教育可以使学生学习情绪饱满,积极向上,对促进学生身心健康和智力的发展都有很大的益处。

随着社会的发展,对学生的艺术修养提出了越来越高的要求,学校应创造条件,根据学生的精力和兴趣,有目的地开设一些艺术课程,让学生接受较系统的艺术教育。在艺术活动中丰富学生业余文化生活,发挥自己多方面的才能,提高各方面的素质,促进个性的全面发展,使学生成为能适应新世纪社会主义建设需要的有用人才。

(本文原载于《甘肃职业与成人教育》2010年第1期)

[作者简介]

王小玲(1982—   ),女,汉族,甘肃肃南人,肃南县职教中心中学一级教师。

寄宿生课余闲暇时间的有效管理

计建平

[摘要] 牧区寄宿制学校要以制度约束为保障，以教育指导为途径，以文化活动为载体，培养学生的自律能力和自主管理能力，帮助住校生学会在制度约束中生活，学会在不断优化的环境中生活，学会在老师的指导下生活，学会在丰富的业余活动中生活，提高住校生适应群体生活的能力，增强自主意识，形成良好的人际关系，从而产生对学校的信任，对校园生活的爱恋，实现对住校生课余闲暇时间的有效管理。

我校是一所九年一贯制的牧区寄宿制学校，学生大都住校，最小的寄宿生才5岁。他们的自主管理能力较差，大部分学生在课余闲暇时间不知如何学习、生活。基于此，我们对寄宿生课余闲暇时间的管理进行了探索，以提高学生的自主管理能力，培养其良好的个性和人格，促进他们健康快乐的成长。

一、为学生创造良好的活动空间

为了让寄宿生在闲暇时有一个良好的活动条件与环境，在办学经费非常紧张的情况下，我们通过努力，改善学生寝室的生活条件，逐步实现寝室公寓化、布置家庭化，让学生回到寝室后有回家的温馨感。同时，学校还对体育场馆进行改造，增加体育健身器械，保障寄宿生在课余闲暇时间有足够的运动场地和活动器械，学校还积极创建校园绿色网吧，开放图书阅览室，满足学生汲取精神文化营养的需要。

二、让寝室导师指导学生的闲暇生活

我们尝试推行寝室导师制的管理模式，让寄宿生管理由原来的班主任一人具体负责，完善为生活指导教师总负责下的各班主任、值周教师协同负责的模式。强化了生活指导教师的责任。生活指导教师主要从以下4个方面指导寄宿生合理安排课余闲暇时间：

1. 进行心理疏导。寝室生活指导教师通过多种途径，及时了解学生的心理动态，引导学生以积极的心态对待学习和生活，建立良好的寝室氛围和人际关系。我们通过座谈交流、班队会、收看电视节目，以及邀请法制副校长、校外辅导员、兼职校医做专题辅导讲座等方式，及时对学生进行心理疏导。学校还开设心理健康咨询室，由专门的心理健康咨询师对学生的心理问题进行疏导。

2. 指导内务整理。每当新生入校，生活指导教师都要手把手地教他们如何洗衣服、叠被子、整理床铺、整理寝室、使用公寓楼的设施和遵守寄宿生规章制度等，提高学生独立生活的能力。

3. 训导自律能力。寄宿生有相当长的课余闲暇时间是没有教师直接约束的，这就需要培养他们在就寝纪律、卫生习惯、与同学和睦相处等方面的自律能力。教师们通过组织学生学习相关规章制度、观摩先进寝室、做好有关学生的思想工作等途径，引导学生遵守就寝纪律，保证寝室成员睡眠充足。

4. 辅导学习。寄宿生的学习问题一直是教师关注的焦点问题。寝室导师经常与任课教师沟通、交流，了解每一位寄宿生的学习情况，辅导寄宿生利用闲暇时间有效学习，养成良好的学习习惯。

三、用活动丰富学生的闲暇生活

1. 通过文化载体营造校园文化氛围。学校通过黑板报、宣传橱窗等定期表彰文明寝室，报道校园新闻，张贴学生优秀作品；校园广播站招聘吸收有专长的学生为主持人，为寄宿生们设计喜闻乐见的栏目；学校定期组织学生观看爱国影片和科技影片，引导他们撰写观后感，充实寄宿生的闲暇生活。

2. 通过寝室文化评比丰富闲暇生活。学生的寝室环境每时每刻都在影响着住校生的情绪和活动。我们每学期都要开展寝室文化比赛活动，鼓励学生为自己的"家"取一个温馨而有意义的名字，整个活动以学生为主，班主任和生活指导教师提供一定的导向服务，丰富多彩的寝室文化让学生在闲暇时间不再感到空虚和无聊，在他们眼里，校园生活不再是机械、单调和乏味的了。

3. 通过集体竞赛充实闲暇生活。学校利用放学后的时间，组织寄宿生参加如绑腿跑比赛、成语接龙比赛、拉爬牛、拔棍等富有意义的比赛活动，尽量让每个寝室的所有成员都参与进来。集体竞赛既丰富了学生的生活，又培养了寝室成员间的团结协助精神。

4. 通过延伸体育艺术活动活跃闲暇生活。每逢佳节，学校发挥有艺术专长教师的才能，请他们精心指导排练文艺节目，举行文艺表演，丰富校园文化生活。寄宿生们每天利用晚饭后的闲暇时光聚集在一起，读书、下棋、画画、练字、唱歌、打篮球、踢足球、打乒乓球……丰富多彩、有声有色的体育艺术活动大大活跃了他们的闲暇生活。

（本文原载于《中小学管理》2010 年第 7 期）

[作者简介]

计建平（1971—　　），男，汉族，甘肃肃南人，肃南县马蹄学校中学一级教师。

牧区语文课中电化教学的尝试

安文军

[摘要] 牧区电化教学可以培养创新精神，可以展示广阔的自然，可以增大课堂教学容量，可以陶冶学生心灵。

我们学校坐落在祁连山下，以牧业为主，居住分散，信息较为闭塞，教学方式单一，学生见识较少，课堂接受能力相对较差，教师们正在为如何提高教学效率发愁时，电化教学以色彩鲜艳的动态视频，生动逼真的音响效果，灵活便捷的交互手段，走进我们的课堂。它能充分调动学生多种感官参与学习活动，促进学生自主有效地学习，从而达到愉悦的、轻快的教学氛围，有效提高了教学效率。尤其在中学语文教学中，采用电教媒体进行教学，可以激发学生兴趣、提高教学效率、扩大课堂容量、促进教学改革，提高教学质量方面有十分重要的意义。特别是在当前牧区教育中，电化教学尤显迫切需要。下面试结合我的教学实际，简要谈谈电化教学在牧区语文教学中的重要性。

现在一提起素质教育，培养创新精神，大多数老师认为，减轻学生学业负担，就是让学生更多地到教室外边去，亲眼目睹各种景观，参与社会实践，这就是实施素质教育，这就能培养创新精神，提高效率。特别是语文，老师更具有同感，搞社会调查，出去踏青，欣赏大自然美景，领略人间真情，感悟世间冷暖，培养写作情感。殊不知这样固然可以使学生大开眼界，陶冶情操，增长知识，培养创新精神。然而系统的课本知识又怎能真正完成呢？那么有没有一种两全其美的方法呢？我依据多年来的教学实践，认为语文课实施电化教学可以弥补这一缺憾。

使用电化教学可以展示广阔的大自然，把巨大的社会及自然背景浓缩到教室。例如《大自然的语言》将大自然一年四季的物候景观写得生动形象，寓说明于描写之中，如同展现一幅四季风光画卷，既引人入胜又使人联想，激发了读者的阅读兴趣。大自然的物候现象，如草木荣枯、候鸟去来等，实际上起着预报农时的作用，从这一点上说，物候现象仿佛就是传递信息的"大自然的语言"。然而就是这样一部佳作，只凭老师课堂的讲解，学生依然达不到身临其境的体验，如若上课采用课件先展示四季美景，那效果就大不一样；那一幅幅动感画面，加上作者独到的见地，学生会看在眼里，记在心里，仿佛把四季美景移到了教室，很轻易地读懂了物候的概念，课文中的写作脉络已不言而喻，确实收到了事半功倍的效果。我们充分感到电化教学的优越性，尝到了电化教学的甜头。

电化教学手段的运用，增大了课堂教学的知识容量，提高了课堂教学质量，活跃了课堂教学气氛，使创新氛围水到渠成。一方面，老师在上课时结合学生实际给予提示、图片展示，省去了许多学生读、找资料、教师讲的程序，使学生有足够的时间去理解、分析、思考、发问，甚至有所创新。对书本上的知识真正心领神会。所以每当老师进行电化手段教学时，学生全都喜形于色，以愉快的心理状态投入到教学中，提高了教学效果。例如初中教材中有一篇文言文是《小石潭记》，文章开头以玉器的撞击、流水的清脆，表达喜爱之情，但老师凭着书本的讲解，学生的理解，依然是表面的，甚至有些还是模糊的。当老师通过投影仪教学时，同学们个个点头称赞，那美丽的风景，配上悦耳的声音，看得一清二楚，听得如临其境，好多同学结合实际，展开丰富的联想。这样学生的文化素质得到了提高，而且心理素质得到了增强，思维能力得到了有效锻炼。鲁迅的小说《孔乙己》这篇文章，人物形象鲜明，就是这样一篇脍炙人口的名篇，如果仅仅凭老师的口头讲解，学生通过反复练习也能掌握其中最基本的知识要点，但是如果运用投影片按课文内容的先后顺序，放给学生看，尽管画面是静止的，但学生通过彩色画面对人物的动作了如指掌，领略了人物内心世界和外部形象。这样的情况是无论如何用语言难以表达的，学生印象极深，语言功底的培养也就容易多了。另外把大量的习题制作成图片，学生在课堂上完成，节约了大量的时间，使学生有更多的时间参加有益的课外活动。学生在不知不觉中受到了思想教育，得到了能力锻炼，增强了学习兴趣。

另外，电化教学手段的适时运用，能有效地陶冶学生的心灵，如放上一段轻音乐，播放几幅动画图片，让学生随着音乐有感情地读，既能加深理解，又能陶冶情操，提高赏析能力。

文言文、散文、诗歌的教学等运用它确实能收到意想不到的效果。新编教材中初中阶段文言文古诗文的比例明显增多了，以前学生对古诗文的学习兴趣淡然，采用电教手段进行教学就会大大改变这一点。一首配乐的古诗文朗读，让学生闭眼静听，那美妙的音乐、标准的读音、丰富的感情，很快把学生带进诗文遥远的意境中，知识很快得到升华。实践证明，这是给学生设置了一项动手动脑的情景教学。

语文教学的办法和途径自然是多种多样的，综观语文教学的知名人士，特别是语文特级教师，哪一个不是在电化教学上有所作为呢？电化教学所表现出来的直接效果就是学生乐于学习，课堂效率高，老师的负担轻。因此，在偏远地区应全力推行电化教学，给孩子们一个崭新的世界，让他们轻松愉快的学习。

（本文原载于《中小学电教》2011年第3期）

[作者简介]

安文军（1969—　　），男，裕固族，甘肃肃南人，肃南县明花学校中学语文高级教师。

关注课堂动态生成　焕发牧区儿童生命活力

王晓玲

[摘要]　任课教师要精心预设有弹性的课堂教学内容，为学生资源生成创造空间，鼓励学生大胆质疑，自主探究，从而使牧区儿童主体意识真正得以发挥，唤起他们学习的动机，激发他们学习的欲望，让学生真正成为课堂的主人，促使课堂教学焕发出生命的活力。

课堂教学是老师和学生共同的生命历程，课堂教学应当焕发生命的活力。这是新课改为我们带来的新的教学理念，它要求我们教师在课堂教学中要努力构建一种民主、平等、愉悦的，使牧区儿童主体意识真正得以发挥的新型教学环境，为他们搭建学习知识的平台，唤起他们学习的动机，激发他们学习的欲望，让学生真正成为课堂的主人，从而让学生在课堂上不断生成促进课堂发展的教学资源，促使课堂教学焕发出生命的活力。

一、精心预设有弹性的教学

课前教师认真钻研教材，充分挖掘教材的潜在资源，开发和利用应有的生成因素。关注学生的发展及个性差异，深入了解不同学生的学习起点，充分挖掘学生的潜在资源，精心预设教学方案，让教学方案留有一定的空间。课堂中依据学生学习中的实际情况，根据学生心理的、情感的、认知的需要随时做出富有创意的调整，生成新的超出原计划的教学目标、内容和方法，使课堂处在动态和不断生成的过程中，使学生获得多方面的满足和发展，使师生都能感受到生命活力在课堂中的涌动。

二、为学生资源生成创造空间

生成在课堂教学中，不是简单的知识学习过程，它是师生共同成长的生命历程。因此在课堂上老师应把学习的时间和空间最大限度地还给学生。凡是学生能独立思考解答的，就放手让学生自己观察，自己去发现，自己去讲解，自己去总结，自己去获取，让学生在自主探究中促成动态资源的生成。如在教学《草原》一文时，我利用多媒体课件创设情景，让学生亲近文本，给学生营造一个发表见解的空间。文中所描写的开阔秀丽的自然风光、多彩的牧群、热情好客的蒙古族牧民，此情此景，对于我们来自草原或去过草原的学生来说，会情不自禁地产生亲切感，文中的情景触及了他们的情感，唤起了他们心灵的共鸣。我紧紧把握这一时机，引导学生描述自己所见到的草原的情景，很自然地将学生引入作者所描绘的情景中，想象作者所描写的草原情景，使教材上的优美语言文字，化作有声有色的画面，此时学生兴趣浓厚，思维活跃，畅所欲言。这时我随机应变，巧妙地利用动态资源，引导学生仿写练笔，点燃了学生智慧的火花。学生通过读、想、说、议的过程，不仅领略了景美、情美、人美的草原风光，而且提高了学生通过想象创造语言形象的能力。

三、鼓励学生大胆质疑，自主探究

在教学中，采用适合学生发展的教学方法，留给学生思考的空间，创设激起学生质疑，讨论释疑的教学情景，从质疑问难中生成。教材中的题眼处、含蓄处、空白处、意境深处、意犹未尽处，都是老师预设生成的切入点。老师要根据文章内容，有机地适时地设疑，不失分寸地答疑解疑，并组织学生探究释疑。因为精巧的质疑能激发学生的求知欲，能帮助学生快捷地理解教材。因此，在教学中自己努力营造师生之间平等、民主的氛围，鼓励学生敢于超前、大胆质疑，课堂中常常出现学生敢于向书本质疑挑战。如在教学《草船借箭》一课时，有学生问，课文中说曹操知道上了当，说明诸葛亮是用草船向曹操骗取箭的，为什么课题却说"借"箭的呢？倒不如说是"诈"或"骗"？一石激起千层浪，教室里顿时热闹非凡，学生现场辩论，各抒己见，这时有学生说："诸葛亮用草船借的箭，最后与曹军的交战中还给了曹军，是不是题目中说的'借'的意思。"这是一个极好的引导学生深入理解课文的时机，及时鼓励并引导学生讨论释疑，调动了学生学习的主动性、积极性，又使学生在自创学习中思维更加活跃，更有创新性，很好地激发了课堂教学的动态生成。

总之，真正的生成应是学生思维碰撞的智慧火花，是激活了知识、技能，是身心的发展、智力的提高、能力的形成。让我们关注课堂动态，紧紧把握课堂生成，采取灵活的策略应对课堂生成，让牧区孩子们的兴趣和向往、生活和理想、生命和创造，都在生机勃勃的课堂环境中焕发出来，飞扬起来，让课堂在生成过程中涌动生命的活力。

(本文原载于《小学教学参考》2009年第10期)

[作者简介]

王晓玲（1963—　　），女，汉族，甘肃肃南人，肃南县红湾小学一级教师。

文化传承

裕固族文化遗产述略

乡土知识不可忘记

民俗志书写中的民俗"移植"现象

努力构建自我认同的地域和民族文化标志

裕固族文字与古文献

裕固族语言简介

西部裕固语的发展与传承困境

东部裕固语记音符号方案

关于东部裕固语与西部裕固语统一记音符号的意见

也谈用统一的记音符号转写东部和西部裕固语问题

裕固族文化遗产述略

钟进文

[摘要] 裕固族不断的迁徙历史和特殊的文化背景，以裕固族为主体留下的物质文化遗产不是很多，主要是服饰文化，其中"头面"最为精彩。口头文化遗产丰富多彩，有神话、传说、故事、民歌、叙事诗、谚语、谜语等。在神话、传说中，保留着本民族不同历史时期的政治、经济、文化、宗教、习俗、观念等诸方面的原始素材。有些英雄传说故事中还保留有我国北方游牧民族非常古老的母题。节日方面有敬奉"点格尔汗"的原始崇拜活动，有跳护法、过会等佛事活动，有祭鄂博习俗。西部裕固语是一种从"古代回鹘语"派生出来，并受类似"古代柯尔克孜语"影响的独立语言。此外还有裕固族和维吾尔共同拥有的珍贵历史记忆遗产——回鹘文献。

　　裕固族主要聚居在甘肃省肃南裕固族自治县，据 2000 年人口统计，裕固族人口有 13719 人。其中约 3000 人居住在与肃南裕固族自治县明花区接壤的酒泉市黄泥堡裕固族民族乡及酒泉市。20 世纪 60 年代，有数百人从甘肃酒泉黄泥堡迁徙到新疆维吾尔自治区哈密市大泉湾乡疙瘩井村和昌吉回族自治州玛纳斯县定居。

　　裕固族有两种本民族语言：一种是属于阿尔泰语系突厥语族的西部裕固语，过去被称为撒里畏兀儿语或尧乎尔语；另一种是属于阿尔泰语系蒙古语族的东部裕固语，过去被称为西喇裕固语或恩格尔语。说两种语言的人以汉语为共同交际语。现在，裕固族没有自己的文字，普遍使用汉语文。

　　裕固族自称"尧乎尔"，一般认为这一名称与历史上的"黄头回纥"和"撒里畏兀"有密切关系。"黄头回纥"是宋朝初期出现于塔里木盆地东南部的回纥分支。元初，在黄头回纥居住的地区，又出现"撒里畏兀"的族名。现在公认，元朝的撒里畏兀就是宋朝的黄头回纥。

　　元朝蒙古人征服撒里畏兀后，在其地设立官府，进行统治。元朝崩溃，河西走廊归明朝管辖。明朝十分重视边境的稳定，仍然任用元朝的降将镇守边疆。封撒里畏吾地区的元将卜烟帖木尔为安定王，并在撒里畏吾地区设置具有军事性质的行政单位：安定、阿端、曲先三卫，加上敦煌东南部的罕东卫，合称"远番四卫"统归西宁卫管辖。

　　15 世纪中叶，各卫之间不断发生战争，特别是吐鲁番日益强大以后，频繁侵扰各卫，关外各卫相继崩溃，纷纷要求向关内迁徙。

16世纪初，撒里畏吾人开始东迁。入关以后，裕固族又被称为"黄番"。清朝康熙年间，被划分为七族，即大头目家、杨哥家、五格家、八格家、罗儿家、亚拉格家、贺郎格家。大头目被封为"七族黄番总管"赐予黄马褂和红顶蓝翎子帽。

民国时期，被称为黄番的裕固族又分为两族：一族称黄黄番，即今日说属于阿尔泰语系蒙古语族语言的一部分人；另一族称黑黄番，即今日说属于阿尔泰语系突厥语族语言的一部分人。

1953年7月15—18日，甘肃省酒泉专署主持召开了"祁连山北麓各族各界人士座谈会"，会议统一了裕固族的民族名称。大家充分讨论后同意定名为与自称"尧乎尔"音相近的"裕固"二字作为族名，兼取汉语"富裕巩（坚）固"之意。1954年成立了肃南裕固族自治（区）县人民政府。从此裕固族开始了新的生活。

裕固族有着悠久的历史和独特的文化，它和曾于公元8世纪在蒙古高原推翻突厥汗国而建立回纥汗国的回纥以及由漠北迁到河西走廊的河西回鹘有密切关系。现今的裕固族是以古代回鹘人的一支——黄头回鹘为主体，融合蒙、藏等民族而形成的。

由于上述特殊的迁徙历史和文化背景，以裕固族为主体留下的物质文化遗产不是很多，值得一说的就是服饰文化，其中以精美工艺品而著称的"头面"最为精彩。口头与非物质文化遗产丰富多彩，民间文学方面主要有神话、传说、故事、民歌、叙事诗、谚语、谜语等。尤其民歌独具风格，曲调朴实优美，有学者认为裕固族民歌格律，分别与古代文献中记载的突厥语民歌、蒙古族民歌有许多共同之处，其中还保留着一些与《突厥语词典》中记载的四行一段押尾韵的民歌形式相一致的民歌，同时又吸收了汉族的小调，回族和东乡的"少年"，藏族的山歌、酒曲以及蒙古族的划拳曲等，并且把各种风格巧妙地融为一体，成为独具本民族特色的优秀民歌。叙事诗有叙述和歌唱两部分，以唱为主，以叙为辅，主要有《黄黛琛》、《萨里玛珂》、《我们来自西至哈至》等。在神话、传说中，保留着本民族不同历史时期的政治、经济、文化、宗教、习俗、观念等诸方面的原始素材。有些英雄传说故事中还保留有我国北方游牧民族非常古老的母题，如《贡尔尖和央格萨》、《三头妖怪的故事》、《猴媳妇的故事》等。已经搜集整理出版的民间文学艺术作品集（包括个别内部出版物）有《裕固之歌》、《裕固族民间文学作品选》、《东乡族、保安族、裕固族民间故事选》、《神奇的皮袋》、《中国民间歌曲集成·甘肃卷》等。除此，还有油印的《裕固族民间故事卷》（（1）（2））、《裕固族民间歌谣、谚语卷》和《民歌集成·肃南裕固族自治县卷》等资料本。传统体育方面有"摔跤"、"赛马"、"射箭"、"拔棍"、"大象拔河"等。节日方面有敬奉"点格尔汗"的原始崇拜活动，有跳护法、过会等佛事活动，有祭鄂博习俗。

西部裕固语是历史上"黄头回纥"或"撒里畏兀"为主体的人所说的语言，这种语言和同语族语言相比，有自己的独特之处，例如，由于体词词腰出现-z-音，从而与有共同地理环境和民族起源的现代维吾尔语相区别,而属于由-z-＜d(azaq＜adaq"脚")发展而来的哈卡斯语族。数词11到29的构成方法与同语族其他语言相区别,而与古代突厥语一样。动词词尾缺乏人称标志,而具有"最古突厥语"性质。国外学界一直认为,西部裕固语是一种从"古代回鹘语"派生出来,并受类似"古代柯尔克孜语"影响的独立语言。此外还有裕固族和维吾尔共同拥有的珍贵历史记忆遗产——回鹘文献。

一、物质文化遗产

裕固族生活在高寒地区,过去逐水草而居,因此,他们的服饰以御寒和骑乘方便为主。传统服饰的原料主要取自牲畜皮毛,他们的衣、裤、大氅,大多用光板羊皮缝制,在衣领、袖口、衣襟、下摆镶上色彩鲜艳的布条或细毛皮,形成明晰的轮廓线,用手工精心缝制,针针线线中流露出优美和谐,有人夸张地说"裕固族美术,就在他们的身上"。

"衣领高、帽有缨",是裕固族服饰的一大特点,生活和文化传统形成了服饰上的审美标准,服饰的样式、花色、刺绣图案、花纹都按其民族习惯形成并代代相传。民间流传着"水的头是泉源,衣服的头是领子","帽无缨子不好看,衣无领子不能穿"的民歌。裕固族妇女的帽子,特点非常鲜明。裕固族西部地区的帽子是尖顶,帽沿后部卷起,用白色绵羊羔毛擀制而成的,宽沿上镶有一道黑边,内镶狗牙花边并用各色丝线滚边,帽顶腰部前面,有一块刺绣精致的图案;东部地区的大圆顶帽,形似礼帽,顶比礼帽细而高,是用芨芨草秆和羊毛线编织成坯,用红布缝帽里,用白布缝帽面,帽沿缝黑边,镶花边。裕固族女帽不论是西部还是东部,帽顶都用红线缝成帽缨。裕固族妇女的帽子,是姑娘和已婚妇女的区别标志,姑娘到了成婚年龄,举行出嫁戴头面仪式时才能戴帽子,表示已婚。

裕固族姑娘的服饰又是另一种风格。姑娘三岁剃头时,要把后脑勺的一片头发留下来,长发和串有珊瑚珠的丝线编成一条辫子,辫梢垂线穗被塞到背后的腰带里。两鬓的头发按年岁的增长,一岁编一个小辫,一直到出嫁。到了十三四岁时,前额要戴"沙日达升戈",即在一长条红布上,用各色珊瑚珠,缀成美丽的图案,做成一条三寸宽的长带,带的下沿用红色或红、白两色小珠子串成很多穗子,把带子从前额缠过系到脑后,穗子像珠帘一样齐眉垂在姑娘的前额。身穿类似大人的小袍褂,腰束彩色腰带,胸前戴"舜尕尔",背后带"曲外代尕",即用红布做成的两块长方形硬布牌,上缀有鱼骨做的圆块、各色珊瑚珠组成的图案,下边有红色线穗,并用各色珊瑚、玛瑙、玉石珠串成的珠链把两块布牌连起来,戴在脖子上,分别垂挂在胸前和背后。过去姑娘到了十七或十九岁,就到了成婚的年龄,在婚礼戴头仪式上,姑娘便换下少女的服装,开始穿上新婚礼服。

裕固族服饰中最具特色的要属新婚礼服。每当姑娘出嫁时,伴娘要在众宾客面

277

前摘下新娘头上身上原有的姑娘服饰，换上崭新的嫁衣，然后在舅舅领唱的哭嫁歌声中，给新娘戴上头面。过去根据娘家的经济条件，要请能工巧匠来家里精心绣制。一套嫁衣不仅是父母亲的深情厚谊，还是家庭财富的象征。裕固族妇女的头面是一件非常精制且价值昂贵的民间工艺品。头面即头饰，裕固语称其为"凯门拜什"。头面用料考究，做工也相当精细。用红色珊瑚珠、白色海贝壳、玛瑙珠、珍珠、孔雀石、银牌、铜环穿缀，用红布、青布或红色香牛皮做底，中黄、淡黄、中绿、翠绿、黑、赭、紫红、大红诸色丝线合股滚边，用各种珠子穿缀成色彩斑斓的图案。一般以红色珊瑚珠做底色，白色蓝色珠子为图案，把特制的银牌、孔雀石、珍珠镶嵌在图案中。头面分三条，胸前分左右两条，上端在耳际以上编入发辫，下端至脚面，中间勒入腰带，前面两条的图案，色彩完全对称统一，每条又分为四节，每节都有一定的象征意义；还有一条在背后，裕固族语称为"阿尔擦勒"，比前面两条要窄，同前面一样戴在脑后帽盖的发辫上。一般用青布做底，各色丝线滚边，上缀二十三块大小不一用白色海螺磨制的圆块，也有红色珊瑚珠做底色，称为"董"（即用白石或海贝磨制而成的装饰物）的白色海螺圆状块镶在中间，从上到下一长条，家庭经济条件一般的人，只缀二十三块董，不用珊瑚珠衬底。头面是裕固族民间工艺品中的精华，色彩强烈而鲜明，花纹图案排列整齐又对称，构思精巧，裕固族姑娘佩戴后显得端庄美丽大方。裕固族妇女戴头面的同时，也要戴上尖顶的"扎拉帽"。

裕固族姑娘出嫁时戴头面的习俗在民间有各种说法，一种说法是过去裕固族女子特别能干，家里家外都由女人一个人操持，男人在家里没有地位。后来人们为了使女人结婚后顺从男人，就让女人结婚后前胸后背戴3条沉重的带状物干活，现在的头面也有七八斤重，由此形成了结婚戴头面的习俗。另一种说法是为了纪念裕固族女英雄萨里玛珂。传说萨里玛珂是裕固族白头目的妻子，在一次民族危亡的关头，她挺身而出，勇敢地穿上战袍，率领全部落的男女青年冲向战场，经过浴血奋战打败了敌人，成为拯救民族的英雄。但是白头目手下有一奸臣，把萨里玛珂视为眼中钉，一直想陷害她。当萨里玛珂回娘家探亲时，奸臣在马背上驮了两褡裢"礼物"，并叮嘱萨里玛珂看见父母的帐篷时把褡裢口子打开。萨里玛珂走到家乡的山岗上，远远看见父母亲的帐篷，她兴奋地顺手打开了褡裢口子，"扑啦啦"一声，一群鸽子从褡裢中飞出，马受到惊吓，把毫无防备的萨里玛珂摔下马，拖着狂奔。当娘家人抓住烈马时，萨里玛珂头顶流血，前胸血肉模糊，脊背露出了白骨。从此，为了纪念这位女英雄，裕固族姑娘出嫁时，一定要戴头面。前胸两条用红色珍珠镶嵌，表示要护住萨里玛珂的两个乳房，背后一条用白色的"董"錾满红底马布带，表示保护萨里玛珂的脊背。帽子缀上红缨穗，表示萨里玛珂头顶上流的鲜血。腰里扎红腰带表示萨里玛珂的满腔热血抛洒在故乡的土地上。

裕固族无论男女，多穿高领的宽松长袍，束以腰带，这种源自甘州回鹘的传统装束，使人显得洒脱、大方、庄重、刚毅。

妇女身穿高领偏襟长袍，按季节分为夹棉和皮衣，衣领高齐耳根，衣领外面边沿用各色丝线上劲合股，仿摹天上的彩虹，用赤、橙、黄、绿、蓝、青、紫七色或九色、十三色，精心攀绣成波浪形、三角形、菱形、长方形等几何图案，把观察到的自然界各种景色融入生活，美化生活。袍子一般用绿色或蓝色布料制作，下摆两边开衩，大襟上部、下摆、衣衩边缘都镶有云字花边。腰扎桃红色或绿色腰带，腰带右下方挂红、绿或天蓝色的正方形绸帕，少则二块，多则四块；腰带上还佩挂3寸小腰刀，刀鞘上饰有精美的刺绣图案和红缨穗，大襟衣扣上挂有刺绣的荷包、针扎。妇女长袍上面一般要罩一件高领偏襟坎肩，用料考究，做工精细，华丽大方，一般都用红色、紫色缎子缝制，形式似偏襟背心（高领和长袍同），下摆左右开衩，镶上彩色丝绸花边，后背从左肩到右肩镶一道半圆形花边，或者衣领用彩色丝线攀绣，偏襟边缘上到领口、下到腋下绣上各种动物花边。下半身无论冬天还是夏天只穿一条单裤。裕固族妇女过去在日常生活中很少穿鞋，夏天放牧、挤奶时常打赤脚，冬天穿一种前面尖而翘的名为亢沉的皮靴。逢年过节和有重大喜庆活动时，则穿一种尖鼻子软腰绣花鞋，这是一种布靴，鞋帮上绣花草、小鹿、小羊等动物图案。

裕固族男子服饰也有独特的地方。头戴金边白毡帽，帽沿后边卷起，形成后面高前面低的扇面状。帽沿镶黑边，帽顶多在蓝缎上用金线织成圆形或八角形图案。身穿大领偏襟长袍，过去富裕人家多用布、绸、缎等面料缝制，穷人家则把白羊毛捻成毛线并织成白褐子来缝制；冬天富裕人家男人多穿用绸缎或布料做面子的皮袍，穷人家只能穿没上布面的白板皮袄。男子一般都系大红腰带，腰带上带腰刀、火镰、鼻烟壶。不论单棉服衣襟都用彩色布条和织金缎镶边，富裕人家也有用水獭皮镶外边的。单、夹袍下摆左右开衩，在衣衩和下摆外镶边。上年纪的老人，腰间要挂香牛皮缝制的烟荷包，荷包呈长脖子大肚皮的花瓶状，底部垂红缨穗，荷包上还带有弩烟针和铜火盅。旱烟锅多是一尺多长的乌木杆，两头分别安上玉石或玛瑙烟嘴和青铜或黄铜烟锅头，总长二尺左右，平时从脖子后面插入衣领，烟嘴露在外面。裕固族男子，逢年过节或重大活动，要在长袍上面罩一件青色长袖短褂，左右开小衩。据传说，清朝顺治年间，清朝廷强迫裕固族男子留长辫，穿黑色马褂。男子下身穿单裤，冬季脚穿用牛皮制成的高腰尖鼻的皮亢沉，穿毛袜。明花区男子也穿手工制作的双鼻梁圆头高腰布靴，靴帮多用青布，上面纳白线转云字图案。

裕固族的服饰喜欢用红、蓝、黑、白等对比强烈的色彩，给人以深刻的印象。如头面的编织图案，虽然极为简单，仅以方、圆几何形状的组成，但因以红色为底，以蓝、白、黄、黑构图，故十分显目，而不使人觉得单调；尤其是银牌缀在红色的头面上，更见效果，立体感极强。又如白毡帽上镶以红、黑色的边沿饰纹，也因色彩的对比分明，而使边沿饰纹非常清晰，令人产生玲珑、轻快的美感。这种以对比色彩强烈来造成图案醒目、生动的手法，在绿色的大草原中，显得很得体，与裕固族粗犷、豪放的性格相协调。

当然随着社会的发展,裕固族服饰的结构和功能也在发生变化。

现在裕固族人平时很少穿戴民族服装,只有在节日或喜庆场合才穿一下,而且有些人穿,有些人已经不习惯穿,民族服装已成为裕固族文化的一种点缀。但是近年来在裕固族服饰方面又出现了两种新的现象:一是把长年压在箱子底下的裕固族服装翻出来,成立了民族服装模特队。在喜庆节日,中老年妇女穿上裕固族古老的"凯门拜什"(头饰)走上了舞台,姑娘们身着经过改进的裕固族服装翩翩起舞。酒泉市黄泥堡裕固族乡是裕固族中最早放弃裕固语转用汉语的地方,过去全乡没有几户人家有裕固族服装。2002年他们一次订做80多套裕固族服装,在当年的酒泉市春节社火表演中,她们用华丽的服装和优美的动作,尽情展示裕固族传统文化的风采,赢得当地人民的一致好评。二是将裕固族妇女的红缨帽子按比例缩小,制成旅游纪念品出售。由于裕固族帽子有丰富的文化内涵(为了纪念裕固族历史上的一位女英雄)和鲜明的民族特色,这种旅游纪念品颇受大家欢迎。由此也推动了当地民族服装加工业,过去民族服装都是牧区的牧民自己制作,现在肃南县城就有好几家民族服装店。

总之,作为御寒工具,裕固族服装可能会逐渐淡出裕固族人的生活,裕固族妇女一副头面就有七八斤重,携带如此沉重的东西,从事生产劳动或操持家务,确实有很多不方便的地方,但是作为一种文化,作为一项宝贵的民族遗产,裕固族服饰将永远在裕固族人的生活中熠熠闪光。

二、口头文化遗产

在裕固族众多的口头与非物质文化遗产当中,口头文学作品最具代表性,其中以下作品为重点:

(一)《萨娜玛》

《萨娜玛》这首叙事作品主要流传在裕固族西部地区,即操突厥语族语言的族群当中。主要内容如下:

传说很久以前,草原上有位叫萨娜玛的老奶奶,她的丈夫和儿子都死了,只有一个孙子道尔吉和她相依为命。全部的家产只有一顶破帐篷、一峰小骆驼、一只小山羊和一头小牛犊。

有一年,当青稞成熟的时候,萨娜玛老奶奶在地主黑老爷的地里拣了几穗青稞,正好被白鸽子看见了,白鸽子向黑老爷告密。黑老爷就派白胡子和黑胡子把老奶奶抓起来捆绑在大柱子上。萨娜玛恳求放了她,苦苦哀求道:

白胡子黑胡子别太凶,
原上天保佑你骡马成群,
菩萨保佑你家的羊群像白云。

但是白胡子黑胡子不放过萨娜玛。这时，有个老奶奶在一旁打酥油，于是萨娜玛求老奶奶把她放了。她唱道：

　　打酥油的老奶奶你快醒醒，
　　你的酥油早已打成。
　　……

昏昏欲睡的老奶奶，好像根本没有听见萨娜玛的话，不理不睬。萨娜玛悲愤地诅咒那些黑心肠：

　　凶恶的大胡子你发狠，
　　你把绳索捆得更紧，
　　让你的骡马全死尽。
　　白鸽子你帮助黑老爷，
　　上天会叫你害眼病，
　　眼睛永远看不清。
　　打酥油的老奶奶你别醒，
　　让你的酥油全往袋子外面流，
　　让锅里的浓茶不见影。

白胡子和黑胡子听到萨娜玛的诅咒，气得发疯。他们用皮鞭毒打萨娜玛。萨娜玛眼看就要被打死了，临死前她悲愤地唱道：

　　我死后愿头发变成湖滩上的青草，
　　让穷人们的牲畜吃个饱。
　　我死后愿双眼变成佛灯，
　　让世人都来祭祀、崇敬。
　　我死后愿鲜血变清泉，
　　让穷苦人的牲畜喝个够。
　　我死后愿骨头变成鄂博，
　　化成神仙斗恶魔。

萨娜玛死后，白鸽子果然害了眼病，眼睛变得通红，永远也看不清。黑老爷家的牛羊两年之内全部死光了。

从此以后，草原上长满了茂盛的青草，人们叫它"萨娜玛"草，据说那就是萨娜玛老奶奶的头发变来的；明花草原上的东西海子，据说是她的鲜血变成的。

（二）《黄黛琛》

《黄黛琛》也主要流传在裕固族西部地区，即操突厥语族语言的族群当中。主要内容如下：

很早以前，裕固族还住在西至哈至的时候，尧乎尔部落有个美丽的姑娘，她叫黄黛琛。黄黛琛不仅长得漂亮，温柔贤惠，品行端庄，而且从小经高人指点弓马娴

281

熟，武艺高强，如果不是部落之间发生战争，部落不东迁，以她的才能，可能会当上尧乎尔人的首领。

战争爆发了，尧乎尔人为了保存力量，决定连夜东迁。尧乎尔人顶着狂风，不畏艰险，赶着牛羊，用骆驼驮着帐篷，离开故乡西至哈至，踏上了漫漫征途。迁徙路上，善于摇唇鼓舌、造谣中伤的加瓦尕对黄黛琛怀恨在心，无中生有，给黄黛琛散布了很多谣言。加瓦尕的流言蜚语，给黄黛琛造成了终身的苦难。由于加瓦尕的谣言，黄黛琛没能当上头人，成了一个普通的牧羊姑娘。

黄黛琛成年后，父亲为了得到彩礼，把她嫁到远方。在婆家黄黛琛受尽了折磨，痛不欲生。她给父亲捎去一封一百八十个字的信，给母亲捎去一百八十颗珠子。信上说"亲爱的哥哥给我捎来一条三丈长的黑毛绳子，好用它每天到40里以外的地方背水"。等她哥哥闻讯赶到时，黄黛琛已经跳井自杀了。

《萨娜玛》和《黄黛琛》是裕固族人民家喻户晓的叙事作品，它采用散韵结合，边说边唱的方法，至今仍在民间传唱。由于它们是口头文学作品，所以产生年代及渊源无从考证。俄国突厥学家马洛夫在一百多年前到裕固族地区调查裕固族语言时就记录了这些叙事作品，并在圣彼得堡的相关杂志发表，由此说明，这些叙事作品在裕固族民间流传的历史是悠久的，而且是裕固族宝贵的文化遗产。

（三）《沙特》

《沙特》是一首极为古老的创世神话，主要在裕固族东部地区流传，用东部裕固语诵唱。主要内容如下：

很久很久以前，天地还没有形成，后来大海中形成了天地，最初天地在一个金蛙身上，金蛙降临宇宙，天地共有三十三层，三十层已经稳定，还有三层没有稳定，天地间一片浑浊。八十八根金柱子的须弥山，形成十三层，八十四根稳定了，四根还没有稳定。请教了罗尔格特勒旦巴神和拉义绒毛加布龙汗。拉义俄绒毛加布龙汗的天空上，晴天看不见云彩飘荡，大地得不到雨水滋润。请教了鲁布桑汗，鲁布桑汗的大地上一片荒凉，没有牧草树木和群山。请教了具增加恩白汗，说是天和地需要结亲。

两家怎样才能结亲？要去印度请来高深经典。可汗的四个使者去了印度，请来了高深的经典，从此以后各事顺利。后来，又为拉义俄绒毛加布龙汗的太子和鲁布桑汗的哈敦准备婚宴，索要的嫁妆和礼品非常多。又去请教拉义俄绒毛加布龙汗。他说可汗要和诺彦结亲，诺彦要和百姓结亲，这样又降低了彩礼的标准。

……请来了太阳的夫人，带来了金色阳光；请来了月亮的夫人，带来了银色月光；请来了八万宾客、八千侍者，举行了盛大的婚礼。说沙特是这样唱的，两亲家像白色山峰一样永恒和睦相处，像白狮子的青鬃一样茁壮成长，像白云一样旺盛壮大。

《沙特》是近20年学者在田野调查当中发现的一首裕固族珍贵的创世诗。"沙特"一词的含义目前说法不一：一是"传说"、"历史"之意；二是"公平"、"平衡"、"公道话"的意思；第三种意见认为可能是一种记载传说或规定的书的名字。《沙特》主要叙述的是人类、万物和婚姻起始产生的顺序和关于彩礼数量、请客数量和酒的数量在谈判中不断递减的内容。这些内容和操西部裕固语的裕固族在婚礼当中举行冠戴新郎时的颂词有相似之处。《沙特》主要在婚礼上演说，据老人介绍，过去《沙特》内容非常庞大，朗诵全部内容需要2—3个小时，现在失传和遗漏的很多，只能朗诵半个小时左右。《沙特》通篇诵说，音节长短不一，结尾押韵，语调优美，顿挫有致，语言精炼，概括力强，诗意浓厚。其内容对于研究裕固族族源、历史、宗教、哲学、语言及风俗习惯都有极大的参考价值，在裕固族口头文学中更是占有重要地位。

三、历史记忆遗产

裕固族文字已经失传，但是裕固族祖先在历史上用回鹘文创造了大量的文献资料。一般认为，回鹘文是公元8—15世纪主要流行于今新疆吐鲁番盆地和中亚楚河流域的一种文字。宋元时期回鹘语成为河西一带的通行语言，敦煌、甘州成为裕固族先民——回鹘人的佛教中心。这期间他们用回鹘文记录和创作了许多作品，并进行了颇具规模的佛典翻译工作。

明清以后随着河西回鹘势力的衰微，回鹘文逐渐被忘却，用这种文字写成的文献也随之湮灭。19世纪末20世纪初由于甘肃敦煌藏经洞的发现，开始有一部分回鹘文文献问世。敦煌出土的回鹘文献约占整个（包括新疆）出土的回鹘文献的三分之一，这些回鹘文献是裕固族珍贵的历史记忆遗产。

回鹘文写本《金光明最胜王经》（简称《金光明经》）是1911年俄国突厥学家马洛夫在甘肃酒泉文殊沟（肃南裕固族自治县辖区境内）所得，先存俄罗斯科学院东方学研究所，另外两叶为瑞典考古学家别尔格曼于1927—1935年间在甘肃所得，现存斯德哥尔摩民族学博物馆。纸质粗厚，呈黄褐色，保存良好。字体为回鹘文楷书体，几近于刻本体，清晰易读，语言古朴流畅。此经译自唐义净的十卷汉文本。译者为10世纪回鹘著名学者别失八里（北庭）人胜光萨里。甘肃酒泉文殊沟发现的抄本写于清康熙二十六年（1687年），抄经地点是敦煌。由于现存回鹘文文献绝大多数为断简残篇，所以此抄写本就显得特别重要。法国学者沙畹认为《金光明经》是裕固族先民"萨利回鹘的遗物"；中国学者认为这部佛经虽然是别失八里（北庭）人胜光萨里译自汉文，但是抄写时间是清康熙二十六年（1687年），新疆维吾尔族在此之前200年就全部改信伊斯兰教，所以它的抄写者不会是信仰伊斯兰教的维吾尔人，很可能是裕固族佛教徒，这份文献说明裕固族直到清朝初期至少在宗教界还使用回鹘文。

回鹘文《大元肃州路也可达鲁花赤世袭之碑》，现存甘肃省酒泉市博物馆，碑文用汉文和回鹘文书写。此碑立于元顺帝至元 21 年（1361 年），立碑人为唐兀（西夏）族人善居。此碑记录了一个唐兀族家族自西夏灭亡后，到元朝末年 150 年间六代 13 人的官职世袭及其仕世元朝的情况，为我们了解元代河西走廊地区唐兀族的活动和回鹘语文的使用情况提供了珍贵史料。据学者研究，此碑的汉文为释教禅师所书，回鹘文撰写者是肃州信奉佛教的裕固族先民撒里畏兀人。

此外，敦煌出土的回鹘文还有如下几种：

回鹘文叙事诗《帝啼和法上的故事》。

回鹘文秘宗文献《吉祥轮律议》。

回鹘文韵文体《观音经相应譬喻谭》。

回鹘文《善恶两王子故事》残卷。

回鹘文《俱舍论颂注》残卷。

回鹘文佛教诗歌集。

回鹘文《阿毗达摩俱舍论安慧实义疏》。

回鹘文《阿毘达摩顺正理论》节本残卷。

上述回鹘文文献都出自敦煌千佛洞，但它们和敦煌藏经洞的汉文典籍一样，几乎全部流落到国外，目前它们分别存于伦敦大英图书馆、巴黎国立图书馆、斯德哥尔摩民族学博物馆和日本京都有邻馆等处，只有很少几件残文保留在我国敦煌文物研究院和兰州博物馆。

虽然裕固族有着悠久的历史和独特的文化，但是在全球经济一体化和社会生活现代化的大潮中，裕固族的传统民间文化，特别是以口头传统为主要存在方式的非物质文化遗产正在迅速变异或消亡。对此地方政府也在采取多种形式，进行积极抢救和保护。目前肃南裕固族自治县广播电台推出了"民族之声"节目，用东、西部裕固语广播，每天分 3 次播出，每次 10—15 分钟，主要播放裕固族生活习俗、对话、民族历史和民歌等。其目的是"在全县范围内逐渐形成尊重民族文化、研究民族文化的良好社会氛围"。自治县政府成立了裕固族文化研究室，从全县各部门、单位抽调精通裕固族语言、具有一定研究水平，并热心于民族文化研究的人员，开展裕固族文化遗产的搜集、整理和研究工作，并创办了《尧熬尔文化》刊物。县文联成立了"中国裕固族文化园"筹备组，创办了文艺刊物《牧笛》。这些新举措在肃南裕固族自治县的历史上都属于首次。由此可以看出，裕固族文化遗产正在引起越来越多的社会各界人士的重视和关心。

[参考文献]

[1] 钟进文：《裕固族文化研究》，中国民航出版社，1994 年。

[2] 钟进文：《身上的美术——裕固族服饰文化》，载《中华文化画报》2004 年第 9 期。

[3] 耿世民：《敦煌出土回鹘文献介绍》，载钟进文主编：《中国裕固族研究集成》，民族出版社，2002 年，第 656—662 页。

[4] 高启安：《裕固族珍贵的文化遗产》，载钟进文主编：《中国裕固族研究集成》，民族出版社，2002年，第325—328页。

(本文原载于《尧熬尔文化》2006年第2期)

[作者简介]

钟进文（1963—   ），男，裕固族，甘肃肃南人，文学博士，中央民族大学少数民族语言文学系教授，主要从事少数民族语言文学研究。

乡土知识不可忘记

——从几件小事说起

钟进文

[摘要] 乡土知识是一方地域民众用生活经历谱写的历史或用生活经验创造的文化，地方志在记录这些经验和智慧方面起着重要作用，乡土知识应该深入挖掘规范整理。乡土知识来自于一个民族数代人的传承与沿袭，其中蕴涵着许多科学合理的成分，是人类生存发展的宝贵财富，由此具有独特的魅力。

乡土知识，按照我的理解，是指一方地域民众用生活经历谱写的历史或用生活经验创造的文化。在此，我不是对乡土知识进行专门研究，只是从身边的几件小事谈谈乡土知识的重要性和魅力。

一

我是一个地方志编写工作的拥护者和积极倡导者。十多年前，一位堂兄作为全国政协委员来北京开会，见面后他提出想动员大家编写家乡地方志——《明花区志》，我觉得提议特别好，很快帮助他拟订了一个编写提纲。当时我的第一想法就是把家乡的历史和与众不同的生活习俗描写出来，让年轻人学习并传承。但是将这种想法付诸实施还是一个艰难的过程，几经努力两年前这本书终于编写出版了。就在编写《明花区志》前后，裕固族地区兴起了一股编写区乡地方志的热潮，当地群众的关注程度前所未有，参与热情空前高涨。对照阅读这些已经编写好的区乡地方志，我认为，那些看似不起眼的内容，其实蕴涵着非常丰富的乡土知识。在此仅以《明花区志》[①]为例。

今日的明花是一块"飞地"，和肃南裕固族自治县的行政区域互不连接，变成了巴丹吉林沙漠边缘的一方裕固族"孤岛"。但是从百年前西方探险家的访谈录或老人的口头叙述来看，明花应该和今日大河的水关连为一体，是一个共同文化带。由于特殊的地理环境以及和其他裕固族群体相隔离，又和周边地区的汉族群体密切

[①] 钟进文、妥进武：《肃南裕固族自治县明花区志》，甘肃人民出版社，2006年。

相处，明花的裕固族文化已经富有了自己独特的地方色彩。

例如每年7月底8月中，芨芨草高1米左右，趁青草未长饱满，纤维细嫩，宜于牲畜消化，又有充分营养的时候明花人要把它割下来，捆好储存起来作为牛羊过冬的饲草。割草和割麦子不同，青草含大量水分，如果随意堆放很快会腐烂，因此割下来的青草要按照一定的方法捆好，码放整齐，等草捆干透以后运回家里，码成长方形草垛。这就是所谓的"割草"。此外明花人还要"割芨芨"，"拔蒿子"，"打白刺"，"起羊板粪"，"砍叉齿"，"拉骆驼"，"拾牛粪"，"挖锁阳"和"挖甘草"等。这就是生活在明花草原的裕固人所独有的生产劳动，生活在其他地区的裕固族是没有这些劳动内容的，自然也无法掌握这样一些劳动技能。伴随这些劳动生产，也诞生了许多裕固族民歌，如《割草歌》、《垛草歌》、《驼户人》、《牧驼歌》、《织褐子歌》、《捻线歌》等。现在，随着生产生活方式的变化，有些生产劳动方式已经退出了历史舞台，但是这是一方民众在传统社会里积累的经验和创造的智慧，是地域文化的结晶，民族文化的重要组成部分，我认为不能随着社会的变化自生自灭，随意消逝，应该深入挖掘，载入史册。除此之外，根据明花的气候条件和自然环境还形成了一些独特的饮食，如"酥兹根茶"、"烧壳子"、"锁阳饼"等。

虽然《明花区志》在记载这些独一无二的劳动方式和独具特色的风土人情、饮食习惯等方面还不够深入、仔细、全面，但是毕竟迈出了重要一步。同时也为乡土教育和乡土产业实践奠定了基础，提供了重要内容。

二

乡土知识的另一内容应该是一方民众用生活经历谱写的历史。关于这类乡土知识，我认为铁穆尔主编的《北滩乡志》是值得推崇的。北滩乡原为皇城区的一个乡，现在乡一级行政建制已撤销，变成皇城镇的一个村级单位。北滩乡的民众通过自己的生活经历为裕固族谱写了一段新的东迁史。

通过《北滩乡志》可以认识裕固族一个重要部落——鄂金尼部落（或曼台部落），鄂金尼部落的游牧生活告诉我们裕固人东迁以后在祁连山腹地，东起夏日告图，西到八字墩川托莱南山一带"林壑崎岖，草木繁茂，夷人居其间，或以游牧为生，或以奉佛终身"的历史。通过这个部落的发展演变，我们可以感受到历史上裕固族和藏族"你中有我，我中有你"的密切关系。

通过这本志书我们也可以认识裕固族历史上的第一座寺院——黄番寺，可以详细了解一方同胞在清朝年间修建夹道寺的过程；可以认识裕固族著名宗教人士智华大师，尤其从1936年裕固族大头目安贯布什嘉、堪布喇嘛、曼台部落头目拉布什旦等几百名僧侣和信教群众安营扎寨迎接智华大师，举行盛大佛事活动的场面，切实感受到裕固族历史上浓郁的宗教生活和宗教感情。

更重要的是这本志书为我们全面展示了"1959年大搬迁"的来龙去脉以及裕

固族为求得尽快妥善安置而做出的重重努力和奋斗，展现了世代游牧为生的裕固人在天灾人祸面前表现出来的坚毅和刚强。

鄂金尼部落历经坎坷谱写的生活篇章也是裕固族历史，尤其近现代历史的重要组成部分，在裕固族《简史》或《通史》中只是一笔带过，从未如此具体全面描述过。在我看来《北滩乡志》在这方面是一部重要的乡土知识教科书。

三

由于裕固族各部落来源、居住环境、语言特征和风土人情等各不相同，因此挖掘整理地方志还有一层意义，即相互补充、相互印证乡土知识，对丰富和繁荣裕固族文化具有重要意义。

过去演唱花儿的民族，学界只知道汉、回、撒拉、东乡、保安、土6个民族，权威工具书（如《辞海》）也是这样介绍的。20世纪70年代初，甘肃师范大学的民歌调查组深入农牧区搜集民歌期间，发现地处河西走廊的肃南裕固族也唱花儿，并从那里搜集到了一些花儿。后经整理，由青海人民出版社出版的新花儿集《手搭凉篷望北京》一书中首次出现了"裕固族花儿"，使花儿界为之一惊。据学者介绍，"裕固花儿"只局限于裕固族地区之东部的康乐等地。认为是来这一带擀毡或从事其他营生的东乡、回等民族的人从河湟地区带过去的，最初只有"河州三令"等几种曲调，久而久之，便产生了与当地民歌互相融合的曲调。这种特殊的曲调以甘肃省肃南裕固族自治县康乐区巴音一带最为盛行。有人曾把这种曲调起名为"巴音令"。现花儿界鉴于各民族特有的"花儿"曲调大都以民族命名，又将"巴音令"改为"裕固令"。[①]

其实我们从《北滩乡志》得知鄂金尼部落在祁连山腹地八字墩川游牧时就开始传唱"花儿"，1958年反封建斗争及1959年大搬家事件后群众中流传的歌谣中就有青海花儿调，如"哎哟——五八年强迫者（着）大搬家，哎好脑子（我的）你呀，离开了可惜的八宝山；哎哟！丢哈了可怜的奶头上的娃娃，批斗者（着）逼上了皇城滩"。[②] 这些地方志资料既丰富了裕固族"花儿"，也纠正了裕固族"花儿"是"来这一带擀毡或从事其他营生的东乡、回等民族的人从河湟地区带过去的"片面说法。

2007年7月我为完成一项课题在明花调查西部裕固语，当问及"弓箭"一词时，访问的10多位不同年龄的人都说裕固语中只有"ohq"一个词，它既可以表示"弓"又可以表示"箭"，还可以表示"弓箭"这一合成词。我觉得不应该是这样，但也无法核实。同年8月我又陪新疆语委的维吾尔族专家赴肃南搞调查，这

---

① 壮庄：《中国民歌歌曲集成（甘肃卷）》，人民音乐出版社，1994年，第844页。
② 铁穆尔：《北滩乡志》，甘出准059号总959号（2004）38号，第250—251页。

次调查点是大河韭菜沟一带的裕固语。我趁机把"弓箭"一词又提出来,当地人非常清楚地告诉我,"弓箭"叫"ohq-yaq","ohq"是箭的意思,"yaq"是弓的意思。由此可见,裕固族这一古老的词语在明花裕固语中已经丢失了一半,如果没有大河裕固语做补充,这个词可能就逐渐被裕固人所忘记。

四

同样2007年暑假,我陪维吾尔族专家拜访一位裕固族老人,同行问我裕固族访亲探友馈赠礼物有何习惯,我说现在的习惯是带两瓶酒、一块砖茶、一袋白糖(或冰糖)再加一条哈达。同行如法炮制。

到老人家里,老人非常高兴,端着酒杯来敬酒。酒盘里放着三个酒杯,同行又问我喝几杯,我说裕固族敬两杯,藏族敬三杯。后来和时任肃南裕固族自治县县长安国锋先生探讨时,他认为现在裕固族送两瓶酒、敬两杯酒这种讲究双数的礼节是明花裕固族受汉文化影响而形成的,他认为裕固族传统礼节中应该讲究单数,在他的记忆中,裕固族过去串门走亲都是带一瓶酒。

安国锋先生是土生土长的康乐裕固人,对裕固族传统礼节耳濡目染熏陶很深。他的话引起了我很多思考。风尚礼仪是乡土知识的重要内容,应该深入挖掘,认真研究,约定俗成,提倡全民遵循。我认为一个民族不可忽视礼仪。我在日本留学期间,印象最深的一件事情就是,在日本不管是大学教授还是普通百姓,只要是年长的人一定要提醒年轻人,吃饭时要把饭碗端起来,不可放在桌子上。我问为什么,他们说这是老规矩,是对养育我们的粮食的一种尊敬。我在日本的大学食堂或社会餐厅多次观察过,几乎没有一个日本人把米饭碗放在桌子开吃的,都是毕恭毕敬地端起来有滋有味地吃下去。我牢牢记住了日本人这个让人肃然起敬的老规矩!

眼下裕固族送两瓶酒、敬双杯酒是非常普遍的现象,但是这也许不是裕固族所有地方的礼节,只是某一地方的习惯,或某一传统礼节演化变异的结果。

翻阅相关资料,过去裕固族串门走亲的确有带一瓶酒的习惯,例如大河、明花一带过去媒人求婚要"带一瓶系上红头绳的酒和哈达",[①] 明花人清明上坟也是只带一瓶酒。过去过春节裕固族各部落都有给大头目拜年的习惯。各"部落头目代表部落给大头目敬献一条哈达,另外有四人抬献一只宰好的全羊和两包砖茶。扎马收礼后,拜年者从怀里掏出一条哈达、一瓶酒,按照辈份、年龄为顺序,双手捧着礼品躬献给大头目。"[②] 相反,祁丰藏族提亲求婚礼物为:"一条哈达(过去是蓝、白布的布方子)、一块砖茶、用红绳子或红布条连起来的两瓶酒"。[③]

[①] 田自成、多红斌:《裕固族风情》,甘肃文化出版社,1994年,第94页。
[②] 田自成、多红斌:《裕固族风情》,甘肃文化出版社,1994年,第34页。
[③] 王岩松:《雪域民族——东纳藏族史略》,甘出准059号总942号(2004)21号,第99页。

裕固族人敬双杯酒似乎已成约定俗成的礼节。明花裕固族"敬酒时多用双杯，代表亲善友好和双喜之意"①，大河裕固族也是敬双杯酒；康乐裕固族"劝酒有手端银碗敬、献哈达敬、猜拳敬、唱酒曲敬等四种方式。一般敬双不敬单"。② 皇城北滩裕固族则用龙碗敬酒。"节日期间给宾客敬酒，在盛酒的碗边抹一点酥油再斟酒，被敬者起身双手接酒，饮前用右手无名指沾酒向上弹三下"③。

目前关于裕固族待客礼节的文章也多是这样介绍的，"敬酒时，以饮双杯为敬，如果您只喝一杯，主人会说：'走路要用双脚，筷子要拿一对，裕固人的酒要喝双杯。'男主人敬完后女主人敬，大人敬完孩子敬，家里的每一个人都要为客人敬酒。如果只喝男主人的酒，女主人会说：'您瞧不起女人。'只喝大人的酒，孩子会说：'您看不起年轻人。'裕固人敬酒都是敬双杯。无论在场的有多少个人，只有两只小酒杯。有时他们还唱祝酒歌来敬酒，唱一支歌敬双杯酒。"④

可是与裕固族相邻而居的藏族一直敬三杯酒。天祝藏族对客人敬酒要敬"旦智森巴"。"旦智"，佛法称缘起，是有缘分的意思，"森巴"是数量词三或三个的意思，藏语认为"三"是吉祥数字，含有很大很多的意思。"旦智森巴"简言之即：有缘相逢、情意深长、吉祥如意三杯酒。人生处处有缘，事事有缘，客人来了是喜事，必定有缘，所以天祝藏族向客人敬酒必敬"三杯酒"，这是一项崇高的礼节，人人遵守，亘古未变。⑤

举以上例子只是想说明，我们对裕固族乡土知识的挖掘整理还不够深入全面，由于挖掘整理不够，才有可能导致以偏概全的现象。只有更加深入仔细地挖掘整理不同地方的裕固族乡土知识，才能丰富裕固族文化，推进裕固族研究。同时对裕固族风土人情、待客礼仪中出现的差异和不同认识（究竟是讲究单数还是双数）进行进一步的规范或进行合理的阐释。

五

乡土知识，多为民间创造，但是经过一个民族几代人的传承和沿袭，其中已经蕴涵了许多科学合理的成分，是人类生存发展的宝贵财富，具有独特的魅力。

大家都知道酸奶是一种重要的保健食品，目前堪称"世界四大健康食品之一"（纳豆、泡菜、橄榄油）。一般认为，酸奶源于保加利亚。很久以前，以游牧为生

---

① 钟进文、妥进武：《肃南裕固族自治县明花区志》，甘肃人民出版社，2006年，第205页。
② 兰礼：《康乐区志》，甘出准059号总1080号（2006）14号，第328—329页。
③ 铁穆尔：《北滩乡志》，甘出准059号总959号（2004）38号，第98页。
④ 详见与裕固族相关网页，http:yugu. cl. topzj. com;http:gssn. gov. cn/Index. html。
⑤ 参见甘肃省天祝藏族自治县政府网页，http:gstianzhu. gov. cn/tianzhu/。

的色雷斯人常常背着灌满羊奶的皮囊随畜群在大草原生活。由于气温、体温的作用及其他原因,皮囊中的奶常变馊而呈渣状。如果把少量这样的奶倒入煮过的奶中,煮过的奶很快会变酸,这就是最早的酸奶。

西部裕固语称酸奶为"yohgurt",我的导师、著名突厥学家耿世民教授认为,"yohgurt"一词可能是突厥语民族贡献给世界的一个词,世界几十种语言里都称酸奶为"yohgurt"。可见裕固族祖先食用酸奶的历史之悠久,如同汉族食用茶叶一样(全世界语言中的"茶"几乎都来自汉语的"茶")。

裕固族将"yohgurt"一词译为"稠奶",一是它呈稠块状,二是裕固族民间还有一种更酸的奶叫酸奶。稠奶酸甜醇香,清凉润口,含有多种氨基酸,特别宜于人体消化吸收,老幼皆宜。

裕固人不仅对这一祖传古老奶食的偏爱始终如一,而且在继承中积极开发,研制出不少新的品种,如脱脂后的"酸奶"、酸奶米汤、酸奶米饭、"青可尔"等。

2003年我在土耳其留学期间曾携家人去南部的地中海沿岸度假。土耳其旅游资源非常丰富,夏天许多欧洲游客纷纷涌入土耳其度假。土耳其旅游地服务设施完全按照西方标准设计,但是一日三餐既有标准的西餐,也有地道的土耳其餐,如土耳其烤肉、土耳其式面包圈、土耳其冰激凌等。我们入住的是一座离海边只有20米的三星级酒店。酒店老板是一个称职的掌门人,每天穿梭于游客之间,和游人打成一片,让我们有种回家的感觉。在将近一周的交往中,我和爱人同时发现,这位老板每天中午只吃一种饭,那就是盛一盘米饭,上面浇一盒土耳其酸奶,外加一盘蔬菜沙拉。我爱人有些疑惑,那么多西餐、土餐,他怎么老吃那东西?我没有问过他本人,但是我想那一定是他家乡的一种传统吃法。作为酒店老板,面对国内外几十种菜肴,在他眼里的美味佳肴可能就是那盘不起眼的"酸奶米饭"。

其实裕固族对酸奶米饭的偏爱不比土耳其人逊色。"牧人依旧做着传统风俗的酸奶饭,吃的香甜可口,这是北方游牧民族最喜爱品尝、最馨香的晚饭。酸奶饭让人晚上彻底入眠,早晨清凉爽快。"[①] 2007年肃南裕固族自治县新宾馆竣工,新宾馆增添了不少特色食品,其中就有"酸奶米饭",据说县长给它取了个优雅的名字叫"雪山珍珠"。

我到北京学习工作26年,随着年龄的增长也越来越怀念家乡的传统食品,在土耳其、日本留学期间逢年过节一定要炸油饼、煮羊肉。现在每天早晨喝酥油奶茶,天长日久,妻子也习惯了这种喝法,经常跟着喝两碗,但是可爱的女儿坚决不喝;无论在北京还是在国外,有时肠胃不舒服,我总会做一锅米饭买一盒酸奶调成酸奶米饭吃。每当这时候,我那上小学的女儿总会皱起眉头用不屑的眼光看着我。有一天终于说话了:"爸爸,你能不能变成一个正常的人?"对此我不能怪她,在她眼里我可能有些另类,毕竟她只有两岁的时候回过一次裕固族老家。

---

① 达隆东智:《高原牧歌》,载《生命树》2006年第4期,第38页。

乡土文化就是如此奇特，如此有魅力，一旦拥有就像一块强力磁石，无论你走到天涯海角都依附在你的身心里面，招之即来，挥之不去。虽说人在江湖，入乡随俗，可是骨子里的乡土文化是很难改变的。

六

从裕固族博士巴战龙处得知，肃南二中近几年组织学校骨干教师在安维武校长的带领下，成立了"义务教育课程改革与裕固族乡土教材建设研究"课题组，积极开发编写了一套六本"裕固族乡土教材"。2006年6月起，肃南二中还与中央民族大学的中国少数民族基础教育研究中心合作，进一步开发"地方性校本课程"以更好地传承乡土知识。

也许我提倡挖掘整理的乡土知识和学校教育的乡土知识有一定区别，但是目的应该是一致的，"传承本民族文化，让新一代学习和了解本民族丰富的历史和文化遗产，尊重文化的多样性，吸收民族文化智慧，增强传承和弘扬本民族文化的自觉性和责任感。"[1] 通过学校教育传承乡土知识是弘扬民族文化的有效途径，但是在此要强调一点的是进入学校的乡土知识，应该有一定的科学性和准确性，要得到一方民众的认同，不能把模棱两可似是而非的内容传授给学生。要做到这一点，我认为首先应该提倡深层挖掘整理乡土知识，编写准确可靠、客观公正的区乡一级地方志。以地方志为基础编写的乡土教材才能突出地方特色，成为名副其实的乡土知识。

我认为，编写地方志或乡土教材都是功德无量的大好事，它能唤起人们对民间文化的敬意，"向民间学习"的口号将变成现实，它促使民众更加珍惜祖先身体力行代代相传的宝贵文化遗产。从受众而言，接受了乡土知识教育的民众，会更加理性地认识自己的民族文化，热爱自己的家园，增强民族自信心和自豪感，培育民族认同感，更能激发团结向上、积极进取、励精图治的民族精神。从小接受过良好乡土知识教育的人，长大后无论走向哪里，从事何种职业其自身携带的文化传统都会助一臂之力，面对异地异文化会有更强的包容性，更快的适应性。

（本文原载于《西北民族研究》2009年第1期）

[作者简介]

钟进文（1963— ），男，裕固族，甘肃肃南人，文学博士，中央民族大学少数民族语言文学系教授，主要从事少数民族语言文学研究。

---

[1] 安维武：《裕固族乡土教材（总序）》，甘肃省肃南裕固族县第二中学编印（内部），2006年。

民俗志书写中的民俗"移植"现象

——对《黄泥堡裕固族乡志》的再思考

钟进文

[摘要] 黄泥堡是全国唯一独立存在的裕固族乡,较早由牧业生产文化转为农业生产,但是在《乡志》编写中,有意识地强化畜牧业文化,淡化农业文化,甚至"移植"其他裕固族地区的民俗事项。这种书写策略的真实意图一是凸显自己的民族身份,二是传承民族传统文化。

黄泥堡,是西北一个普普通通的小村庄,但是由于与裕固族的关系,它的知名度要高于当地任何一个与之相当的村庄,因为它是除甘肃省肃南裕固族自治县之外,全国唯一独立存在的一个裕固族乡。只要出现"裕固族"一词,"黄泥堡"便紧随其后,由此拥有了一个特殊的身份。虽然如此,但是在人们眼中总觉得黄泥堡和裕固族之间有一些不匹配的东西。

2010年黄泥堡裕固族乡迎来了民族乡成立30周年,借乡庆之际,乡政府组织人员编纂了一部《黄泥堡裕固族乡志》,同年八月乡党委书记和乡长特邀笔者去参加《乡志》审定会。

《黄泥堡裕固族乡志》基本按照传统地方志体例编写而成,包括建制、自然环境、人口土地、民族宗教、基础设施、农林牧、财税金融、供销企业劳务、中国共产党、人大政协、政府、群团、政法武装、民政残联、教育医疗、文化体育广播、文学艺术、乡风民俗、文物、人物等。上述内容大部分是固定模式,可以说新中国成立以来,全国乡村体制一盘棋,没有什么特色可言。体现特色的主要是"民族宗教"、"文学艺术"和"乡风民俗"篇。

"民族宗教"篇,不仅追溯了民族的源头,还描述了语言文字的特征和传统风俗,尤其强调曾经住毛帐篷、穿毛制褐子长服,妇女戴头面,以畜牧业为主。"文学艺术"篇辑录了裕固族传说故事、传统民歌、叙事诗《黄黛琛》、《尧乎尔来自西至哈至》等;"乡风民俗"篇主要介绍裕固族历史上以酥油、炒面、乳制品为主,每日一饭三茶,如来客人,茶后以手抓肉款待客人……

当我看到这样一些篇章内容时,第一反应是这些内容明显和当下的黄泥堡裕固族民情风俗不符。当下黄泥堡裕固族的情形是母语失传,至少在百年前全部转用汉语；全民从事农业，畜牧业以舍饲为主；毛帐篷、毛制褐子长服，戴头面，辑录的民歌、叙事诗等传统文学艺术更是无从谈起。可以说，能够体现裕固族特色的篇章基本都是从仍在从事畜牧业生产的临近其他裕固族地区移植而来的，有些习俗草原裕固族也已经失传或濒临消失。

当时我坚决认为这些内容应该全部删除，因为它不是黄泥堡裕固族的民俗，如果用其他地区裕固族的民俗来填充，不仅不能突出自己的特色，而且也不易被其他地区裕固族所认同。黄泥堡裕固族应该书写属于自己的民俗，应该书写当下的民俗。

乡领导和编纂组的老干部都认为我的建议有道理，但同时又流露出诸多无奈，在极不情愿的情况下同意删去这些我认为是"移植"过来的民俗。

回到北京，这件事情还萦绕在我脑海中，我想通过自己的努力，帮助他们完成这本对他们而言具有承前启后、历史意义的地方志。我开始查阅相关史料和文献，想为黄泥堡裕固族梳理出属于他们的民俗。经过一段时间的努力，不仅有收获，而且有重大发现。史料记载他们在东迁黄泥堡之前，已经从事农业，而且筑城池，开农田，颇有成就。这就意味着黄泥堡是裕固族农业文明的先驱。我想这样定位，他们就能够理直气壮地书写属于自己的民俗，并且在整个裕固族文化中占据一席之地。我暗自为这样的发现和梳理沾沾自喜，也自以为替他们梳理了一条很好的书写民俗的线索。

我的思考与认识很快形成了文章，并在一个月内见诸公开刊物。但是当我再次阅读自己的文章时，忽然感觉到我的这种导向从表面看也许是科学的，但是未必合情合理。再次阅读《黄泥堡裕固族乡志》以及和编纂人员的进一步交流更加印证了我的这种感觉。

其实他们也知道科学的书写应该是怎样的，但是他们不愿意那样做，或者说那样的书写不利于他们的发展，也脱离了他们的书写目标。他们认为用"民俗移植"方式书写更加符合他们编写乡志的初衷。

其实我们稍加注意，在他们的历史书写部分，就已经给我们展演了他们的书写策略。例如：

根据1958年新中国裕固族社会历史调查组报道，据传说现在居住在酒泉黄泥堡一带的裕固族，原来住在祁连山中的红湾寺和元山子等地经营畜牧业，是八个家等部落的一部分牧民，他们于清朝年间先后迁入今黄泥堡一带[①]。他们刚迁到黄泥堡时仍经营着大量牲畜，而且是裕固族人民当时的主要经济。同时，在较长时间内，仍保持着本民族原有的特点和风俗习惯。例如操裕固语，住毛帐篷，人死后实

[①] 另一种传说，裕固族东迁时，有一小部分人在关外战乱中失去了牛羊，进关后被安置在肃州（今酒泉）城东50里的地方当官差或游牧，这部分人即今黄泥堡、明花区前滩乡的裕固族（参见萨莉延羽：《裕固族探源》，载《酒泉文史资料》（第一辑）1991年，第168页）。

行火葬，穿毛织褐子长服，妇女戴头面等。以后，由于和汉族人民密切往来，逐渐开始务农，农业在经济生活中的比重越来越大，畜牧业退居次要地位①。随着居住环境和生产生活方式的改变，传统文化也发生了重要变化，其重要标志是放弃了裕固语，转用汉语。

新中国成立前出版的《祁连山北麓调查报告》指出，"外吾子"居住酒泉城东五十里黄泥堡，户三十六，人口约四百余名。原为黄番之一部，尚耕种、纳粮于酒泉县府，早与黄番（裕固族）脱离关系，现隶属酒泉县第三区。人称"外吾子"，即"维吾子"转音，尽其源流，系新疆东徙之缠回。②

清初的史料称做"临城八族"。据《重修肃州新志》记载，一是临城三墩，头目安成印所属52户；二是临城铧尖，头目安福德所属86户；三是临城河北坝，头目王命安所属65户；四是城东坝头墩，头目赵忠义所属39户；五是临城河北野狐沟，头目薛德所属51户；六是城西黄草坝，头目薛辉所属78户；七是临城小泉儿，"四头目"所属41户；八是城东黄泥堡，头目嘎支所属49户。

根据史料记载，与今日裕固族密切相关的"临城八族"原来并非"纳马之族"，而是"种田纳粮"或"充伍食粮"。明代《肃镇华夷志》透露，裕固族东迁之前，居住在沙州、赤斤、罕东左卫的不少民众已经定居务农，修筑城池。明代中期东迁肃州塞内的赤斤、罕东左卫以及牙兰属部中从事农业者，多集中在"临城八族"。明代中期王琼安置撒里畏兀儿时，就给他们"牛具地土"，使其"自耕"。另有一部分择选精装者充伍。"分为四班，每班百名，一季一换"。每月发给"口粮"，就是所谓"食粮"者，民间称为"吃粮当兵"。至清初，仍"种田"、"食粮"，而"种田"者日增，"食粮"者日益减少。

从这些由近及远的史料梳理中，我们也会发现，越是早期史料越透露着一种黄泥堡裕固族的耕种历史和农业文明，越是眼前资料越强调一种畜牧业生产和游牧文明。

为什么会出现这种现象呢？我认为，这和黄泥堡裕固族的发展历程密切相关，是他们追求民族身份心路历程的真实反映。

一般认为，裕固族是一个游牧民族，但是明朝史料已经表明，在东迁之前，居住在沙州、赤斤的部分裕固族先民，已经定居务农。东迁后，与黄泥堡密切相关的一部分裕固族仍然从事农业，他们对于因战争而萧条的环肃州周边的开垦和农业的发展作出了突出的贡献。③但是在积极发展农业的过程中，他们在游牧时代形成的民风习俗在悄然离去，民族身份在湮灭或一步步消失。"据说酒泉的南乡、北乡、

---

① 《裕固族东乡族保安族社会历史调查》，甘肃人民出版社，1987年，第16页。
② 马铃梆：《祁连山北麓调查报告》，蒙藏委员会调查室编印，商务印书馆单行馆本，1942年，第18页。
③ 参见高启安、邰惠莉点校，（明）李应魁：《肃镇华夷志》，甘肃人民出版社，2006年。

嘉峪区等地过去也有很多的裕固族。以后有的与汉族人民长期来往自然融合为汉族的，有的是在历代反动统治阶级的民族歧视压迫政策下被强迫同化了，现在都称为汉族。"①

黄泥堡裕固族自徙居该地区以来虽然紧邻从事游牧生活的裕固族群体，但是也遭受着同样的命运，早期称其为"西番"、"半番子"，设乡约、农官、保甲制至新中国成立前。新中国成立后赢得了自己合法的民族身份，并于1954年4月成立黄泥堡裕固族（区）乡。但是好景不长，1958年乡社合一，成立人民公社，黄泥堡与漫水滩合并为一个公社，称黄泥堡人民公社，同年12月又与临水公社合并，隶属临水人民公社。1961年临水人民公社分为临水、三墩、长城、中渠四个公社，黄泥堡隶属中渠人民公社所辖的一个生产大队。②

1981年落实党的民族政策，由临水公社划出黄泥堡、新湖两个生产大队，成立了黄泥堡裕固族人民公社。1983年黄泥堡裕固族人民公社改为黄泥堡裕固族乡至今。

在行政机构分分合合的几十年中，他们深深感受到，一个民族如果文化消亡是多么被动、多么无奈。在30多年的丧失民族身份的尴尬境地中，为了恢复民族乡，争取自己的民族身份和权益，历经艰辛、费尽周折。

族群的边界是移动的。"临城八族"的绝大多数在发展中移动到汉族当中了，黄泥堡裕固族选择的是自己的民族身份。但是由于和汉族生产生活方式的高度一致性，民族文化特征日趋模糊，身份危机时时存在。面对吞噬和湮灭，他们只好采取淡化农业文化特征，强化游牧文化特征的策略，并将游牧文化作为挽救民族文化的救命稻草。我想这就是黄泥堡裕固族历史梳理中出现的怪现象的真实原因。

由此我们再去认识或看待黄泥堡裕固族的民俗"移植"现象就非常容易理解。一位参与乡志编写的黄泥堡裕固族老干部对我说，我们编写《乡志》的目的，一是给子孙后代留下一份文字资料，几百年后让他们通过这本书找到自己的祖先，学习自己民族的文化。过去我们吃亏就吃在没有文字记载的历史，人家说你是什么你就是什么，一点办法都没有。二是让外民族了解我们裕固族的历史和风俗习惯，虽然我们也种地干农活，但是我们的习惯和汉族农民不一样。

这种民俗志书写目的和在刚刚召开的"中国民俗志书写：理论与实践"研讨会上著名民俗学家、中山大学叶春生教授，针对自己主编的《广东民俗志》提出的书写目的不期而遇。叶教授强调民俗志书写的目的：一是作为文献，归档留存；二是在民间得以传承，并发扬光大。《黄泥堡裕固族乡志》正是体现了一种既作为文献辑录，让后人受益，又通过张扬传统民俗来彰显自己民族身份，让本民族受益

---

① 中国科学院民族研究所甘肃少数民族社会历史调查组编：《裕固族专题调查报告汇集》（内部资料），1963年。

② 萨莉延羽：《酒泉境内的裕固族》，载《中国裕固族研究集成》，民族出版社，2002年。

的书写策略。这也为我们当下讨论的书写民俗志的目的和意义提出了新的思考。

仔细阅读《乡志》，黄泥堡裕固族其实在编写此书之前，已经围绕强化游牧文化来彰显民族特色而开展了许多新举措，可以说在民间或田野已经实施了"移植"民俗工程。具体如下：

（一）在学校开展学习西部裕固语的课堂教学活动

黄泥堡早在清代就出现了裕固族秀才妥文浩、妥静，并且妥文浩于同治三年在高台河西堡开学授课。裕固族地区产生的第一所现代学校（1939）的第一任教师妥九思也是这一带的裕固族[①]。但是随着接受汉语文教育程度的提高，这一带的裕固族也就最早放弃了裕固语而转用汉语。面对语言的流失和消亡，1983年11月至1984年7月间，黄泥堡裕固族乡政府在学校又开展了学习西部裕固语的课堂教学活动。他们从附近的明花乡明海一带聘请精通西部裕固语的人任教。据介绍先后接受培训的学生有180人左右。但是由于教师没有接受过专门的民族语教学培训，加之没有民族语教材，教学只能采用口耳相授，汉字注音的方法，其结果是学生普遍发音不准，又缺少语言环境，无法巩固，几乎是现学现忘，最后只好停止[②]。

（二）定制裕固族服装，排练裕固族歌舞节目参加文艺汇演

"2001年乡文化站首次在全乡统一订做裕固族民族服饰60套，年底组建了黄泥堡裕固族文艺表演队，参加全市春节文艺汇演受到城乡广大群众的一致好评。1995—2006年自编自演的民族舞蹈《织褐子的姑娘》、《欢腾的祁连》、《红缨帽》、《裕固族姑娘》、《敬酒歌》等节目分别在市区农村文艺调演和区上组织的建党80周年文艺晚会上演出并获奖。2009年乡文化站应广大群众的意愿再次统一定做裕固族服装108套，其中男装34套，女装74套，加之群众自己零星购买的服装，现全乡400多户群众户均达1套裕固族服装。（《乡志》初稿第150页。）"

（三）移植标志性文化物

一是在黄泥堡集镇中心建造取自裕固族传说故事——"种牛刨地"的黄牛雕塑；二是"移植"肃南裕固族自治县县城城标——"祁连神鹿"（规模型号略小一点）；三是根据张掖市政协副主席郭梅兰主编出版的裕固族历史文化长卷《裕固千秋》内容，在黄泥堡集市文化广场烧制"裕固千秋文化墙"；四是仿建"迎宾门"。

[①] 马铃梆：《祁连山北麓调查报告》，蒙藏委员会调查室编印，商务印书馆单行馆本，1942年，第51页。

[②] 巴战龙：《西部裕固语的使用与教学述略》，载《甘肃民族研究》1998年第1期，第62—64页。

1992年8月12日，江泽民总书记视察了肃南裕固族自治县马蹄乡，肃南各族人民用哈达、酥油奶茶、手抓羊肉等民族食品热情接待远方来的贵客。总书记视察结束后，肃南县领导请求江总书记题词，总书记欣然接受，挥毫题词"祁连松柏挺拔俊秀，各族儿女情深意长"。后来，肃南裕固族自治县在马蹄寺旅游风景区和县城门口分别修建了飞檐四翘、雕梁画栋，具有浓郁民族风格的迎宾门，并在大门上方匾额镶嵌江总书记的题词。如今，黄泥堡裕固族乡交界入口处也修建了一座完全相同的"迎宾门"。

（四）小康住宅"穿衣戴帽"

"翻建、新建小康住宅180多户，建成市级小康住宅示范点两个，小康住宅建筑风格突出裕固族民族特征（即建筑外观设计为帐篷构造或藏传佛教寺院飞檐四翘形状；墙体绘制八宝吉祥图案或服饰标志图案。笔者注）"。（《乡志》初稿第46页）

这些具有展演性质，或者说有些"作秀"的举措以及具有"景观化"特征的建筑，在一部分人眼中可能毫无价值，但是如果在历史与人类学的交汇中认识和把握就会是另一番景象。它能够深刻地表述地方历史，也能巧妙地体现族群利益和策略。

展演是继功能—结构理论之后社会过程理论的亮点。被结构压抑的个体主观能动性在展演中得到张扬，尤其是表达了对地方历史表述的关怀。在展演中，历史情感得到理解，族群的尊严受到尊敬。可以说，展演使人类学培养起对历史表述中权利意识的敏感，可以听到或感受到被单一国家历史表述遮蔽的不同声音。在主流社会或大传统的强大威力下，当地方历史或族群文化表述的权力被取缔、记忆被消除，出现结构性失忆时，身体、表情和其他各种象征会替代表述，表达民众的历史意愿。

黄泥堡裕固族的所作所为，正是体现了他们面对强大的主流文化和农业文明的汪洋大海而表达出来的一种扭曲、无奈而又不甘的意愿。

最后用这样一段话来结束本文："面对历史的断裂、断裂的历史，非线性历史、不规则历史以看似混乱的'结绳记事'的方式缠绕在大历史的躯干上，学者或者要拯救历史，或者要解放历史。无论救赎还是解放，似乎均代表了学术的一相情愿。地方历史一方面在接受中反抗，在反抗中接受，另一方面又有与官方历史强烈的对话意识；地方民俗一方面被'非物质文化遗产'的艺术霸权阉割和重塑，另一方面又在顽强的传承挣扎中需要国家的保护、期待国家的干预，这不仅让人开始怀疑对大历史的批判是否出于知识分子的自私。历史的分叉不重要，解放关押的人质也并非使命，重要的是，历史人类学告诉我们是否愿意倾听并理解他者的表述，从单一的表述形式进入到口头传统呼应的'互文关系'中，又是否愿意反思自我。在这里,自我不是自传性质的自我,而是作为学科人自我的反思。"①

[参考文献]

[1]《黄泥堡裕固族乡志》(内部打印稿),甘肃省酒泉市肃州区黄泥堡裕固族乡,2010年7月。

[作者简介]

钟进文(1963—   ),男,裕固族,甘肃肃南人,文学博士,中央民族大学少数民族语言文学系教授,主要从事少数民族语言文学研究。

---

① 马丹丹:《展演有利于书写地方史》,载《中国社会科学报》2010年10月26日第11版。

努力构建自我认同的地域和民族文化标志

——读《肃南裕固族自治县标准地名录》

钟进文

[摘要] 地名是人类活动的产物，文化传承的印记，蕴涵着丰富的民族文化内涵，搜集整理地名对一个地域或一个民族具有重要意义。与此同时，旧地名蕴涵的新文化内涵需要提炼和发掘。面对裕固族传统人名资源越来越枯竭和萎缩的现实，积极搜集整理裕固族常用人名、倡议政府主导加强地方民族文化建设工作是当务之急。

地名是人类活动的产物，蕴涵着丰富的历史、地理、经济、民族和文化内涵。地名也是社会交往的媒介，人类文化传承的印记。标准地名是社会现代化进程的必然产物。标准地名的建设、使用是人类进入现代文明社会的需求。地名作为人们从事社会交往和经济活动中广泛使用的工具，与人民群众日常生活息息相关。

新近出版的《肃南裕固族自治县标准地名录》（以下简称《标准地名录》，民族出版社 2010 年版）便承载着上述内涵和社会使命。该书主编贺敬农是受人尊敬的老一代裕固族领导干部，曾任肃南裕固族自治县人民政府县长和原张掖地区政协工委主任。其在职期间领导家乡人民抓经济，抓生产，在社会经济建设方面作出了重要贡献。退休之后，他能够很快转变自己的身份和角色，又担当起建设家乡民族文化的重任。

他在承担这一重任的六年多时间里，带领编辑人员不辞辛苦，行程一万多公里，从地名补查入手，查阅上千万字的资料，经实地考证，采集到5500多条地名信息；之后又像在岗工作人员一样，每日早出晚归，辛勤笔耕，完成对每一个地名语种的确认、含义解释以及裕固、藏、蒙古语常见地名的方言统一及汉文转写。期间他还购买藏文打字机，自己录入藏文资料。这一"标本兼治"的措施，不仅解决了历史地名中"一地多名、一名多写"等问题，同时也为今后规范书写和应用存史提供了依据。100万字的皇皇巨著图文并茂，所列主要地名词条论证严谨，考证充分，表述简洁，释义准确，寓内涵于记述之中，客观于释义之内，突出了肃南地名的历史性、民族性、多元性和地域性。他的这种奉献精神和责任感、使命感感动着我们，是我们学习的榜样。

《标准地名录》的出版不仅标志着挖掘肃南地名文化的序幕已经揭开，而且为肃南其他民族文化的挖掘整理起到了很好的示范效应。

笔者对国家地名管理政策不是很熟悉，也没有在家乡具体工作过，但是一直关注着家乡的民族文化建设。在此就本书出版的意义、地名文化的价值以及民族文化建设等谈几点感受和认识，不当之处敬请专家批评指正。

一、搜集整理地名的重要意义

地名是一个地域的重要文化元素，它承载着一个地区或一个民族的历史和文化，也是一个族群历史记忆的延续。如果地名语焉不详，或者释义有误，会给一个民族历史的书写甚至子孙后代带来很多麻烦和困惑。在此以"西至哈至"为例。

西至哈至是裕固族人民家喻户晓的一个地名，也是今日裕固族解释或介绍自己民族来源的重要依据，但是这是一个什么样的地名？具体位置在哪儿？是一个地名还是两个地名？是西至—哈至，还是西至的哈至？这一直是一个未解之谜。中外学术界围绕这一地名展开了近一个世纪的讨论，产生了几十种学术观点，相关论文可以汇编成册。地名往往和一个民族的历史和文化密切相连。"西至哈至"实际承载的是裕固族曾经拥有的一段历史。

民族迁徙地名最易流失。1959年随着甘、青两省行政区划的调整，生活在托莱、八字墩、友爱一带的裕固族迁入皇城草原。随着大搬迁的实施，裕固族原有的八字墩、八宝河、友爱、黄藏寺、夹道寺等裕固族曾经实实在在生活过的地名和创建的文化遗迹逐渐从人们的记忆中消失。本书对这些濒临消失的地名做了很好的补救和搜集整理。

同样的问题也出现在其他地方。例如今日的明花乡，过去最有文化内涵的地名是"莲花"、"明海"、"东海子"、"西海子"等。20世纪90年代，肃南裕固族自治县为了加大扶贫开发和生态保护力度，对包括乡政府在内的部分牧民进行整体搬迁，并从其他乡村搬迁农牧民进行异地安置。随着荒滩农业开发的出现，也出现了"双海子"、"黄河湾"、"许三湾"等新的村落名称，这样过去在裕固族民间文学或文献中频繁出现的"东海子"、"西海子"等地名逐渐淡去，从人们的记忆中开始消失。本书对这些地名有记录但是和裕固族的历史生活联系仍不够密切。其实在这些地名中已经承载着非常浓郁的裕固族文化，今天人们津津乐道的很多裕固族文化传统都是在这样的地域文化中衍生出来的。

同时，地名作为非物质文化遗产，是一种重要的民族民间文化资源。如果放弃挖掘和保护，损失的就是民族文化，也许由此会遭遇历史断层的尴尬局面。在本书中非常严肃地提出了这个问题。例如马蹄乡的"大都麻"这一古老的地名，之前由于各种原因面临消失的命运。

大都麻，位于马蹄藏族乡大都麻村境内。"大都麻"是汉、藏复合语地名，

"都麻"，藏语音译，是用糌粑捏成的一种供施品。大都麻河上游为全国重点文物保护单位——马蹄寺石窟群之一金塔寺所在地。在此寺东北侧，有一自然形成的红崖，外形酷似"都麻"，因而这里的藏民取名为"都麻"，为了与另一条小河相区别，后来又在前面加了"大"字，故称为"大都麻"。据史书记载，这一地区汉代称"大掳水"，五凉为"大掳河"，是古代匈奴首领用于军事防御和养马屯兵之地。历史上有过多次战争。清代以来统称"大都麻"。在《甘州府志》、《东乐县志》、《创修民乐县志》等记载为"大都麻"。但是由于大都麻河下游为肃南与民乐接壤地，地名使用较高，出现了许多不规范书写，如"大堵麻""大多麻"等，另外当地又出现"瓦房城"水库，把"大都麻"村又称为"李家沟"村等。大都麻地名历史悠久，命名有据，有着深刻的文化内涵。但是由于人为因素，在周边人实际应用中架空了这一地名。如果"大都麻"这一地名流失，我们失去的可能就不仅仅是一个地名，而是一份宝贵的历史文化资源。因为，自1996年起肃南裕固族自治县已将这一带开发为旅游区，而其中的旅游吸引物就是包括"大都麻"在内的藏传佛教文化资源。令人欣喜的是在本书中郑重恢复了"大都麻"这一古老的地名。

二、旧地名蕴涵着新的文化内容

该书还值得一说的是，对许多旧地名蕴涵的新的文化内涵进行了很好的提炼和发掘。

"许三湾"过去在当地裕固族人眼中就是一个普通的农区村庄，之后又有了一个许三湾火车站，仅此而已。但是今日在肃南裕固族自治县地界内的"许三湾"，已经和过去的许三湾大不相同，这一地名忠实记录着一段肃南裕固族自治县社会经济发展和裕固族生计方式发生重大变化的重要里程。从1992年起，肃南裕固族自治县为了加大扶贫开发和生态保护力度，决定从其他乡村搬迁部分农牧民到原许三湾村附近的荒滩进行异地开发和灾后重建，先后共移民4批，392户，1353人，设立了许三湾农业综合开发区（后撤销开发区建制，归明花乡管辖）。"经过十多年的开发和建设，形成了井、渠（含低压管道）、路、林、田、住宅六配套，基本建成农田条田化、灌溉机井化、耕作机械化、道路林带化、管理科学化的旱涝保收井灌区，成为初具规模的新型农村。"[①]

草古城，别名草沟城、草沟井城。位于明花乡南沟村西南约20公里处，是集古河道、古城堡、古墓葬为一体的古文化遗址，1993年公布为省级文物保护单位。1975年起，肃南裕固族自治县投资在此创办了"草古城农场"，包括筹建"红专学校"，新建教室、村委会，从酒泉架设输电线路，打井开荒，搬迁牧民等，投入巨大人力、物力和财力，但未能发挥效益。最终未获得成功，农场停办，耕地废弃，

---

① 贺敬农主编：《肃南裕固族自治县标准地名录》，民族出版社，2010年，第599页。

牧民返回原地。瀼沙泉位于明花乡西北，1972年，当地乡政府为解决草原超载问题，在该地由三个村子合办"瀼沙泉农场"，当时打锅锥井和大口井10眼，开荒300亩，搬迁牧民11户40人，种植小麦等粮食作物，后来由于抽水费用高、盐碱化严重而停办，牧民返回原地。瀼沙泉后来被"井灌区"替代，一直延续至今。

上述地名虽然古来有之，但是旧地名和当今使用的地名之间内涵上已经发生了很大变化，现在人们应用的地名已经承载着裕固族人从牧业生产向农业生产转变的一段艰辛历史。

《标准地名录》一书中类似承载着新文化新历史的地名还不少，如西柳沟、安家庄、皂矾沟等①。总之，我认为，对这些地名的录入和文化内涵的挖掘整理、补充有重要意义，这些地名在某些方面具有里程碑意义，是当地人民积极进取的生活印记。我想，《标准地名录》出版之后，如果能再出版一本《肃南地名文化录》，那将非常有价值有意义！

三、新建议：积极搜集整理裕固族常用人名

裕固族老一辈领导主持的文化工程——《标准地名录》——几经春秋，数易其稿，圆满告竣。该项目的完成意味着发掘整理裕固族地区民族文化工作的序幕已经拉开，借此机会应该扩大成果，向纵深方向发展。借此机会谈谈裕固族常用人名的搜集整理问题。

裕固人传统的命名特点是多次命名与命名的范围非常广泛。婴儿在十几天或满月时取乳名，周岁或三岁第一次剃头时取经名，上学或到成年外出工作时取学名。

乳名由祖父、父亲或舅舅取，多以孩子的长相、胖瘦取个吉庆或喜爱的名字；或为了孩子长命而取一贱名。如巴特尔，意味英雄；吉斯阿达克，意为可爱的孔雀石；而苏柯尔，意为脏水；苏特克尔，意为臭奶子等。裕固人命名，一般用自己贴身或喜爱的物件名称为名，如玛尔简，意为珊瑚珠子；雅尔吉，意为酥油。有的以山名、水名、地名、花草名为名。在明花一带还有以长辈（爷爷、奶奶）年龄命名，如爷爷五十三岁得孙子，就取名"五十三"或"五三"。

过去还有取经名的习俗。取经名时先请喇嘛念经，择定吉日，从经典选取名字。如谢拉尔加木措，意为智慧海；罗桑尼玛，意为惠日。青年男女到结婚年龄，如果只有乳名没有大名的要请喇嘛念祝福取经名。

上学或外出工作时，一般要取一个汉文名字，多数是请老师或汉族朋友取，并按辈分排字，如安立国、安立强、安立福，即同辈名字中间的字都取"立"字。

---

① 在《标准地名录》评审稿中类似地名还有很多，其中印象较深刻的有"东柳沟"，对其历史文化发掘很好，如果和当下的旅游文化结合起来，效果会更好。遗憾的是在正式出版的《标准地名录》中被删除了。

早在五代及北宋时，史书就记载着众多裕固族先民的汉文名字。如杨福安、安千、李阿山等。这些回鹘人大多数是甘州回鹘汗国向五代、北宋进贡的使臣，以及受五代、北宋王朝加封的官吏、功臣等。由此可见，他们的名字已经有了一些变化，但是范围很小，取汉名还不是很普遍。

元明时期，藏传佛教逐渐传入裕固族先民——撒里畏兀儿地区。特别是裕固族先民明朝中叶东迁入关以来，裕固族普遍接受藏传佛教，随后裕固族的名字也发生很大变化。如清乾隆时，裕固族部落正、副头目的名字，如纳卷确吉、簪巴戈、贡格等，都是藏传佛教的名字，或带有浓厚的藏传佛教色彩。

裕固族人较为普遍使用汉姓、汉名是晚近的事。根据史书记载和实地情况，在清乾隆时期，裕固人一般还没有使用汉姓的。据裕固族老人介绍，从清同治年间到民国初年，虽开始采用汉姓，但是一般并不冠于本民族名字之前。如1915年（民国四年）甘肃提督军门换发给裕固族大头目的执照上，只写着大头目的裕固族民族贯布什嘉，既无汉姓，也无汉名。直到新中国成立前，绝大多数老人只有本民族的名字，不取汉名。少数外出经商、做事、求学的裕固人虽然取了汉名，但是在本民族内部仍然使用裕固族本名。

新中国成立后，随着政治、经济、文化的发展变化，尤其是与周边汉民族的交往密切，加之普遍接受汉语文教育等，裕固族人的名字发生了很大的变化，开始普遍采用汉文名字。裕固族人的汉姓，主要根据每个户族名称的首音或尾音与汉族百家姓相应姓氏套用。例如户族名称为杜曼，其成员的汉姓为杜；户族名称为托鄂什，其成员汉姓为妥。除音译外，也有意译。

改革开放之后，随着裕固族文化传统的恢复与民族意识的增强，不少裕固族人开始恢复裕固族名字，或新取裕固族名字。进入21世纪后，"80后"开始走向社会，据社会学家调查发现，"80后"对自己的文化身份、民族身份以及信仰意识特别在意，出现一种信仰危机与身份焦虑。体现在裕固族年轻人身上就是希望有一个外在的符号，这就是现在流行的"80后"纷纷给孩子取裕固族名字现象。

"80后"是在我国全面实行改革开放的大潮流中成长起来的，他们在积极接受国内外先进文化的同时也失去了吸收母语文化的机会和环境，长大成人以后才发现，自己的身份特征如此模糊。虽然如此，他们并不想就此放弃，正如蒙古族歌中所唱"虽然已经不能用母语来诉说，请接纳我的悲伤我的欢乐"。针对裕固族而言，在经济一体化和文化多元化的大背景下，随着裕固族族际通婚的日趋普遍化，裕固族人在名字这一外在符号中烙下民族印记的愿望越来越强烈。

现在裕固族取名的社会需求越来越强烈，但是裕固族传统人名资源却越来越枯竭和萎缩。目前出现的情况大致有以下几种：一是非常有限的既有的传统名字反复使用，如雅尔吉、苏吉斯、巴特尔、玛尔简等；二是出现吉斯系列："银杏吉斯""雅荷洁斯"、"玛尔吉斯"、"瑙尔吉斯"、"阿依吉斯"……；三是新取名字，如萨尔（鹰）、巴尔斯（老虎）、阿尔斯朗（狮子）、安江萨里（安家之鹰）、阿末尔

（平安、安静）等；四是出现了裕固族名字之前冠汉姓的名字，如王玛尔简、贺阿雅达、杨卓玛等；五是出现了一些变异走样的裕固族名字，甚至出现了随意取名、任意解释的所谓裕固族人名，如"淖尔"、"马尔"、"雅儿"等。

在当今社会，人名作为一种符号，它传达的是一种特定的文化价值，其中铭刻着民族文化观念，隐寓着不同的希望和追求。因此我们对裕固族命名文化现象不能漠视不问，应该积极行动起来。具体而言，就是建议当地相关部门组织人力普查搜集整理裕固族常用人名，并汇编《裕固族常用名手册》。①

在此强调一点，之所以说"常用名"，而不说"裕固族人名"，其原因是很多裕固族人名和藏族、蒙古族人名相同、或相似，如"卓玛"、"仁青吉"、"道尔吉"、"巴特尔"等。过去很多人认为这些名字属于藏族和蒙古族，不是裕固族人名，其实不能这样认为，这些名字应该属于信奉藏传佛教民族所共有，而不单属于某一民族。因此《裕固族常用人名手册》应该包括这些名字。

四、一个延伸的话题

肃南裕固族自治县是全国唯一的裕固族自治县，也是裕固族人口聚居最多的县份，自治县应该担负起促进裕固族整体发展的重要职责。站在新的历史起点上，肃南县的领导已经有了新的发展思路，这就是需要从单纯强调经济增长的发展思路中跳出来。经过新世纪以来的实践探索，县委、县政府努力在树立一个多样性和整体性辩证统一的发展思路，即从生态建设、经济建设、政治建设、社会建设和文化建设五个层面同步展开、融为一体的发展思路。

从目前情况来看，我们认为加强文化建设是当务之急。文化是民族的重要特征，也是民族的生命力、创造力和凝聚力，裕固族地区的发展需要这样一种充满活力、欣欣向荣的裕固族文化。其次，裕固族文化是中华文化的重要组成部分，是中华民族和全体人类的共有精神财富，我们必须珍惜爱护它，努力发展它，使它成为裕固人生活方式和智慧价值的表征。第三，文化建设是一项投资大、周期长、见效慢，但影响深远的社会事业，政府作为社会公共利益的维护者，有责任、有义务挑起文化建设这副重担。为此，肃南裕固族自治县县委和政府在总结过去经验的基础上，已经拿出了超常的勇气和毅力来加强地方民族文化建设工作，真诚希望以"参与、共享、发展、繁荣"为主题，深入调研、仔细规划、营造氛围、多方合作、制定政策、切实推动、评估改进，用五到十年的时间，为裕固族文化的发展和繁荣奠定一个良好的基础，为裕固族地区综合发展实力和可持续发展能力的提高提供不竭动力，为实现《宪法》和《民族区域自治法》赋予裕固族人民的各项权利

---

① 此项目可以由一名县级领导牵头，由裕固族文化研究室承担，可以申请文化部非物质文化遗产项目。

提供切实保障。

近几年在这方面已经有了一些阶段性成果，其标志之一是各级领导热心投入，积极倡导，树立示范效应，除贺敬农主编《标准地名录》之外，郭梅兰主编《裕固千秋》、高林俊主编《裕固族传统文化图鉴》、铁穆尔主编《裕固族原生态民歌档案》、安维武主编《裕固族乡土教材——裕固家园》等，都是非常有意义、有价值的工作，是社会进步、思想成熟、境界提升的重要标志。

总之，这些工作需要我们大家精诚团结、共同努力来完成。正如贺敬农主任所说"这是历史留给我们这一代的责任"，我们应该对得起祖先，对得起后人。

（本文原载于《河西学院学报》2012年第4期）

[作者简介]

钟进文（1963—   ），男，裕固族，甘肃肃南人，文学博士，中央民族大学少数民族语言文学系教授，主要从事少数民族语言文学研究。

裕固族文字与古文献

钟进文

[摘要] 回鹘文是古代回鹘人所使用的拼音文字，又称回纥文。唐代至明代主要流行于今吐鲁番盆地和中亚楚河流域。这种文字的文献，近代发现于哈密、吐鲁番和甘肃一带。甘州回鹘汗国时期，甘州、沙州回鹘人主要使用回鹘文，宋元时期回鹘语文成为河西走廊的通行语文，这期间用回鹘文记录和创作了许多作品，并进行了颇具规模的佛典翻译工作。明清以后随着河西回鹘势力的衰微，回鹘文逐渐被忘却，用这种文字写成的文献也随之归于湮灭。19世纪末20世纪初，由于甘肃敦煌藏经洞的发现，才有一部分回鹘文文献得以重新问世。

裕固族先民——河西回鹘人，在闻名中外的丝绸之路创造了灿烂的文化。他们建立的甘州回鹘汗国，地理位置重要，是河西走廊的中心地带，也是西域和中原往来的咽喉。从漠北迁居甘州的回鹘人和当地的汉族人、突厥人及吐蕃人相互融合后，文化得到长足发展。河西走廊西端的敦煌也是丝路重镇，沙州回鹘人利用敦煌在整个丝路中交通枢纽的地位经营中介贸易；甘州回鹘则控制着从中亚进入中原的门户，他们借此收取过往商队的商税。这样，回鹘人在敦煌至甘州的狭长地带曾盛极一时。

回鹘文是古代回鹘人所使用的拼音文字，又称回纥文。唐代至明代主要流行于今吐鲁番盆地和中亚楚河流域。这种文字的文献，近代发现于哈密、吐鲁番和甘肃地区。11世纪的《突厥语词典》、13世纪的《蒙鞑备录》都曾记述过这种文字。根据"九姓回鹘可汗碑"等文物推断，回鹘文是在窣利（粟特）文字母的基础上形成的。回鹘文从什么年代开始使用，目前尚无定论。10世纪后，今新疆南部的回鹘人虽已改用阿拉伯字母，但回鹘文并未完全停止使用，今甘肃境内的回鹘人，即裕固族先民可能仍在使用这种文字。清康熙二十六年（1687年）重抄的《金光明经》回鹘文译本，证明这种文字一直到17世纪仍在使用。

回鹘文字母数目各个时期不尽相同，最少为18个，最多达23个。23个字母中有5个字母表示8个元音，18个字母表示22个辅音。字母分词首、词中、词末等形式。文中有句读符号，在摩尼教文献中还在句读符号上加红色圆圈。段落用对称方形的4个点隔开。行款起初由右往左横写，后改为从左往右竖写。

甘州回鹘汗国时期，甘州、沙州回鹘人主要使用回鹘文，宋元时期回鹘语文成为河西走廊的通行语言,敦煌、甘州成为河西回鹘的佛教中心,这期间用回鹘文记录和创作了许多作品,并进行了颇具规模的佛典翻译工作。明清以后随着河西回鹘势力的衰微,回鹘文逐渐被忘却,用这种文字写成的文献也随之归于湮灭。19世纪末20世纪初,由于甘肃敦煌藏经洞的发现,才有一部分回鹘文文献得以重新问世。

1910年在甘肃酒泉附近一座寺庙内(今肃南裕固族自治县祁丰乡文殊寺)发现的回鹘文译本《金光明最胜王经》,属于清康熙二十六年(1687年)的重抄本。由此证明,裕固族使用回鹘文延续至17世纪。这些文献是研究裕固族及其先祖回鹘人社会、经济和文化的宝贵资料。

敦煌千佛洞出土的回鹘语文献可以分为两大组。一组为藏经洞出土,另一组为第464、465等元代洞窟出土。这些回鹘语文献几乎全部流落到国外,目前分别存于伦敦大英图书馆、巴黎国立图书馆、斯德哥尔摩民族学博物馆和日本京都有邻馆等处,只有很少几件残文保存在中国敦煌文物研究院和兰州甘肃省博物馆。藏经洞出土的50件文献基本上属于公元11世纪初之前的文献,从文字种类分,可分为4种,其中1件《摩尼教徒忏悔词》用摩尼字母写成,2至3件用古代突厥文字母写成,如《占卜书》,其余用回鹘文写成。从内容上分类,19件为世俗文书(书信、商品账目等),13件为佛教、摩尼教和未能确定性质的宗教文献,4件为官方文书、诗歌片断、杂记等内容,属于11世纪以后的回鹘文文献,大部分为元代的东西,约有16种,其中重要的有《俱舍论安慧实义疏》、《佛教诗歌集》等著作。前者为迄今发现的篇幅大且较完整的少数回鹘文献之一,它不仅对回鹘语言的研究具有重要意义,而且因其汉文本已佚,对汉文佛典的研究也具有参考价值。后者均为回鹘作者创作的宗教诗歌,有的在艺术上达到很高水平,在回鹘文学史上占重要地位。

敦煌出土的回鹘文献主要有:俄国突厥学家马洛夫于1910年在甘肃酒泉文殊沟所得的回鹘文写本《金光明最胜王经》,共397叶,现存俄罗斯科学院东方学研究所列宁格勒支所。另外两叶为瑞典考古学家别尔格曼于1927—1935年于甘肃所得,现存斯德哥尔摩民族学博物馆,译者是公元10世纪回鹘著名学者别失八里人胜光萨里。《古祥轮律仪》残卷是回鹘文秘宗文献,现存伦敦大英图书馆,内容属于宗教大师纳罗巴(1016—1100年)传承的《吉祥轮律仪》(Sricakramrara)方面的著作。1978年德国出版了关于此书的研究专著,题作《回鹘文死亡书》,刊布了全书的拉丁字母转写、德文译文、注释和全部图版。回鹘文《阿毗磨俱论》残卷、《阿含经》残卷、《大方广圆党修多罗了义经》注释本残卷等现存瑞典,均为西北科学考察团瑞典成员别尔格曼在甘肃所得。此外,还有回鹘文残信,现存巴黎国家图书馆,经日本学者初步研究,内容是写给一位与敦煌回鹘佛教团体有联系的回鹘佛教徒的书信。回鹘文诗歌方面的著作有叙事诗《常啼和法上的故事》,现存巴黎国家图书馆,是181段押头韵的4行诗形式,具有很高的文学价值。回鹘文草体佛教诗歌集现存伦敦大英图书馆，文中有时夹写汉字，全为押头韵的 4 行诗或 8 行诗形式，共约 948 行，是迄今发现的最重要的佛教诗歌集，对研究古代回鹘诗歌的发展具有十分重要的意义。现介绍其中的田园诗《在这块地方》之一：

在层层的群山中，
在那安静的阿兰若处，在松柏树下，
在潺潺的小河旁。
在欢快的飞鸟聚栖处，
在那无牵无挂令人快乐的这块地方。

敦煌卷子中发现的这些珍贵作品，大大丰富了裕固族文学史的内容。第一位研究该回鹘文诗歌集的是土耳其学者阿拉提，他在 1958 年出版的专著《古代突厥诗歌》（Eski Türk Siiri）一书中，首次刊布了这些诗歌的拉丁字母转写和现代土耳其语译文，书后并附有全部原文图版（上述详见耿世民著《敦煌出土回鹘文献介经》）。

著名的回鹘文碑刻有《有元重修文殊寺碑铭》，现存甘肃省酒泉西南 15 公里的文殊沟。碑额和碑座已佚，正面为汉文，背面为回鹘文。据此碑汉文内容，立碑人为喃答失太子，回鹘文部分虽内容同汉文大致相同，但不是汉文的译文，回鹘文部分为我们提供了元代河西走廊蒙古察合台一支完整、正确的系谱，并且对回鹘文学和语言研究也具有重要意义。《亦都护高昌王世勋碑》，现存甘肃省武威市文化馆，碑文用汉文和回鹘文书写。《大元肃州路也可达鲁花赤世袭之碑》，现存甘肃省酒泉市文化馆，此碑立于元顺帝至正二十一年（1361 年），立碑人为唐兀（西族）族人善居，用汉文和回鹘文书写。此碑记录了一个唐兀族家庭自西夏灭亡后，至元朝末年 150 多年间六代 13 人的官职世袭及其仕事元朝的情况，为我们了解元代河西走廊地区唐兀族的活动和回鹘语文的使用情况提供了珍贵的史料。

敦煌出土的回鹘文献约占整个（包括新疆）出土回鹘文献的三分之一。历史上回鹘文曾对周围其他民族的文化有过很大的影响。西夏李元昊占据河西走廊以后，于公元 1037 年规定设"蕃字院"，"掌西蕃、回鹘、张掖、交河一切文字，并用新制国字，仍以各国蕃字传之"。西夏的规定说明回鹘文在当时所占的重要地位。

契丹小字是迭剌在回鹘文字的启示下，改进了契丹大字而制成的。元代，回鹘文被蒙古族所采用。公元 1269 年，元世祖忽必烈在诏书中说："朕惟字以书言，言以纪事，此古之通制。我国家肇基朔方，俗尚简古，未遑制作，凡施用文字，因用汉楷及畏吾字，以达本朝之言。"蒙古族借用回鹘字母拼写自己的语言，后来形成蒙古文。回鹘式蒙古文曾在长达半个多世纪里发挥着巨大作用："凡出纳钱谷，委任人才，一切事皆用之。" 16 世纪以后，满族又依照蒙古文字母创制满文，即所谓的老满文。裕固族古代文化具有悠久的历史，在不同时期、不同地域环境下都曾取得过辉煌的成绩。只是由于特殊的游牧生活所致,迁徙频频,战火四起,他们所创造的灿烂文明,结出的丰硕果实,湮灭在茫茫戈壁,散落在绿色草原上。

(本文原载于张志纯、安永香主编:《肃南史话》,甘肃文化出版社,2007年版)

[作者简介]

钟进文(1963—),男,裕固族,甘肃肃南人,文学博士,中央民族大学少数民族语言文学系教授,主要从事少数民族语言文学研究。

裕固族语言简介

钟进文

[摘要] 裕固族有两种本民族语言，一种是属于阿尔泰语系突厥语族的西部裕固语；另一种是属于阿尔泰语系蒙古语族的东部裕固语。两种语言在同语族语言中都具有非常特殊的地位。西部裕固语属于保存古代突厥语特点较多的"上古突厥语"，是回鹘文献语言的"嫡语"；东部裕固语保留着较多的古代蒙古语词汇和某些语音方面的特点。

裕固族有两种本民族语言，一种是属于阿尔泰语系突厥语族的西部裕固语，过去被称为"撒里畏兀儿语"或"尧乎尔语"等；另一种是属于阿尔泰语系蒙古语族的东部裕固语，过去被称为"西喇玉固语"或"恩格尔语"。二者以汉语为共同交际语。裕固族过去使用过回鹘文，现在没有自己的文字，普遍使用汉语文。

一

使用西部裕固语的人主要居住在肃南裕固族自治县西部的明花乡和大河乡等地。学界一般认为，西部裕固语是历史上"黄头回纥"或"撒里畏兀"为主体的人所说的语言。

西部裕固语无方言差别，该语言在语音方面，有8个基本元音，6个带擦元音，个别元音是否带擦音可区别词义。有28个辅音，塞音和塞擦音均为清音，分送气与不送气两套，有些词的读音保存古代语音的特点。词汇方面，保存一些见于突厥、回鹘文献中的古词，有大量的汉语借词和一些蒙古语借词、藏语借词，阿拉伯语、波斯语借词极少。语法方面，名词的人称附加成分已退化，除第三人称外，第一、第二人称附加成分极少用。动词没有人称附加成分，陈述式各种时有确切口气与普通口气的区别。缺乏连词，复合句不发达。在突厥语族语言中，西部裕固语保存古代语言特点较多，受汉语影响也较深。

近百年来，该语言引起了中外突厥学界的极大兴趣。早在20世纪初期，俄国著名突厥学家马洛夫（Malov C. E.）就曾两次（1909—1911年；1913—1915年）赴裕固族地区，前后花费14个月的时间来专门调查记录这种语言。后来，他不仅在俄国的莫斯科、圣彼得堡等地发表了一系列介绍西部裕固语的文章，而且于

311

1957年和1967年分别在阿拉木图和莫斯科出版了两部关于西部裕固语的专著。到20世纪50年代，马洛夫的学生，曾任苏联突厥学委员会主席的捷尼舍夫（Tenishev E. R.）又亲赴裕固族地区继续调查。从1960年到1980年，他在苏联、德国等地的报刊杂志发表了一些研究西部裕固语的文章，同时，与蒙古语言学家托达耶娃（Todaeva B. X）合著出版了《裕固族的语言》（1966年）一书，1976年他又出版了专著《西部裕固语的语言结构》。另外，20世纪60—70年代在国际突厥语言学界最有影响的苏联学者巴斯卡阔夫（Baskokov H. A.）也涉足此领域，发表了《关于西部裕固语谓语结构的一种古代类型》（1976年）的论文。中国学者陈宗振自1957年调查这种语言起，40余年来，一直坚持不懈地开展对这种语言的研究工作，发表了大量学术论文，出版了《西部裕固语简志》、《西部裕固—汉词典》和《西部裕固语研究》等著作。

对上述研究成果，中外语言学界给予了高度评价。例如，1979年，巴斯卡阔夫在阿拉木图召开的全苏联科学研讨会上指出："马洛夫关于罗布语和裕固语的研究工作是独一无二的，因为它们是当时未被科学界了解的，是对突厥语史研究具有极重要意义的语言的首次研究。特别令人感兴趣的是马洛夫那些将古代和现代语言做了大量比较的方言词典以及裕固语语法纲要。马洛夫关于裕固语动词变位系统和一些语法形式的分析，对突厥语动词系统做出了崭新的解释，并且使确定其他突厥语动词时间形式的意义成为可能。" A. 谢列布连尼科夫和A. A. 切切诺夫认为"捷尼舍夫的《西部裕固语的语言结构》是关于很少为人所知还在逐渐消失的中国西部诸突厥语言和突厥民族的真正有价值的文献"。中国民族语言学会会长孙宏开在《20世纪中国民族语言学的回顾与展望》一文中认为，陈宗振对西部裕固语中的带擦元音的描写，揭示了该语言中存在的一些特殊语音现象，从而使学界对我国少数民族语言语音的描写面更加广泛。

西部裕固语为什么成为中外突厥学家备感兴趣的语言之一呢？因为，它在同语族语言中具有非常特殊的地位，或者说与同语族语言相比，它有不少自己的显著特点。例如，由于体词词腰出现-Z-音，从而与有共同地理环境和民族起源的现代维吾尔语相区别，而属于由-Z-＜d（azaq＜adaq'脚'）发展而来的哈卡斯语族。在语音方面，除了古今突厥语中常见的8个基本元音外，还有一类在基本元音上附有短促的清擦音的元音；塞音、塞擦音发展成为清音。在词汇方面，一是有大量的突厥语族同源词，其中有些是其他语言中罕见的古词；二是汉语借词占很大比重。语法方面，数词从11到19、21到29结构特殊，保留着突厥、回鹘文献语言的计数法。另外，动词没有人称附加成分。

近一个世纪以来，不少突厥语专家对西部裕固语所具有的特点进行过各种评价。马洛夫认为，很难把西部裕固语看做是维吾尔语，这种语言或者是很久以前就黠戛斯化了的某种回鹘语，或者完全是一种别的语言。巴斯卡阔夫认为，西部裕固语动词词尾缺乏人称标志，从而具有"最古突厥语"性质。捷尼舍夫认为，9世纪裕固族和古代回鹘部落一起迁到了中国境内和中亚，无论是察合台语，还是新维吾尔语在西部裕固语中都没有通行过。同时，由于受到汉语强大的和长期的影响，因而西部裕固语形成了强和弱的清辅音系统，发展了形态学方面的分析因素，词汇方面也增加了大量的汉语词。除了汉语的成分外，西部裕固语还吸收了一些蒙古语、藏语、梵语词汇。因此，可以认为，现代西部裕固语是一种经过强烈混合后形成的语言，它是突厥语系中一种非常有趣的、独立的语言。美国学者柯拉克认为，无论怎样，西部裕固语体现的是一种古代特征，或者说，它反映了古代回鹘语的一种延续。尤其古代突厥碑文中的"阶梯"计数体系，在西部裕固语这一现代独一无二的语言中一直保留到现在。

由于上述特点，西部裕固语在突厥语族语言中的地位问题也就成为中外学者关注的焦点。巴斯卡阔夫（Baskakov N. A.）根据突厥语的历史及其语言学上的主要特征所进行的分类法中把西部裕固语归入突厥语族东匈语支的维吾尔—乌古斯语组、哈卡斯次语组。马洛夫（Malov S. E.）根据语音特征所进行的分类法中则把西部裕固语归入保存古代突厥语特点较多的"上古突厥语"，并指出，它是回鹘文献语言的"嫡语"。目前，国外突厥学界一般认为，西部裕固语可归入突厥语族东北语支，与之最接近的语言是哈卡斯语和它的姊妹语楚伦语、绍尔语、土瓦语和它的姊妹语土法拉语；与之较远的亲属语言是雅库特语和多勒干语。同时，对有些学者把西部裕固语看做是现代维吾尔语的一种亲属语言持反对态度，认为这主要是从二者地理分布考虑的原因。

相反，我国学者却反对把西部裕固语与维吾尔语划分为不同语支。认为虽然西部裕固语在语音方面与现代维吾尔语有较大差异，但是，西部裕固语与维吾尔语都是来自中古的回鹘语。由于西部裕固语处于同亲属语言相隔离的状态，这种语言环境遂使西部裕固语的语音结构比较稳定地延续下来。经过1000年的演变，今天的西部裕固语仍同中古突厥文献语言保持着不少共同点。

西部裕固语虽然长期与亲属语言处于相隔离的状态，但是却不断地接受着非亲属语言的影响，具体而言就是受到汉语的强烈影响。这种既隔离又影响的结果使西部裕固语，一方面在突厥语系中形成了一种非常有趣的语言，另一方面又有一种被非亲属语言取代的危机。目前，国外突厥语言学家认为，西部裕固语已成为典型的边缘语；或"基本上是汉语和残存的突厥语成分的组合"。虽然这种提法不够科学，但是，西部裕固语在汉语影响下确实发生着重大变化。这种变化既体现在语言结构上，也体现在语言功能上。

在汉语影响下，西部裕固语在语音方面的总体变化是前低元音向前高元音发展，前高元音向后高元音发展。在附加成分中 e 上升到 i 音位的现象尤其突出。其次，西部裕固语中出现了许多省略两个元音之间的辅音的现象，由此导致了语音的缩减形式。附加成分的缩减形式可以说比比皆是，由此也导致了副动词与一些助动词的结合构成了有体的意义色彩的复合动词。同化现象也是西部裕固语语音变化方面的一个重要特征。在词汇方面的变化是吸收了大量的汉语借词，从而使西部裕固语成为在突厥语族诸语言中汉语借词量较大的语言。总之，汉语对西部裕固语的结构产生了重大影响。

二

　　东部裕固语属阿尔泰语系蒙古语族，居住在肃南裕固族自治县东部的康乐乡红石窝、青龙和皇城镇的北滩、东滩一带的人使用该语言。在同语族内，东部裕固语同土族语、东乡语、保安语和蒙古语相比较，它具中间地位，与两方都有一定的共性。简单说，在语音方面，东部裕固语和土族语、东乡语、保安语的共性较多；而在词汇和语法方面又和蒙古语的共性特征多一些。此外，在蒙古语族语言当中，东部裕固语与突厥语族的关系更为密切，有大批和西部裕固语相同的词汇。东部裕固语内部没有方言差别。

　　东部裕固语有单元音（又有长短系统）和复元音之分。单元音中有8个基本元音，其他各分长短，共有15个单元音。单元音可以出现在音节的任何位置上。复元音大致有15个。辅音也分单辅音和复辅音，其中有32个单辅音，23个复辅音。东部裕固语保留着较多的古代蒙古语词汇和某些语音方面的特点，特别是词首古音"h"保留得相当多，这与现代蒙古语有显著差异，有表示丰富的形动形式和副动形式动词。人称代词有人称、数和格的形式，但没有领属形式，第三人称代词无专门词，汉语借词比重大，其余为突厥语、藏语借词。

　　关于东部裕固语的形成，学界一般认为，说东部裕固语的人在历史上是元代以来统治撒里畏兀地区的元宗室或其他说蒙古语族语言的部落，以及某些改用蒙古语族语言的突厥部落。说东部裕固语的人中确实有突厥人的成分，据20世纪50年代的社会调查材料显示，裕固族部落之一——罗尔家，100多年前讲的是西部裕固语，但现在转用东部裕固语；从亚拉格家、贺郎格家专为大头目支差、放牧而来的青壮年，定居大头目家后都学会了东部裕固语；裕固族部落之一——五个家，历史上由于居住地与康乐乡的大头目家接近，说的是东部裕固语，但在唱历史民歌时，却使用西部裕固语，其音调、歌词均同于说西部裕固语的部落。据说，原来他们的话是相同的。杜曼部落中的杜曼氏族原来说西部裕固语，1934年迁到曼台部落后，才学会东部裕固语。可见历史上不断有突厥人转用蒙古语族语言。

　　撒里畏兀统一蒙古之后，蒙古相继派宗王戍守其地，从元朝中叶开始，蒙古宗王出伯及其子孙戍守撒里畏兀地区，直至元末。到明初，出伯子孙中属威武西宁王系的卜烟贴木尔率先归依明朝，被明朝封为安定王，继续统领撒里畏兀儿人。同时，当时散布于河西走廊西部及天山东部的蒙古军队，有的被打败，有的逃离各地。由于卜烟贴木儿的影响，这些被打败和逃离的军队中的一部分，相继归依明朝，明朝安置这些部众，在河西走廊西部相继建立赤斤蒙古卫、罕东卫（后分裂为二卫）和沙州卫。由此他们在明朝统治下，与撒里畏兀人一起在关外生活一个多世纪，直到共同东迁入关。有关裕固族的史书把这段时间（公元 13 世纪六七十年代至 18 世纪初）看做"是裕固族形成的最重要时期"。同样，这段共同生活的经历也为东部裕固语的形成打下了基础。明朝中叶，汉文史书中开始出现了"西喇古尔"一词。一般认为，汉文中凡带"锡喇"、"西喇"的是根据东部裕固语的自称 şira 音译的；凡带"撒里"、"萨里"的是根据西部裕固语的自称 sarïɣ 音译的。由此可见，"西喇古尔"的出现标志着蒙古宗室后裔及其所属蒙古部落成为撒里畏兀儿的一部分，他们所说的蒙古语也就成为今天裕固族的民族语言之一。

（本文原载于张志纯、安永香主编：《肃南史话》，甘肃文化出版社，2007 年版）

[作者简介]
钟进文（1963—   ），男，裕固族，甘肃肃南人，文学博士，中央民族大学少数民族语言文学系教授，主要从事少数民族语言文学研究。

西部裕固语的发展与传承困境

钟进文

[摘要] 本文在介绍西部裕固语基本情况的基础上，重点讨论了汉语对西部裕固语的影响，特别指出汉语对裕固语功能方面的影响大致可分两方面，一是使用人数减少，二是使用范围缩小。

裕固族有两种本民族语言，一种是属于阿尔泰语系突厥语族的西部裕固语，过去被称为"撒里畏兀儿语"或"尧乎尔语"等；另一种是属于阿尔泰语系蒙古语族的东部裕固语，过去被称为"西喇玉固语"或"恩格尔语"。二者以汉语为共同交际语。裕固族过去使用过回鹘文，现在没有自己的文字，普遍使用汉语文。

一、西部裕固语

使用西部裕固语的人主要居住在中国西部的甘肃省肃南裕固族自治县的明花乡和大河乡等地。学界一般认为，西部裕固语是历史上"黄头回纥"或"撒里畏兀"为主体的人所说的语言。

在语音方面，除了古今突厥语中常见的8个基本元音外，还有若干个带擦元音。在词汇方面，汉语借词占很大比重。语法方面，数词从11到19、21到29结构特殊，保留着突厥、回鹘文献语言的计数法。动词没有人称附加成分。

近百年来，该语言引起了中外突厥学界的极大兴趣。早在20世纪初期，俄国著名突厥学家马洛夫（Malov C. E.）就曾两次（1909—1911年；1913—1915年）赴裕固族地区，前后花费14个月的时间来专门调查记录这种语言。中国学者陈宗振自1957年调查这种语言起，一直坚持开展对这种语言的研究工作，发表了不少学术论文，出版了《西部裕固语简志》、《西部裕固—汉词典》和《西部裕固语研究》等著作。

最近国外成果是玛蒂茹斯2000年完成的博士学位论文《西部裕固语研究》。中国研究成果主要有两项：一是陈宗振先生著《西部裕固语研究》，中国民族摄影艺术出版社2004年版；另一项是钟进文著《西部裕固语描写研究》，民族出版社2009年版，是作者在博士学位论文基础上修改补充而成的。

近一个世纪以来，不少突厥语专家对西部裕固语所具有的特点进行过各种评价。马洛夫认为，很难把西部裕固语看做是维吾尔语，这种语言或者是很久以前就黠戛斯化了的某种回鹘语，或者完全是一种别的语言。巴斯卡阔夫认为，西部裕固语动词词尾缺乏人称标志，从而具有"最古突厥语"性质。捷尼舍夫认为，现代西部裕固语是一种经过强烈混合后形成的语言，它是突厥语系统中一种非常有趣的、独立的语言。

西部裕固语在长期与亲属语言处于相隔离状态的同时又不断地接受着非亲属语言的影响，具体而言就是受到汉语的强烈影响。这种既隔离又影响的结果使西部裕固语，一方面在突厥语系统中形成了一种非常有趣的语言，另一方面又有一种被非亲属语言取代的危机。

目前，国外突厥语言学家认为，西部裕固语已成为典型的边缘语；或"基本上是汉语和残存的突厥语成分的组合"。虽然这种提法不一定准确，但是，西部裕固语在汉语影响下确实发生着重大变化。这种变化既体现在语言结构上，也体现在语言功能上。

在汉语影响下，西部裕固语在语音方面的总体变化是前低元音向前高元音发展，前高元音向后高元音发展。在附加成分中 e 上升到 i 音位的现象尤其突出。其次，西部裕固语中出现了许多省略两个元音之间的辅音的现象，由此导致了语音的缩减形式。在词汇方面的变化是吸收了大量的汉语借词，从而使西部裕固语成为在突厥语族诸语言中汉语借词量较大的语言。总之，汉语对西部裕固语的结构产生了重大影响。

二、裕固语的发展趋势

汉语对裕固语功能方面的影响大致可分两方面：一是使用人数减少，二是使用范围缩小。

1. 使用人数减少

据 1982 年全国第三次人口普查资料，全国裕固族人口共计 10569 人，居住在肃南裕固族自治县的 8088 人，其中说西部裕固语的 4623 人，说东部裕固语的 2808 人[1]。到 1990 年全国第四次人口普查时，全国裕固族人口为 12279 人，居住在肃南裕固族自治县的为 8825 人[2]。其中说西部裕固语的 3693 人，说东部裕固语的 3194

---

[1] 陈宗振：《西部裕固语中的早期汉语借词》，载《中国突厥语研究论文集》，民族出版社，1991 年，第 287 页。原载于《语言研究》1985 年第 1 期（总第 8 期），第 206—214 页。

[2] 马正亮：《裕固族人口的规模及数量变动》，载《中国少数民族人口》1997 年第 2 期，第 12 页。

人①。从这些早期统计的数据可以发现,仅10年间,居住在肃南裕固族自治县的说西部裕固语的人减少了近千人。

使用人数减少,主要有以下几方面因素。

一是地理环境和生产方式发生变化。裕固族过去以牧业为主,由于和汉族密切往来,逐渐开始务农,农业在经济生活中的比重越来越大,畜牧业退居次要地位②。随着居住环境和生活方式的改变,传统文化也发生了重要变化,其标志之一是一部分人放弃了民族语,而转用汉语。

二是异族通婚与向外流动。裕固族与其他民族通婚以及考学、招工、招干、经商等方式流动到其他地区工作,是裕固语使用人口减少的另一原因。

据介绍,本世纪初裕固族很少和其他民族通婚③,但是,新中国成立后,随着各民族的共同繁荣进步与和睦相处,尤其是裕固族的文化教育水平得到提高后,与其他民族的通婚就变得非常普遍。这种通婚的结果是其子女普遍转用汉语。

随着中国的改革开放和市场经济的活跃,裕固族外出经商、打工的人也越来越多。这些人从聚居区走向外地后即完全使用汉语,而与异族通婚后,其子女又没有学习本民族语言的环境,从而成为汉语单语人。

2. 使用范围缩小

西部裕固语使用人数减少的同时,使用范围也日益缩小。由于裕固族没有自己的文字④,族内又使用两种无法交流的民族语,所以只有操同一种民族语的裕固族聚居的地方和家庭,才是学习民族语的主要场合。但是现在这种单一的聚居区和家庭却日益减少,而杂居和异族通婚的裕固族家庭却越来越多。由此也导致了西部裕固语使用范围的缩小。在杂居区,在公共场所多用汉语交流,只有在家庭中使用一些裕固语;而异族通婚的家庭则基本用汉语。

面对裕固语发展的萎缩现象,当地政府和文化人士也开展了积极有效的搜集整理和抢救保护等措施。2003年,甘肃省肃南裕固族自治县成立了裕固族文化研究

---

① 杜曼·叶尔江:《浅谈裕固语使用情况》,载《甘肃民族研究》1994年第2期,第66页。

② 《裕固族东乡族保安族社会历史调查》,甘肃人民出版社,1987年,第16页。

③ Mannerheim:A visit to the Sar and Shera Y gurs. Journal de la Societfe inno-ougrienne 27. pp. 15,Helsingfors 1911.

④ 裕固族过去可能使用过回鹘文,元末的《大元肃州路也可达鲁花赤世袭之碑》的回鹘文碑文很可能是撒里畏兀人撰写的。回鹘文《金光明经》于20世纪初在裕固族地区附近的酒泉文殊沟为人发现。这部佛经虽是别失八里回鹘僧人僧古萨里译自汉文的,但抄写时间是清康熙二十六年(1687年)。新疆的维吾尔人在此以前200年就全部改信伊斯兰教了。所以这份文献的抄写者很可能是裕固族佛教徒。由此说明,裕固族直到清代初期,至少在宗教界还使用回鹘文(陈宗振:《西部裕固语中的早期汉语借词》,载《中国突厥语研究论文集》,民族出版社,1991年,第287—288页)。

室;并编纂《东、西部裕固语—汉语词典》,收集民歌、谚语、谜语、民间故事等,力求比较全面地保护裕固族的语言素材。创办不定期文化刊物《尧熬尔文化》。2008年将搜集整理的40首裕固族民歌进行录音录像,并将歌词撰写为国际音标,定名为《裕固族原生态民歌档案》,由中国国际广播音像出版社出版发行。

三、裕固语传承面临的困境

1983年11月至1984年7月间,最早转用汉语的酒泉市黄泥堡裕固族乡政府在学校又开展了学习西部裕固语的课堂教学活动。先后接受培训的学生有180人左右。从近邻的明花乡明海片聘请精通西部裕固语的人任教,但由于教学方法和教学环境的问题,最后只好停止[①]。

近年来,肃南裕固族自治县核心地区也启动了教授裕固语的活动。从2007年开始,肃南县在幼儿园开展双语教育。由于东部、西部裕固族语分属不同的语族,所以教语言课需要两名老师。一个教西部裕固族语,一个教东部裕固族语。2007年先教东部裕固族语,2008年开始教西部裕固族语。虽然都是教裕固族语言课,但互相听不懂对方的语言。

幼儿园每天下午设一节语言课,隔日上课,分别学习东部、西部裕固族语。由于没有文字,老师上课时,更多的是用语音和肢体语言来示范。授课时先讲单词,后连成句子,每学期孩子们能记住40多个单词。为了给孩子学习语言创造良好环境,幼儿园每周下午都把家长请来与孩子一起听课,培养家长的语言意识。

2009年3月20日,肃南县幼儿园还召开了裕固族语言课教学研讨会。幼儿园还邀请6名精通裕固族语言的家长作为幼儿园裕固族语言课校外辅导员,每周到幼儿园与幼儿进行语言互动、交流和辅导。

据园长介绍,目前在县幼儿园学习裕固族语的有80名孩子。这些孩子只占全园孩子总数的30%。更让园长遗憾的是,这些孩子在这里学习两年后就上小学了,但小学目前还没有施行双语教育。

2010年7月,肃南裕固族文化研究室利用暑期,在大河乡西岭村开办了裕固族语言培训班。这是他们自己编印教材,在牧区开办的第一个具有试验性质的裕固族语言培训班,通过教授牧民群众和大中小学生记音符号的方式,使本民族语言可以书写、念诵,从而可以准确有效地记忆和传承裕固族语言。

由此可见,裕固族已经处在接受汉语文教育,提高文化素质与如何保留本民族语言的两难困境之中。

[①] 巴战龙:《西部裕固语的使用与教学述略》,载《甘肃民族研究》1998年第1期,第62—64页。

（本文部分内容曾以《裕固语面临传承困境》载于《中国社会科学报》2011年11月15日第7版）

[作者简介]

钟进文（1963—   ），男，裕固族，甘肃肃南人，文学博士，中央民族大学少数民族语言文学系教授，主要从事少数民族语言文学研究。

东部裕固语记音符号方案

照那斯图

[摘要] 本文是著名的东部裕固语研究专家照那斯图研究员应肃南裕固族自治县裕固族文化研究室的邀请拟定的《东部裕固语记音符号方案》，具有重要的文献价值。

此《东部裕固语记音符号方案》的拟订以 26 个拉丁字母即汉语拼音方案为依据，利用其全部字母，并在相应单字母后用字母 h 增加一批双字母，以表示东部裕固语特有的语音。只有一点不同，就是采用了一个特殊字母 ö。由于设计了较多的双字母，偶尔出现词中音节的混淆现象，对此则用现成的隔音符号"'"加以分开。

元音

a－展唇后低元音［ɑ］。出现于词首、词中、词末。如：alakh 花色，aman 口、咀，bavha 小。

e－展唇次高央元音［ə］。出现于词首、词中、词末。如：enGGe-这样做，menGGhan 千，nasen 年龄。

e 在 i 后是次高展唇前元音［e］，出现于词首、词中、词末。如：iem 药，ieme 母的、雌性，Gier 房子、家。

i－展唇次高前元音［i］。出现于词首、词中、词末。如：isen 九，idie-吃，buri 每。

o－次低圆唇后元音［o］。出现于词首、词中、词末。如：oG-给，odo 现在，hoden 星。

o 在某些条件下读低圆唇后元音［ɔ］，必要时用 o_1 标记，以示与［o］的区别。

u－高圆唇后元音［u］。出现于词首、词中、词末。如：ula 鞋底儿，hGu 死，nudun 眼。

u 在某些条件下读次高后元音［ɷ］，必要时用 u_1 标记，以示与［u］的区别。

ö－次高圆唇前元音［ø］。出现于词首、词中、词末。如：ölGöbjeG 裤腰带，mökör-扣，töröö-出生。

ü－高圆唇前元音［y］。出现于词首、词中、词末。如：ükun 脂油，düvie 时

321

候，qu 区。

注：汉语借词里，j、q、x 后省略 ü 的两点。

长元音：aa、ee、ii、uu、öö、üü。

e［ə］没有相应长元音，因此 ie［e］的长元音省去 i 而作 ee。

复元音：ia、iu、io、iou、üe（读［ye］）、öi、ei、eu、ai、ui、ua、uai、uo、oi、au。

辅音：

b－双唇不送气清塞音［p］。出现于音节首、末。如：baater 英雄，tobqe 扣子。

p－双唇送气清塞音［p'］。出现于音节首、末。如：paasen 屎，pies 布。

m－双唇鼻音［m］。出现于音节首、末。如：mal 牲畜，sam 梳子。

f－双唇清擦音［φ］。只出现于音节首。如：fuji 书记，banfa 办法。

注：有时就读唇齿音［f］。

w－双唇浊擦音［w］。只出现于音节首。如：wieqen 病，harwan 十。

d－舌尖不送气清塞音［t］。出现于音节首、末。如：döqen 四十，hed?ie-裁。

t－舌尖送气清塞音［t'］。只出现于音节首。如：tuxaa 牛绊，hurtu 长。

z－舌尖不送气清塞擦音［ts］。只出现于音节首。如：zuunaa 蝇，zonɢli 总理。

c－舌尖送气清塞擦音［ts'］。只出现于音节首。如：cai 菜。

s－舌尖清擦音［s］。出现于音节首、末。如：sal 皮筏，bares 虎。

n－舌尖鼻音［n］。出现于音节首、末。如：niin 乳牛，sun 奶。

nh－n 的清化音［n̥］。只出现于个别词词首。如：nhii-笑（与"开"nii-相对立）。

r－舌尖颤音［r］。出现于音节首、末。如：raalje-交换，ɢhar 手。

r－在汉语借词里读卷舌浊擦音［ʐ］。如：riben 日本。

l－舌尖边音。出现于音节首、末。如：löɢjen 母狗，ɢhal 火。

lh－l 的清化音［l̥］，相当于［ɬ］。只出现于词首。如：lhaan 红，lhabzo 画匠。

zh－卷舌不送气清塞擦音［tʂ］。只出现于借词音节首。如：zhanɢ 张（姓）。

ch－卷舌送气清塞擦音［tʂ'］。只出现于借词音节首。如：chanɢ chun 长春（地名）。

sh－卷舌清擦音。只出现于借词音节首。如：shanɢ jianɢ 上将（军衔）。

j－舌叶清不送气塞擦音［tʃ］。只出现于音节首。如：jala-请，jiran 六十。

q－舌叶清送气塞擦音［tʃ'］。只出现于音节首。如：qiewier 巧，hqie-害羞。

x－舌叶清擦音［ʃ］。只出现于音节首、末。如：xielie-按把儿，tuʃ 直的。

注：j、q、x 在汉语借词里读舌面前音［tɕ、tɕ'、ɕ］。

y－舌面中浊擦音。只出现于音节首。如：yose 规矩，bayan 富。

ɢ－舌根不送气清塞音［k］。出现于音节首、末。如：ɢörösen 野兽，ɢurjieɢ 木锹。

k－舌根送气清塞音［k'］。只出现于音节首。如：küütien 冷，kien 谁。

v－舌根浊擦音［γ］。只出现于音节首。如：nivie 一，vieqe 姐姐。

nɢ－舌根鼻音［ŋ］。出现于音节首、末。如：xe¹nɢar 甘草，ɢhaxanɢ 懒的。

ɢh－小舌不送气清塞音［q］。出现于音节首、末。如：ɢhadɢhe-刺，bovhordoɢh 喉咙。

kh－小舌送气清塞音［q'］。只出现于音节首。如：khusun 水，khadaɢh 哈达。

h－喉门清擦音［h］。只出现于音节首。如：hon 年，horo-缠。

注：h 在汉语借词里读舌根清擦音［x］。

hh－小舌清擦音［χ］。只出现于词首。如：hhurvhan 绵羊羔，hhoɢhor 短。

vh－小舌浊擦音［ʁ］。只出现于音节首。如：vhayarla-借，urvhulde-相同，像、一样。

复辅音：全部出现于词首，有 sɢ-、sɢh-、xb-、xd-、xɢ-、xɢh-、hhj-、hhɢh-、hd-、hj-、hɢ-、mb-、md-、mj-、nd-、nj-、nɢɢ-（ŋɢ-）、nɢɢh-（ŋɢh）、lhd-、lhj-、rb-、rd-、rj-、rɢh-。

字母表：a、b、c、d、e、f、g、h、i、j、k、l、m、n、o、p、q、r、s、t、u、v、w、x、y、z、ö。

字母音序表：a、b、c、ch、d、e、ie、f、g、gh、h、hh、i、j、k、kh、l、lh、m、n、nh、o、p、q、qh、r、s、sh、t、u、ü、v、vh、w、x、y、z、zh、ö。

（本文原载于《尧熬尔文化》2006 年第 1 期）

[作者简介]

照那斯图（1934—2010），男，蒙古族，内蒙古科尔沁右翼中旗人，生前为中国社会科学院荣誉学部委员，民族学与人类学研究所研究员，主要从事阿尔泰语系蒙古语族语言调查和八思巴字文献研究，在裕固族研究方面的主要贡献是编著出版了《东部裕固语简志》。

关于东部裕固语与西部裕固语统一记音符号的意见

陈宗振

[摘要] 本文为著名的西部裕固语专家陈宗振研究员应肃南裕固族自治县裕固族文化研究室的邀请，对裕固语记音符号问题提供的专业咨询意见，具有重要文献价值。

一、据说县文化研究室考虑到东乡族等兄弟民族采用以汉语拼音为基础的记音符号，准备也采用这一办法制定统一的裕固语记音符号。因为东部裕固语有38个音位，西部裕固语有36个音位，而汉语拼音方案只有26个基本字母和ü、ê两个可以采用的加符字母，所以不得不另创新字母或采用10个左右双字母，才能表达36至38个音位。如采用汉语拼音方案中已规定的 nɢ、zh、ch、sh 并且加上 ɢh、kh、hh、vh、nh、ln。这样虽然懂得汉语拼音方案的人初学这套记音符号时，需要学的新字母很少，看似优点，但双字母造成的字形加长，并且有时要使用隔音符号区分不作为双字母的 n、ɢ、z 和 h 等音，又带来使用上的不便。

二、如果用这样的记音符号记录西部裕固语，将有以下问题：

1. 如果 [e] 这个出现频率非常高的元音没有专用的字母表示，而采用 ie 之类的双字母表示，双字母使用的频率将更高，同时许多汉语借词中的 bien、pien 等音节就应该写做 biien、piien，而本族固有词的 [ben]、[pen]、[ɢen] 等音节就应该写做 bien、pien、ɢien 等。这又与学习方便的初衷不符，在学习使用者中造成更多困难。

2. 在上述10个双字母中，西部裕固语可以不用 nh、ln 和 vh，但还有与汉语拼音方案相同的 nɢ、zh、ch、sh 和汉语拼音方案没有的 ɢh、kh 和 hh 七个双字母。又因为西部裕固语中以 n 结尾的词干要加以 ɢ 开头或 ɢh 开头的各种附加成分，所以在 n 和 ɢ、ɢh 之间加隔音符号，这样的词不少。再者，一个词里面如果有 ɢh、kh，它们往往出现两三个，再加附加成分时，往往又是以 ɢh、kh 开头的附加成分，这样一个词里三四个双字母的情况屡见不鲜。

例如：ɢ、ɢh、kh 开头的附加成分有 -ɢe，-ɢien，-ɢəlie，-ɢie ş，-ɢha，-ɢham，-ɢhəsh，-ɢhəmies，-ɢhəla……

骑了的：mən'ɢien，戴了的：manɢ'ɢhan，公绵羊：khorvar，对公绵羊：khorvarva，耳朵：khulakh，对耳朵：khulakhɢha。

3. 西部裕固语的 [ʐ] 和 [r] 是可以出现在音节首或音节尾或相同语音条件下的不同音位。和汉语拼音那样在音节尾是 [r]（儿），在音节首是 [ʐ]（日）不同。所以不能共用一个符号。

例如：[sar] 是"老鹰"、[saʐ] 是"头发"，都写成 sar，怎么念，又如上面举了"公绵羊"的例子，qorvar，在一个词里，同一个 r，前面的要读 [ʐ]，后面的要读 [r]，因为只有 [qoʐɣar] 才是正确的。如果按汉语拼音为基础的原则，只有再创一个新的双字母 rh 表示 [ʐ]，那么更多的词就加长了。否则，用 khorvar 写，就会有人读成 [qoʐɣaʐ]、[qorɣar] 甚至 [qorɣaʐ]。

三、文化研究室之所以考虑用汉语拼音字母为基础，也许可能认为国家有一个少数民族创制文字时采用字母的五项原则。所以想尽量用汉语拼音字母表示自己语言中相同或相近的音，但是，我们现在不是研究创制"裕固族文字"的问题，而是要研究制定能兼顾两种裕固语的记音符号（或者叫"音标"）的问题。所以这种统一的音标或符号要不要以汉语拼音方案为基础的问题，与是否符合关于少数民族文字方案中设计字母的五项原则无必然联系。况且，即使以汉语拼音方案为基础也不能过多地采用双字母。例如维吾尔、哈萨克文字改革时的新文字方案，除 nɢ、zh、ch、sh 之外，都采用单字母表示各自特有的音位，如 ɵ、ü、ê、ŋ、к、h、z、ə 等。这也是符合国家政策的"文字方案"。

总之，希望文化研究室再考虑如何以汉语拼音为基础设计统一的裕固语音标，或者考虑采用以国际音标为基础的适合于两种裕固语的、统一的宽式国际音标。

我个人认为，兼顾两种裕固语的情况，尽可能用国际通用的音标表示两种语言的音位，虽然对于懂得汉语拼音方案的人要多学几个新的音标，多学几个与汉语拼音字母形状相同而读音不同的音标，但是，少用双字母将带来日后使用上的极大方便，基本上一个音标表达一个音位。况且，即使采用有十个双字母或六七个新创字母，或兼表两个音的字母，还是要费力学习的。

根据我的体会，创制文字或设计记音符号，就是创造一套"工具"，"工具"就要便于使用。当学习与使用的方便与否发生矛盾时，为了长远利益，应提倡："使用的困难要避免，学习的困难要克服"。因为使用是目的，我们不能过于强调"短期的、初步的""学习方便"而给这套"工具"带来"长期的、后期的""使用困难或不方便"。

总之，如果文化研究室决定采用汉语拼音为基础的方案，我的意见作罢；如果认为可以考虑采用国际音标，我相信这将完全可以更好地表达两种裕固语的音位，并且更便于使用。

裕固语音标（适用于两种裕固语的宽式国际音标）共计 38 个音标：
a ə e i o u ø y
b p m f d t n l

g k ŋ x G q ʁ h
v z tʂ s r ʁ
dʒ tʃ ʃ j dz ts ʂ z

对于东部裕固语，ɣ 表示［ɣ］，ʁ 表示［ʁ］；ts 表示汉语借词的 c［ts］；长元音用双字母 aa、oo 等表示；用 hl 或 lh 表示［ɬ］；用 nh 表示［n̥］，但是，aa、oo 等以及 hl 或 lh、nh 都不占音标排列顺序。

又如，如果 tʂ 在群众中并未形成与 s 相区分的独立音位，也可考虑不要 tʂ，只写 s，汉语水平高的人可以读［tʂ］，汉语水平差的人可能多半读 s，但不区别词义。

对于西部裕固语，因为只有 36 个音位，不需采用 ʁ，因为［ɣ］和［ʁ］都属于 ɣ 音位，也不需要 tʂ，不论读［tʂ］还是［s］，不区分词义。带擦元音用 ah、oh 等表示，但 ah、oh 等带擦元音不占音标排列顺序。同时，西部裕固语的［ɸ］不是音位，据其为带擦元音后与 l 相拼的变体，可以写做 hl。西部裕固语也没有清化的［n̥］所以也不用 nh。

如果采用这套音标，共计 38 个，与 26 个汉语拼音字母和 ü、ê 一共 27 个字母相比，初学者需要学习的新的音标为 ə、ø、ŋ、G、ɣ、dʒ、tʃ、ʃ、dz、ts、ʂ、z、ʁ 共 13 个，如果按单体的基本音标（不计 dʒ、tʃ、dz、tʂ，只计 d、t、3、ʃ、ʂ、z，）只有 9 个。需要学习与汉语拼音字母字形相同而读音不同的音标为 y、x、q、h、j 5 个。

同时减少 zh、ch、sh、nG 等双字母，也不用 Gh、kh、hh、vh 等双字母，只有 dʒ、tʃ、dz、tʂ 四个双体音标，将减少十个双字母带来的不便。

总之，以初学时的困难换来长期使用的方便是合理的。而且，以国际音标为基础，将使我们的研究成果（语言或文字出版物）更有利于国际学术交流。

（本文原载于《尧熬尔文化》2006 年第 1 期）

[作者简介]

陈宗振（1928—　），男，汉族，江苏南京人，中国社会科学院民族学与人类学研究所研究员，主要从事阿尔泰语系突厥语族语言研究，对西部裕固语研究的贡献尤其卓著。

也谈用统一的记音符号转写东部和西部裕固语问题

阿尔斯兰

[摘要] 本文为作者结合自己的基层语言工作实践,就统一记音符号转写东部和西部裕固语问题提出的个人意见,核心观点是裕固语记音符号应该以拉丁字母(汉语拼音)为基础来确定。

多年来,我国在东、西部裕固语研究工作中,形成并使用两套不完全相同的宽式国际音标记音符号,为抢救保护和研究使用裕固语发挥了极为重要的作用。可是,近年来,许多本民族的语言研究工作者,以及一些国内外研究裕固族语言的专家,都提出要用统一的记音符号来转写东、西部裕固语,这一想法的提出受到了很多裕固族知识分子的热烈欢迎。虽然,东、西部裕固语同属阿尔泰语系的蒙古、突厥语族,但在制定统一记音符号时,仍然遇到了许多困难。最后经反复讨论初步形成了两种建议,即陈宗振教授提出的以国际音标来转写的统一记音符号和照那斯图教授提出的以 26 个汉语拼音为基础用拉丁字母来转写的统一记音符号。作为一名裕固族青年语言工作者,结合近两年基层语言工作实践,也想就统一记音符号转写东、西部裕固语问题,谈谈自己浅薄的体会和想法。我认为裕固语记音符号应该以拉丁字母(汉语拼音)为基础来确定,因为:

1. 由于裕固族在历史发展中遗失了本民族的文字,自解放以来又一直完全接受汉语教育,因此大多数 50 岁以下识字的裕固人都学习过并且会使用汉语拼音,这样就易于学习使用新的拉丁字母记音符号,便于今后在裕固族聚居区开展各种形式的双语教学,也对今后裕固语资料在本族群众中阅读普及提供了便利。

2. 因为东、西部裕固语同属阿尔泰语系,加之数百年来共同生活中相互交融影响,联系现实生活中的实践了解,不难发现同族两种语言的发音系统非常相近,只有 [ż]、[Б]、[hl] 等极个别音位有所差别。因而东、西部裕固语使用统一记音符号的现实条件是成熟可行的。同时,使用同一套记音符号对于外界研究裕固族两种语言,裕固族人学习使用两种本族语言都提供了极大方便,也对增强民族向心力、凝聚力有着举足轻重的作用,对后世将会产生深远影响。

3. 现代生活离不开电脑,而以汉语拼音为基础的拉丁字母记音符号在键盘当中都可以找到对应的键位,便于在日常生活、工作及教学中运用,而无需开发特殊的软件系统或对计算机做特殊要求。众所周知,在我国 55 个少数民族中,目前有

22个民族使用28种本民族文字，其中有13个选择使用拉丁字母的形式。在生活中有很多论文也大都以拉丁字母来转写表达本民族语言，因而说使用拉丁字母的记音符号，便于各民族语言文字间的学习交流，也便于学术上的交流。

4. 我认为使用统一国际音标记音，对于初学者，尤其是文化程度较低的初学者而言显得比较困难，而且在电脑上操作就显得更难了，但由于其以单字母为主，所以读写都一目了然。但上文所述的拉丁字母统一记音符号，我个人认为也还有一些不尽如人意的地方，如双字母使用过多，需要使用隔壁音符号的地方太多等，这都易于引起混淆，这必然会给今后裕固语的日常学习和使用带来许多不便。如［e］这个使用频率非常高的字母如果没有专用的字母表示，而用"ie"表示，不仅会与［ie］、［ei］等复元音容易混淆，也同样会造成字形过长。另外，［ż］据我实地了解，在东、西部裕固语中都是不同的音位，而不能归二为一。如东部语 pənżə 为头面上的一种饰物，żəGubla 聚集、积攒、məŋż 狡猾等词语只发［ż］的音，若改发［r］的音则使人不知所云；西部裕固语［sar］是鹰，而［saż］是头发，［qożyar］是种公羊的意思，若改发［r］的音则构不成词，没有实际意义。因而，在用拉丁字母记音符号时，我认为应该保留这［ə］［e］［ż］等特殊音标，在实际应用中克服困难。不管用哪种转写记音符号，便于学习、便于应用应该是最根本的原则。

（本文原载于《尧熬尔文化》2006年第1期）

[作者简介]

阿尔斯兰（1972—　），男，裕固族，甘肃肃南人，历史学硕士，甘肃省肃南裕固族自治县裕固族文化研究室研究人员，主要从事裕固族文化研究。

民族文化课例精粹

《裕固家园·劳动歌两首》教学课例

《裕固家园·裕固族的形成与发展》教学课例

《裕固家园·我们的家乡》教学课例

《裕固家园·摔跤、拉爬牛》教学课例

《裕固家园·独具特色的裕固族民歌》教学课例

《裕固家园·制作红缨帽》教学课例

《认识丰富多彩的民族工艺品》教学课例

《酥油、曲拉的制作》教学课例

《裕固族的传统风俗——饮食习俗》教学课例

《文化多样性的保护》教学课例

《请到夏日塔拉来——牧家乐园》教学课例

《保护我们的金牧场——三季牧场的划分》教学课例

《We love animals!》课外拓展教学课例

《裕固家园·劳动歌两首》教学课例

凯忠军

活动主题：欣赏裕固族民歌，保护和传承本民族文化。

适用年级：八年级。

活动目标：

1. 诵读《奶羊羔歌》，体会其中蕴涵的感情和生活气息；
2. 欣赏《奶羊羔歌》、《割草歌》，感受活泼的旋律；
3. 培养收集和整理资料的能力，形成保护和传承本地民族文化的意识。

活动方式：

诵读、欣赏、讨论。

活动准备：

校本课程《裕固家园》（文学篇·裕固族文学作品选读）；

裕固族歌碟《祝福草原》1 张，音响 1 对、DVD1 台。

活动步骤：

（一）创设情境，导入新课

同学们，我们都喜欢听歌或唱歌。我们生活在牧区，歌曲可以说是我们生活中的一部分了。今天我们先欣赏一首草原上的歌，好不好？

生：（惊奇）语文课要听歌？

师：对，因为我们的语文课中也有歌。

（播放歌曲《裕固族姑娘就是我》）

（学生听歌，有的学生还能随音乐小声唱）

听完后教师问学生：你们知道这是哪个民族的歌吗？

生：裕固族。

师：对，这就是我们裕固族的歌曲。裕固族特殊的生活方式，造就了裕固族人民爱唱歌的习俗。我们不仅在聚会时唱歌，在喜庆时唱歌，就是在生产劳动中也要唱歌呢。今天我们就一起来欣赏劳动歌两首。

（二）诵读课文，揣摩品味

1. 请同学诵读《奶羊羔歌》。读完后举例说说有什么感觉。

学生交流：

生 1：这首歌写的是我们牧业上的事——奶羊羔。

生 2：这首歌是骂母羊。如"为啥你睬也不睬，难道你良心太坏？"

生 3：这首歌是在夸母羊。如"若是把羊羔好好领上，你就是我的好母羊。"

生 4：这首歌是在劝母羊。如"要是好好奶羊羔，等会儿给你吃好草。"

生 5：这首歌语气很亲昵。如"小羊咩咩地叫妈妈，催你快快把奶下。"

生：……

2. 教师总结：

同学们读得很好，说得也不错。春季接羔的时候，初生母羊不认自己的羊羔，不让羊羔吃奶。为了不使羊羔饿死，牧民就将羊羔偎在母羊乳下，一边抚摸着母羊，一边唱歌。慢慢地母羊也似乎听懂了牧人的语言，变得温顺驯服，认领了自己的羊羔。

这首歌语气亲昵，字里行间充满着对羊妈妈的嗔怪，表达了牧人对牲畜的爱怜和劳动的喜悦。

（三）欣赏感悟，拓展延伸

1. 听原生态歌曲《奶羊羔歌》。请同学们说说感受。

生：……

生 1：这首歌是用裕固语唱的，听不懂。

生 2：从来没听过这种歌。

生 3：这歌我的奶奶好像唱过。

生：……

2. 教师小结：

同学们都能实话实说。裕固语是我们本民族的语言，我们现在已经不会听了。这首歌是裕固族民间歌曲，可我们也不会唱了。我们能用什么来证明我们是裕固族呢？（学生低头沉思）

3. 相关链接：

（用幻灯片展示以下内容）

裕固族民歌是他们在长期的生产劳动和日常生活中，如放牧、割草、捻线、擀毡、拉骆驼、婚丧嫁娶、宗教活动时即兴创作的，而随着社会的发展、裕固族生活方式的变化等，裕固族民歌的传承已受到了严重的威胁，正经历着时代的考验。

第一任肃南裕固族自治县裕固族文化研究室主任铁穆尔说："据我知道，现在会唱传统裕固族民歌的已经不过百人，这些老人并无传人，裕固族民歌真的是濒危了。"

  我们本民族的文化，就要靠我们自己来学习，自己来传承。我想问问大家，你们愿意为传承裕固族文化做点事吗？

  生：（齐声）愿意。

  师：那好。我们就尝试着搜集整理一些裕固族民歌。民歌本身就存在于民间，或许我们身边就有，我们只要做个有心人，就能做好这件事。当然，做好这件事，需要大家的共同合作。大家自由组合，每4人一组，去听裕固族老人唱民歌。带上录音机或录音笔，还有记录本，把你听到的歌记录下来，下次上课带来，老师再教大家怎样整理。我们相信，只要我们树立了保护民族文化的意识，我们的民族文化就一定能源远流长。

[作者简介]

  凯忠军（1968— ），男，藏族，甘肃肃南人，肃南二中中学语文高级教师，教导副主任。

《裕固家园·裕固族的形成与发展》教学课例

安冬梅

教学目标：

1. 了解在裕固族形成和发展过程中，在不同历史时期的汉文史料中，曾出现过许多不同的称谓。

2. 通过分析民族关系、民族融合、中华民族发展等问题，培养学生初步掌握史论结合、论从史出的原则，提高学生论证历史问题的能力与表达能力。

适用年级：八年级。

教学方式：讲述法、讨论法、问题探究法、多媒体辅助法。

教学准备：

校本课程《裕固家园》（历史篇·裕固族历史）。

学生收集的资料、多媒体。

活动步骤：

（一）导入新课

同学们，裕固族这个名称是1953年才正式确定的。据历史学家考证，这个民族在13世纪时就存在了。这样一个历史悠久的民族，它在发展过程中的不同历史时期曾出现过许多不同的称谓。今天我们就来学习这一内容。

（二）讲授新课

1. 裕固族的渊源

阅读课本，说说历史上与裕固族的形成和发展有渊源关系的民族有哪些？

（1）学生阅读

（2）师生讨论

生1：有回鹘和撒里畏吾……

师：对。还有补充的吗？

生2："撒里畏兀儿"，算不算？

师：当然要算了，虽然和"撒里畏吾"差不多，但它们不是出现在同一个时代。你能看出分别是哪个时代吗？

生2：一个是元代，一个是明代。

师：非常好。大家再想想还有补充的吗？

生3：还有"尧乎儿"。

师：是啊，"尧乎儿"这个称谓其实就是现在的称谓了。除此以外，还有"黄头回纥"也和裕固族有着渊源关系。这样来看，在不同历史时期，裕固族这个民族有着不同的称谓。同学们再看看，这些称谓都分别出现在哪个历史朝代？我们来归纳一下（板书）：

唐末五代时期：甘州回鹘

宋代：黄头回纥

元代：撒里畏吾

明代：撒里畏兀儿

清代：黄番七族

现代：尧乎儿

师：一个民族的形成与发展，往往要经历一个很长的历史时期。裕固族在其形成和发展中，先后有"甘州回鹘"、"黄头回纥"、"撒里畏兀儿"、"尧乎儿"等称谓。在这个过程中，他们会与各种不同的民族融合。他们的生活习俗、文化经济都有可能互相影响，但他们又会保持着各自独特的个性。这样就形成了各种民族既相对独特又相互包容的格局。

历史的兴衰是社会发展的必然规律。裕固族经历了一个很长的发展时期，他也有过繁荣，也有过衰败。下面我们再来了解一下裕固族发展的兴衰。

2. 裕固族的发展

师：从大体上看，裕固族的发展主要有四个阶段：河西回鹘时期、撒里畏吾时期、东迁时期和尧乎尔时期。同学们阅读课本上的一至四节，说说在不同时期裕固族的发展状况。

（1）学生阅读

（2）师生讨论

师：河西回鹘时期，裕固族的发展状况怎样？你从哪儿能看出来？

生：应该是一个很繁荣的时期。书上讲到河西回鹘在甘州建牙帐，建立了"回鹘汗国"并"称雄河西"。

师：说得非常好。河西回鹘虽然还不是真正意义上的裕固族，但它对后来裕固族的形成与发展有着深刻的影响。从史料上看，当时河西回鹘分布于整个河西走廊，势力强大，其生活文化甚至影响到了长安、洛阳的汉族。但后来被西夏击溃又陷入了避处一隅的困境。

师：我们再看看撒里畏兀时期，这是裕固族的孕育时期。这时的裕固族发展状况又是怎样的？

生：政治地位大大提高。

师：为什么会有这种变化？

生：是因为撒里畏吾与蒙古人融合，撒里畏吾在蒙古人的四个等级中属第二等级。

师：蒙古族是一个强悍的民族，在元代一统天下。撒里畏吾依附于蒙古政权，政治地位大为提高。这又是一个繁荣的时期。

师："东迁时期"是裕固族的衰退时期。裕固族为什么要东迁？请阅读教材相关内容，分组讨论。

学生讨论后，说明原因，教师归纳。

内因：诸卫酋长肆意掠夺，自相削弱。

外因：宗教冲突、明朝攻伐、环境恶化。

师：在明代，裕固族其实也有一个稳定的发展阶段，由于归顺朝庭，撒里畏兀儿被册封了第一个王爵，这在裕固族的发展史上有着重要意义。但后来撒里畏兀儿社会的内忧外患，招致祸端，导致走向了衰败。

裕固族在历史上的衰退给我们深刻的启示：各民族的和谐相处才能带来民族的繁荣与发展，民族团结才是各民族发展的前提。

尧乎尔时期是裕固族最终形成阶段，请同学们说说这一时期裕固族的发展状况。

生1：清代前期西北政局稳定，清政府对"七族黄番"的管理比较认真，应该是一个稳定繁荣的时期。

生2：蒙古贵族罗卜藏丹律叛乱使黄番受到损失。

生3：鸦片战争后，中国沦为半殖民地半封建社会也使黄番走向了衰落。

生4：民国年间尧乎尔混乱不堪。

师：大家看书很认真，归纳得很准确。在清代后期和民国时期，裕固族又走向了衰落。但在1949年新中国成立后，在党和政府的关怀下，实行民族平等、团结、互助的政策，裕固族人民获得了区域自治的权利，并正式确定了具有蕴涵"巩固、富裕"意味的新名称——裕固族。

（三）课堂小结

通过本节课的学习，我们了解了裕固族这一称谓的历史演变和它的发展历程。在悠久的历史长河中，裕固族先后经历了"甘州回鹘"、"黄头回纥"、"撒里畏兀儿"、"黄番七族"等不同的称谓，最终新中国成立后在党和政府的关怀下，有了法定的新名称——裕固族。无论称谓怎样变化，作为中华民族大家庭的一员，它对祖国边疆的开发、中华民族的发展，都作出过杰出的贡献。这个民族的发展也经历了多次的兴衰，但我们坚信，在中华民族这个大家庭里，裕固族一定会长盛不衰，而且会更进一步与其他兄弟民族一起走向繁荣富强。

[作者简介]

安冬梅，（1971—   ），女，裕固族，甘肃肃南人，肃南一中中学历史一级教师。

《裕固家园·我们的家乡》教学课例

樊旭平

教材分析：
　　本节内容是《裕固家园》（地理篇·肃南地理）的开篇，其编写以事实材料为依据，安排了较多的图片和活动，使学生直观地认识家乡肃南的地理概况。要认识和了解肃南，首先要明确肃南的地理位置及其重要意义。肃南特定的空间位置，影响着自然环境的特点和人们的经济活动。掌握肃南的地理位置、范围和行政区划的特征，是掌握肃南各种地理事物空间分布、学习肃南地理其他各章节的基础。

适用年级： 八年级。

教学目标：
　　1. 知识与技能
　　学会运用地图说出肃南的位置，掌握肃南的纬度位置和海陆位置，分析肃南的地理位置、特点及其优越性；学会在地图上查阅肃南行政范围和相邻县区。
　　2. 过程与方法
　　运用地图帮助学生建立地理事物空间想象力和空间思维能力，养成用地图、读地图、分析地图的地理学习习惯。
　　3. 情感、态度、价值观
　　建立学生学习乡土地理的兴趣，激发学生热爱家乡的情感和民族自豪感，同时激发学生的爱国主义热情。

教学重点： 理解肃南优越的地理位置。

教学难点： 位置、行政区划空间想象能力。

学情分析：
　　学生经过一年的地理知识学习，具有了一定的地理基础知识和基本技能，在教学中学生会潜意识地应用所储备的知识，但是学生在应用知识的过程中，往往不能熟练、准确地应用，所以教师在教学过程中，应该在原有地理知识基础之上，加大对地图的使用，深化培养学生的读图、析图、用图的能力，加强知识与技能的联系。同时，加大对后进生的辅导与帮助，培养他们学习乡土地理，热爱乡土地理这门校本课程，增强他们学习地理的积极性。

教学方法分析：

1. 教法

本课是学生了解肃南地理的第一课，主要是介绍肃南地理的概况。本课教学活动设计要充分体现新课改的要求，坚持"以学生为主体，以教师为主导"的原则，在教学过程中着重采用多媒体辅助教学法、谈话法、讲授法、练习法等。

2. 学法

教师要抓住初中学生好动、好奇、好表现的特点，积极采用形式多样的教学方法，激发学习兴趣，让学生由学会到会学。

教学过程：

（一）创设情境，导入新课

教师：同学们，我们都听过一首广为传唱的裕固族歌曲《家园》。当悠扬的歌声响起，同学们心中作为一名肃南儿女的自豪感就会油然而生。那么，你们会为我们美丽的家乡感到自豪吗？

（教师利用多媒体投影肃南在祖国的位置地图，同时播放歌曲《家园》。引导学生畅所欲言）

教师：我们美丽的肃南处于祖国什么位置？

通过导入，把学生的情绪引入高潮，临时营造出一种健康向上的课堂氛围，在这种氛围中，让学生积极、主动地进入对肃南地理的学习。

（二）学导达标

【美丽的肃南】

1. 自主学习

教师：一个地区的地理位置，应从哪几个方面来分析和加以描述？

学生：半球位置、海陆位置、纬度位置等方面。

教师：从投影中你能得到关于肃南地理位置的哪些信息？

学生：肃南在世界的北半球、东半球，地处中纬度，深居亚欧大陆内部。

教师：同学们能否根据这些信息在中国地图上找到肃南？

学生：能。

通过投影和活动，首先吸引学生的注意力，使他们积极参与到课堂中来，同时要求学生在观察中获取有用的信息，进而思考这些信息背后反映的肃南地理位置并最终落实到地图上，锻炼了学生的自主学习能力。

2. 合作交流

分组完成多媒体呈现的教学活动：在中国行政区划图上找到东经100°，北纬38°，用不同于书上颜色的笔在相应位置上画出来；在地图上找到肃南，明确肃南的纬度位置。

在"肃南在祖国的位置示意图"上，找到肃南，引导学生认识肃南的海陆位置。

通过以上学习，我们学会了如何在地图上提取有关的地理信息，明确了说明一个国家或地区的地理位置，一般应从半球位置、海陆位置几个方面去分析。进一步体会到地图在地理知识学习中的重要地位。

（教师及时鼓励和评价）

教师指导学生读图时要做到认真仔细，把学生引导到位，帮助学生克服由于不习惯使用地图可能产生的困难，教会学生正确地使用地图，从读图中获取知识，做好引导帮助后进生。

（过渡）同学们知道了我们美丽的家乡在祖国的位置，肃南所处的位置好不好呢？下面让我们共同探讨一下这个问题。

3. 互动探究

多媒体投影《肃南县在甘肃省的地理位置》图，分小组找出肃南的邻县（把学生分成三个大组进行），第一组完成属张掖市内的邻县，第二组完成属张掖市外的邻县，第三组完成属青海省的邻县。让学生相互讨论，得出结果。

四组相互交流答案，由小组长发言。教师听取小组长的发言后，让学生对他们的发言作出小结。

由于学生的读图能力有限，所以设置合作环节，希望通过合作，学生能够最大限度地通过地图获取知识。同时学生在交流过程中，教师要做好引导，让他们在讨论的过程中相互听取意见，从而使学生有一个共同的目标。

（过渡）同学们知道了我们美丽的家乡位置的重要性，下面让我们共同探讨一下肃南的行政区划这个问题。

【行政区划】

多媒体投影《肃南县行政区划图》、《肃南县行政区划表》，学生按所在乡镇分组，在肃南行政区划图中快速找到自己的家乡所在地，并按照行政区划表中内容的提示，在图中准确标注出家乡所在地的地名。

【展示自我】

1. 活动展示

教师设置游戏活动，让学生深刻体会肃南地域之大。小组选择活动，设计活动方案并实施探究，然后着重从活动过程、活动结果、活动体会等几方面进行展示交流。

活动一：探险

探险小组将组员分为两个组，两支探险队都从县城出发，第一组沿甘肃省内边界线探险，找到并说出沿途经过的邻县；第二组沿青海省内边界线探险，说出沿途经过的邻县。

(分组展示成果）

两组共同的体会是：发扬不怕苦、不怕累的探险精神，得出肃南边界长、邻县多、地域广大的结论。

2. 自我成长

教师：肃南面积大有什么利弊？请同学们思考，小组内谈论。

学生：地域面积大，资源丰富，利于经济发展；边界长，邻县多，可能由于利益争端而导致边界纠纷；地域很大，但自然条件恶劣的地区也不少，不利于县域经济发展……

（三）归纳总结

教师引导学生从知识与技能、过程与方法、情感态度价值观三个维度谈谈自己的收获。

出示学习结果自我总结提纲：

（1）这节课我学到了什么？

（2）这节课我有什么体会？

（3）我对这节课内容的学习经历有什么感受？

（4）这节课的问题解决主要采用了什么方法？还有别的方法吗？

（5）这节课的学习对我以后的学习有什么启迪？

学生对照提纲认真反思。教师看到学生已准备好时，请要求发言的同学向其他同学谈谈自己的想法。

[作者简介]

樊旭平（1980—   ），男，汉族，甘肃肃南人，肃南一中中学地理一级教师，校团委书记。

《裕固家园·摔跤、拉爬牛》教学课例

蔡世宏

活动主题：学习体验裕固族传统体育项目，促进身体健康，培养民族情感。

活动内容：

1. 摔跤。
2. 拉爬牛。

活动目标：

使学生学习、体验摔跤和拉爬牛运动以及其所蕴涵的民族精神，提高身体素质。

适用年级：八年级。

活动准备：

1. 松软的草场。
2. 4—6米长的粗麻绳数根。

活动步聚：

（一）准备部分（5分钟）

1. 体育委员集合、整队、报告人数。
2. 布置场地，检查器材。
3. 检查服装，安排见习生。
4. 准备活动：

（1）绕场地慢跑2分钟。

（2）热身操：头部运动，上肢运动，扩胸运动，体转运动，腹背运动，踢腿运动，下蹲运动。

（3）天天练：高抬腿跑，体前屈。

组织：成体操队形站立，教师口令指挥。

教法：示范。

（二）基本部分（30分钟）

1. 摔跤（10分钟）：

（1）动作方法：裕固式摔跤分为死跤和活跤。死跤是双方先互相抱住躯干或腰部，在摔跤的过程中不允许用抓、拉、推、绊、勾、勾踢等动作，只通过上肢、躯干或全身的力量或技巧摔倒或压倒对方；活跤又称为自由式，对手双方可以通过抓、拉、推、摔、背摔等方法将对方摔倒。

（2）组织：按照身体条件相近的两人分为一组，每级安排一个安全保护的同学。

（3）教法：

①由会摔跤的学生示范动作，教师讲解要领。

②"一教一"练习，由会动作的学生带领一个不会动作的同学进行练习。

③小组之间交流经验，体验感受。

④诱导性力量练习，学生分成四组，进行抱腰比赛。

2. 拉爬牛（8分钟）：

（1）动作方法：用拉绳套住两人的脖颈部位，两人方向相反骑于绳上，两手爬于地上，教师口令后，双方用力拉绳。

动作关键：两手用力爬地，两腿屈膝，全身用力。

（2）组织：按照身体条件相近的两人分为一组。

（3）教法：

①由裕固族学生示范动作，教师讲清要领。

②两人一组"一对一"练习，体会全身用力的感觉。

③小组之间交流经验，体验感受。

3. 创意比赛（12分钟）：

（1）比赛内容：

男生：裕固式摔跤（死跤）创意比赛。

女生：拉爬牛比赛。

组织：

男女生各分成两组，选出四名临场安全保护的同学，2名裁判员。

（2）教法：

老师介绍比赛规则。

按同学身体条件相近的原则，各组推选同学进行一对一比赛。

组织同学浅谈练习裕固式摔跤后的体会，并进行练习评价。

（三）结束部分（5分钟）

1. 放松整理：

（1）两人一组，互相抖动上肢，拍打下肢。要求全身不用力，尽量放松。

（2）呼吸放松。

2. 根据学生练习情况，小结本课。

3. 课外活动练习指导，从安全方面提出注意事项。

4. 收拾器材，师生道别。

课后反思：

《基础教育改革纲要》指出："因地制宜地开发利用各种课程资源，可以发挥课程资源应有的教育优势，体现课程的弹性和地方性特色。"在肃南，由于气候（多变、寒冷、干旱、多风）和体育基础设施及器材（差、少）等因素的影响，在很大程度上限制了体育教学内容的选择，使得本来有限的体育课程资源难以发挥作用。为确保体育教学生动活泼地开展，怎样"充实"体育课程资源是摆在广大体育教师面前的实际问题。

本课内容为裕固族传统体育项目——摔跤、拉爬牛。学生对内容非常熟悉，因而在整节课的学习体验中兴趣高涨，积极参与，掌握运动技能，达到了增强体质，学习民族文化，培养民族情感的教学目标。摔跤和拉爬牛运动以草原为场地，简单易行，既可适用于学校的体育教学，也便于校外体育活动，有利于培养学生终身锻炼的习惯。另外，民族传统体育竞赛是各族群众"庆典"活动的重要组成部分。学生观看了由自己的家长或者亲友参加的比赛，备感亲切，也极富感染力，利于推广。开发利用裕固族传统体育课程资源，不失为提高体育教学质量的一条有效途径。

（本课例曾于2006年12月获"甘肃省第二届体育教学观摩展示活动课"二等奖）

[作者简介]

蔡世宏（1974—   ），男，汉族，甘肃秦安人，肃南一中中学体育高级教师。

《裕固家园·独具特色的裕固族民歌》教学课例

王 毅

教学主题：鉴赏裕固族民歌，保护和传承本民族文化。
课堂类型：欣赏课。
课　　时：一课时。
适用年级：八年级。
教学目标：
　　1. 知识与技能。使学生初步了解并体验裕固族音乐作品的民族风格。
　　2. 过程与方法。聆听裕固族民歌，感受歌词特点和旋律特色。
　　3. 情感态度价值观。培养收集和整理资料的能力，形成保护和传承本民族文化的意识。
教学重点：对"裕固族音乐作品的风格"的理解。
教学难点：东部和西部裕固族音乐的异同与联系。
教学方式：聆听、比较、讨论。
教学准备：
　　1. 校本课程《裕固家园》（音乐篇·裕固族民歌）。
　　2. 多媒体教学设备一套。
　　3. 钢琴一架，裕固族、蒙古族、藏族歌曲等碟片。
教学过程：

（一）创设情境，导入新课

　　导入新课：听范唱歌曲《家园》，提问导入并出示课题。
　　师：你们知道这是哪个民族的歌吗？
　　生：（齐声）裕固族。
　　师：对，这就是我们裕固族的歌曲。裕固族有这样一句谚语，"当我忘了故乡的时候，故乡的语言我不会忘，当我忘了故乡语言的时候，故乡的民歌我不会忘"。口头传统承载着裕固族的历史文化，凝聚着裕固族的向心力，裕固族民歌更是如此。今天我们就一起来鉴赏几首裕固族民歌。

（二）聆听歌曲，分析品味

1. 听《裕固族姑娘就是我》、《黄黛琛》，要求学生找出这两首歌曲歌词分别运用了哪些表现手法。

（1）播放歌曲《裕固族姑娘就是我》。

（2）说说有什么体会？学生交流。

生1：这首歌歌词塑造了一位美丽善良的裕固族少女的生动形象。

生2：这首歌歌词描写了姑娘的勤劳勇敢。

生3：这首歌歌词将裕固族少女的劳动生活客观事实进行直接陈述。

教师总结：同学们听得很好，说得也不错。这首歌词采用了直陈的手法，将裕固族劳动生活客观事实进行直接陈述，从各个侧面加以描写，层层深入，突出了裕固族民歌朴实无华的特点。这首歌语气亲昵，字里行间充满着对裕固族少女勤劳勇敢的赞美，表达了牧人对生活的热爱和劳动的喜悦。

2. 播放民歌《黄黛琛》

生1：这首歌塑造了一位有理想、有道德、有信念、不怕天地鬼神的女性形象。

生2：这首叙事歌塑造了一位争取自由婚姻，勇敢与封建势力顽强斗争的典型女性形象。

生3：这首叙事歌加强了感情色彩和悲剧气氛。

生4：这首叙事歌运用了排比、比喻表现手法。

教师小结：这首叙事歌运用了排比、比喻、映衬和拟人、比兴等表现手法。显示了歌手较为全面的艺术才能，特别是拟人化手法放射出浪漫主义色彩。

（三）聆听歌曲，分析特色风格

1. 听《山歌》和《青藏高原》进行比较，要求学生注意感受作品的旋律、节奏、情绪等的特点。

生1：裕固族歌曲节奏布局开头与结尾用长音，中间部分用短音。

生2：藏族歌曲开头运用藏族民歌中的山歌题材，音域宽、音区高。

生3：裕固族歌曲用了散拍子，多用附点音符。

生4：藏族歌曲也运用了装饰音、切分音符、变换拍子。

生5：裕固族歌曲也用了装饰音，旋律朴实优美，具有山野气息。

2. 听裕固族歌曲《草原为你吐芳香》和蒙古族歌曲《牧歌》进行比较，要求学生注意感受作品的旋律、节奏、调式、情绪等特点。

生1：裕固族歌曲曲首包含全曲高音。

生2：裕固族歌曲曲首从牧人在草原上的呼喊声发展而来。

生3：裕固族歌曲节拍上多采用抑扬格式，旋律多由下助音加花或五声音阶上升级构成。

生4：蒙古族歌曲《牧歌》开头哼鸣男女轮流唱主旋律，展示草原辽阔美丽景象。

生5：蒙古族歌曲主旋律开阔悠扬、高亢抒情，生动表现草原人幸福、安宁的生活。

生6：蒙古族歌曲尾声由女低音哼唱主旋律，男高音在高音曲用假声伴和。

3. 教师小结：

同学们都能实话实说，而且说得很好。听了三个民族的歌曲，由于三个民族生活习俗、语言特点、思想感情不同，所以形成了不同风格的音乐作品。藏族民歌音域宽、音区高，多用了装饰音，旋律更华美自由、灵活多变，表现藏族人民热情豪放的性格特征。蒙古族民歌以长调和短调最具有代表性。长调富有浓郁的草原气息，短调具有叙述性特征，在音程运用上很符合蒙古语民歌特点。裕固族民歌少用了装饰音、旋律朴实优美，既具有山野气息，而且在每句结尾处又出现了本民族特点的音调，令人回味。裕固语民歌采用五声音阶，其中羽调式、商调式最常见，曲调大多有单乐段、单乐剧体占一定的比例，常采用混合拍子。

（四）聆听学生演唱歌曲，拓展延伸

1. 教师播放两首裕固族歌曲伴奏，请两名同学各唱一首东部和西部裕固族歌曲。
2. 同学们比较两首歌曲，说一说东部和西部裕固族音乐的异同与联系。
（1）播放歌曲《裕固族姑娘就是我》。
（2）播放歌曲《阿尔泰的苍狼》。
（3）说一说歌曲《裕固族姑娘就是我》的音乐很接近哪个民族。音乐有什么特点？

生1：回族，音乐活泼。

生2：维吾尔族，平和、深沉。

师：对。很接近维吾尔族。西部民歌较平和、深沉，更多地继承了回鹘民歌的传统。多采用级进是裕固族民歌旋律线的基础，许多民歌差不多只由级进构成。如《裕固族姑娘就是我》、《阿斯哈斯》、《萨娜玛珂》、《黄黛琛》、《路上的歌》、《说着唱着才知道了》、《尧达曲格尔》、《我只得到处含泪流浪》、《祝福草原》、《裕固家园》、《飘香的草原》等。

（4）说一说歌曲《阿尔泰的苍狼》的音乐很接近哪个民族。音乐有什么特点？

生1：藏族，音域宽、音区高。

生2：苗族，高亢抒情，对家乡的赞美。

生3：蒙古族，蒙古族民歌以长调为特性。

教师总结东西部裕固族民歌的特点：裕固民歌从流传地域可分为东部民歌和西

部民歌，在流传中凡歌中用诗作词的，西部裕固族叫"耶尔"；东部裕固族叫"敦"；用数字及无诗歌韵律的语言作词的则不同。属于"耶尔"和"敦"类的歌曲节奏自由，类似蒙古族的"长调"；其他用数字及无诗歌韵律的语言作的民歌节奏则比较整齐，类似于蒙古族的"短调"。东部民歌较为粗犷、豪放、高亢。西部民歌较平和、委婉、抒情。裕固族是一个能歌善舞的民族，他们也与邻近民族汉族、回族、藏族等交流，学唱其他民族民歌，因而，我们不能将凡是裕固人演唱的歌都认定为裕固族民歌，更不能把人们用其他语言传唱的裕固族民歌误诊为非裕固族民歌。东部裕固族和西部裕固族的歌词重音都落在最后一个音节上，所以在民歌中常出现前短后长的节奏型。

（五）知识盘点

1. 回顾新课内容，引导学生一起总结裕固族民歌的特点以及东西部裕固族民歌的异同。

（1）西部裕固族民歌平和深沉，继承古代回纥的民歌传统，保留了丁零民歌的音乐特征，包括节奏、形态、调式、音阶、音调、曲式结构，甚至某些旋律都是古代丁零、敕勒民歌的"嫡传"。东部民歌的音乐多具有粗犷、奔放的气质，近似古代蒙古族的音乐特征。

（2）调式一般以五音阶羽调式为主，以角调式、徵调式为次，偶见宫、商调式。也有角调式与羽调式、宫调式与羽调式交替出现的曲调。

（3）旋律音程多级进，也多大跳。大六度的下行跳进是裕固族民歌音乐的特点。一般来说，裕固族民歌的音程强烈地显示出小调色彩，小调式民歌中可含有大调特征的音程，这对音调的风格起着一种微妙的独特作用。

（4）曲式比较简单，一般由两个乐句的乐段构成，有的则由一个单音句构成，有时也长见乐句的反复或衬句的扩充乐段。但是，很少见四乐句、五乐句或回旋曲式。

（5）音乐节奏以前后十六分音符见长，有时一首乐曲中始终贯穿着一种节奏。这与裕固族的性格、生息、劳动方式有密切关系。

（6）节拍除散板和二拍子外，三拍子的节奏时有出现，有时在一首曲调中混合着几种节拍，这是裕固族音乐的显著特点之一。

2. 回顾新课内容，引导学生一起总结什么是音乐作品的民族风格。

音乐作品的民族风格，是讲一个民族的民族特性在音乐中的体现。它反映了人民的生活习惯、思想感情、语言特点、历史文化影响等。在音乐表现中，通过具有民族特色的表现形式和手法，构成了民族风格。人民在民歌里直接生动地反映了自己的生活习俗、语言特点、思想感情，所以音乐的民族风格在民歌里最能得到直接、鲜明的体现。由于我国幅员辽阔、民族众多。本课仅从少数民族六首民歌的欣赏中来感受体验不同民族、不同地域音乐的民族风格。裕固语民歌采用五声音阶，其中羽调式、商调式最常见，大多由两个乐句构成的单乐段、单乐句体占一定的比例，常采用四二拍、四三拍、八三拍、四四拍节拍，以及混合拍子。民间音乐作品结构简单，大多和古代的劳动生产、生活方式及风俗习惯密切地结合着。希望同学们今后在学习裕固族民歌的过程中能够喜爱民歌、传唱民歌、发展民歌，让裕固族民歌随着社会的发展，时代的进步更加熠熠生辉。

[**作者简介**]

王毅（1977—   ），男，藏族，甘肃肃南人，肃南一中中学音乐一级教师。

《裕固家园·制作红缨帽》教学课例

毛彦荣

教学内容：红缨帽手工艺品的设计制作。
适应年级：八年级。
教学形式：活动课。
教学目标：
　　1. 考察、走访红缨帽的制作过程及所用的材料，体会裕固族人民的聪明智慧。
　　2. 收集资料，交流红缨帽的相关信息，认识红缨帽的来历及形状、颜色、纹样等。
　　3. 分组设计制作红缨帽手工艺品，培养动手动脑的能力。
　　4. 展示作品，体验成功的乐趣。
教学重点：红缨帽的设计制作。
教学难点：红缨帽的设计制作。
教学准备：红缨帽的相关资料、多媒体课件、红缨帽实物；自制红缨帽手工艺品。
学具准备：红缨帽的相关资料，红缨帽实物或图片，制作红缨帽手工艺品所需的材料（白卡纸、红毛线、剪刀、胶带、胶水等）。
课时安排：1课时。
教学教程：
　　（一）检查学生用具的准备情况，组织学习纪律。
　　（二）学习活动过程。
　　1. 课前到就近的裕固族家庭走访、考察红缨帽的制作过程及所用的材料，做好记录，上课后在班内交流。
　　2. 依据相关资料交流红缨帽的来历及相关信息。
　　3. 拿出红缨帽实物或图片，分析形状、色彩、纹样、图案等。
　　4. 分组运用准备的材料，设计制作一个红缨帽的手工艺品。
　　（1）制作创意草图。
　　（2）依据草图进行红缨帽制作。在制作过程中可小组内再分工，争取在20分钟内完成，教师巡视指导。
　　5. 全班交流作品：

（1）哪个组先完成制作？

（2）哪个组的作品最有创意？

（3）哪个组的制作最精细？

6. 自我评价：我知道了什么？我的作品哪些地方做得好？我的作品哪些地方还需要改进？我对我的作品的总体评价是怎样的？

7. 教师小结：（略）

[作者简介]

毛彦荣（1964—   ），男，汉族，甘肃永登人，肃南二中中学地理一级教师，总务主任。

《认识丰富多彩的民族工艺品》教学课例

余会义

活动主题：认识和了解当地的民族工艺品。
适用年级：九年级。
教学目标：

1. 通过观察、描述、列举、展示身边的工艺品，了解工艺品的种类及其与人们生活的关系。

2. 说出当地最有代表性的工艺品，会制作简单的民族工艺品。

3. 体会民族工艺品中所蕴涵的文化意义，感悟家乡人民的智慧，产生对家乡各民族的热爱之情。

教学用具：多媒体。
教学过程：

（一）引入课题

对于工艺品同学并不陌生，在日常生活中我们都见过很多各种各样的工艺品。到底什么是工艺品呢？就让我们一起走进工艺品世界去看看。

（以优美的工艺品图片、当地的代表性工艺品创设情景，以愉悦的心情引领大家走进工艺品世界）

（二）活动过程

环节一："我会问"

1. 这些工艺品漂亮吗？你知道它们叫什么吗？我们皇城有哪些工艺品？（学生相互交流自己所知道的相关知识）

2. 本地最具代表性的民族工艺品是什么？民族工艺品在我们生活中有什么作用？（学生自由交流自己的想法和疑问，小组代表做全班交流）

环节二："我的发现"——小组合作，展示、汇报自己的成果

1. "我说本地民族工艺品"——民族工艺品有哪些种类？

（1）教师展示几种不同的民族工艺品，看看有什么特点？你有什么发现？人们为什么喜欢并制作这些民族工艺品？你家里有类似的民族工艺品吗？

（2）把你带来的自己喜欢的民族工艺品展示给同学们看，说一说其具有哪些特点。你通过收集民族工艺品有哪些收获？

（3）看看你的民族工艺品是哪一类的？有关的同学可以自由组合在一起，互相介绍。

（学生根据民族工艺品的不同类别重新组合，建立新的小组合作交流）

（4）分类请学生展示自己的民族工艺品并介绍，教师用投影仪展示民族工艺品。

2."我知道的更多展示台"——这么有趣的民族工艺品蕴涵着很多知识，现在交流自己收集的资料，汇报自己了解的民族工艺品知识。

（学生以个人或小组的形式上台展示自己的资料，并介绍自己了解的民族工艺品知识，教师根据学生收集的资料可适时再补充提供资料）

环节三："我会办"——通过这节课的学习，我们学到了很多民族工艺品的相关知识，大家一起举办一次民族工艺品展览

环节四："我会做"——制作小红缨帽

1. 观察两幅图，他们分别在做什么？
2. 你还知道本地哪种工艺品的制作方法？
3. 学生小组合作，可以自选材料，自己设计帽子上的图案，制作一顶小红缨帽子。

[作者简介]

余会义（1976—　），男，汉族，甘肃景泰人，肃南二中中学物理高级教师。

《酥油、曲拉的制作》教学课例

蔺志英

教学目标:
1. 在调查了解酥油、曲拉的制作方法并通过实地参与其基本制作过程后,依据习得的知识,在学习后归纳出基本的制作方法。
2. 分析酥油、曲拉的经济效益,以及在当地人民生活中的作用和意义,培养学生热爱家乡的美好情感。

课前准备: 学生在假期间开展酥油、曲拉制作的调查及实践活动。
教学方式: 合作交流、小组讨论。
教学过程:

(一) 本课的导入

酥油茶是我们牧区人民常见的精美食品,顾名思义就是加酥油、炒面、曲拉的茶点。裕固族喝酥油茶的习俗由来已久,因为寒冷的时候它可以驱寒,吃肉的时候可以去腻,饥饿的时候可以充饥,困乏的时候可以解乏,瞌睡的时候还可以清醒头脑。所以,学会酥油、曲拉的制作,是我们牧区学生必须掌握的一项生产技术,同学们也经常看到父母在制作酥油、曲拉,今天我们就学习酥油、曲拉的制作方法。(板书课题)

(二) 知识的学习

1. 名词解释:

酥油——是似黄油的一种乳制品,是从牛、羊奶中提炼出来的。

曲拉——一种块粒状的奶制品。这是很好的高能量补给品,特别适合登山或探险途中携带,可以迅速补充体能,且携带方便,甚至比巧克力还管用,但前提是要在你能吃得习惯的情况下。

酸奶——俗称稠奶子。把鲜牛奶用文火烧开,加入酸奶,搅拌均匀,在10℃—20℃的房间里放置3—4小时,使其发酵,凝奶成为酸奶,食用时加入白糖或蜂蜜。牧区的酸奶既浓且稠,酸劲十足,加蜂蜜吃味道最好,内地制作的各式酸奶跟它真是没法比。

酥油茶——加酥油、炒面、曲拉的茶点。

炒面——青稞、麦子炒熟后磨成的粗面粉。

奶皮子——奶子熬熟置冷后浮在表面的奶油。

糌粑——一种加酥油、炒面、曲拉拌成的食品。先在碗里放一块酥油，加少许热茶化开，再放入青稞炒面或加点奶渣及白糖，用手拌匀捏成小块吃。纯青稞炒面吃了胃酸，用酥油和奶渣拌在一起，既好吃又防胃酸。青稞炒面是面食中最耐饿的食品之一。

2. 知识要点：

制作酥油、曲拉时鲜奶的温度一般为15℃左右。

鲜奶与酸奶的比例一般是3：1。

100斤牛奶可以做出大约6斤酥油、曲拉。

制作酥油、曲拉时应注意掌握鲜奶的温度（太凉不出酥油、太热酥油化了）及鲜奶与酸奶的比例。（酸奶太多太少都会影响酥油的多少与曲拉的酸甜度。一般100斤牛奶可以做出6斤左右的酥油、曲拉。）

活动一：小组合作学习，讨论以下问题：

1. 你在家里关注过父母制作酥油、曲拉的过程吗？都准备哪些材料？

2. 你在家里亲手制作过酥油、曲拉吗？你是如何制作的？

3. 你们家里制作酥油、曲拉通常使用哪些器具？（羊肚子、木桶、50公斤塑料桶、奶油分离器、洗衣机等）使用这些器具，各有哪些优缺点？（使用羊肚子、木桶、50公斤塑料桶等器具制作酥油、曲拉称手工酥油、曲拉，优点是酥油色泽金黄，味道纯香，曲拉色香味俱全，缺点是费时费力。使用奶油分离器、洗衣机制作的酥油、曲拉称机制酥油和机制曲拉，优点是省时省力，缺点是酥油色泽发白且香味不醇，曲拉特酸且没有香味）

4. 你们家里每年能制作多少斤酥油、曲拉？根据今年1斤酥油35元，1斤曲拉25元的市场行情，你们家能增加多少收入？

5. 制作酥油、曲拉时，分哪些步骤？有哪些关键的技术和技巧？

活动二：合作交流

1. 交流讨论结果。（每个代表只讲一个问题，其他同学可以在代表发言的基础上进行补充）

2. 归纳各组讨论的结果。

酥油：三分之二（15℃）的熟牛奶（图片说明）+三分之一酸奶（图片说明）——倒入奶桶，上下捣动一个多小时（图片说明）——油奶分离（图片说明）——捞出漂浮在奶面上的酥油（图片说明）——将酥油放入凉水中洗干净（图片说明）——装入熏干的羊肚中（图片说明）——晾干即可（图片说明）。

曲拉：捞出酥油后剩下的奶倒入锅里熬开（图片说明）——变成块状物（图片说明）——倒入干净的白布袋——控干水分——再用手揉搓成蚕豆大小的颗粒，

晒干储藏即可（图片说明）。

活动三：知识的拓展

1. 酥油除食用外，还有哪些用途？

（教师可提示内容：婚礼、丧葬、剪马鬃、剃头、扎新房、佛像前点灯、酥油花、酥油灯、炸油饼）

2. 知识的应用。（以家乡的风味食品——酥油茶为主题，夸夸我的家乡）

3. 知识总结。根据各小组完成任务的结果，教师综合给予评价，充分肯定学生在活动中的表现。学生辛勤的劳动、欣喜的收获，不仅收获了知识，收获了能力，也收获了对生活的感悟。

[作者简介]

蔺志英（1953—　），女，汉族，甘肃肃南人，肃南二中小学高级教师。

《裕固族的传统风俗——饮食习俗》教学课例

乔红军　胡燕琴

教材分析：

本节课教学的内容选自肃南裕固族自治县第二中学校本课程《多元文化乡土教材》的第一部分"认识我们的家乡"第三单元第10课——《裕固族的饮食》。这节课主要介绍了裕固族饮食的种类、特点，以及裕固族饮食文化习俗。同时，通过学习对学生进行思想品德教育，尊重民族饮食习惯，加强民族团结，热爱祖国。

1. 裕固族饮食的种类。裕固族人主食以面粉为主，其次是青稞、小米、大米、豆类等，而且还大量食用奶制品和肉类。主食主要有面片、面条、包子、黄米干饭、羊肉小米饭、冻饺、烧壳子（烤制的面食）、油果子、锁阳饼、糌粑等；奶制品主要有酥油炒面茶、奶酪、甜奶、酸奶、奶果子、奶疙瘩等；肉类食品主要有手抓羊肉、脂裹干、肉肠、烤全羊、牛背子、羊背子、黄焖羊羔肉、炒羊肉片、羊血灌盘肠、风干羊肉条、羊杂碎等。这几种食品至今仍然十分流行，深受裕固人民的喜爱。

2. 裕固族饮食的特点。由于历史原因，裕固人特别是偏远牧区的人们很少能吃到蔬菜，如今这种状况稍有改变，离城镇近一些的地区才可买到各类新鲜蔬菜，所以蔬菜在裕固族饮食中占较小的比例。相比而言，肉食在裕固人的日常生活中仍然占较大比例。手抓羊肉、脂裹干、肉肠、黄焖羊羔肉、羊血灌盘肠、风干羊肉条、羊杂碎等是裕固人最喜爱的食物。不论是在草原牧区，还是在各地都市，上述食品都被裕固人认为是"地道"的具有本民族特色食品。

裕固人禁食"尖嘴圆蹄"肉。"尖嘴"主要指飞禽和鱼类，"圆蹄"则指驴、骡、马这三种动物，另外，不在"尖嘴圆蹄"之内的狗肉，也在严格禁食之列。

教学目标： 利用听、说、读、写的方法，了解裕固族饮食习惯及特色食品的种类和特点，知道裕固族在饮食方面的忌讳，知道尊重民族饮食习惯，并学习制作裕固族特色饮食的方法。

教学准备： 课件、实物、图片、学生收集资料。

教学过程：

（一）情景导入，板书课题

1. 播放音乐《远方的客人请你留下来》。
2. 提问：我们生活在牧区，我们有自己独特的风俗习惯。那么，一日三餐你最喜欢吃什么呢？
3. 学生回答

（导语：我们裕固族在百年来的生产与生活中形成了自己的饮食习惯。这节课就让我们一起来欣赏学习裕固族的传统饮食习俗。）

（二）活动过程

1. "我会说"（收集信息）
（1）在组内说一说自己在课前收集的关于裕固族传统饮食的习惯和特点。
（2）点名回答。
【设计意图：通过学生互相交流自己知道的相关知识，初步了解裕固族传统饮食习俗，进行知识的积累】

2. "我会问"（提出质疑）
（1）提问：关于裕固族传统饮食的习俗与特点，你有哪些问题？
（2）学生自由质疑。
（3）教师罗列主要问题。
（4）学生自主学习课文63页，初步解决问题。
【设计意图：学生自由发问质疑，进一步激发学生学习的兴趣】

3. "我学会了"（解决质疑）
（1）裕固族传统的饮食特点：
主食以面粉为主，其次是青稞、小米、大米、豆类等，而且还大量食用奶制品和肉类。
（2）裕固族的饮食习惯：
①交友待客首先要用奶茶，且在碗里放上酥油、炒面、曲拉、奶酪皮。
②茶后用手抓羊肉，青稞酒招待。
③待客时献全羊，以示尊敬。
（3）裕固族的传统特色饮食种类：
（手抓羊肉、黄米干饭、羊肉小米饭、大平伙、糌粑、锁阳饼、肉肠、脂裹干、献羊脊、酥油炒面茶、喝砖茶、酥油米饭、冻饺、烤全羊、羊肉面片）
（教师边讲边用实物和图片进行引导、讲解）
（4）争做家庭小主人。
①出示情境：家中来了客人我如何招待呢？

②学会做酥油奶茶。（观察图片说过程）
步骤一：做准备（准备砖茶、块盐、纯牛奶。）

砖茶 　　　　　　　　块盐 　　　　　　　　纯牛奶

步骤二：熬清茶　　步骤三：清茶中掺纯牛奶　步骤四：滤茶叶

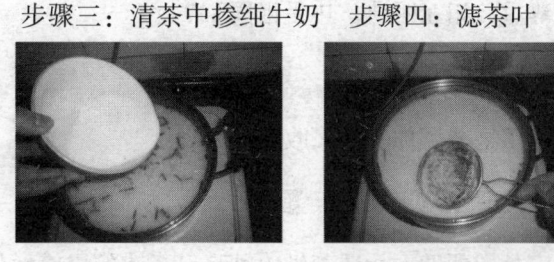

步骤五：调炒面、曲拉、酥油 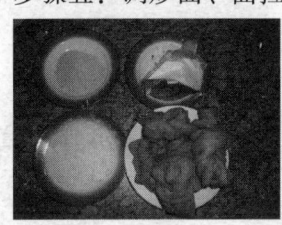　　　　步骤六：喝酥油奶茶

③课堂小结：

（客人来了，我们作为小主人要尊敬客人，使用礼貌用语、热情好客，尊重客人风俗习惯，双手敬献我们亲手制作的美味特色食品，以示敬意）

4."我会做"（学会特色食品的做法）

（1）我是家庭小厨师。（学会手抓羊肉的做法）

步骤一：剁肉（将羊肉切成块）

步骤二：煮肉（将羊肉放入凉水用火去煮）

步骤三：滤血沫（等水开时用滤子将血沫滤出）

步骤四：放调料（滤出血沫）

步骤五：烧开水将肉煮十几分钟后放入姜皮、花椒、块盐）

步骤六：羊肉出锅

（2）你还知道哪种裕固族传统饮食的制作方法？

（3）小组合作探究书写出一种食品的制作过程，并进行交流。

（4）课堂小结：

（学会制作各种裕固族特色饮食，传承发扬民族文化）

5. "我知道"（情感的升华）

（1）分组讨论：

①我们裕固族在饮食中忌讳什么？

②你还知道哪些民族的饮食禁忌？

③知道了这些我们应该怎么做？

（2）汇报讨论结果。

（3）教师小结。（"民族之间互相尊重，互相团结。"）

【设计意图：运用所学知识对学生进行情感教育，让他们懂得全国各民族之间要相互尊重、相互团结，热爱祖国】

（三）本课总结

学习了这节课你有什么收获？

（四）课外实践，布置作业

在家长的帮助下，试着做一种自己喜欢的民族食品，并把自己的制作感受写成日记。

[第一作者简介]

乔红军（1977—   ），男，汉族，甘肃肃南人，肃南二中教师小学高级教师。

《文化多样性的保护》教学课例

徐文萍　李志军

教材分析：
　　本课教学内容选自肃南裕固族自治县第二中学校本教材《保护我们的家乡》第二单元《文化多样性的保护》。根据新课程改革精神的要求，在设计活动和组织教学时，以学生活动为主。为此，在教学中，从学生的兴趣和生活经验入手创设探究活动，结合"文化生活"的特点，为营造一定的文化氛围，让乐曲、图片、学生的表演等进入课堂。这样，一方面注重学生的爱好和特长，为学生展示自己的才华提供平台；另一方面可以让学生在浓浓的文化气氛中感悟和体味民族文化的魅力，从而懂得尊重和热爱我们的民族文化。

教学目标：
　　1. 知识目标：了解裕固族文化的精粹及其差异，确认文化多样性的价值，明确不同文化的交流、借鉴和融合是人类文明向前发展的重要动力，理解文化交流的重要作用，了解文化传播的方式及其特点。
　　2. 能力目标：从民族节日的文化遗产中感受文化多姿多彩的魅力；认同裕固族文化，尊重文化的多样性。
　　3. 情感、态度、价值观目标：尊重不同民族文化，促进文化的多样性。

教学方法： 感悟式、表演式、探究式教学法，注重师生互动。
教学准备： 制作多媒体课件。
教学过程：

（一）情境导入

　　学生活动欣赏裕固族民歌《裕固族姑娘就是我》、《我们来自西州哈卓》、《尧达曲格尔》、《萨娜玛珂》，谈谈你的感受。引导学生感受裕固族民歌中体现裕固族的文化特色，并从民族音乐、节日、文化遗产等中，能够深切感受到世界文化多姿多彩的魅力。

(二）异彩纷呈，交相辉映

1. 文化多样性的界定、表现和原因

文化多样性主要是指民族文化的多样性，集中表现在民族节日和文化遗产上。

（1）民族节日：民族文化的集中展示

学生活动：学生在预先准备的基础上分别介绍裕固族的传统节日，展现文化多样性。

A. 民族节日，蕴涵着民族生活中的风土人情、宗教信仰和道德伦理等文化因素，是一个民族历史文化的长期积淀。

举例：裕固族是个历史悠久的民族，在漫长的历史长河中，创造了极其丰富的文化，留下了具有民族特色的传统节日。它反映了裕固人民的传统习惯、道德风尚和宗教观念等。如传统民族节日：正月十五、剃头仪式、诵经仪式、七月十五、赛马会、中秋节等。

B. 庆祝民族节日，是民族文化的集中展示，也是民族情感的集中表达。

C. 透过各民族的传统节日及习俗，我们可以领略不同民族文化的韵味。

举例：综合同学们对探究问题的回答，我们可以看出，民族节日，生活习俗蕴涵着不同的文化因素，体现着民族的文化特色，但都有共同点，即都蕴涵着民族生活中的风土人情、宗教信仰和道德伦理等文化因素，是一个民族历史文化的长期积淀（这是民族节日的含义）；是民族文化的集中展示，民族情感的集中表达，民族共同文化上的认同感体现，透过民族节日及习俗，我们可以领略不同民族文化的韵味（这是民族节日的作用）。

如：鄂博被裕固族视为民族的保护神，祭鄂博仪式是裕固先民原始宗教信仰——萨满教的一个重要仪式，其历史悠久，是裕固族远祖时期产生的，是随裕固族发展变迁而不断丰富的。裕固先民改信佛教后，祭鄂博仪式也随之演变，成为两种信仰结合的载体。因此，祭鄂博仪式是裕固族现实生活中呈现的多样宗教交错相互影响的最直接的反映，既反映了裕固先民的原始崇拜思想，也反映了由信仰萨满教向信仰藏传佛教的演变痕迹，对研究裕固族形成发展历史，研究西部民族文化交流，尤其是宗教文化的交流融合具有重要史学价值。

投影探究问题：

（2）文化多样性还表现在哪些方面？（先欣赏表演，然后根据表演回答问题）

学生表演：唱民歌、舞蹈表演、现场剪纸、展示个人绘画作品等。

【设计意图：充分挖掘学生潜能，感悟民族文化多姿多彩的魅力】

学生答：民族文化的表现有民歌、诗词、舞蹈、剪纸、绘画、饮食文化、服饰文化、语言文字等。

投影探究问题：列举家乡有哪些文化遗产？

投影：文化遗产包括以下几种类别：

①绘画、剪纸、民族工艺品、文献古籍等有形文化遗产。
②诗歌、音乐、饮食、服饰、舞蹈、诵经等无形文化遗产。
③节日、宗教信仰等民俗文化遗产。

教师：同学们的精彩表演展现了民族文化的独特魅力和韵味，即民族文化多样性还表现在语言文字、宗教信仰、思想理论、文学艺术、民居建筑、风俗习惯等各个方面。

投影探究问题：为什么民族文化各具特色？

学生：各民族间政治、经济、历史、地理环境等多种因素的不同，决定了其文化具有差异性。

教师：这位同学很准确地回答了文化多样性的原因，下面探讨文化多样性的价值。

2. 民族文化多样性的价值

文化遗产：国家和民族历史文化成就的重要标志。

文化是民族的，又是世界的，文化遗产不仅对于研究人类文明的演进具有重要意义，而且对于展现世界文化的多样性具有独特作用，它们是人类共同的文化财富。

学生活动：你去过哪些文化遗产所在地？能举例分析一下它们的历史成就和文化特色吗？

举例：皇城古城遗址、沙沟寺、石佛崖等真实完美地保存和再现了古朴的风貌，展现了悠久、淳朴的民族文化。

（1）世界文化是由不同民族、不同地域的文化共同构成的，文化是地域性与民族性的统一。

（2）文化是民族的，各民族都有自己的文化个性和特征。

学生活动：谈谈你记忆中各民族最典型的文化个性特征。

举例：以服饰、饮食、祭祀等为例展示不同民族的文化特征。

（3）文化是世界的，各民族文化都是文化世界中不可缺少的色彩。

文化多样性，可见诸多种多样的语言、深邃超世的宗教信仰、形形色色的礼仪禁忌、风格迥异的民居建筑、丰富多彩的风俗习惯、绚丽多姿的传统节日、异彩纷呈的文学艺术、鲜明独特的思想理论等各个方面。

（三）尊重文化多样性

1. 对待文化多样性的正确态度

正确的态度是：既要认同本民族文化，又要尊重其他民族文化。不同民族之间，应该相互尊重，在发展本民族文化的同时，共同维护、促进文化的多样性。

举例：在各民族文化中，人们对异文化的态度有着不同的表现，既有虚心学习不同文化，又有民族大团结交流交往的例子。

2. 为什么要尊重文化多样性

(1) 尊重文化多样性是发展本民族文化的内在要求

A. 每个民族的文化都有自己的精粹，每个民族的文化精粹都是这个民族历史发展的产物和人民智慧的结晶。

B. 在一个民族的历史与现实中，民族文化起着维系社会生活、维持社会稳定的重要作用，是这个民族生存与发展的精神根基。

(2) 尊重文化多样性，是实现世界文化繁荣的必然要求

A. 一个民族的文化成就，不仅属于这个民族，而且属于家乡、国家、世界。

B. 尊重和保存不同的民族文化，是人类生存和发展的基础。

教师：文化遗产是一个民族的"身份证"，从文化意义上标识出一个民族的个性和一个民族的历史记忆。文化遗产是人类社会发展的见证，是人类文明的重要载体。文化遗产体现着一个民族独特的思维方式和文化价值，是民族的根基，是历史的纪念碑。文化遗产既是一个国家、一个民族，也是全人类的共同财富。文化遗产具有不可再生性的特点，所以对那些面临失传的古老民族文化，我们不能坐视不管，要进行及时有效的抢救和保护。

3. 如何尊重文化多样性

(1) 承认民族文化的多样性，尊重不同民族的文化，必须遵循各民族文化一律平等的原则。

反例：有些民族把自己民族的文化作为衡量一切文化的尺度和标准。

举例：在他们眼里别人的文化都是"落后的，野蛮的"；自己的文化才是"文明的、进步的"。

(2) 在文化交流中，要尊重差异，理解个性，和平共处，共同促进世界文化的繁荣。

(3) 尊重文化多样性，首先要尊重自己民族的文化，培育好、发展好本民族文化。

举例：学习本民族的传统文化，发扬光大本民族的优秀文化。

(四) 文化在交流中传播

1. 文化传播的含义

文化交流、借鉴与融合的过程，就是文化传播的过程。

人们通过一定的方式传递知识、信息、观念、情感和信仰，以及与此相关的所有社会交往活动，都可视为文化传播。

2. 文化传播的途径

学生活动：阅读查阅资料了解文化传播的主要途径有哪些，并举例分析。

(1) 商人进行的贸易活动是文化传播的重要方式

如：商人不仅通过商品交换将商品中蕴涵的丰富文化加以交流，而且通过人与

人之间的交往过程交流文化。

（2）人口迁徙也是文化交流的重要途径之一

如：每一次大规模的人口迁徙，都意味着大规模的文化传播，都会对当时当地的经济、政治、文化生产极大的影响。

（3）教育是文化传播的又一重要途径

A. 人们通过学习各种文化课程，能够获得不同的文化知识。

举例：读民间文学是与不同民族的对话、与各族人民的对话。

B. 各国互派留学生和访问学者更是一种更为直接的文化传播方式。

（4）做传播中华文化的使者

A. 历史上各民族文化的交流及其表现。

学生活动：根据历史知识，列举你所了解的中外文化交流的事例。

B. 做民族文化交流的友好使者，是时代赋予我们的使命。

我们既要更加热情地欢迎全国各民族文化在中国传播，又要更加主动地推动各民族文化走向世界。

（五）小结

本课从民族文化的多样性出发，探讨了家乡民族节日、文化遗产等在文化中的作用，文化的多样性主要指的是民族文化的多样性，它是民族性与地域性的统一，尊重民族文化的多样性是发展本民族文化和繁荣世界文化的必然要求，为此必须在一律平等的原则上加以发展。文化的多样性就必然存在文化的传播与交流。文化传播具有多种方式和途径，特别是随着信息技术的发展，现代大众传媒成为文化传播的主要手段。我们既要更加热情地欢迎各民族优秀文化在中国传播，又要更加主动地推动中华文化走向世界。

[第一作者简介]

徐文萍（1974—   ），女，汉族，甘肃肃南人，肃南二中小学高级教师。

《请到夏日塔拉来——牧家乐园》教学课例

王建霞

教材说明：

本课例的教学内容选自肃南裕固族自治县第二中学校本课程《多元文化乡土教材》的第一部分"认识我们的家乡"第四单元第15课——《休闲娱乐》。这一校本课程是中央民族大学西部民族地区基础教育研究中心主任滕星教授主持的国家"985工程"重点建设项目、福特基金会项目《中国西部少数民族地区经济文化类型与初中地方性校本课程建构》项目的子项目《甘肃省肃南县皇城镇经济文化类型与初中地方性校本课程建构》开发出的地方性校本课程。该地方性校本课程以提高学生综合素质、促进教师专业发展、赢得社区认同支持、推动学校整体改革为总目标，补充了国家课程的不足，优化了教育资源配置，体现了学校办学特色。

适应年级： 七年级。

教学目标：

1. 知识和能力目标：使学生知道生态游的相关知识，了解家乡可以进行生态游的场所，探讨家乡值得开发的特色旅游资源。

2. 过程和方法目标：列举本地休闲娱乐活动的种类，用绘画、编演等形式介绍家乡的牧家乐园。

3. 情感态度目标：举例说明本地休闲娱乐项目在旅游业中的积极作用，初步树立旅游经济意识。

教学方式： 自主探究、合作学习、表演分享，以多媒体教学为主。

教学流程：

（一）课前激趣，创设情境

师：同学们，家乡山美、水美、人更美，家乡的美景已经越来越多地吸引临近地区的游客，每当盛夏来临，武威、张掖、金昌等地的游客纷纷前来皇城镇避暑游玩，推动了家乡经济的发展。让我们随着优美的乐曲来欣赏家乡的美丽风光吧。（课件出示图片和音乐）

生：欣赏音乐《家园》，看图片，小声跟唱。

（二）阅读资料，了解相关知识

1. 自主学习。

师：请同学们利用两分钟时间阅读课本 91 和 92 页内容，迅速占有信息。

2. 学生边浏览相关资料边做批注。

3. 交流学习收获。

师：让我们一起分享大家的阅读收获。

生：我知道了什么叫生态游以及生态游的方式及特点，请大家跟随我的朗读把相关内容勾画下来。

师：你占有的信息量多，奖励一面小红旗。

生：我知道了我们家乡是一个生态游的好去处，我们的牧业在娃娃山，那里非常适合开发生态游。

生：我还知道水关河、西大河、张家湾、上石桥都是生态游的好地方。

师：是啊，家乡适合开发生态游的地方的确很多，现在政府已经开始投入资金开发家乡的旅游资源，同学们要好好学习，家乡旅游事业的蓬勃发展还需要你们这些生力军。

设计意图：这部分内容是知识性较强的，而七年级的学生理解能力已经比较强，教师就不必详细讲解，放手让学生自主学习，培养学生独立探究的能力，教师及时的评价达到了激励学生的目的，有利于激励学生更好地参与到学习中去。

（三）交流感悟，了解家乡的生态游

1. 合作学习，欣赏创作

师：（课件出示家乡风光图片）请同学们按照自己的兴趣爱好自由组合，用散文、诗歌、故事、歌曲等形式，介绍家乡的风光。

生：自由排练。

2. 展示成果

师：请同学们展示自己的成果。

生：按组激情展示，对优秀的节目给予掌声鼓励。

3. 升华过渡

师：皇城镇境内大部分地区属湿润山地草原气候，走进碧波荡漾的皇城草原，聆听着百鸟的欢歌、山泉的叮咚，心情会豁然开朗，这正是生态游的魅力所在。同学们用自己的方式介绍了家乡的生态游，相信一定想更好地开发这一旅游优势吧。

设计意图：学生对本地的美景非常感兴趣，充分发挥各自的优势表现对家乡山水的赞美之情，抒发了学生热爱家乡的情感，同时又让学生意识到这样的美景不加以开发是巨大的损失。

（四）畅谈未来，走近牧家乐园

1. 组织观看视频材料

师：随着社会的不断发展，人民的生活水平不断提高，休闲娱乐成为健康生活的一种体现。让我们走近牧家乐园吧。（课件播放本地牧民休闲娱乐和介绍当地景点特色的视频材料）

生：边看边低声谈论。

2. 交流观后感

师：看了这一段视频材料，你能用极富概括性的语言谈谈你的感想吗？

生甲：短片中的牧民正在开展丰富有趣的娱乐活动，我看到了我的舅舅在为大家敬酒唱祝酒歌，我非常开心。

生乙：草原风光无限美好，在大草原上载歌载舞无比畅快。

师：你们能把刚才短片中牧民举办的娱乐项目做一个介绍吗？结合本地实际谈谈除了短片中介绍的休闲娱乐项目，你还知道家乡有哪些传统的娱乐项目？

生甲：片中有歌舞表演，有骑马比赛，还有摔跤比赛呢。

生乙：我还知道拔棍、大象拔河、拔腰等娱乐项目。

3. 展望未来，树立远大理想

师：同学们，如果你是一个牧家乐园的开发商或家乡分管旅游的领导，为了宣传家乡、搞活家乡的经济，你将怎样开发利用家乡的旅游资源呢？把你的想法用绘画或文字叙述的方式表现出来。

生：自主完成。（师巡视时看到有创意的作品就奖励一面小红旗）

4. 汇报交流

师：把获得奖励的作品贴在教室的展板上。现在可以自由参观，如果对展板上的作品有要提问的，就可以扮演记者去采访，也可以扮演专家去点评。

生：或采访或点评。

5. 总结

师：以"吃牧家饭，住牧家屋，干牧家活，享牧家乐"为特色的"牧家乐"

旅游，是开发皇城镇旅游的新举措。同学们要树立热爱家乡、保护家乡、建设家乡的远大志向，为使家乡更加繁荣贡献自己的力量。

设计意图：这个环节是教学的高潮部分，学生始终以主人翁的身份开展学习活动，激发了民族自豪感和责任心。尤其是让学生扮演记者或专家参与交流活动，使学生能深入思考，达到了预期的教学目标。

（五）小组评价，总结学习效果

师：请小组长对组员进行评价，组员之间也可相互评价。

（生组内评价，师行间指导，听取汇总意见）

师：各位组长对自己的成员给予了中肯的评价，希望同学们在今后的学习中能各展才华，更加优秀。

设计意图：有效的评价可以提高课堂教学的效果，同学之间开展评价可以体现公平性，激发学生的参与意识。

教学反思：

1. 教材的整体性、本土性、趣味性比较强，极大地激发了学生的学习兴趣。课前就有学生翻看我提供的教材，并对教材进行议论，从学生的议论中，我觉得他们对这本教材是感兴趣的。上课了，当课件一打开，学生马上又议论纷纷，因为课件中出现的就是皇城，是他们非常熟悉的，同时也激发了学生继续学习的积极性。

2. 在教学设计上，我紧紧把握校本课程教材的本土性、实践性等特征，时时体现生计教育、创新教育和环境教育的理念。基于以上的考虑，我确定这一节课以生计教育为重点，以学生的自主探究为主，教师引导拓展为辅，以问题为线的教学思路。在上课的时候，我首先让学生听歌曲《家园》，要求学生边欣赏音乐边想家乡的美景，看家乡有哪些适合进行生态游的地方，学生听得很投入，然后谈了很多自己的认识及感受。接着我让学生对家乡的休闲娱乐项目进行规划，学生们投入了小组活动中，他们自主活动极强，设计了很多。在互动交流时表现得很棒，我也为这些学生高兴，课堂气氛很融洽。

[作者简介]

王建霞（1972—　　），女，汉族，甘肃民乐人，肃南二中小学高级教师。

《保护我们的金牧场——三季牧场的划分》教学课例

王延军　王春梅

教学主题：三季牧场。
适应年级：九年级（1课时）。
教学目标：
　　1. 了解本地三季牧场的一些特点。
　　2. 认识转场放牧所包含的科学道理。
　　3. 懂得保护草原就是保护我们生存的家园。
教学重点：转场放牧所包含的科学道理。
教学难点：人、畜、草三者之间的关系。
教学过程：

（一）导入新课

　　　　　　天苍苍，
　　　　　　野茫茫，
　　　　　　风吹草低见牛羊。
　　　　　　　　——北魏民歌《敕勒川》

　　我们的家乡——皇城镇坐落在祁连山脚下，这里草原辽阔，牛、羊肥壮，物产丰富，人民勤劳，是一个富饶美丽的地方。

　　裕固族是一个马背上的民族，历史上过着游牧生活。在历史上游牧民族称为"行国"，为什么有"行国"之称，就是牧业生产"追逐水草而迁徙"。大自然赐予的绿地是有限的，牧草的生长也是有周期的。游牧民族在长期的畜牧业生产实践中，积累了宝贵的生产经验，其中在对草场的利用上，形成了转场这一科学的放牧方法。

（二）主题活动

　　问题一：你知道本地的牧场分为哪几类？

夏季牧场、秋季牧场、冬春季牧场。

问题二：根据自己的感受，谈谈对本三季牧场的一些认识。

夏季牧场

地形：海拔较高，大约3000米以上，大部分为高山区，山体陡峭，多灌木。

草场类型：大多为山地草甸、高山草甸、沼泽草甸。

气候特征：气温低，气候凉爽，无霜期短。

交通条件：交通不便，多靠牲畜运输。

放牧时间：6—8月。

秋季牧场

地形：海拔较高，大约3000米左右，大部分为高山区，山体陡峭，多灌木。

草场类型：大多为山地草甸、高山草甸。

气候特征：气候凉爽，无霜期短。

放牧时间：8—10月

冬春季牧场

地形：海拔2000—3000米，地形较为平缓，大部分为高山区，山体陡峭，多灌木。

草场类型：大多为山地草原和草甸草原。牧草密集，面积大，不易被大雪覆盖。

气候特征：气候暖和，年均气温在0—6℃。

交通条件：交通比较便利，大多有简易便道。可通四轮车或汽车。

放牧时间：11—5月

问题三：讨论：选择牧场主要有哪些依据？

选择牧场是以自然、地形、水源和气候为依据。夏场要选择地势较高，凉爽通风，有充足水源的地方；若不通风，夏季曝晒、日照时间长，牲畜受不了暑热，采食会受到影响。冬季，气候寒冷，应选择避风，低洼向阳，比较平坦的地方，牧草密集，面积大，最好有水井的地方和棚圈的地方。冬春过渡的季节是至关重要的。季节转换容易给牲畜带来疾病，刚刚过冬的非常赢弱，经不起气候骤冷骤热的变化和缺草的威胁。另外，这一时期也是产羔的关键期，草场的好坏，直接影响着羔子的成活率。

问题四：思考转场放牧包含有哪些方面的科学道理？

1. 合理地利用牧场，有利于草原生态环境的保护。牧业生产是在自然生态环境中游牧食物链的基础上，加进人类的生产活动，是一个短链生产，因此它必然受制于自然环境，人们追逐水草而游牧，首先要遵从大自然的规律。恢复牧场的繁殖力，以便在下一个生产周期相对应的季节有可能重新返回，以利于今后的牧业。

2. 合理地利用牧场，有利于牲畜更好地生长和繁殖。牧业经济是建立在一定的自然条件基础之上，是"人—畜—草"三者适应的结果，"夏饱、秋肥、冬瘦、

371

春死",成为畜的规律,因此牧场的选择至关重要,是维护牲畜的生命线。

(三)课堂总结

绿色的草原是自然界给予人的生存环境,积累了千百年牧业经验的游牧民族早就观察和总结了自然变化的规律,其"逐水草而居"不仅仅是为了眼前的牛羊,而且是为了保护牲畜繁衍的长久,依赖的是大自然赐给牧人的金牧场。

[第一作者简介]

王延军(1966—   ),男,汉族,甘肃武威人,肃南二中副校长,中学高级教师。

《We love animals!》课外拓展教学课例

巴玉环　孔海兰

整体设计思路、指导依据说明

本课是 PEP 小学英语三年级下册第四单元《We love animals!》B 部分的拓展延伸课，主要内容包括"十二生肖"词汇的认读及其与裕固族文化的关联初步解读两个部分，是这一单元第四课时。设计时，主要考虑到牧区学生无法做课外延伸的实际情况，以如何激发学生的学习兴趣为主，采用了多种切实可行的教学方法和学法指导，让学生在学习教材固有知识外，适当地拓展了学习的范围，也了解了民族文化中的动物，培养学生了解不同民族文化的意识，尊重各民族的不同风俗习惯，使各民族在民族大家园中融洽相处，关系更加和谐。

教学背景分析

1. 教学内容分析

本课是 PEP 小学英语三年级下册第四单元《We love animals!》B 部分的拓展延伸课，主要内容包括"十二生肖"词汇的认读及其与裕固族文化的关联的初步解读两个部分，是这一单元的第四课时。本课时的主要语言项目是在第三课时听懂、会说并理解句子"Look! I have a..."的基础上，了解"十二生肖"的词汇，进一步培养学生用英语简单抒发情感的意识，熟练使用几个常用感叹语，如："Wow! Cool! Great! Super!"

2. 学生情况分析

红湾小学是肃南裕固族自治县县城唯一一所小学，学生主要来源于县城、自治县所管辖的牧业乡村及周边县市，生源较为多样化。除具有小学生的一般生理与心理特点外，牧区小学生还有一些自己的特点，这是在教学时必须考虑的实际情况。第一，学生之间个体差异很大，来自城镇机关的学生眼界宽，见识多，来自牧业乡村的学生体验多，操作强；第二，学生语言能力差异大，有些少数民族学生会听说自己民族的语言，英语已经是第三、甚至是第四语言的学习，英语的学习效果将受到学生母语、汉语习得状况的影响，特别体现在语音语调的标准化与语法结构的掌握方面；第三，由于受到牧区文化的影响，学生更加喜欢参与式和活动型的教学方式，例如游戏教学；第四，学生课后缺乏巩固学习成果的情境和条件，绝大多数家长无法辅导学生的英语学习，导致课堂教学任务较为繁重。因此，本课在教学方法的选择和教学过程的设计上充分考虑了牧区小学生的实际特点。

教学目标分析

根据教材的内容和学生的年龄特征及认知水平确定以下教学目标：

1. 能力目标

（1）能进一步听懂、会说并理解句子"Look！I have a..."

（2）在创设的情景中，能用"I have a..."表达"自己有某物"。

2. 知识目标

能听懂、会说"十二生肖"的词汇。

3. 情感目标

培养学生保护动物，珍爱动物的理念，了解裕固族文化中的动物，培养学生热爱民族文化的意识。

教学重点、难点分析

教学重点："十二生肖"的词汇。

教学难点："十二生肖"动物与裕固族文化的关联。

教学过程设计

Step One：Class Opening and Review 复习导入

1. Enjoy a song "Old MacDonald"

【设计意图：在欢快的乐曲中，复习与本课有关的内容，学生既感受到了英语课堂的轻松与快乐，又对歌词中唱到的动物名称及叫声做了回顾，为即将开始的教学活动做了精神和知识上的准备】

2. Greeting

老师问一些简单的问题，比如："How are you？ Nice to meet you！"等，缓解学生的紧张情绪，让学生在接下来的学习中表现得更出色。

3. Review

（1）用"What's this？"句型和单词卡片复习 Part A 和 Part B 中已经学过的动物词汇，如：cat、dog、panda、monkey、duck、rabbit 等。

（2）游戏：教师表演学生猜，老师利用投影做手势展示不同的动物词汇，复习单词。

【设计意图：用学生喜闻乐见而又新奇的方式既复习了单词，又为新课学习做铺垫，增强了课堂的趣味性】

Step Two：Presentation 新知展现 I

T：同学们，在这一单元的 Part A 和 Part B 中，我们已经学习了很多关于动物的词汇，但你们能用英语说出"十二生肖"中的动物吗？下面我们就来一起试一试。

T：谁能背出"十二生肖"The twelve Chinese zodiac animals 中都有哪些动物？

S："十二生肖"中有鼠、牛、虎、兔、龙、蛇、马、羊、猴、鸡、狗、猪。

T：非常好，下面我们逐个来学习"十二生肖"动物的英文名字。

Okay, look at the first animal, it is "mouse"（老师用幻灯片展示图片并板书），and what is the second one? Oh, let me tell you, it is "Ox"……在老师的引导下逐个学习"十二生肖"词汇 tiger、rabbit、dragon、snake、horse、goat（sheep）、monkey、chicken、dog&pig。并在讲新词同时，让学生拿出自己在课前准备的毛绒玩具练习"Look! I have a..."这个句型，并鼓励学生用"Wow! Cool! Great! Super!"等词来表达自己的看法。

Note：强调 dragon 在中西方文化中寓意的不同，给学生介绍用汉语拼音的"long"已被西方人所接受，所以，在表述"十二生肖"和相关"龙"的中国文化时，最好用拼音中的"long"。

视频播放十二种动物的叫声或身体的一部分，让学生听、看并猜"What's this?"，然后课件再次出示图片，领读十二个词汇，尤其是新出现的词汇。请学生以 group work 的形式，朗读小动物读音并模仿小动物的动作。

【设计意图：自然导入，增加趣味性】

Step Three：Practice 游戏表演

1. Animal race "竞赛入场式"

把学生每六人分为一组，让学生戴上他们自己准备的"十二生肖"动物头饰充当动物竞赛小选手，老师播放音乐，让学生随着音乐介绍自己。

S1：（头戴老鼠头饰，慢慢移动身体）"ji-ji, hello, I'm mouse, I'm a good player."

Ss：Hello, Mr. mouse.

S2：（头戴牛头饰）"Hello, I'm the OX player. I am the best player."…

Ss：Hello, Miss Ox.

……

当所有的小动物都介绍完自己的角色时，暂停播放音乐，组织竞赛。

【设计意图以"动物小竞赛"的形式构建一个任务型教学过程，这样可以使学生的学习更贴近生活，让学生在趣味无穷的"模仿秀"中张扬自己的个性，在轻松愉快的氛围中消化本节课所学的知识，培养学生综合运用所学知识的能力】

2. Game：快速抢答

T：What kind of animal do you like best? You can stand after your favorite animal.（请其余学生自主选择喜爱的动物，并加入到其中一组）

游戏规则：教师快速出示本课的动物图片，请"小动物"们抢答。

【设计意图：创建一种开放的、和谐的、积极互动的语言活动氛围，努力产生

375

沉浸式的效果，即让学生愉快地融合在英语的环境中，自然地、不知不觉地吸取和操练，增强语感，不断提高英语听、说、模仿的基本能力】

3. Game：

游戏规则：教师只动嘴唇不出声，请"小动物"们猜老师读的单词。找出表现优异的组，进行表扬鼓励。

【设计意图：活动中体现的竞赛理念，可以充分地调动学生的学习积极性；图片和单词图文并茂旨在加深学生对单词的记忆，在活动中，注重训练和培养学生的合作学习意识，引导学生以新旧结合的方式自主学习】

Step Four：Presentation（Ⅱ） 新知展现

T："十二生肖"的词我们已经学完了，下面请同学们想一想，哪些小动物是我们裕固族人生活中常见的呢？

S：裕固族人生活中常见的动物有狗、羊、牛。

S：还有骆驼、鸡、猪。

S：……

T：同学们想一想，在你们列举的这些动物中，哪些动物是对我们裕固族人生产和生活十分有帮助的呢？

S：对我们裕固族人生产生活帮助很大的动物是狗。

T：为什么呢？你能根据你的理解说一说吗？

S：狗能给裕固族人看家护院，尤其是在分散居住的牧业点上的需要更为明显。

T：你说得很好，在长期的游牧生活中，由于狗在助牧、助猎、保护牲畜与野兽的战斗中是牧人最好的工具，因而狗是与裕固族人最亲密的家畜。

T：还有别的不同想法吗？

S：骆驼对裕固族人的生活也很主要，因为，我爷爷告诉我在牧业点转场和我们的祖先迁徙的过程中，骆驼发挥了非常重要的作用，它可以驮运很多东西，而且能在沙漠中带人们找到宝贵的水源。

T：你说得真好，老师有一个问题，想请同学们帮老师来解答一下。骆驼既然这么重要，而且跑得也很快，为什么我们的"十二生肖"中没有它呢？

S：……

T：那就让我来给大家讲一个流传在明花一带的小小的故事吧。故事的名字叫"为啥十二相生里没有骆驼？"

（课件展示课外知识链接）

十二个相生中有鼠、牛、虎、兔、龙、蛇、马、羊、猴、鸡、狗、猪。过去，明花滩上几乎户户都有骆驼，骆驼对明花人的生活来说太重要了。为啥十二相生里却没有骆驼呢？这里面有这样一个传说。

早先的时候，人们不知道自己岁数的大小，也不知道今年是哪一年。老天爷知道了这个事情，就决定召集一个会议，选择十二个动物来代表十二个相生，来让人们知道自己岁数的大小，知道今年是哪一年。

会议按时召开了。其他的十一个动物都早早来了，老天爷就把它们都定成相生了。只有骆驼和老鼠来得最晚，它们为啥来晚了呢？原来骆驼到很远的地方给人驮东西去了，赶回来就晚了；老鼠整天忙着在地下打洞，消息知道得太晚了。老天爷很为难，因为老鼠和骆驼，这两个动物中再选一个就够了，必须淘汰掉一个。商量来商量去，大家都认为老鼠和骆驼应该进行公平的比赛，以决定把谁留下来，把谁淘汰掉。可是怎么比赛呢？大家没有什么好的办法。

骆驼仗着自己身体比老鼠大、个子比老鼠高、声音也比老鼠洪亮，争着提议，我和老鼠比赛早晨谁先看见太阳。大家都觉得这个提议太不公平，因为骆驼比老鼠高，这是明摆着的一个事实，如果这样比赛，老鼠肯定输了。但是大伙没有想到，老鼠却说行，就比赛早晨谁先看见太阳。老天爷想，既然老鼠也同意这样比赛，就让它们比吧。

早晨天麻麻亮，老鼠和骆驼就开始比赛了。骆驼心里美滋滋的，心想：贼老鼠，你输定了。可是老鼠很聪明，早早蹲在骆驼的头顶上了，骆驼丝毫没有察觉。天边红通通的，太阳就要出来了。骆驼得意洋洋，心想：贼老鼠，哼哼，我得胜的时刻就要到来了。就在太阳出来的那一瞬间，老鼠在骆驼头上突然欢呼雀跃起来，"我看见太阳了，我看见太阳了"。这时骆驼才知道老鼠原来在它的头顶上，当然先看见太阳了。老鼠得胜了，成了十二相生之一，骆驼非常生气，非常懊恼。老鼠知道自己是凭着聪明劲儿取胜的，骆驼输得心不甘，情不愿，害怕自己从骆驼头上下来以后，骆驼会报复它，就趁骆驼不备，腾的一声从骆驼头上跳下来，钻进了灰堆里。骆驼看见老鼠钻进灰堆里了，气急败坏地攉上去用前蹄攀（当地方言，意为连挖带刨）灰堆，想把老鼠整死。可是老鼠聪明伶俐，早就从灰堆里跑掉了。

直到现在，骆驼都很不服气，一看见灰堆，立刻想起了往事，就用前蹄攀灰堆。

T：这下你们知道"骆驼"为什么没有进入"十二生肖"的排行中了吧。虽然现在的牧业点已经很少看见它了，但"骆驼"在我们裕固族文化中很重要，是不该被遗忘的。

【设计意图：通过课外知识链接的方式，让学生了解更多关于本民族文化，培养学生热爱民族文化】

Step Five：Homework 优化作业，任选其一

1. 搜集更多"十二生肖"的小故事，下节课讲给大家听。
2. 搜集更多动物与裕固族生产、生活的小故事，下节课讲给大家听。

【设计意图课外作业是课堂教学的衍生和深化。与实际生活相关的、有趣的课外作业能极大地激发学生完成作业的主动性，也同时激发了学生热爱本族文化的热

情，让学生了解到注重课外延伸的重要性】

[第一作者简介]

巴玉环（1980—2012），女，裕固族，甘肃肃南人，小学高级教师，曾在自治县红湾小学从事小学英语教学，生前在肃南一中从事中学英语教学。

研究述评

成就与问题：中国裕固族教育研究六十年
近五年来裕固族教育研究进展述评
近五年来裕固族教育研究进展述评
裕固族教育研究的学术精品
学校教育传承地方知识发凡
现代性·少数民族教育·民族志书写

成就与问题：中国裕固族教育研究六十年

巴战龙

[摘要] 2004年以来，裕固族的文化生存与教育发展越来越受到社会各界，特别是教育人类学者的青睐和重视。本文通过1944—2003年间裕固族教育研究文献综述，肯定了裕固族教育研究领域取得的成就，分析了存在的问题，以为今后更进一步的研究提供基础文献资料和研究路径及方法。

一、引论

裕固族是中国人口较少的民族之一，主要聚居在甘肃省肃南裕固族自治县和酒泉市黄泥堡裕固族乡。据2000年第五次全国人口普查统计，裕固族共有13719人。裕固族主要从事畜牧业生产，主要使用三种语言：西部裕固语、东部裕固语（这两种本民族语言分属阿尔泰语系突厥语族和蒙古语族）和汉语，现无本民族文字，通用汉文。

1949年以前，裕固族是一个濒临灭亡、文盲充斥的民族。中华人民共和国成立以后，裕固族教育虽几经波折，但发展迅速。1997年，裕固族实现全民族"普九"目标，并通过国家有关部门的验收，这一重大成果成为1998年"中国十大民族新闻"之一。[1]

任何一个民族的教育，都是传统与现代、历史与时代相交织的产物，对于一个民族的教育的研究亦然。而且，教育研究常常折射出人们对社会文化教育的认识的深浅、期望的高低、利益的选择和反思的力度。因此，对研究文献的梳理和评述，后续研究者不仅可以"温故知新"，而且更利于开拓进取。

1996年至今，笔者通过田野调查、图书馆检索和"中国知网"（www.cnki.net）检索、裕固族研究专家访谈等途径收集了裕固族教育研究的相关信息和文献资料。本文拟以社会科学研究的文献综述法为研究方法，对1944—2003年间中文文献的钩沉和分类、回顾和评论相结合，综合性地反映裕固族教育研究六十年来的成就与问题（值得一提的是，2004年至今，裕固族教育研究的面貌已经发生了很大的变化，可以说已经实现了质的飞跃，但限于篇幅，笔者拟另文专论）。为了叙述的方便，研究者将文献资料分为两类：核心文献和相关文献。其中核心文献是指直接以裕固族教育为主题的文献,相关文献是指以肃南裕固族自治县教育为主题的、但却与裕固族教育直接相关的文献。每一类文献又进一步分为"书籍类"和"论文、文章类"两大类。兹分类述评如下。

二、核心文献——"裕固族教育研究"的回顾与评论

(一) 文献回顾

1. 书籍类文献回顾

裕固族教育的一项重要研究成果是张如珍的《裕固族教育史》[2]。该成果是在肃南裕固族自治县教育志编写小组 1990 年编写的《肃南裕固族自治县教育志(1934—1989)》(上、下) 的基础上撰写而成的,共分四章:第一章为"裕固族概述",介绍了裕固族的形成及历史演变、分布和发展、宗教信仰、语言文字与风俗习惯;第二章为"解放前的裕固族教育",叙述了历代王朝及民国时期的文教政策的实施、学校教育、社会文化教育、教育家及其教育思想等内容;第三章为"解放后 40 多年来的裕固族教育",叙述了裕固族的新生及教育制度的建立、党的民族教育方针政策的施行、普通教育、成人教育、义务教育、学校管理、裕固族教师队伍的培养与建设等内容;第四章为"裕固族教育发展的历史经验",指出制约裕固族教育发展的三个主要基本因素是地区的差异性、居住的分散性和经济的落后性。

范玉梅的《裕固族》[3]一书中"社会经济"之"教育"部分简单描述了新中国成立前后至 1981 年裕固族教育的发展历程。

2. 论文、文章类文献回顾

《新西北》杂志 1944 年 7 卷 7·8 期合刊刊载的马铃梆的《顾嘉堪布传》赞誉裕固族、藏族宗教领袖七世顾嘉堪布罗桑青利嘉木措(1897—1944)是祁连山区教育的"创办者",较为详细地记述祁连山区现代教育(主要是裕固族现代教育)的创办过程。民国蒙藏委员会调查室编印的该委员会驻甘肃酒泉调查组提交的《祁连山北麓调查报告》第五章介绍的"祁连四小创设过程与其概况"可谓是对裕固族教育的最初调查。[1](P22)

1949 年后,裕固族教育发展迅速,人才辈出。半个多世纪以来,最引人注目的成果要数 1997 年实现全民族"普九"目标。这项重大教育成果成为 1998 年"中国十大民族新闻"之一。[1]

马金铃的《肃南裕固族学校教育产生述略》[1](P483—486)是探讨裕固族地区教育发展模式的课题成果之一。论文通过实地调查采访,查阅研究有关文献资料,分析教育与宗教的关系、民族融合对产生学校教育的影响及学校教育产生的背景等诸方面来探讨现代学校教育的产生、内容、特点以及对当今教育发展的推动作用。

丁虎生的《顾嘉堪布和他的民族教育思想》[1](P486—488)主要分析了七世顾嘉堪布由一个宗教职业者转变为民族教育先驱所经历的认识过程及其教育思想的主要内容。

江波、钟福国的《"学生房"：裕固族民族教育中的一种文化现象的研究》[1]主要介绍和分析了分散居住的裕固族牧民为了解决子女上学问题，每家每户在学校附近盖起一座座小房子——俗称"学生房"——的文化现象。该文认为，裕固族的"学生房"是在全民兴办和发展教育的大潮中形成和建立起来的，具有自己的特色和优点，深受新一代裕固族人的支持和欢迎，它在民族教育的发展过程中为培养下一代有知识的人起了巨大的作用，今后仍将会继续发挥更大的作用。

李燕的《裕固族地区中小学生课外读物的调查与分析》[1]是在实地调查的基础上，概述了裕固族基础教育的基本情况和裕固族中小学生课外读物的三个特点，即城乡学生的阅读条件、阅读心理有区别；同其他地区、其他民族相比更注重文艺类读物；电影、电视等媒体仍占课外活动的主导地位。作者在文末提出两条建议，首先，应该加强牧区中小学生的课外阅读，提高阅读质量；其次，应该认识到少儿读物的重要性。

王树秀、刘毅和陈晓云的《8—12岁汉族和裕固族儿童心理发展的比较研究》[1]是利用《中国比内测验简编指导书》中的智力测验和北京医学院编制的"性格与兴趣测验"施测，得出了汉族和裕固族8—12岁儿童思维能力的发展不存在民族差异，存在地区差异以及裕固族8—12岁儿童思维能力发展性别差异未达到显著水平等结论。王树秀的《8—12岁汉族和裕固族儿童创造力发展的比较研究》（载《民族教育研究》1999年第3期）采用"发散思维测验"和"性格与兴趣测验"施测，得出了8—12岁汉族和裕固族儿童创造力发展的差异表现无明显民族倾向，裕固族儿童想象丰富、新颖、具有创造性等结论。与裕固族儿童心理发展相关的研究成果还有赵鸣九、万明钢、马明强的《7—9岁汉、藏、东乡、保安、裕固、哈萨克族儿童语义理解的比较研究》（载《心理学报》1989年第2期）。

申文耀的《重视教育使裕固族人口素质迅速提高》（载《中国少数民族人口》1988年第2期）是关于肃南裕固族自治县明花区学校教育状况的调查报告，着重分析了当地裕固族重视教育和人口素质迅速提高之间的良性关系。

巴战龙的《西部裕固语的使用与教学述略》（载《甘肃民族研究》1998年第1期）简要描述了不容乐观的西部裕固语使用现状和截至1997年国内已经开展的两次西部裕固语教学活动，分析了操西部裕固语的裕固族学生的母语对第二语言——汉语学习的一些干扰现象，最后指出开展西部裕固语教学活动是一项系统工程，牵涉的面广点多，需各方力量通力合作才能顺利进行。

白文信的《裕固民族的体育游戏》（载《牧笛》2002年创刊号）简要介绍了裕固族地区解放前期民间主要开展的赛马、摔跤、拔腰、射箭等体育游戏活动。

兰礼的《我在马背小学任教的经历》[4]记述了20世纪60年代中后期至70年

代中期裕固族马背小学的创办和兴盛的历程。

阎富江的《飞速发展的裕固族教育》（载《甘肃教育》1994年第11期）报道了截至1994年肃南裕固族教育发展所取得的成就。李均的《启人心智的文化教育——裕固新歌（下）》（载《丝绸之路》1995年第6期）报道了1954—1993年肃南裕固族教育发展所取得的成就。

其他文献还有：曹进等人的《中国藏、蒙、裕固、哈萨克儿童的砖茶型氟中毒》（载《湖南医科大学学报》1996年第6期）；郭金仙的《裕固族3—6岁儿童膳食模式与发育水平研究》（载《中国妇幼保健》1999年第6期）；安守义、高玉宝的《甘肃肃南县小学生防治碘缺乏病知识问卷调查》（载《地方病通报》2001年第4期）；安守义、高玉宝的《健康教育在肃南县地方病防治中的作用》（载《地方病通报》2002年第2期）；王延文、马秀芬、苏莉的《探讨裕固族3—6岁儿童血细胞钙、铁、锌水平及影响因素》（载《卫生职业教育》2003年第9期）；汪惠玲的《裕固族少儿舞蹈创作之我见》（载《甘泉》2003年第3·第4期合刊）。

（二）简要评论

通过分析，笔者认为"裕固族教育研究"呈现出以下特点：（1）研究内容涉及面较广，包括教育发展史、儿童心理发展、课外读物、民族文化传统与教育发展、教育中的文化现象、儿童膳食模式与发育水平、儿童体质、教育与经济发展关系等方面。（2）研究方法上使用了文献研究、田野研究、量表测量、工作调研、生活史和志书写作等，较为多元。（3）研究人员以高等院校的专业研究人员为主，本民族的研究者较少。（4）文献多为公开发表或出版的作品，其中书籍类成果相对较少，论文和文章类成果相对较多。（5）从"中国知网"提供的文献引用情况来看，这些文献的学术影响力很有限。（6）从文献本身的深度和广度来看，研究者的研究规模都较小，没有出现大、中型的省部级以上的综合性研究项目。（7）儿童心理发展方面的研究成果具有较强的学术规范性。

三、相关文献——"肃南裕固族自治县教育研究"的回顾与评论

（一）文献回顾

1. 书籍类文献回顾

肃南裕固族自治县成立于1954年。《肃南裕固族自治县概况》第六章"文化建设"第一节"教育"以新旧社会对比的语调概述了肃南地区解放前后至1983年的教育发展情况。[5]

肃南裕固族自治县教育志编写小组1990年编写的内部资料《肃南裕固族自治县教育志（1934—1989）》（上、下）较为详细地记述了1934—1989年间现辖属肃

南裕固族自治县地区的教育发展历程及现状，共十二编：第一编——"概述"；第二编——"大事记"；第三编——"教育宗旨和教育行政"；第四编——"教师队伍"；第五编——"初等教育"；第六编——"中等教育"；第七编——"民族教育"；第八编——"教育经费"；第九编——"高等教育"；第十编——"成人教育"；第十一编——"勤工俭学"；第十二编——"人物传"。

《肃南裕固族自治县志》[6](P299—318)中第五编"文化"列有专章（第一章）"教育"（这一章实际上是《肃南裕固族自治县教育志》的"缩写版"），记述肃南裕固族自治县教育发展概况，共分七节：第一节——"教育发展概况"；第二节——"幼儿教育"；第三节——"初等教育"；第四节——"中等教育"；第五节——"民族教育"；第六节——"成人教育"；第七节——"管理机构与教师队伍"。

2. 论文与文章类文献回顾

随着自治县1994年实现"普初"目标，1997年实现"普九"目标，由此也诞生了甘肃省教育科研"九五"重点课题——《甘肃省肃南裕固族自治县教育发展模式研究》。何永忠、马金铃执笔的《肃南裕固族自治县"全民""普九"工作调研报告》[1](P475—483)（原题目为《结合少数民族牧区实际发展基础教育的新模式》）就是这一课题的具体成果形式之一。该报告指出，肃南裕固族自治县作为边远少数民族牧区，1997年比预期计划提前实现了"全民族"的"普九"目标，已处在甘肃省21个少数民族县的领先地位；这是一件极不容易的事情，突出表现了裕固族追求卓越民族的先进性和优秀性；为发展少数民族牧区教育构建了新模式，是发展少数民族牧区教育的成功范例。另外，还有与这一重点课题的相关的两项研究成果：白继忠的《甘肃牧区教育的改革与发展——阿克塞、肃北、肃南三县创建新办学模式的实践与认识》（载《民族教育研究》1999年第3期）；马金铃的《甘肃西部牧区教育的新模式——肃南、肃北、阿克塞从逐水草到逐教育的"普九"模式》（载《社科纵横》2000年第3期）。

马雄等人的《浅谈肃南民族教育的发展与对策》（载《甘肃民族研究》1994年第3期）回顾了肃南裕固族自治县成立40年来民族教育发展成就，简要探讨了存在的问题及对策。陶多渊的《肃南教育发展简记》[7]则分"艰难的起步"、"曲折的发展"和"可喜的成绩"三部分回顾了截至1993年肃南裕固族自治县教育发展历程。

安玉忠的《肃南县民族教育发展的思路和对策》（载《甘肃教育》2003年第7·8期合刊）提出在新世纪的新形势下，肃南县民族教育工作将坚持以加快发展为主题，以深化改革为动力，以调整教育结构、布局和提高办学质量、效益为主线，以提高民族整体素质为根本出发点，紧紧围绕全面推进素质教育这个中心，加快建设高素质的教师队伍；努力实现"两基"的巩固提高，加快发展高中阶段教育；加快推进教育的现代化、信息化建设；加快建立办学多元化，投资多渠道化的民族教育运行机制，努力实现民族教育事业超常规、跨越式的发展。

姚元寿、祁玉山的《关于推进肃南县基础教育管理体制改革与发展的思考》（载《甘肃民族研究》2003年第2期）先叙述了截至2003年6月肃南县的教育发展概况，然后重点阐述了对肃南县教育管理体制改革发展的四点认识：（1）推进民族县基础教育和发展，须有前瞻性的战略眼光和长远规划，确保教育优先发展的地位不动摇；（2）推进民族县基础教育改革和发展，须有超常规的发展思路，下决心、出硬招，深化教育改革不停步；（3）推进民族县基础教育管理体制改革与发展，必须构建教育面向新世纪发展的人才基地；（4）推进民族县教育管理体制改革与发展，必须要有新的思路、新的观念。

屈爱元的《结合民族地区特点调整专业设置》（载《中国职业技术教育》2003年第32期）主要报道了创建于1995年3月的肃南裕固族自治县职业教育中心在发展中立足当地实际，挖掘民族文化资源，设置民族艺术、旅游等专业，取得了较好的实绩，不仅使自治县职业教育充满了生机和活力，而且民族艺术专业已被确定为甘肃省职业学习60个骨干专业之一；他的《一朵民族职业教育之花——肃南裕固族自治县职教中心》（载《中国职业技术教育》2003年第35期）主要报道了肃南裕固族自治县职教中心取得的100%的就业率的成就，并总结了该职教中心能"在民族地区职教界独树一帜"的三个原因：（1）适应社会发展，在需求上做文章；（2）发挥民族优势，在充分利用资源上做文章；（3）根据市场变化，在"走出肃南"上做文章。

政协肃南裕固族自治县委员会调查组于1998年9月14日至23日对全县中小学实施素质教育的情况进行了专题调查，其成果《关于全县中小学实施素质教育情况的调查报告》[8]对全县中小学教育的现状、实施素质教育的情况、存在的问题及建议进行了记述和研讨。

恕人的《红湾小学发展史略》[9]和李裕宽的《红湾小学建校始末》[7]是对肃南裕固族自治县早期学校教育发展状况的回忆录。殷成林的《肃南教育史上的一页》[4]记述了肃南民族教育的摇篮——肃南裕固族自治县民族中学（1981—1995）的筹建、发展和转轨合并的历程。郑连泾等人的《肃南县第一中学概况》[7]记述了1957—1993年间自治县人民唯一的一所普通完全中学的发展历程。

其他文献还有：向兵的《心中另有一片草原——肃南裕固族自治县教育掠影》[10]；安守义、高玉宝的《甘肃肃南县小学生防治碘缺乏病知识问卷调查》（载《地方病通报》2001年第4期）；安守义、高玉宝的《健康教育在肃南县地方病防治中的作用》（载《地方病通报》2002年第2期）。另外，王红丁的《酒泉市少数民族乡的教育事业》（载政协甘肃省酒泉市委员会编印：《酒泉文史》（第二辑），1989年，第133—134页）是唯一一篇关于酒泉市黄泥堡裕固族乡教育情况的文献，简要回顾了1939—1987年间该乡的教育发展历程。

（二）简要评论

通过分析，笔者认为"肃南裕固族自治县教育研究"呈现出以下特点：（1）

研究内容涉及面较窄，主要包括自治县教育发展历程和现实状况，经验总结和发展思路这两个方面，还涉及学生疾病知识掌握情况和健康教育的作用等方面。（2）研究方法上主要使用了工作调研、经验总结和志书写作，较为单一。（3）研究人员以地方教育研究机构的专业研究人员和地方教育行政部门的工作人员为主，本民族的研究者较少。（4）文献多为未公开发表或出版的作品，刊载在地方政府编印的内部工作书籍中，其中书籍类成果相对较少，论文或文章类成果相对较多。（5）从"中国知网"提供的文献引用情况来看，内部刊印的文献的学术影响力很微弱，涉及自治县教育发展的现状和思路及经验总结的文献在实际教育工作中应用性较强，少数公开发表的文献的学术影响力有所提升。（6）从文献本身的深度和广度来看，研究者的研究规模增大，出现了省部级重点研究课题。（7）甘肃省教育科研"九五"重点课题——"甘肃省肃南裕固族自治县教育发展模式研究"具有较强的学术规范性。

四、结语：存在问题和发展展望

从以上综述可以看出：（一）目前，裕固族教育已经引起一些有关组织机构和专家学者的研究兴趣，但绝大多数文章都是在叙述裕固族（主要是肃南县裕固族）教育发展的历史，仅有的几项研究还停留在总结发展经验，描述已有成就的层面上，一些具有重大现实意义的问题，例如，裕固族学校教育与裕固族地区经济、政治、文化发展的关系，与裕固族传统文化的保护、现代文化的发展的关系；裕固族儿童身心发展特点与学校教育内容、方法和手段的选择之间的关系；裕固族社区校园文化与社区文化、学校教育与非正规民族文化教育、学校教育与地方知识之间的关系；裕固族社区发展与社区教育的一体化；民族语言保持与儿童认知发展等问题没有得到探讨或深入细致的研究（笔者认为，从研究成果的文本看来，不能排除研究者有意回避这些问题的可能）。（二）研究者的学术素养和研究水准亟待提高，特别是在研究范式、取径与方法的扎实掌握与相互配合、理论架构与研究资料（data）的获得、分析、取舍等方面的能力和水平需着力提高。（三）今后仍需大力提倡规范且具有一定深度的田野研究，提倡敏锐透辟的学术评论。

随着人口较少民族生存与发展问题、人类口头与非物质文化遗产保护问题越来越得到全社会的关注，随着社会主义新农村建设和第八次基础教育新课程改革的越来越深入，自2004年以来，裕固族教育研究和实践探索的发展非常迅速，已经产生了两项规范的学术研究成果[11][12]和一项实践探索成果[13][14]。另据笔者所知，国家"985工程"建设项目——中央民族大学中国少数民族基础教育研究中心和美国福特基金会等已经有关于裕固族地区基础教育课程改革与发展的研究项目立项并实施，相信今后会有越来越多的、深入细致的、具有较大学术影响和社会效益的学术研究和实践探索成果问世。

[参考文献]

[1] 钟进文主编：《中国裕固族研究集成》，民族出版社，2002年，第22、483—486、486—488、488—491、491—493、494—496、475—483页。

[2] 韩达主编：《中国少数民族教育史（第一卷）》，广东教育出版社、云南教育出版社、广西教育出版社，1998年，第1403—1454页。

[3] 范玉梅：《裕固族》，民族出版社，1986年，第24—25页。

[4] 兰礼主编：《肃南文史资料（第二辑）》，政协肃南裕固族自治县委员会，2000年，第165—173、180—184页。

[5] 编写组：《肃南裕固族自治县概况》，甘肃民族出版社，1984年，第93—95页。

[6] 甘肃省肃南裕固族自治县地方志编纂委员会：《肃南裕固族自治县志》，甘肃民族出版社，1994年，第299—318页。

[7] 刘郁采主编：《中国裕固族》，甘肃人民出版社，1997年，第143—146、153—156、147—152页。

[8] 安玉林主编：《肃南政协工作50年》，政协肃南裕固族自治县委员会，2002年，第605—613页。

[9] 李裕宽主编：《肃南文史资料》（第一辑）》，政协肃南裕固族自治县委员会，1994年，第88—93页。

[10] 吴昊主编：《荒火中的觉醒》，人民日报出版社，1990年，第141—143页。

[11] 巴战龙：《社区发展与裕固族学校教育的文化选择——人口较少民族乡村学校教育的民族志研究》，中央民族大学硕士学位论文，2005年。

[12] 王吉春：《地方、国家与教育变迁——裕固族小学教育变迁的个案研究》，南京师范大学硕士学位论文，2006年。

[13] 巴战龙等：《为了裕固族的明天——甘肃省肃南裕固族自治县第二中学校本课程开发纪实》，载《中国民族报》2006年8月18日。

[14] 铁穆尔、巴战龙主编：《尧熬尔文化（教育专刊）》，2006年第2期。

（本文原载于《民族教育研究》2007年第6期）

[作者简介]

巴战龙（1976— ），男，裕固族，甘肃肃南人，民族学博士，北京师范大学社会发展与公共政策学院讲师，硕士生导师，主要从事教育人类学、发展人类学、民族志与社会科学研究、人口较少民族研究。

近五年来裕固族教育研究进展述评

——以期刊报纸文献为例

巴战龙

[摘要] 裕固族教育研究是一个新兴的学术研究领域。近五年来,以期刊报纸文献为例,从研究主题上看,裕固族教育研究主要集中在对学校教育功能和校本课程开发的探讨上;从研究方法和研究内容上看,显示出与教育人类学越来越密切的关系。

一、引言

近年来,随着学术规范的逐步建立,中国社会科学研究越来越重视文献综述,文献综述的功能和价值也被越来越多的社会科学家所认识和肯定。文献综述不仅是为学术同行和感兴趣者提供检索的路线图和文献的细目,也不仅是对前辈学者和当代同行的知识产权的尊重,更重要的是,它能描绘和解析出一幅学术谱系图。[1](P93—97)该图将为读者展示该研究主题、领域或学科产生和发展的脉络(context),从而使每一项严谨认真的研究作为文本(text)富有意义。[2](P82—84)

一言蔽之,任何一门学问都必须重视它的历史。裕固族教育研究是裕固族研究和少数民族教育研究的有机组成部分之一,是一个新兴的学术研究领域。[3](P4—9)但是从第一篇著作——南京国民政府蒙藏委员会酒泉(河西)调查组成员马铃梆的《顾嘉堪布传——祁连山藏民教育之创办者》被《新西北》杂志1944年7卷7·8期合刊刊载以来,裕固族教育研究已经有60多年可以追溯的历史了。笔者曾经撰文描述和分析了1944—2003年间裕固族教育研究取得的成就和存在的问题。[4](P104—109)本文则以期刊报纸文献为例(实际上,研究生学位论文已经成为裕固族教育研究的主要组成部分之一,笔者拟另文专论),致力于描述和分析自2004—2008年间裕固族教育研究迅速发展所取得的成就和凸显的问题,并提出相应的对策。

二、零散发表文献的回顾

零散发表的研究成果，主要集中在学校教育功能和校本课程开发这两个相互紧密关联的主题的探讨上。兹分述如下：

（一）学校教育功能研究

巴战龙的《简论民族文化传承与裕固族教育》（《牧笛》，2004 第 1·2 期合刊）从文化人类学（民族学）的角度，立足文化和民族的辩证关系，对裕固族教育的重要功能——传承民族文化及其意义作了探讨。正是这篇发表在裕固族实现民族区域自治 50 周年之际的内容简要的文章，开启了裕固族教育研究的新篇章。这篇文章发表之后，成为裕固族教育改革与发展的重要依据和灵感源泉之一，先后获得肃南裕固族自治县、张掖市和甘肃省基础教育优秀科研成果一等奖的"裕固族乡土教材"——《裕固家园》[5]开发的依据和灵感之一即源于此文。[6](P4)

巴战龙的《裕固族学校教育功能的社会人类学分析》（《民族教育研究》，2006 年第 6 期），在田野调查和有关文献分析的基础上，对裕固族学校教育功能进行较为深入的、整体性的社会人类学分析后发现：裕固族学校教育应该有两个基本的功能，一是传授现代社会主流文化知识，促进社区发展，使学习者适应主流社会生活，并通过筛选和分配实现向上的社会流动；二是传承本民族文化，使学习者通过文化濡化适应所在社区生活，从而维系民族认同和所在社区的存在与稳定。这篇论文的英文缩写版则是目前已知的第一篇发表在中国大陆境外英文学术刊物上的有关裕固族教育研究的论文。[7](P77—88)

巴战龙的《社会人类学田野调查日记》（《日记》，2008 年第 1·2 期合刊）是作者 2004 年 4—5 月间，用了将近两个月的时间，在肃南裕固族自治县一个半农半牧的社区开展一项以"社区发展与学校教育的文化选择"为主题的社会人类学田野研究时记下的四万余字的田野日记的选辑，记述了他的田野研究行程、见闻和思考，重点分析了裕固族乡村社区与学校教育的发展现状及存在问题。

巴战龙和巴玉环的《简论 21 世纪裕固族教育的文化使命》（《民族教育研究》，2008 年第 6 期），在简要叙述裕固族教育发展历程的基础上，对 21 世纪裕固族教育的文化使命进行了阐释，并指出，在兄弟民族人民的帮助下，裕固族人民应该通过自己努力奋斗，坚持不懈地重视和发展教育，不断向着实现新世纪教育的文化使命的方向前进。

祁恒珺的《对肃南裕固族地区教育与经济发展的调查与思考》（《社科纵横》，2005 年第 2 期）在分析肃南裕固族地区教育与经济发展的特点和存在的问题，指出经济要发展，教育要先行；经济振兴，关键在于教育。作者还认为，在 21 世纪到来的知识经济时代，裕固族地区应该发挥自然优势，大力发展教育，提供合格人才,以教育发展带动经济发展,从而攀升经济发展的高峰。

(二)校本课程开发研究

巴战龙、金清苗等人的《为了裕固族的明天——甘肃省肃南裕固族自治县第二中学校本课程开发纪实》(《中国民族报》,2006年8月18日第3版),翔实地报道了肃南裕固族自治县第二中学校本课程——一套六本的"裕固族乡土教材"(《肃南地理》、《裕固族历史》、《裕固族文学作品选读》、《裕固族传统体育与健康》、《裕固族民间美术欣赏》和《牧区寄宿制学校学生安全教育手册》)的开发过程,揭示了少数民族地区乡村学校教育普遍面临的矛盾,即乡土教材开发与升学压力及国家课程之间的矛盾。钱丽花、赵北扬和王延军的《裕固族乡土教育"更上层楼"》(2007年7月27日第3版),深度报道成功开发了6册裕固族乡土教材后,肃南裕固族自治县第二中学的教师不断进取,精益求精,和中央民族大学"985工程"建设项目——"中国西部少数民族地区经济文化类型与初中地方性校本课程建构"项目组成员一起,又花费了大量的精力,新编了3册新的乡土教材——《认识家乡》《保护家乡》和《建设家乡》。这对于了解裕固族地区基础教育课程改革历程有较高的文献价值。赵北扬的《社区背景下的校本课程开发——肃南二中和勐罕镇中学的个案研究》(《民族教育研究》,2008年第5期)则是对上述"985工程"建设项目两所实验学校的比较个案研究。作者认为,肃南二中和勐罕镇中学两所学校,以人类学的经济文化类型为理论依托开发出来的校本课程,在加强学校教育与社会发展、学校与社区间的联结,解决教师职业倦怠,促进校园文化建设等方面取得了显著成效,但信息、技术、文化资源匮乏等给校本课程的深入开发带来困难;民族地区学校的校本课程开发要依赖于政府和社会各界对学校给予资金、技术支持,在教师培训中使用教育人类学的理论方法,积极整合社区文化资源。

胡雅宁和刘旭东的《因地制宜造就祁连山深处的民族文化课程》(《中国教师》,2007年第2期),是关于肃南裕固族自治县第一中学和红湾小学等学校开发民族文化校本教材、教师开展民族文化教学行动研究和以本地素材为主造就民族文化课程的简单记述。马晓丽的《肃南裕固族自治县民族音乐教育浅议》(《陕西教育》[高教版],2008年第12期)在对明花学校、明德学校和肃南二中民族音乐教学探索进行实地调研的基础上,"本着向前看的原则",对该自治县中小学民族音乐教学提出了三条建议:(1)培养具有民族音乐素质的师资;(2)创造良好的视听环境;(3)丰富学校课外活动内容。作者还指出:应结合国家课程开展多元文化教育,以激发中小学生对民族音乐课程的兴趣;重视民族音乐文化在学校教育中的传承,保护少数民族的民族音乐文化。

蔡世宏和王延军的《肃南裕固族体育校本课程资源开发的现状及思考》(《体育健康知识画刊》,2006年第2期),首先对肃南裕固族自治县裕固族体育校本课程资源内容与开发现状进行了描述,接着对如何利用这些课程资源展开分析,认为应该从转变观念、增强传承民族文化的责任感、优化组合教师队伍和完善现有评价机制四个方面着手努力。安维武和王延军的《校本课程资源开发与利用的思考》(《教育革新》,2007年第9期),是在肃南裕固族自治县第二中学校本课程开发实践的基础上,对校本课程的资源开发主体、资源的多元化、资源的开发与利用和利用原则的简要描述。

(三) 心理健康、教养方式研究及其他

欧阳林、王新、吴军伟和马建荣的《对裕固族地区中学生心理健康状况研究》(《西北民族大学学报》[自然科学版],2005年第3期),目的在于了解裕固族地区中学生的心理健康状况及差异,研究方法采用了SCL-90量表对453名裕固族和汉族中学生进行了心理健康状况测评并与常模比较,从而发现:汉族中学生的得分总水平略低于常模;而裕固族则高于常模;县城高于农、牧区;汉族男、女生间无明显差异,裕固族女生高于男生。最后,研究得出的结论是应针对边远地区和人口较少民族地区学生,存在着的民族、城乡、性别等心理健康上的差异问题,采取相应的预防措施。

杨雅琴的《裕固族和汉族父母教养方式的比较研究》(《中国民康医学》,2008年第4期),目的在于探讨不同民族高中生父母教养方式的异同及父母教养方式的特点,研究方法采用了已修订过的父母教养方式问卷(EMBU)分别对肃南裕固族自治县的汉族和裕固族高中生进行测查,发现汉族和裕固族学生家长在家庭教养方式的差异主要表现在:汉族学生家长对子女有更多的严厉惩罚和干涉保护倾向;汉族学生母亲的拒绝否认和严厉惩罚的教养方式也显著多于裕固族学生的母亲,换句话说就是裕固族家长对子女采取更为宽松的教养方式。最后,研究得出的结论是,裕固族与汉族父母教养方式有显著差异。

佚名的《蓬勃发展的肃南民族教育》(《甘肃教育》,2006年第23期)是一篇对肃南裕固族自治县教育发展成就的报道,并配有时任国务委员陈至立和教育部副部长陈小娅视察肃南民族教育以及数张反映肃南裕固族自治县教育发展成就的照片。

三、裕固族地区教育期刊创办的历程和成果:从《尧熬尔文化》到《皇城教育》

长期以来,在少数民族乡村牧野地区从事基础教育的广大教育工作者,虽然承担着启智育民、传道解惑的光荣历史责任和繁重社会任务,但是却没有期刊报纸和其他媒体为他们提供发出声音的阵地和发表作品的园地,在教育及社会研究领域,他们还遭受了无端的指责和隐性的歧视,被视作"落后的代表"和"发展的包

袱",本来,他们对少数民族地区基础教育的改革和发展是最有切身体验和发言权的。在2006年10月《尧熬尔文化》教育专刊印行前,裕固族地区几乎所有的教育工作者,"发表文章的唯一目的就是为了评职称",他们的作品被排挤夹杂在《张掖日报》、《张掖教研》等报刊的角落里,如果没有作者简介,完全看不出他们是裕固族地区的教育工作者,他们的作品盲目且笨拙地模仿着"城市里的口音和笔调",毫无地方或本土特色,对生物—文化多样性和民族、地域、阶层和性别文化差异的敏感度接近于零,几乎完全沦落为"教育教学"和"职称评审"这两架社会机器的附庸。

1999年6月,《中共中央国务院关于深化教育改革全面推进素质教育的决定》提出,要"调整和改革课程体系、结构、内容,建立新的基础教育课程体系";2001年6月,《国务院关于基础教育改革与发展的决定》进一步明确了"加快构建符合素质教育要求的基础教育课程体系"的任务,于是,轰轰烈烈的中国第八次基础教育课程改革就在世纪之交启动了。遵循"先实验、后推广"思路的新课程改革的春风,三年之后终于在裕固族地区这"一池清水"中吹起了"涟漪"和"水花"。2004年3月,经过酝酿和筹划,位于肃南裕固族自治县皇城镇的肃南二中自主确立了校本教研项目——"民族地区义务教育课程改革与裕固族乡土教材建设研究",历时近一年半,于2005年7月,编制出了一套六本的"裕固族乡土教材",又经过近一年的修改补充,于2006年6月正式大批量印行了这套教材,得到了社会各界的广泛关注和较好评价,先后获得了甘肃省、张掖市和肃南县基础教育科研优秀成果一等奖。

"好事成双",2006年对肃南二中和裕固族地区基础教育来说,是历史性的一年。自2005年4月起,中央民族大学教育学院滕星教授和他的学生经过一年的辛勤论证,终于使"中国西部少数民族地区经济文化类型与初中地方性校本课程建构"得以立项,得到中央民族大学"985工程"和美国福特基金会的共同资助。2006年4月,该项目正式启动,作为两个子课题之一的"甘肃省肃南裕固族自治县皇城镇经济文化类型与初中地方性校本课程建构"立即开始实施,肃南二中是该项目的实验学校。在频繁的互动中,该项目的中央民族大学工作小组与项目合作各方逐渐达成一致,要积极整合资源,总结已有资源,利用作为合作方之一的肃南县裕固族文化研究室的内部期刊《尧熬尔文化》作为阵地,组织教育专刊发表肃南二中安维武、王延军、凯忠军、蔡世宏、杨爱军等多名骨干教师关于"裕固族乡土教材"的教育教学研究成果。经过两个月的组稿编校,于2006年10月《尧熬尔文化》教育专刊正式刊印,这是有史以来第一本裕固族教育研究专刊。

虽然《尧熬尔文化》教育专刊起到了宣传"裕固族乡土教材",把裕固族学校教育"陌生化"和"问题化"的社会效应,但"初出茅庐"的肃南二中全体教师并没有停止探索的脚步,创办裕固族地区第一份连续刊印的教研期刊成为他们的新目标。在中央民族大学中国少数民族地区基础教育研究中心的大力支持下,肃南二中精心策划、多方联络，提出了"办刊章程"和"办刊方案"，一份"以皇城牧区教育为立足点，综合反映当地教育发展和学校教育改革、教师教研情况的教育类季刊"——《皇城教育》——于2007年3月25日呱呱坠地了。该刊的办刊宗旨是："立足牧区教育，面向一线教师；搭建交流平台，宣传教研成果；帮助教师成长，提高教育质量；推进教育改革，促进学校发展。"至2008年底，《皇城教育》如期刊印8期，在肃南裕固族自治县社会各界迅速引起较大反响。

创刊两年来，《皇城教育》主要刊发了三类文章：第一类是裕固族研究专家的研究成果，如钟进文的《乡土知识不可忘却》（2008年第1期）、《逆境中进取，机会属于有准备的人》（2008年第1期），铁穆尔的《裕固族教育研究：一个新兴的学术领域——访裕固族青年学者巴战龙》（2007年第4期），巴战龙的《兰普顿报告和斯万报告：英国多元文化教育的里程碑》（2007年第3期）、《"裕固家园"——裕固族乡土教育的里程碑》（2008年第3期）、《裕固族现代学校教育的创始人——顾嘉堪布》（2008年第4期）等；第二类是肃南二中的关于校本课程开发的各类课题研究成果，如安维武、王延军的《民族地区校本课程取向思考与实践——以肃南裕固族自治县第二中学为例》（2007年第1期），王延军的《浅谈乡土知识中的生态教育》（2008年第1期），凯忠军的《从"肃南二中地方性校本课程标准"管窥校本课程对学生的积极作用》（2007年第1期）、《校本课程的追求——促进教师专业发展》（2007年第2期）、《感受民族文学魅力，提高语文综合素养——校本课程"裕固族文学作品选读"实验报告》，宋培明的《浅议校本课程开发与实施过程应把握的几个要点》（2007年第1期），蔡世宏的《校本课程资源的开发和利用》（2007年第2期）、《对农村学校"校本教研"的现状及对对策的研究》（2008年第2期），蔡世宏、王延军、凯忠军的《开发校本课程，实现教育公平》（2008年第3期），肃南二中课题组的《立足实际，积极应对，科研兴校，力促转变》（2008年第4期）等；第三类是以肃南二中教师为主体的校本教育教学研究成果和课程案例，其中教育教学研究成果如王春梅的《浅谈裕固语与普通话的关系》（2007年第1期），王建霞的《"学生需要什么样的课"调查报告》（2007年第2期），余会义的《对合作学习的再认识》（2007年第3期），章建明的《肃南二中初中数学教学现状调查与研究》（2007年第4期），阿勇的《浅谈民族地区的音乐教育》（2008年第3期）等，课程案例有马媛的《保护家乡的珍稀动物》（2007年第1期），蔺志英的《酥油、曲拉的制作》（2007年第1期），秦爱华的《制作唐卡》（2007年第2期），程国良的《祁连山下的红缨帽子》（2007年第2期），阿勇的《各民族少年齐声唱》（2007年第2期），张晓兰的《"我最喜爱的小动物"教学案例》（2008年第3期）等。肃南二中校本教研取得的成绩引起了甘肃省张掖市教育局的高度重视，《张掖教研》2007年第5期从《皇城教育》选择了12位教师的9篇文章组成"肃南县第二中学专栏"在全市范围内加以推介。

值得注意的是，总结起来，以肃南二中教师为代表的一批裕固族地区一线教育教学工作者教育研究和实践探索成果的取得,始终贯穿着"搭建相互切磋的平台,坚持校本教研的理念,促进教师专业的成长,实现学校发展的目的"这条清晰的主线。这批成果不仅代表着裕固族地区教育教学工作者为改革和发展基础教育所作出的不懈努力,同时也是他们认识、组织和探索教育教学活动实际水平的真实体现。

四、结语

通过上文所述,可以看出近五年来裕固族教育研究所取得的成果,主要集中在学校教育功能和校本课程开发两个研究主题上,这既与新课程改革以来全国基础教育改革和发展的主旋律有关,也与裕固族地区经济社会和文化教育发展的迫切需求有关。

从研究方法和研究内容上看,裕固族教育研究与教育人类学这门综合性的学科的关系越来越密切。这种现象的出现并不是偶然的,正如德国教育人类学家克里斯托夫·武尔夫(Christoph Wulf)所指出的,一方面,"在全球化的背景之下,与以往相比,教育更是一项跨文化的使命,在与陌生的他者和其他事物的沟通中扮演重要的角色,教育在当今世界所有文化中承担着重要的角色。所以,教育要懂得如何对待文化多样性和差异性,要教会年轻人有能力面对当今和未来的世界",另一方面,"教育人类学是一种历史文化人类学,对于教育的复杂性,我们既要采取历时的观点,又要采取共时的观点。教育人类学具有历史的、文化的特点,体现在其研究采用历史的和人种志(笔者认为应译为民族志,详细原因可参阅拙作)[8](P10—13)的方法以及哲学的反思等方面。教育人类学对其他学科是开放的,也就是说,它实际上是跨学科的,也是跨文化的。教育人类学向中国读者呈现了目前关于教育和社会化现象的一些鲜为人知的观点"[9](PV)。

尽管当前西方发达资本主义国家教育研究的潮流是从"学科本位"向"问题本位",从关注"教育内部"向关注"教育外部"转变,但是基于中国教育研究发展的实际水平,笔者认为,一方面,我们要强调裕固族教育研究是一个新兴的、开放的学术研究领域,相关教育学科,例如教育哲学、教育社会学、教育政治学、教育法学、课程与教学论等都可以携带自己的理论和方法进入;另一方面,我们也要推崇基于特定学科理论和方法的认真严谨的研究。

为了持续地改革和发展裕固族教育,我们必须加强对裕固族教育的研究,而要做到这一点,我们必须深入细致地描述和分析历史上和现时代裕固族教育的发展状况,并全力以赴改变在历史上和现时代曾经和正在阻碍裕固族教育发展的各种状况。概而言之,当代裕固族有三个基本的特点:一是分布地域广大,人口少,族体小;二是居住区生物多样性和民族内文化多样性丰富;三是思想开放,善于学习,重视教育,积极追求发展进步。新世纪伊始,由于受到国家扶持人口较少民族发展系列政策、促进社会主义新农村建设系列政策和少数民族地区基础教育发展系列政策的支持,裕固族地区学校教育获得了飞速发展。2007年,裕固族地区义务教育段学生全面享受"两免一补"(免除课本费、学杂费和补助寄宿生生活费)政策,同时地方财政加大教育投入,实现义务教育全免费,并使高中生也享受"两免一补"政策。2008年,结合裕固族地区实际情况,肃南裕固族自治县财政拿出专项资金,不仅提高了每个学生的生活补助标准,而且根据学生居住地距离远近,给每个寄宿生每学期按照往返4趟补助60元到320元不等的交通补贴,改"两免一补"政策为"两免两补"政策,而且中小学寄宿生生活补助标准均高于国家标准。2009年,裕固族实现了从幼儿园到高中的15年基础教育全免费,从而在基础教育发展上走在全国56个民族的前列。卓越的教育发展实践,呼唤卓越的教育学术研究,笔者真诚期盼越来越多的专家学者投入到裕固族教育研究这块希望的田野上来耕作和收获。

[参考文献]

[1] 铁穆尔:《全面、健康、持续地推进裕固族文化研究——访裕固族青年学者巴战龙》,载《甘肃民族研究》2008年第4期。

[2] 熊易寒:《文献综述与学术谱系》,载《读书》2007年第4期。

[3] 铁穆尔:《裕固族教育研究:一个新兴的学术领域——访裕固族青年学者巴战龙》,载《皇城教育》2007年第4期。

[4] 巴战龙:《成就与问题:中国裕固族教育研究六十年》,载《民族教育研究》2007年第6期。

[5] 安维武:《裕固家园》,甘肃文化出版社,2008年。

[6] 金清苗:《"裕固族乡土教材"开发研究》,中央民族大学硕士学位论文,2008年。

[7] Ba Zhanlong. A Socioanthropological Analysis of the Function of Yugur-Nationality Schools[J]. Chinese Education and Society,2007,40(2).

[8] 巴战龙:《教育民族志:含义、特点、类型》,载《湖南师范大学教育科学学报》2008年第3期。

[9] [德]克里斯托夫·武尔夫著,张志坤译:《教育人类学》,教育科学出版社,2009年。

(本文原载于《当代教育与文化》2009年第5期)

[作者简介]

巴战龙(1976—   ),男,裕固族,甘肃肃南人,民族学博士,北京师范大学社会发展与公共政策学院讲师,硕士生导师,主要从事教育人类学、发展人类学、民族志与社会科学研究、人口较少民族研究。

近五年来裕固族教育研究进展述评

——以研究生学位论文为例

巴战龙

[摘要] 裕固族教育研究是一个只有六十余年历史的新兴学术领域。近五年来，裕固族教育研究最显著的变化和进展，就是以裕固族教育为研究对象的 5 篇研究生学位论文产生。本文通过对这 5 篇学位论文的描述和分析，对裕固族教育研究的最新进展作了述评。

一、引言

教育研究的方法是多元的，裕固族教育研究的方法亦然。但是，在任何一项教育研究中，文献研究法都是最为基本的研究方法，文献的回顾与评论（也称文献综述）也是研究过程的早期阶段和研究报告的组成部分。这是因为我们普遍地相信：（一）无论是作为整体性的存在还是作为分门别类的存在，知识都是人类千百年来一代又一代地积累起来的；（二）无论如何强调创新的颠覆性作用和断裂性特征，实际上，今日之研究都是建立在昨日之研究的基础之上的。

当代教育研究的重大流弊可以概括为"熊瞎子掰苞米，边掰边抛"。许多教育研究人员都在抱怨，教育研究是一个毫无成就感、缺乏伙伴和共同语言、令人生厌且无始无终的历程。也就是说，尽管绝大多数研究人员都深知通过文献研究来评述研究进展和定位当前研究前沿的重要性，但是在具体的行动过程中，研究文献往往比其他任何阶段和部分都更容易被忽略。包括教育研究人员在文献研究上花的时间和功夫太少等原因在内的诸多缺陷，已经致使教育研究付出了巨大的代价：一方面，它已经成了一个备受批评和责难的学术领域；另一方面，它常常被描述和评价为外部缺乏控制，内部支离破碎，自我封闭且少有反思，数量巨大而价值不大的学术领域。[1—4]

作为一个现代学术研究领域，裕固族教育研究是新兴的，至今只有六十余年能够追溯的历史[5]，考虑到后发的比较优势，它不仅应该继承教育研究的优秀传统，也应该尽量克服教育研究的现实缺陷。笔者曾经撰文描述和分析了 1944—2003 年 60

年间裕固族教育研究取得的成就和存在的问题,并指出,"值得一提的是,2004 年至今,裕固族教育研究的面貌已经发生了很大的变化,可以说已经实现了质的飞跃,但限于篇幅,笔者拟另文专论"[6],本文即为兑现上述承诺的续篇之一。

从 2004 年至今,裕固族教育研究最显著的变化和进展,就是以裕固族教育为研究对象的 5 篇(4 篇硕士学位论文,1 篇博士学位论文)研究生学位论文产生。[7—11]本文通过对这 5 篇学位论文的描述和分析,对裕固族教育研究的进展作些述评,以便为相关研究者提供有益的线索和信息,为裕固族教育研究的全面、健康和持续发展提供知识基础和切实建议。

二、对 5 篇研究生学位论文的描述和分析

以裕固族教育为研究对象的 5 篇研究生学位论文的基本情况如表 1 所示。从表中可以看出,这些论文大多出自民族院校和师范院校的教育(科学)学院的研究生之手。下面,我们按学位等级低高和完成时间先后为序,分别对这 5 篇论文简要述评如下:

表1 5 篇研究生学位论文的基本情况

作者	题目	完成时间	学校	院(系)	专业	方向	研究取向/方法	学位等级
巴战龙	社区发展与裕固族学校教育的文化选择——人口较少民族乡村学校教育的民族志研究	2005.4	中央民族大学	教育学院	教育学原理	教育人类学	质性/民族志	硕士
王吉春	地方、国家与教育变迁——裕固族小学教育变迁的个案研究	2006.3	南京师范大学	教育科学学院	教育学原理	教育史学	质性/个案	硕士
刘霞	肃南县裕固族初中生性健康教育现状及教育对策研究	2006.11	西北师范大学	生命科学学院	教育硕士	学科教学	量化/问卷调查与统计分析	教育硕士
金清苗	"裕固族乡土教材"研究	2008.4	中央民族大学	教育学院	中国少数民族教育	多元文化教育	质性/个案	硕士
巴战龙	人类学视野中的学校教育与地方知识——中国西北一个乡村社区的现代性百年历程(1907—2007)	2008.3	中央民族大学	教育学院	中国少数民族教育	教育人类学	质性/民族志	博士

（一）巴战龙的硕士学位论文

笔者的硕士学位论文是目前已知的第一项规范的裕固族教育研究的文本成果，具有"填补空白"的学术价值。也就是说，它既有"立标尺"的功能，即有为后继研究者在田野研究的基础上书写裕固族"教育与文化"的榜样示范作用，也有"树靶子"的功能，即为后继研究者提供批判和超越的对象，毕竟教育学术创新不是虚无空谈的事项，而是建立在扎实的、澄明的对教育之历史、现实与未来的反思、洞察和想象之上的。

该研究是遵循功能主义社会人类学的理论范式，以田野调查法为主，辅以文献法，对人口较少民族——裕固族的乡村学校教育展开的民族志研究，是在田野调查和有关文献分析的基础上，把田野点——甘肃省肃南裕固族自治县明花区社区及裕固族地区的发展放在全球化和中国现代化的时代大背景中，以"社区发展与学校教育的文化选择"为主题，分"序论"、"背景陈述"、"田野展演"和"理论阐释"四部分进行的描述、分析与阐释。

该研究认为，以裕固族地区为参照系，明花区社区从1949—1997年间经历了从"边缘"到"中心"的人文历程，1997年之后开始了一个相对贫困化的社区发展历程。目前，明花区社区发展面临生态环境恶化及生物多样性减少、经济社会问题增多及发展阻力增大和传统文化消亡等诸多困境。

该研究着重对裕固族学校教育的功能进行社会人类学分析，指出裕固族学校教育应该有两个基本的功能，一是传授现代社会主流科学文化知识，促进社区发展，使受教育者适应主流社会生活，并通过筛选和分配实现向上的社会流动；二是传承本民族文化，使受教育者通过文化濡化适应社区生活，从而维系社区的存在与稳定。以明花区社区发展面临的实际情况为出发点和立足点，考虑到明花区社区的学校教育属于义务教育阶段，该研究认为，裕固族学校教育应在广阔的社会文化背景中进行文化选择，应该回应裕固族地区发展的现实需要，所以，明花区社区学校教育应是一种建立在基本的文化教育（以国家课程为主要载体）的基础之上整合生计教育、环境教育和创新教育的综合性的教育。

该研究还进一步指出，鉴于现行社区发展模式的种种弊端，明花区社区发展的模式应由"政府主导型"向"参与型"过渡，并通过社区和学校两方面的共同努力，建构社区—学校的支持性社会关系。

该研究坚信，明花区人民和裕固族人民在兄弟民族人民的帮助下，通过自己的努力奋斗，一定会走上生产发展、生活富裕、生态良好的文明发展道路，一定会走上人与自然世界、人文世界相和谐的可持续发展道路，并在这样的历史过程中，一定会建构出独具特色的现代人文类型。[7]

(二) 王吉春的硕士学位论文

"市民社会"（civil society，又译为公民社会）是从1990年代中后期以来，中国社会研究的一个关键词，市民社会理论也随之成为社会理论界的新宠儿。王吉春的硕士学位论文，以从"社学"到"小学"的社会史叙述为背景，以"国家—社会关系理论"为架构，以教育、文化与权力之关系分析为主轴，以文献法、历史法和观察法为主，辅以文本分析法和访谈法，对传统社会和现代社会中，包括明清的"社学"、清末的"初等小学堂"和民国至今的"小学"地方教育组织的功能进行了分析。

通过研究，作者认为：(1)"在传统社会中，地方力量在地方社会的建构中起着主导作用"，"地方社会的教育就是以一套适应乡土社会所必需的行为规范塑造乡里人的过程。这一过程与当地社会生活和地方文化整合在一起，是地方社会再生产和文化传承的基本手段"；(2)"19世纪末20世纪初，随着国家与地方社会关系的进一步调整，国家逐渐以乡村小学教育取代了传统的教育。但回溯历史，这远非一个线性过程。乡村小学的确立乃是地方力量与国家冲突、妥协和联盟的产物"；(3)"当下，'面向现代化'的乡村小学教育，实际上扮演着传播主流文化，体现、实现国家意志的角色。教师、学生、教科书乃至课堂中的文化传承都被打上'国家'的烙印"；(4) 当下，裕固族"传统文化日益萎缩，濒临灭绝。在文化日益多元的社会背景下，学校教育作为文化传承的重要途径，应该谋求传统与现代的共生，实现这一转变正如已经发生的变迁一样，有赖于国家与地方权力关系的调整和二者的良性互动"。[8]

难能可贵的是，作者在"结语"中对该文的不足之处作了说明：(1)"由于时间、资源有限，所获得的资料较少"；(2)"文中的各个章节没有细化，对论文中出现的，以及尚未在论文中出现的资料的分析力度不足"；(3) 需要"加强相关理论的学习，力求使论文更加精细"。[8] 笔者认为，这项研究还有几点缺陷：(1) 作者把田野点学校——肃南裕固族自治县红湾小学虽可以看做是地方社会的"小学"，但是视作"乡村小学"则是不对的，红湾小学虽然有大量乡村牧野子弟就读，但是这所学校也有国家公职人员等城镇家庭子女就读，而且位于红湾寺镇，是"小城镇"里的学校，不是"乡村小学"；(2) 作者在行文中，有把"国家与地方"和"国家与社会"等同的倾向，这是不对的，二者并非一回事；(3) 在中国，"王朝社会史"与"区域社会史"要有所区别，把裕固族地区教育变迁放在"王朝社会史"的脉络里进行研究，必然导致研究结果只能是粗疏之物，要想"力求使论文更加精细"，恐怕还是把裕固族地区教育变迁放在"区域社会史"的脉络里研究为好。

（三）刘霞的教育硕士学位论文

刘霞的学位论文是唯一一篇教育硕士专业学位论文，也是唯一一篇以量化研究为取向的学位论文。该研究以肃南裕固族自治县裕固族聚居区的初中生、初中生家长和中学教师为研究对象，以问卷调查和统计分析为研究方法，对裕固族初中生的性健康教育现状与教育对策进行了探究。研究结果表明，肃南"裕固族初中学生的性知识及性观念正处于一个向当代性知识及性观念的发展过程。他们认同社会主义社会占主体地位的积极向上的性文化，大部分学生对性教育的开展持积极态度，学生中科学性知识、正确性观念和错误性知识、性观念并存"。通过分析讨论，作者认为，肃南县裕固族初中学生性健康教育存在如下问题：（1）性生理、性心理、性卫生知识缺乏；（2）家庭性健康教育甚少；（3）学校在性健康教育中没有发挥应有的作用。笔者针对肃南裕固族初中学生性健康教育存在的问题，结合肃南裕固族自治县的实际情况，提出了以下性健康教育对策：（1）积极发挥家庭性健康教育的特殊作用。（2）积极发挥学校教育的主战场作用：①确立青春期性健康教育的课程地位；②编写性健康教育的校本教材；③加强对学生青春期性健康教育方面的师资培训；④将生物课堂青春期教育与学生自主教育结合起来；⑤成为青春期性健康教育采取的基本途径；⑥采取人格教育模式。（3）学校、家庭、社会共同参与，形成中学生性健康教育的网络化格。[9]

刘霞勇敢地对性健康教育这一敏感而难以深入的主题进行了探索，给我们留下了珍贵的可供比较研究和进行纵向研究的资料。但是，这一研究的缺陷也很明显，没有把性健康教育放在当代裕固族社会文化脉络里进行探讨，而且把性健康教育的价值与问题看成是"普世的"，但是对于学校里究竟是否应该开展性健康教育，怎样开展，在什么年龄阶段开展，中外学术界和教育界向来都存在很大的争议。[12]

根据笔者的观察了解：（1）在裕固族地区的学校里，性健康教育一直处于被忽略的地位，学校教育确实没有成为性健康教育的主渠道；（2）在家庭里，对女孩子的教育较多，但是主要局限于对"月经期卫生知识"的传授，对男孩子的教育确实较少，传统上，男孩子获得性知识主要依靠男性群体，特别是同辈男性群体的互动，在当代，信息媒体，特别是电视和网络迅速成为他们获取性知识的主要媒介；（3）至少在部分裕固人的传统观念中，女性的"月经"是"肮脏的"，被"月经"污染过东西，例如内裤也是"肮脏的"，不得示人的，对内衣裤的清洗和晾晒都得"背过人"进行，储存更是要谨慎，禁止被来访的客人看到或从男人头上拿过。值得一提的是，直到目前，对裕固族文化中"洁净"与"肮脏"的观念和分类的象征意义和实用功能都缺乏深入的研究，也许，我们能够从人类学家玛丽·道格拉斯（Mary Douglas）的著作《洁净与危险》中获得研究的灵感。[13]

对"性与青春期躁动现象"的研究一直是人类学和教育研究，特别是教育人类学研究的经典主题。1925 年，在美国人类学之父博厄斯（Franz Boas）的指导下，不满24周岁的米德（Margaret Mead）远赴萨摩亚（Samoa）进行田野研究，1928年出版了成名作《萨摩亚人的成年：为西方文明所作的原始人类的青年心理研究》，指出青春期现象是出于文化上的而非生物上的原因。[14] 1983年，已经辞世的米德的研究受到了在澳大利亚任教的新西兰人类学家弗里曼（Derek Freeman）的攻击和批评，他认为米德制造了一个神话，她的著作并没有真实地反映萨摩亚文化，而且在研究方法和个人能力上存在重大缺陷。[15] 结果，这一米德永远缺席的争论演变成人类学史上著名的学术争论之一。尽管在学术上可以聚讼纷纷，也可以各诉其理，但是直到今天，对"性与青春期躁动现象"的通俗解释始终摇摆在弗洛伊德（Sigmund Freud）和米德之间。

（四）金清苗的硕士学位论文

我国第八次基础教育课程改革所确立的三级课程开发与管理模式，为少数民族地区校本课程开发提供了广阔的空间和制度保障，为少数民族地区多元文化课程开发提供了新的机遇。2006年6月，由肃南二中校长安维武主持编写的"裕固族乡土教材"（包括《裕固族历史》、《裕固族民间美术欣赏》、《裕固族文学作品选读》、《裕固族传统体育与健康》、《肃南地理》和《牧区学校学生安全教育手册》，共6本）印刷发行，9月以这套历时两年多研发的教材为媒介的教育教学进入肃南二中课堂。这套教材是目前所知的第一套以裕固族文化为主要内容的现代基础教育教材。[16] 2008年，这套教材经再次修撰，合为一册，以《裕固家园》为名正式出版发行[17]。从该年春季学期起，在肃南裕固族自治县各学校推广使用。金清苗的学位论文正是对这套"裕固族乡土教材"的研究。

该文在田野调查和有关文献分析的基础上，结合班克斯（James A. Banks）的多元文化课程理论，对裕固族乡土教材开发和实施过程进行研究。通过研究，作者认为，"开发校本课程更能适应少数民族地区学生的实际需要，有助于充分尊重文化的多样性和差异性，提高少数民族地区学生的多元文化素养，推进少数民族地区民族教育事业的发展"。[10]

在教育研究界，对包括裕固族在内的少数民族地区基础教育课程多样化的"应然"研究已经不少，但"实然"研究却凤毛麟角。金清苗的学位论文的价值即在于此，它使少数民族教育研究者和多元文化教育研究者摆脱了一再"画饼充饥"的尴尬处境。这项研究的局限，正如作者所坦陈的：（1）该文着重对裕固族乡土教材开发的过程进行了研究，但对课程实施中的具体问题、制约因素，文化教学的社会条件和机制等方面尚未进行深入研究；（2）可能是由于高考和就业等压力，裕固族乡土教材在开发和实施过程中已经遇到和将会遇到较大的困难和压力，如何解决诸如此类的问题，值得进一步深入研究。[10]

（五）巴战龙的博士学位论文

笔者的博士学位论文研究是在硕士学位论文研究的基础上进行的，是一项以功能主义社会人类学为主要理论范式，采用文化唯物主义的主位研究和客位研究相结合、历史研究与田野研究相结合的教育民族志研究，主要考察中国西北一个乡村社区在现代性历程中地方知识与学校教育的关系的生成和演变，并对之进行描述和解释。该研究是一项家乡人类学研究，在研究过程中，作者综合性地使用了自1996年以来在家乡——甘肃省肃南裕固族自治县明花乡（区）所作的历次短时田野研究，2004年和2007年两次较长时段（共有5个多月）田野研究所获得的资料。

该研究描述和解释了在田野点社区多面向的系统变迁历程中学校教育与地方知识之关系的生成与变化，实质上仍然是探讨教育人类学的经典命题——学校与社区的关系问题。在较为扎实的民族志描述的基础上，笔者对在乡村教育研究界就社区与学校的关系的两种基于不同立场、不同视角的学术观点和研究进路进行了反思，指出这两种乡村教育研究的观点和进路，实际上，是对学校教育之于乡村发展的"利"与"弊"的不同偏重和强调，只揭示了"有限的真理"。

笔者还进一步指出，在学校教育的发展历程中，一开始，现代的学校教育在帮助尧乎尔（裕固族自称）族群适应社会变迁方面起到了积极的作用。但是经过几代人的教育，以文化同化和社会整合为主要功能的学校教育的弊端开始显露，由于它总体上是主流社会文化的代表，对族群的传统文化的持续排斥成为导致族群语言使用人口锐减、传统知识衰亡的重要成因。新时期（1978年）以来，随着族群意识的勃兴和族群文化保护和复兴需求的高涨（实际上，随着族群传统文化的逐渐消亡，文化断裂和社会失序现象开始出现，尧乎尔人的族群认同感陷入越来越深的焦虑之中），学校系统作为国家机器系统的有机组成部分，对社区尧乎尔人将族群文化，特别是本族语教育纳入课程体系的强烈要求未能及时作出回应，导致尧乎尔民众对学校教育价值的评价走低。又由于学校在提高教育教学质量方面举措无多，效益不彰，导致社区与学校的关系趋向紧张。

面向明花社区的未来发展，笔者建议：建构学校—社区支持性社会关系迫在眉睫且势在必行。为此，首要且必须的是，学校教育应该培养学生对地方知识的肯定态度，承认地方知识对乡民人生和社区发展的重要价值；在进行新农村建设的时代背景中，文化自觉是社区发展的前提和基础，社区发展模式应由"政府主导型"向"乡民自主型"过渡。

该研究的意义主要在于为中国教育人类学的学校与社区关系问题研究提供本土经验，并以扎实的民族志研究推进中国裕固族研究，接续和发扬中国人类学家乡研究的学术传统。[11]

三、结语：评论与展望

通过上述描述和分析，我们可以初步得知：（1）研究者已经对裕固族学校教育的功能及学校与社区的关系作了历时性和共时性的、较为深入的考察和分析，对裕固族基础教育学校课程多样化以回应社区文化的多样性都持肯定性态度；（2）广义上的实地调查已经成为研究过程的基本环节和研究者获取研究资料的主要方法，教育人类学意义上的田野调查法日益受到青睐和重视，并可能成为最为根本的方法；（3）研究者中，既有本族研究者，也有非本族研究者，研究者的族群与学术背景是多元的；（4）非本族研究者没有较为扎实地掌握"裕固族研究"的知识、方法和进展，缺乏对相关文献的梳理、分析和甄别；（5）除了一些明显的电脑文字输入与编辑操作失误之外，还有一个值得警惕的现象——行文不严谨，例如，把"红湾寺"误作"红弯寺"，把现在的"红湾小学"误作"红弯寺小学"，把"肃南裕固族自治县国税局、教育局、档案馆的领导"误作"裕固族国税局、教育局、档案馆的领导"，把"肃南二中"误作"皇城中学"，等等。行文不严谨，既给学术同行和后继研究者造成不必要的误导、困惑和不解，又使得裕固族教育研究质量大打折扣，更使得裕固族教育研究在裕固族研究中得不到较高评价。这一现象业已引起了从事裕固族研究的专家学者和普通裕固族民众的重视、不满和批评，还常常使当地人们联想起2006年某大学从事课程与教学研究的教授及其学生在"裕固族校本课程开发的个案研究"中报道不实情况所引起的不满和批评。

为了进一步提高裕固族教育研究的质量，笔者建议：（1）着力提高研究设计和研究过程的质量；（2）大力提倡在深入扎实的田野研究基础上，研究方法"多方并举"；（3）着力提高对研究资料的收集与分析和研究文本的书写与表述的能力，大力提倡"不浪费的学术研究"；（4）大力提倡本族研究者和非本族研究者、学术研究者和教育实践者的合作研究；（5）着力提高文献综述与本人研究、事实描述与理论分析的相关性；（6）大力提倡开展敏锐透辟的学术评论。

研究生接受了较为全面和完整的学术研究的训练，理应在裕固族教育研究中扮演更为积极的推动者和开拓者之角色，理应成为规范、严谨的学术研究的守护者和实践者，理应成为兼具学术价值、社会效益与伦理意义的知识的生产者和问题的探究者。我们相信，随着多元文化教育的推进和民众多元文化素养的提高，包括裕固族教育研究在内的少数民族教育研究将会得到学术及社会各界更大的关注和更多的参与，这样将不仅会改善少数民族教育的办学条件和教学实践，而且会促进中国及国际社会的和谐和发展。

[参考文献]

[1] [英] 理查德·普林著，李伟译：《教育研究的哲学》，北京师范大学出版社，2008年。

[2] [美] 埃伦·康德利夫·拉格曼著，花海燕等译：《一门捉摸不定的科学：困扰不断的教育研究的历史》，教育科学出版社，2006年。

[3] [美] 理查德·沙沃森、丽萨·汤著，曹晓南等译：《教育的科学研究》，教育科学出版社，2006年。

[4] 滕星、巴战龙：《从书斋到田野：谈教育研究的人类学范式》，载《西北师大学报（社

会科学版)》2005年第1期,第19—22页。

[5] 铁穆尔:《裕固族教育研究:一个新兴的学术领域——访裕固族青年学者巴战龙》,载《皇城教育》2007年第4期,第4—9页。

[6] 巴战龙:《成就与问题:中国裕固族教育研究六十年》,载《民族教育研究》,2007年第6期,第104—109页。

[7] 巴战龙:《社区发展与裕固族学校教育的文化选择——人口较少民族乡村学校教育的民族志研究》,中央民族大学硕士学位论文,2005年。

[8] 王吉春:《地方、国家与教育变迁——裕固族小学教育变迁的个案研究》,南京师范大学硕士学位论文,2006年。

[9] 刘霞:《肃南县裕固族初中生性健康教育现状及教育对策研究》,西北师范大学硕士学位论文,2006年。

[10] 金清苗:《裕固族乡土教材研究》,中央民族大学硕士学位论文,2008年。

[11] 巴战龙:《人类学视野中的学校教育与地方知识——中国西北一个乡村社区的现代性百年历程(1907—2007)》,中央民族大学博士学位论文,2008年。

[12] 郑文:《当代美国教育问题透视》,中山大学出版社,2002年。

[13] [英]玛丽·道格拉斯著,黄建波、卢忱、柳博赟译:《洁净与危险》,民族出版社,2008年。

[14] [美]玛格丽特·米德著,周晓虹、李姚军、刘婧译:《萨摩亚人的成年:为西方文明所作的原始人类的青年心理研究》,商务印书馆,2008年。

[15] [澳]德里克·弗里曼著,夏循祥、徐豪译:《玛格丽特·米德与萨摩亚:一个人类学神话的形成与破灭》,商务印书馆,2008年。

[16] 巴战龙、巴玉环:《简论21世纪裕固族教育的文化使命》,载《民族教育研究》2008年第6期,第43—46页。

[17] 安维武:《裕固家园(裕固族乡土教材)》,甘肃人民出版社,2008年。

(本文原载于《民族教育研究》2010年第2期)

[作者简介]

巴战龙(1976—   ),男,裕固族,甘肃肃南人,民族学博士,北京师范大学社会发展与公共政策学院讲师,硕士生导师,主要从事教育人类学、发展人类学、民族志与社会科学研究、人口较少民族研究。

裕固族教育研究的学术精品

——评《学校教育·地方知识·现代性：一项家乡人类学研究》

海 路

[摘要] 从研究视角的全面性、研究主题的重要性、研究方法的规范性、研究范式的继承性这四个方面评论了《学校教育·地方知识·现代性：一项家乡人类学研究》一书的学术贡献，认为它是裕固族教育研究领域的学术精品，同时在人口较少民族教育研究、教育人类学研究方面也具有重要意义。

任教于北京师范大学社会发展与公共政策学院的巴战龙博士是近年来在国内教育人类学研究领域颇为活跃的一位青年学者，在人口较少民族教育研究特别是裕固族教育研究方面成果不菲。巴战龙本科就读于北京师范大学教育系，硕士、博士就读于中央民族大学教育学院教育人类学方向，师从著名教育人类学家滕星教授，有着较为深厚、扎实的教育学与人类学的学术功底，以人类学的视角观照少数民族教育，成为其学术研究的鲜明特色。巴战龙自就读硕士研究生以来就专注于裕固族教育研究，他的硕士学位论文《社区发展与裕固族学校教育的文化选择：人口较少民族乡村学校教育的民族志研究》是"目前已知的第一项规范的裕固族教育研究的文本成果",[1]掀开了人类学视野下裕固族教育研究的"序幕"。近日，巴战龙在其博士学位论文《人类学视野中的学校教育与地方知识：中国西北一个乡村社区的现代性历程（1907—2007）》基础上修改的学术专著《学校教育·地方知识·现代性：一项家乡人类学研究》作为滕星教授主编的"教育人类学研究丛书"（第三辑）中的一种由民族出版社正式出版。全书共36万字，正文除"引论"和"结语"外共有六章，文末还有"附录"和"后记"。本书是裕固族教育研究方面的第一部学术著作，是巴战龙继其硕士学位论文之后在裕固族教育研究方面的"学术接力"，也是其在裕固族教育研究领域多年辛勤"打磨"的结晶。

在通读了全书之后，我认为，《学校教育·地方知识·现代性：一项家乡人类学研究》（以下简写为"《学校教育·地方知识·现代性》"）的学术贡献主要体现在以下四个方面：

第一，采用了历时性与共时性相结合的研究视角，从整体上把握裕固族乡村社区百年现代性历程中地方知识与学校教育及其关系的全貌。

巴战龙的硕士学位论文《社区发展与裕固族学校教育的文化选择：人口较少民族乡村学校教育的民族志研究》是一项以经典功能主义社会人类学为理论范式的教育民族志报告，[2]该研究以新中国成立以来（1949—2000）肃南裕固族自治县明花社区的发展为背景，阐释裕固族学校教育具有"民族—国家整合"和"民族文化传承"两大功能，当地学校教育为适应社会发展而做出的文化选择应是一种建立在基本的文化教育（以国家课程为主要载体）的基础之上整合生计教育、环境教育和创新教育的综合性教育。该文主要是从共时性的角度描述"当下"裕固族社区的社会变迁，关注当代裕固族学校教育的社会文化功能。

《学校教育·地方知识·现代性》更多地是采借了费孝通提出的被台湾著名人类学家乔健概括为"历史功能论"的新式功能主义社会人类学理论。[3](P5—11)早期的以马凌诺斯基的理论为代表的"文化功能论"注重以文化的手段满足个体的生物需要，但对历史却有所忽略，导致文化研究的历史性向度缺失，无法有效地解释文化与社会变迁。费孝通的"历史功能论"一方面强调整体性的研究视角，"要求社会人类学的研究者必须全面把握一个特定的社会实体的经济、社会组织、宗教、政治等方面的面貌，再从一个整体的高度来理解这些方面如何作为一个文化的整体来满足人类及其群体在不同层次上的需要。"[4]另一方面也强调文化研究的历史向度，认为"文化是有历史的"，[4]"真正的'活历史'是前因后果串联起来的一个动态的巨流"，[3]从而使得功能主义理论在原有的共时性特征之上增添了浓厚的历时性色彩。

相对于《社区发展与裕固族学校教育的文化选择》而言，《学校教育·地方知识·现代性》是一项偏重于历时性叙述的历史田野研究，全书的主体部分第二、第三、第四、第五章分别为："'东方学家'的遗产与尧乎尔人的地方知识教育"、"'救亡时期'的学校教育与地方知识"、"'激进时期'的学校教育与地方知识"和"'建设时期'的学校教育与地方知识"，主要从明花社区百年（1907—2007）的现代性历程来考察地方知识与学校教育的关系的生成和演变，具有明显的历史向度，我们甚至可以视本书为一项历史人类学研究。人类学视野中的教育研究祛除了一般人将"教育"等同于"学校教育"特别是"学校课程"的偏见，从"整体论"（holism）和"文化相对论"（cultural relativism）的视角来审视教育问题。本书的正题虽有"学校教育"，但作者实际上并不仅仅就教育而论教育，而是将裕固族教育置于更宽广的社会文化情境（context）之中，特别是将学校教育与社区的政治、经济与文化背景紧密联系起来一并审视。[5]这样，作者笔下的"学校教育"就有了一种整体性视角和丰富的历史深度，有利于读者从社区、家庭、学校百年发展变迁的历程中理解"现代性"的嵌入及其对明花社区地方知识和学校教育及其相互关系的影响。

第二，研究内容聚焦于"社区—学校关系"这一教育人类学的经典命题并进行了本土化阐释。

本书聚焦于社区与学校的关系问题，这是文化取向的教育人类学研究的经典命题之一，也是该研究领域中极富挑战性的内容。美国文化教育人类学理论认为，"社区—学校关系的研究与人类学的整体主义的历史传统是最为一致的，更容易对学校教育的结构和情境进行分析，也更容易对学校教育与其他社会机构之间的联系进行研究"[6]。人类学视野中社区—学校关系的研究包括乡村社区和城市社区中的学校教育，这两个方面的侧重又有所不同，其中"乡村社区中的学校：地方文化与国家文化"的具体研究路径有两条：一是"乡村社区对外来文化的抵抗和顺应"。奥斯特勒和亨廷顿（Hostetler and Huntington）认为，学校文化与社区文化存在矛盾，在美国，乡村社区采用"防卫性结构"成功地保存了本地文化；理德·戴纳黑（Reed-Danahay）的研究指出，在法国，农村社区通过多种策略使儿童"抵抗"主流文化，弱化教师对个人的学习和成就的强调。但怀利（Wylie）的研究表明，社区和学校传递的价值观存在着重要的一致性，学校能够使儿童在不失去地方认同感的同时，将儿童同化到范围更广的国家文化中。二是"学校中的地方文化"。斯宾德勒（Spindler）认为，在社会转型时期，学校通过将社会变迁转化为"替代性变迁"（substitute changes）来促进文化的流动：来自外界的新的事物并没有被拒绝，反而被利用服务于地方的而非国家的目的。佩仕金（Peshkin）的研究表明，在美国这样社区对教育的决策拥有相当大的权力的国家，学校更加容易地将国家的指导纳入到地方的要求中去。[6]

《学校教育·地方知识·现代性》在"社区—学校关系"研究理论框架的基础上，结合美国著名人类学家克利福德·格尔茨（Clifford Geertz）提出的"地方知识"（local knowledge）概念对该研究命题进行了新的阐释。作者指出，"我倾向于将其（地方知识）理解为组织和表述地方文化的一种知识体系，在人类学历史功能论的视野中，乡村社区的历史本身就是地方知识体系主要的有机组成部分。与研究普世知识求'同'的本质不同，研究地方知识的本质是求'异'。"[7]作者把地方知识分为类官方知识（official-like knowledge）、大众知识（popular knowledge）和传统知识（traditional knowledge）三个部分，并认为地方知识实际上也是随着社区变迁而变迁的，尽管这种变迁在根本上都是国家主导的，但乡民在这一过程中也可以利用各种策略发展属于自己的文化。比如明花的裕固人利用学校教育兴起和发展的机会积极支持子女接受学校教育，结果，"子女的教育成功反而不仅改善了家庭生活条件，而且使明花声名远播，进而加强了社区认同感和族群认同感"。[7]

关于学校教育在地方文化与国家文化传播中的功能，作者通过研究表明，在明花社区，学校教育传承社区文化的功能微乎其微，学校教育的正规课程或显性课程跟儿童的整体生活的联系并不紧密，社区文化只是通过某些非正式课程或隐性课程传递；学校教育主要传授远离学生日常生活的特定的"书本知识"（主要是官方知识），结果就产生了学生所学的知识与日常社区生活世界的隔膜和脱离。由于课程知识作为国家法定知识过多地体现和反映了国家利益,结果使得乡村社区人民的文化和利益被严重地忽视了。作者通过进一步分析认为,地方知识不能进入学校教育的根本原因在于学校教育是国家机器的有机组成部分,其本质是为国家服务的。"地方知识"在社会公众中缺乏影响力,难以进入国家的政策或体制层面,成为学校教育的"钦定知识"(即官方知识)。尽管"新课程改革"给予了乡村学校回应乡民的将部分"地方知识"纳入课程体系的"制度空间",但应试教育的评价体制仍是悬在乡村学校头上的"利剑",传承地方知识尚处在政府、学校和社区三方的就权力与资源展开的博弈之中。作者认为,学校教育应该培养学生对"地方知识"的肯定态度,承认"地方知识"对乡民人生和社区发展的重要价值;在"社区—学校关系"中,应建构学校—社区间支持性社会关系,使教育能在明花社区的发展中扮演更为积极的角色。

在本书中,作者延续了教育人类学"社区—学校关系"研究将重心聚焦于探究"地方文化与国家文化"二者关系的学术脉络,通过明花社区"官方知识与地方知识的关系"的人类学调查与分析给予具体呈现,并有效整合了"乡村社区对外来文化的抵抗和顺应"和"学校中的地方文化"两条具体研究路径,对"地方知识"、"学校教育"的本质及其相互关系进行了深入探讨,提出以乡民的"文化自觉"为前提,建构学校—社区性支持性社会关系的构想。这项研究在西方教育人类学理论的本土化阐释方面具有积极意义,为中国教育人类学研究与西方教育人类学研究"接轨"的国际化努力作出了一定贡献。

第三,提供了一个优秀的教育田野研究个案,为今后开展规范、深入的教育人类学研究树立了范例。

田野调查(field work)被誉为"现代人类学的基石",[8]是人类学研究中最重要、最基本的研究方法。自20世纪20年代马凌诺斯基开创"参与观察"研究方法以来,田野工作成为了"科学"的人类学这一学科的主要标志和人类学家的"成丁礼"。开展田野调查、撰写民族志、进行理论建构成为一般人类学学者成长所必须经历的三个基本步骤。田野调查具有长期性和艰苦性,但在田野中探寻人文世界的奥秘也正是它的魅力所在。巴战龙自1996年在田野点明花社区完成第一次"准田野调查"以来,在此后10年左右的时间里(本书初稿完成于2008年),作者对这一社区进行了不间断的、持之以恒的田野调查。这种对一个田野点如此长时段关注的个案研究在国内教育研究中是罕见的。长期以来,国内的教育研究崇尚"高谈阔论",极不善于从活生生的教育生活中汲取"营养",使教育研究缺乏现实基础,流为"无本之木"、"无源之水",[9]一些学者不是在办公室里苦思冥想、喃喃自语,就是陷入到西方理论和概念的圈子里不能自拔;一些所谓的"田野研究"也往往是走马观花、浅尝辄止。深入、细致的教育民族志个案研究不仅缺乏,优秀的民族志书写更是少见。

正如作者所言,本项研究是一项教育民族志研究,"遵循宏观民族志研究的一般规范,力图在描述明花这一乡村社区的现实总体生活方式的基础上,对其学校教育与地方知识的关系进行历时性与共时性的主题分析。"[7]由此,作者采用了主位研究与客位研究、历史研究与田野研究相结合的方法,展示了一幅明花社区百年历程中教育变迁的画卷,将时间的绵长和历史的厚重感有机结合起来,在明花这一"小地方"的微观场景叙事中勾勒出国家和社会变革的"大历史",并在这种"以小见大"的微观叙事研究中对不同历史时期存在于个人与社会、地方与国家中的"学校教育"和"地方知识"及其相互关系进行了"文化的解释"。

在我看来,本书不仅在宏观教育民族志的书写方面具有开创性意义,在微观教育民族志研究方法的具体运用上也颇具特色。试列举两点:(1)采用了"多声部民族志"的写文化技巧。本书对明花社区裕固族文化精英、地方群众、行政官员、教师和学生这五个主要社会群体进行参与观察、口述史研究(深度访谈)和教育叙事研究,全面地反映了田野点不同群体、不同阶层对裕固族教育和社区发展的真实态度和看法,并对各种态度和看法的共性和差异及其形成的"文化生态"进行了"客位"的反思。在教育研究中,人们往往不擅于聆听"他者的声音",或者只是听到某一两种所谓的"代表性"声音。作者所采用的"多声部民族志"写作技巧,旨在恢复"他者"的声音,实现"他者"和"自我"的双向沟通与交流,有助于我们从更广泛的跨文化视野和主客位转换的视角听取"多重的声音",了解纷繁芜杂的教育现象背后所隐藏的教育事实的"真相"。(2)从"叙述文本"到"对话文本"。20世纪70年代以后,在后现代思潮的影响下,民族志书写中出现了由"描述民族志"向"解释民族志"的转变,西方兴起了现代主义"实验民族志"的文化书写形态,主要有对话文本、话语文本、合作文本、超现实文本四类。[10]在裕固族教育研究方面,以往的研究往往是一种独白式的"叙述文本",主要集中在描述裕固族(主要是肃南县裕固族)教育发展的历史、经验、成就的层面上,[11]作者基本上在文本中被"隐身"掉了,缺乏与研究对象之间的交流。《学校教育·地方知识·现代性》的叙述采用了第一人称"我","我"也是民族志书写的对象之一。我们可以在文中看到多种形式的对话——"我"与文献典籍的对话;"我"与研究对象的对话;"我"与读者的对话;"我"与自己的对话。这种"对话"是一种平等的、多面向的、反思性的文化实践活动。在这里,我们看到了"我"对顾嘉堪布七世创办裕固族学校教育事业的赞颂,对裕固族"底层民众"遭受苦难的深切同情,与读者就裕固族学校教育的文化选择开展的平等交流以及对自我研究局限和存在问题的深刻反思。读毕本书,我们不仅与作者一起对裕固族百年教育历程进行了回顾、反思和展望,也真正走进明花这个"人文世界",对这个目前仅有1万多人口的"少小民族"的光荣与屈辱、欢乐与苦难、成就与失落、现实与梦想有了更多的感性上的认知。

目前,教育人类学在中国大陆影响力日益扩大,但从整体上看,优秀的民族志研究个案仍然缺乏,这在相当程度上制约了中国教育人类学的进一步发展。开展规范、深入的田野调查研究、积累丰富的教育民族志研究个案,将是中国教育人类学今后一段时期内发展的主要方向。在教育民族志成果方面,2000年以来,大陆已先后有《文化变迁与双语教育:凉山彝族社区教育人类学的田野工作与文本撰述》(滕星著,教育科学出版社,2001)、《村落知识资源与文化权力空间》(李小敏著,教育科学出版社,2003)、《走进竹篱教室:土瑶学校教育的民族志研究》(袁同凯著,天津人民出版社,2004)、《嵌入村庄的学校:仁村教育的历史人类学探究》(司洪昌著,教育科学出版社,2009)等优秀作品问世。[12] 本书将与上述优秀教育民族志作品一起,在推进中国教育研究更多地注重微观场景和人们的日常生活世界方面产生积极影响。随着本书的出版及其后续影响的扩大,"明花"也将有可能成为中国教育人类学研究中的一个知名田野点。

第四,继承和发扬了具有中国特色的"家乡人类学"的传统研究范式,较好地以"他者的眼光"反思本民族文化。

本书的副标题为"一项家乡人类学研究",开宗明义地点明了作者的研究旨趣。西方人类学的传统是以研究异民族、异文化见长,但自20世纪30年代以后,这种研究取向发生了重要转变,对本民族、本文化的研究也开始成为人类学研究的一个重要组成部分,这种转变在很大程度上源于1939年费孝通的《江村经济》这部家乡人类学研究"开山之作"的出版,正如其导师、英国著名功能主义人类学大师马凌诺斯基在《序》中所言:"作者并不是一个外来人在异国的土地上猎奇而写作的;本书的内容包含着一个公民对自己的人民进行观察的结果。这是一个土生土长的人在本乡人民中间进行工作的成果。如果说人贵有自知之明的话,那么,一个民族研究自己民族的人类学当然是最艰巨的,同样,这也是一个实地调查工作者的最珍贵的成就。"[13] 自费孝通的《江村经济》之后,中国人类学者延续了这一研究路径,不断奉献出"家乡研究"的学术精品,从林耀华的《金翼:中国家族制度的社会学研究》、杨懋春的《一个中国村庄:山东台头》,再到王铭铭的《溪村家族:社区史、仪式与地方政治》、阎云翔的《私人生活的变革:一个中国村庄里的爱情、家庭与亲密关系1949—1999》,在"自己熟悉的家乡或与自己生活有渊源的地区进行人类学研究"[14] 已成为中国人类学研究的一个传统特色领域。

甘肃省肃南裕固族自治县明花乡(区)是巴战龙的家乡,他从小在这里长大,经历了明花地方知识的"濡化"和现代初等学校教育,12岁之后才离开明花赴县城读初中,以后几乎每年寒暑假都回乡"省亲",1996年后更是在明花从事了多次人类学田野调查,其中为完成硕士学位论文就进行了两个月的田野调查。从作者的学术研究实践来看,从事家乡人类学研究并不是出于对故乡的"偏爱",更多的是源自作者"持之以恒地关注一个族群或社区的社会与文化变迁"的学术信念。[7] 在我所阅读的文献中,这是中国第一部关于"家乡人类学"的少数民族教育研究学术著作。在这一点上,作者继承和发扬了具有中国特色的"家乡人类学"研究的优良学术传统,为知识精英深入研究本民族教育提供了一个重要参照。

对于家乡人类学（或曰"本土人类学"、"主体人类学"、"原居民人类学"）研究而言，其利弊是并存的。"民族学家、人类学家研究本民族共同体'只缘身在此山中'而每每富于强烈的本民族文化中心意识。于是，在方法论上将面对文化相对论的质疑。但是在另一方面，受过人类学训练的富于专业眼光的本民族学者却又可能凭借濡化而得的"先赋"优势揭示更多异民族调查者难以发现和领悟的文化现象及其内涵。从这个意义上讲，严格的人类学训练有可能让本民族学者达到超越自我的境界，'进得去'、'出得来'。"[15]

对作者而言，同样面临着一个如何"进得去"、"出得来"的问题。作为裕固族的一员和明花籍人士，作者固然有着根深蒂固的民族认同和家乡认同。那么，如何在本项研究中做到"超越自我"呢？在本书中，作者基本上祛除了"本族中心主义"和"家乡中心主义"的"无意识束缚"，对本民族文化并非一味赞颂和拔高，而是在反思"主流民族文化"和"现代化"对明花社区地方知识"建构"的同时，也反思了裕固族传统知识的"失落"以及自我认同的"流失"。人类学是一种理解"他者"的智慧，或者说，人类学的要义是对"他者的眼光"的体悟。既"进得去"，又"出得来"，在"自我"和"他者"双重眼光中不断转换、游移；既能"转生为熟"，又能"转熟为生"，特别是能以"他者的眼光"来审视原本为自己所耳濡目染的本族文化，从而有新的思考、感悟、发现。这也从一个侧面反映出作者在"行行重行行"的家乡人类学研究中已逐渐磨炼出根据不同场景将"主位"与"客位"研究视角相互转换的技艺。显而易见，作为一个年轻的人类学学者而言，能做到这一点是难能可贵的。

基于上述四方面的学术贡献（当然本书的学术价值并不止于此），我以为，本书是迄今为止裕固族教育研究方面的第一部原创性学术精品。尽管本书在社区—学校理论对话和跨族群比较方面还有进一步拓展的空间，① 但它不失为我国人口较少民族教育研究不断迈向学术化历程的代表作，对提升和推进该研究领域学术研究水平具有标志性意义。裕固族是我国22个人口在10万人以下的"人口较少民族"之一，相对而言，不管是在教育研究还是在民族学（文化人类学）研究中，包括裕固族教育研究在内的人口较少民族教育研究还是一个薄弱领域，但同时也是"一个蕴含着无限潜力的领域"。[7] 10多年来（如果以作者1996年在明花从事第一次田野调查以来计算的话），巴战龙甘受寂寞，默默地在裕固族教育研究的领域中"历练"，终于磨出了一把学术"利剑"，《学校教育·地方知识·现代性》及其相关研究成果的陆续问世，就是对他多年来投身于裕固族教育研究的最好回报。当然，这把"利剑"的锋利程度如何，自然有待时间的检验与广大读者的评判。

在《学校教育·地方知识·现代性》一书出版的带动下，结合《国家中长期

---

① 我以为，该书在与西方教育人类学"社区—学校关系"的评述和对话上还略显不足；在从跨族群比较的视角（从汉族及其他族群的眼光）来看待裕固族教育方面也有待进一步深入。

教育改革和发展规划纲要（2010—2020年）》中有关"加大对人口较少民族教育事业的扶持力度"的规定，我们有理由相信，包括裕固族教育研究在内的人口较少民族教育研究今后一定能够引起教育研究和民族研究特别是教育人类学研究领域相关学者更多的重视，不断推出更多更好的学术精品。

[参考文献]

[1] 巴战龙：《近5年裕固族教育研究进展述评——以研究生学位论文为例》，载《民族教育研究》2010年第2期，第118—123页。

[2] 巴战龙：《社区发展与裕固族学校教育的文化选择：人口较少民族乡村学校教育的民族志研究》，中央民族大学硕士学位论文，2005年。

[3] 乔健：《试说费孝通的历史功能论》，载《中央民族大学学报（哲学社会科学版）》2007年第1期，第5—11页。

[4] 费孝通：《论人类学与文化自觉》，华夏出版社，2004年。

[5] 袁同凯：《走进竹篱教室：土瑶学校教育的民族志研究》，天津人民出版社，2004年。

[6] A. 亨里特—万·让顿：《社区—学校关系：人类学研究》，涂元玲译，[瑞典]胡森等：《教育大百科全书（2）》，张斌贤等译，西南师范大学出版社、海南出版社，2006年。

[7] 巴战龙：《学校教育·地方知识·现代性：一项家乡人类学研究》，民族出版社，2010年。

[8] [美] C. 恩伯、M. 恩伯著，杜杉杉译：《文化的变异——现代文化人类学通论》，辽宁人民出版社，1988年。

[9] 巴战龙：《简论人类学视野中的教育研究》，载《湖北民族学院学报（哲学社会科学版）》2005年第1期，第128—130页。

[10] 李立：《解读"实验民族志"》，载《广西民族研究》2006年第1期，第44—49页。

[11] 巴战龙：《成就与问题：中国裕固族教育研究六十年》，载《民族教育研究》2007年第6期，第104—109页。

[12] 海路：《教育人类学在中国的发展》，载《中国社会科学报》2009年11月19日，第8版。

[13] [英] 布·马林诺夫斯基：序，载：费孝通：《江村经济：中国农民的生活》，戴可景译，商务印书馆，2001年。

[14] 毛伟：《身份·参与·书写——家乡人类学研究的三个困惑》，载《广西民族研究》2009年第2期，第52—57页。

[15] 纳日碧力戈等：《人类学理论的新格局》，社会科学文献出版社，2001年。

(本文原载于《湖南师范大学教育科学学报》2011年第1期)

[作者简介]

海路（1975—   ），男，回族，四川隆昌人，人类学博士，中央民族大学教育学院、中国语言文学流动站博士后，现为中央民族大学教育学院讲师，主要从事教育人类学研究。

学校教育传承地方知识发凡

——评《学校教育·地方知识·现代性：一项家乡人类学研究》

姚 霖

[摘要] 本文从地方知识的概念、在学校教育中传承失位以及可能的对策三个方面对有史以来第一部裕固族教育研究学术专著——《学校教育·地方知识·现代性：一项家乡人类学研究》进行了评论，作者认为该书就地方知识在现代学校教育中的传承做出了深入的剖析，并提出了富有学术价值的见解。

一、引言

地方知识（local knowledge）蕴涵着诠释"人与己"、"人与社会"、"人与自然"关系的"位育"[1]智慧。当地人民通过对习得与传承地方知识而获得生存与发展的能力。地方知识作为知识体系不可或缺的组成部分，却在时代转型过程中逐渐丧失在学校教育中传承的合法席位。现代学校教育对"普世知识"的"情有独钟"与对地方知识的"有无皆可"，引发了诸多学术思考。巴战龙博士的著作——《学校教育·地方知识·现代性：一项家乡人类学研究》（以下简称《学》），是一部探讨肃南裕固族自治县明花乡在百年（1907—2007）变迁中，学校教育与地方知识之间关系的教育人类学专著。全书就"地方知识与普世知识的本质，地方知识的现实建构以及学校教育与地方知识关系"[2]等问题做了深刻的理论分析，并对学校教育传承地方知识的状况及原因进行了深度阐释。基于上，巴战龙提出了一些促进地方知识有效传承的思考。《学》中所揭示的很多学术问题既是理论困惑，亦是实践思索，需要我们共同去探索。对笔者而言，作为一名教育人类学的初学者，对地方知识的传承也存有浓厚兴趣和诸多困惑。在此，笔者拟在评述《学》的基础上提出自己的一隅之见。

二、祛魅：地方知识 Vs. 普世知识？

探寻地方知识传承与学校教育在文化变迁背景中的关系，厘清地方知识的概念尤为重要。具有弱势文化情结的教育人类学对地方知识传承有着天然关怀，近年来相关研究成果也较丰富，但是对地方知识概念的界定却是一块有待深入的学术高地。《学》以地方知识传承为研究中轴，表达了一番作者自己对地方知识的理解。《学》从地方知识的知识属性出发，阐释了地方知识与知识的同性与个性。首先，在知识共性上，"知识是证实了的真的信念"，[3] "人们对知识的认识总是对世界的某一事物的相对稳定的理解和领悟"。[4] 其次，作者以普世知识的普世魅影为参照，建构地方知识的品性。在区域上，地方并不特别强调地理范围，认为地方知识既有历时的因袭，也有共时的采借；在解释力上，地方知识不排斥科学，而是反对"泛科学主义"与"唯科学主义"，任何知识都应该承认其解释的局限性；在知识组成上，"地方知识是由等级的知识组成"；[5] 在地方知识与普世知识关系上，作者认为普世知识与地方知识不是二元对立的，地方知识与普世知识之间实质上是"一与多"的关系。基于以上论述，作者将地方知识定义为"地方知识是一种文化信念，一种文化主张，一种叙事模式"。[6] 巴战龙尝试通过对普世知识的解构，以达到界定地方知识之目的。但因《学》篇幅有限，作者对普世知识与地方知识本质的讨论都采用较浓缩的语言，而未能充分展开。笔者尝试对地方知识特征及普世知识的"普世可能"进行探讨，以加深对地方知识的理解。

（一）地方知识特征的探讨

对性质的论述往往是界定概念的有效途径。笔者认为，地方知识是指特定区域的人民在长期的生产、生活实践中总结出的人与自然、人与社会、人与己和谐共生的生存智慧。据此理解，地方知识具有"地方文化性、整体性、开放性、授权性、受霸权性"特征。第一，地方知识的"地方文化性"包含了两层含义。首先，地方指区别于"他者"的地域特征。《管子·形势解》中所言："桀、纣贵为天子，富有四海，地方甚大，战卒甚众，而身死国亡"，[7] 便是对地方所属区域的界定。其次，地域文化特征意寓该地域内所产生的知识符号是对地方人民"位育"智慧的诠释。正如《学》所述，地方知识赋有的地方经济生活内容、明花裕固族人民的民俗、宗教信仰都充分反映了其族群文化。第二，地方知识的"整体性"表现为时空观与知识分类的整体性。知识的"整体性"理解倾向于整体思维方式，这点区别于西方现代科学知识的分门别类。地方人民在解决问题的时候，所采取的策略往往是多种现代学科门类知识有机整合才能实现的知识体，然而这种知识体在地方人民的思维意识中却是天然整合的。第三，地方知识的"开放性"特征是指地方知识体系的发育过程的开放性。地方知识不局限于某一地域，其知识形成是不断吸纳"新鲜"知识的过程。第四,地方知识是一种能够使当地人民产生真实"力量感"的"授权知识"。这种知识能够帮助当地人民更好地认识与解决面临的问题。"在濒临生死的关头,社区的'传统知识'或'地方知识'仍然是能拯救社区民众的一剂良方"[8]。第五,地方知识的"受霸权性"体现在,地方知识被动地接受政治意识形态的干预,总是与"传统"、"落后"等标签相联系。

(二)"普世知识"普世的"可能"

笔者赞同巴战龙对"普世知识"与"地方知识"二元对立论的批评。本文认为对"普世知识"普世"可能"的思考,无疑会帮助我们揭露"二元对立"谬论的真相。《学》认为"普世知识只不过是标准化的地方知识,特别是经过学校教育中教科书的编撰和'教与学',而戴上了普世面具的文化体系"。[9]据此理解,巴战龙对"普世"之"世"的理解显然存在两个维度:其一,地域维度上,"世"是指"在中国本土内"的地域与全球意义上的世界。其二,时间维度上,作者侧重知识的现代化过程。纵观《学》对各时期学校教育课程以及教学涉及知识的归纳,所呈现的是学校教育中现代知识的强势与地方知识的式微。基于《学》现代知识普世的历时性分析,笔者认为普世知识具备四种"普世可能"。第一,正如布朗希尔(Browhill, R. J.)对"可检验"的"客观性"理解,"价值无涉"的判断以及"普遍的可证实与普遍的可接纳"的"普遍"性使得知识普世成为可能。第二,"一"虽抑制"多"的存在,但"一"却为"多"创造了"和"的参照。"现代的普遍解释"为解决不同地方的政治、经济、文化争端,提供了方法与途径的参考,这种参照促成了人们对"普遍"的认可与接受。第三,现代知识作为一种地方知识,它在通过科技工具与社会政治制度获得全球意义上的成功后,标榜"客观"、"中立"、"普遍"的科学知识看似取得了"普世"的经验性结论。第四,知识的普世可能还因对现代问题的解释性需要。全球化过程中,各地方传统知识已经不能满足解释当地问题的需要,往往解释一个问题的答案远在当地之外。如此,便为他者的"地方知识"进入当地打开了缝隙。以上四种"可能",为知识披上了"普世"的外衣。在"现代"线性发展模式下,地方知识与普世知识之间的界限似乎愈加明显,这恰恰为地方知识丧失学校教育传承的合法性提供了理由。

任何知识的起源、生产都是与地方情况(内外、上下、左右和前后四种关系)相匹配的地方性叙事。戴着"科学、普世、客观、中立"面具的普世知识,不过是满足了"现代"游戏规则的需要。伴随着西方技术与意识形态的全球性推广,社会"现代"前进方向愈加被肯定。作为社会体系的一部分,学校教育也无可避免地被卷入"现代"之列。

三、失位：学校教育传承地方知识的断裂

《学》基于学校教育与国家和地方之间关系的论述，对学校传承地方知识失位的原因给予了深刻探讨。"学校是知识传承筛选、传播、分配、积累和发展的重要途径，知识又是教育的重要内容与载体，离开了知识，教育就会成为无米之炊，各种各样的教育目标也就无法达成"。[10]地方学校教育应该担负其保存、发展地方文化的责任，对地方知识的传承尤为重要。《学》通过全篇梳理学校教育在"救亡时期"、"激进时期"、"建设时期"明花的学校教育与地方知识的关系，发现了学校教育传承地方知识"式微"甚至"断裂"的现实。巴战龙将地方知识进入不了学校教育归因于"为国家服务是学校教育的本质"，[11]并分别从学校教育目的与国家政策需要两方面进行了论证。第一，在学校教育目的上，"学校教育相信普世知识的存在，并通过意识形态的传播，实现'公民'或'国民'的培养。"[12]；第二，在国家意识形态上，"国家基础工程是地方知识与学校教育的矛盾所在，地方知识以及信念只是存在一小部分人中，缺乏影响力，更遑论进入国家的政策与体制层面，成为学校教育的'钦定课程'"；[13]第三，在教育结果上，国家的'城乡二元结构'与教育选拔机制，导致大量边缘人存在。学生所学知识与本土社区生活脱离隔绝，加之现代意识的渗透，地方知识逐步丧失所属主体的认同，同时也带来乡民对文化流失的焦虑。

值得我们深思的是，曾帮助尧乎尔族群适应社会变迁的学校教育，为何会出现传承地方知识的断裂。其实，讨论学校地方知识传承的断裂原因，不仅可以着眼于地方知识与国家学校教育的"对立"，还可通过反思明花历史上地方知识与学校教育曾出现的融洽，去发掘学校教育缘何失位。1939年起蒙藏委员会因获得明花文化"守门人"——宗教领袖顾嘉堪布七世的支持，在祁连山北麓"藏民"中先后创办了四所现代意义的初等小学，也自此开启了明花学校教育史。地方知识进入学校为学校教育成功嵌入提供了可能，也就是说，学校教育因借助明花地方权威而被地方人民所接纳。《学》中总结了顾嘉堪布的教育主张："一是佛学与教育本质相同，都为众生之精神育人；二是认为凡为祁连山中僧俗人等，务必保持优良习俗，接受现代教育为第一要务，团结互助……为国家服务"。[14]可见"守门人"打开"明花文化大门"的指导思想，是同蒙藏委员会的政治任务相一致的。多种力量达成的一致性协商，解释了明花学校教育似曾给予地方知识发展空间的原因。学校教育与地方知识的对接，为我们反思学校传承地方知识断裂的原因提供了以下路径：

（一）学校教育受制于三种张力，其三者产生的协商结果会直接影响地方知识能否进入学校。其一，学校作为社会机构，有培养国家"公民"的责任。其二，作为教育活动，学校教育需要满足促进受教育者身心发展的要求。其三，学校教育需要回应时空变幻，培养具有时代意义的人。其三者张力的调适状况，决定了学校

教育对地方知识的态度。

（二）社区文化"现代"转型导致主体对教育诉求的发生转变。动态的社区文化系统脱离不了生存的时空，当乡规民约被社会公德所取代、传统的文化制约力悄然消失、村干部选举更多依存"跑项目"时，"现代"社会的游戏规则已经进入明花并开始生效。"现代"规则为社区发展设置了一个朦胧的终点，各区域共同经历着经济、政治的变革，并在一定意义上过着"'普遍知识'所支撑的'普遍生活，'"[15]《学》中所述先前的"学生房"、"文化乡"、"教育乡"以及现在"新读书无用论"的滋生，反映了明花乡民在现代转型中对学校教育诉求的转变。

（三）明花地方知识存在的断层，影响了其在学校教育中的传承。巴战龙富有创意地将明花地方知识划分为"类官方知识（official-like knowledge）、大众知识（popular knowledge）、传统知识（traditional knowledge）"，这种结构显现出明花地方知识在持有、享用、消费过程中存在的断层。其一，官方代理人与民众之间的断层。官方知识的解释权局限于政治代理者，而一般民众没有话语权与解释能力。其二，精英与大众间的断层。知识因"普通"与"高深"而导致知识主体存在差别。"容易习得的'普通知识'相对平均地分布在民众中……'高深知识'则是在应对和处理重大问题的乡村事件中，由一些乡村精英，通常是权威、年长的人所表现出来的智慧。"[16]其三，代际间的断层。"社区年长者一代持有、传播、解释和实践的，涉及社区历史与族群、生计方式、风俗习惯等的传统解释和实践过程。"[17]知识断层的存在，事实上已为其在学校教育中传承设置了屏障。

《学》把脉学校教育所处的多重关系，探究了学校教育失位的原因，并提出了富有见解的思考。同时，我们也发现《学》对裕固族文化与学校教育之间联系的论述着墨不多，还有待后续研究深入。"教育有如一条大河，而文化就是河的源头和注入河中的活水，研究教育，不研究文化，就只知道这条河的表面形态，摸不着它的本质特征"。[18]《学》在第一章"明花的地理定位与文化图景"中对明花文化地理进行了描述，并于附录中对裕固族口头传承文化做了比较好的介绍。但裕固族文化对学校教育产生何种影响，以及学校参与主体（教师、学生、学校管理者）及学校的文化性格如何，《学》未作阐释。基于上述，我们认识到学校教育牵涉着社会诸多关系，意识形态对知识价值的判断并不是造成学校传承地方知识断裂的唯一原因。实现地方知识在学校教育中的有效传承，正是《学》为之努力的。

四、探寻："我们的现代性"[19]之努力

"对于人类社会而言，如果要彻底解决某个问题，就不得不去理解与之相关的各种问题，最后就不得不去理解所有问题，而这样复杂的关系是思想所不能控制的；为了能够去理解所有问题，又不得不把所有问题看做一个问题"[20]。《学》作为一项家乡人类学研究，巴战龙以自己对问题的理解展开研究，并没有陷入一个问

题或多个问题的泥沼。相反,作者跳出了对学校所处复杂关系的思考界限,提出了"我们的现代性"。《学》立足功能主义观点,认为"产生于后封建的西方现代性,运用其在影响世界历史的行为制度和模式,可以社会化出有别于传统的现代人,而学校功能是培养儿童社会化,培育现代人的场所"[21]。外在"现代性"发展模式使得学校教育排斥地方知识,从而导致本土社区丧失内在发展的能动性与可能性。巴战龙紧抓造成社区学校教育失位原因的要害,倡导通过构建社区"自主发展"模式,以实现学校教育之"正位"。

第一,"自主发展"是学校教育"正位"的必须。地方人民是当地社会发展的创造者和亲历者,他们对"发展"有充分的实践权与解释权。释放意识形态所强加的束缚,增强地方知识的活力与生命力,对地方社区实现可持续性发展有着积极意义。巴战龙对地方知识在学校教育传承中失位的思考,关注到了学校教育与社区、国家的关系。《学》认为"狭隘地认为国家通过学校给予了地方'福利',或认为学校教育抽取'地方资源'（人力与经济资源）的看法是有失公允的"[22]。"学校教育联系着'国家'与'乡村','国家'创造了'乡村','乡村'也创造了'国家',现代乡村学校中通过'国家'和'乡村'等系列概念及其相关观念的传播和形塑,在这一创造过程中扮演重要角色。"[23]学校教育传承地方知识的失位,原因在于"旧式的传统教育"[24]与"新式的现代教育"[25]之别。现代学校教育顺应了整合文化和传承主流文化的"外在发展"模式,并导致地方知识在现代发展语境中丧失话语权。社区自主发展模式的提倡,对学校的教育功能进行了重新诠释。

第二,在社区文化转型中,学校教育被赋予发挥积极功能的期望。"如今充满古典气息的分散且封闭的乡土社会已经发生了根本的转变,乡村社区面对的是一个市场经济时代的开放流动的'大社会'的现实,它必然要适应,必然要变迁。……为今之计,在于讨论乡村社区如何适应'新处境'、'大社会',怎样在'适应'中发展出乡村的新境界"[26]。在"乡村社区对外来文化的抵抗和顺应"[27]与"学校中的地方文化"[28]的矛盾中,《学》提出以乡民的"文化自觉"为前提,构建"学校—社区"支持性社会关系,促使学校教育在社区文化转型中发挥积极作用的理论尝试。

第三,"我们的现代性"赋予了地方知识在学校教育中传承的合法性。"我们现代性"的构想,主张给予社区、学校教育一定的自主空间与发展权利。社区人民要实现自主发展,必须对本社区所存在的问题"知根知底",并制定"因地制宜"的解决方案。在非自主的"现代性"发展框架下,裹挟着意识形态的现代科学知识并不能有效地解决当地问题,而只能造成当地人民被动地去接受。"我们的现代性"所主张的内在发展就是要求地方人民去认同并利用地方知识。地方知识是地方文化的核心要素,地方知识在地方建设中都起着基础性的作用,并担当着促使地方社区生活合法化的重任。地方知识不应当成为社区发展的阻碍,相反,应认识到它是帮助社区人民实现自主发展的"文化资本"与"智力源泉"。

《学》从探讨学校教育与社区、国家之间的关系入手提出"我们的现代性",以解构"现代"来实现社区的"内在发展",并以此唤醒地方知识的生命与活力,在社区"内在发展"模式下实现为学校教育"正位"之目的。该构想虽面临"文化自觉"及"政策支持"等理论与实践困境,却有积极的人文反思与学术价值。

五、结语

作为裕固族的文化精英,巴战龙有着对裕固族文化天然的学术关怀,这也促使了他一直关注裕固族的文化传承。通过《学》我们认识到,"现代"作为西方话语霸权的关键词,已在"后现代"人文反思中被逐步解构。越来越多的学者已尝试跳出"就教育论教育"的思维,开始去探索制约与影响学校教育传承知识的诸多因素。教育人类学研究除去理论建构的贡献,其意义还在于能够为后续研究提供可挖掘的空间。《学》作为裕固族教育研究的第一部专著,继承与发展了"家乡人类学"研究范式,新颖的研究维度与富有创新的见解,为探究地方知识与学校教育开辟了新的研究路径。

[参考文献]

[1] 潘乃谷、潘乃和:《潘光旦教育文存》,人民教育出版社,2002年。

[2][4][5][6][8][9][11][12][13][14][16][17][19][21][22][23][24][25][26][27][28] 巴战龙:《学校教育·地方知识·现代性:一项家乡人类学研究》,民族出版社,2010年。

[3] 胡军:《知识论》,北京大学出版社,2006年。

[7]《辞海》,上海辞书出版社,1999年。

[10] 石中英:《知识转型与教育改革》,教育科学出版社,2007年。

[15][20] 赵汀阳:《没有世界观的世界》,中国人民大学出版社,2010年。

[18] 顾明远:《中国教育的文化基础》,山西教育出版社,2008年。

(本文原载于《河西学院学报》2012年第4期)

[作者简介]

姚霖(1984—　　),男,汉族,安徽铜陵人,中央民族大学教育学院博士研究生,主要从事民族教育研究。

现代性·少数民族教育·民族志书写

——基于两部裕固族教育人类学作品的评论与反思

陈学金

[摘要] 少数民族的学校教育既是现代性过程的产物,又要面临如何"超越现代性"的难题。本文基于两部裕固族的教育人类学作品,以"现代性"为主题探讨少数民族学校教育的问题和出路,意在阐明少数民族学校教育的"重构"的路径选择与研究者对"现代性"的理解有关,还与民族志的书写策略和质量有关。教育民族志的书写方式需要重估并加以改进。

少数民族的教育问题是我国教育人类学研究的重要研究领域之一。近年来,裕固族作为一个人口较少民族,关于其教育的研究在近年来取得了较大进展。钱民辉的《多元文化与现代性教育之关系研究——教育人类学的视野与田野工作》(以下简称"钱书")[1]和巴战龙的《学校教育·地方知识·现代性——一项家乡人类学的研究》(以下简称"巴书")[2]是其中的两部重要著作。由于它们在研究对象、研究方法和研究主题上具有某些共性,因此本文结合这两部著作,围绕"现代性"、"少数民族教育"、"民族志书写"三个关键词,拟说明和探讨如下问题:我国少数民族学校教育的发展是与我国现代性进程同步的,从这个意义上说,"现代性"是一种背景。当前,少数民族学校教育发展中的问题是我国现代性发展中遇到的问题之一,教育问题应该放在更广阔的社会背景中寻求解决。对于少数民族教育问题的解释与民族志的书写有关联,而民族志的书写质量又与一系列因素相关联。

一、"现代性"作为背景

"现代性"的概念起源于"现代"一词。"现代"(modernus)最早出现在公元5世纪,其意图在于把已经皈依"基督教"的现代社会与仍然属于"异教"的罗马社会区别开来。之后,"现代"一词在内涵上就强调古今之间的"断裂","用来表达一种新的时间意识"。[3]波德莱尔较早地使用了"现代性"这一概念,他所理解的"现代性"就是"过渡、短暂、偶然,就是艺术的一半,另一半是永恒和不变。"这一界定强调了现代性具有的永无止境的革新和变化的特征。[4]在很多人的头脑里,"现代性"意味着某种向上的和向前的运动,它是"人们头脑产生的一种建构",它也可以看做人们头脑中"暂时存在同时又与某种特定的时间和类型的社会相认同的意识形态概念"。[5]从这个意义上讲,"现代性"是一种思想价值观念、意识形态,或者称之为一种"文化精神"。从内涵上看,现代性包含着人们所熟悉的理性、启蒙、科学、契约、信任、主体性、个性、自由、自我意识、创造性、社会参与意识、批判精神等观念和思想;从载体来看,现代性表现为"作为个体的主体意识"、"公共的文化精神和文化价值"、"系统化的历史观"等。个体的和社会的一般的文化模式和价值取向上升为普遍的、总体性的、意识形态化的文化精神,是理性化发展的必然性结果。[6]

现代性既可以看做是一种文化精神,又可以看做是一种社会构造和运行机制。马克斯·韦伯所讲的"理性化"可看做现代性的一种进程。理性作为现代性主流的意识形态之一,通过一系列的制度安排建构起现代社会的政治、经济结构。吉登斯强调对现代性的制度性分析,在他那里,现代性是指"后封建的欧洲所建立而在20世纪日益成为具有世界历史性影响的行为制度与模式。'现代性'大略地等同于工业化的世界。"[7]吉登斯认为,"时—空伸延","脱域机制"和"知识的反思特性"是现代性的"动力"来源。现代性的"制度性维度"主要表现为"经济运行的理性化"、"行政管理的科层化"、"公共领域的自律化"、"公共权力的民主化和契约化"等。[8]

近代以来,内忧外患的中国在追求民族独立解放以及建设现代化强国的事业中,现代性的思想一直伴随左右。事实上,现代学校的确立是现代性生成的重要组成部分。王铭铭在考察闽台乡村初等学校的历史变迁时,注意到现代初等教育是近现代以来中国文化变迁的组成部分,它是在以西方传教士为代表的殖民文化统治和以本土教育家为代表的现代民族—国家建设两种现代性的政治权力下成长起来的,同时村落社区公共事业观念对于现代初等教育制度的吸纳,是原有的地方性知识体系对于现代知识传播体系的反向改造。这样一个自上而下、自下而上的双重进程,正是社学到新学转化过程的基本线路,它也特别能够反映19世纪以来中国现代性之进程的基本特征。[9]

同样,我国少数民族的学校教育也是作为现代性的一部分而发展起来的,并助推了中国的现代性的发展。像巴书所展现的那样,裕固族的现代学校的建立是在新兴的国家势力(以蒙藏委员会酒泉调查组为代表)、地方宗教领袖(以顾嘉堪布七世为代表)、世俗权力阶层(以安立民、安进朝为代表)共同推动下完成的,当然这当中也隐含着权力的制衡与争夺。

《多元文化与现代性教育之关系研究》一书的研究重点在于探索少数民族的"多元文化"与"现代性教育"之关系,它围绕着教育的"民族性"、"现代性"、"全球性"等核心概念,在宏观上着眼于三个人口较少民族社区(青海循化撒拉族社区、甘肃积石山保安族社区和肃南裕固族社区）的教育发展现状与差异，在中观上着眼于少数民族社区学校的文化及文化冲突，在微观上着眼于少数民族学生学业失败的原因，进行了较为深入的探索。作者首先对"现代性"、"现代性教育"的起源和发展以及中国现代性教育进程进行了系统梳理。作者认为，在现阶段之中国，大多数少数民族社区停留在一个"前现代社会"中，"或者说在很多方面不同于现代社会的特征，特别表现在半封闭的生活方式和文化特征，以及生产活动对自然的依赖等方面。"作者发现，在少数民族地区出现了一种微妙的紧张：本民族的传统文化在本土代际上正在发生断裂。"现代学校教育所传递的主流文化是现代性的而较少是民族性的，是科学的而不是宗教的"。作者因此勾勒出在全球化的背景中，少数民族教育所面临着的多元文化与现代性教育之间存在的矛盾，或者称之为一种"张力"。

在笔者看来，多元文化的主张在深层次上是一种"文化相对主义"的价值理念，而现代性教育则蕴涵着"文化进化论"的意涵。在一定程度上，这对张力揭露出我国现代性进程中的伦理悖论——究竟是追求发展、进步，还是承认差距，并保持原有的这种"多样性"？

《学校教育·地方知识·现代性》的焦点是探求乡村社区现代性进程中不同阶段（"救亡时期"、"激进时期"、"建设时期"）的学校教育状况以及与地方知识的关系问题。作者分析了现代学校与原有社区教育在功能和目的上的不同：在明花社区，1939年之前的社区教育的功能在于通过文化濡化再生产社区合格成员，以便维持社区文化系统的正常运转；1939年之后的现代学校教育实际上是现代性的代理机构，其主要目的是在变迁的社会中，负起把年轻一代从"传统"中解脱出来，培养的成员是为大国家社会所用。巴书进一步分析指出，现代性的学校教育在不同的发展阶段功能并不相同，现代的学校教育建立之初对尧乎尔族群（裕固族自称）适应社会变迁方面起到了积极作用。时过境迁，以"文化同化"和"社会整合"为主要功能的学校教育的弊端逐步显露，由于它在总体上是主流社会文化的代表，对族群的传统文化的持续排斥成为导致族群语言使用人口锐减、传统知识衰亡的重要成因。1978年以后，"随着族群意识的勃兴和族群文化保护和复兴需求的高涨（实际上，随着族群传统文化的逐渐消亡，文化断裂和社会失序现象开始出现，尧乎尔人的族群认同感陷入越来越深的焦虑之中），学校系统作为国家机器系统的有机组成部分，对社区尧乎尔人将族群文化，特别是本族语教育纳入课程体系的强烈要求未能及时作出回应，导致尧乎尔民众对学校教育价值的评价走低，又由于学校在提高教育教学质量方面举措无多，效益不彰，导致社区与学校的关系趋向紧张。"

二、少数民族学校教育的"重构"

两位著者在面对现代性的学校教育的困境时，都提出了的改进的建议。钱书给出的建议是多方面的，作者基于全球化的时代背景、肃南裕固族自治县职教中心的办学经验，以及黄炎培的教育理念，认为少数民族教育的出路在于构建"大职业教育体系"，并建议民族学校开展多元文化教育和全球一体化的教育。在书的最后，作者提出以公平、公正、合理为核心理念"民族教育和谐论"的构想。

钱书所给出的现代性教育的重构方案，就像它所揭示的问题一样，存在着伦理悖论。著名社会学家伊曼纽尔·沃勒斯坦（Immanuel Wallerstein）结合他所提出的"世界体系理论"，区分了两种现代性：一是"技术的现代性"，它具有某种肯定性和前瞻性，一般以物质为表现形式；二是"解放的现代性"，"它是解放、充分民主（与贵族统治或精英统治相对立的人民统治）、人类完善和正确的现代性"。沃勒斯坦认为，这对"孪生兄弟"形成了现代世界体系的主要文化冲突。[10] 如果把"大职业教育体系"视为"技术的现代性"思维的产物，那么它就在一定程度上牺牲了少数民族学生追求"自由"和"解放"的权利，这种思路也将会在一定程度上维持不平等不合理的"社会结构"。钱书的对少数民族教育理论探讨主要是在教育内部进行的。

少数民族学校教育的困境只是由教育系统内部原因所导致，还是由整个社会的现代性的发展所导致？学校教育作为现代性的一种构建，它的问题的解决之道到哪里寻求？是从教育系统自身出发，还是从更广阔的社会系统出发，还是把这两者结合起来共同考虑。对这一问题的观点还取决于研究者如何看待现代性。如果把现代性既理解为一种文化精神，又理解为一种社会建制，那么巴书考虑得更为全面、周全，它既考虑从教育内部解决教育问题，也考虑从社区这一外部因素解决教育问题。巴书在最后一章通过概念辨析，指出没有绝对的"普世知识"与"地方知识"，学校教育对地方知识的剥离是由于现代学校教育的本质造成的，"学校教育应该培养学生对地方知识的肯定态度，承认地方知识对乡民人生和社区发展的重要价值"。随后引证英国社会学家丹尼斯·史密斯（Dennis Smith）和齐格蒙特·鲍曼（Zygmunt Bauman）对"现代性"概念的见解，认为"现代性的核心是为改善和提高生活水平而奋斗"，"每个人都具有参与改善和提高生活水平的斗争的权利"，提出建构"我们的现代性"的愿景，并且指出少数民族群体的"文化自觉"是建构"我们的现代性"的前提，社区发展模式也应由"政府主导"变更为"乡民自主"。但是，即使上述的这种思路更合乎逻辑，它似乎还面临着一个难题，即乡民的"文化自觉"通过什么来培养？

当前我国少数民族学校教育所处的困境是现代性发育成熟之结果，还是现代性发展不充分之表现？对于前一个问题，两位著者把问题归结为现代性发展不成熟的结果，即现代性在我国是"一项未竟的事业"。但是，两位著者在讨论现代性的过程中，主要辨别了西方的现代性，并以西方的相关理论为依据，但是对西方"现代性的困境"并未做系统梳理、归纳和借鉴。

西方现代性的历史轨迹是从"人类的解放"走向"自我奴役"的历史，这突出表现为人类的价值理性的消退，人性的迷失以及社会发展的危机。西方的现代性思想导致了"价值领域"的分化，韦伯从李凯尔特的新康德主义出发，认为科学只关注"事实问题"，法律和道德只关注"公正问题"，艺术和批判只关注"趣味问题"。这些分化无法从更高层次上得以合理的解决，"主体间共有的世界观的社会同一性也很难再被一种理论理性或实践理性打着客观科学或理性道德的旗号所发挥的一体化力量取而代之"。[11]

资本主义现代性的社会系统和运行机制也遇到了难题。按照哈贝马斯的理解，后工业社会耗尽了"简单的"工业化所依赖的资源（包括自然资源和前现代社会形态当中的文化资本和社会资本），同时也遇到了一系列社会再生产的负面后果，比如由系统带来的风险，而且，这些风险也无法转嫁出去，也就是说，无法转嫁给其他社会、其他文化、其他部门或子孙后代。[12]吉登斯摒弃了以往从文化和认识论的视角分析现代性，采取了从资本主义、工业主义、监督和军事力量四个制度性的维度对现代性进行分析，并认为现代性存在着"经济崩溃"、"极权主义""战争风险"、"生态危机"等风险。

但是，像哈贝马斯和吉登斯这样的社会学家还是在为现代性作辩护，并反对"后现代主义"一些主张。哈贝马斯竭力维护他所说的现代性尚未实现的民主潜力。吉登斯认为，西方的现代性就是在人们反思性地运用知识的过程中被建构起来的。现代性的反思蕴涵着一种特殊的意义，即社会实践总是不断地受到关于这些实践本身的新认识的检验和改造，从而在结构上不断改变着自己。从这个意义上讲，反思性，特别是知识的反思性为现代性的发展提供了动力。[13]

曾有人戏称，"边缘的世界只能消极地旁观不涉及它的这一主题（指现代性的危机），因为它是'野蛮的'、'前现代的'，或者，简单地说，它还需要'现代性'"。[14]虽然中国可以逃脱被取笑的命运，但是不能否认，中国的现代性的历程是以西方现代性的历程为背景和参照的，但是由于历史的、文化的、政治的、经济的差异，中国的现代性历程有其特殊性。但是两位著者对中国的现代性的论述相对不足。当然，这不是一个简单的理论问题。

三、教育民族志书写的探讨

首先应该澄清一个问题：少数民族学校教育与现代性的关系问题是一个事实判断，而少数民族学校教育如何发展是一个应然的价值判断。从"事实判断"到"价值判断"，这是一个思维和逻辑的僭越。有论者指出，人文社会科学中，长期存在着"理论思维"和"工程思维"两种思维方式。理论思维的任务在于建构理论，工程思维的任务在于设计工程。理论表现为前提与结论之间的必然联系，特点在于一以贯之的逻辑推导。工程是各种实体及其属性的复合物，这些实体和属性之间不必然存在逻辑联系，因此工程思维就是一种非逻辑的复合性思维。人类各种"乌托邦悲剧"就是这两种思维的相互僭越的结果。解决问题的唯一办法就是思维方式的划界——是"探寻客观真理"，还是要"绘制生活蓝图"？[15] 循着这个思路，研究者和读者应该承认：建立在事实解释基础上的应然判断是存在局限性的，哪怕事实分析得多么有道理。研究者在民族志书写过程中，要格外注意这两种思维的区别。或许，只有通过多角度、全方位的逼近社会事实的"真相"，才能有效"指导"现实世界的建构。

在探讨"事实"与"价值"这一方法论难题中，"强烈价值介入论"这一思想值得关注。论者认为，人文社会科学中，价值中立的原则是实证主义知识论的表现，它主要表现于两点：一是"尽量避开讨论实质和具体价值的问题"，二是"不处理超越性的（transcendental）课题"，但是这种知识传统导致了诸多悖论（例如：文化多元论和价值相对主义是西方现代人普遍遵守的价值观念，而他们又以此作为标准衡量以前的社会和当代的其他族群是否文明和进步），又限制了社会知识观的发展，并导致了西方社会理论不能在更深层次上分析现代社会的结构和其相应的困境。[16] 论者尝试糅合批判理论和哲学解释学建立"强烈价值介入论"的方法论思想。

当然，上述的两种思想主张并非是截然对立的。前者的意义在于提示研究者应然的价值构建更关乎复杂的社会现实，需要对社会现实有更深入全面的理解；后者的意义在于提示研究者，在人文社会科学中，绝对的价值无涉是不可能，积极的价值涉入也是有意义的。

探索少数民族学校教育的出路，事实上依据的是研究者对教育问题这一"社会事实"的解释，而对社会事实的解释在一定程度上取决于民族志书写质量，民族志书写质量又取决于田野地点的选择、研究者的角色和理论素养、具体的研究策略、田野工作的质量，理论分析的视角等因素。

钱书的写作前提或逻辑基础更多的是基于国外理论、他国经验以及理论的推演，这在"文献综述"部分显露无疑，而后研究者在三个民族社区做田野工作所发现的"事实"与"理论的想象"产生了不小的"裂痕"，现实并不完全像"理论演绎"的那样，理论设想的某些方面缺少现实的基础，理论设想可能超前或落后于现实状况，也可能被证明过于简单或复杂。

巴书并没有像钱书那样，在民族志书写之初就进行理论推演，而是开诚布公地交代了其功能主义的理论范式。但是，"功能主义"的理论并不能阐释全部民族志事实。功能主义的缺陷在于："功能"是某种"结构"的结果或效用，并不能用其解释这一结构产生的原因。在明花社区的不同发展阶段，学校教育的发展以及地方知识在教育中的接纳程度,就像作者所揭示的那样,在很大程度上可归结为"各式各样的国家发展运动"。这种政治性因素对裕固族学校教育的"先在"影响并不是可以由"功能主义"所能完全解释的。因此,这种民族志的构建方式也存在弊端,即事先预设的理论并不能解释所有的现象。

因此,在教育的人类学的研究中,为了弥补"理论视角"与"事实"之间可能的差距,研究者确定研究主题后,应遵循现象学的"悬置"原则,"自下而上"地收集资料,归纳问题,然后应用或自行建立理论,分析、解释社会现象。这种教育民族志的书写思路并非拒斥已有理论,实际上,它对研究者的理论素养要求更高,只有对已有的理论熟记于心,在面临错综复杂的社会现象时才能做到"信手拈来"、"游刃有余"。

人类学的田野工作的深度和广度是决定民族志作品质量的另一个关键因素。田野工作包含四个层次:它是搜集材料的一种手段;它是一种交流行为;它是调查主体文化自觉的历练;它是文化自身的自我反观。[17] 教育人类学的研究者在田野工作中应该达到更高层次。人类学的田野是一个文化空间,是一个历史空间,还是一个权力空间。研究者只有通过长时间地生活于田野点,并付出艰苦的努力,才有可能深入理解当地人的文化和历史,才能够洞察各种权力的格局。

正如前文所阐明的那样,不同的研究视角对同一社会现象或问题的解释并不完全一致。对于少数民族教育问题,应倡导综合的、整体的教育人类学的研究。现代的人类学同时与自然科学、社会科学和人文科学相关联,与之对应,人类学研究有三层面向:生物的、文化的和哲学的,这三层面向按学科可表述为生物人类学、文化人类学和哲学人类学。[18] 当代的人类学研究应是"综合的"、"整体的"。由于我国教育人类学在历史和传统上所具有的优势,相信它可以成为这方面的表率。

[参考文献]

[1] 钱民辉:《多元文化与现代性教育之关系研究——教育人类学的视野与田野工作》,民族出版社,2008年。

[2] 巴战龙:《学校教育·地方知识·现代性——一项家乡人类学的研究》,民族出版社,2010年。

[3] [美]尤尔根·哈贝马斯著,曹卫东译:《后民族结构》,上海人民出版社,2002年第178页。

[4] 周宪:《现代性的张力——现代主义的一种解读》,载《文学评论》1999年第1期,第129—138页。

[5] 瓦茨拉夫·胡宾格尔:《人类学与现代性》,载中国社会科学杂志社编:《人类学的趋势》,社会科学文献出版社,2000年,第103—121页。

[6] 衣俊卿:《现代性的维度及其当代命运》,载《中国社会科学》2004年第4期,第13—24页。

[7] [英]吉登斯著,赵旭东、方文译:《现代性与自我认同》,生活·读书·新知三联书

店，1998年，第16页。

[8] 衣俊卿：《现代性的维度及其当代命运》，载《中国社会科学》2004年第4期，第13—24页。

[9] 王铭铭：《教育空间的现代性与民间观念——闽台三村初等教育的历史轨迹》，载《社会学研究》1999年第6期，第103—116页。

[10] [美]伊曼纽尔·沃勒斯坦著，黄光耀、洪霞译：《沃勒斯坦精粹》，南京大学出版社，2003年，第526—546页。

[11] [美]尤尔根·哈贝马斯著，曹卫东译：《后民族结构》，上海人民出版社，2002年，第185页。

[12] [美]尤尔根·哈贝马斯著，曹卫东译：《后民族结构》，上海人民出版社，2002年，第202—203页。

[13] [英]安东尼·吉登斯著，田禾译，黄平校：《现代性的后果》，译林出版社，2000年，第32—39页。

[14] 恩里克·迪塞尔：《超越欧洲中心主义：世界体系与现代性的局限》，载[美]弗雷德里克·杰姆逊主编，马丁译：《三好将夫·全球化的文化》，南京大学出版社，2002年，第18页。

[15] 徐长福：《思维方式：僭越与划界——人文社会学科中理论思维与工程思维之批判》，载《学海》2001年第1期，第5—14页。

[16] 阮新邦：《迈向崭新的社会知识观》，北京大学出版社，2005年，序。

[17] 李星星：《什么是人类学的田野方法》，载《中国人类学评论》（第20辑），世界图书出版公司，2011年，第225—226页。

[18] 徐新建：《回向"整体人类学"——以中国情景而论的简纲》，载《思想战线》2008年第2期，第1—5页。

（本文原载于《河西学院学报》2012年第4期）

[作者简介]

陈学金（1982—　　），男，汉族，北京通州人，中央民族大学教育学院2010级博士研究生，主要从事教育人类学和教师教育研究。

访 谈 纪 实

十年学问苦　乡土情思深

裕固族教育研究：一个新兴的学术领域

为了裕固族的明天

裕固族学校教育　七十年铸就辉煌

聆听和尊重"地方教育家的心事"

十年学问苦　乡土情思深

——访裕固族青年学者巴战龙

铁穆尔

访谈时间：2006年6月19——7月21日断续进行
访谈地点：肃南裕固族自治县皇城镇
受访人：巴战龙（中央民族大学教育学院博士研究生）
采访人：铁穆尔（肃南裕固族自治县裕固族文化研究室主任）

童年：树本根生

铁穆尔（以下简称铁）：战龙兄弟，还是称呼你的本族名比较好，感觉亲切一点。乌鲁·萨格斯兄弟，在我们裕固族年轻一代学者中，你是比较有代表性的一位。我们彼此已经非常熟悉，但是其他人可能对你就了解得少一点。首先请你简单介绍一下自己的成长背景和生活经历。

巴战龙（以下简称巴）：好的。1976年暮春，我出生在肃南裕固族自治县明花乡刺窝泉村的一个普通牧民家庭里。父亲上过小学，母亲连小学都没读完。我还有两个妹妹，她们现在都在肃南县工作。七岁开始上学，先后在前滩小学、肃南县民族中学、兰州市第一中学、中央民族大学预科部、北京师范大学教育系就读，1999年本科毕业，获教育学学士学位。之后在新疆师范大学教育科学学院任教三年。2002年考入中央民族大学教育学院读研究生，2005年获教育学硕士学位，现在在读中国少数民族教育专业教育人类学方向博士学位。

铁：我觉得，童年对一个人的人格的塑造非常重要，就你的经历而言，你同意这个说法吗？

巴：可以这么说。据说，我的导师滕星教授有一次说，我跟着他读硕士、博士研究生，随着学历越来越高，民族情结也越来越深。按我说，这话只说对了一半。实际上，我的本民族文化濡化是从很小的时候开始的。我的奶奶和母亲都是讲故事的好手。奶奶讲的故事印象最深刻，后来我读了一些裕固族民间文学作品，才知道和莲花、明海一带的裕固人讲的故事大同小异，甚至有的故事跟康乐一带的裕固人讲的故事一模一样。我在没上学之前就清楚地知道自己是裕固族，而且也会写裕固族三个汉字。

前滩的裕固人有抓周的习俗。据说，我的母亲在我的面前摆了两样东西：钢笔和羊鞭子。我先是向羊鞭子爬，爬到半路上停下来观察了一阵子，最后抓了钢笔。所以，后来我读到族兄贺中的那句"拿起笔，拿起这份永生的粮食"的话时，非常感动。

我的汉字是母亲教的。很有意思，写汉字是从学写带有时代特色的东西开始的，比如说"中国共产党万岁"、"中国工人阶级万岁"、"伟大领袖毛泽东"、"天安门上红旗飘"等。

从小学时代开始，家里劳动力有限，只有父母亲两个人。我的父亲为了哄着我在寒暑假放羊，就到处给我借书看，比如说，小学毕业时，我就读过R·特里尔的《毛泽东传》，是父亲从信用社的工作人员那里给我借来的。当时我被毛主席少年英雄的胆识气概完全征服了，就是那句"问苍茫大地，谁主沉浮？"。和我的同龄人相比，我读的书的质量和数量可能都是比较高、比较多的。

大约是1986年左右吧，我在叔叔家发现了一本好书——《裕固之歌》。哎呀，真是爱不释手，拿着《新华字典》把书凑合着看了不知多少遍。

上到初中，条件大大改善，我寄宿在姑妈家。姑夫是60年代的大学生，藏书不少。《裕固族》、《裕固族简史》、《裕固族民间文学作品选》、《肃南裕固族自治县概况》都是那时候读的。

我从小就立志做一个人民教师，所以1994年我如愿以偿，考入了北京师范大学。高考完后闲的没事干，就回家放羊。我的姑妈在自治县民族宗教局工作，给我找了一堆杂志，我记得有《民族团结》、《甘肃民族》、《甘肃民族研究》、《什样锦》等，一个假期，我把这些杂志翻了个遍。我把所有我觉得好的文章都看了三四遍。这也算是打了个民族知识的基础吧，这些杂志直到现在我都舍不得扔。

你现在看着我这副胖身体，没完没了地说话，你无法想象我小时候实际上是个病胎子，身体很瘦弱，性格内向，连我自己都觉得恍若隔世。现在回想起来，小时候读书的条件非常有限，但是却养成了喜欢读书的习惯，也珍惜读书上学的机会，有藏书的嗜好，这是直到现在都让我受益的东西。

一个家族和她的历史

铁：你能不能详细地介绍一下前滩、下黄泥堡一带巴姓裕固人的历史，据说这是你的学术研究的起点？

巴：1995年暑假，我读到了《肃南裕固族自治县志》。奇怪的是，在部落姓氏的部分没有关于前滩、下黄泥堡一带的巴姓裕固人的记载。我回到学校，请教钟进文老师，他没有正面回答这个问题，而是引导我读书、思考和开展调查。他给我借书看，给我讲一些裕固族研究方面存在的疑问。我也学了一些民俗学、民族学和裕固族文化方面的知识，扩大了视野，开始琢磨着要调查这个问题。1996年到1998年的暑假，我就做了一些调查。也就是说，从1996年开始，我走上了研究裕固族文化这条路。

从民间口碑记忆中得知，巴姓裕固人是八个家的部众，原来住在山里。前滩、黄泥堡一带的巴姓裕固人的来历，家族内部有两种说法。一种说法是，我们的祖先还在山里的时候，部落里的人得了一种传染性很强的病，人们纷纷逃难，我们的祖先逃到了前滩一带安家落户，后来发展到下黄泥堡一带。另一种，也是比较富有传奇色彩的说法是，我们的祖先在山里的时候比较富有，后来遭到一帮土匪抢劫，部落里的人死的死，逃的逃。一个年轻小伙子化装成货郎子，挑着担子，装着两个小孩从山里逃出来。好心的妥姓裕固人收留了这个年轻人和两个孩子。这一户妥姓裕固人，养了一个闺女，但是这个闺女长得浓眉大眼大个子，小时候很调皮，没有缠脚，长了一双大脚，不太好找人家嫁了。这一家妥姓裕固人，就是诗人妥清德的祖先，这一家一直跟巴姓裕固人有姻亲关系。由于这个小伙子很善良、很勤快，这家人就相中了他，把闺女嫁给了他，分了一点草场给夫妇俩。两个小孩长大后，一个在下黄泥堡一带赎买了汉族地主的一点地，种起地来了。另外一个回到山里，找到了劫后余生的亲人，养起马来了。这样，山里的养马，前滩的养羊，下黄泥堡的种地，形成了一个比较完整的家族经济圈，互有来往。

我的外奶奶也是巴姓裕固人。据我的外奶奶回忆，她还是小孩子的时候，套车骑马，跟着家里的大人到山里走亲戚，正是过春节的时候。那里的爷爷奶奶热情地招待了他们一番。老人们讲起了过去的事情，还很伤心。不过，老人们说的是裕固话，她们几个小孩子没有听懂几句。我的外奶奶说，听家里的大人说，山里的爷爷奶奶一大家子人说的话跟马庄子的人说的一样，我推测是西部裕固语。解放后，我们和山里的联系就断了，老人们一去世，现在我们连山里的亲戚具体是什么人都不清楚了。

现在家族大了，分支也多了。有一个分支迁到额济纳旗去了，现在是蒙古族。还有一个分支迁到酒泉丁家坝去了，还是裕固族。我们家这个分支的谱系还是很清楚的。到山下来以后，第一代女性祖先是妥姓裕固人，第二代是"鞑子奶奶"，是额济纳旗的蒙古族，第三代是贺姓裕固人，第四代是钟姓裕固人，第五代是我母亲，本来她是贺姓裕固人（本族氏族名为"撒里"或"萨莉"，是操西部裕固语的氏族，祖上几代人一度成为黄泥堡裕固族的族王首领），后来由于祖上过继的原因，改姓刘。刘姓人也是裕固族，后来由于担任了黄泥堡的乡约农官之类的职务，肃州府赐汉姓为刘。

现在巴姓裕固人的家族主体还是在前滩和酒泉下黄泥堡，基本上都不会说裕固话。有一个分支原是汉族，后来随上的，虽然就是按血统说，他们这个分支倒像我这样的年轻人已经是裕固族了,因为通婚对象都是裕固族,但是在家族内部,至少在观念上还是隐蔽地受到排斥。

铁:你能再概要地谈谈这个家族的文化吗?

巴:巴姓裕固人来自八个家,现在看来证据比较确凿,这一点,前滩的裕固族老人们都知道。在西部裕固语中,"八"、"八个家"、"巴姓裕固人"都是一个词,就是"萨格斯",这一点,莲花、明海的老人们都知道。从风俗习惯上看,解放前,家族里的掌权者会说裕固话,其他人说汉语方言,最后一任掌权者是前滩的老者,1958 年反封建运动时被"法办"抓走了,就再没回来;巴姓裕固人供奉狼,同时信仰藏传佛教和萨满教,祭祀鄂博,拜石爷爷(石人崇拜);丧葬习俗完全保留了古代突厥语族群的窟窑式墓葬,地址在今天的下河清飞机场一带,后来建飞机场和开荒种地时毁掉了。我推测,巴姓裕固人本不姓巴,巴是由部落名称演变而来的,但是具体姓什么,现在不好调查了,按年岁推算,知道情况的老人很可能都去世了。

最令人遗憾的是,我的外爷爷在 1988 年冬天去世了,老人们都说他很清楚我们巴姓裕固人过去的历史。外爷爷会缩骨功,马家军抓壮丁每次把他抓去,不几天就跑回来了。外爷爷拉过骆驼,是个典型的多语人,会说西部裕固语、蒙古语、维吾尔语和汉语,还会说一点哈萨克语和东乡语。解放前,酒泉一带的多民族分布所形成的多语环境,比我们现在看到的要复杂得多。基本线索清楚,具体细节不详,巴姓裕固人的历史就是裕固族历史的一个缩影。

关心教育,就是关心我们的未来

铁:你对裕固族教育一直很关注,为什么选择在这个领域工作?

巴:我现在修习的学问叫社会—文化人类学,在这门学科里,文化是一个关键词,也是一个无所不包的概念。虽然从学理上说,什么都重要,但是我私下里认为,对作为一个现代民族的裕固族来说,相对而言重要的东西就是教育。

教育为什么重要呢?首先是因为它涉及我们究竟要培养什么样的人的问题。也就是说,今天的裕固族学生,就是明天的裕固族社会的主人。从这个意义上说,教育直接关系到裕固族的未来。其次,我的研究表明,教育在裕固族社会文化变迁中的扮演的角色越来越重要。再次,虽然裕固族的教育一直在持续发展,但是其他兄弟民族的教育也在发展,相对来说,我们裕固族在教育上的优势正在削弱,而不是在加强。第四,由教育失败所导致的社会问题也开始出现了,比如说,新一轮的"读书无用论"正在沉渣泛起。

铁:你能不能结合你的田野调查详细谈一谈这方面的情况?

巴:从 2004 年起,我在自治县作了一些关于教育的社会人类学调查。从整体上说,我对裕固族教育的调查研究还不是特别深入,总是有新的情况出现,而这些新情况是我所不知道，或者不熟悉的。

根据我的调查，现在出现了一个非常明显的矛盾。在尊重和保持文化多样性的理念的推动下，社会各界对裕固族传统文化的保护有了新的认识，开始意识到它的重要性，也采取了一些实际行动来拯救这些濒危的文化。可是，教育在这方面有什么作为呢？这就要检讨一下教育在裕固族社会文化变迁中的作用。毫无疑问，教育培养出了一些当代裕固族的文化精英，而这些文化精英对裕固族传统文化的保护确实也作出了一定的贡献。

但是，教育的另一面就令人忧虑了。比如说，在我调查的明花乡和皇城镇，学校里都有一些隐蔽的规定和措施，不让孩子在学校讲裕固语。皇城镇的学校都存在不让少数民族学生在学校讲少数民族语言的现象和问题，甚至前些年在一所小学还存在裕固族学生在学校讲裕固语就要挨老师打的现象。年轻的家长知道了这些情况，主动不让孩子讲裕固语了，一方面，他们接受了一种"流行的说法"：升学考试不考裕固语，学了不但没用而且影响汉语文的学习；另一方面，现在很多家庭都只有一个孩子，在家里宝贝得不得了，生怕孩子在学校吃苦头，受冷遇。所以，学校在基层社会实际上很可能扮演着抵制和切断少数民族语言文化传承的角色。

这几年，我写了论文论证这样的观点：裕固族学校教育应该有两个基本的功能，一是传授现代社会主流科学文化知识，促进社区发展，使学习者适应主流社会生活，并通过筛选和分配实现向上的社会流动；二是传承本民族文化，使学习者通过文化濡化适应所在社区生活，从而维系民族认同和所在社区的存在与稳定。就现实情况而言，裕固族教育存在一个令人十分担忧的问题——学校教育中有关本民族文化的教育内容极少。最近，我又提出了21世纪裕固族教育的文化三大使命：认识并尊重文化的多样性；弘扬民族文化传统；促进文化对话和文化理解。

不过，现在情况又出现了转机。肃南二中在安维武校长的主持下，编写了一套"裕固族乡土教材"，包括《裕固族历史》、《裕固族民间美术欣赏》、《裕固族文学作品选读》、《裕固族传统体育与健康》、《肃南地理》、《牧区学校学生安全教育手册》一共六本。虽然这套教材在具体内容和一些细节上还存在问题，也还没有完全铺开实施，但是，在裕固族教育史上，这的确算是一个了不起的创举。如果将来这套教材能进一步修订，能铺开实施，而且效果良好的话，那么，我们就应该充分肯定编写者们的开创性工作。

这次来皇城镇，是来开展一个教育项目工作。因为工作才刚刚开始，所以就不多说了。我的期望就是能通过这个项目，为裕固族地区的教育发展做一点实实在在的事情，通过参与式行动研究，来实实在在地改革一些不合理的制度、措施和做法。我的义务教育是在裕固族地区的学校里完成的，现在回来做点工作也是分内之责，吃水不忘挖井人，回报家乡的养育之恩也是最简单的做人的道理。

文学是我们的翅膀

铁：接下来，我们谈一谈裕固族文学。

巴：按我说，裕固族文学包括两部分，一部分是民间文学，这是裕固族文学的源头和根基，一部分是作家文学，这是目前裕固族文学的主流。

铁：先谈一谈民间文学。

巴：民间文学工作主要也是由两部分组成。一部分是搜集整理工作。这方面我们已经做了一些工作，但是做得还很不够。存在的主要问题是：一、搜集整理的工作不规范，比如说有些作品明显有整理者乱填乱加的成分，从而失去了民间文学的特色；二、搜集面比较窄，例如，皇城镇、黄泥堡和前滩等地的作品很少，甚至几乎没有；三、搜集整理者没有经过专业的培训，工作的随意性比较大，一些珍贵的信息没有记录、保留下来，例如，以裕固族东迁为主题的民间文学作品，没有按讲述者的背景提供讲述时使用的语言、所属部落等信息，这就大大减损了学术研究的价值；四、著作权问题；民间文学是属于老百姓的东西，我们不能让民间文学沦为个别精英分子抬高自己身价的资本，例如，一些作品的署名居然只有搜集整理者的大名；五、民间文学的"标准化"问题。所谓的"标准化"，实际上是刻板印象问题。有研究者在某学报上撰文，大言不惭地说，有些作品"语言油滑，内容鄙俗，不宜收进"，我一看就气不打一处来，你有什么资格对民间文学作品搜集整理工作做出这样的判断和号召。说到底，还是没有放下"上等人"的架子，总想着摆出教化民众的架势。《笑林广集》中有许多拿男女关系做文章的笑话，现在在很多非正式场合，人们实际上也是拿男女关系开涮。这就是说，很多东西是事实存在的，在搜集整理阶段，我们不能人为地"不宜收进"。

另一部分工作，就是研究和利用。我们花了很大的代价印行了"民间文学作品选（集）"，拿它来干什么呢？一方面是为学术研究提供资料，另一方面就是要开发利用。但是开发利用，我们要遵循不能歪曲和剪裁这些作品，也要树立反哺"民间"的意识，起码要尊重民间艺人。这些作品，在很长的时间内能流传下来，就说明它一定有它不可或缺的社会文化功能。

铁：再谈一谈你对作家文学的看法。

巴：裕固族作家文学从大的方面讲，主要有三个功能，一是记录时代变迁，二是弘扬民族文化，三是彰显作家人格。这三个功能在具体作品中是融为一体的，而不是分离的。

作家文学一般分成四个部类，就是小说、散文、诗歌和戏剧。从整体成就上来说，诗歌和散文的成就最大，其次是小说，在长篇小说和戏剧方面几乎是空白。从创作队伍上来说，大浪淘沙，现在有了一个相对稳定的创作队伍。我常常觉得非常遗憾，有很多有潜力的年轻人没有能坚持下来，是作家文学的巨大损失。从社会影响上来看，有全国影响的就是几个人，很多人还没能走出肃南和张掖。你是全国作协会员，张掖市作协副主席，肃南作协的主席，有责任把作家队伍凝聚起来，相互学习和交流，进一步提高作家素质和作品水准，增强文学创作对年轻人的吸引力和号召力。

　　作家文学存在的主要问题实际上是作品与读者的分离问题，也就是我们的老百姓读不到作家文学作品。据我所知，农牧区的很多中年人都有读书看报的兴趣和爱好，这与他们的生产方式和生活习惯是有关系的。可是我去调查的时候看到的情况让人伤感，他们没有东西看，只能从各种渠道买一些乱七八糟的东西看，浪费钱还落不下好。一个方面是我们出版的文学杂志和书籍印数很少，不需要的人拿着当烧纸，需要的人又没有门路和渠道弄到手。另一方面，我们的基层生活服务设施和机构太少，村里的文化活动室没有发挥它应有的功能。

　　另一个问题就是作品不反映社会生活现实的问题，我在调查时，有一些人就反映，看了这些东西没啥意思。路遥一部《平凡的世界》打动了多少人的心，想想其中的道理是不言自明的。再就是没有畅销作品。最近美国人还得意洋洋地说，中国的文化市场贫乏得可怜，只有姜戎的《狼图腾》勉强算有些气候。我们生活在一个商品社会和信息社会，这是一个事实，我们不能整天玩"崇高"，拔"气节"，再说畅销作品也不一定就不崇高、没气节。

　　我们裕固族民间有《萨尔木拉》（鹰孩子）的传说，如果把我们裕固族比作一只鹰，那么，文学就是我们的翅膀。没有了文学，我们走不远，也飞不高。每当社会文化发生重大变迁时，都会有传世之作，我们这一代人就站在这个时代的浪尖上，我希望我们的作家能不辱使命。

我们的生存策略：韬光养晦，自强不息

　　铁：我们生活在一个现代化、全球化时代，你认为我们裕固族应该采取什么样的生存策略？

　　巴：小民族的生存问题，社会人类学家费孝通先生在世的时候研究过这个问题，这也是目前社会人类学、民族学这些学科关注的一个焦点问题。费先生在世时，讨论的核心问题是保人还是保文化，是针对鄂伦春、鄂温克这些民族提出的。费先生的意见是在万不得已的情况下，要先保人。这个观点受到了一些青年学者的挑战，他们认为文化和人不能分离。我们现在也碰上了这个问题，比如说生态移民问题。我们把明花乡的一部分牧民搬迁、集中到农业综合开发区，这就涉及一个社会文化变迁和适应的问题。这些人要完成生计方式、社会组织方式和思想观念等方面的转变，是一个非常复杂的过程。我们现在还只是从一两个侧面关注这些问题，缺乏综合性的深入细致的研究。

　　这里我要指出我们搞研究的人本身存在的问题。我们擅长发现问题、分析问

题，却不善于解决问题。我在调查中，政府官员就一针见血地指出了这个问题。我想，这是我们搞研究的人一个致命的弱点。我们总是抱怨我们的"对策建议"不能被政府采纳，我们为什么不回过头来想想我们提出的对策建议有没有可行性、操作性呢？

现在，裕固族人民的生活已经基本能维持温饱，有些已经达到小康水平。古人说，"仓廪实而知礼节"，礼节从字面上理解就是典章制度和风俗节庆。我们知道，由于1958年的反封建运动和文化大革命，裕固族的传统文化被人为破坏了。大约从1990年代中期开始，裕固族的一些传统文化开始复兴了。比如说，有一些地方恢复了祭鄂博的活动，重建了康隆寺，最近又新建了一些佛塔等。但是，与此同时，裕固族传统文化其他部类，例如语言和民间文学等非物质文化的消亡速度令人吃惊。

我现在的研究的核心问题就是教育与小民族的社会文化变迁问题。所以，这方面的资料看了不少，但是田野调查还只限于裕固族。我觉得费先生提出的"文化自觉"的想法是对的，意思是说，文化自觉是时代的要求，是生活在一定文化中的人对其文化有自知之明，并对其发展历程和未来有充分的认识。在这个问题上，我们搞研究的人一定要自律，不能对裕固族的历史、现状和未来胡说一气。比如说，有的人任意夸大操东部裕固语和西部裕固语的人群的文化差异，说什么我们是回鹘的后裔，他们是蒙古的后裔，是解放后民族识别划成裕固族的，这是没有历史常识、不负责任的、甚至可能是别有用心的说法。从13世纪以后，中国北方的游牧民族都跟蒙古人有千丝万缕的联系，有一些文化与蒙古族的相近或相同是很正常的，这是一个方面，但是裕固族至今仍然自称尧熬尔，而不是蒙古，这是另一个方面。一个民族不尊重自己的历史和文化，是最大的悲哀。我在北京参加过一个新闻发布会，一位政府官员居然说裕固族这个族名是周恩来总理起的，听了真是让人啼笑皆非，如果总理地下有知，不知作何感想？不知内情的媒体还报道得不亦乐乎。是周恩来总理批准的，不是周恩来总理起的。据我所知，周恩来总理没有给任何一个少数民族起过族名，因为这样做是严重违反民族识别工作"名从主人"的基本原则的。

民族文化有普同的一面，也有殊异的一面，这是一枚硬币的两面，对哪一面都不能过分的强调。在今天这样一个社会现代化、经济全球化的时代，大多数民族的文化都会发生很大的变迁。我们唱一曲"青藏高原"，就说我们藏化了，我们跳一个扭秧歌的舞蹈，就说我们汉化了，我们一用电脑上网，就说我们离被同化不远了。北京那帮小年轻，整天对韩日的影视歌明星崇拜得不得了，看《哈里·波特》和日本动漫，日用品和穿戴很多都是国外的名牌，隔三差五就要到麦当劳和肯德基消费一下，上网聊天用的语言你一句都看不懂、听不明白，让你有就地移民的感觉，对孔孟之道和四书五经所知甚少，你说他们什么化了，人家不照样还是汉族嘛。我没有时间用细致的学理分析所谓"原生态"等这些虚妄之词的荒谬之处。

裕固族社会的现代化，是历史的必然，但是怎样现代化，现代化成什么样，那在很大程度上取决于我们自己的本事。优秀的民族文化，必然是积极调整适应的、开放博采众长的，对兄弟民族优秀的文化能兼容并包、兼收并蓄的，古今中外，概莫能外。

话说回来，我们生活在一个瞬息万变的时代。我认为，我们裕固族作为一个小民族，我们的生存策略就是韬光养晦，自强不息。这不是我的发明，而是邓小平的智慧。我们人少但志气不能小。我们既不应该悲观失望，也不应该盲目乐观，既要看到社会结构及其变动的宰制作用，也要看到人的主观能动性，换句话说，既要看到"天道有常"，也要看到"事在人为"。

现在国家提出"中华民族的伟大复兴"，正在树立一个和谐文明的、热爱和平的国家形象，我觉得这都是好事。从族群的角度说，中华民族的伟大复兴，当然包括各个兄弟民族的伟大复兴；从族群文化的角度说，当然包括各个民族文化的伟大复兴。费孝通先生在总结中华文明传统智慧的基础上加以发挥的"文化自觉，和而不同"的思想是对的，应该成为我们这些搞文化研究的人的行动指南。

目前，我们有一个比较好的机遇，就是全社会正在形成关心和帮助人口较少民族发展的氛围。我们要积极主动地争取各种项目，把裕固族地区的经济社会和文化教育发展好，同时，通过外援资金和技术，增强自主发展和创新能力，凝聚人心，把各项工作都提升到一个新的水准上来，这是当务之急要做好的事。

（本文原载于《生命树》2006年第5期）

[作者简介]

铁穆尔（1963—　），男，裕固族，甘肃肃南人，现为甘肃省作家协会副主席，主要从事裕固族历史研究。

裕固族教育研究：一个新兴的学术领域

——访裕固族青年学者巴战龙

铁穆尔

访谈时间：2007年6月27日。
访谈地点：肃南裕固族自治县裕固族文化研究室。
受访人：巴战龙，中央民族大学教育学院博士生。
采访人：铁穆尔，肃南裕固族自治县裕固族文化研究室主任。

一、引言

铁穆尔（以下简称铁）：乌鲁兄弟，因为你主要从事裕固族教育与社会文化的研究，这次借着你回家乡来做田野调查的机会，我想就怎样推进裕固族教育研究听一听你的想法、意见和建议。

巴战龙（以下简称巴）：我在各种场合见识过各种说法，什么"不喝酒不是裕固人"、"不唱歌不是裕固人"等，好像我们裕固族除了大块吃肉、大碗喝酒、放声高歌以外就不会干点什么更有意义的事情似的。我想不能深入的思考和正确的行动才不是裕固人呢。这不是什么专业学者抬高自己身价的言论，而是我在田野调查中接受基层民众再教育的结果。实际上，我们裕固族的基层民众是热爱智慧和崇尚文化的。如果你放下自己学者的派头和上等人的身段，尽量不要破坏正常的秩序，你就会发现他们随时准备在各种场合就某个人在乡村事件中表现出来的智慧作出评价，也可能就如何营谋生计奉献各自的策略和方案，更可能就裕固族的历史与族源、语言与教育等问题展开争论。所以，我很乐意在这个清静的场合跟你交换一些关于怎样推进裕固族教育研究的想法。

铁：现在我们的专业学者写的东西，普通民众很难看懂。鉴于这种情况，我就准备发展一种新的文体，就是采用口语化色彩比较浓厚的访谈录，来让普通民众能理解专业学者的所思所想。

巴：你说得很对。我个人把你的这种看法当做是对我的一种批评。在专业作品的写作上，我的榜样是社会人类学家费孝通先生。他的作品最大的特点是写得非常朴实，大多数人都可以看懂。我现在还达不到这个水平，尽管汉语实际上是我的第一语言。今后，我一定在写作上多下功夫，尽量写得能让更多的人看明白。

二、新兴的学术领域

铁：研究裕固族教育，恐怕离不开对裕固族研究整体进程的把握。

巴：是的。如果从俄国生物学家波塔宁的研究开始算起，现代意义上的裕固族研究在19世纪末产生，经过了一个多世纪的发展到今天，已经产生了大量的研究成果。我个人认为，从钟进文老师撰写的《裕固族文化研究》和他主编的《中国裕固族研究集成》这两本书提供的大量的信息和资料来看，裕固族研究的成果主要集中在历史研究、语言研究和民俗文化研究三个方面，尤其是西部裕固语研究最为国际化，学术水平逼近国际一流水平，也是学术发展连续性最好的领域，产生了一批重要而且很有成就的学者，像波塔宁、马达汉、马洛夫、捷尼舍夫、陈宗振和雷选春夫妇、耿世民、钟进文、柯拉克、玛蒂·茹斯、王远新等。据我所知，西部裕固语研究在未来几年还会出现水平很高的作品。相对而言，裕固族教育研究是一个非常薄弱的领域，与裕固族研究的整体进程很不协调，与裕固族各项社会事业发展的现状也很不协调。

铁：虽然我们现在也已经认识到教育是一项非常重要的社会事业，但是教育研究方面的成果确实非常少。

巴：认识到教育的重要性，是非常必要的，尤其对于像我们这样的"小民族"来说是至为关键的。马克思主义认为，人类的再生产由两个相辅相成的部分组成，一是物质的再生产，一是人的再生产。其中，人的再生产是非常复杂的。人的再生产不仅仅是个体肉身的复制，更为重要的是它再生产了一套社会结构和文化形式，虽然个人无法选择自己的出身。

从本科时代开始思考教育问题到现在，我越来越觉得人类社会文化的许多奥秘就在于教育，特别是在现代社会中，教育扮演着一个很重要的角色，个人在社会中的际遇和命运跟教育的关系越来越紧密。我这里说的教育，不仅仅是指学校教育，还包括家庭教育和社区/社会教育。

虽然研究成果比较少，整体水平也比较低，但是也不能说是一片空白，还是有值得称道的成果。最近我写了一篇论文：《成就与问题：裕固族教育研究六十年》，描述和分析了1944—2003年这六十年间裕固族教育研究取得的成果和存在的问题。从2004年开始，裕固族教育在学术研究和实践探索方面取得了不小的进展，研究水平正在提高，而且发展的势头也不错，已经有两篇硕士学位论文，有一篇博士学位论文和一篇硕士学位论文正在研究和撰写中，去年贵研究室主办的《尧熬尔文化》也印行了教育专刊，集中发表了一批中小学老师的研究成果[1]。

三、多学科参与和互动的学术领域

铁：在我的《库库淖尔以北》这项口述史研究中，你给我提了一些方法论方面的意见和建议，我发现你比较重视学科的理论和方法。在裕固族教育研究方面，已经有哪些学科的学者做了研究？

巴：从已经有的成果看来，在中华民国以前，裕固族教育研究方面的资料主要是地方志编修者、宗教界的僧侣和肃州一带撒里尧乎尔人的家谱修撰者留下来的。中华民国期间主要是边政学者，就是马铃梆等人。解放以后至1978年之前，主要是民族学者。新时期以来，研究队伍的学科背景逐渐多元化了。1980年代主要是儿童心理学者。1990年代，有教育史学者、民族学者和教育行政官员，研究队伍中有了本民族的学者钟福国等人。进入新世纪以来，开始有了更加专业的学者，主要有人类学者、社会学者、教育学者，还有中小学的老师，甚至还有作家，我把杜曼的中篇小说《山地民谣》看成是很好的教育研究的作品。

铁：你的意思是说教育研究的作品不一定是学术论文和专门文章吗？

巴：是这个意思。搞研究和写学术论文、专门文章是不能划等号的。我认为，教育研究的成果主要可以分为三类：一类是实践探索的成果，像安翠花在黄泥堡裕固族乡学校进行的西部裕固语课堂教学活动，钟玉琴在红湾小学组织的西部裕固语兴趣小组活动，安维武在肃南二中主持编写的"裕固族乡土教材"和这套教材试验教学活动等；另一类是工作研究成果，像安维武创办的《皇城教育》[2]所刊载的中小学老师的教研论文、文章和教育行政机构和官员的行政公文、总结报告和发展规划等；第三类才是学术研究成果，例如专业学者的调查报告和学术论文、专门文章。现在国外，特别是西方国家的教育研究成果的表达或"书写"形式更加多元化，可能是一部纪录片、一幅画、一些照片，还可能是一首诗。

铁：你这么一说，倒是打破了很多人把搞研究当做写论文的刻板印象。

巴：上面说的对教育研究成果的三种分类，是相对而言的。我认为，每一类成果都有它们自己的价值。我们绝对不能认为学术研究成果就多么高深或有价值，实践探索的成果就多么浅薄或没有价值。不过，我要说明一下，学术研究也并不是人人都可以搞的，它需要你接受非常专业的学术训练。以中国高等教育目前的情况来说，本科生几乎不会搞学术研究，硕士生算是刚入门吧，博士生才算是有点水平，这是针对一般情况而言的，不能一概而论，也不排除自学成才的可能性。中国学术界在1990年代中期以来，已经有了很大的变化，最大的变化就是研究本身越来越规范。简单地说，一项完整的学术研究，起码要说明你为什么要做这个研究，别人在这个方面已经有哪些研究，你是怎么研究的，有什么新发现这样几个问题。

铁：我们提倡对一个事物进行多学科的研究，你能不能举个例子具体说一下。

巴：就拿"教育是什么"这个问题来说吧，不同学科对这个问题的基本回答或者经典观点是不同的。教育学认为，教育是一种有目的地培养人的社会活动，泛指一切有目的地增进人的知识和技能、发展人的智力和体力、影响人的思想品德的活动。社会学认为，教育就是成年人对准备进入社会生活的一代的影响，即对年轻一代的系统的社会化，也就是说，每个社会都有它自己关于人的理想标准，即人应该是什么样的，而教育的功能正是为社会培养这些理想的成人。政治学认为教育主要是体现统治阶级意志和利益，进行阶级统治的工具。经济学认为教育是一种能带来若干效益和利润的投资。人类学认为教育是传递和传播文化的过程。

铁：不同的学科有不同的研究方法。你认为裕固族教育研究应该采用什么样的研究方法？

巴：按道理说，研究方法要根据研究者自身的条件、研究现场的情况和研究主题及研究规模等来确定。对于裕固族教育研究来说，也是一样的。社会科学的研究主要分为量化研究和质性研究两大类型。量化研究就是以收集和分析数字化的研究资料为主的研究类型，质性研究就是以收集和分析非数字化的研究资料为主的研究类型。量化研究发展到今天，已经非常专业化和技术化，没有受过专业的学术训练，是无法掌握那一套的，甚至根本就无法看懂。质性研究的一些方法，相对比较容易掌握，读者也容易理解。质性研究的具体方法也有很多，比如说口述史、参与观察、深度访谈、历史文献法等。

我个人认为，田野调查是最基本的研究方法，其中以参与观察法、深度访谈法和历史文献法为最主要的具体研究方法。毛泽东说，"没有调查就没有发言权"，我认为这句话对裕固族教育研究的现状来说，还是非常正确的。过去我回来做调查，家乡的朋友们说，不用劳师动众地调查了，有啥问题问我就行了，弄得我哭笑不得。不是说你是裕固人，你就了解裕固族文化的全部。中国有句古诗说："不识庐山真面目，只缘身在此山中"，说的就是这个道理。我特别欣赏你的散文《绍尔塔拉的启示》里的一句话："我们生活在一个稍不留神就会犯错误的时代。"

在教育研究领域，我提倡专业的学者要和中小学的教师、学生和家长、行政官员和社区人士共同参与研究，起码要倾听不同社会群体的声音。每一个社会群体都有自己的立场、观点和诉求，那种专业学者把自己伪装成百姓，声称自己要替百姓说话的做法是不可取的。因为中国发展到今天，即使是在少数民族地区，社会也分层了，立场、观点和诉求也多元化了，也不是铁板一块，绝不是只有一种声音，用一个脑袋思考。

四、借鉴国际少数族群教育发展和研究的经验

铁：我们裕固族人口只有一万多人，据说全球有几百个和我们裕固族一样的小民族，他们的教育发展和研究经验能给我们一些启发吗？

巴：这是一个很有水平的问题，这表明你的视野很广阔，问题意识很敏锐。去

年我在和你、钟进文、钟静想和阿尔斯兰的交流中,我提出了一个观点,就是在今后一段时间,我们要重点思考一下我们裕固族文化对河西走廊和祁连山地区的文化、中国的文化和人类文化有什么实质性的贡献。举个例子,过去一段时间我们把裕固族看成是一个游牧民族。最近几年地方志资料被不断地发现,高启安先生在这方面作出了很大的贡献。据《肃镇华夷志》的记载,我们裕固族的祖先——撒里畏吾尔至少在明初的时候就已经很擅长经营农业了,撒里畏吾尔的祖先回纥(回鹘)人则是非常擅长经营商业贸易的,唐史中有非常明确的记载。肃州(酒泉)一带的农业在明清的兴盛,和我们裕固族的祖先的贡献是有很大的关系的。最近一段时间,国外的回纥(回鹘)社会文化研究也给我们提供了新的线索,学者们对中世纪回纥(回鹘)的物质文化表现出浓厚的兴趣,研究结论也出人意料,早在公元10世纪以前,这个伟大的族群的社会发展就出现了明显的从游牧走向定居的趋势。当然,回鹘人有"喜楼居"的社会风尚和发展出了古代的草原"城堡"(回鹘语为"balyk")文明早就是学术界认定的事实。现在看来,我们一味地强调"逐水草而居"的游牧社会特征,造成了对我们的祖先的社会文化的刻板印象,应该说这是不对的,值得我们好好反思一下。

少数族群教育,在国际上是个很热门的问题。不仅是各国政府、国际NGO组织关心,也是国际学术界,特别是在人类学与民族学、法学、社会学、政治学和教育研究界极其关心的问题。教育,涉及少数族群的文化生存和社会发展,也涉及少数群体(少数族群是少数群体的一个组成部分,少数群体还包括原住民、移民、低社会阶层的妇女和处境不利的各种社会群体等)的权利。少数族群教育的实践探索和学术研究很值得我们借鉴,当然,就像我刚才说的,我们也要为这个领域贡献有价值的"裕固族经验"。

我的研究方向是教育人类学和教育社会学,这两个学科都很重视少数族群教育问题,这几年也看了一些国外的少数族群教育方面的资料。第二次世界大战以来,主要的实践模式、理论建构和方法创新主要来自美国、加拿大、法国、英国、新西兰和澳大利亚。国内学术界已经有人介绍了这方面的情况,但总体上翻译和介绍的水平比较低,鱼龙混杂,很多东西没有吃透就在国内宣讲和发表,我们在借鉴这些资料时一定要有所鉴别。当然,最好的方法就是直接看外文原稿和到国外去实地考察。

五、教育与语言保持

铁: 上一次访谈[3]的时间很有限,没有来得及详细说说语言与教育的关系问题,这次请你说说你对这个人们都很关心的问题的看法。

巴: 我参加过联合国教科文组织在北京庆祝国际母语日(1999年,联合国教科文组织的一般性大会宣布:从2000年起,每年的2月21日为国际母语日,International Mother Language Day）的学术活动，说句实话，联想起我在裕固族地区做调查所收集的裕固语使用方面的资料，非常伤感。根据我在明花和皇城调查所得的资料来看，就语言使用情况而言，最明显的问题是代际差异，也就是说，使用人口结构性差异很明显。用句俗话说，就是爷爷奶奶是精通裕固语，爸爸妈妈是较为熟练地使用裕固语，到了孙辈，能听懂简单的日常用语或者能说两句，就算是不错的了，很多异族通婚的家庭，孙辈就只会汉语，不会裕固语了。我在明花调查时，有些三十多岁的年轻人就伤感地说，现在他们见了老人，一般性地问候几句就不敢再多说裕固语了，为啥呢？他们说，要是深入一点喧慌（聊天）的时候，会经常出现听不懂老人的裕固语的情况，非常尴尬，所以不敢多说。还有些年轻人说，有时候见了长辈，知道应该说裕固语，但是仍然硬着头皮说汉语，为啥呢？他们说因为觉得自己的裕固语已经退化了，说得不好了，张不开嘴了，有时候也害怕别人笑话和奚落。

最近肃南二中有一位汉族老师合写了一篇小论文，她的观点是普通话和裕固语在使用关系上并不是对立的，而是和谐共存的关系，学校应该通过多种方式鼓励裕固族学生既能说标准的普通话，又能熟练地使用裕固语。我看了以后，很感动。[4]

根据目前的实际情况，我的观点是在学校里组织裕固语兴趣小组活动是比较现实的。这种兴趣小组可以把会说和愿意学说裕固语的学生组织起来，提供一个场所和组织形式，他们可以用裕固语交谈，唱母语歌曲等，不会的同学可以向会的同学请教。这种组织形式比较灵活，又主要是同学们之间相互学习，没有考试的压力，学习裕固语的兴趣可能能保持下去。教师主要是起引导作用，让学生树立学习和使用母语的信心，让学生明白多学一种语言，就是多一种思维方式，而且可以为语言与文化多样性的保持作出贡献，禁止会说裕固语的学生去笑话、奚落甚至歧视不会说裕固语的学生。要知道，不会说裕固语，不是不会说裕固语的这些学生自身的错，是有家庭、社会和历史原因的，鼓励不会说的学生大胆地说，坚持不懈地学习。

裕固语教学要进入课堂教学，条件还很不成熟。没有专业的教材，没有专业的师资，没有体制保障，这是现实情况。我认为现在我们裕固人在这个问题上视野不是特别宽广，热情和理性都不是很足。只是焦虑或者干着急是没有用的，只是在茶余饭后谈论一番，在酒足饭饱之后发一通感慨和牢骚，没有通盘考虑和实际行动也是没有用的。列宁曾经一针见血地指出：“一个行动胜过一打纲领”。学校教育只是教育的一个组成部分，教育还包括社区/社会教育和家庭教育呢。在西方发达国家，少数族群想保持自己的语言，除了在学校教育里争取母语教学的地位和权利，还建有各式各样的社区文化中心帮助下一代学习母语，在家庭里长辈更是鼓励下一代使用母语。

小民族的语言保持，这是一个全球性的难题，不是中国特有的。我认为裕固族文化研究室可以在这方面有所作为。首先，就是要发动方方面面的力量来庆祝国际母语日，通过一系列的活动来培育有利于裕固语保持的社会文化氛围，提高语言的使用频率和活力。其次，可以搜集整理并发行母语歌曲的光盘，鼓励人们用母语演唱歌曲。再次，你们可以和教育学者、心理学者、语言学者、人类学者和中小学教学一线的教师合作，编写、编辑一些母语会话手册和影像资料，供大家学习和观看。

我认为，裕固语的保持是一项系统的社会文化工程，需要多学科、多领域的专家、学者通力合作，需要政府的支持，其中群众的参与和支持是至为关键的，只有各方面都参与和努力才可能有所作为。教育也只是社会系统的一个组成部分，学校教育又只是教育的一个组成部分，那种认为只要学校里教学裕固语就能使裕固语得以保持的想法是不务实的，是缺乏系统性和复杂性思维、对问题没有作深思熟虑的表现。

六、结语

铁：今天的访谈进行得很顺利，祝愿你在裕固族教育研究这个领域能带个头，个人学术事业也能有所成就。

巴：谢谢。我把你的祝愿当做你交给我的一个任务去完成。还记得《牧笛》杂志创刊号印行后，我给自治县文联王政德副主席写了信，建议《牧笛》能更多地发表一些中小学学生的作品，因为肃南文学和裕固族文学的希望在下一代。借此机会，我也呼吁一下，希望大家关注、关心《皇城教育》，同时希望自治县的三大期刊：《牧笛》、《尧熬尔文化》和《生命树》也能为广大中小学教师和学生提供一个发表作品的园地，让全社会都来关心我们的教育，把我们的教育全面、持续、健康地发展起来，为我们裕固族地区未来的可持续发展奠定最好的人力资源基础，让全世界的人们，特别是那些小民族的兄弟姐妹们都来分享我们研究和发展教育的宝贵经验。

[参考文献]

[1] 铁穆尔、巴战龙主编：《尧熬尔文化》（教育专刊），2006年第2期。
[2] 安维武主编：《皇城教育》，2007年第1期（创刊号）。
[3] 铁穆尔：《十年学问苦，乡土情思深——访裕固族青年学者巴战龙》，载《生命树》2006年第5期。
[4] 王春梅：《浅谈裕固语与普通话的关系》，载《皇城教育》2007年第1期（创刊号）。

(本文原载于《皇城教育》2007年第4期)

[作者简介]

铁穆尔（1963—   ），男，裕固族，甘肃肃南人，甘肃省作家协会副主席，主要从事裕固族历史研究。

为了裕固族的明天

——甘肃省肃南裕固族自治县第二中学校本课程开发纪实

巴战龙　金清苗　黄宫亮　赵淑岩

2006年8月5日，对甘肃省肃南二中《民族地区义务教育课程改革与裕固族乡土教材建设研究》课题组的老师们来说是一个难忘的日子。这一天，他们的课题获得了甘肃省第六届基础教育科研优秀成果一等奖。由中央民族大学中国西部民族地区基础教育中心主任滕星教授主持的《中国西部少数民族地区经济文化类型与初中地方性校本课程建构》这一国家"985工程"重点项目也将肃南二中编写的《肃南地理》、《裕固族文学作品选读》、《裕固族历史》、《裕固族传统体育与健康》、《裕固族民间美术欣赏》和《牧区寄宿制学校学生安全教育手册》6册乡土教材正式列入了出版计划。

缘起：民族语言面临失传危险

"十年前，这里的裕固族学生都说裕固族语言。现在基本上听不到裕固族学生说裕固族语言了，而且很多学生在家里都不说，这样最后的结果就是裕固族学生忘掉或者不会说本民族的语言了"，肃南二中安维武校长谈到编写这套教材的现实原因时说。该校所在的皇城镇距县城325公里，全校497名学生中47%为裕固族。由于裕固族文字失传，现在没有本民族文字，加之人口只有1.3万余人，如果语言再失传，将会造成裕固族传统文化的大量消失。作为这套教材的总负责人，安维武最初有这个设想是参加在北京举办的一个西部民族地区基础教育校长培训班上，看到了有些地区的民族学校已经开始从事以本民族文化为主要内容的乡土教材开发。而且，安维武是编写组中唯一的裕固族人，他看过一些有关裕固族文化研究方面的作品，对保护和发展本民族文化具有强烈的责任感和使命感。

除了传承民族优秀传统文化的需要，新课程改革"城市中心化"的现象也使肃南二中的老师们在教学中碰到了棘手难题。根据现行课程，初中体育课有两课时是学习打羽毛球，但是当地风大，而且没有羽毛球场馆，根本无法开展，还有游泳课也遇到了同样的问题；由于缺乏课外资料，课本中又没有提供总的线索，学生们在学习历史的时候总是消化不了。"比如数学，我们用的张掖市的卷子，应用题都是与出租车有关的。但是这里的孩子平时都是步行，很多同学没有见过出租车，而且距离概念模糊，很多东西连讲都讲不明白，考试分数自然就下来了"，王延军老师说。

2004年3月的一个周末，6位老师在安校长的倡议下，以乡土教材开发为主要内容，决定编写义务教育课程标准实验教科书《语文》、《历史》、《地理》、《体育与健康》、《美术》的裕固族乡土补充教材和牧区寄宿制学校学生安全教育教材。"一开始我们就制定了客观性、科学性、发展性、定性研究与定量研究相结合的原则。"安校长说，整套教材的编写就是在这个思路下进行的。

编写：突破资料缺乏的瓶颈

在编写过程中，编写小组首先遇到的困难就是缺乏资料。由于有关裕固族的专题出版物很少，印数也很少，普通人家很难找到这些资料。有关的资料只能从少数民族文化书籍里面星星点点地找，而且好多史料都是以讹传讹，网上的资料不是陈旧，就是可信度太差，往往一种文化现象就有很多种说法，有的说法就连本民族群众都无从谈起、也难以置信。皇城镇在肃南县是一个比较偏远的地方，但是老师们还是想尽各种办法保证编写的顺利进行。体育老师蔡世宏在主编《裕固族传统体育与健康》时总是利用节假日四处寻访，课余时间也在运动场上琢磨着民族体育项目中每一个动作要领。彭建宇老师是2004年7月从兰州大学毕业后来肃南二中支教的，刚到学校，便承担起编写《裕固族民间美术欣赏》的任务。为了搜集资料，他请教相关人士，参观民族博物馆，大量阅读有关文献，经常深入到民间，拜访民间艺人，广泛采集素材。

王师鹄老师主编《肃南地理》，为了得到一个准确无误的数据，往往需要查阅大量的资料。《裕固族文学作品选读》的编者凯忠军老师，扎扎实实地在裕固族文学园地中遨游了一回，以巧妙的构思将众多的裕固族文学作品进行精心的甄别和筛选，结成一串璀璨的明珠。主编《裕固族历史》的杨爱军老师是回族，由于民族宗教信仰和风俗习惯的原因，在生活上与其他老师有较多差异，但在这项工作中，与大家通力合作，已经完完全全投入进来了。

为了保护和传承裕固族的文化，老师们克服了重重困难。学校缺乏开展科研的资金，所有事情老师们都自己来做，从编写教材到排版印刷，再到检查校对，最后装订，都是自己完成。这些老师平时都工作在教育教学第一线，在繁重的教学工作之余，为了尽快完成编写工作，纷纷放弃休息时间，加班加点，不辞辛劳。经过一年多的紧张编写和修订，6册教材终于脱稿并投入试用。

应用：乡土教材需要自己的空间

肃南二中的"裕固族乡土教材"开发出来已经有一段时间了，而且学校也在课程表中每周二都安排有一节校本课程，但是很多老师还是对这些校本课程的开发和教学表示忧虑，忧虑主要来自两个方面。

升学压力与乡土教材开发的矛盾：由于部分家长对子女学业成就的高期望和升学竞争的客观存在，加上中考、会考无法全面反映和衡量学生的各种素质，学校迫于追求升学率和教育评价制度的压力，校本课程教学计划在具体的执行中大打折扣。专门为乡土教材的教学留下的课时，往往成为国家课程教师争夺的对象。这样，乡土教材的教学常常在升学压力的冲击下被淡化，或被压缩为其他科目的补充。

国家课程与乡土教材开发的矛盾：课程改革的目的是要达到"少课时、轻负担、高质量"，减少国家课程比例，给学校一定的自主权开发校本课程，办出学校特色，培养学生个性，促进学生全面发展。但是新课改方案并没有从根本上把教学量和要求降下来，学生学习的负担还是较重，再加上教师培训有时"走过场"、缺乏实效，导致出现"拿的是新教材，用的是老办法"的教育教学现状。目前，乡土教材建设和校本课程开发以及相关的教学试验都处于起步阶段，各方面的支持条件不太成熟，注定了它暂时还抵挡不住国家课程的冲击。

鉴于以上现实情况，滕星教授和他的项目小组成员采用开座谈会、进行个体访谈和问卷调查等多种方法，在广泛征求意见，统一思想认识的基础上，提出了切合当地实际的教育评价制度改革方案。总体思路是以学生的全面发展为出发点和落脚点，转变思想观念，促进国家课程和校本课程的互动，在保证和提高国家课程的教学质量的前提下，为校本课程的开发和教学留下足够的余地。同时，他们通过项目活动启发和引导教师，使他们认识到校本课程的开发和教学应该根据学校和皇城镇的实际情况，走更加灵活多样、讲求实效的路子。

随着项目工作的进一步推进，肃南二中师生正在积极主动地争取社会各界的支持，以该项目为契机，以"提高教学质量，促进师生发展，开发校本课程，实现教育公平"为学校整体改革的愿景，为探索一种符合高寒牧业民族地区实际的基础教育发展模式而努力奋斗、开拓进取。

（本文原载于《中国民族报》2006年8月18日第3版）

[第一作者简介]

巴战龙（1976—   ），男，裕固族，甘肃肃南人，民族学博士，北京师范大学社会发展与公共政策学院讲师，硕士生导师，主要从事教育人类学、发展人类学、民族志与社会科学研究、人口较少民族研究。

裕固族学校教育　七十年铸就辉煌

巴战龙

　　裕固族是中国的人口较少民族之一，主要聚居在甘肃省肃南裕固族自治县和酒泉市黄泥堡裕固族乡。据2000年第五次全国人口普查统计，裕固族共有13719人，在中国少数民族人口中排列第48位。裕固族主要使用三种语言：西部裕固语、东部裕固语（这两种本民族语言分属阿尔泰语系突厥语族和蒙古语族）和汉语，现无本民族文字，通用汉文。

　　按照学术界的传统看法，裕固族是有着悠久历史的民族，她和曾于公元8世纪在蒙古高原推翻突厥汗国而建立回纥汗国的回纥（后改汉文名称为回鹘）以及由漠北迁到河西走廊的回鹘有密切关系。现今的裕固族是以古代回鹘人的一支——黄头回鹘为主体，融合蒙古、藏等民族而形成的。千百年来，自称"尧熬尔"的裕固族形成了自己独具特色的文化。新中国成立之初开展的民族识别工作，尽管情况复杂，难度极大，但裕固族仍以其鲜明的文化特征和强烈的民族认同而成为第一阶段就被认定的38个少数民族之一。

　　裕固族的先民在历史上曾信仰过萨满教、摩尼教和佛教，现在主要信仰格鲁派藏传佛教和萨满教，极个别的家庭由于特殊原因信仰基督教。裕固族的萨满教信仰主要由自然崇拜、动物崇拜、生殖崇拜和祖先崇拜组成。随着沟通人、神、鬼三界的媒介"也赫哲"或"艾勒其"（意为"使者"，裕固人对萨满巫师的称呼）在20世纪70年代先后辞世，后继无人，现在萨满教信仰作为民间信仰主要体现在各种风俗习惯中。藏传佛教在裕固族地区显示出一些独特之处，例如，僧人可以娶妻成家，生儿育女，只是在一些固定的时间到寺院主持或从事佛事活动，不受社会非议。

　　裕固族聚居区在祁连山北麓的山区草原上和河西走廊的戈壁绿洲及平川牧场上，海拔均在1000米以上，由三个不连片的区域组成：东部的肃南裕固族自治县皇城镇；中部的康乐乡、大河乡和红湾寺镇；西北部的明花乡和酒泉市黄泥堡裕固族乡。裕固族地区地势南高北低，西北部干旱少雨，植被稀少，夏季较为炎热，四季多风，现在的生计方式主要以农业为主，兼营畜牧业，农作物以小麦、大麦、棉花、玉米、甜菜等为主，牲畜以山羊和改良牛为主；东部和中部处于祁连山北麓的山前地带和深山之中，越往南雨水越多，草原、森林越多，夏季越凉爽，现在的生计方式主要以畜牧业为主，兼营第三产业和农业，牲畜以绵羊、牦牛等为主，第三产业以运输业、零售业和旅游业为主，农作物以青稞、小麦和油菜为主。

裕固族是中国人口较少民族中最早建立学校教育的民族之一。早在中华民族奋起抗日救亡，保家卫国的1939年，在裕固族的聚居地"西海子"（今肃南裕固族自治县明花乡莲花片）莲花寺旁建立的"莲花寺小学"于该年5月28日正式开学，标志着裕固族现代学校教育的正式确立。同年6月24日，慈云寺小学开学，10月9日，红湾寺小学开学，1941年9月15日，莲花寺小学第二部（1943年9月10日更名为明海寺小学）开学，这就是裕固族最早的四所民办公助性质的学校。从整体上看，1939年以前，裕固族教育仍然停留在耳濡目染、言传身教和观察模仿的发展水平上，"生活就是教育"、"社会就是学校"、"从做中学"是裕固族教育的典型写照。

中华人民共和国成立后，从1951年秋天起，裕固族原有的学校教育相继恢复，在一些裕固族聚居区又相继创办了一些学校，供适龄儿童就读。1958年秋天，裕固族地区掀起了第一次家家户户送子女上学和农牧民汉文扫盲教育的高潮，之后虽然略有起伏，但是裕固族大批量第一代小学生就是那个年代培养出来的，为后来裕固族受教育水平不断提高埋下了伏笔，奠定了基础。

"创新是一个民族进步的灵魂"，在发展教育上，裕固族是一个屡有创举的民族：

1960年代中期至1970年代末期，为了解决牧区孩子无学可上的问题，裕固族人民创办了"马背小学"。山区裕固人的传统生计方式是游牧，这给儿童接受现代学校教育带来了很大的困难。1965年前后，全国掀起了建立民办小学，普及初等教育的热潮，裕固人不甘落后。1965年9月，自治县康乐区红石窝公社红石窝生产队针对牧民居住分散、经济困难、子女上学难的问题，紧紧依靠群众，不花国家一分钱，办起了一所"马背小学"。根据当时的经济条件和国家的教育方针，响应毛主席的号召——"在普及基础上提高，在提高指导下普及"，采用"政治文化一起教，儿童大人一担挑"的走马巡回教学方式，进行儿童初等教育和成人扫盲教育，一时出现了"全民个个受教育，草原处处忙读书"的新景象。1975年初，红石窝的"马背小学"被评为牧区教育的典型，在全自治县内推广；同年9月，这种办学形式，被树立为全国牧区普及教育的典型，进行推广。1976年1月，在自治县康乐区召开学校和推广红石窝马背小学经验的现场会，当时全县的马背小学已发展到42所。1978年后，马背小学逐步撤销，退出了民族教育的历史舞台。第一位马背小学教师是土生土长的裕固族知识青年兰礼，开始9年教师生涯时他年仅18岁。这个"娃娃头"不辞辛劳、起早摸黑，骑着一匹黑马在山区草原上巡回教学。每到一处帐篷，他都耐心细致地上好每一堂课，教好每一个学生，凭着对民族教育事业的忠诚和熟稔本民族语言以及牧民生活方式、价值观念，很快就得到了牧民群众的信任和支持。1968年后，他的事迹被《人民日报》、《甘肃日报》和中央人民广播电台等广泛宣传报道,"娃娃头"成了全国牧区教育战线学习的楷模。现在,马背小学已经成了历史记忆,但是它在中国少数民族教育史和裕固族教育史上却留下了浓墨重彩的一笔。

1980年代,为了克服自然条件恶劣和路途遥远给农牧区孩子上学造成的困难,裕固族人民修建了大量的"学生房"(裕固族人民在学校附近修建的,专门为子女上学提供食宿和学习方便的房舍)。这个"发明",还得从两个学生娃说起。1978年,在当时的自治县明花区公署驻地发生了一件"大事":两个初中学生自己和泥、脱土坯,开始修建属于他们的"瓜皮房"(当地人对低矮简易的,供零时居住用的土坯房的称呼);砌墙砌到一米多高时,少年发现墙砌歪了,不正不直,正在他们心烦意乱且手足无措时,其中一位少年的父亲及时赶到,在老人家的指导下,房子建成了,虽然不怎么美观,却也足够遮风挡雨了。这两位少年名叫钟进文和钟自定,家长是钟进文的父亲,一位曾做过僧人的心地善良的人。在明花甚至裕固族的教育史上,学生自己动手修建学生房,他俩是开创者。肃南裕固族地区,像许多牧区一样,大多数儿童青少年上学面临的一个巨大困难是家校距离大,路程远。那时候,肃南裕固族地区各学校的寄宿条件都非常有限,孩子们挤在一起又喜欢打闹,耽误学习,更有些学生因为家庭经济贫困,希望自己动手生火做饭,减少家庭教育支出,为父母减轻负担,所以家长就给他们(她们)在学校附近修建了"学生房"。有的是学生自己生火做饭,家长在生产间歇时到"学生房"探望,带来一些馍馍、油饼、蔬菜和调料;有的是由爷爷奶奶照顾和看护;有的是在附近亲戚的家里吃饭,但在"学生房"学习和住宿;有的是几家联合起来,轮流派家长给孩子们做饭洗衣。这些住"学生房"的孩子,有的一星期回一趟家,有的半个月或一个月回一趟家。就是在如此艰苦的条件下,从"学生房"里走出了新时期数批裕固族知识精英和国家干部。"学生房"的修建,集中体现了裕固人重视教育,供子女上学的积极性和能动性,反映了家长希望子女通过接受教育改变人生命运的强烈愿望,是一种特殊的教育文化现象。"学生房"虽然生活条件简陋,却反映了家长质朴的愿望,成为学生发奋读书的强大动力,在学生心目中也留下了深深的烙印,他们(她们)毕业后仍然对"学生房"怀有非常深厚的感情。

1990年代,裕固族人民在"政府主导,群众支持"的教育发展战略的指导下,先后于1994年、1997年实现了全民族"普初"、"普九"的目标,在全国56个民族的义务教育发展中遥遥领先。据2000年全国人口普查统计,裕固族每万人中拥有高中生654人,中专生528人,大学专科生362人,大学本科生104人,研究生6人。

新世纪伊始,由于受到国家扶持人口较少民族发展系列政策、促进社会主义新农村建设系列政策和少数民族地区基础教育发展系列政策的支持,裕固族地区学校教育获得了飞速发展。2007年,裕固族地区义务教育段学生全面享受"两免一补"(免除课本费、学杂费和补助寄宿生生活费)政策,同时地方财政加大教育投入,实现义务教育全免费，并使高中生也享受"两免一补"政策。2008年，结合裕固族地区实际情况，自治县财政拿出专项资金，不仅提高了每个学生的生活补助标准，而且根据学生居住地距离远近，给每个寄宿生每学期按照往返4趟补助60元到320元不等的交通补贴，改"两免一补"政策为"两免两补"政策，而且中小学寄宿生生活补助标准均高于国家标准。在大力发展普通学校教育的同时，职业教育在较短的时间内也得到了长足的发展。目前，自治县职业教育中心已有电大专科、本科5个专业16个班，其中民族艺术专业和民族旅游专业被列为甘肃省职业技术教育60个骨干专业之内，不仅使一批批会唱歌跳舞等有文艺特长的裕固族学生通过教育顺利就业，而且每年的毕业生几乎都成为西北民族地区旅游产业争相聘请的"香饽饽"。

2009年是自治县的"教育管理效益年"，走内涵式教育发展道路已经成为当地人民的共识。从这一年春季学期开始，自治县政府又出台了一项重要的教育惠民政策：全县幼儿教育实行"三免一补"（免除保育费、取暖费和杂支费，补助伙食费）政策，实现幼儿教育全免费，从而使裕固族实现了从幼儿园到高中的15年基础教育全免费，在中国少数民族基础教育发展历程中写下了辉煌的篇章。

裕固族目前约有1.6万人，有着悠久的历史和灿烂的文化。随着社会经济的发展，人民生活水平的持续提高，学校教育应该传承优秀民族文化的呼声日渐高涨，国家基础教育新课程改革恰好为这个问题的解决提供了政策保障。2006年6月，由肃南二中校长安维武主持编写的"裕固族乡土教材"（包括《裕固族历史》、《裕固族民间美术欣赏》、《裕固族文学作品选读》、《裕固族传统体育与健康》、《肃南地理》和《牧区学校学生安全教育手册》，共6本）印刷发行，9月以这套教材为媒介的教育教学进入肃南二中课堂。这套教材是第一套以裕固族文化为主要内容的现代基础教育教材。2008年，这套教材经再次修撰，合为一册，以《裕固家园》为名正式出版发行，从该年春学期起，在自治县各学校推广使用。

学校教育的发展，不仅为裕固族社会发展输送了国家干部和专业人才，而且也为裕固族文化发展造就了中坚力量——一大批本民族的专家学者和文艺人才，不仅有了第一位博士、教授、博士生导师钟进文，而且有了少数民族文学创作最高奖——骏马奖获得者铁穆尔。目前，裕固族既有在清华大学、北京师范大学、中央民族大学等全国重点大学就读的本科生，还有远赴土耳其留学的研究生。全民族已有5人获得博士学位，数十人获得硕士学位，数百人获得学士学位，平均受教育程度排在56个民族的前列。

七十年的学校教育发展历程，不仅使裕固族人口素质有了大幅度的提高，而且已经形成了尊师重教的优良风尚，出现了一批"大学生之家"（一个家庭的子女全部或大多都受过大学教育），体现出裕固族人民积极进取接受文化教育，追求社会物质与精神文明，努力提高民族整体素质的先进性。裕固族发展学校教育的实践也证明，在中国共产党的领导下，在兄弟民族的帮助下，少数民族只有自力更生，积极主动地发展学校教育，使学校教育真正成为当地经济、文化和社会全面、持续、健康、和谐发展的动力源和助推剂，才能实现民族振兴，从而为中华民族的伟大复兴书写新的华章。

（本文部分内容曾以《祁连山下育青松——甘肃省肃南县裕固族60年教育发展纪实》为题载于《中国民族教育》2009年第10期）

[作者简介]

巴战龙（1976— ），男，裕固族，甘肃肃南人，民族学博士，北京师范大学社会发展与公共政策学院讲师，硕士生导师，主要从事教育人类学、发展人类学、民族志与社会科学研究、人口较少民族研究。

聆听和尊重"地方教育家的心事"
——人口较少民族教育研究札记

巴战龙

"地方教育家":一个新词

近些年来,寻找和探究关键词成为人们把握时代脉搏的重要而有效的途径。要说把握进入新世纪以来中国教育发展的时代脉搏,"教育家"和"教育家办学"可谓是上佳的关键词选择。"教育家"本来只是一个用来标签教育领域的专业精英人士的符号,但是人们却给它赋予了太多的意义,结果造成了人们普遍地怀念过去的教育家,期待未来的教育家,就是不肯承认当下就有一些杰出的教育专业精英堪称"教育家"的局面,祸起萧墙就是因这个"家"字,在过于刻板的等级化社会中,"教育家"常常意味着拥有常人不可企及的卓越成就和高人一等的社会地位。

中国的历朝历代都不缺乏"心忧天下"的"志士",也不缺乏"注重庶务"的"仁人"。美国人类学家格尔茨提出了一个震动学界的术语"地方知识",用来彻底颠覆人们对"普世知识"的追求和崇信。笔者提出"地方教育家"的新词,用来颠覆人们对教育家高人一等社会地位的等级化想象,重新确认教育家都是"在地化"的文化产物,都是居于地方社会的特定时空中的普通人,并不存在威震天下、四海皆能效仿且屡试不爽的超级教育家,一方面承认教育家是常人可以企及的,其成就是"平凡中见卓越"的,另一方面不仅防止国人常常由于缺乏文化自信而过于慷慨地将教育家的"荣誉"赠予外国人和历史人物,而且防止人们产生对教育家过于虚无和空泛的文化期待。

聆听"地方教育家的心事":一个学习过程

2011年11月5日,笔者有幸与来京参加全国教育科学规划课题负责人国家级培训的甘肃省肃南裕固族自治县第一中学安维武校长谋面,并进行了长达6个小时的交谈。在笔者简陋的办公室里,这位被誉为"裕固族教育改革的先行者"、土生土长的"地方教育家"侃侃而谈,谈他的"改革思路",谈他的"教育忧思",谈他的"人生哲学"。

笔者是在 2006 年夏天为完成一个中央民族大学"985 工程"重点项目到肃南裕固族自治县皇城镇开展研究工作时结识安校长的,那时他是镇上肃南二中的校长。转眼五年过去了,他已经成为肃南一中的校长,成为包括教育部颁发的"全国优秀教师"在内的多项省部和市县重要荣誉的获得者,更由于他主持开发并出版发行了两本划时代的裕固族地区多元文化乡土教材——《裕固家园》和《甘肃省肃南裕固族自治县第二中学校本教材》,在裕固族地区不说是家喻户晓,也是广为人知。

"在肃南二中的五年,我觉得我的能水(地方俗语,指关于能力水平的能量)确实用完了,不能再干了","现在在肃南一中,我觉得我可以干八年校长,还不敢说能干十年,我现在的能力达不到","还有四年时间,还有很多事情要做","现在肃南教育正处在一个分水岭式的发展时期,爬不上去就可能滑下来,我们要想尽一切办法把教育发展好,为将来更进一步发展奠定基础"。谈起改革开放以来近三十余年肃南教育发展,安校长如数家珍、重要的事件和数据都了如指掌,正是在这些充满信任感的谈话中,笔者了解到了肃南一中如何在短短的四年中实现高考录取率从 84% 到 97% 的跨越式发展目标,了解到肃南县各级各类教育的发展现状、机遇和挑战。

就在笔者为肃南作为一个人口较少民族聚居区的发展成就感到欣慰时,安校长话锋一转,谈道:"我们要从口号式的跨越式发展转向真正的内涵式发展,跨越式发展的实质就是追求数量规模的发展。现在地方政府的思路就是项目建设,如果不搞基础设施建设项目,我们就不知道怎么发展教育了。所以我现在研究的这个课题(教育部重点课题《人口较少民族的教育特色研究——以裕固族为例》),就不仅仅是总结过去的特色,还要挖掘现在的特色,更要畅想将来的特色。我们要想出来教育发展的思路和办法,而且实践好、总结好这些真正有用的知识。"

安校长的第一条改革思路居然是高标准普及三年学前教育,这让笔者有些意外。"学前教育非常重要,现在既然要普及,就要高标准普及,坚决防止学前教育的'小学化',反对各种比吃比穿比起床的竞赛,要保护娃娃的好奇心和自尊心,不要在学前教育阶段就出现'厌学'和'边缘化'的现象","我现在常常站在全县教育发展的角度来看问题,这是逼出来的,按理说我只要办好一中就可以了,但是不行啊,好多在幼儿园、小学和初中造成的问题,高中阶段才真正显现出来,我们一中就成了受害者,所以我现在很关心幼儿园、小学和初中的各种情况",安校长说。

在交谈中笔者发现,安校长所谈到的现实问题及其应对思路与笔者通过田野研究发现的问题和思路极其相似,而且部分问题和思路,他的分析和总结更加务实和出彩。不过也有一些问题和思路,是笔者想出来告诉他的,他则实事求是地加以选择和实践，例如在他的推动下成功举办了"肃南一中第一届裕固语口语竞赛展示会"，在当地社会特别是家长中引起了不小的反响，这个点子是2011年上半年笔者在肃南裕固族自治县做田野调查时给他出的。笔者再次体会到，教育人类学田野研究的秘密其实就在于其过程是一个研究者与研究对象良性互动的双向学习过程。

尊重"地方教育家的心事"：一个社会过程

尽管人们已经理性地认识到，教育研究的过程是从实践到理论，再从理论到实践的螺旋上升的认知与社会过程。然而，教育研究者往往只热衷于从实践（经验）到理论（概念）这个过程，把在某个级别刊物发表文章或在某个级别出版社出版著作（有时甚至极其看重文章和著作写作的语文，比如最好能用英文写作），看做是最后的产出。这样缺少从理论（概念）到实践（经验）环节的教育研究实际上是难以承担研究"教育家"和"教育家办学"这两个关键词的历史使命的。

相对普通民众，教育研究者常常被认为是有文化的人，相对于教育实践者，教育研究者常常被认为是有理论的人，教育研究者总是凌驾于普通民众和教育实践者之上，是"高人一等"的人，也不论他们或她们在教育研究界这个知识共同体中多么卑微或不值一提。其实，教育研究者，无论是助教讲师还是教授专家，都是普通人，如果还原不了教育研究者仍是日常生活世界中的普通人这个实质，对"教育家"和"教育家办学"的研究就不可能有实质性的突破。进而说，尊重"教育家"的"心事"并探究之是非常重要的，正如从"蝴蝶效应"的理论看来，教育家的"心事"常常就是后来掀起教育改革浪潮的那双翅膀。

现在整个社会都在呼唤"教育家"和"教育家办学"，作为教育研究者，首先不是去厘定教育家"应然"的气质与修为，然后再按照工业化生产的模式加以培育和复制，而是首先到教育现场中去磨炼识别教育家的眼光，酝酿承认教育家的勇气，敞开心扉去跟教育家交谈。照此看来，这是一个教育研究者放下自己高人一等的"身段"的社会过程，是一个在研究实践和生活实践中都真正回到文化平等主义的立场上来的社会过程。

人口较少民族因为人口少、族体小，学校教育的文化根基不够扎实，常常又由于主流社会话语塑造的"经济社会和文化教育落后"想象的限制，大概专家学者和普通民众都很难想象现阶段人口较少民族能出什么教育家。笔者从事人口较少民族教育与文化的田野研究十多年，在此郑重指出：中国有"地方教育家"，人口较少民族有自己的教育家，至少人口只有一万余人的裕固族拥有像安维武这样的教育家。中国出不了教育家，不是中国真的没有教育家，而是在于教育研究者几近虚无的散漫眼光和几近完美的苛刻标准，在于整个社会的集体"不承认"。

（本文部分内容曾以《发现和聆听"地方教育家"》为题载于《中国社会科学

报》2012年7月30日第8版)

[**作者简介**]

巴战龙(1976—　　),男,裕固族,甘肃肃南人,民族学博士,北京师范大学社会发展与公共政策学院讲师,硕士生导师,主要从事教育人类学、发展人类学、民族志与社会科学研究、人口较少民族研究。

附 录

肃南裕固族自治县各学校校刊简介
肃南裕固族自治县教育大事记
裕固族历史文化读本

肃南裕固族自治县各学校校刊简介

达隆东智

甘肃省肃南裕固族自治县成立于1954年,是全国唯一、甘肃独有的裕固族自治县,地处河西走廊中部、祁连山北麓,现辖6乡2镇、9个国有林牧场、101个行政村和3个城镇社区,居住有裕固、汉、藏、蒙古等11个民族。

肃南县现有各级各类学校14所,其中完全中学、职教中心、城镇小学、幼儿园各1所,九年制学校5所,六年制学校5所;已建成寄宿制学校11所,占学校总数的78.5%。近年来,在县委、县政府的大力支持下,落实了"两免一补"政策,县财政承担了全县各学校采暖费,将高中生纳入"两免一补"范围,走在了全省最前列。同时,县委、县政府再出新的惠民政策,将幼儿园教育纳入免费范围,免除学前幼儿园保育费、杂支费、取暖费并补助每天2元的生活费,实现了从幼儿园到高中阶段"三免两补"十五年免费教育。

近年来,在县教体局和各学校的共同努力下,为了丰富校园文化、展示教与学的丰硕成果,各学校共创编刊印各类校刊10种67期。主要有肃南县教体局优秀论文集刊《耕耘》、肃南县第一中学隆畅河文学社刊物《隆畅河》、肃南县第二中学《寻路》、肃南县职教中心《职园》、肃南县红湾小学《六月花》、肃南县幼儿园《裕固花》、肃南县祁丰学校《祁苑》、肃南县马蹄学校《马蹄莲》、肃南县康乐明德学校《七彩丹霞》、肃南县明花学校《海子》等校刊,从教育论坛、学科教学、教学随笔、学生天地、教师风采、校园剪影、校园动态等方面系统反映了自治县教育事业的发展动态和成果。

《耕耘》

《耕耘》是肃南县教体局教研室主办的基础教育优秀论文集刊,于2008年10月首次出刊,共编印3期。设有综合、语文、数学、英语、历史、地理、物理、化学、信息技术、体育、美术、舞蹈、音乐、心理健康、校本教材开发、幼儿教育等基础教育栏目,填补了我县基础教育科研领域的空白,展示了我县基础教育课堂教学的新成果。

《隆畅河》

《隆畅河》是肃南县第一中学主办的文学性较强、具有民族风情的校园刊物，于2008年4月创刊，共编印17期。设有草原情怀、人生感悟、亲情回眸、心灵独白、理想境界、校园生活、诗苑、教师作品等栏目，从裕固族历史变迁、风情风俗、师生生活感悟等各个方面反映了具有民族特色的校园文化。成为滋润校园风情的文学芳草地。

《寻路》

《寻路》是由肃南县第二中学主办，皇城各小学协办的教育综合性校刊，于2007年3月创刊，原名《皇城教育》，于2010年3月更名为《寻路》，共编印11期。设有探索创新、教育教学、心得体会、教学反思、优秀教案、调查研究等教育综合栏目。树立了"立足牧区一线，搭建平台宣传成果，帮助教师提高质量，推进改革促进发展"的办刊宗旨，积极宣传教师"草根式"校本化研究成果。2009年11月，经有关专家推荐，参加了全国第四届校内报刊评选活动，并荣获最佳教研刊一等奖，受到了中央民族大学、北京师范大学等省内外院校和专家学者的关注和好评。

《职园》

《职园》是由肃南县职教中心主办的职业学校综合性刊物，于2009年8月创刊，原名《雪莲花》，于2011年2月更名为《职园》，共编印4期。设有职教前沿、教坛经纬、德育之窗、学生乐园、招生就业等职业教育综合栏目，从培养技术人才、招生与就业、细化管理、提高教学水平、加强人性化服务等方面反映自治县的职业教育，成为社会各界了解和关注肃南县职业学校的窗口。

《六月花》

《六月花》是由肃南县红湾小学主办的小学教研型校刊，于2008年9月创刊，共发行6期。设有教育论坛、学科教学、教育随笔、学生天地、教师风采、校园动态等教科性栏目，从打造学习型校园、开展教研活动、培养青年教师、树立"科研兴校"观念等方面反映了我县的小学教研工作。自办刊以来，利用校刊进行大力宣传，通过不断的推介刊登，先后有98篇论文在国家、省、市各级各类刊物发表和选登，39篇论文荣获省级一、二、三等奖，65件课件在省、市级课件比赛中获奖，不断宣传学校的教课成果，把学校推向社会，提升了知名度。

《裕固花》

《裕固花》是由肃南县幼儿园主办的教研型幼儿教育刊物。于2010年6月创刊，原名《幼儿园活动案例》，于2011年3月更名为《裕固花》，共编印5期。设有教学论文、幼儿观察记录、教学案例等栏目，从促进教师队伍专业化成长、打造教研型团队、关爱他人、裕固族语言教学活动、幼儿健康成长等方面反映了自治县的幼儿教育的发展情况。

《祁苑》

《祁苑》是由肃南县祁丰学校主办的教研型刊物，于2007年9月创刊，原名《东纳教育》，于2010年3月更名为《祁苑》，共编印6期。设有教育管理、德育研究、课堂教学、教法探讨、学法指导、校园文化、文学艺术等教研栏目。从关爱儿童、牧区幼儿教育、构建和谐校园等方面反映了山区教育的发展与现状，成为新时期师生心灵的家园。

《马蹄莲》

《马蹄莲》是由肃南县马蹄学校主办的教学经验交流刊物，于2009年1月创刊，原名《马蹄教育》，于2010年9月更名为《马蹄莲》，共编印6期，设有"两基"工作、教育论坛、德育研究、教育教学、校园花絮、教育集萃、教师论文、学生作品等栏目，以遵循"研究教学方法、总结教学经验、探索教学规律、传播教学信息"的办刊宗旨，广泛收集、整理、展示、弘扬了富有地域特色和民族风格的文化教育，办成了开展教学研究，总结经验交流、推进教学课程改革，促进学校科学发展的新平台。

《七彩丹霞》

《七彩丹霞》是由肃南县康乐明德学校主办的综合性校刊，于2010年3月创刊，共编印4期。设有"两基"专栏、学校管理、德育之窗、教学纵横、文化长廊等教学教研栏目。从加强教学管理、提升师资队伍建设水平、巩固"两基"成果、提高教学质量等方面展示了校园文化风情。

《海子》

《海子》是由肃南县明花学校主办的教研型刊物，于2010年3月创刊，共编印5期，设有教育管理、教育教学、课程改革、德育园地、心灵之声、小荷才露等教研栏目。展示了明花学校建校以来教学、教研、教育成果，逐步发展成为校园文化的重要载体。

[作者简介]

达隆东智（1966—　），男，裕固族，甘肃肃南人，肃南裕固族自治县裕固族文化研究室研究人员，主要从事裕固族口头传统研究。

肃南裕固族自治县教育大事记

蔡世宏　安维武　屈军

一、中华民国时期

1939年（民国28年）

民族宗教上层人士顾嘉堪布、马老藏等人倡导，先后在莲花寺、慈云寺、西藏寺、红湾寺建立初级小学4所。

1941—1942年（民国30—31年）

顾嘉堪布等又在马蹄寺、明海寺设立初级小学2所。

1944年（民国33年）

顾嘉堪布所创办的六所小学共有学生171名，教师6名。

1945年（民国34年）

由新疆警备总司令陶峙岳先生拨款3500万元（旧币），在泱翔建起1所初级小学。

二、中华人民共和国时期

1951—1952年

1951年，黄藏寺小学成立。（1959年迁往皇城滩。）

1951—1952年间，张掖县接管了藏族黄藏寺小学、藏族管太庙小学，新建了裕固族康隆寺小学；民乐县接管了藏族大泉沟小学；高台县接管了裕固族水关小学、明海寺小学和藏族西沟寺小学。各学校沿用"四二"分段学制。

1953 年

2月28日，张掖所属黄藏寺小学交民乐县马蹄寺藏族自治区管理。

是年，铧尖小学建立。

1954 年

2月，肃南裕固族自治县成立，相继接收了张掖、酒泉、高台的6所民族小学。全县共有初级小学8所，在校学生307人，专任教师3人。

是年，肃南县设人民委员会文教科。

1955 年

是年，全县制定了发展小学教育事业的计划，将红湾小学扩建成全日制六年制学校，又增设3所初级小学，全县学校达到11所。

1956 年

是年，全县高小第一期毕业23名学生，初小毕业63名学生。各学校开始建立少年先锋队组织。

1957 年

3月，肃南县设立初级师范班。

10月，甘肃省教育厅颁布《关于对民族地区和少数民族学生减免学费的规定》，对牧业地区的肃南、肃北、阿克塞县以及甘南地区等继续免收学费。

10月，肃南裕固族自治县在初级师范班的基础上筹建肃南中学。

是年，肃南县接收民乐县的马蹄寺小学、南城子小学、东城子小学、大泉沟小学，全县学校发展到15所，36个教学班。

1958 年

4月，肃南中学在隆畅河南岸修建校舍40间，从秋学期开始招收初中生。

8月，肃南县人民委员会文教科改为文卫部。

是年，中共甘肃省委、省人民委员会决定，从当年起重点试行小学五年一贯制。1963年后，仍恢复六年制，执行《甘肃省全日制六年制小学教学计划》。肃南县各小学均遵照执行。

是年，全县中小学生人数达到1878人，增加率达66%，入学率达95.6%。全县建起幼儿园、托儿所31所，入园幼儿2017名，入园率达100%。

1959 年

是年，皇城小学成立（原黄藏寺小学），附设初中班 1 个。

1960 年

是年，全县各学校开始开展卫生教育和体育"两操、两课、一活动"。

是年，裕固族人民培养出了自己的教师，初师班首届 31 名毕业生毕业，充实了小学师资。

1958—1960 年，在大跃进运动中，学生人数成倍增长，各学校普遍开展勤工俭学，学生参加农牧村劳动，教师大炼钢铁，忽视了教学，教育质量明显下降。

1961 年

是年开始，全县教育事业贯彻"调整、巩固、充实、提高"的八字方针，对超越发展实际的某些做法进行了调整，撤销了初级师范、初级卫校、畜牧学校、林业学校。

1962 年

3 月，东庄村小学成立（东滩小学前身）。

5 月，省教育厅发出《关于少数民族教育补助费使用范围的通知》指出：纯牧区小学的少数民族学生一律免费供应课本。甘南藏族自治州和天祝、肃南、东乡、张家川等自治县少数民族中学生，根据困难情况，除在一般助学金中评发外，对未能评发助学金而生活确有困难者，可在少数民族教育补助费中增加适当的助学金名额。

1963 年

3 月，毛主席题词：向雷锋同志学习。全县各学校积极开展向雷锋同志学习活动。

是年，肃南县文卫部增设了督导组，根据《全日制小学暂行工作条例草案》加强对教学工作的督导检查。

1964 年

是年，肃南采取民办公助的办法，在大河区韭菜沟公社西邻生产队试办了第一所走马巡回上课的牧读小学。

1965 年

9 月，肃南县人民委员会根据中央关于两种教育制度，两种劳动制度的精神，在大岔牧场办起了1所半牧半读中学（牧中），学制2年，实行半年上课，半年劳动的教学方法。

是年，肃南县出台《关于恢复和发展小学教育有关问题的决定》，贯彻"两条腿"走路的方针，采取民办公助的办法，由条件较好的生产队办好耕牧读小学，并在全县推广了西岭牧读小学经验。全县共办起牧读小学25所，在校学生490名。

年底，全县有各级各类学校52所，其中普通中学1所，牧中1所，小学50所，学龄儿童入学率为65.78%。

1966年

是年，东庄村小学校址迁至现在学校所在位置，改名为东滩小学，为五年制完全小学。

是年，席卷全国的"红卫兵"大串联，打乱了正常的教学秩序，全县各学校也相继停课闹"革命"，学校处于瘫痪和半瘫痪状态。

1967年

是年，许多学校先后被"夺权"，普遍推行"早请示"、"晚汇报"、"天天读"、"讲用会"等做法，严重破坏了正常的教学秩序。

1968年

甘肃省革命委员会发出《并于贯彻执行中共中央、国务院、中央军委、中央文革〈关于派工人宣传队进学校的通知〉的通知》。"工人宣传队""贫下中农宣传队"分别进驻城乡学校，走"五七道路"。

1969年

9月，红石窝"马背小学"在甘肃省首次"活学活用毛泽东思想积极分子代表大会"上被树为先进集体。

是年，甘肃省革委会决定，全省小学学制改为五年制，中学学制改为"二二"分段制，并改从春季招生。

是年，肃南县中学与红湾小学合并改为九年一贯制学校（小学5年，中学4年），分中学部和小学部，中学部增设高中班。

1970年

10月，肃南县革命委员会下设文化教育革命领导小组。

1971年

皇城区学校（原皇城小学）增设高中班，并随皇城区交永昌县管辖后，校名改为永昌县第三中学。

1972 年

7月，皇城区回归肃南，永昌县第三中学更名为肃南县第二中学。

11月，中央人民广播电台、《人民日报》相继报道了红石窝马背牧读小学的事迹。

是年，红湾小学从肃南县中学分离，发展为2所县属独立完全小学和完全中学。

1973 年

是年，随着"马背小学"经验的推广，全县又掀起了新一轮办学热潮，中小学发展到84所。其中完全中学2所，七年制学校6所，五年制学校37所（包括场办学校2所），队办公助学校39所，比1966年增长两倍多。

1974 年

是年，肃南县文教局成立，主管全县文化、教育工作。

1975 年

9月，在全省边疆和少数民族地区普及小学教育经验交流会上，红石窝"马背小学"被树立为牧区典型。

是年，在极左思潮影响下，民族教育盲目发展。全县各类学校达107所，在校学生6076人。

1976 年

1月，张掖地区革命委员会在康乐区召开学习红石窝"马背小学"经验交流现场会。

6月，北京电影制片厂以肃南牧区"马背小学"为素材，创作拍摄了故事片《萨里玛珂》。

10月，全县的教育事业经过全面改革和调整，走上了正轨办学道路。

是年，全县有中学16所，在校中学生1596人；有小学105所，在校小学生6101人。

1977 年

是年，全县各学校开展向雷锋同志学习活动。

是年，肃南县中学生射击队张掖地区青少年射击比赛中分获男女团体总分第二名，男队获少年气枪第一名，女队获第一名和第三名各一项。

是年，根据省委书记宋平"办学校也要有重点。重点学校要办好，加强基础课和外文课的教学。"和省教育局局长刘海声关于"从高中毕业生中直接招收大学生"的讲话精神，肃南一中被定位为县办重点中学。

1978 年

2 月，肃南中学更名为肃南县一中。

是年，教育部颁发《全日制十年制中小学教学计划（试行草案）》，规定修业年限小学仍为五年，初中改为三年，高中仍为二年，并改从秋季招生。

是年，肃南县恢复初中三年学制，实行秋季招生，1980 年无初中毕业生。

是年，县人民政府开始增加教育经费，本年投入教育经费32.5 万元。

是年，各学校根据省教育局、共青团甘肃省委《关于在中小学青少年中开展"五爱"教育的联合通知》精神，深入开展爱祖国、爱人民、爱劳动、爱科学、爱护公共财物教育。

1979 年

4 月，甘肃省民委在酒泉召开了全省民族语文工作会议。为了贯彻会议精神，祁丰区学校、西水小学、铧尖小学、泱翔小学从一年级起，每周加授藏语文 2—3 节。康乐区学校办起了蒙古文班。

7 月 7 日—16 日，全省牧区畜牧县工作会议指出，要适当增加民族地区的教育经费，力争在 2—3 年内在每个生产队办一所小学，有条件的公社办一所初中，每个牧区县办一所完全中学，逐步普及小学教育和中学教育。

9 月，全县各中学实行《中学生守则》。

是年，全县中小学开始实施国家体育锻炼标准。

是年，全县学龄儿童入学率为89%。

1980 年

1 月 26 日，全省牧区工作会议确定，在全省牧区开办全日制民族寄宿制小学 6 所，开办寄宿制民族中学 5 所。

4 月，肃南县民族中学成立。

5 月 29 日，省招生委员会决定，民族院校在招生中，根据统考成绩另定录取分数线，降低一般高校录取分数线。对本省少数民族聚居的肃南等 12 个县的少数民族考生和散居的东乡、保安、裕固族的考生，在与其他考生同等条件下应优先录取。

8 月，张掖中学开办高中民族教育班，裕固族学生钟进文等考入该班就读。

是年，肃南县机关幼儿园成立（肃南县幼儿园前身）。

是年，教育部颁发《全日制六年制中学教学计划（试行草案）》，规定中学学制六年，逐步实行。肃南县一中于1984年起实行。

1981年

2月，红石窝公社党支部、肃南县文教局工作组开展了"红石窝恢复牧民文化夜校"的工作。

是年，全县各学校开展"五讲四美"教育活动。

1982年

是年，全县压缩了12所公社小学附设的初中部，相应加强了小学的教学力量。
是年，肃南县一中高中实行三年制，1982年无高中毕业生。

1983年

4月，肃南县教委主任钟天明（裕固族）参加了在北京举行的全国教育工作者"五讲四美"为人师表活动先进代表会议，并被评为全国为人师表先进个人。

5月16日—10月10日，甘肃省人民政府牧区调查组对天祝、肃南、肃北、阿克塞、夏河、玛曲、碌曲和卓尼县进行调查，提出了《认真搞好牧区的文化教育建设》的意见。

是年，对中等教育结构进行了调整，肃南县二中改为肃南县牧业中学。同时，肃南牧中从高中一年级起增开畜牧兽医课，学制三年。

1984年

是年，全县有各级各类学校65所。其中完全中学1所，牧业中学1所，寄宿制民族中学1所，小学附设高、初中班的学校1所，小学附设初中班的学校6所，重点小学1所，乡、村小学54所。学龄儿童入学率达73.5%。以后，肃南县民族教育贯彻"实事求是、因地制宜、量力而行、讲求实效"的方针，狠抓普及初等教育。

1985年

9月10日，肃南县热烈庆祝第一个教师节。
是年，肃南县民族中学学生郎永杰打破全省儿童组跳远纪录。
是年，中共中央、国务院颁布《义务教育法》，甘肃省政府下发的《甘肃省普及九年制义务教育实施方案（试行）》中，提出"初等学校和初级中等学校学制年限可为'五三制'、'六三制'、'五四制'和'八年、九年一贯制'"。肃南县各校均实行"五三"制和八年一贯制。

1986年

3月,肃南县制定了《教育体制改革实施方案》。基础教育开始实行分级办学、分级管理的体制。

是年,肃南县民族中学学生葛东风打破全省少年射击纪录,被省体校破格录取。

1987年

是年,根据全国《义务教育法》座谈会精神,肃南县文教局讨论制定了"干部请假制度"、"代课教师、长期临时工生活待遇问题的规定"、"教师医药费试行办法"、"学校体育教师运动服发放办法"、"中小学教师离职进修、上学有关问题的规定"等制度。

是年,经肃南县政府批准,正式成立了肃南县政府教学督导室。

是年,肃南县民族中学增设了藏文初中班,年内招收学生20名。

是年,在红湾小学开展"注音识字,提前读写"的教改实验。

1988年

8月,肃南县文教局更名为肃南县教育委员会,主管全县教育事业。

8月,肃南县委、县政府作出了《关于加快和深化牧区教育体制改革的决定》,开始由单一的普通教育向普通教育、成人教育、职业技术教育相结合的方向发展。

是年,全县教育投资达126.4万元,办学条件得到了较大的改善。

1989年

8月,肃南县牧业中学更名为肃南县第二中学。

是年,肃南县机关幼儿园更名为肃南裕固族自治县红湾寺镇幼儿园。

是年,全县农村中小学实现了"一无两有"(校校无危房,班班有教室,人人有课桌凳)。

是年,全县有蒙古文教学班4个,学生178名,藏文小学教学班3个,学生370名,中学教学班1个,学生33名。

1990年

是年,根据县委《关于加强和改进思想政治工作的决定》,肃南县一中设立政教处,肃南县民族中学、肃南县二中、红湾小学配备专职政教干事。

是年,全县各学校开展学雷锋、学赖宁活动。

是年,全县各级成立了"人民教育基金会",集资22万元,改善了部分学校办学条件。

是年，全县共有各级各类学校63所。其中完全中学2所，寄宿制民族中学1所，小学附设初、高中班的学校1所，小学附初中班的学校6所（含2所国营农牧场子弟学校），乡中心小学20所，村小学33所（其中寄宿制学校11所）。

1991年

3月，肃南县教委下发了《肃南县中小学标准化管理暂行办法》（讨论稿）。

6月，肃南县教委和体委举办了全县乡以上学校和县城附近乡村小学参加的达标运动会。

是年，肃南县教委组织了首届小学优质课评选活动。

是年，全县有39所中小学基本实现了校舍、教学设备"六配套"（校门、围墙、厕所、图书、仪器、文体器材）。

是年，根据甘肃省教育事业十年规划和"八五"计划的要求，合理调理学校布局，重点办好寄宿制学校为突破口，全县将办学效益差、生源少的松木滩、正南沟、红石窝（牧读）、小海子4所村校撤并或停办。

1992年

是年，全县有小学生4482名。其中少数民族学生2480名，占46.05%，学龄儿童入学率达73.5%。全县有9个乡、1个农场实现了普及初等义务教育。

是年，全县学校调整为48所，另设11个教学点。

1993年

3月，全县6个区公署分别成立教育管理委员会，人员编制2—3人，负责各区公署辖区内各学校教育教学督导和日常事务。

9月，经省、地检查验收，肃南县实现普及初等义务教育。全县适龄儿童入学率达98.2%，巩固率达98.2%，12—15周岁普及率达96.3%，小学生毕业合格率达96.8%。

是年，肃南县教委召开教育研讨会，认真研究了以"校长负责制，教师聘任制，岗位责任制，结构工资制"为内容的"四制"改革方案。

1994年

8月，许三湾学校成立。

10月，全县通过了省、地基本扫除文盲达标的验收。全县扫除文盲教育情况：剩余文盲1166人，青壮年非盲率93.13%，脱盲人员巩固率90.04%。

是年，肃南县红湾寺镇幼儿园被评为省级二类幼儿园。至年秋，全县有19所小学附设学前班，在校幼儿达461名。

1995 年

7月，肃南县民族中学并入肃南一中。并在原址建立肃南县职业技术教育中心。

1985—1995年，甘肃省政府向张掖地区拨专项资金100万元，地方自筹80万元，在全县建成20所寄宿制小学。

1996 年

是年，祁丰学校高中班撤销，改为八年制寄宿学校。

是年，肃南县一中、县二中、县职教中心启动了'"四制"改革。

是年，肃南县教委下发了《肃南县中小学教师基本功训练实施方案》，大力开展"说、写、做"的基本功练兵活动。

是年，全县有各类学校58所。全县财政性教育支出占国民生产总值的比例为2.54%。

1997 年

5月，肃南县教育工作通过省级"两基"督导评估验收。裕固族实现了全民"普九"，成为继赫哲族和朝鲜族之后的第三个完成"普九"的少数民族。

是年，按照"分级办学，分级管理"原则，各区学校教育经费和教职工工资由区财政单独核算拨付。

是年，肃南县教育委员会与肃南县科技局合并，更名为肃南县教育科学技术局。

1998 年

是年，经张掖地区验收，莲花、祁文两乡被命名为"教育之乡"。

是年，肃南县被教育部表彰为"全国扫盲工作先进县"。

是年，按照《肃南县关于实施素质教育的意见》，选定肃南县一中、红湾小学、大河区学校、马蹄区学校为素质教育试点学校。

是年，全县累计教育欠账达352万元。

是年，肃南一中购置30台486计算机，建成全县第一个计算机教室。

1999 年

7月，肃南县电大工作站在肃南县职教中心成立。

8月，肃南县二中撤销高中班，成为三年制独立初中。

10月，肃南县教科局组织了全县初中青年教师教改实验课评比。

10月，肃南县通过了张掖地区对"普九"工作的复查验收。

是年，肃南县教科局对全县各学校（特别是薄弱学校）开展"四项"督查（办学经费、薄弱学校改造、课程方案落实、课业负担）。

是年，肃南县加强了中小学收费情况治理和教育系统廉政建设工作，从制度上完善了"一卡、两统一、三公开、五不准"的收费管理制度。

是年，又建起了红湾小学、祁丰学校微机室，建起了肃南县二中的语音室和职教中心地面卫星接收站。

2000年

在明花农业开发区莲花移民点单沙窝建立了双海子小学。

2001年

6月，肃南县通过了甘肃教育督导团对"两基"工作的验收。

秋学期，全县中小学布局调整规划正式实施。是年，大河区学校初中部、西柳沟小学、白庄子小学、老虎沟小学撤并。

11月，教师资格认定工作开始。

是年，张掖地直学校及临泽县、高台县12所城镇中小学对肃南县6所中小学开展"二对一"对口支援工作。

是年，《肃南县中小学信息技术教育发展规划》出台。肃南县二中教职工集资近6.5万元建起微机室。全县有5所学校开设了计算机课。

是年，根据《国务院关于基础教育改革和发展的决定》和甘肃省基础教育工作会议精神，张掖市从2011年起，用三年时间调整中小学学制，把义务教育阶段的学制由"五三制"调整为"六三制"。肃南县各小学从2002年开始执行。

2002年

9月，全县将义务教育阶段"五三学制"改为"六三学制"，当年无小学毕业生，2005年无初中毕业生，2008年无高中毕业生。

9月，明花区学校搬迁至许三湾小学校址，两校合并，沿用明花区学校校名，原明花区学校更名为莲花乡中心小学。

是年，全县先后撤并了15所村小学和教学点，学校由年初的58所调整为43所，布局更趋合理。

是年，肃南县按照"全国第八次基础教育课程改革"的要求，各学校整体开始实施义务教育课程改革，开始学习实践"新课程、新理念、新教法"。

2003年

是年，全县各学校开展"学法律，讲道德，预防违法犯罪"教育整治活动。

是年，肃南县二中、马蹄、明花、祁丰区学校及雪泉乡中心小学开展学校内部结构工资制度改革的试点工作。

是年,全县组织开展了第一届教育科研优秀成果评选活动,18项课题参评。

是年,投资140万元,购置232台,建成计算机多媒体教室13个。同时,将乡村小学"中国广播电视网"提成"中国教育卫星宽带网",完成了肃南县一中、二中的校园网建设。

是年,共争取到各类建设资金近300万元,加大了学校基础建设。

是年,全县各学校开展"非典"预防工作。

是年,农牧民劳动力平均受教育年限达到8.2年。

是年,肃南县教育科学技术局更名为肃南县教育局。

2004年

是年,肃南县结合《关于下达全市农村义务教育阶段家庭经济困难学生免费提供教书专项经费的通知》和《关于下达2003年国家义务教育助学金的通知》文件精神,自筹资金13750元,共计79240元,对1420名贫困学生进行补助。

是年,肃南县教育局制定了《肃南县九年义务教育课程改革实施方案》,大力推进基础教育课程改革。

是年,肃南县教育局被国家评委、教育部授予"全国语文文字使用情况调查工作先进集体"。

是年,肃南县以"全国中小学第一期危房改造项目"为契机,共争取资金591万元,用于部分学校教学楼修建和校舍改造。并结合全县乡镇行政区划调整,开始加快学校布局调整的寄宿制学校建设步伐。

是年,肃南县教育局投资3.2万元,建起了1间"三铁四防"并带有报警和录像监控的保密室。

2005年

8月,康乐学校初中部和白银小学整体搬迁后至现址建成康乐明德学校。

9月,肃南县二中与北滩小学、马营小学三校合并,建成九年一贯制寄宿学校。

是年,全县教师工资由县财政统一发放,标志着"以县为主"教育管理体制的落实。

是年,原教育部部长、国务委员陈至立来马蹄学校视察,对学校信息技术教育给予了高度的评价。

2006年

7月,泱翔沙沟寺第十世唐让加哇活佛被聘为泱翔中心小学名誉校长,开创了新时期宗教人士助学的先例。

7月，肃南县二中被中央民族大学国家"985工程"重大建设项目《中国西部少数民族地区经济文化类型与初中地方性校本课程建构》确立为项目实验学校。

8月，由肃南县二中安维武校长主编的"裕固族乡土教材（共6本）"获"第六届甘肃省基础教育科研优秀成果一等奖"。

是年，肃南县教育局起草了《肃南县中小学分类设置规划》，将全县学校按照发展壮大型学校、成长型学校和扶持型学校进行分类设置，对号入座。

是年，肃南县落实国家"两免一补"政策。共计拨付资金106.4万元，其中中央财政69.6万元，省级财政17.4万元，市级财政3万元，县级自筹18.4万元，为义务教育阶段的学生全部免除学杂费，为寄宿生每人每天补助1元的生活费，为贫困学生提供了免费教科书。

是年，全县落实了历年拖欠的38名教师工资、"三金"等问题。

是年，肃南县制定出台了《关于进一步推进职业教育发展的意见》，大力发展职业教育。

是年，马蹄学校由马蹄寺搬迁至现在校址，新建学校占地面积19018平方米。

2005年和2006年，肃南县落实了生均100元的"一费制"补助资金，两年共投入71.4万元，使中小学生均公用经费达到并超过了省定标准。

2007年

8月，肃南县财政筹资将高中生（包括中职生）纳入"两免一补"范围，还依据初中寄宿生生活补助标准，为高中阶段寄宿生补助生活费，实现了"三免一补"（免学杂费、课本费、住宿费，补生活费）。

12月下旬，全县教育工作会议提出了以"一个中心、两轮驱动、三个保障、四项工程"为工作重点，确立了2008年抓基础、2009年抓提高、2010年见实效、2011年创特色、2012年树品牌的发展思路。

是年，肃南县教育局制定了《肃南县中小学布局调整规划》，新学年撤并了生源少、规模小的村小学6所。

是年，肃南县政府下发《关于批转肃南一中教学管理体制改革方案的通知》（肃政发〈2007〉68号），全县学校教学管理体制改革在肃南县一中先行试点。

是年，全县教育负债2100多万元，其中义务教育"普九"欠债1653.6万元，这制约了学校的发展，消化教育历年欠债成了亟待解决的问题。

是年，肃南县政府将学生公寓和餐厅建设列为当年所办10件惠民实事之一，总投资560.8万元，用于肃南县二中和马蹄学校学生公寓楼、肃南县一中餐厅楼建设。

2008年

1月，裕固族乡土教材《裕固家园》由甘肃文化出版社正式出版发行。县教育局发出了《〈裕固家园〉进课堂》的文件通知。

3月，全县教育工作会议将本年确定为"教育质量年"。

8月，肃南县红湾寺镇幼儿园更名为肃南县幼儿园。

8月，肃南县教育局召开了全县学校管理机制改革动员会议。会议传达了县政府《关于批转全县学校管理机制改革意见的通知》，县教育局聘任了各学校校长。各学校推行以"校长选聘负责制、中层领导竞聘制、教职工全员聘任制、岗位目标责任制、校内绩效工资制"为内容的学校管理"五制"改革。

是年，全县加大学校布局调整力度，集中优势资源，以"一乡一校"为目标，先后撤并村小学、完全小学19所，使学校数由2007的37所，达到现在的18所。

是年，肃南县政府将学生公寓建设和扩大寄宿生免补政策列为当年所办10件惠民实事之一，总投资525.5万元，用于红湾小学、祁丰和明花学校学生寄宿楼建设；将全县高中生纳入免补范围，小学生每生每天补助生活费3元，初、高中学生每生每天补助生活费4元，为寄宿生按家庭所在地往返8次发放交通补助，实现了"三免两补"。

2009年

3月，全县教育工作会议召开，提出"调整、建设、管理、质量、师资、特色、均衡、公平"的十六字方针和"七项举措"。

5月，裕固族乡土教材《裕固家园》分别荣获张掖市第二届、甘肃省第十一届社会科学优秀成果奖一等奖和三等奖。

9月，大河学校并入红湾小学，西水小学并入马蹄学校，黄河湾小学并入明花学校，全县学校数由18所调整为15所。

9月，肃南县教育局举行了全县中小学校园文化建设观摩活动。教育局领导、各科室负责人及全县各学校校长28人参加。

9月，《多元文化乡土教材——甘肃省张掖市肃南裕固族自治县第二中学校本教材》由中国和平出版社正式出版发行。

是年，肃南县教体局扩大中心组理论学习内涵，开辟了"校长论坛"和"教师论坛"。

是年，上海金光集团慈善基金会为肃南县5所学校捐赠图书14000余册，价值24万余元；中石油西北销售公司等企业捐款70多万元；深圳银星集团捐赠电脑200余台；甘肃省教育装备中心配置理化生标准实验室4个，价值22.5万元；张掖市政府和肃南县政府投资49万元完成对7所学校的标准化灶具配备。

是年，各学校累计投资20多万元，用于校园文化建设和学校特色发展。争取第二批"普九"债务化解资金345万元。至此，全县1328万元的"普九"债务全部化解。

是年，肃南县政府将实施大学生救助、奖励政策和扩大免补范围列为当年所办

10件惠民实事之一。制定出台了《肃南县贫困大学生政府救助办法》和《肃南县考入重点本科院校学生奖励办法》，救助考入大学专科高职以上贫困大学生30人，发放救助金10.9万元；奖励考入重点本科院校优秀大学生13人，发放奖金9万元。免除学前幼儿杂支费、保育费、取暖费及每生每天2元的生活费共计19.9万元，从而实现了自幼儿教育到高中阶段教育的"三免两补"，实现了15年免费教育。

2010年

是年，肃南县教育局与肃南县体育局合并，更名为肃南县教育体育局。

3月，肃南县教体局确定本学年为"教师队伍建设年"。

4月，肃南县教体局组织各学校校（园）长、书记、教导主任35人赴酒泉市各县区学校考察学习。

6月，国务院颁布《国家中长期教育改革和发展规划纲要（2010—2020年）》，肃南县教体局相应制定了《肃南县基础教育十二五发展规划》。

7月，肃南县一中举行高中新课改实验教师远程培训动员会，标志着普通高中新课程改革实验在肃南县正式启动。

8月，肃南县教体局总支作为全县唯一的党建机关观摩点接受了全市党建工作观摩。

9月，肃南县中小学校舍安全工程通过全市中小学校舍安全工程督查组检查考核。完成全县中小学校舍用房排查工作，鉴定校舍建筑面积57291平方米，其中：A级13595平方米、B级19711平方米、C级14334平方米、D级9651平方米。

12月，肃南县教体局"构建基础教育一体化均衡发展模式"，获全国第二届地方教育制度创新奖公益评选活动提名奖。

是年，肃南县教育局启动实施了县级名师认定工作，初步认定了11名首批县级名师。

是年，肃南县教体局下发《关于开展藏语第二课堂的通知》和《关于开展裕固语第二课堂的通知》，在裕固族、藏族相对集中的学校开展民族语文第二课堂活动。

是年，争取初中校舍改造二期工程项目资金200万元，校安工程专项资金197万元，香港企业家捐助100万港元及价值80万元的电子白板20套，中石油西北销售公司捐款40万元。唐让嘉瓦活佛向泱翔小学捐赠电脑15台，价值5万余元。

是年，肃南县政府将实施校园安全保障工程和学生营养健康工程列为当年所办10件惠民实事之一。为13所学校配备了专职保安；为9所九年制以上学校配备了兼职校医；筹资400多万元对各学校D级、C级危房进行了拆除、新建和维修，拆除了泱翔小学、大泉沟小学、宝瓶河学校D级危房7栋1070平方米，为3所学校新建达到安全抗震设防标准的平房8栋1200平方米，建成肃南县一中、明花学校和马蹄学校水冲厕所，对肃南县职教中心、红湾小学和马蹄、祁丰等学校的栅栏围墙、校园电路、供暖管道、自来水等进行了新建和改造。9月起，每年投资100万元，全县学生营养工程正式启动，所有在校学生每天可喝到一袋鲜牛奶。

2011年

5月，张掖市教育局对肃南县幼儿园进行省级一类幼儿园评估验收。

7月，由肃南县一中安维武校长主持申报的课题"人口较少民族的教育特色研究——以裕固族为例"被列为全国教育科学"十二五"规划2011年度教育部重点课题。

9月，肃南县一中屈军老师被评为甘肃省首批"陇原名师"。

11月，肃南县教体局召开了全县学校安全工作会议。

11月，中国教育电视台"圆梦百年"摄制组来马蹄学校回访。

12月，肃南县通过国家三类城市语言文字工作省市检查团的评估验收。

是年，肃南一中被教育部确定为第一批"全国中小学中华优秀文化艺术传承校"。

是年，马蹄学校创建成为省级"阳光体育"示范校。

是年，启动了肃南县青少年校外活动中心修建工程和肃南县一中运动场修建工程。

是年，启动了肃南县二中、祁丰学校、明花学校、教师周转宿舍修建工程。

是年，启动实施了《学前教育三年行动计划》，完成了3所乡镇学校附属幼儿园的修改、扩建，学前三年适龄儿童入率达到58%。

是年，全县生机比达到5.6∶1、师机比达到2∶1，信息技术开课率达到100%。全县中小学专任教师中，小学、初中、高中教师的学历合格率均达到了100%。共培养省、市、县级骨干教师65名，省级青年教学能手4名，市县拔尖人才12名，县级名师11名。教师队伍整体素质得到了显著提高。全县高考总考录取率达95%，本科录取率达65%，创历史最高。

是年，全县有寄宿制学校14所，小学生均校舍面积8平方米，初中生均校舍面积19.8平方米，各中小学均达到了"一无两有六配套"。全面消除了2008年以前被鉴定的中小学D级危房。

是年，肃南县全力推进"两基"教育迎国检工作。11月5日，甘肃省政府接受国家"两基"督导检查总结会召开，教育部部长袁贵仁宣布，甘肃省全面实现了"两基"目标，也标志着肃南县"两基"工作通过了国家验收。

是年，肃南县政府将实施中小学标准化图书室建设和实验室装备工程列为当年所办10件惠民实事之一。肃南县政府投资970余万元，为13所学校配备了标准化图书室，生均图书达20册以上；配备实验仪器9600多台（件），配备音体美和卫生器材9100多台（件）；新建了5座水冲式厕所，极大地改善了办学条件。

2012 年

2月，肃南县政府将实施中小学信息化建设工程列为当年所办10件惠民实事之一，计划投资200万元，为全县各学校更换师生计算机。

2月，肃南县各学校开展以"扬奋进之风，弃靡废之气；扬勤勉之风，弃浮躁之气；扬朴实之风，弃奢妄之气；扬清新之风，弃庸腐之气；扬平和之风，弃郁愤之气"的"五扬五弃"为主题的师德师风建设年活动。

3月，肃南县举办首届幼儿教师优质课评选活动。

3月，肃南县教体局配合市教育局开展"张掖市'四新'送教活动"。

4月，肃南县教体局依托教育部"十二五"规划重点课题《人口较少民族的教育特色研究——以裕固族为例》启动了全县教育改革试点项目。

5月，全县教研工作会议召开。

5月，甘南州合作市教育考察团来肃南县考察交流学习。

5月，河西学院在肃南县设立实践教学基地。

5月，启动了康乐明德学校教师周转宿舍修建工程。

[第一作者简介]

蔡世宏（1974—   ），男，汉族，甘肃秦安人，肃南一中中学体育高级教师，主要从事裕固族学校体育研究。

裕固族历史文化读本

阿尔斯兰

目 录

编者的话
第一章 历史源流
 第一节 历史概况
  一、族称
  二、民族源流
 第二节 部落和姓氏
  一、部落概述
  二、各部落姓氏
第二章 宗教文化
 第一节 宗教演变
 第二节 守护神和神山
  一、白哈尔
  二、陕巴美尔
  三、乃曼额尔德尼山
第三章 文字和语言
 第一节 文字演变
 第二节 语言概述
  一、东部裕固语
  二、西部裕固语
  三、裕固语记音符号
第四章 民族风俗
 第一节 日常生活习俗
  一、居住习俗
  二、服饰习俗
  三、饮食习俗

481

第二节　人生礼仪习俗
　　一、诞生礼
　　二、命名礼
　　三、剃头礼
　　四、裕固族姑娘戴头面礼
　　五、婚礼
　　六、寿礼
　　七、葬礼
第三节　民间文化
　　一、民间文学
　　二、民间歌谣
　　三、谜语和格言
　　四、民间乐器
　　五、民间舞蹈
　　六、美术
　　七、民间工艺
　　八、民间体育
　　九、占卜
附录
　　裕固族大头目的祖谱和历代传承

编者的话

　　这册简明《裕固族历史文化读本》刊载在 2007 年第一期《尧熬尔文化》上。现在回头看，无论从结构还是语言都存在很多问题，但是想起编写这本普及类型的小册子的缘起，还是让人感到当时那种青春冲动的锐气的余热还在。

　　我是 2003 年，被著名裕固族作家铁穆尔老师带上母族文化研究这条路的。就在这一年的春天，经过了以铁穆尔为代表的热心民族文化保护研究的几辈人数十年的艰苦努力，在祁连山群山深处的这座草原小镇诞生了裕固族自治县历史上第一所专门的保护研究机构——肃南裕固族自治县裕固族文化研究室。

　　在这之前，我当过基层教师，后来又转行来到了行政上。我从小热爱自己民族的文化，热爱尧熬尔骑马游牧天下的生活方式。伯父托瓦（亚拉格部落末代民间艺人中最著名者，同时也是一位谙熟尧熬尔文化生活方方面面知识的优秀的民间知识分子）、舅爷爷杜曼艾勒赤（亚拉格部落最后一代萨满，同时也是一位远近部落闻名的优秀民间艺人，他的长女曲目塔尔表姨，是非物质文化遗产裕固族民歌国家级传承人）、舅舅阿格格日勒（亚拉格部落末代头目安进朝千户的堂弟，从小受舅舅杜曼艾勒赤耳濡目染，成长为一名优秀的民间艺人）用尧熬尔朴素的游牧文化滋养了幼小的我，奠定了我一生为人处世的态度，使我无论漂泊在何方都深深记得自己是一个尧熬尔牧人的孩子。

刚到裕固族文化研究室的时候，有的就是满腔的热血和激情，当时在铁穆尔老师的带领下，一边是走不完的牧场田野，一边是来不及读完的书本和文章。经过了一年多的摸索，终于暗下决心，一定要为自己的民族编写一本通俗的历史文化读本和一本母语识读教材。多少年过去了，这些都在一点点地变为现实，母语识读教材已经完成了初稿而且依照其进行了两次培训实践。现在这本尘封的历史文化读本要再次修订了。但是由于时间及自身学养浅薄，就连当初想要做到的通俗易懂这点目的都远远没有达到，更不要说其他方面的问题和不足了。

就权当是烂砖一块吧，敬请各位方家和牧人朋友们提出宝贵的意见和建议，以便我下次再修改时参考。非常感谢裕固族研究学界的各位师长和同人们，这本小册子是在你们多年来辛勤研究成果基础上编辑而成的，请原谅我在这里没有一一注出道谢！尤其感谢铁穆尔老师多年来一如既往的支持和关怀，感谢他帮我修改并无私提供大量资料和研究成果！也感谢研究室的各位同人及给予我大力帮助的那么多的同胞们！

第一章　历史源流

第一节　历史概况

一、族称

裕固族是全国28个人口在30万以下的人口较少民族之一，总人口据2000年第五次全国人口普查统计为1.37万，其中近万人集中聚居在甘肃省肃南裕固族自治县境内。

无论是讲西部裕固语或东部裕固语的裕固族人，都自称"尧熬尔"（yovhur）。"回纥"、"回鹘"、"袁纥"、"畏兀儿"均是"尧熬尔"（yovhur）或"维吾尔"（uivhur）的不同汉语译音。名字不同，说的都是一个族群的事。在历史上，不同时代的汉文史籍中对其的音译称呼也不一样。宋代被称为"黄头回纥"，元代称为"撒里畏吾"，明代称为"撒里畏兀儿"、"西拉尧熬尔"，清代称为"西喇古儿黄番"，新中国成立初期称为"撒里维吾尔"。1953年经协商同意用与"尧熬尔"音译相近的"裕固"作为该民族的名称，兼取汉语富裕巩固之意，正式定名为裕固族。

二、民族源流

裕固族是我国历史悠久的民族，它和曾于公元8世纪在蒙古高原推翻突厥汗国而建立的回纥汗国的回纥（后改汉文名称为回鹘）以及由漠北迁到河西走廊的回鹘有密切关系。现今的裕固族是以古代回鹘的一支——黄头回鹘为主体，融合蒙、藏等民族而形成的。

据汉文史料记载，公元前3世纪末，在我国北部和西北部的广大草原地区，分布着许多阿尔泰语系的游牧部落，均属于匈奴（hhun）联盟。所以，也可以说匈奴人是裕固人的远祖。汉、三国时期，回鹘的祖先"丁零"的一部分脱离蒙古高原的匈奴帝国中心，游牧于今河西走廊一带（即今酒泉、武威、黑河下游一带），为后来的回鹘人入居河西开了先河。匈奴主体西迁欧洲后，蒙古高原及中亚各游放人由柔然（awar）汗国统治，柔然人操古代蒙古语。后来，柔然人西迁欧洲后。这一地区由和回鹘人同一种族的突厥汗国统治。至唐初，部分铁勒人又东迁河西，唐朝将其安置于甘州（张掖）和凉州（武威），后来成为河西回鹘的组成部分。

公元6世纪末，铁勒系的袁纥与卜骨、同罗、拔野古等诸部落逐渐联合形成一个以袁纥为核心的部落联盟，史称"外九部"，号称"回纥"，"俟斤"为最高首领。回纥部又分为9个氏族，回纥酋长就产生于"九姓"中的药罗葛氏，均属于突厥汗国。唐高宗永隆中年（公元680年），漠北回纥首领——药罗葛氏独解支，脱离在蒙古高原的突厥汗国中心，将其都督亲属及征战有功者徙于甘（今张掖）、凉（今武威）二州，这一部分人可能成为后来的药罗葛氏（宋朝译作"夜落纥"）建立的甘州回鹘汗国的民众。

到唐武后时期，回纥的一部分迁往河西一带游牧，作为甘州回纥的先驱。公元8世纪末，突厥汗国发生内乱，回纥等部脱离突厥汗国独立，并于唐玄宗天宝三年（公元744年），回纥首领骨力裴罗建立回纥汗国，称"骨咄禄毗伽阙可汗"。9世纪中叶，漠北回鹘汗国在黠戛斯和唐朝南北进攻下崩溃，黠戛斯是今柯尔克孜（或译吉尔吉斯）人的远祖。回鹘各部四散，大部分西迁中亚。其中一支投奔河西走廊及祁连山一带，受制于当地势力强大的吐蕃人，史称"河西回鹘"。后来的裕固族的形成可能受河西回鹘的影响。

大约在唐昭宗乾宁年间后，唐哀帝天佑年间以前（892—904年），即9世纪末、10世纪初，河西地区的回鹘人建立了甘州回鹘汗国。《新五代史》有载："当五代之际，有居甘州、西州者尝见中国，而甘州回鹘数至。"到此，河西回鹘汗国于唐末五代乱世之时，汇聚散处河西地区的各部回鹘，形成河西回鹘汗国，在特定的历史条件下发展壮大，渐渐形成了一些区别于其他回鹘集团的文化特征，这对于后来裕固族的出现具有特殊的历史意义。11世纪初叶，甘州回鹘汗国为西夏李元昊所灭，甘州回鹘各部四散奔离。据记载，其中一部分包括甘州回鹘可汗"夜落隔"的后裔，退出沙州以南，仍过着回鹘传统的游牧生活，这支甘州回鹘余部就是被当时中原史料中称做"黄头回纥"的回鹘人,当时主要游牧于沙州(今敦煌)以南,柴达木盆地以北,西到今罗布泊、若羌一带,同当时于阗国东的城市约昌城(今新疆且末县城西南约15公里处)相毗连。地跨今河西走廊之西南、青海省的西北部和新疆塔里木盆地之东南。据《宋史·于阗传》载:宋神宗元丰四年(公元1081年),于阗黑汗王遣部领阿辛上表,神宗曾问其所经沿途情况,使者答曰:"去国四年,道涂居其半,历黄头回纥、清唐、惟惧契丹抄掠耳。"这里的"黄头回纥"就是裕固族的祖先之一。

13世纪初,蒙古西征。据《元史·速不台传》载:"帝命(速不台)度大碛以往。丙戌(公元1226年),攻下撒里畏吾儿特(勤)、赤闵等部。"即攻下沙州回纥、黄头回纥牧地。《柏朗嘉宾蒙古行纪》亦载:"成吉思汗征服了畏吾儿人后,再从那里兴师,他又发大兵进攻撒里畏吾儿人地区"。居住在今甘肃、新疆和青海交界一带地区。此后,元代把操突厥语的撒里畏吾儿纳入统治范围之内,属甘肃行省,当时甘肃行省首府在甘州(今张掖)。

蒙古及其后的元朝中央政府,都曾不断派兵镇守撒里畏吾儿地区,镇守时间最长、影响最大的是被元朝政府封为武威西宁王、后进封为豳王的出伯及其子孙。出伯是成吉思汗的五世孙,也就是成吉思汗的次子察合台的玄孙,其父是阿鲁浑。出伯本是察合台汗国的宗王,后来在突厥斯坦及河中地区(今中亚五国一带)和窝阔台汗国的海都的战争中失势后,投靠了大都(今北京)的忽必烈政府——他的堂兄弟们,于元朝初年以"诸王"之衔戍守西疆,辖撒里畏吾儿地区,并很快在抵御他的另一部分堂兄弟海都、都哇等人的战争中崭露头角。于公元1304年"以积年防边功,封诸王出伯为武威西宁王"。后"进封为豳王",出伯死后,其子孙一袭武威西宁王衔,一袭豳王衔。系武威西宁王衔者,成为后来的撒里畏吾儿的组成部分,构成裕固族两大源流支系之一,即古代蒙古支系。

综观上述可以看到,从河西回鹘到沙州回鹘、黄头回纥,历经三个世纪,这支操突厥语的回鹘人在特定的历史条件下,在文化特质方面不断吸收新的资源,同天山南北、黄河流域的回鹘人日渐分离,但始终只是回鹘的一个分支,而不是一个新的民族共同体。因此,河西回鹘只是裕固族的先祖之一。13世纪,沙州回鹘、黄头回鹘归属蒙古帝国的统治,蒙古人使这个古老的回鹘群体发生了质变,一个不同于蒙古的新的民族群体正在孕育之中,也就是说,以古代回鹘汗室氏族药罗葛(夜落纥)为首的一支古回鹘人,同蒙古成吉思汗黄金家族的出伯子孙为首的一支古蒙古人相互融合。起源于同一个蒙古高原,并且同属于阿尔泰语系的突厥回鹘人和蒙古人共同孕育着一个新的民族群体,一个不同于13世纪的撒里畏吾儿人——今日裕固人的前身。

14—16世纪,撒里畏吾儿处于察合台汗国(阿尔泰山以南的整个新疆及中亚费尔干纳盆地一带)、卫拉特蒙古人(阿尔泰山南北到巴尔喀什湖及中亚搭拉斯河一带)和明朝三种势力之间,他们都曾先后控制撒里畏兀儿地区。他们每年给察合台汗国、卫拉特蒙古和明王朝送上礼物，送上礼物可说是朝贡或者说是纳贡。后来，明朝在洪武年间，封撒里畏兀儿宗王黄金家族后裔卜烟贴木儿为安定王。还在撒里畏兀儿地区设立半军事性的八个卫所，史称"关西八卫"：安定卫、曲先卫、赤斤蒙古卫、阿端卫、罕东卫、苦峪卫（罕东左卫）、哈密卫、沙州卫。

14世纪中叶到16世纪的撒里畏兀儿，生活在一个瘟疫流行、战火连绵、自然灾害频繁的时代。撒里畏兀儿向东迁徙逃难的原因，可以概括为以下四点：

（一）察合台汗国东进至到13世纪时，今新疆喀什噶尔以东以北各族大多仍处于佛教和萨满教传播地区

14世纪，这一地区的统治者，成吉思汗的次子察合台的后裔——察合台蒙古贵族的部分人皈依了伊斯兰教以后，便开始以武力传播伊斯兰教。他们以叶尔羌、阿克苏、吐鲁番、哈密为据点向东向北进攻非穆斯林民族。

（二）明朝政府软硬兼施的政策

明朝政府一方面用砖茶和封号来试图让西拉尧熬尔地区作为"屏藩"，来阻挡察合台汗国、卫拉特蒙古和其他各种游牧人进攻的可能，实现其羁縻笼络的政策。同时，明朝政府又常常以种种军事行动从东和南讨伐掠夺他们，被认为是"元裔"残余势力的西拉尧熬尔人，每一次征伐都要被掳掠动辄几十万头（只）的牲畜，大量的青壮年人口被俘虏，并被带到内地分散为奴。

（三）内部混乱和残杀

西拉尧熬尔内部各势力的混战往往牵扯进外部各势力，如察合台、卫拉特人和明朝等，从而引起更大的混战。而西拉尧熬尔人也常常参预其他势力内部的混战和残杀。

（四）草原的退化和气候的恶化

自15世纪起，中亚大陆气候日趋干旱。在古代巨大浩渺达5350平方公里的罗布泊在当时已渐渐缩小干枯。阿姆河的茫茫芦苇消失了，昆仑山和阿尔金山一带的草原不断被沙漠吞没，塔里木的沙漠日益扩大，很多草原被沙化和戈壁化。而在那些绿洲农耕地区，人们开始像蚁群般地多了起来。他们活动的足迹扩展到了阿姆河的芦林荒野和兴都库什山与印度接壤的崇山峻岭中，那里是著名的西域狮生长的地方，西域狮到17世纪已绝迹。中亚地区的大风、干旱、洪水、雨雪、冰雹、尘暴等灾害越来越频繁。

这一切，就是撒里畏兀儿人迁徙逃难的主要原因。

汉文史料记载：正统十一年（公元1466年），明朝的甘肃镇总兵官任礼令沙州卫全部入塞，初居甘州。随之，其他诸卫先后东迁入关，明政府的安置原则是"分散安插"。主要安置于"甘州南山"。而"甘州南山"的牧地，就是裕固族民间传说中的"八字墩"（今青海省祁连县野牛沟）草原，也就是以八字墩川为中心的黑河源头，察汗乌苏河——鄂金尼河（今八宝河）和八字墩河（今黑河西支）交汇处的草原。

明朝在撒里畏吾儿地区设的关西八卫中，所谓的"撒里畏兀儿"仅指安定、阿端、曲先三卫部众，罕东、沙州、赤斤卫据史书记载明确为蒙古人。关外诸卫，即这些撒里吾儿人和蒙古人东迁入关后，他们按照当时中亚民族的传统，仍旧由成吉思汗黄金家族的后裔，从前的安定王卜烟贴木儿等人的后裔为领袖来维持内外秩序。安定王卜烟贴木儿就是后来裕固族历代大头目的祖先。也可以说是最后一任大头目、肃南裕固族自治县第一任县长安·贯布什嘉的祖先。

正是这种共同经济生活环境、共同地域条件和共同的政治生活环境，使得一个新的民族共同体——尧熬尔，也就是今天的裕固人逐渐融合形成。

撒里畏兀儿东迁入关，是裕固族历史上的一件大事，也是裕固族的重大灾难，导致人口锐减、牧地缩小、牲畜大批死亡。在裕固人中，不少老人都说自己的祖先是从"西至哈至"迁过来的。在一首流传甚广的裕固族历史民歌中唱道：

听老辈人说着唱着才知道了
西至哈至是我们的故乡
许多年前那里灾难降临
狂风卷走牲畜，黄沙吞没寺院和帐房
……
走过了千佛洞　穿过了万佛峡
………
来到了八字墩辽阔的牧场
登上了祁连山
………

据裕固族的民间传说，东迁时，撒里畏兀儿人主要从事畜牧业及狩猎业。东迁后，居住于肃州（今酒泉）以东的撒里畏兀儿人，因与汉族杂居，逐渐向农耕文化过渡。而聚居于甘州南山的诸部落，仍保持传统的游牧文化，从事畜牧业和狩猎业。崇祯元年（1628年），明朝政府在甘州（今张掖）西南70里处设置梨园堡，派兵驻守，作为辖制撒里畏兀儿人的据点，明政府还颁发给大头目管辖八字墩一带草原的执照。

至清朝，"撒里畏兀儿"被称为"西喇古尔黄番"。清康熙三十七年（1698年），内迁的西喇古尔黄番仍旧游牧于祁连山腹地及南北两麓，疏勒河源头的安定卫的后裔部分迁至今康乐区一带，部分人仍留在黑河以东的鄂金尼苏美（即黄番寺）附近，这两部分人分别成为后来的大头目部落和鄂金尼（曼台部落）部落。

清康熙年间，清朝政府将西喇古尔黄番划分为"七族"，即史称"七族黄番"，并分封部落头目。大头目被封为"七族黄番总管"，赐以黄马褂和红顶蓝翎子帽。同时又实行"分而治之"策略，将居于甘州南山一带，主要操阿尔泰语系蒙古语的诸部落划归梨园营都司管辖；将居于肃州塞内主要操阿尔泰语系突厥语的诸部落隶红崖营，属肃州镇总兵所辖。其中，"黄番七族"又有东五族和西二族之分。后来,"七族"实际上已经演变为十个部落。

解放初曾将"尧熬尔"定名为"撒里畏吾儿",1953年经协商同意用与自称"尧熬尔"译音相近的"裕固"作为该民族名称,裕固族以新的面貌出现在中华民族大家庭的56个民族中间,并以悠久的历史、古老的文化绽放出其特有的魅力。

综上所述,裕固族的形成经历了一个漫长的历史时期,从其直接族源的河西回鹘到其直接祖先"黄头回纥"到元代的"撒里畏吾"到明代的"撒里畏兀儿"数千年的历史,是一个新的民族群体不断从交融中分离,在迁徙中逐渐形成的历史。

第二节 部落和姓氏

一、部落概述

清中期,原来的七个鄂托克诺彦·鄂托克(大头目部落)、浩尔凯·鄂托克(罗尔部落)、乃曼·鄂托克(八个马部落)、杨哥·鄂托克(杨哥部落)、呼郎格·鄂托克(呼郎格部落)、巴岳特塔吾·鄂托克(五个马部落)、亚拉格·鄂托克(亚拉格部落),从中又演化出了额金尼·鄂托克(曼台部落)、赛尔丁·鄂托克(四个马家)、萨格斯德·鄂托克(阿日乃曼/西八个马家)三个新部落,最终形成了尧熬尔十个部落。在尧熬尔人语言中"部落"仍叫"鄂托克",本地的汉语把"部落"习惯叫做"家"。到民国初年时,尧熬尔人的十个部落集团,分别操蒙古语、突厥语、藏语和汉语。

以下是清朝康熙雍正时划分的尧熬尔各部落牧场,这种状况延续到了中华人民共和国成立后的1954年。

(1) Noyon·Otogh(诺彦·鄂托克/大头目部落)

属操东部裕固语的尧熬尔。这一部落也叫做"什开鄂托克(xike·otogh)",意为"大部落"。清中期以后,因为这个部落和其直辖的鄂金尼部落(曼台部落)、谢金部落共同向清朝缴纳15匹茶马,所以在汉语中称这个部落为"十五个马家",也因大头目(尧熬尔诺彦)在此部落,而叫做"大头目家"。

这一部落是由"阿勒坦·乌日古(altan·urevh)"氏族(牙孙)组成。后来这一氏族也叫做"安江牙孙(anjang·jasen)"或"安章兀鲁斯(anzhang·ulus)"即安江氏族。一说安江是西域地名,因为尧熬尔汗和诺彦的大本营曾长期在那里,后来成了王族姓氏。另一说安江即"安定"的转音,因是安定王后裔故称安。尧熬尔的台吉们均属这个部落。游牧社会的特点,使这个氏族自然成为一个部落。这个部落是全体尧熬尔的政治中心和最高世袭首领的大本营。

早在16世纪初,尧熬尔人初到这里之后,就在黑河上游建立了古佛寺(黄番寺),尧熬尔人叫"鄂金尼·苏美",是阿勒坦·乌日古氏族的汗、诺彦和台吉们敬奉香火的地方。他们就是后来的大头目部落的前身。当时,他们游牧于西拉告图(金瑶岭)、察汗乌苏塔拉(野马川)、乃蛮额尔德尼(八宝山)、八字墩川和苏日托莱一带，并以这一地区作为全体尧熬尔人的政治中心。在今祁连县附近，还有他们祭祀过的鄂博，后来叫做"诺彦鄂博"。清雍正年间青海事变后，这一部落渐趋衰微，大部分人马被迫迁到了黑河以西。黑河以东只留下了少数人口，后来这些留在黑河以东的民众自成一个部落，叫做"鄂金尼·鄂托克"，即曼台部落，这一部落在后文中介绍。大头目部落的另一部分人迁到了游牧在西部的亚拉格部落中，这一部分人叫做"谢金·鄂托克"，谢金部落很小。一说他们是大头目派往亚拉格和呼郎格部落的人口。他们的茶马和大头目部、曼台部一同缴纳。他们游牧在距离曼台部落、大头目部落很远的亚拉格部落草原。后来他们依附于亚拉格部落，没有产生多大影响，所以也没有列为一个单独的部落。后来，谢金部落渐渐融入亚拉格部落和呼郎格部落，在清末已改操突厥语。现在他们的后裔仅有几十户人家，其姓氏有：安江、苏勒杜斯、阿克塔塔尔、阿郎、喀尔喀等。分布在今肃南大河乡韭菜沟片、水关片以及皇城区马营片等地。

清代中期，因战乱和瘟疫，大头目部落人口大减。为了补充人口，大头目从其他各部落抽调了部分牧民到自己部落。这些人有西部操突厥语的尧熬尔，也有东部操蒙古语的尧熬尔。他们带着自己的眷属来到了大头目部落。后来，他们就成为大头目部落的组成部分。大头目部落除安江氏族外，其他氏族大多数都是这个时候迁入的。

清雍正年以后，黄河上游以北的蒙古人和尧熬尔人等衰落。藏族部落渡河北上。19世纪中叶，藏族阿柔部落从阿尼玛卿大雪山迁徙到了尧熬尔的希克日·巴尔斯（今门源狮子口）、西拉告图草地，以及蒙古默勒王的草地。几十年后，整个尧熬尔草地的黑河上游各支河流流域都遍布藏族各部落的牧人。藏族人与尧熬尔人没有发生大的冲突，因为此时尧熬尔人已彻底衰落，藏族人轻而易举地占据了大片的尧熬尔牧场地盘。

清朝末年至民国时期，大头目部落人口急剧减少到了20余户人。除了因各种灾难人口减少外，"王族"大头目部落因不断要派遣人口到其他所辖各部落，因而大头目部落的部众也遍布其他各部落。当时，大头目部落游牧于康隆寺周围、巴彦郭勒、阿热勒郭勒（今泉源河）、布尔汗温都尔（东牛毛山）、白音博格达（西牛毛山）、大瓷窑、亚地大坂（九个泉），拉盖大坂等梨园河以东的地区，中心在康隆寺。

大头目部落的后裔现在主要分布于今肃南县康乐乡康丰和巴音两村以及康乐乡所在地和县城红湾寺镇。

（2）Naiman·Otogh（乃曼·鄂托克/八个马家）

属操东部裕固语的尧熬尔。这个部落在汉语中叫做"八个马家"，后又叫做"东八个马家"，以区别于"西八个马家"。因为该部落的尧熬尔名称"乃曼"是东部裕固语"八"的意思，有人便望文生义地解释为"八个马家"，以为该部落缴纳八匹茶马税，这是一个以讹传讹的叫法，实际上该部落向清、民国政府缴纳23匹茶马，并无缴纳过8匹茶马的历史。

乃曼部落除游牧生产外，狩猎比重很大，牧民同时也是猎民。他们长期游牧狩猎在祁连山腹地的深山密林中。清代中期到民国时期,他们游牧的范围是南到祁连山南侧的黑河上游胡鲁斯台、下八字墩、察汗布拉格,北及祁连山北侧的布尔汗温都尔(东牛毛山)、大瓷窑坡,西至拉盖大坂。民国时期,他们有140余户。

乃曼部落的人口现分布于今康乐乡红石窝村、大草滩村、寺大隆村、皇城镇营盘村、大湖滩村、皇城镇所在地、康乐乡所在地以及县城红湾寺镇。

(3) Ijini·Otogh(鄂金尼·鄂托克/曼台部落)

属操东部裕固语的尧熬尔人。"鄂金尼·鄂托克"是"主人的部落"、"君主的部落"之意。"鄂金尼"意为"主人"、"君主"。民国时期,人们又叫这个部落为"曼台部落"、"曼台(montei)",这是一句藏语,意思是"弯曲的角"。据说鄂金尼部落的一个头目头顶长着一只小角,所以周围的藏族人叫做"曼台",视为吉祥之角,后来"曼台部落"这个名称便流传代替了旧的名称。其藏语的名称流传的另一个原因是,自清末民国时期,鄂金尼部落四周迁来了藏族游牧人,藏族人远远多于他们,所以鄂金尼部落深受藏族人的影响。迄今为止,部分人家在家庭生活中有时还在使用藏语。

前面已说过,曼台部落、谢金部落和大头目部落最初是一个部落,同属阿勒坦·乌日古氏族后裔,是自清朝雍正年后分离而形成的三个部落。最初,曼台部落和谢金部落的头目是大头目的堂兄弟。曼台部落和谢金部落系大头目直辖的两个特殊集团。这三个部落的"茶马"赋税由大头目统一收缴。

曼台部落、谢金部落和大头目部落在没有分离以前,游牧范围是一样的,即东起西拉告图(金瑶岭)、希克日巴尔斯(门源狮子口),西至苏日托莱山脉主峰、巴彦尼库和阿木尼尼库、黑河源头等地,南起乃蛮额尔德尼(八宝山)西南的乌兰木仁(大通河上游),北起腾格尔达坂(青大坂)和阿尔斯郎达坂(红达坂)一线。20世纪50年代在青海祁连县附近曾出土一块石碑,上面用汉、满、蒙古、藏文字刻着以上所写到的地名和尧熬尔等各部族的名称。

清朝雍正年间分离为三个部落。同治年间又遭萨尔塔兀勒起义时的战乱,民国时期被马步芳部队侵占。经过周边强族的不断地蚕食鲸吞,到了民国后期曼台部落的牧场已缩小到了鄂金尼郭勒(八宝河)以北,黑河以东的狭小群山之间。

曼台部落在民国初人口已减少至40余户。新中国成立后,1958年曼台部落全部迁徙到了祁连山北侧的皇城滩。所部现分布于肃南县皇城镇北极、北峰以及皇城镇所在地和县城红湾寺镇。

(4) Yanggə·Otogh(杨哥·鄂托克/杨哥家)

属操东部裕固语的尧熬尔人。据说是来源于古代突厥——蒙古部落"汪古"、"雍古"等。他们曾游牧在八字墩川,那里曾建有西拉尧熬尔早期的寺院曼曲告巴,也叫曼曲苏美,塔日巴佛爷主持。这一寺院今有其遗址。这一带鄂博遗址也不计其数。杨哥部落游牧的范围是:祁连山南麓的八字墩川到苏日托莱及乌兰木仁上游。民国初,他们游牧范围缩小到了八字墩河以北的库库郭勒(长干河)、黑藏大坂、热木乔大坂、小白泉、羊沟大坂、黑河滩一带。向清朝、民国缴纳茶马23匹。民国末年，人口已减少至20余户。

现分布在肃南县康乐乡杨哥村，皇城镇向阳、皇城、营盘和大湖滩村一带，以及皇城镇所在地和县城红湾寺镇。

（5）Sairdin·Otogh（赛尔丁·鄂托克/四个马家）

属操东部裕固语的尧熬尔人。汉语中也叫"四个马家"，源于这个部落曾缴纳过4匹茶马。这个部落是清代中期以后，以赛尔丁氏族为主，从大头目部、罗尔部以及其他部落分离出来的各部众所形成的新部落。"赛尔丁"（现在写做"赛鼎"）是这一部落氏族的古名称。一说"赛尔丁"即"赛尔德格"，意为：（终年积雪的）崇山峻峰。另一说，这个氏族源自蒙古族的塞尔丁部落。蒙古族的塞尔丁部分布于青海海西和甘肃肃北一带。他们游牧在大头目部落以东，南起石窑河，西到梨园河，西南到孔刚木达坂。民国末年仅剩8—9户人家。

现分布于康乐乡赛鼎以及康乐乡所在地和县城红湾寺镇。

（6）Guurhekie·Otogh（浩尔开·鄂托克/罗尔家）

属操东部裕固语的尧熬尔人。汉语中叫做"罗尔家"。罗尔部与杨哥部原为一个部落。在清代中期他们的头目有两个妻子，两个妻子分居两处，后来部落也渐渐随之分为两个部分。"浩尔开"就是"两个母亲"之意。罗尔部紧临赛尔丁部落，他们游牧于南起孔刚木、海牙沟，北界纳赫图达坂（松木山），东到石窑河，西到东柳沟、九层牙孜一带。向清、民国政府缴纳9匹茶马。民国末年仅剩18户人家。

现分布于肃南县康乐乡上游、隆丰以及康乐乡所在地和县城红湾寺镇。

（7）Biedtawen·Otogh（巴岳特塔乌·鄂托克/五个马家）

属操东部裕固语的尧熬尔人。汉语中叫做"五个马家"。"巴岳特·塔乌"是"五个巴岳特氏族"之意，"塔乌"就是"五"之意。而"五个马家"是以讹传讹的叫法，因为"塔乌"是"五个"之意，有人便理解为缴纳5匹茶马，所以叫做"五个马家"。实际上这个部落自清到民国始终缴纳23匹茶马，并无缴纳5匹茶马的例子。

巴岳特·塔乌部落游牧于梨园河以西，与大头目部落、赛尔丁部落、浩尔开部落隔河相望。牧场范围是东起梨园河、西至红湾墩、南到土坡郎、北至炭寨子，中心在榆木山附近的经窑寺、红湾、大滩。民国时，该部落人口减少到300多人。

新中国成立后，在20世纪50年代划阶级成分时，巴岳特·塔乌部落成分较高的牧民都被搬迁到了大岔牧场。

这个部落因地处东部和西部两种尧熬尔的交界地，他们的风俗习惯也都受到了两边的影响，这里的大多数人都会讲两种尧熬尔语言（即东西部裕固语）。现分布在肃南县大河乡的大滩、红湾、大岔及皇城镇西城等村，大河乡政府所在地、皇城镇所在地和县城红湾寺镇。

（8）Sakhəs·Otogh（萨格斯·鄂托克/西八个马家）

属操西部裕固语的尧熬尔人。汉语中叫做"西八个马家"，萨格斯部落也叫

"阿日·乃曼"。"阿日·乃曼/arnaiman·otogh"是"北部乃曼"和"北方乃曼氏族"之意。萨格斯和乃曼都是"八"之意，"西八个马家"的名字由此而生，并以讹传讹地流传。这个部落是由操东部尧熬尔语和操西部尧熬尔语的人混居形成，后来操西部尧熬尔语的人逐渐占了多数。从服饰上仍可以看出风俗习惯互有影响，如妇女的帽饰仍然和操东部尧熬尔语的人相同。

萨格斯部落曾游牧于祁连山南麓的八字墩川、苏日托莱及乌兰木仁一带。清末，他们迁徙到了梨园河上游两岸及红湾寺周围。东接浩尔开部落，南临杨哥部落，东北接巴岳特·塔乌部落和亚拉格部落，西到水关的呼郎格部落。民国时仅剩30余户。向清、民国政府缴纳茶马23匹。

现分布于大河乡松木滩、大岔、老虎沟及皇城镇西水滩等村和皇城镇所在地以及县城红湾寺镇。

（9）Yavhlakhər·Otogh（亚拉格·鄂托克/亚拉格家）

属操西部裕固语的尧熬尔人，汉语中叫做"亚拉格家"。他们游牧于巴岳特·塔乌和萨格斯以北的地方，摆浪河［bieran ghol］两岸到红崖子、新坝、暖泉以及走廊北缘的戈壁沙漠包括东、西海子一带。后来牧场缩小，分为明海一片和东岭、西岭、光华一片共两部分。民国时，亚拉格部落有190余户人口。向清、民国政府缴纳13匹茶马。

现分布于大河乡西岭、东岭、光华、大岔等村（原韭菜沟片的年龄较大的人大都兼通东、西部两种裕固语）、明花乡明海片、皇城镇金子滩片以及大河乡所在地、明花乡所在地和县城红湾寺镇。

（10）Hhorongghed·Otogh（呼郎格·鄂托克/呼郎格家）

属操西部裕固语的尧熬尔人。汉语中叫做"呼郎格家"。他们游牧在亚拉格部落以西，夹山以南的戈壁到南山水关一带，部分地区连接着藏族的哈拉图格部落（即今祁丰藏族）。后来牧场缩小，分布在莲花寺一带和南山的西岔河一带。向清、民国政府缴纳茶马18匹。现分布在肃南县明花乡莲花、前滩片、大河乡西岔河村、明花乡所在地、皇城镇所在地及县城红湾寺镇。

1949年新中国成立后，在各部落基础上成立了各乡政府。这种状况到1959年，因草原边界的重新划分而调整后被打乱了。

除以上10个尧熬尔部落外，还有一个特殊的集团。酒泉市黄泥堡尧熬尔属操西部裕固语的尧熬尔人，目前全部使用汉语。据记载，明代1488—1506年就有裕固人生活在那里。他们从清代中期开始经营农业。部分人口是清代1636—1662年迁去，还有部分人口是清朝几次西征准噶尔和青海时从梨园河一带的南山逃难到了那里。主要以萨格斯部落和呼郎格部落的人为主。当时在酒泉地区的南乡、北乡、嘉峪区、上黄泥堡和下黄泥堡等地有许多尧熬尔人。1958年酒泉上黄泥堡和下黄泥堡共有112户人家。

所部现主要分布在酒泉市黄泥堡裕固族乡及周边地区。

二、各部落姓氏

裕固族各部落都有若干氏族，西部地区叫"黛勤"，东部地区叫"牙孙"。这些黛勤或牙孙组成部落"鄂托克"，再由鄂托克组成大兀鲁斯。

分布在操突厥语族语言的尧熬尔中的姓氏

本族姓氏（牙孙或兀鲁斯）	汉姓
安 江　anzhang	安
妥鄂什　tovhoshi	妥
索格勒　soghal	索
亚拉格　javhlakhər	杨
斯 那　sina	白
阿克塔塔尔　akhətatar	白
巴 苏　basoud 或 bukhis	巴
呼郎格　hhorangghəd	贺
霍尔勒　hharaləgh	贺、郎
钟鄂勒　zhungal	钟
帕勒坦　paldavh 或 paldan	潘
增斯恩（增柯斯）　zhəngghəs	郑
巩鄂拉提　ghongərad	郭
喀尔喀　khalkha	柯、哈
克孜勒　ghəzələvh	洪、黄
阿郎（阿兰）　vhlang 或 əghlan	郎
杜曼　duman	杜

分布在操蒙古语族语言的尧熬尔中的姓氏

本族姓氏（牙孙或兀鲁斯）	汉姓
安江　anzhang	安
巩鄂拉提　ghongərad	郭
巴岳特　bayad	白、吴
克烈　kered	贺
阿郎（阿兰）　vhlang 或 əghlan	郎
鄂盖尔（或"戈尔恰合"）　vhəker 或 khəqakh	高、李

续表

本族姓氏（牙孙或兀鲁斯）	汉姓
喀尔喀　hhalkha	葛
苏勒杜斯　sultus	苏
顾林那合首　kulingnakhshou 或 kuling	顾
常曼　changman	常
兰恰合　lanqakh	兰
柯尔克孜　khərvhəz	耿
蒙古勒　mongghol（也说"恩郭热 angkura"）	孟
冲萨　chongsa	孔
浑　hhun	黄、安
贾鲁格　jalugə	贾
绰罗斯　qaoros	左
卫拉特　φrt	艾、安
齐鲁　chilu	石
帖木儿钦　[t'emurtʃ'in]	铁
克丹　[kədən]	朵
杜曼　[toman]	杜
吐尔古斯　[turgush]	？

语言不同的两部尧熬尔均有分布的姓氏

本族姓氏（牙孙或兀鲁斯）	汉姓
安江　anzhang 或 anjang	安（为尧熬尔人第一大姓）
巩鄂拉提　ghongərad	郭
喀尔喀　khalkha	柯、哈
克孜勒　khəzlikh	洪、黄
阿郎　vhlang 或 əghlan	郎
杜曼　duman	杜

第二章　宗教文化

第一节　宗教演变

从裕固族现实生活中所呈现出的宗教文化的相互交融和多种多样可以看出，裕固族在自己漫长的历史延续中，曾经信仰过多种宗教，其中可以肯定的是如萨满教、摩尼教、古西域佛教、藏传佛教都是裕固族在历史上先后信仰过的宗教，并对其社会生活等产生过深远的影响。

作为原始宗教的萨满教，可以说是古代北方游牧民族普遍信仰的古老宗教，操满——通古斯语的满族、鄂伦春、鄂温克、赫哲、锡伯族，操突厥语族语的维吾尔、哈萨克、柯尔克孜、塔塔儿、土耳其、乌兹别克等，操蒙古语族语的蒙古、达斡尔等民族都是信仰过萨满教的民族。广义的萨满教包括萨满出现以前的自然崇拜、图腾崇拜、祖先崇拜等一些原始宗教。

在汉文史料中，关于古突厥人和回鹘人的宗教信仰，据记载，有一共同点就是都崇拜天，即自然崇拜。"天"在古突厥人和回鹘人心目中有至高无上的地位和强大威力。北方诸多民族，都把天和神用同一名词——"腾格里"来表达。裕固族的天崇拜也由来已久，称天为"腾格里"（teŋger），历史上每年农历六月六日都要举行敬奉"汗腾格里"的仪式，民间把举行这一仪式作为盛大的传统节日来对待。这一天，地方头目、宗教人士、普通民众汇集在一起，到重要的水源处诵经叩拜，求雨祈福，并进行欢聚游戏，认为"汗腾格里"能为地方和生灵避邪消灾，带来平安吉祥。

裕固族人民在传统上崇拜天、地、日、月、星、虹、雷、山、川、草、木、石等大自然，并将其人格化、神化。赋予它们既是人，又是神的双重含义，经常进行祭祀活动。裕固族的萨满，裕固语称"艾勒赤"，艾勒赤是神的代言人，即人与神之间的"使者"，它是古老的突厥语词汇。与其他阿尔泰民族相比较而言，裕固族的艾勒赤没有特殊的服装，法器也很简单，主要有神杆、神灯和祭品勺，跳神时还用鼓，与众不同的特点是留长发，披在背后，上面辫着许多各色布条。平时不梳洗头发，每年阴历除夕才梳理一次。与常人一样，可以结婚生儿育女。艾勒赤通常多为男性，也往往将自己的儿子培养成新一代艾勒赤。

艾勒赤最主要的祭祀活动就是祭"腾格尔汗"。腾格尔汗是裕固族人最大的神。请"艾勒赤"祭"腾格尔汗"活动一般每年举行两次。一次正月初开始，每家都必须请，一直轮到二月初。一次是在立秋后，但不是每家都举行，也不比正月隆重。其次，艾勒赤还要应邀为牧民家举行送酒治病（如有人患重病，长期不愈，一般在腊月里请艾勒赤来念经送酒治病）；祭羊消灾（如果家中不平安，如：家人时常患病，牲畜常患病、丢失、死亡等，就可以请艾勒赤念经祭羊消灾）；煨桑驱病（若遇小病小灾，也可以请艾勒赤煨桑念经驱病，用奶茶就着发辫上的布条喝了治病）。据调查，艾勒赤祭祀念经时所用的是古突厥语，在东部地区也一样。

摩尼教文化的遗存在裕固族文化中反映的最少，也许这和民族大迁徙有关，也许摩尼教是外来宗教，没有深刻的思想基础。但是摩尼教的主要传播特征之一就是集商业、宗教于一身，摩尼教在回鹘的传播也是如此，因而，可以说摩尼教在裕固族先民——回鹘人中也产生了一定的影响。

古西域佛教与摩尼教在回鹘时期是并列出现的，藏传佛教在裕固民族中的兴起，始于蒙古阿勒坦汗时期，而深入推广并成为主要信仰则始于武力保护和扶植格鲁派的卫拉特蒙古的固始汗来到青藏地区后的17世纪中叶，也就是尧熬尔在东迁至祁连山100年后。藏传佛教传入后，首先大力兴建藏传佛教寺院。寺院的不断兴建，发展到后来，裕固族地区每个部落都有自己的寺院，因而，藏传佛教自然地成为了裕固族人民的主要信仰，并成为了本民族的民俗主体，直接影响着裕固族人民的民族意识和民族精神，充分体现着裕固族人民的价值观、伦理观、世界观等。宗教意识和宗教活动渗透了裕固族人民生活的各个领域，形成了一整套的宗教体系，成为他们精神力量的源泉和行为准则。

佛教传入后，裕固族把佛教作为自己的信仰，认为释迦牟尼是最伟大最神圣的权威神，佛祖观念极其深厚，在生产生活中虽然经常遭受野兽、风暴等自然的侵害，但是却时刻不会忘记人类的主宰神。每天都要进行祷告、祈求保佑平安。

随着历史的发展，裕固族地区的宗教活动虽然减少了，但是仍保留着一些民族习俗。如参加寺院举办的佛事活动、祭鄂博、家中供奉佛龛、丧葬时请喇嘛诵经超度等。

寺院组织的佛事活动每年定于正月、四月、六月、十月举行，每月的十五还要举行一次小会，活动期间信教群众都会自愿来寺院参加活动，烧香磕头，敬佛祈祷，听诵佛经。正月大会为其中最大的一次聚会。过会时，寺院要炸油果子、做馍馍、宰羊等。聚会的人们都要尝尝诵经后的糖和枣等食品。这一天，男女老幼都会穿着一新到寺院烧香、点灯、敬佛，僧人也会为大家跳"查玛"，寺院还会举办酥油花展等活动。四月大会为斋戒节，寺院的喇嘛、僧人要闭斋两天，十四至十六日禁闲谈、忌食荤菜、辣椒、葱蒜等，只喝些酥油茶，喝茶时要先漱口。开斋那天，僧人漱口后，先吃一种用红枣、葡萄、米饭拌酥油的开斋团子，然后凡到寺院的人们都要分吃开斋团子，以祈求平安吉祥。

祭鄂博作为裕固族对天神和山神崇拜的仪式普遍又严肃，是规模最大、参与人数最多的祭神活动。无论是过去还是现在，特别是改革开放以后，祭鄂博不仅仅是宗教祭礼，更重要的是这一活动在传承民族文化，展示民俗风情，振奋民族精神，增强民族向心力的同时，还承载着新的使命。如利用这一盛大聚会开展文体活动，化解草原民事纠纷矛盾等，因而，祭鄂博已成为裕固族牧区每年最盛大的聚会。

鄂博的建立因其原因各异而作用也不尽相同，当然大部分鄂博的建立是为了祈福禳灾，保一方人畜平安，风调雨顺，但也还有部分鄂博的建立是因盗贼、狼害、强盗、疾病的横行或是猎人狩猎的需要而建的。同时也还有以家族为单位建立的，因而祭鄂博的时间也就因其祭拜的主神不同而其意义作用也不同，部落习俗的个别差异有所不同而没有统一的时间，但有其固定的祭祀时间，而且祭祀时间都是在建鄂博初由寺院的喇嘛高僧择定的日期。

鄂博一般建在山顶，山岔（崖豁）或山坡上，其建立的位置、祭祀时间均由大寺院（如裕固族绝大多数去塔尔寺）的喇嘛高僧根据建鄂博的目的、作用，民众住牧地的地形地理情况等，经诵经、占卜等各种仪式后最后确定。鄂博的祭坛是用柏木制作成的一个方形木框架栽在地上，正中竖一个高高的幡杆，杆顶上饰有日月型图案，杆上挂满大大小小写有经文和图案的嘛呢旗并向四周延伸拉有牛、羊毛绳，绳上拴满了哈达、牛羊毛等，在鄂博旁较平坦处建有煨桑台（池）。

祭鄂博的时候牧民们会从四面八方骑着马，背着煨桑用的柏树枝、酥油、青稞、奶子、酒等用品赶来。祭祀开始后，人们在喇嘛的诵经声中，一面煨桑，一面按顺时针方向围着鄂博转圈磕头，以求风调雨顺、人畜平安。等到祭祀仪式结束后，紧接着再举行赛马等文体活动和其他聚会内容。

鄂博的祭祀形式可分为三种。一是个人祭祀：出门人路遇鄂博时，捡路旁白石头垒于其上，然后燃柏香（如身边带有），膜拜祈祷，以求保佑出门平安大吉。二是家庭祭祀：家有不祥之兆，遭遇灾祸或家族鄂博祭日时，家长带全家人带着祭祀用品到鄂博上祭祀，祈求驱灾降福。三是部落或全村祭祀，如前所述。

裕固族聚居区祭鄂博的详细情况见下表：

裕固族鄂博祭祀情况统计表

鄂博名称	鄂博地址	祭祀时间（农历）	主要祭祀群众	所在乡镇	备注
青龙鄂博	北极村黑山顶	5月15日	北极村群众及附近居民	皇城镇	1994年新建
托垭岇鄂博	北峰村托垭岇	6月15日	北峰村群众及附近居民	皇城镇	1991年新建
骟马沟鄂博	东滩、皇城村骟马沟	5月15日	皇城村向阳村居民	皇城镇	
大湖滩鄂博	大湖滩村小农业	6月15日	大湖滩村及附近居民	皇城镇	1995年新建
北极山鄂博	营盘村北极山	4月15日	营盘村及附近居民	皇城镇	1995年新建
小泉沟鄂博	金子滩村小泉沟	5月1日	金子滩村西水滩村居民	皇城镇	1994年新建
扫马泉鄂博	西城村扫马泉	5月3日	西城村及附近居民	皇城镇	1994年新建
东牛毛鄂博	大草滩村东牛毛山顶	4月11日	红石窝大草滩及附近居民	康乐乡	1994年重建，1958年前主要有康隆寺祭祀

续表

鄂博名称	鄂博地址	祭祀时间（农历）	主要祭祀群众	所在乡镇	备注
西牛毛鄂博	巴音村西牛毛山顶	4月11日	巴音、康丰两村及附近居民	康乐乡	1994年重建
察汗加琪鄂博	寺大隆村桦木沟垭岔	5月11日	寺大隆村全体群众	康乐乡	1986年重建
拉克鄂博	杨哥村拉克垭岔	4月11日	杨哥村全体群众	康乐乡	1995年重建
久斯坑鄂博	寺大隆村久斯坑沟	4月15日	寺大隆村部分群众	康乐乡	1999年重建
盛怒鄂博	杨哥村角尔傲顶	4月15日	杨哥村部分群众	康乐乡	1999年重建
浩软巴斯鄂博	赛鼎马莲沟		赛鼎村群众	康乐乡	
上鄂博（素鄂博）	黄土坡村	2月2日	黄土坡村群众	明花乡	
下鄂博（荤鄂博）	湖边子村	2月4日	湖边子村群众	明花乡	
石头鄂博	莲花寺火车站以西	1月18日	贺家墩村群众	明花乡	
海子湖鄂博	明海海子湖畔	4月16日	明海片群众	明花乡	
小海子鄂博	小海子村	1月15日	小海子村群众	明花乡	
前滩鄂博	刺窝泉村巴家南滩	6月1日	前滩片群众	明花乡	以前在前滩"石爷爷"不远处有一鄂博，在1950年代破除封建迷信时停止祭祀。1998年重建时，因鄂博旧址被酒泉占居，无法恢复，故另选地址建立，现每年都祭祀
前滩鄂博	前滩南部		前滩片群众	明花乡	未重建
刺窝泉鄂博	刺窝泉村地上庙疙瘩西	2月19日	前滩片群众	明花乡	未重建
凯自克拉鄂博	西岭村满淌河	6月1日	西岭村群众	大河乡	
盖斯克鄂博	光华村盖斯克塔拉	6月10日	韭菜沟片群众	大河乡	

续表

鄂博名称	鄂博地址	祭祀时间（农历）	主要祭祀群众	所在乡镇	备注
东岔鄂博	西河村	4月15日	水关片群众	大河乡	
前大坂	西岔河村	4月1日	西岔河村群众	大河乡	
九个台子	雪泉九个台子	7月4日	雪泉片及城区附近群众	大河乡	2006年重建

红湾寺镇三个宝塔说明

香池布·乔尔天　汉名：菩提塔。裕固名：宝德·苏布尔哈。2006年7月1日建于县城公路段西南。佛教八舍利塔之一。起源于释迦牟尼在印度摩竭陀国王舍城中证正等觉处所建佛塔。塔身四级四方。有压煞气的作用。

南穆加·乔尔天　汉名：尊胜塔。裕固名：德英叶楼三·苏布尔哈。2006年7月1日建于县城峡门口。佛教八大宝塔之一。起源于释迦牟尼为使寿量延长三月而加持时，在印度比耶离（广严）城中所建佛塔。塔月圆形，分三层。有让人长寿健康等作用。

艾燕旦·乔尔天　汉名：和好塔。裕固名：艾布修勒合·苏布尔合。2006年7月1日建于县城夹心滩。佛教八大佛塔之一。起源于在印度提婆达多分离僧伽，佛命二圣化度使归和好如初，即王舍城中所建佛塔。塔身台阶四级，四方等齐。有驱邪避妖，团结和好等作用。

（注：根据塔尔寺的柯旦巴老人、县城的罗布藏皂巴老人的解释和《汉藏蒙对照佛教词典》、《汉藏大辞典》等整理。）

第二节　守护神和神山

一、白哈尔

裕固族有若干守护神，除祭祀腾格尔汗等主要的神以外。裕固族人还一直保持着祭祀守护神"白哈尔[behhar]"的传统。守护神白哈尔在神山杰乌拉尔，杰乌拉尔在今肃南县马蹄乡二加皮村的山地草原。如今藏族加布茨部落（即今马蹄乡二加皮村）居住放牧的杰乌拉尔山一带，是古代甘州回鹘人的神地之一，这一点是众所周知的事，尤其是藏传佛教地区，对此事的资料记载非常丰富。据记载，吐蕃王赤松德赞时，莲花生要指定一位桑耶寺的守护神，莲花生根据龙王苏普阿巴的建议，要从霍尔地方请一位伟大的神。按莲花生之意，吐蕃王赤松德赞派大将达扎路恭率军队越过了祁连山打败了"巴达霍尔[bandahor]"（即甘州回鹘），占领了回鹘人的中心甘州及甘州南山的神地杰乌拉尔，并请走了回鹘人的守护神白哈尔，搬走了回鹘人禅院的财宝。白哈尔被吐蕃人请走后置于桑耶寺，被西藏万神殿接纳。700年后，到了五世达赖阿旺罗桑加措时期又移置于乃琼寺，所以在藏语中又叫白哈尔为乃琼杰乌。这个神统治了全部藏传佛教地区。相传裕固人去拉萨乃琼寺磕头，白哈尔神会感动而降下。20世纪初，裕固族活佛智华（1875—1948年，支扎寺的第一世智华活佛，名叫智华加木参，也叫阿克仁波且，号为爱英旦锦美罗基。裕固族鄂金尼部落克烈氏族人。）去乃琼寺磕头时，白哈尔神从高处降下拥抱了智华。裕固人祭白哈尔可能是因为裕固人东迁到祁连山后继承了远祖之一甘州回鹘人的传统。虽然历史上记载白哈尔神被请到了拉萨，但裕固族人一直到1958年前为止，他们常常去杰乌拉尔祭白哈尔神。而路过那里则一定要下马祭祀。传说杰乌拉尔神山上住着以主神白哈尔为主的五大神，藏语名称是：主中部的俄由西土格吉杰鲁神（voyoxitogjijalu 此神即白哈尔）、主东部的河由西斯格吉杰鲁（voyuxisəgjijalu）、主南部的拉布西元旦吉杰鲁（labxiyondanjijalu）、主西部的那布希桑给吉杰鲁（nabxisəgjijalu）、主北部的香恩希俄成里杰鲁（xiangxighchə nglijalu）。这被叫做尧熬尔五大神。

二、陕巴美尔

传说陕巴美尔（xambameri）是古代尧熬尔人的一个大将，死后成为守护神，陕巴美尔的陵墓在今马蹄寺一洞窟中，现在洞窟里面部分塌陷，顶部的石块已掉下来压在了众多的"察察"（泥塑小佛像）上。

距离甘州回鹘首府张掖（古代甘州）不远的马蹄寺是古代甘州回鹘的神地之一。1958年前，裕固人去马蹄磕头朝圣时一定要去祭祀陕巴美尔。据记载和民间口述：历史上确有陕巴美尔其人，是甘州回鹘人的可汗（一说为大将）。在藏族、蒙古族、土族和裕固族中流传的《格萨尔》中有其演绎的故事。故事中说穿红盔红甲骑红马的陕巴美尔是古代白帐霍尔地方大将，死后由格萨尔作法事超度火化，修建宝塔后将骨灰葬于塔内。如今裕固人已作为祖先或守护神来祭祀。

三、乃曼额尔德尼山

裕固人叫做乃曼额尔德尼（naiman erdeni）的雪山是今青海省祁连县的牛心山或八宝山，藏族人叫阿米洞赛，无论是藏语名还是汉语名都是后来的名称。裕固人的先辈们东迁到祁连山后，中心牧场就在乃曼额尔德尼一带，他们以乃曼额尔德尼为神山，认为是整个祁连山地区的镇山。乃曼额尔德尼即"八宝"之意。山下有裕固族人古代的鄂博遗址。附近不远处是古代裕固人的鄂金尼寺院（汉文史料中叫"古佛寺"、"黄番寺"），今有这座寺院的遗址。乃曼额尔德尼一带自19世纪末叶到20世纪初叶就已经渐渐为裕固族人失去。1958年甘肃和青海两省划界后，裕固人已经很少去那里。

第三章 文字和语言

第一节 文字演变

在中北亚地区及中国北方,无论是操突厥语的民族还是操蒙古语的民族都曾有过轰轰烈烈的历史和文化。如果说属突厥语族和属蒙古语族的裕固族没有文字,那是违背历史事实的。

回鹘人生活在古代东西文化交汇之处的西域,古代中国文化、印度文化、波斯—阿拉伯文化和突厥文化、伊斯兰文化在这里互相交汇,彼此影响。在这样的文化氛围中,回鹘人吸取东西方各种文化的精髓,形成和发展了富有特色的回鹘文化,对东西方之间的文化传播和交流作出了重要贡献。其中,回鹘人在语言文字学方面的成就格外引人瞩目。

回鹘人在早期使用古代突厥文字,因这种文字在外形上与古代突厥如尼字母相似,所以称之为古代突厥如尼文,漠北回鹘汗国葛勒汗(747—759年在位)的记功碑就是用这样的文字书写的。

回鹘文起源于粟特文,创作时间约在公元8世纪,回鹘人受粟特文化的影响很深,粟特史称"昭武九姓"或"九姓胡",其居住地大约相当于撒马尔汗和布哈拉,粟特人曾对回纥及其文化产生过重要作用。粟特文是由一种地区性的阿拉美(Aramie)文发展演化而来,其后又受到聂思脱里文字的影响,按字母在词中位置的不同(词首、词中、词尾)而改变写法,后来又受到汉文的影响,把从右到左横写改为从上至下竖写。回鹘文是在粟特文基础上创建的一种音素文字,字母约19—22个,回鹘人在西迁之前就开始使用(大约在8世纪),其确切的开始使用年代没有明确记载,但广泛使用是在9世纪中叶回鹘西迁后。西迁后的回鹘用这样的文字记录、翻译、创作了大量的文献,此文献大体上分宗教类、世俗类、文书类和碑铭类。

宗教类为佛教、摩尼教、景教(基督教的聂斯托利派)的经典文、赞美诗、圣贤传、忏悔录、愿文、感应记、教理问答等。回鹘文宗教典以佛教的文献最多,绝大多数是手抄本,元代开始有木刻本。大多数回鹘文佛经的形式为所谓"梵夹"式,即左边画一圆圈,中有穿孔。木刻本则为汉族的"折叠"式或"册子"式,并且用汉文标写页码。回鹘文佛经大部分译自汉文,如《金光明最胜王经》、《俱舍论安慧实义疏》、《阿含经》、《八阳神咒经》等。有人认为,回鹘纵然不是把全部《大藏经》译成回鹘文,至少也是把《大藏经》的经、论两部分的主要著作先后译成回鹘文。

回鹘文碑刻文献目前仅发现有6方:《乌兰浩木碑》(1955年在蒙古国西部乌兰浩木发现,有八行回鹘文字,年代无法确定,但可说明回鹘最早在西迁前就开始使用这种文字了)、《亦都护高昌王世勋碑》、《木都木洒里修寺碑》、《大元肃州路也可达鲁花赤世袭之碑》、《造塔功德碑》和《重修文殊寺碑》。回鹘文文献以佛教内容为最多。

社会经济文书和天文与历法文献有西域、敦煌出土的回鹘文社会经济文书约有400多件，涉及古代回鹘人的社会生活、土地制度、赋役制度、高利贷、阶级关系、民族关系等方面。在吐鲁番出土的回鹘文文献中，有天文、历法文献、医学文献、书信、家庭档案，还有敦煌、西域石窟中为数丰富的回鹘文题记等。回鹘文按其特点可以分为草体、书写体、写经体和雕版印刷体等。在敦煌发现的900多枚回鹘文活字，字体也基本类似雕版印刷体。而回鹘文则在新疆东北部和甘肃的回鹘人中长期通行。在哈密、吐鲁番一带，回鹘文使用到15—16世纪。在甘肃酒泉发现的回鹘文《金光明经》本则刻成于17世纪。这里就是当时裕固族先民们活动的地区，也证实了裕固族先民直至17世纪还在继续使用祖先古老的文字。

鄂尔浑回鹘汗国创制的回鹘文曾对周围民族的文化发展产生过巨大影响，如回鹘文曾作为元朝以及后期金帐汗国的官方文字。维吾尔人把回鹘文传给了蒙古人，蒙古人在此基础上创制了回鹘式蒙文使用至今。满族人又从蒙古人那学会并创制了满文。辛亥革命后，满文不再使用，可是新疆的锡伯文却一直沿用至今。回鹘文发展过程中，回鹘人又创建了回鹘文活字印文，对中国活字印刷术作出了贡献。

1957年裕固族社会历史调查小组在金泉区景耀乡（今大河乡）遇到一位操东部裕固语的人叫"安提经僧家"的说："据我们的先人说，萨迦班智达的时候，曾经给我们造了文字，但没有传下来，其原因，有人说，文字没有造完全，也有人说，虽然造了文字，但没有施行开。"安提经僧家的这些话是有根据的。他说的就是元朝元世祖忽必烈让帝师八思巴根据藏文和梵文创制的蒙古新字（即八思巴字）。元世祖诏令全国通行，不仅拼写蒙古语，还要拼写一切语言。安提经僧家说："没有造完全"完全合乎事实，当时因八思巴新字不合乎蒙古语连缀体的特点，随着元朝的灭亡八思巴文字也就没有人用了。但裕固族喇嘛和老人们都说这就是裕固族的文字。安提经僧家又说："有人说，虽然造了文字，但没有使用开"，他说的是事实。萨迦喇嘛创制新字后，到至元六年（1269年）颁行全国。元世祖曾经下诏："朕惟字以书言，言以纪事，此古今之通制，故特命国师八思巴创制为蒙古新字，译写一切文字，期于顺言达意而已。今后凡有书颁降者，皆用蒙古新字，仍各以其国字副之"。蒙古皇帝下过诏书了，新字在各种场所中都使用了一段时间，并且有相当的影响。但在操蒙古语的人民中回鹘体蒙古字似乎更适应，并且继续发挥着作用。

汉文史料记载：当时的"关外八卫"给明朝的文书中，有回鹘文、蒙古文（回鹘体蒙古文）。无疑，后来裕固人的祖先还在一段时间内使用回鹘文和蒙古文（回鹘体蒙古文）。

据罗布藏皂巴老人说，1958年前大部分的寺院和有些人家有八思巴字的经书，藏族人叫做"霍尔·意格"（意为：蒙古字），但都在"反封建"运动中烧毁了。

无论怎么说，裕固族的祖先不仅有文字，而且使用过不只是一种文字。东迁祁连山后部落缩小。加之接受藏传佛教后，渐渐在宗教上或很小的官方范围内使用藏文。到1949年后，开始接受汉文。1958年广泛普及了汉文，直到现在。

第二节 语言概述

裕固族各部落分别使用东部裕固语、西部裕固语、汉语、藏语四种语言。裕固族使用东、西部两种本民族语言，其中东部裕固语属于阿尔泰语系蒙古语族，生活在自治县境内东部地区的裕固族原属西凯鄂托克、浩尔盖鄂托克、乃曼鄂托克、赛鼎鄂托克、杨哥鄂托克、巴岳塔温鄂托克、曼台鄂托克七个部落的部众，也就是今天分布在康乐乡、皇城镇东滩片、北滩片和马营片的西城村及大河乡韭菜沟片的红湾村和大滩村的裕固人使用的语言；西部裕固语属于阿尔泰语系突厥语族，生活在自治县境内西部地区的原属亚拉格鄂托克、贺郎格鄂托克、萨格斯鄂托克等部落的部众，也就是今天生活在大河乡、明花乡和皇城镇马营片金子滩村和西水滩村等地的裕固人使用的语言。

西部裕固语属阿尔泰语系突厥语族，前苏联著名突厥语言学家马洛夫（Malov, S. E.）将它归入保存古代突厥语特点较多的"上古突厥语"，并指出它是回鹘文献语言的"嫡语"。东部裕固语属阿尔泰语系蒙古语族，是蒙古语族诸语言中最接近蒙古语的一种语言，保留了中世纪蒙古语的许多特点。因为，裕固族长期以来游牧征战迁徙的历史，尤其是东迁到祁连山区和河西走廊以后，处在南接青藏文化圈、北依蒙古游牧文化圈、东与中原汉文化相通、西与中亚和欧洲文化交汇的枢纽地理位置，不仅吸纳了周边强势文化许多影响，而且在这种多元文化的夹缝里边缘化生存发展的过程，又使它远离母体文化难以同步发展，因而反倒保留了同源传统文化的更多的特点，这一点在其文化载体——母语方面表现得尤为突出。西部裕固语1—29基数词倒阶梯型的古老形式、东部裕固语中世纪蒙古语许多特点的保留等就是证明之一。因此，东、西部两种裕固语因其独特的语言学价值，自20世纪初以来就受到了中外学界的广泛关注。

一、东部裕固语

东部裕固语属阿尔泰语系蒙古语族。操东部裕固语的部落主要有杨哥、乃曼、巴岳特、浩尔额开、什开鄂托克、鄂金尼、赛尔丁七个，他们自称"shira yovhur"或"xira yovhur"，都是黄尧熬尔之意。主要分布于康乐乡、皇城镇东部和大河乡东部。可能东迁到祁连山之前系不同部落，因而这些部落语言至今仍保持着自身某些显著的特点，在讲话时有很大的不同，都保留有许多独特古老的词汇，应该说他们分属不同的方言或土语。其中，乃曼部落部众今主要分布于康乐乡寺大隆村、大草滩村、红石窝村及皇城镇营盘村、大湖滩村等地，该部落语言中古老词汇保留最

503

多，词汇量最大，相对来说是东部裕固语保留最好的地区。东部地区主要有巴岳特——浩尔额开方言（大河乡大滩村、红湾村和康乐乡上游村、隆丰村为主）。巴岳特由于和西部的亚拉格部落相邻，因而50岁以上的人大部分都兼通东、西部语言，是裕固族语言融合最深入的地区。同一方言的上游、隆丰的裕固人因与汉语接触的历史长，所以汉化程度很深。什开鄂托克—赛尔丁方言（今康乐乡巴音村、康丰村、赛鼎村），即巴音、康丰和赛鼎具有巴岳特和乃曼之间的语言特点。鄂金尼方言（今皇城镇北极村、北峰村），即北极、北峰因长期与藏族相邻，所以受藏语影响较大。杨哥方言（今康乐乡杨哥村和皇城镇向阳村、皇城村），杨哥、向阳和皇城村处于什开鄂托克—赛鼎方言向乃曼方言过渡的地区。

在蒙古语族内，东部裕固语同土族语、东乡语、保安语和蒙古语比较，它居于特殊的地位。粗略地说，在语音方面它和土族语、东乡语、保安语的共同性多一些，而在词汇和语法方面它又和蒙古语的共同性多一些。这里着重介绍一下东部裕固语比较突出的特点。

语音方面：

1. 有长短相配的元音系统，但长短对立区别词义的情况并不多，有些词里的元音既可以读长音，也可以读短音。

2. 除后圆唇元音 u 和 o 外，还有同它们相对的前圆唇元音 y 和 ø，后者与前者一样，也经常出现于固有词里。

3. 复元音较多，其中包括在固有词里出现的上升复元音 ia、io、ua 和三合元音 uai。

4. 有舌尖边擦音 lh 这一独立音位和 r 的一个重要变体擦颤音 [ɹ]。

5. 词首的古音 h 保留较多。

6. 词首的元音失落的多，但保留着词末的元音。

7. 有较多的复辅音，而绝大部分只出现在词首。

8. 元音和谐既体现在词干内部，也体现在词干和附加成分之间，但只关系到少数几个元音。

9. 多音节词的重音在末一个音节，重音随着词的变化可以移动，直至移到最后一个音节。

语法方面：

1. 有一种表示相当于汉语"等"的附加成分—ti，用于表示有关人的名词后，如 xejang—ti "社长等人"。

2. 名词没有领格和宾格的区别，但附加成分不是单一的一种语音形式，有—ə、—in、—n，分别出现于结尾音不同的词后。

3. 保留着被动语态附加成分。

4. 有以—sa 为标志的表示希望的祈使式形式。

5. 保留着以—dagh、—ma 为附加成分的形动词形式。

6. 有以—maghzhə 为附加成分的紧随体副动词形式。

词汇方面：

词汇组成中借词的比重较大，约占三分之一左右，其中汉语借词最多，现代的新词术语几乎全部是汉语借词。

东部裕固语中的突厥语借词比蒙古语族其他语言中的突厥语借词都要多。

二、西部裕固语

西部裕固语属阿尔泰语系突厥语族。操西部裕固语的部落主要有亚拉格、呼郎格、萨格斯三个，他们自称"sarəvh yovhur"，也是黄尧熬尔之意。主要分布于大河乡、明花乡、皇城镇西部。如前所述，西部三个部落东迁到祁连山之前也可能系不同部落，因而这些部落语言至今仍保持着自身某些显著的特点，在讲话时有一定的差别，都保留有许多独特古老的特征和词汇，应该说它们分属不同的方言或土语。其中酒泉市境内的裕固族及原前滩、水关两乡原属西部裕固语区，后来因各种原因综合使然，现已全部使用汉语。

西部裕固语属阿尔泰语系的突厥语族，它在突厥语族诸语言中占有突出的地位，因为它属于突厥语中的"z 语言"，其典型的例词有 azagh（脚）、yazavh（徒步）等，这与属于"d 语言"的古突厥文和回鹘文献语言的 adaq（脚）及 yadav（徒步）不同，是突厥语中最古老的语言，被有关专家称为古突厥语、回鹘语的活化石。在 11 世纪的《突厥语词典》中也指出，钦察、耶麦尔、苏瓦尔、布勒阿尔等部的语言也是如此，在当时保留了词中和词末的 z。所以，著名突厥学家马洛夫说西部裕固语是回鹘（和鲁纳）文文献语言的"嫡语"，同时又根据一些语音特点，把它归纳到比突厥文、回鹘文文献语言更古老的"上古突厥语"。

西部裕固语主要有以下特点：

1. 语音方面

（1）除了古今突厥语中常见的 a、ə、e、i、o、u、ø、y 8 个基本元音之外，还有 ah、eh、əh、oh、uh、øh 6 个带有短促、多变的擦音成分的带擦元音。如 aht（马）、eht（肉）、əhkder（宝瓶）、oht（草）、uhkgus（牛）、øhkbe（肺）等。还有 28 个辅音：b p m f d t n l g k ng hh gh kh v h j q x y zh ch sh rh w s z r。

（2）由于汉语影响和语音变化，复元音较多，大部分出现于汉语借词中，例如，guamen（挂面）、duanna（端）。非汉语借词中的复元音多因语音变化而产生。例如，bia（蒿子）、yəus（坏的）。

（3）塞音、塞擦音都是清音，分为送气与不送气两组，其中 b、d、g、gh、j、zh 为不送气音，p、t、k、kh、ch 为送气音。

（4）某些词的读音保留着古代语言的特点。这主要指词中或词末的辅音 z，例如，azagh（脚）、yazav（徒步）、bizəg（大的）、jaz（摊开、铺开）、ghuz（灌、注入）。

2. 词汇方面

（1）有回鹘文文献中的某些古老的词，例如，ugus（江、大河）、bakhər（红铜）。

（2）有大量的汉语借词。早期借入的古代借词，例如，cha（茶）、ünjum（珍珠）、ulu（龙）、huar（花、画）。其中有些保留着中古汉语的语音特点，例如 tovh（秃）、sham（锨）。近期汉语借词已深入到生活的方方面面，在同语族的亲属语言中是汉语借词最多的。

（3）只有个别的阿拉伯语和波斯语借词。例如：arahkə（酒，来自阿拉伯语）、zhan（生命、灵魂，来自波斯语）。

（4）没有来自波斯语的 bi-na- 等前加构词成分，后加构词成分与维吾尔等其他亲属语言相比也很少。

3. 语法方面

（1）名词的从属性人称附加成分已经退化。一般情况下，只有第三人称附加成分较少省略，例如：agha（哥哥）、aghasə（他的哥哥）、aghasəngha（对他哥哥），-sə 是第三人称附加成分；第一、二人称附加成分人称用于少数词，而且人称合二为一。

（2）数词从十一到十九、二十一到二十九结构特殊，保留着突厥文、回鹘文文献语言的计数法。例如："十一"是 bərjəvərmə，它是由"bər"（一）和 yəvərmə（二十）组成的，其余十二至十九类推；"二十一"是 bərohtdəs，它是由"bər"（一）和 ohtdəs（与古代突厥语和其他现代突厥语的"三十"同源）组成的，其余二十二至二十九类推。

（3）缺少连词，复合句不很发达。

以上语音、词汇、语法等方面的特点说明，西部裕固语保留古代突厥语的成分较多，阿拉伯语、波斯语的影响极少，受汉语影响较大。

操西部裕固语的部落主要有亚拉格、贺郎格、西八个家及前滩、黄泥堡等，可能东迁到祁连山之前系不同部落，因而这些部落至今仍保持着自身某些显著的特点，在讲话时有很大的不同，都保留有许多独特古老的词汇，应该说他们分属不同的方言或土语。其中，亚拉格部落部众今主要分布于大河乡及皇城镇马营片等地，该部落语言中古老词汇保留最多，词汇量最大，是西部裕固语保留最好的地区。同时由于亚拉格部落（东岭村、西岭村、光华村等）与东部巴岳特部落相邻，因而 50 岁以上的人大部分都兼通东、西部语言，是裕固族语言融合最深入的地区。但是，近年来大河乡年轻人母语使用已呈锐减趋势，而且日趋严重。亚拉格部落另一部分分布于今明花乡明海片，语言特点上与贺郎格部落的莲花语言相同，但又比莲花保留得好。贺郎格部落部众今主要分布于大河乡水关片及明花乡莲花、前滩片，部落除莲花外其余部众已完全使用汉语。莲花裕固语也受汉语影响较深，汉语借词使用广泛，词汇语音中弱化、脱落成分较多。同亚拉格部落的语言有较大的不同。

莲花、明海是日常使用母语最广泛深入的地区。西八个家部落的部众,主要分布在今大河乡雪泉片,语言上同亚拉格部落接近,但也具有独特的特点,而今除老人外已通用汉语。

东部裕固语和西部裕固语除了各自具有本语族的一般特征外,它们之间还存在一个特殊的共同性——两种语言具有一批相同的词汇,这类词汇或同于蒙古语或同于突厥语。因此这两种语言的词汇关系,比起其他某一蒙古语族语言和其他某一突厥语族语言词汇之间的关系来更为接近。由于裕固族在历史发展中遗失了本族文字,完全依靠语言来传承传统文化,加之人口稀少,目前以语言为主的裕固族传统文化已濒临消亡。其主要原因错综复杂,据我们的调查主要有以下几个原因:一是由于使用人口过少,加之随着语言生态环境的改变,失去了通用母语的语言环境,裕固语地位降低,已完全丧失了优势语言地位;二是由于完全开展汉语教学,致使裕固语从孩提时就没有了母语使用环境,从而使母语的使用出现了断层,最后导致了断代;三是因政治和经济等众多原因(比如便于社会交际、提高政治地位、寻求谋生手段、改善经济条件、争取就业机会等利益需要)使相当部分裕固族人正在渐渐放弃使用自己的母语而转用其他语言。总之,透过这部分人对自己的母语没有自信和转用其他语言的表面现象看来,存在着被动的深层原因,有自然生态的原因、也有社会背景的原因,有外来文化的原因、也有文化自身的原因。

在全球多元文化教育蓬勃发展的形势下,对以语言为主对裕固族传统文化开展抢救保护工作,是对人类共同财富的保护和关注,是非常必要的。

三、裕固语记音符号

20 世纪 50 年代,随着新中国成立后第一次大规模少数民族社会历史调查活动的开展,裕固族的东、西部两种民族语言开始走进国内学界视线,陈宗振、照那斯图等人士开始专题研究这两种语言,开始用国际音标标注记录裕固语,从语音系统、词汇、语法等方面开始着手正式研究裕固语。这样就开始有了以《语言简志》为代表使用的东、西部裕固语国际音标语音标注系统。近年来,随着两种裕固语研究的日渐深入、裕固族文化自觉意识加强、两种语言间比较研究的深入,一些裕固族知识分子,从裕固族孩子们从小接受完全汉语教育、电脑及现代网络技术日益普及的现状出发,提出了用同一套拉丁字母记音符号系统来标注、记录,转写东、西部两种裕固语的倡议和愿望。这一想法一经提出,就得到了有关专家的赞成和支持。2003 年 8 月,照那斯图和陈宗振两位老教授在肃南举办培训班期间,从东、西部裕固语本来就同属阿尔泰语系,加上数百年的接触语音系统更加接近的实际出发,立足于裕固族儿童们熟悉掌握汉语拼音、拉丁字母易于电脑应用交流的基础,共同初步拟制了一套以拉丁字母为主的语音系统记音符号方案,开始标注记录两种裕固语。从那以后,肃南县裕固族文化研究室就开始在工作中实践运用这套记音符号,研究室主编的内部刊物《尧熬尔文化》及所有田野调查话语材料的记录都坚持用这套记音符号。这套拉丁字母的统一记音符号的日益深入使用，不仅得到了越来越多的裕固族研究学界同人们的认可和支持，也对加强裕固族内部民族认同起到了日渐显现的重要作用。实践证明，这套拉丁字母统一记音符号方案，不仅符合裕固语研究传承实际，而且也便于普及推广。

附件：裕固语记音符号与国际音标对照表

裕固语记音符号	国际音标	裕固语记音符号	国际音标
a	a	ng	ŋ
ə	ə	hh	x
e	e	gh	ɢ
i	i	kh	q
o	o	v	ɣ
u	u	h	h
ø	ø	j	dʒ
ü	y	q	tʃ
b	b	x	ʃ
p	p	y	j
m	m	zh	dʐ
f	f	ch	tʂ
d	d	sh	ʂ
t	t	rh	ʐ
n	n	w	v
l	l	s	s
g	g	z	z
k	k	r	r
vh	ʁ	lh	ɫ
仅用于表示西部裕固语的六个带擦元音			
ah	ah	oh	oh
əh	əh	uh	uh
eh	eh	øh	øh

注：此记音符号系统适用于裕固族东部地区和西部地区语言。

第四章 民族风俗

裕固族人的风俗习惯，是一种传统的精神力量与物质环境相互作用的自然产物，是裕固民族传统文化的主要载体及传承方式，它主要外化于裕固族人的衣食住行、生丧嫁娶及岁时节日习俗中。经过我们调查发现生活在山区和平川戈壁的裕固族人，由于其所处自然环境的差异性及经济发展的区域性等因素，一方面共同保存着古老的传统文化特质，另一方面又在风俗习惯上呈现出差异性。

第一节 日常生活习俗

一、居住习俗

裕固族是一个古老的游牧民族，其居住形式受游牧生活方式的限制，常年居住在帐篷里，过着逐水草而居的生活。《明史·西域传二》载，明朝初年裕固族的先民"居无城廓，以毡帐为庐舍。"这种移动住室在《匈奴传》中称为"穹庐"，《淮南子·齐俗用》里称为"穹庐"、"帐幕"；另据载，裕固族先民汗王曾居"牛皮牙帐"。据已故的巴特巴斯等老人们说，裕固族刚东迁到祁连山时还住的是毡房，也就是蒙古包。后来，随着自然环境和牧放畜种的变化，加上周边民族的影响等原因渐渐改用牛毛帐篷了。可见，裕固族的帐篷有着悠久的历史，积淀着深厚的文化内涵。如今的裕固族人除个别地方的夏季牧场外，其他季节牧场一般都建有土木或砖木结构的住房。

1. 用料和形状

近代裕固族的帐篷不同于蒙古包，一般以3根杆子支撑，分别是1根横梁、2根顶杆，外用牦牛毛织成的褐子缝制搭盖。1958年后采用的是青海藏式帐篷，形似一颗帅印，称为"一颗印帐篷"。大部分帐篷外的右上方高挂着随风飘动的白色经幡。

2. 搭建帐篷

裕固族人搭建帐篷讲究风水。牧民在扎帐篷时，一般按照避风向阳的原则，再依据山形和水线确定坐相，多数坐北向南，也有坐东向西或坐西向东的，帐篷门一般不朝北开，可对着山、河沟开。坐向和地点选好后，先用一根横梁和两根柱子把帐篷撑起来，再用牛毛围绳把帐篷的褐子四周从里到外穿起来拉成四方形，外面用八根杆子起支撑作用。然后再加上间隔辅助绳，这种辅助绳长约一米，分别固定在周围的木橛子上，把帐篷拉成八角圆形。这样，帐篷就扎好了。之后，顺木橛子的外沿挖一圈宽约五厘米、深约十厘米的排水沟以防雨水流入帐篷；在距帐篷约五六米远的地方用石块垒一个高约六十厘米的"煨桑台"，作为煨香、磕头、敬神的地方。裕固人的牛毛帐篷看似简陋，却有其独特之处。牛毛织成的褐子结实细密可遮风挡雨；又因其有细缝可透风透光透亮，始终保持空气的流通，从早到晚呼吸着混合有泥土青草芬芳的新鲜空气。帐篷顶端设有天窗，雨雪天可盖住，晴朗的夏秋夜晚，你就可以沐浴在一片星光之中酣然入梦。

另外，这种帐篷适应裕固族人游牧，具有易搬迁耐使用的特点。帐篷分为左右两大片，拆迁时放松四周的辅助绳，放倒内部支撑的顶杆、横梁，把牛毛褐子卷起折成长方形，捆绑在牦牛背上，即可驮走。

3. 内部结构

一般说来，帐篷的正中是火炉，由早期的"加格斯"（锅架石）演变为带烟囱的铁制火炉，在炉子上烧茶做饭、生火取暖，特点是火旺、不冒烟，比过去的"三石一顶锅"卫生、方便，且不熏人。牧民除了烧木柴外，也烧干牛粪和羊粪。牧民忌讳往火塘中吐痰、倒水、焚烧不干净的东西。在帐篷的正上方，过去几乎每家都设有一个木制四方形的佛龛。自1958年"反封建"运动，裕固族地区各寺院被拆毁后很长一段时间内牧民在帐篷内不再设佛龛，直到20世纪80年代以后，部分牧民家的帐篷内才开始设佛龛。现在有些牧民家，帐篷内正上方搭一排木架子，上面摆放褡裢（内装面粉或大米）、木箱等物。帐篷内左侧为炕，由早期地下铺干羊粪、鞭麻、柏树枝或柏树皮的地炕演变为近年来的木板炕，离地面50至80厘米，铺上毛毡、毛毯、褥子、床单。也可以在木板上铺上牛羊皮、狗皮、狼皮、青羊皮等，一人一床被子。木板炕既防潮又卫生，减少了因寒冷潮湿导致的风湿关节炎，有利于身体健康。木板炕既是全家和来客住宿的地方，也是待客的地方。客人进帐篷后按身份辈分就坐，过去有男左女右的习俗，现在不拘泥于此。招待客人喝茶吃肉时，就在炕上置一至二张小木桌，把食物放在上面，客人围坐四周边聊边吃。右边摆放着水桶、碗柜以及锅、碗、瓢、盆、奶桶等生活用具，主妇在此做饭。一般情况下，客人和男人不得随意去主妇活动的地方。20世纪90年代以来，牧民还购置了太阳能照明设备，在帐篷内悬挂一些装饰品，尤其是自织的毯子、褡裢、茶叶袋等，具有浓郁的游牧民族特色。

4. 居住习俗的变化

裕固族人居住习俗所发生的变化，首先体现在住房的改变上。自从20世纪70年代以来，裕固族牧民逐渐在定居点和冬季牧场修筑了土木结构、砖木结构的房屋。一般在房屋外围修有约二米高的围墙，院外不远处有水井，院内栽种有美化庭院的花木，大多数牧民把人的住所与灶房、畜厩、厕所等分隔开来。上房（或堂屋）宽大、明亮，是敬神或待客的地方，有些人家置放有软沙发、茶几，墙上悬挂着字画等装饰物，几乎家家户户都在上房正前方设佛龛，里面供奉的物品与前述帐篷内的佛龛陈设无异，也有酥油灯、净水小碗。另外，在居住空间的营造上也有一些变化，少数人家打了水泥地板，铺了地板砖。随着牧区经济的发展，录音机、影碟机、电视机走进了每家每户，有些人家还有冰箱、洗衣机。居民点的修建解决了老人安度晚年和孩子上学的问题，消除了牧民的后顾之忧。也为禁牧后舍饲圈养创造了条件。

过去，裕固族牧民的帐篷多用牛毛褐子制成，现在也有用白帆布缝制的帐篷，帐篷上绣有八宝吉祥图案，起装饰作用，可容纳二三十人。也有一部分裕固族人到各大中城市搭起裕固族帐篷，向游客提供裕固族风味食品，表演裕固族歌舞。

二、服饰习俗

裕固族服饰纷繁复杂、多姿多彩、独具特色，是裕固族人民智慧创造的结晶。服饰具有两重民俗性质：一是保护身体，二是装饰。裕固族的服饰和其他兄弟民族一样，有其自身的古老传承，既有历史的继承性，又有不同时代的革新与创造。

1. 依据民族构成的服饰习俗

由民族传统及民族差别形成装束上的特点，是裕固族最鲜明的标志。裕固族的生活和文化传统形成了在服饰上的审美标准。服饰的样式、花色、刺绣图案、花纹都按其民族惯例形成和传承。裕固族妇女的帽子，特点非常鲜明。西部是尖顶，帽沿后部卷起，系用白色绵羊羔毛擀制而成，宽沿镶有一道黑边，内镶狗牙花边和各色丝线滚边，帽顶腰部的前面，有一块刺绣精致的图案缝在上边；东部的大圆顶帽，形似礼帽，顶帽比礼帽细而高，是用芨芨草秆和羊毛线编织而成坯，用红布缝为帽里，用白布缝为帽面，帽沿也缝有黑边，镶有花边。裕固族女帽不论是西部还是东部，帽顶都用红色丝线缝成帽缨。在元代的陶器上，有着同样帽子服饰的人物，显然，裕固族服饰历史悠久。裕固族妇女的帽子，是姑娘和已婚妇女的区别标志。姑娘到了成婚年龄，举行出嫁戴头面仪式时，才戴上帽子，表示已结婚。裕固族妇女身穿高领偏襟长袍，按季节分为加棉和皮衣，衣领高齐耳根，衣领外面边缘用各色丝线上劲合股，仿摹天上的彩虹，用赤、橙、黄、绿、蓝、青、紫等七色、九色或十三色，精心攀绣成波浪形、三角形、菱形、长方形等几何图案，精致入微、美观大方。袍子一般以绿色、蓝色为主，下摆两边开衩，大襟上部、下摆、衣衩边缘都镶有云字花边。腰扎桃红色腰带，腰带右下方挂红、绿、天蓝色正方形绸帕，少则二块，多则四块，腰带上还挂有三寸小腰刀，腰刀上有刺绣刀鞘套和红缨穗，大襟衣扣上挂有刺绣的荷包、针扎。妇女长袍上面罩一件高领偏襟坎肩，用料考究，做工精细，华丽大方，一般都是用紫色和红色缎子缝制，形式似偏襟背心（高领和长袍同），下摆左右开衩，镶有绸制彩色花边，背后从左肩至右肩镶一道半圆形花边或十二生肖图案，或同衣领用彩色丝线攀绣，偏襟边缘上至领口、下至腋下绣有各种动物花边。下身穿皮裤和棉布裤。最多见的靴子是一种前面尖而翘的皮靴，逢年过节和有重大喜庆活动时，穿尖鼻子软腰绣花鞋，其实是一种布靴，鞋帮上绣花草或小鹿、小羊等动物。

裕固族男子服饰也有其独特之处。如同北方阿尔泰兄弟游牧民一样，裕固族男子也头戴金边白毡帽，帽沿后边卷起，后高前低，呈扇形或圆八角形图案。身穿大领偏襟长袍或带扣的小领长袍，富裕人家多用布、绸、缎等料缝制，穷苦人家多用白羊毛捻毛线织成白褐子缝制；冬季富人家多穿用绸、缎、布料做面的皮袍，穷人家则穿白板皮袄，男子一般都扎大红腰带，腰带上带腰刀、火镰、鼻烟壶。衣襟上无论单棉都用彩色布和织金缎镶边，富人家还有用水獭皮镶外边，单、夹袍下摆左右开衩，在衣衩和下摆外镶边。上年纪的老人，腰间挂有香牛皮缝制的烟荷包，荷包呈长脖大肚花瓶状，底部垂红缨穗，荷包上还带有弩烟针和铜火盅，旱烟锅是用一尺多长的乌木杆、镶上玉石或玛瑙烟嘴、青铜或黄铜烟头，总长二尺左右。男子下身穿皮裤和棉布裤，冬季足穿用牛皮制成的高腰尖鼻的皮"亢沉"，穿毛袜，在明花区男子也穿手工制作的双鼻梁圆头高腰布靴，靴帮一般用青布，上纳白线转云字图案。

2. 依据年龄构成的服饰习俗

人的一生，随着年龄的增长带来生理上很大的差别，同时社会礼仪对人的一生约束也是分年龄界限的。一个人一生要经历儿童、少年、青年、成年、老年、晚年和暮年的差别，于是服饰也形成了不同年龄的类型。年满三岁的男孩举行剃头仪式后，可穿上合身的小毡袍，一般用绸缎面料缝制，领边、袖口滚一道花边，腰带为红色或绿色，脚蹬牛皮小马靴，英姿勃发。长到十五六岁的男孩可以头戴黑边白毡帽，身穿红色或白色的大领偏襟长袍，富裕人家用绸缎缝制，穷苦人家织褐子缝袍。腰扎大红系腰，佩带长短不一的腰刀，足穿牛皮"亢沉"，与成年男子无太大差别。年满三岁的裕固族女孩也要举行剃头仪式，把后脑勺的一片头发留蓄，长发和穿有珊瑚珠的丝线编成一条辫子，辫梢垂线穗被塞到背后的腰带里。两鬓的头发按年岁的增长，一岁编一个小辫，一直到出嫁，到了十三四岁时，前额带"沙日达尔戈"，即是用一长条红布，上缀各色珊瑚珠，缀成各色图案，做成一条三寸宽的长带，胸前戴"舜尕尔"，背后戴"曲外代尕"，系用红布做成的两块长方形硬布牌，上缀有鱼骨圆块、各色珊瑚珠组成的图案，下边缘部有红色线穗，并用各色珊瑚、玛瑙、玉石珠穿成的珠链把两块布牌连起，戴在脖子上，分挂在胸前和背后。姑娘年龄到了十七或十九岁，就到了成婚的年龄，在婚礼戴头仪式上，姑娘就结束了姑娘的服饰装扮，穿上新婚礼服。

3. 饰品

裕固族男子腰带上一般佩挂腰刀、豪尔威、火镰、烟袋、钱袋子、小酒壶、鼻烟壶、水烟锅（或旱烟锅）等物。

鼻烟壶，可用木材、铜、牛角、玉石、珊瑚、水晶、翡翠制作，至今在裕固族人手中珍藏的鼻烟壶以玛瑙、水晶、青玉、珊瑚质地为最佳。人们还可把鼻烟壶装入彩绣精美的烟荷包内，挂在胸前衣扣上。过去上了年纪的老人喜好吸鼻烟来提神醒脑，现在吸鼻咽的人逐渐少了。

旱烟锅，一般是乌木杆，烟嘴多用玉石或玛瑙制作，黄铜、青铜、铁质烟斗，长约二尺。上了年纪的老汉，腰中还会挂有牛皮缝制的烟荷包，有精美的花纹修饰，底部垂三根红缨穗，旱烟锅也可揣在怀里。

水烟锅，一般用黑鹰骨制成，也可以用羊腿骨制作，长约15厘米，用银子镶包烟杆头，装上青铜或黄铜烟斗，多抽水烟叶，烟袋一般用柔软的獐子皮缝制，方便携带。再缀上一颗弯曲的獐子虎牙，便于掏烟杆头内的烟灰。

还有部分裕固族男子（以前老人居多，现在渐及青年）左耳会戴一只耳环，通常是玛瑙、银子、玉石、景泰蓝做的。

有些裕固族男子也喜欢戴眼镜，尤其是中老年男子，喜欢戴水晶茶色眼镜。

过去，裕固族女孩在出嫁前也穿耳孔，但不戴耳环，也不戴戒指。对裕固族妇女来说，装饰品主要有银耳环、手镯、戒指。一般银耳环下缀一块薄银片。通常戴玉手镯或银手镯，左右手腕各戴一只。戒指一般戴在无名指或中指上，银制的戒指正中可镶宝石或珠子，男子也有戴银制大戒指的。

三、饮食习俗

勤劳淳朴的裕固族人民世居草原，游牧天下，独特的自然环境和特定的生产生活方式形成了其独具魅力而富有浓郁草原气息的饮食习俗。

1. 结构和种类

裕固人的传统主食为面食，可加工制作为面片、煎饼、烧壳子、烤饼、馍馍、烧巴股、炒面、糌粑等面食。但现在大米等主食也越来越为群众接受和喜爱。

2. 烟、酒、茶

裕固族人（特别是男人）有抽烟的习惯。据老人们说，明朝中叶裕固族东迁入关时就会抽烟，其时汉族人称之为"会吃火的人"。过去以抽水烟、旱烟、吸鼻烟为主，纸烟很少。现在主要抽纸烟，水烟、旱烟、鼻烟少了。有少数裕固族老年妇女吸鼻烟或抽纸烟。裕固族人的烟荷包多是精工刺绣而成，图案多以花草、云纹为主，色彩艳丽，是一件精美的工艺品。

裕固族人的饮料主要是茶。茶在牧民的日常生活中占有重要地位。牧区老人说："一天不喝茶就没有精神，三天不喝茶人就要生病。"裕固族人主要喝茯茶和砖茶，此二者是温性茶，适应当地的严寒气候，一般不喝绿茶（凉性的）。茶又分酥油炒面茶（即奶茶）、清茶（又称"黑茶"）、油茶几类。喝茶时，有的吃油果子、烧壳子、烧饼或煎饼；有的吃肉；有的光喝茶。裕固族人喝茶讲求喝足，民间还戏称喝茶有三层境界，即喝透、喝漏、喝重。喝透就是喝得浑身冒汗，喝漏就是喝得频频入厕，喝重就是喝得双腿发麻。

酒文化是北方游牧文化中的一部分，古代北方游牧民族喝的都是奶酒，粮食酒都是后来从中原汉地或西亚等地传入。北方游牧民族的粗犷豪放与酒仿佛有着某种天然的内在联系。裕固族人作为北方游牧民族的一分子自然也不例外，同时提倡分场合节制饮酒忌酗酒无度，裕固族人不论男女，一般都善饮酒。再者，在裕固族人的生活中，酒和哈达一样，是节庆、婚娶、探亲访友、款待客人的最好的礼物。现在主要喝白酒（青稞酒）、啤酒和葡萄酒，有一整套敬酒礼仪习俗：（1）敬酒一般按身份、地位或从长辈开始，有远客则从远客开始，依次下来。（2）一家人从男主人至女主人，从长到幼给客人敬酒，一般敬三杯，表示敬重。（3）主人敬酒时，身体微微前倾，掌心向上，双手托盘敬杯，若客人第一次来，则敬酒的同时还要献哈达或以哈达托住酒盘以示敬意。（4）客人接酒时，长辈可以坐下喝，年轻人要起身双手去接，或另一只手托住杯底，用右手无名指蘸酒对天弹三下（裕固语叫"超尔达"），表示敬神祭天或吉祥如意，并依次向在座的主宾举杯让酒后再自饮，再将双手掌心向上把酒杯递还主人，并说句"赛达瓦（东）"或"召瓦戴（西）"，表示谢意。（5）如果不能喝，意思一下也是可以的。（6）客人刚到时，主人要敬"下马酒"，客人临走时，主人要敬"上马酒"。所敬三杯酒"超尔达"后，前两杯酒意思一下，最后一杯喝干即可，不能喝不勉强。第一轮酒敬过之后，开始唱歌。裕固族人天生一副酥油嗓子，其民歌音韵和谐，旋律优美，表达着裕固族人民的欢乐或忧伤。裕固族一般从主人开始，给不同客人唱着不同的歌——敬酒，听着激越深沉的祝酒歌，面对挚诚淳朴的微笑，由不得你不喝。另外，劝酒的方式还有后来从汉地传入的猜拳行令、敲杠子等。要注意的是，酒场中若有老有少，不能乱开玩笑；忌随意打断长辈谈话，忌在长辈面前翘二郎腿，晚辈忌和长辈猜拳行令。

3. 传统民族风味食品

裕固族独具特色的饮食文化产生了不少的民族风味食品，现择要介绍如下：

（1）酥油炒面奶茶（裕固语称"塔勒干茶"）。这是裕固族日常生活中必不可少的茶点。煮茶方法如下：先把砖茶或茯茶捣碎，倒进盛冷水的锅内，烧火煎熬，待水开后，舀出浮在水面的茶杆，有些人也喜欢调入草果、姜粉、茴香、肉桂等。等到茶熬酽后，调入食盐和新鲜奶子，用勺子反复搅动，即成奶茶。盐是必不可少的。裕固族人说："好茶没盐水一般，好汉没钱鬼一般。"主妇在碗里放上青稞炒面、酥油、曲拉，浇上熬好的奶茶，就是酥油炒面茶。也可在碗中加入柔嫩香甜的奶皮子。这种茶解渴解腻，驱寒暖胃，提神醒脑，是上佳饮品，深得裕固族人喜爱。

（2）手抓羊肉（裕固语称"浩尼马汉"（东）、"拐艾特"（西））。手抓羊肉是最能体现裕固族热情好客的一道传统肉食。其制作方法如下：主人从羊群中挑选一只膘肥体壮的羯羊宰杀，羊血接在预先放有盐的盆里。先把羊皮整张剥下来，开膛后取出心肝肺，扒出肠肚，然后从羊后腿下刀，依关节把羊肉一块块卸开，肋条一根根分开，羊胸叉、后髋骨、羊脊骨也一一分成小块。几分钟的工夫，一只羊全卸成了一块块的带骨肉。随即冷水下锅，切忌热水下锅。冷水煮熟的肉，肉色鲜亮，热水煮熟的肉呈红色。待肉开锅撇净血沫即可食用。虽肉中还渗着血水，但肉质鲜嫩，肉味鲜美，富有营养；如果客人吃不惯开锅肉，则加入适量食盐、姜片或姜粉、花椒等调料，煮1小时左右，肉中血水尽数渗出，煮熟后捞出盛盘。主人把剥好的大蒜，几把腰刀放在桌上。吃肉前备净水给客人洗手或用湿毛巾让客人逐一擦手。之后，主人开始敬肉，把最好的肥肋条敬给客人。因是大块的羊肉，裕固族人习惯手抓着吃，故名"手抓羊肉"。其肉虽熟不烂，耐嚼味美，鲜嫩独特。吃手抓羊肉时，裕固族人尤其讲究"杀生害命，骨头啃尽"，体现了裕固族人传统的环保生态文化。大块吃肉，大碗喝酒，尽显裕固人的豪气。

（3）脂裹肝（裕固语称"孜热"（东）、"厄赤瓦厄尔"（西））。将炒面或面粉拌入羊血中，加适量的食盐、姜粉、花椒粉，佐以少许葱沫、蒜沫搅拌均匀，把羊蒙肚油整块取下在案板上铺展开，将拌匀的羊血浆用手抓到蒙肚油上，然后卷成直径均为3厘米的长条状，用羊黑肠或棉线扎紧，放入锅中煮大约25分钟，捞出整条或切成2—3寸长的小段盛盘上桌，即可食用，具有独特的裕固族风味。裕固人食用此品一般不蘸任何调料，取其原汁原味。也可将脂裹肝冷却后切成薄片用油煎着吃，别是一番风味。

（4）肉肠（裕固语称"陶尔"（东）、"厄赤艾特"（西））。肉肠是一道风味独特的待客肉食。其制作方法如下：宰羊剖腹后，将羊肥肠取出用冷水冲洗干净，往里吹气使之膨胀，然后加入羊血再冲洗一遍。取鲜嫩的里脊肉剁碎，调入食盐、花椒、葱、姜粉，再掺入一些面粉或炒面，灌入肥肠里，灌的时候扎住肥肠一头，灌好后有肥脂的一面就翻到里面，里外刚好调了个儿。用清水冲洗一遍后就放入肉汤锅内煮30分钟左右，煮熟取出切成寸段或薄片，盛盘进食。其形类似香肠，味鲜肉美，一般和手抓羊肉一同上桌。

（5）血肠（裕固语称"该代斯"（东）、"厄其格"（西））。血肠的做法和肉肠差不多。同样宰羊剖腹后将羊肠取出冲洗干净，先把小米炒熟磨成面，然后将羊肉汤舀进盆里，掺入小米炒面，加适量的羊血块、羊血水，佐以葱花、食盐、花椒、姜粉，也可加羊油渣拌匀，从羊肠粗端开始填装，可用勺舀进去，分段打结。煮熟时切分成小段可食用。余下的第二天可以烧着吃或用油煎着吃。

（6）全羊。敬献全羊表达的是裕固族人最深沉的敬意及最虔诚的祝福。程序如下：先在羊群中挑选一只肥壮的羯羊，一定要宰杀得清爽利落。剥去羊皮，扒掉内脏，取下羊头。在羊肉未僵硬之前，将四只羊腿收拢呈跪卧状，置于一长方形的红漆木盘中，再把剥干净的羊头放在整羊上，这就是全羊。过去，一般是每年农历正月初一由各部落头目给大头目敬献全羊，同时还要敬献哈达、茶、酒，作为本部落的拜年礼物。其次，如果大头目走访牧民或活佛光临某家时，被牧民视为最高荣耀，也要敬献全羊。另外，裕固族的婚俗中也有"献全羊"的礼仪。订亲时由男方向女方献全羊，结婚时由女方向男方献全羊，既是父母给女儿的结婚礼物，也是对新婚夫妇最美好的祝福。

（7）羊肉面片。通常，裕固人每天三茶一饭，这顿饭就是晚餐。晚上放牧归来后，生火做饭，传统的羊肉面片是把羊肉切成片状或小块状放入锅里煮。待肉汤煮好时，把和好的面用擀面杖擀薄，用刀切成约寸宽的长条，揪成片子下锅，不限于女主人，男主人、客人也可上前帮忙。煮熟后调入适量食盐、花椒、葱花即可食用，味道纯正可口。

（8）酥油（裕固语称"陶森"（东）、"阿克雅厄"（西））。酥油是裕固族富有营养的传统食品之一，也是节庆、婚丧、剃头礼中必不可少的礼仪性食品。同时，酥油也是敬神的供品，在宗教祭祀中，点酥油灯、做酥油花都少不了它。而且，酥油还具有清肺明目的功效。

其制作方法是：将备好的酸奶（稠奶）和晾温的生奶子按一定比例同时倒入皮袋或奶桶，盖紧桶盖，用奶耙上下提压。过凉可加入开水或热奶，过热可加入冷水或凉奶，不停地打一个多小时。在适宜的温度下，酥油浮聚在奶水上，即可用手捧出酥油置于盆中，用清水漂洗，双手不停拍打，直至拍尽酥油中的水分，否则短时间内会变质变味。羊奶酥油为白色，牛奶酥油为金黄色。裕固族人常用熏干熏黄的羊肚子盛放酥油，裕固语叫"玛尔克格"或"陶森古建"，汉语叫"酥油肚子"，可长期保质存放。

（9）曲拉（裕固语称"曲尔麦"）。将打完酥油剩下的奶水倒入锅内煮沸晾冷，再倒入白布口袋或羊毛织成的口袋（最好是豆腐布）里挂起。等袋内的黄水慢慢滴干之后，把布袋取下置于一块干净的平整石板上，上面再压一块石板，压干剩余水分。然后把沉淀下来的粉状奶浆晒干，即成曲拉。是酥油炒面茶必不可缺的调味品。用甜奶制作的曲拉甘甜酥脆，味道独特。曲拉经热茶冲泡，味微酸耐嚼，奶油味醇厚。

（10）酸奶（裕固语称"特勒格"（东）、"尧熬尔德"（西））。当煮沸的新鲜奶子（即甜奶）冷却至30度左右时，加入奶角子（即上次熬过留下的一点酸奶，起到酵母作用）发酵，约2—3小时即成粥糊状，汉语叫稠奶子或酸奶。其味酸甜醇香，既解渴，又充饥。

（11）酥油米饭（裕固语称"陶森阿姆森"（东）、"阿克雅厄阿姆森"（西））。酥油米饭是裕固人用来招待客人的食品之一。其制作方法是：将米饭蒸好舀入碗中，把炼化的酥油浇进碗里，加入白砂糖，搅匀后即可食用，也可在米饭中调入蕨蔴、葡萄干、红枣等，香甜可口、营养丰富。

（12）酸奶米饭（裕固语称"恩达阿姆森"、"尧熬尔德阿姆森"（西））。酸奶米饭的制作与酥油米饭大同小异，也是将蒸熟的米饭舀入碗中，待其晾温，把酸奶（稠奶子）舀入米饭，加白糖拌匀后即可食用。甜中带酸，舒适爽口，败火健胃。有时也可把酸奶浇入面片里食用。

（13）酥油煎饼（裕固语称"亚孜玛克"）。酥油煎饼是裕固族招待贵客的一道传统面食，也是深受裕固族人喜爱的节庆食品。其制作方法如下：先将面和成稀糊状，然后生火架一口锅，以平底锅为宜。待火旺锅红，用羊油擦拭锅底，倒入适量清油，舀一勺面浆入锅，用温火煎制成薄而均匀的圆饼。煎饼靠的是技术和经验，稍不留神就容易煎焦或厚薄不均或有窟窿。根据前来客人的食量煎足够的薄饼后，一张张铺叠在盘中上炕桌。接着把火拨旺炼酥油，金黄透亮的熟酥油盛入碗中上桌后，主妇再配一碗白糖倒入酥油中搅匀。随后，由主妇或客人自己动手将酥油糖均匀地涂抹在饼上卷起来，即可享用。酥油煎饼也可送人，一叠煎饼，扣上一碗酥油糖，是上好的馈赠礼品。

（14）酥油搅团（裕固语称"赫日俄马什"）。酥油搅团的制作较为特别：先将四五斤酥油倒入锅内炼化，然后把用热水和好的面团放入酥油锅中炸，调入蕨麻、葡萄干，用勺子一直搅动，直至酥油全部融入面中，炸熟后取出盛在盘子里，洒上白糖，即可食用，也可送给客人带回去与家人分享，其味鲜美可口。

（15）糌粑（裕固语称"塔勒干"）。糌粑是裕固族人独特的风味食品。其做法、吃法都比较独特：先熬一锅奶茶，然后趁热盛碗调入酥油、炒面、曲拉、白糖，待酥油融化就用洗净的手慢慢搅拌，酥油和炒面拌匀时，用手捏成团，和着茶一块吃，这就是糌粑。吃后赶远路或干重活，一天不吃不喝，也不会饥渴，特别适合游牧生活。

（16）烧壳子（裕固语称"波尔萨克"）。烧壳子也是裕固族款待客人的主食之一。其制作方法是：先和面，加酸奶发酵，放上适量的碱。然后在帐篷前或门前把一堆干羊粪点燃，烧至不冒烟时，将面擀成和烧锅一般大小的圆饼状，放入锅内，盖紧盖子，把烧锅埋入羊粪火堆中。烧锅四面受热，炙烤均匀，烤得又黄又脆，这就是烧壳子。吃的时候，用刀切成小块，可单独吃，也可喝酥油炒面茶的时候蘸着奶茶吃，也可出远门时带上作为干粮，可留存3—5天。如果要招待客人或逢喜庆节日，主妇可以提前几天做好"烧壳子"，作为席间主食。

（17）烧巴股（裕固语称"保尔萨克"）。烧巴股是一种制作方便的干粮，深得裕固人的喜爱。实际上是将做晚饭（揪片子）时剩下的面团揉成一个面饼，中间戳一个孔，直接埋入无烟柴灰里烧。约10来分钟后掏出来翻个面继续烧，烧熟后取出来，拍打着吹干净炭灰，往眼里穿上绳子，以备第二天放牧时充饥。可揣在怀里，也可系在腰带上。

（18）羊肉小米饭（裕固语称"那楞阿姆森"）。羊肉小米饭烹制简单，味香可口。先把淘洗干净的小米下锅煮，待水快干时，把羊肉切成丁状放入，调入适量食盐、花椒粉、葱花。羊肉熟后，用勺子把小米饭和羊肉搅拌均匀即可食用。

（19）十二羊份子（裕固语称"哈尔宛勾尔麦切"（东）、"乌扎"（西））。羊份子就是把羊按传统礼仪要求顺关节卸成十二份子，分别敬献给不同身份、辈分的来宾和亲友。婚礼宴席、日常生活重要场合、逢年过节、请活佛念经等，都要敬献不同的羊份子。而熟练地卸杀羊份子，也是草原男子汉必须掌握的一项技能。

（20）锁阳饼子。

第二节　人生礼仪习俗

裕固族人从诞生到死亡的主要人生礼仪有诞生礼、命名礼、剃头礼、成人礼、婚礼和葬礼等。

一、诞生礼

受特定的游牧生活条件所限制，历史上，裕固族和其他游牧民族一样，婴儿成活率不高。裕固族人没有"重男轻女"的观念，生男生女都是全家乃至整个部落值得高兴的大喜事。

裕固族普遍信仰藏传佛教，若一对夫妻结婚3—5年仍不怀孕，通常去寺庙，如马蹄寺、塔尔寺举行求子仪式。

孩子出生以前，孕妇除了劈柴、搬帐篷等一些重体力活外，依然要参加其他牧业劳动生产，如放牧、挤奶、捻线、洗衣、做饭等。

（一）出生

由于裕固族妇女临产时还不能放下手中的活，所以，孩子就生在草场上、森林里、雪山脚下等。产妇跪下分娩，由其他女性相伴并帮助接生，不允许丈夫在场，脐带由祖母或其他老年妇女用剪刀剪断，用热水将孩子洗净后全身抹上酥油。有忌门的习俗，陌生人不可进入有产妇的人家。现在，牧民大多到乡镇医院、县医院分娩，一般3—7天后出院回家中休养。

（二）庆贺

孩子一旦安全出生，全家上下喜气洋洋，就是最困难的牧民家也要想办法宰杀一只羯羊表示庆贺。羯羊的肉主要用来熬肉汤给产妇补身子。若遇难产，则要请喇嘛念经，祈求平安。周围的牧民、亲友闻讯也会前来贺喜。一般以哈达、布料、衣服、茶、酒、被褥为贺礼，也有直接送钱的，主人家则欣然接受并以酥油炒面茶待客，整个帐篷喜气洋洋。

（三）洗澡

孩子出生的第三天，要举行一个小小的洗澡仪式。先熬上一锅柏树枝水，在水中搓洗几分钟，起到消毒避邪的作用；接着用炼化的酥油给孩子擦拭全身，牧民认为这样使孩子的皮肤光洁柔嫩；然后再涂抹头发，据说以后孩子的头发会乌黑发亮；之后给孩子穿上新衣。在为孩子洗澡的当天早上，家人要煨香磕头，点上佛龛前的酥油灯，同时在屋内煨上柏香，消除秽气。

（四）满月

裕固族人以前没有过满月的习惯，近年来，受周边汉文化影响，一些地方，也开始给孩子过满月。孩子满月时，也有请满月客的。届时，宰羊设宴招待来客，客人会带不同的物品作为贺礼，当天，父母给孩子换上新衣并代表孩子给客人一一敬酒，来宾都会对孩子说些吉祥美好的祝福话。

（五）禁忌

孕妇不能闻见麝香，否则易堕胎；不能吃鹿肉、喝鹿血，否则头发易变白、脱落，双眼会发红；孕妇不能光脚趟冷水，不能提、背、扛过重的东西。产妇生下孩子的当天，要在佛龛前点一盏酥油灯，不能熄灭；产妇在月子内出产房，必须戴头巾或帕子，婴儿及产妇的衣物不能在河流中清洗。

二、命名礼

（一）多次命名

裕固族人认为孩子的名字和他（她）一生的命运息息相关。一般在孩子出生十多天或满月时取乳名；满100天或周岁时取经名；上学或工作时取学名。

取乳名：一般在婴儿出生十多天或三十天时举行取名仪式。清晨起来"煨桑"，熬上奶茶，由孩子的祖父、舅舅或父亲给孩子取一个乳名。多取吉祥之意，如巴特尔，英雄好汉之意。有些地方也取"苏德克尔"、"亚格克尔"等名字。

取经名：孩子出生后满100天，孩子的父亲就要请喇嘛前来念经取名。当天清晨，母亲为孩子梳洗干净，穿戴整齐。在喇嘛到来之前宰羊煮上，熬上奶茶，炸好油果子，煨上柏香。喇嘛到来后，依据孩子的生辰八字、长相、血缘由来、家庭经济状况等，查阅经典，念完福经后给孩子正式命名。民国时期，几乎每个裕固人都有经名，具有浓厚的宗教色彩。如：谢拉尔加木措（智慧海）、罗桑尼玛（慧日）、才让卓玛（万岁女神）、贡布（保护神）。如果同名，则在名字前冠以居住地名以示区别，如黑崖子巴特尔。巴特尔是人名，黑崖子是居住地名称。

取学名：一般请部落中德高望重的长者或汉族老师取一个汉文名字。裕固族取汉名，是从1958年反封建运动后开始的。汉姓主要依据每个户族名称的首音或尾音，如"安帐"的汉姓为安，"杜曼"的汉姓为杜，"兰恰克"的汉姓为兰等。在名字之前加上汉姓即学名，如安立华、安立斌、兰靖、兰勇、杜可风、杜玉兰等。

（二）命名方式

裕固族给孩子取乳名的方式有以下几种：

1. 以山命名。如"欧拉"、"塔格尔"、"腾格尔"、"苏穆尔"等，都是山名，希望孩子像大山一样坚强、挺拔。

2. 以花草命名。通常以花草给女孩命名。如"其其格"（花儿）、"瓜瓜梅朵"（蒲公英）、"邦锦梅朵"（龙胆草）、"萨茹娜"（山丹花）、"哈日嘎娜"（金露梅花）等。

3. 以水、草原命名。如"牧仁"（大江大河）、"塔拉"（草原）。

4. 以物件命名。如"薛日"（珊瑚）、"杰斯"（珍珠）、"陶苏恩"（酥油）、"哈什"（玉石）、"艾木格"（耳环）、"道古鲁"（圆石头）、"布鲁特"（钢）、"贴木尔"（铁）等。

5. 以地命名。如"占沙"、"斯木克"等，均为地名。

在裕固族人中户族辈分比较严格，晚辈不能直呼长辈的名字，俗人禁呼喇嘛的名字，以此表示对长辈和喇嘛的尊重。

三、剃头礼

裕固族的剃头礼是一种极具民族特色的传统仪式。据调查，相传天上有聚集在一起的六颗星星，裕固族称之为"弥琪德"（东）、"阿勒塔吉恩"（西），它会给大地上的小孩和牲畜带来灾难，只有给三岁的孩子举行剃头礼，给两岁的马举行剪马鬃仪式才能消灾避邪。因此，娃娃长到三岁时，家里要为他举行隆重的剃头仪式。

裕固族的小孩，无论男孩女孩自出生到生肖满三时才第一次剃头。一般选在农历正月里给孩子举行剃头仪式。吉日择定后，要由孩子的父亲（阿扎）亲自把孩子的爷爷、奶奶、舅舅（仪式主持者）和亲戚朋友请到家中。前来的客人会带来不同的礼品，有哈达、酒、砖茶、布料、衣服、红枣、点心等。通常把贺礼先递给要剃头的孩子，再由孩子的阿扎接过去敬献在佛龛前。

剃头的当天，主人家要设宴盛情款待宾客。一大早，主人先"煨桑"，熬上奶茶。然后依据客人的多少宰杀足够的羊，把羊肉按亲友的辈分一一卸成羊份子。其中，羊背子下锅煮至不渗血即可捞出，再把羊肋骨、脂裹肝、肉肠、血肠都煮好备用。另外，还要在炒面里加入牛奶、白糖和成炒面团做一个碗口大小的炒面饼（裕固语称为"雅额雅特巴"），饼子中间留一圆孔，孔口盖上一个用炒面捏制而成的小盖，把炒面饼盛进盘子里，饼上抹一层酥油，饼的四周围倒一些牛奶，再在盘子里放一把系有白色哈达的剪子。一切准备妥当后，等客人到齐即按辈分大小入座。接下来，孩子的阿扎先把羊背子献给裕固族中辈分最大的舅舅，然后依次分献煮好的羊份子，再端上备好的手抓羊肉、脂裹肝、肉肠、血肠，并给客人敬酒。待客人吃完毕，剃头礼仪随即开始。（在这儿主要记述了东部地区的仪式过程，而西部地区的剃头仪式的内容与之又略有不同，如：雅额雅特巴的做法、孩子发式的梳理装扮式样等。）

仪式开始时，母亲（"麦麦"（东）、"阿娜"（西））抱上孩子，阿扎端上放炒面饼的盘子，孩子的舅舅（达嘎）双手拿起炒面饼放在孩子的头顶上，去掉圆孔小盖，从小孔中拉出一小撮头发，把酥油抹在孩子的嘴唇、鼻尖和前额上，从盘中拿起剪刀时大声致祝词。在调查中，我们收集到的"剃头歌"祝词是这样的：

领：选中吉祥的年份，吉祥的月份，
　　选中这吉祥的日子，吉祥的时辰，
　　幸运即将降临娃娃身边。
　　头发穿过洁白的"亚特玛"，意味着什么？
　　牧养千只白羊，享受万千幸福。
众：但愿如此吉祥！
领：用金剪子剪去左面的头发，意味着什么？
　　家聚黄金般的富有财产；

用银剪子剪去右面的头发，意味着什么？
要走银光般的光辉前程。

众：但愿如此吉祥！

领：用铁剪子剪去头发，意味着什么？
像铁一样顽强的生命，像天一样广阔的福气。

众：但愿如此吉祥！

领：高高的山上扎着帐篷，辽阔的草原上放牧着牛羊，意味着什么？
像大地一样繁荣昌盛，像大海一样波澜壮阔。

众：但愿如此吉祥！

领：像六字真言一样充满智慧，像洁白米粒一样蕴涵美好。

众：但愿如此吉祥！

舅舅一边赞诵一边剪下从炒面饼圆孔中拉出的一撮头发，并许愿给孩子一匹白骒马、一头白乳牛或一只白母羊。之后，把炒面饼和剪下的头发放入盘内。其余的来宾依次每人剪一剪，剪完后许诺给孩子一匹白骒马、一头白乳牛或一只白母羊不等，客人当时许的愿，秋后一定要兑现。也可由孩子的父母到秋天时去要回来。所有的来客都剪过之后，用一块白色方布或白色哈达把剪下的头发包好结成一个疙瘩，挂在帐篷上方或最洁净的地方。以前，剃头仪式后，来客拿上主人敬献的羊份子离去，而孩子的家人则每人分食一块仪式中的炒面饼。现在一般不带羊份子回去，而是参加宴席后才走。

过去，年满三个生肖的小孩举行剃头仪式时，不论男女都在后脑勺留一圆片头发，称为"帽盖"。男孩的"帽盖"长些时候就全部剃掉，女孩的"帽盖"一直留成长发后编一条辫子。所谓"剃头仪式"事实上是剪发，不讲究剃头技艺，经常剪得高低不平，男孩在仪式之后即可到理发店剃成光头。现在，小孩剃头时不再留"帽盖"。

四、裕固族姑娘戴头面礼

裕固族的传统习俗中有成年礼仪式。男孩长到15岁后，父母就要择吉日给孩子举行成年礼，表明已经长大成人，可以参加一切劳动和社会活动并有了择偶的自由，不受社会的非议。但是，最具民族特色的还是姑娘的戴头面礼。

过去，裕固族姑娘长到15或17岁时，无论贫穷人家还是富裕牧户，都要选定吉日给姑娘举行戴头面仪式。父母事先为女儿准备好一副头面、衣服和小圆筒平顶红缨帽。举行戴头面仪式时，在大帐篷旁边另外扎一顶白布小帐篷，姑娘家杀牛宰羊，邀请一些亲戚朋友，摆上酒席，招呼客人吃喝。由家庭成员给姑娘梳妆，共梳12根小辫汇成三条大辫子，左右各一条，背后一条。然后给姑娘穿上衣服，戴上红缨帽并戴上头面。戴上头面的姑娘给每位来客倒一碗酥油奶茶后就被领进小帐篷，直到下午客人走后才回到大帐篷。仪式完毕后，姑娘可以住在小帐篷内，也可以回大帐篷和父母住在一起。

姑娘举行戴头面仪式后,就有了社交的自由和权利,实际上就是裕固族姑娘的"成年礼"。裕固族还有这样的说法,戴头面也意味着姑娘到了提亲的年龄,如果不给姑娘戴头面,不但无人过问求亲,而且还会被人笑话。

五、婚礼

(一)婚姻的性质

裕固族实行一夫一妻制。同姓同户之间不能通婚,同姓不同户可以结婚。传说这是裕固族古代时期由博格达汗和青格思汗定下来的规矩。

毋庸置疑,今日裕固族的婚姻,与其他游牧民族一样,是从远古杂婚、抢婚而慢慢演变过来的。直到新中国成立之前,裕固族中有除了一夫一妻之外,还有一夫多妻现象,但并不普遍。所以说,一夫一妻制的氏族外婚姻形式是裕固族的基本婚姻制度。

裕固族有明确的婚姻禁忌观念和规定,例如:有配偶的人不能重婚,近系(同姓同户族)的人不能通婚,辈分不等的人也不能通婚,违者就会受到社会舆论的强烈谴责,如果是同姓同户的通婚甚至要被赶出部落;如果现在发生此类行为,部众就会认为是不吉利的事。

过去通婚要求门当户对,贫富之间的通婚一般很少,但是富裕户娶贫苦人家的姑娘的多,而贫苦人家的男子娶富裕户姑娘的极少。

除禁止同姓同户通婚之外,还有一些不成文的规矩,如:(1)严禁兄弟共妻或姊妹共夫。(2)如果尚处于配偶的丧期内,那么在一定的时间内就不能举行婚礼,以此表示对死者的悲哀之情,时间的长短要视生者对死者的感情而定。同样,父母去世后,在一定时间内也不能举行婚礼。(3)在裕固族地区,以前姑娘到15岁或17岁时就要举行戴头面仪式,意味着到了可以谈婚论嫁的年龄,而男子以15岁或17岁时为适婚年龄。现在,不管男女,都结婚较晚,一般20岁到25岁,甚至更晚。结婚的男女,其年龄通常相近,男子大几岁,甚至大10岁也可以结婚。

(二)婚姻的形态

裕固族的婚姻形态是非常有特色的,与其他草原游牧民族相比,有相似之处,但也有不同之处。而且东部地区裕固族的婚姻形态与西部裕固族的婚姻形态又有不同。帐房戴头婚、勒系腰婚、招赘女婿婚、童养媳婚、小女婿婚和养女婚等。

直到新中国建立前,在裕固族中,还存在一些古老的婚姻形态,主要有"帐篷戴头婚"(也叫"帐篷杆戴头婚")和"系腰带婚"(也称"勒系腰婚")等。有些地方还有"无儿娶媳婚"。这指的是,没有子女的富裕人家,为了占有劳动力,便买来穷人的女孩作"儿媳"借她招来男子,供其使唤。而且裕固族人还保留着一些传统的习俗,这主要表现在现在婚礼仪式上新娘还沿袭传统,要戴头面等方面。

(三) 20世纪30—40年代裕固族人的婚姻

1. 帐篷戴头婚。这是解放以前裕固族地区普遍盛行的一种婚姻形式。一般来说，当姑娘到了15岁或17岁时，无论是贫苦人家还是富裕人家，都要在自己的大帐篷旁边另立一个小白帐篷，并择吉日给姑娘举行戴头面仪式。

姑娘戴头面后，就有了社交自由和权利。他如果找到称心如意的伴侣，就可以同居、可以生儿育女，不受任何非议。如果男女双方情投意合，能够居住在一起的，所生的子女称男子为姨父；感情较差或临时性的，所生子女称男子为叔父。有时帐篷戴头婚的妇女可能与一个男子白头偕老，有时也会因为与该男子的感情不好而分手以后，又与其他男子同居。有时也存在男子遗弃女方的情况。但在同居期间，男子必须帮助女家劳动，否则会受到冷遇，不受女方父母欢迎，甚至不能继续维持原来的同居生活，而妇女却不受男子约束，在家庭中的地位很高，权力也很大。如果双方不能维持这一关系，分手时，男子不能带走任何东西，孩子跟着女方。

这一形态的婚姻方式实际上是女不嫁、男不娶，家庭中以女方为主的婚姻形式。

此外，这也是一种养女招女婿的方式，一般都是没有生育的夫妇，领养女儿后招婿。裕固族过去只领养女孩，领养男孩的极少。

2. "勒系腰婚"。这一婚姻形态仅存在于东部地区裕固族。它与"帐篷戴头婚"婚姻形态较相似。这是多为生育几胎均为女儿或家庭贫苦的人家的一种招婿方式。即姑娘长到15或17岁时，如果没有男子来提亲，在举行成年礼的同时，就要举行"勒系腰"婚礼形式，具体仪式是：在帐篷旁边扎一顶白帐篷，择吉日请来亲戚、喇嘛、头人，先由两个已婚成年妇女给姑娘戴"头面"。头面一戴，标志着姑娘已经成人，有了社交的权利。头面戴好后，开始勒系腰，即将戴了头面的姑娘的腰带（俗称系腰）系在姑娘的腰上。勒系腰时会有一人在旁边高喊"某某某家的姑娘的系腰勒给某某家了"，以让人们知道。勒系腰婚不管其姑姑家和舅舅家的男孩子年龄有多大，是僧人还是未出家，有的甚至是两三岁的小孩。如果姑姑或舅舅家没有尚未婚娶的儿子，那么就可以将腰带系给已经有了家室的姑表兄弟和舅表兄弟。如果姑姑和舅舅家都没有儿子，也可以系给别人家的儿子，但这属于下策了。

勒系腰婚仪式之后的第二天，姑娘从白帐篷内搬回与父母同住。从此，她就可以与其他男子自由交往。生下孩子后，必须姓被勒系腰家的姓。

一般来说，姑娘勒系腰之后，有三种生活方式：其一，姑娘长期在家，可以临时性地同不止一个男子同居。男子在同居期间，要帮女家干活。但这一关系一般不能维持很长时间。姑娘有了孩子后仍然住在娘家。待孩子长大后，她可以带着孩子继续跟父母住在一起，也可以从父母处分得一部分财产，诸如帐篷、牲畜、草场、炊具等，带着孩子去过，当一辈子的"老姑娘"；其二，在与男子交往的过程中，如果遇到感情较好的，就可以招赘上门，与父母生活在一起。如果父母有人赡养，那么几年后，她可以从娘家分得一些财产，自己单独生活；其三，如果在交往的过程中，她与男子给被勒系腰家一头牛或一匹马，"赎回"姑娘的腰带，就可与之结婚。

3. 门当户对婚（有人称其为"正式婚姻"）。旧时，这种婚姻包括帐篷杆招婿，大多在有钱人家和有权人家举行，婚礼比较隆重，消费亦可观，但一般多属于父母包办婚姻。

（四）20世纪50年代后的婚姻状况

1954年肃南裕固族自治县成立，裕固族的婚姻制度有了很大变化。包办婚姻、童养媳等逐渐被裕固族人所抛弃，自由恋爱、领取合法结婚证受到重视。但是1958年的反封建运动和后来"文化大革命"的严重冲击，使裕固族的婚俗文化受到了极大影响，特别是与其有关的民族服装、传统民族民间歌曲以及在裕固族传统文化中被视为独特风格的唱"沙特"、"尤达觉克"等被禁止。20世纪80年代开始，人们才慢慢地恢复传统的婚礼习俗。

自由恋爱是当今裕固族社会的择偶方式，在婚姻自主上，十分尊重当事人的意愿，即使有少数是家庭父母包办和他人介绍，也是在当事人同意的前提下实现的。

1. 婚姻礼仪

裕固族同其他草原游牧民族一样，特别重视婚礼，将其看做人生最大的喜事，都尽可能操办得隆重一些，当然隆重程度如何要由双方家庭的经济状况所决定。事实上，就裕固族的整个婚礼而言，这是一个较复杂的过程，需要花费大量的精力、物力。

2. 婚礼进行前的必经程序

（1）提亲与订亲仪式。提亲和订亲是婚礼仪式的最初阶段，也是必经阶段。当男女青年相识、恋爱之后，由男方家请合适的人作介绍人，选吉日，带着哈达、两瓶酒、一包茶、两斤冰糖（或白砂糖）以及奶粉等礼物到女方家提亲。如果只准备几条哈达是不够的，凡是女方重要的亲戚人人都必须有一份，即使人不在场也得给他留下。如果女方家同意这门亲事，则收下男方父母带来的礼物。如果不同意，就会拒绝收礼物，这样男方再三恳求，直到答应。从提亲到订婚，快则二三个月或半年，慢则持续一年。

一般来说，男女青年和双方父母不能直接交涉婚事，所以由他们直属亲戚或介绍人（即媒人）来完成。介绍人要选能说会道的人，也有由男方主要亲戚，如舅舅、叔叔等担任的。介绍人往来于男女两家之间商定婚约，并参加成婚仪式。如果日后男女之间发生纠纷时，也大多由他协调。他的报酬一般由男方承担，聘礼多的家族其报酬也多。

提亲初步成功后，男方父母名正言顺地到姑娘家说亲，正式取得对方的同意，商议彩礼的数额和举行婚礼的事宜。

（2）彩礼。当男方提亲成功后，就要开始准备彩礼了。彩礼是指男方父母和亲戚付给对方一定数量的礼物。彩礼常见于父系社会中，所以有时也可以视为女方家对丧失一个劳动力而男方将增加后裔的一种补偿。

裕固族人十分重视婚前的订婚仪式。在男女双方的父母家正式会面，一般男方到女方家中去，而且一般都是在介绍人的陪同下前往，介绍人在双方家长的关系中起重要作用。介绍人往来于两家之间，将女方家长提出的条件转述给男方，同时把男方的意见反馈到女方家，多次协调，直到双方都满意为止。还要协调订婚仪式中的各种事宜。

订婚仪式在女方家举行，女方家宰牛羊，摆上酒席，接待主要客人，一般要花上千元。而男方家对女方家参加订婚仪式的亲属都赠送礼物。在某种意义上，彩礼具有象征性，表明双方家庭对于新缔结的关系的一种肯定和良好的祝愿，因而物质上馈赠往往是相互的，经常不具备很大的实际价值，这也是当代社会新婚中常见的现象。但是，传统的聘礼还是要按女方家提出的条件和要求送上。

裕固族人订婚仪式上的彩礼，由以下三个部分组成：①给新娘及新娘家的礼物；②专为新娘父母及其舅舅准备的礼物；③为新娘其他亲戚准备的礼物。

（3）嫁妆。裕固族人认为，嫁妆是娘家给女儿的一种财产形式，也是属于她自己应该从家中继承的财产部分。裕固族的嫁妆，以前主要是一套民族服装（包括头面）以及羊和牛马等物。与彩礼不同的是，嫁妆不是女方给男方父母及亲属的，而是给新娘将要进入的新家的。当男女双方离异时，女方应将彩礼部分或全部退还给男方和他的亲属，但女子可以把嫁妆全部留给自己，任何人不能占有她的嫁妆。

在裕固族牧民的观念中，嫁妆的丰厚程度意味着女子身价的高低，是男婚女嫁的物质保证。裕固族人民与蒙古族和藏族一样，将其视为新娘的实际价值，因而很多家庭为了抬高女儿的身价，要尽可能多地给一些金银等贵重物品，使女儿结婚后有自己的地位和经济权利。

3. 婚姻全过程

（1）迎亲准备。过去男方给女方如数送清所定礼物后，男女双方家庭就可以进入婚礼的准备阶段了。首先要由双方共同商量，请喇嘛为新郎新娘卜卦决定结婚日子。卜卦根据新郎新娘的年龄、属相进行。新中国建立后一段时间，尤其是改革开放以来，男方父母或亲属要带着哈达、茶、烟等礼物，到女方家商定结婚日子，裕固族人叫"要日子"。这期间，男方设立新帐篷，准备迎亲。在居民点，多设新房；而在牧业点，搭起新帐篷，室内一般具备组合柜、电视机、洗衣机等。

吉日选定后，男女双方家长就要选婚礼主持人、伴娘以及介绍人。同时，还要选几位能唱会说的人迎送客人、唱歌敬酒。最后，双方决定邀请参加婚礼的客人名单。女方的直系亲戚，由男方去请，而且都要请到；男方的直系亲戚，除女方去请外，男方也要去请。旧社会，有些富裕人家，不仅要请本部落的亲戚和客人，还要请邻近部落的头人、喇嘛及有名望的人。

当结婚日期、地点以及参加婚礼的人数和范围初步确定以后，就要开始通知所有参加婚礼的客人。有时专门派一二人，带上哈达，挨家挨户地去邀请。双方亲属必须在结婚前一两天或三天到达各自亲戚家里，宰牛宰羊、备酒、炸油果、烤馍，并准备婚礼的有关事宜。

（2）婚礼仪式。到送亲的头一天下午，客人们纷纷来到新娘家门口，主客之间寒暄一阵，便把客人让进大房，随后就端奶茶、油饼，为客人接风洗尘。亲友们带上哈达，酒等礼物到女方家祝贺。等客人们来齐，并按地位、年龄入席坐定之后，娘家主人给客人敬酒，婚礼即将开始。主人要用酥油奶茶，油果子和牛羊背子等手抓肉招待来宾。同时，由专门聘请的歌手开始唱歌，向上座依次敬酒。代表女方唱的是劝慰新娘之歌，而男方歌手唱的是向客人敬酒和致谢的歌。

（3）新娘戴头面仪式。戴头面是一个古老的传统仪式，也是妇女婚前必经的仪式。戴头面是将一副头面（用珊瑚、玛瑙、海贝等饰物制成，宽约五寸，长约三尺）系在准备出嫁的姑娘发辫上，并把头发梳成三条辫子，左右辫由耳后垂直在胸前，一条在背后。解放前，一般戴头面是在女子15—17岁时，取其年龄的奇数。戴上头面后可以单独住在离家不远的小帐篷里。现在的婚礼仪式上，另立小帐篷的习俗已不多见了。但是，新娘不能直接进入男方家，而是先进入厢房内稍休息后，才进入正式举行婚礼的帐篷或房屋内。自20世纪80年代后，传统婚俗才逐渐得到恢复和发展，而如今的临时戴头面仪式，比过去简单多了，只是一个象征性的程序而已。

（4）送亲仪式。结婚日娶亲时都讲究娶迎亲人数是单数去，双数来。过去都是父亲去娶亲，原因是家里要新增人口，人家要给男方一个人，作为一家之主的父亲必须亲自迎亲。现在受周边汉族影响多是新郎亲自去。

女方出嫁，必须在日出前出发，日落赶到婆家。其意为姑娘就像早晨的太阳，给新的家庭带来希望。

送亲时，娘家要有一个领队人，多为女方舅舅。男方在迎亲时，特带一些礼物送领路人，以免迎亲路上受到挑剔。

送亲时，新娘披上盖头，由伴娘扶上马背。新娘骑白马，据说白马代表大象，象征吉祥。然后，新娘的亲兄弟或表兄弟同骑在马背上，扶助新娘，由伴娘拉马缰，在众人的陪同下离开娘家。临行时，要唱送别歌，表达依依惜别之情。

（5）迎亲仪式。娘家送亲那一天，男方要在中途迎亲。新郎家要派几个机灵敏捷的人及善跑的马，在迎亲路上选择一块好地方，铺上地毯，摆上羊肉（也有一整只羊的各部位或一只羊的胸叉肉和背子）以及哈达和酒迎候，裕固语叫"杜孜额"，本地汉语也叫"打尖"。送亲队伍到来时，他们迎上去高声问候，并拉住领队人的马缰，请他们下马稍事休息。等他们下马坐下来之后，打开酒，先向天地鬼神及山神敬酒，而后为送亲队的领路人（一般为女方家舅舅和亲属）献哈达、敬酒敬食迎前说好话，表示男方的一片诚心。然后，双方的人都要迅速上马驰骋，边歌边比试马的走手和骑手的敏捷,而且迎亲队伍要一定先于送亲队伍到达。

(6)踏帐习俗。解放前,送亲队伍来到离新娘帐篷几百米的地方,由女方谙熟送亲事宜的领队人,指定善骑二至六人(必须为双数),纵马奔到男方为新娘专设的小帐篷外,顺时针绕帐篷转三圈,并尽力使马接近帐篷,设法使其倒塌,以此奚落新郎家。此时,男方早有准备,派几名妇女在帐篷内边敲盆盘等物边大声喊叫,让马受惊而不能靠近帐篷。现在已演变为娘家人骑马绕三圈时主人出来迎接的习俗。

(7)让客仪式。娘家送亲队伍来到新郎家时,由男方家与新郎同辈的一个青年,跪在地上,双手捧盘向客人敬上迎亲酒。这时新郎家小伙子们奋力抓住娘家所有来客的马缰,不论年龄大小,都得一律扶来宾下马,特别是对新娘的父母亲、舅舅十分客气,即使挨他们打也得忍受着将他们接入男方家客房。在迎接新娘家客人的时候,男方家所有的客人不分职位高低,都要出门迎接。此时,新娘不入大帐篷,须在小帐篷内背朝门向里跪坐,"待格其"(伴娘)和新娘的姐妹等陪同她吃喝。送亲的人到男方家,男方的亲属边敬酒,边用酥油奶茶手抓羊肉招待客人。而送亲领头人到男方的厨房去察看宴席的准备情况。然后,由歌手代表娘家诵说《阿斯嘎尔拉》,夸耀酒席的丰盛。

(8)"交新娘"仪式。新郎用方盘端上为新娘准备的绿色绸袍、头面、耳环、手镯及彩巾等物,由"待格其"为新娘洗梳打扮,正式为新娘戴上头面。代表新娘唱歌的人要唱《戴头面歌》

……
噢,不让父亲摸的不顺手的秀发,
噢,不让姐姐摸的丝绸般的头发,
噢,不让哥哥摸的乌黑的头发,
今天说要戴上头面出嫁了
……

这时,姑娘和在场的人都要哭嫁。与此同时,出门举行给婆家交新娘仪式。新娘站在娘家队里,新郎站在男方队中,双方父母及舅舅等亲属站在人群中央。由新娘的舅舅代表娘家人给婆家交新娘,并说一些客气话,说我们的姑娘这也不会,那也不会,请婆家多多指教。再把嫁妆摆放在人群中央的大桌上,然后娘家人将姑娘交到婆婆手中。

(9)吃喜宴。仪式完备,众客人进入帐篷开始吃喜宴。原来牧区的喜宴一般以牛羊肉为主,现在的婚宴已经复杂多了,多为一桌八个凉菜,十四个热菜,而且以牛、羊、鸡、鱼等肉菜为主。

宴席一开始,首先让新郎新娘在宴席厅中站好,由男方家的歌手为宾客诵说最受人们尊崇的《沙特》(东)、《尤达觉克》(西),唱完以后,把干巴骨交给新郎,并祝愿他们生活美满幸福。新郎先将其挂到帐篷杆上,事后放到寺院或交给喇嘛。

随后喜宴正式开始，席间家属和长辈为来宾敬酒；接着新郎新娘敬酒；期间穿插歌手们的欢唱，宾客们畅怀共饮，宴会进入高潮。

最后将汤端上桌，大家喝完后，来宾自觉散宴。娘家主要亲属留下，继续喝酒唱歌，直到大家都有些醉意为止。

六、寿礼

裕固族地区过去没有寿礼，受汉文化的影响，20世纪80年代以后逐渐在部分人中兴起。目前，一部分裕固族人开始为老人举办寿礼。

七、葬礼

裕固族人的丧葬仪式一般办得比较隆重。历史上，裕固族的丧葬方式主要有火葬、天葬、水葬和土葬等几种。目前，裕固族丧葬习俗中火葬最普遍。

新中国建立前，裕固族的火葬主要针对非正常死亡者，比如患传染病死者或上吊自杀者。新中国建立后，国家大力提倡火葬，这正好与裕固族信奉的藏传佛教相一致。裕固族地区开始广泛实行火葬，天葬已极少见到。目前，裕固族人普遍认为火与人的生命及灵魂有着密切联系，只有通过火化，人的灵魂才能升入天国，否则就会变成鬼魂四处游荡。

1. 浴尸。裕固族在老人死后，将死者的衣服全部脱光，由直系亲属用棉花蘸酒或柏香水把尸体从头到脚擦洗一遍，裕固族称之为"净身"。在死者的嘴里放入一种叫做"玛尼丹"的藏药，然后用酥油封住口鼻。尸体未僵硬前要收尸，也就是将死者的腿部关节和胳膊关节收拢呈弯曲状，合掌，用带子捆扎成胎儿形，并用白布裹紧后装入白棉布袋。现在一些地方也把尸体平放入白棉布袋，袋子的大小视死者的身高量身定做，只套一层，袋口用棉线扎紧。

2. 停尸守灵。裕固人要另扎帐篷设灵堂，帐篷的正上方摆一块木板，下面垫上柏树枝，上面铺上一块新毛毯和新被褥，将用白布缠成胎儿状的尸体坐立于木板上，后背及两侧用洁净的被褥围住固定，也可以将尸体平放在木板上。面前设一张小供桌，点上一盏酥油灯（长明灯），桌上供献哈达、酒、茶叶、食品、糖果等供品。停灵期间敬献的供品忌荤腥。另设一只香炉点柏香，和汉族不同的是，只点香不烧纸。守灵时特别忌讳猫、狗接近尸体，不能让酥油灯熄灭。灵堂内要保持安静，不能在灵前痛苦失声，因为活人的泪水会化做汪洋大海，使死者留恋牵挂，要愉快地送死者的灵魂升天。灵堂设置妥当、尸体摆放稳后，死者家人自备酥油到寺庙的经堂佛像前点酥油灯，少则十盏，多则几百盏。人死的当天，请喇嘛到灵堂念经，从早到晚，超度亡灵，一般念三天。现在也有人家用录音机放悼亡经磁带，从早到晚。由直系亲属轮流守灵。念经和停尸时间的长短，依据喇嘛推算出的出殡日期而定，一般停尸2—3天，冬季也可停尸7天。守灵一直要守到出殡那天。

3. 吊丧。据了解，如果家里死了人，通常有人去报丧。亲友得知死讯要前来吊丧。有的送哈达、酒和茶;有的送酥油、奶子;有的送布料、被面等日常生活用品;还有的送钱。主人收下礼物,要以牛羊肉待客,牛羊可借可买,不能在家宰杀。先招呼客人喝酥油炒面茶。来宾喝过茶后,到灵堂磕三个头。有的进行遗体告别后即可离去,主人一般准备一顿茶一顿饭,不多留客。

4. 出殡。裕固族的出殡时间一般选在日出之前或日落之后。出殡前,先在家里"煨桑",备好熟食、糖果、烟、酒、茶等。接着,亲属磕头向遗体告别。出殡时,家人在帽顶上缝缀一团白布或在袖子上缝一块白布表示戴孝,通常戴21天或49天。一般由8个人用抬架子(类似担架)把死者抬到火葬场,一定要将死者头朝上;也有用马、牦牛驮的,先将固定尸体的东西捆在马(牛)鞍子上,再将死者绑在上面,呈骑姿送往火葬场,主要是长子和直系亲属去送葬,送葬队伍视亲属人数、路途远近而定,少则十几人,多则二三十人,一般为单数。喇嘛只是在家念经超度,不去送葬;小孩和妇女也不去。途中要尽量避开独木或单独的一个大石头,不管遇到多少河流,都要投掷硬币,过去投的是麻钱。据说死者的灵魂过不了河,而钱能搭起一座桥让灵魂顺利通行。

火葬场一般请喇嘛提前选定。出殡前一天把酥油、清油、柏木柴准备好并架好约一码高的柴堆。架柴方向由喇嘛依据地势而定,柴堆最下面摆放粗大、不易燃的木柴,层与层之间都留缝隙以利通风易燃。柴垛码好后,将尸体坐或平放在上面。过去往遗体上浇灌酥油,现在多用清油,然后由长辈或同辈用白色哈达做成的火把蘸上酥油点燃(晚辈不能点),塞进柴堆并用一两根木柴压住死者,以免尸体遇火自然翻动或突然起身。之后,只需留3—5人,必须是直系亲属外的年轻力壮的人守住火葬场。死者亲属离开时,不能回头看,否则去世的人会恋恋不舍。留下的人必须留待遗体全部火化,一般持续5—6小时,然后再另外烧几堆火,把祭品、死者生前穿过的衣服、用过的器具等分开烧掉(当然也可将随身物品转赠亲属留作纪念)。待火灭之后才能返回,以防火灾。

火葬回来后,参加送葬的人要用柏树枝水洗脸、消毒并用柏木烟熏一下,然后和帮忙的亲友一块坐下喝酥油茶,吃手抓羊肉。临走前,主人家要回一份礼以表酬谢,可以是一条哈达,也可以是一瓶酒、一块砖茶。对于念经超度亡灵的喇嘛、僧人,酬赠的礼物讲究完整、齐全。可送一只羊、一匹马、一头牛或一套衣服,另添赠哈达、酒、茶、绸缎被面等物。

5. 下葬。火葬之后的第三天,死者的亲属去火葬场地捡拾骨灰,每人削一双柏木筷,用筷子从脚到头将骨灰干干净净地捡进白布袋里,袋口用五色(红、黄、蓝、白、黑)布条扎紧,象征五色祥云。有的又把骨灰袋装进约一尺长的柏木骨灰盒中,也可在骨灰盒中放入金、银、珊瑚、玛瑙、柏香和开光的青稞、麦子等五谷杂粮。也有人把开过光的五谷杂粮撒在火葬场地,等其生根发芽时可绿化火葬场地。之后,如果离祖坟地不远就要当天送往下葬;若路途遥远则在火葬场就近埋下,第二年掘出送至祖坟地下葬。在送骨灰盒的过程中,遇到河流仍要投掷硬币,道理同上。

　　裕固族人的祖坟地多数是原来祖先天葬的地方，依照长幼次序选好位置后，挖一个60—70厘米深、1.5尺宽的正方形墓坑，墓坑四周铺一层防潮的石头或瓦片，坑底放置一块石板或柏木板，之上垫一层柏树枝，柏树枝上再铺一层白色哈达，然后把骨灰或骨灰盒放在上面，四周不留空隙，用柏树枝塞紧，骨灰盒上再铺一层柏树枝便开始填土。裕固族的规矩是由长子来填第一铲土。土填满填紧之后，上面用白色石头围住作为标记。值得注意的是，当天要用模子拓出红胶泥土的佛塔，佛塔上有小佛像，裕固族称之为"萨萨"，表示对死者的祝福。

　　随葬物品：死者生前的随身物品，如腰刀、佛珠、鼻烟壶、眼镜、衣服、马褥子、首饰（项链、耳环、手镯、戒指）等。若经由喇嘛、僧人推算得知死者对这些物件还有牵挂，家人就如数交给喇嘛、僧人，通过他们吟诵经文超度，死者方能领受。

　　下葬时，周围若有某种独特标记的东西，比如单独的一棵树，孤零零的一块大石头等，均被牧民视作不吉利，一定要清除。

　　另外，对患传染病或产妇死亡者，要将尸体埋在三四尺深的墓坑下偏窑内，等三五年后再将骨头挖出火化埋葬；12岁以下的少年死后则一次埋入墓坑偏窑内，不再火化。

　　6. 过七七。在裕固族的丧葬习俗中，除停灵和出殡时请喇嘛念经外，每逢死者的"头七"到"七七"、"百天"都要请喇嘛念经超度。父母去世四十九天内，孝子孝女不穿色彩艳丽的衣服，忌佩戴首饰。守孝期间，孝子孝女不喝酒，不猜拳行令，不唱歌、跳舞。孝女不梳头，孝男不剃头不刮须。孝期忌动土，忌杀生。在停尸、出殡乃至四十八天之前，对前来吊丧的亲朋邻居，一般不招待。到了七七的最后一天时，家里要杀牛宰羊，请来喇嘛念经，并请亲朋邻居和丧事帮忙者，给死者过四十九天，设宴招待来宾。之后，要在死者的坟上或帐篷外烧起一堆火，烧"石麦尔"和五色布，有些地方也烧熟肉，但是荤素要分开，并且特别忌讳猪肉及可能有猪油成分的食品。

　　裕固族在丧葬仪式中，子女在孝期时，男子帽顶的图案要去掉或用一块白布遮住，以示哀悼；平时若没图案，是对别人不尊敬。家属儿孙在衣领、袖口、帽顶部缝上一块白布，曼台和八个家部落妇女，在辫梢上挽一撮白羊毛，意为戴孝，在死者七七四十九天时，要请和尚念经，要招待亲朋友邻，到死者坟上或在家门前烧一堆火，烧"石麦尔"和四寸宽五色布条，撕下戴的孝全部烧掉，意为抹孝。

　　解放以前，裕固族地区天葬也比较普遍，1958年以后就不再进行天葬了。1958年以前有些部落还有水葬的习俗。至今，红湾、青龙等地还保留着土葬的习俗。

第三节 民间文化

裕固族是一个古老的、历史上曾融合了多种民族成分的民族，因此，其传统民间文化无论从形式上还是从内容上，都显得斑斓纷呈、多姿多彩。解放以来，许多民间文学工作者（包括本民族民间文化工作者）深入牧区，辛勤工作，在这块"富矿"上挖掘了不少珍品，搜集发表了许多民间故事、歌谣、叙事诗等，为保存和弘扬优秀文化传统做了大量的工作。下面，就我们已搜集到的和已整理发表的资料为基础，简要地对裕固族传统民间文化作一梳理介绍。

一、民间文学

（一）神话

神话是人类与自然斗争的原始性幻想故事，是最早反映人类生活的文学形式。每一个历史悠久、文化古老的民族，都有自己的神话。在裕固族民间文学中，神话所占分量不多，且表现得断续和零碎。目前已发表的有《莫拉》和《三头妖与勇敢的青年》、《射箭驱妖》）、《蟒古斯》系列、《俄郎盖赛尔》系列等。

如前所述，裕固族有着古老、悠久的历史，并且由多种成分融合而成，其神话来源也应当是多渠道的，如果不断挖掘，必能搜集到更多的神话故事。

（二）史诗

史诗是一个民族精神的结晶，在该民族中具有神圣的地位，但是由于各种原因，它们到了失传的边缘，在这种情况下对之搜集整理尤其显得意义重大。它与本民族的历史、生活、文化传统、风土人情等有着紧密的联系。由于史诗是在历史长河中累积下来的人民群众的集体创作，仍旧天然地带有丰富的民间的成分——它们充满了"人类社会的童年"所特有的天真的自由自在的诗性想象以及民间对幸福生活的美好理想。英雄史诗中的英雄形象往往是该民族理想、意愿的表达与民族精神的化身，同时往往以一定的历史真实事件为基础，体现出该民族的重要的历史进程。同其他民族一样，裕固族也有自己民族的史诗，最著名和最具代表性的是《沙特》（东部）、《尤达觉克》（西部）。这两部史诗内容大同小异，都是裕固族的创世史诗。开篇都讲述了天地万物的产生和起源，接着讲述了天地、人类的结亲繁衍，最后讲述了裕固族的东迁。由于裕固族口传文化的代代遗失，现在会讲的民间艺人已经所剩无几了，而且内容更是缺失得越来越多了。

《沙特》（摘录）铁穆尔 翻译整理

在久远的往昔
天地还没有形成
后来在一个大海中形成了天地
最初天地在一个金蛙身上
金蛙降临宇宙

天地共有三十三层
三十层已稳定
因此天地间一片浑沌迷蒙
八十八根金柱子的须弥山
形成十三层
八十四根稳定了
四根还没有稳定
这是为什么？
……
八根柱子象征什么？
胫骨中有金色精髓，兴盛是为了什么
是两亲家神圣黄教兴盛
胫骨的外层覆盖三层（肉）是为什么
是两亲家的羊毛呢子缝对缝
绫罗绸缎花对花
（这样）富裕了
（注：此刻举行两亲家互换白绸缎仪式）
换白绸缎是为什么
就是为了两亲家互相换亲
两亲家成亲（此刻举行互相敬酒仪式）
互敬美酒是为了什么
是姑娘、女婿两个家
像蓝色大海一样永恒富裕
（注：地上有用白米摆成有六字真言形状）
这吉祥白米是什么意思
这是像吉祥白米一样茁壮盛开
像六字真言一样正确
姑娘、女婿请求了五国贵客
具备了六种宴席
愿姑娘、女婿两个百年好合永恒幸福！

《尤达觉克》（摘录）阿尔斯兰　翻译整理

月儿要选月圆的时节，
日子要选吉祥的日子，
……
要说这咏诵尤达的习俗呢，

据说是地神苏古姆巴释扎陶瓦创造这世间大地时就形成的,
是古代桢可思可汗和鲍黛可汗两位可汗攀亲结缘时,
就立下了这咏诵尤达的古老习俗。
要说地神苏古姆巴释扎陶瓦,
是如何创造这世间大地的呢,
据说是用青龙驮上黄金,
用白象驮上白土,
填入松恩大赖,
可是这世间大地也没有能够创造形成。
……
要(创造世间大地)先要在苍穹的四角立起四根擎天柱,
从天神处讨回人种并创造人类开始繁衍生息,
从火神处讨回火种造福世间,
从佛国天竺取回真经,
在鸟儿都无法产卵的峭壁上筑造起大经堂,
在马儿都无法立足的陡坡上建造起小经堂,
这世间大地就会自然生成。
……

史诗反映了裕固族先民对日月山川、草木人兽、部落来历的复杂、神秘的幻想的解释和对婚姻习俗来历的解释。史诗不像裕固族其他叙事诗那样,采用间说间唱的形式,而通篇都是诵说,结尾押韵,有一些语言词汇很古老,诵说者也不知其确切含义。

《沙特》、《尤达觉克》无疑是裕固族最重要的民间文学作品,也是裕固族珍贵的历史文化遗产,在我国北方各民族较少创世史诗的情况下,裕固族的这部创世史诗就显得格外重要,在裕固族民间文学、历史、族源、神话、语言、民俗研究上有着非常高的价值。

另外,还有英雄史诗《盖赛尔汗》,今流传的除片段外,内容大都也已失传了。这个英雄史诗显然是藏族《格萨尔王传》在裕固族中的流传。裕固族的相当一部分早在东迁前就与藏族生活在一起,现在居住地紧靠藏区,又信仰藏传佛教,受藏文化影响很大,《格萨尔王传》在裕固族中流传就不足为怪了(有一传说,肃南境内马蹄寺的"马蹄"印,即为盖赛尔的马所踏)。但这很明显不是原来的《格萨尔王传》,它经过了裕固族民间艺人的加工和再创作,已经成了裕固族人的《俄郎盖赛尔》了。

(三)叙事诗

在裕固族民间文学宝库中,叙事诗《黄黛琛》、《莎娜玛珂》、《尧熬尔来自西至哈至》占有重要地位。无论其思想性还是艺术性,都达到一个很高的水平,堪称是裕固族民间文学中的珍品。

《尧熬尔来自西至哈至》可以说是一个产生较晚的叙事诗。它与裕固族的东迁有着直接的关系，其中大部分内容还以故事形式流传。无论东、西部，都有相似的传说，在裕固族东迁前，曾遇到了敌人的强大攻击，在整个部落面临生死存亡之际，汗下令杀掉全部老人以利轻装转移，其他人都遵命将老人杀死，只有姓安江的小伙子偷偷地将老人装在了牛皮袋内。部落转移到茫茫沙漠时，因缺水全体人被渴死的，面对严峻的形势，部落长下令谁要能找到水，谁便做部落头领。安姓小伙子偷偷地问了老人，老人告诉儿子，将种牛放开，任其所行，看到其刨地，则地下必定有水。安姓小伙子依其言，果然找到了水，拯救了全部部落。部落长问其故，安江小伙子如实相告，汗不但不以违令处死他，反下令从此废除杀死老人的做法，还让安姓人做了头目。就叙事诗故事内容而言，这是一个"弃老"传说。值得注意的是类似的故事在布里亚特蒙古、卫拉特蒙古都有流传，情节几乎相同。

《莎娜玛珂》和《黄黛琛》以其深刻的思想内容和别致的艺术形式，广泛流传在裕固族西部地区。《莎娜玛珂》产生的历史背景也是裕固族东迁。关于莎娜玛珂的身份，有几种说法，其中之一说莎娜玛珂原是裕固族一个部落头领的妻子。裕固族东迁到肃州城（酒泉）时，由于饥寒交迫，有一些抢掠行径，与肃州城的居民发生了冲突。莎娜玛珂的丈夫被捕入狱，由莎娜玛珂继续率领大家为生存而斗争。这时候，另一个部落的头领勾结肃州官员，乘莎娜玛珂不备，抓走了她，并用残酷的手段折磨死了这位勇敢刚烈的妇女。还有一传说，莎娜玛珂是一个劫富济贫的女侠盗。无论从故事的情节还是从音乐的旋律来看，诗的基调都显得悲壮、苍凉、低沉，这种气氛和主调，与故事产生的时代，即裕固族艰难困苦的东迁有着直接的关系。

和《莎娜玛珂》一样，《黄黛琛》也是一个悲剧性的故事，所不同的是，它所叙述的是一个爱情悲剧。

这种民间说唱的叙事诗形式只在裕固族西部地区流传，在东部裕固族中还未曾见到。这种较为成熟的艺术形式的出现和存在，不仅在裕固族文化发展史上有重要地位和较大的学术价值，而且也说明裕固族的文学艺术的发展已达到了一个很高的水平。

（四）民间故事

裕固族民间文学宝库中，有很大一部分是民间故事。这些故事内容广泛，取材丰富，总是与裕固族人的生活密切相关，反映了他们善恶美丑的标准和对美好生活的憧憬与向往，具有鲜明的民族艺术特色。

1. 历史风物传说故事

除前面所述的《尧熬尔来自西至哈至》外，还有《东迁的传说》、《和"红帽子"人打仗的传说》、《阿木兰汗》、《多尔吉汗》、《哈么嘎阿亚的故事》等。东迁和与之有关的传说故事还有许多，这些故事，因其具有一定的历史真实性而具有珍贵的历史意义。

除以上外，还有一些类似的传说。这些故事、传说无疑是裕固族英雄史诗的雏形，对于研究裕固族族源迁徙历史、与其他民族的关系和北方诸民族民间文学的流变规律等，具有一定的参考价值。

2. 生活故事

生活故事在裕固族民间故事中所占数量最多，内容涉及裕固族人生活的各个方面，反映了裕固族人的道德、宗教、生活习俗及真美善与假丑恶的斗争，表达了人们美好的愿望和对生活的态度。这类故事有已发表的《兄弟两个》、《神箭手射雁》、《珍珠鹿》、《贡尔建和尖珂萨》、《金银姐妹与木头姑娘》、《四个秃嘴姑娘》、《摔跤手的故事》等。

另一种故事描写人和恶魔蟒古斯的斗争，所占数量也较多。蟒古斯是我国北方民族民间故事中恶魔的称呼，她是一切丑恶、凶残的化身，总跟善良的人们作对。这一类故事的特点是诙谐幽默，妙趣横生，情节跌宕起伏，有许多有关裕固族的服饰行止等习俗的描写，生活味较浓。

3. 动物故事

以某种动物为作品主人公的动物故事，在各民族民间故事中占有相当的数量，在以游牧生活为主的裕固族中，这样的故事就更多了。动物故事所歌颂、贬斥的都是某种动物，但实际上表现的是人们对美丑善恶的态度，有些故事往往寓含着某种道理，用来启迪人们，不少故事充满了生活哲理，有些则表现了裕固族人诙谐、幽默的乐观情趣和对生活的信心，闪耀着裕固族人的智慧，是裕固族人生活经验和知识的结晶，具有浓郁的民族风格。这类故事有《牧人、兔子和狐狸》、《狗的传说》、《羊、狼和聪明的兔子》、《狡猾的兔子》、《兔子和熊》、《兔子的尾巴为何长不了》等。

二、民间歌谣

裕固族是个能歌善舞的民族。宽广的草原不仅孕育了他们乐观、豪爽、奔放的性格，特殊的生产方式和历史传统，造就了他们爱歌唱的习俗。他们的歌谣也是种类齐全、数量众多，从另一个侧面反映了这个民族的精神风貌。

（一）劳动歌

劳动歌产生于生产劳动中，起协调劳动动作、鼓舞情绪的作用，也是一种对劳动态度的表现方式。裕固族因其游牧生活方式，其劳动歌具有牧业劳动的特色。主要有《擀毡歌》、《垛草歌》、《割草歌》、《捻线歌》、《织褐子歌》、《学步歌》、《奶牛歌》、《奶羊歌》等。这些歌又分为两种不同的情况：一种是有词、有曲的；一种以音乐为主，歌词往往是一些数字或衬词，如《催眠歌》、《擀毡歌》等。这些歌产生于裕固族人民的生产实践中，与他们的劳动生活密切相关，节奏鲜明、旋律优美、内容健康，为大家所珍爱，是裕固族人民生活的真实描写和劳动态度的写照。

（二）仪式歌

裕固族的仪式歌可谓多矣，分为歌唱或诵说两种。其歌唱类主要为婚礼仪式歌，如《戴头面歌》、《送亲歌》、《哭嫁歌》、《檀香树》、《银鬃马》等，都是在姑娘婚礼的整个仪式过程中唱的，内容除表现姑娘对亲人、对家乡的留恋外，还有送亲者及其他"娘家人"对姑娘的劝导和教育，是裕固族婚礼的一个组成部分或不可缺少的内容，在裕固族民间音乐中占有很重要的地位。

诵说类，因其内容大多是赞美称颂祝福的，故我们将其称之为"颂辞"。主要在喜庆仪式上诵说，在裕固族民歌中具有特殊地位。它分为人生仪礼颂辞和生活仪式颂辞两种。人生仪礼颂辞主要在剃头礼、成人礼和结婚礼上诵说，在这些仪式上的颂辞称为"好来也日"（东）、"阿尔可尔"（西），即"祝愿的话"，有"剃头颂辞"、"戴头面颂辞"、"勒系腰颂辞"、"扬茶颂辞"等。生活仪式颂辞主要在第一次给马剪鬃毛、剪羊毛、扎新房子等仪式上诵说。主要有"剪鬃毛颂辞"、"扎房子颂辞"等。两种颂辞的内容都是祝愿当事人或主人贤慧、漂亮、心灵手巧、威武、雄壮、生活富裕等。

在艺术上，这些颂辞多采用比喻、象征、夸张的手法，语言简练、生动，表现力丰富。

（三）其他歌

除了劳动歌和各种仪式歌外，裕固族还流传有牧歌、情歌和其他内容的民族歌，如《十二生肖歌》、《裕固族姑娘就是我》、《一个和尚去西藏》、《达赖喇嘛》、《初八的月亮》、《枣红骟马》等。这些歌多方面、多角度地反映了裕固族人的社会生活和内心世界，在裕固族民歌中的价值不容忽视。

三、谜语和格言

谜语是表现一个民族智慧和形象表现力的语言艺术。裕固族是一个有着丰富谜语的民族。这些谜语反映了裕固民族对事物高度的形象概括力和细致的观察力，带有本民族生产、生活的显著特色。如"你吃了，你喝了，你的尾巴越来越干了——勺子"。裕固族喜喝奶茶，熬奶茶时需用带木把的勺子搅动，经过长时间的烟熏火燎，勺把越来越黄，谜面恰如其分地紧扣勺子的这些特点，显得生动、具体。再如，"走时腿是骨头的，住下时腿是木头的——帐房"。牧民搬迁时需用牲畜将帐篷驮上，这条谜语最形象地概括了游牧民的生活特点。还有如"不滴的水，无烟的火，无话的喇嘛——净水碗、酥油灯、菩萨像。""玛尼玛尼一根线，穿着一百零八个蛋——佛珠"等，反映了裕固族人生活的另一个侧面。其他如"胖人开门，一百人出门——羊拉屎"、"医生背着药箱子走进了森林——鹿"、"点头晃脑转羊圈，迈着八字步转帐篷——喜鹊、乌鸦"等，都逼真地描绘了牧业生产或牧区特有的现象，只有亲身体验过祁连山牧区的生活，你才能感觉到这些谜语是多贴切、多生动形象和富有生活情趣，表现了裕固族人对事物的观察能力和语言表达能力。

格言是一个民族斗争经验的总结和智慧的结晶。裕固族的格言不仅数量多，而且哲理深邃，是他们千百年来在与大自然的斗争中和社会生活中的经验总结，闪耀着智慧的火花。如：

"持好心的人让你哭，持坏心的人让你笑"，揭示了生活中的一种现象，与"忠言逆耳利于行"有异曲同工之妙；

"没有不消融的雪，历史不会停留在一个地方"，比喻恰当，富于哲理；

"吃别人的别撑坏肚子，给别人干活不要偷懒"，则寓教育于谐趣之中，简洁生动。这些都反映了这个民族严肃的生活态度和对生产、生活经验的总结。

四、民间乐器

据记载，裕固族民间曾使用过"毛日英胡尔"（morin hhur），一般用于生产中，其名称和蒙古人称马头琴的名称一样。"毛日英胡尔"在汉语中叫"马头琴"。一般牧民做"毛日英胡尔"，用大黄杆和牛角中塞上盐做成，也有用葫芦蒙青羊皮等方法制作，琴弦据说用尼龙或马尾。原县政协副主席兰礼的母亲曾亲口说过她们为不认驹的骒马拉"毛日英胡尔"琴的事。说明就在50多年前，牧民中还有拉这种琴的习惯。同时，在以前牧区专门有拉二胡唱民歌流浪草原的民间艺人。

另外，在明花一带有人说有过"天鹅琴"，但其详情已难以考证。

此外，在民间普遍用的还有笛子，有竹笛和鹰笛，鹰笛是用鹰膀骨制成。

宗教界有用法号、鼓、锣等，著名乐曲有《江建》等，风格悠扬、婉转，具有裕固族人自己的特点。

五、民间舞蹈

裕固族传统民间舞蹈主要有集体舞、双人舞、男女独舞、马上舞等多种，主要是表现欢庆丰收、喜庆节日、婚礼、狩猎、战争、宗教活动等内容。集体舞的形式多种多样，以鼓乐和歌声伴奏，男女老少排队或围成一个大圈，中间置以篝火或猎物，或快或慢，或轻或重，节奏强劲有力；双人舞主要表现生活、生产劳动过程中的某些场面；男女独舞以腾跳见长，基本上保留了裕固族古老的腾跳形式。"查玛"（俗称"跳神"或"打鬼"）系裕固族与藏族宗教文化交流的产物，于16世纪后半叶随同格鲁派（黄教）喇嘛教传入，至今已有400年的历史，并在长期的演变发展过程中，形成了自己的风格，它是一种以演述宗教经传故事为内容的面具舞。人物繁多，形态各异，分"大查玛"（主要神祇）和"小查玛"（泛指鸟兽及侍从）两大部分。有殿堂舞、米扩佛传舞、寺院舞、大场舞四种表演形式，独舞、双人舞、多人舞、大群舞一应俱全，亦可穿插即兴表演。表演程式化、规范化。舞蹈语汇的运用多以所表演人物的个性划分。一般是"大查玛"动作沉毅坚定，庄重徐缓,"小查玛"动作灵巧多变,灵活敏捷。表演时二者相映相衬,各具特色。如阎王舞动作强劲剽悍,举手投足都极富雕塑性;鹿神舞动作矫健奔放而有气势,技艺性颇强,带有竞赛性质;骷髅舞动作灵活洒脱,时而随鼓声颠跑跳跃,时而故作威风状进行喜谑表演,身体的起伏、头部的昂垂、手的绕动、舞步的踏跳配合融洽,很有韵味。"查玛"舞在裕固族地区流传十分广泛,1958年以前,寺庙每年宗教节日时都会表演。其舞蹈形式影响甚广,至今仍在裕固族舞蹈的创作、表演和教学中发挥一定的作用。

新中国成立后,裕固族的民族舞蹈有了很大的发展,出现了一大批优秀的舞蹈作品,如《我们来自西州哈卓》、《迎亲路上》、《奶羊羔》、《祝福歌》等。

六、美术

古代裕固族人的祖先曾经在岩石上作画,反映的多为游牧、狩猎、战斗、迁徙的生活。在阿尔金山、祁连山均有岩画。后来部分人信仰摩尼教时也曾留下极丰富的绘画作品。自信仰藏传佛教后,画家都在寺院,一般做酥油画、唐卡、壁画等,其风格比藏族地区的更为艳丽。1958年前在裕固族各寺院均有裕固族僧人画家的作品,在部分岩石上也有他们宗教内容的岩画。均毁于1958年。

七、民间工艺

(一) 纺织

作为草原游牧民族,捻线、织毯子、织褐子是牧人日常生活的重要内容。经过数千年的发展,裕固族人的纺织工艺已经日益成熟,不仅质地优良、花色齐全,而且品种繁多。毯子分为牛毛和山羊毛、绵羊毛三种。根据花色又分为黑色、白色和花色三种。黑毯子主要用来缝制帐篷、粗制的口袋和褡裢等日用品;白毯子主要用来缝制比较精致的口袋、褡裢、茶袋子等日用品;花毯子主要用来缝制精致的褡裢、袋子、毯子、毡被等日用品。而且可以根据实际需要调染花色纺织。

(二) 服装、服饰制作

服装制作主要分为男装、女装、单装、棉装、布(绸、缎)袍、皮装等几类。服饰制作主要分为头饰、头面、服饰等几类。作为马背民族,裕固族同样讲究服装的华丽与实用相一致,服饰的华贵与收藏并重。同样经过数千年的发展,融合了其他兄弟民族的文化,形成了裕固族独具特色的服饰文化。缝制服装和服饰制作是裕固族妇女日常女工的最重要的内容。精美的服装服饰不仅是日常的行头,更是一种艺术品。

(三) 编制马具、制作鞍具

牧闲时节,男人们总是要搓绳做笼头、镲子、缰绳、长绳、马绊等马具,还要动手制作、修理马、牛的鞍具。除了日常使用的外,更要精心编制、缝制特别精致漂亮的马扯手、马鞭、缰绳和捎绳等。平常说,通过看一个人的坐骑,就可以看出这个人甚至这家人的光景和手艺。节庆集会更要看谁的马最漂亮。马是裕固族人的双腿和翅膀，离开了马就无法游牧生活。裕固族人俗语说"马是五畜之首"，意思是说游牧生活皆随马的兴衰而兴衰，马是裕固族人生命的另一半。因此十分讲究装饰马，十分讲究马具的制作和装饰。在祁连山南北的牧人中，裕固族人的马是打扮得非常漂亮的。牧人家的男孩从小就要学习各种马具的制作工艺，这是一种终身学不完的功课。

（四）皮革制作

由于高原气候和长期游牧，裕固族人离不开皮帽、皮袍、皮靴和各种皮具，如：皮绳、皮马绊、马笼头、皮鞭、皮袋、皮褡裢、皮被、皮褥子等。因此，裕固族人鞣制、裁剪、缝制和编制皮革的工艺也是很高的。

（五）木器制作

在山区游牧生活中，还要经常动手制作木碗、木瓢、木盆、木凳、木桌、木桶等日常用具。

（六）刺绣

刺绣也是裕固族妇女日常女红的重要内容之一。刺绣是装饰帽子、服装、饰物的重要方法。尤其是生活在平原地区的裕固族妇女更是擅长刺绣。生活在酒泉地区及附近平原的裕固族妇女还擅长剪纸，融入了独具特色的民族文化元素。

（七）雕刻

近年来，一些裕固族民间艺人，借鉴兄弟民族工艺，从身边生活入手，发展了独具特色的皮雕、沙雕、皮画、根雕艺术，产生了比较大的影响。如：柯璀玲、白文信、安吉英。

（八）擀毡

毡分为牛绒毡、山羊绒毡和绵羊羔毛毡，主要用来制作炕毡、毡被、鞍毡、鞍垫、毡袍等。每年秋天羔子剪毛后就是擀毡的时节，大伙儿一边唱着《擀毡歌》一边擀毡，非常热闹。

（九）缝制帐篷

据记述，裕固族很久以前是住蒙古包的，后来随生活环境的变化及周边民族的影响，才开始住牛毛黑帐篷的。缝制帐篷是很讲究的，要选吉日，要有选择的请人帮忙，扎帐篷的时候更要专门请人祈福祝贺，有专门的颂辞，是生活中的一件大事。

八、民间体育

赛马：裕固族民间在过去有骑马射箭的竞技活动。现在已经演变为一年一度的赛马活动，赛马是裕固族传统体育中最重要的活动。一般在六、七、八这三个月或祭祀鄂博时举行（祭祀鄂博的时间各部落都不一样，一般在三月至九月间）。赛手们一般穿传统的长统马靴和彩色长袍。马匹分为走马（蹓蹄马）和奔马。规模有几十人的，也有数百人的。赢者都有奖品。

摔跤：裕固族民间在过去把摔跤叫"包克·阿乌勒切贺"，现已演变为自由式摔跤，和赛马活动同时举行。

射箭：裕固族射箭分为骑射和立射。骑射即在奔驰的马背上拉弓射箭，中靶多者胜出。立射即站在规定的地方射靶，中靶多者胜出。

抱石牛：节庆集会的时候，除赛马、射箭、摔跤外还常抱石牛角力。即抱起规定的石牛按既定路线前行，走出者胜出进入下一轮，抱起更大的石牛再角力，最后胜出者为冠军。

包奥：直译为"鹿棋"，是北方游牧民族世代相传的一种古老的围棋。一般在察汗萨日节（春节）时玩。一般牧民们在放牧闲暇时，在地上画好棋盘，用小石子代替棋子就可以下。有些地方叫"沙德尔"，也叫"包熬·瑙海"，意为"狗与鹿"或"围鹿"。

嘎拉：即羊拐骨。在牧区的裕固族孩子有玩羊拐骨的习惯。裕固族人叫做"什海"、"温海"、"夏海"等。羊拐骨的五面代表"五畜"：牛、马、绵羊、山羊、骆驼。以抛掷来测吉凶。

拔棍：拔棍时双方相对而坐地上，两人同时双手握一根木棍伸腿相蹬。将对方拔离地面为胜。

顶杠子：双方各执杠子的一端，顶在各自的肩窝，手持杠端用力顶，前进者为赢。

拉爬牛：两人背对背趴下，用一根绳子套在双方的肩上和腰上，两人朝相反方向用劲拉，前进者为赢。

套牛（马、羊）：一个人将牛或其它牲口赶得跑过来时，套手手执一根长皮绳，用力甩过去套牲口的头。如果是牛，套住并且要将其摁倒在地为赢。

九、占卜

占卜的方式有：火烧羊肩胛骨、用牛毛或羊毛绳算卦、铜钱算卦、羊粪蛋算卦、面疙瘩算卦等方式。大到战争、灾荒和瘟疫，小到亲朋好友的行踪生死、财产得失、丢失物品和天气阴晴都属卦卜范围。

附录

裕固族大头目的祖谱和历代传承

一、祖谱

裕固族的远祖系匈奴人。在回鹘汗国时代，裕固族王室系药罗葛氏族。到13世纪，成吉思汗的次子察合台的曾孙出伯大王镇守萨里畏兀儿（裕固族的先祖）

540

地区及河西地区（包括今新疆、青海和甘肃的部分），其13世纪以来的王室传承如下：

13世纪

察合台－拜答里－阿禄嵬（阿鲁浑）－出伯（主伯）

约1282年（元朝至元十九年）至约1330年（元朝至顺元年）

出伯的主要传承如下：

（出伯死后，他的子孙们在元明时代有几个王号：安定王、豳王、西宁王、威武西宁王、肃王等）

（一）出伯－南忽里－喃答失－忽塔忒迷失－不颜帖木儿（被先后封为豳王和安定王的不颜帖木儿的后裔有：嵬里、亦怜真、别儿怯帖木儿、桑哥失里、板咱失里、亦攀丹、领占干些儿、千奔等人）

（二）出伯－亦里黑赤－不颜嵬里－图木嵬里－忽纳失里、安克帖木儿

二、裕固族大头目的传承

豳王不颜帖木儿的传承如下：

（"大头目"是后来本地汉语的称呼，当时朝廷和地方文献中叫"王"如"豳王"、"安定王"等。本族人称"诺颜"、"伯克"。一般史书上的裕固族大头目，习惯上是从不颜帖木儿算起。）

1330年（元朝至顺元年）至1953年（肃南裕固族自治县成立）

不颜帖木儿－板咱失里－亦攀丹－领占干些儿－千奔（千奔之后有五人传承，当时逢战乱迁徙，在史料中还没有查到其名字。清康熙年间由不颜帖木儿的十世孙厄勒者尔顺继承王位。）

厄勒者尔顺－绰革样－大申布－端都扎什－达尔吉－扎布加－木错－诺尔段吉－贡保什吉－洛藏段吉－索旦诺六（又名：仁青诺尔布）－宫布什加（安贯布什加）

注：《裕固族大头目的祖谱和传承》由肃南裕固族自治县裕固族文化研究室根据《史集》、《元史》、《蒙兀儿史集》、《高昌王世勋之碑》、《明太祖实录》、《秦边纪略》、《吐鲁番哈密文史资料》、《殊域周咨录》、《元代西北历史与民族研究》、《有元文殊寺碑铭》、《裕固族大头目部落与大头目世系》、《甘州府志》、《裕固族简史》、《裕固族通史》、《裕固族》、《中国历代各族纪年表》、《裕固民族——尧熬尔千年史》等史料和论文整理。

[作者简介]

阿尔斯兰（1972—　　），男，裕固族，甘肃肃南人，历史学硕士，肃南裕固族自治县裕固族文化研究室研究人员，主要从事裕固族文化变迁和裕固语教学研究。

后 记

我们的家乡——肃南裕固族自治县的党委和政府决定在"十二五"时期，加大民族文化建设力度，打造若干民族文化品牌项目，资助出版《中国裕固族研究》系列丛书即是其中一个重要项目。接到编辑该丛书的任务后，我们既感到义不容辞，又感到责任重大，立即着手进行了项目论证和书籍编辑工作。第一辑是综合卷，主要收录了自 2000 年以来的裕固族研究较有代表性的部分作品，力图反映 21 世纪前十年裕固族研究的学术进展和发展趋势，已于 2011 年 10 月出版，获得了较高的学术评价和较好的社会反响。

《中国裕固族研究》第二辑的主题是"教育发展与文化传承"，它的立项、编辑和出版是群策群力的结果。自治县县委书记李宏伟同志、县长高林俊同志自始至终关心和指导了第二辑的编辑和出版工作，宣传部长索晓静同志不辞辛劳地为经费落实、工作协调奔波劳顿、尽心尽力，肃南一中校长安维武同志和裕固族文化研究室研究人员阿尔斯兰同志在征稿方面给予了必要的协助。中央民族大学出版社的本书责任编辑白立元同志认真审阅了本书内容，在编排质量上严格把关，尽力减少错漏。

特别需要说明的是，根据 2010 年第六次全国人口普查统计，裕固族有 14378 人，本辑中作者在不同年份根据不同统计口径将当时的裕固族人口预测为"1.5 万"或"1.6 万"，均有一定的依据和道理，我们尊重作者的原文，未予改动。另外，"人口较少民族"，也随着 2011 年国家相关政策的调整而从原来的 22 个变为 28 个，本辑中作者在不同年份根据当时相关政策而表述有所差异，我们亦尊重作者的原文，未予改动。

我们真诚希望《中国裕固族研究》能成为国内外裕固族研究信息交流和学术对话的平台，也热情期待社会各界人士能对裕固族地区经济社会和文化教育的发展给予关注和支持。

钟进文　巴战龙
2012 年 8 月 10 日